Retos sociales y filosóficos actuales: ética, política, falsedades y discursos disruptivos

CIENCIAS SOCIALES EN ABIERTO

Editada por

DAVID CALDEVILLA DOMÍNGUEZ
ALMUDENA BARRIENTOS-BÁEZ

Vol. 19

PETER LANG

Berlin - Bruxelles - Chennai - Lausanne - New York - Oxford

Rafael Marcos Sánchez /
Concepción Campillo Alhama /
Graciela Padilla Castillo (eds.)

Retos sociales y filosóficos actuales: ética, política, falsedades y discursos disruptivos

PETER LANG

Berlin - Bruxelles - Chennai - Lausanne - New York - Oxford

Información bibliográfica publicada por la Deutsche Nationalbibliothek
La Deutsche Nationalbibliothek recoge esta publicación en la Deutsche Nationalbibliografie; los datos bibliográficos detallados están disponibles en Internet en http://dnb.d-nb.d.

Catalogación en publicación de la Biblioteca del Congreso
Para este libro ha sido solicitado un registro en el catálogo CIP de la Biblioteca del Congreso.

ISSN 2944-4276
ISBN 978-3-631-91605-6 (Print)
E-ISBN 978-3-631-93412-8 (E-PDF)
E-ISBN 978-3-631-93413-5 (EPUB)
DOI 10.3726/b22699

Publicado por Peter Lang GmbH, Berlín, Alemania
info@peterlang.com - www.peterlang.com

PREFACIO

El presente libro, *Retos sociales y filosóficos actuales*, incluido en la colección '*Ciencias sociales en abierto*' de la editorial PETER LANG reúne textos que sirven de puente entre el ayer y el hoy y lanzan sus redes al mañana.

Todos los capítulos que conforman las presentes páginas suponen una apuesta comprometida con la Academia, la ciencia y sus investigadores por parte de unos autores que quieren exponer sus experiencias profesionales en las aulas y en los laboratorios, transmitiendo y compartiendo sus logros. Los campos del saber en los que se centra la colección '*Ciencias sociales en abierto*' compendian lo que damos en llamar Ciencias Sociales, Docencia y Humanismo pues en ellas encontramos el verdadero centro del universo: el hombre, ya que sin él nada tendría sentido.

La Academia halla su esencia y motivo de ser en esfuerzos como el que aquí se presenta, fruto de años, si no de carreras docentes completas, llenos de labores concienzudas, vocacionales y reiteradas, las más de las veces calladas, pero con gran predicamento social pues la imagen de la Ciencia y los científicos es socialmente siempre muy valorada, aunque sea más citada que comprendida por el gran público.

Los autores de los capítulos conformantes de este volumen son profesores investigadores con años de desempeño en Universidades de muchos países, en especial los de la Lengua y los de los países hermanos lusófonos, a los que se unen algunos europeos que trabajan en idioma italiano, francés e inglés.

Su valía, su profesionalidad y su buen hacer revierten en la sociedad el esfuerzo que ésta realiza para que los centros de investigación y docencia mejoren y la hagan avanzar; es un camino de doble sentido que busca una simbiosis perfecta. Acompasar necesidades y aportaciones de una y de otra, Academia y sociedad, deben ser el motor de esta relación nuclear para el desarrollo del hombre.

El compromiso de calidad, exigido y exigible en todo producto científico se halla respaldado por la inestimable, y pocas veces valorada en su justa medida, labor del conspicuo Comité Editorial conformado por más de 200 doctores de más de 40 universidades internacionales, y cuyas filiaciones encabezan cada libro. Así podemos asegurar que los resultados aquí expuestos responden a los cánones de excelencia científica irrenunciable en el trabajo académico; es decir, todos los capítulos han superado la llamada revisión por doble par ciego (*peer review*). Este método, apriorístico y secular en la Universidad avala que la evaluación es llevada a cabo por académicos de igual categoría (pares), que desconocen la autoría de los textos arbitrados (ciegos) y al menos en número de dos (doble).

Deontológica e inconcusamente, todos los firmantes se han comprometido a salvaguardar las exigencias propias de la ética investigadora: renunciar al plagio, veracidad en la obtención de datos, presentación de conclusiones pertinentes y desinteresadas, planteamiento de resultados que supongan un avance académico-científico, eludir la autoalabanza y la colusión académica, las autocitas o las de favor a terceros, evitar la parcialidad en la selección de las fuentes epistemológicas y teóricas, remitirse a todos los datos procedentes, adecuados, relevantes y actuales y no omitir informaciones que puedan colisionar con los postulados o pretensiones del texto o directamente los refuten.

Por ello, está garantizado el total cumplimiento de todos los requisitos imprescindibles y la observancia rigurosa de lo anteriormente descrito. Todo ello supone la marca identitaria de la colección '*Ciencias sociales en abierto*' y que este título cumple plenamente. Por ello, la editorial, los coordinadores y los autores coinciden al manifestar:

- El consentimiento en la publicación de su trabajo y, de existir, de sus entidades financiadoras (tácita o explícitamente).
- La originalidad del texto como fruto de un trabajo, análisis y/o reflexión personales.
- Las citas empleadas no obedecen a criterios de favor.
- La bibliografía es actualizada y pertinente.
- Trabajo de revisión a cargo de revisores externos a la editorial PETER LANG y pertenecientes a la Comunidad Universitaria Internacional.
- Coherencia y calidad de los resultados, aportaciones, objetivos y conclusiones.

Por ello, supone un honor poder afirmar que, gracias a su esfuerzo editorial y a sus autores, en ideal simbiosis, la colección 'Ciencias sociales en abierto' se posiciona a la altura de las mejores y más grandes recopilatorios de literatura científica mundial, logrando que PETER LANG sea una de las editoriales más señeras, según el índice referencial SPI (2022).

Rogamos al lector marque estas iniciales páginas como si de un *albo lapillo notare diem* se tratase ya que podrá dumir dulces frutos del árbol de la ciencia.

David Caldevilla-Domínguez

I. P. Grupo Complutense de Investigación en Comunicación ***Concilium*** (nº 931.791)
Universidad Complutense de Madrid (España)
Coordinador adjunto en la colección 'Ciencias sociales en abierto'

COMITÉ EDITORIAL

Pilar Díaz Cuevas

Universidad de Sevilla (España)

Elena Domínguez Romero

Universidad Complutense de Madrid (España)

Carmen Dorca Fornell

Universidad Internacional de La Rioja (España)

Guillem Escorihuela Carbonell

Universitat de València (España)

Beatriz Esteban Ramiro

Universidad de Castilla-La Mancha (España)

Carolina Estrada Bascuñana

Universitat Internacional de Catalunya (España)

Cesáreo Fernández Fernández

Universitat Jaume I de Castellón (España)

Estrella Fernández Jiménez

Universidad de Sevilla (España)

Mónica Fernández Morilla

Universitat Internacional de Catalunya (España)

Alejandro Fernández-Pacheco García

Universidad de Castilla-La Mancha (España)

Antonio Rafael Fernández Paradas

Universidad de Granada (España)

María Remedios Fernández Ruiz

Universidad de Málaga (España)

María Teresa Fuertes Camacho

Universitat Internacional de Catalunya (España)

Cinta Gallent Torres

Universitat de València (España)

Fernando García Chamizo

ESIC University (España)

Ana García Díaz

Universidad Internacional de La Rioja (España)

Silvia García Mirón
Universidade de Vigo (España)
Alberto E. García Moreno
Universidad de Málaga (España)
Vicenta Gisbert Caudeli
Universidad Autónoma de Madrid (España)
Francisco Javier Godoy Martín
Universidad de Cádiz (España)
Óscar Gómez Jiménez
Universidad Internacional de Valencia (España)
Liuba González Cid
Universidad Rey Juan Carlos (España)
María del Carmen González Rivero
Biblioteca Médica Nacional (Cuba)
Juan Enrique Gonzálvez Vallés
Universidad Complutense de Madrid (España)
Edurne Goñi Alsúa
Universidad Pública de Navarra (España)
Carmen Lucía Hernández Stender
Universidad Europea de Canarias (España)
Francisco Jaime Herranz Fernández
Universidad Carlos III (España)
Mercedes Herrero De la Fuente
Universidad Nebrija (España)
María Isabel Huerta Viesca
Universidad de Oviedo (España)
Coral Ivy Hunt Gómez
Universidad de Sevilla (España)
Hamed Abdel Iah Alí
Universidad de Granada (España)
Guillermina Jiménez López
Universidad de Málaga (España)

Francisco Javier Jiménez Ríos
Universidad de Granada (España)
Abigail López Alcarria
Universidad de Granada (España)
Enric López C.
CETT - Universitat de Barcelona (España)
Lorena López Oterino
Universidad de Castilla-La Mancha (España)
Sidoní López Pérez
Universidad Internacional de La Rioja (España)
Manuel José López Ruiz
Universidad de Granada (España)
Paloma López Villafranca
Universidad de Málaga (España)
Arantza Lorenzo De Reizábal
Universidad Pública de Navarra (España)
Manuel Osvaldo Machado Rivero
Universidad Central "Marta Abreu" de Las Villas (Cuba)
Cristina Manchado Nieto
Universidad de Extremadura (España)
Rafael Marcos Sánchez
Universidad Internacional de La Rioja (España)
Pedro Pablo Marín Dueñas
Universidad de Cádiz (España)
Sara Mariscal Vega
Universidad de Cádiz (España)
María José Márquez Ballesteros
Universidad de Málaga (España)
Davinia Martín Critikián
Universidad CEU San Pablo (España)
Marta Martín Gilete
Universidad de Extremadura (España)

Nazaret Martínez Heredia
Universidad de Granada (España)
Soledad María Martínez María-Dolores
Universidad Politécnica de Cartagena (España)
Alba María Martínez Sala
Universidad de Alicante (España)
Xabier Martínez Rolán
Universidade de Vigo (España)
Sendy Meléndez Chávez
Universidad Veracruzana (México)
María Isabel Míguez González
Universidade de Vigo (España)
Olga Moreno Fernández
Universidad de Sevilla (España)
Louisa Mortimore
Universidad Internacional de La Rioja (España)
Daniel Muñoz Sastre
Universidad de Valladolid (España)
Sara Navarro Lalanda
Universidad Internacional de La Rioja (España)
Daniel Navas Carrillo
Universidad de Málaga (España)
Marta Oria De Rueda
Universidad Isabel I (España)
Inmaculada Concepción Orozco Almario
Universitat Jaume I de Castellón (España)
Delfín Ortega Sánchez
Universidad de Burgos (España)
Enrique Ortiz Aguirre
Universidad Complutense de Madrid (España)
Graciela Padilla Castillo
Universidad Complutense de Madrid (España)

Blanca Tejero Claver
Universidad Internacional de La Rioja (España)
Ricardo Teodoro Alejandre
Universidad Veracruzana (México)
Raúl Terol Bolinches
Universitat Politècnica de València (España)
Ana Tomás López
Universidad Nacional de Educación a Distancia (España)
Rocío Torres Mancera
Universidad de Málaga (España)
Karen Cesibel Valdiviezo Abad
Universidad Técnica Particular de Loja (Ecuador)
Carmen Vázquez Domínguez
Universidad de Cádiz (España)
Enric Vidal Rodá
Universitat Internacional de Catalunya (España)
Mónica Viñarás Abad
Universidad Complutense de Madrid (España)
Óscar Javier Zambrano Valdivieso
Corporación Universitaria Minuto de Dios (Colombia)
Jessica Zorogastua Camacho
Universidad Rey Juan Carlos (España)

ÍNDICE

PRÓLOGO

Rafael Marcos-Sánchez, Concepción Campillo-Alhama, Graciela Padilla-Castillo 21

LA COSMOVISIÓN DINÁMICA: NISHIDA Y NIETZSCHE COMPARADOS

Filomena Adda 23

ANÁLISIS DE INVESTIGACIÓN DEL TRATAMIENTO DE INFORMACIÓN Y LAS NOTICIAS FALSAS

Virginia Alarcón Martínez, José Ángel Mercader Jiménez 39

A IDEOLOGIA REACIONÁRIA DA NOVA ORDEM INTERNACIONAL

Rui Albuquerque 51

APLICACIÓN DE LOS CONOCIMIENTOS DE ÉTICA PROFESIONAL EN ESTUDIANTES DE ODONTOLOGÍA DE LA UNIVERSIDAD DEL ALBA

Leonardo Alcota Muñoz, Roger Yefi Carrasco 63

LA TORTUGA DE DARWIN DE JUAN MAYORGA DESDE LA FILOSOFÍA DE LA HISTORIA

Emilio José Álvarez Castaño 75

INGENIERÍA DE TEJIDOS: ASPECTOS BIOÉTICOS

Jorge Alberto Álvarez Díaz 83

COSMOVISIÓN AUTOPOIETICA Y COMUNICACIÓN RETÓRICA (CLAVES INVESTIGADORAS DE HUMANISMO DIALÉCTICO)

Jesús Baena Criado 93

ETNOCENTRISMO EN EL DISCURSO POLÍTICO

Francisco Bernete García, Carmen Aidé Valecillos Vázquez 107

ANÁLISIS CRÍTICO DEL DISCURSO MULTIMODAL PRODUCIDO POR LOS PARTIDOS POLÍTICOS ESPAÑOLES EN SUS CUENTAS DE INSTAGRAM

Javier Díaz-Bajo Rodríguez 119

GUIA METODOLÓGICO DA REALIZAÇÃO DO ENSAIO FILOSÓFICO

José António Duarte Domingues 135

EL DEVENIR DE LA COMUNICACIÓN POPULISTA EN MÉXICO

Claudia Cecilia Flores Pérez 143

HANNAH ARENDT Y EL PROBLEMA DE LA COMUNIDAD POLÍTICA

María Fernanda González Osorio 157

FORMACIÓN ÉTICA Y MORAL Y SU INCIDENCIA EN LAS ORGANIZACIONES

José Cristobal Hernandez Tamayo 167

AUGUST WILSON CONNECTING AFRICAN SPIRITUALITY AND CHRISTIANITY

Elvira Jensen-Casado 177

EDUCACIÓN Y VALORES EN SÉNECA. NATURALEZA, HOMBRE Y DIOS

Francisco Javier Jiménez-Ríos, Gracia González-Gijón, Nazaret Martínez-Heredia 183

LA DIVULGACIÓN DE LA ARQUEOLOGÍA EN TITULARES: VERACIDAD FRENTE A DESINFORMACIÓN

Carlos Maciá-Barber 193

¿DE LA TEORÍA A LA PRÁCTICA O DE LA PRÁCTICA A LA TEORÍA?

María Elena Yolanda Magaña Barajas 205

ODO MARQUARD'S METAPHILOSOPHY AS A HERMENEUTICAL KEY TO HIS WORK

José Antonio Marín-Casanova 211

LA FILOSOFÍA, ¿UN GÉNERO DE ESCRITURA?

Sara Mariscal Vega 225

APORTACIONES DEL ANÁLISIS DE SISTEMAS-MUNDO AL DEBATE DE APERTURA DE LAS CIENCIAS SOCIALES

Sergio Martín-Carrillo 233

PARA UNA FUNDAMENTACIÓN ÉTICA DE LOS DERECHOS FUNDAMENTALES EN LA ERA DIGITAL: RAZÓN COMUNICATIVA Y RAZÓN DIGITAL EN CONTRASTE

Víctor Martin-Fiorino, José Vicente Villalobos-Antúnez, Jesús Enrique Caldera-Ynfante, Rafael Rosell-Aiquel 245

INCIVILITY AND HATE TOWARDS IMMIGRANTS: THE CASE OF THE R/PORTUGUESE'S REDDIT COMMUNITY

Joana Milhazes-Cunha, Luciana Gomes Oliveira 263

FORMACIÓN UNIVERSITARIA EN PERIODISMO Y COMUNICACIÓN DIGITAL FRENTE A LA DESINFORMACIÓN. ESTUDIO DE CASO

Nancy Montemayor Rodríguez, Juan-Francisco Torregrosa Carmona........................279

THE PARAMOUNT IMPORTANCE OF ENCOURAGING CRITICAL THINKING AND SYSTEMATIC METACOGNITIVE REFLECTION AS VITAL CORNERSTONES IN TEACHER TRAINING

Mª del Pilar Montijano Cabrera........................287

SØREN AABYE KIERKEGAARD Y LA EXISTENCIA RELIGIOSA: SERIEDAD Y MARTIRIO

Arturo Morales........................299

EL ÁMBITO ESPACIAL Y TEMPORAL EN EL CÓMIC A TRAVES DEL PENSAMIENTO DE KANT Y ARISTÓTELES

Jaume Palop González-Anleo........................313

AUTORREGULACIÓN COMO RECURSO ACADÉMICO EN EL DESARROLLO DEL PENSAMIENTO CRÍTICO EN ESTUDIANTES UNIVERSITARIOS

Carolina Pérez González........................325

ENCÍCLICA LAUDATO SI: PERSPECTIVA DE ACCIÓN ECOLÓGICA

María Mercedes Ramírez Franco........................337

EL SESGO INFORMATIVO EN TIEMPOS DE CRISIS ECONÓMICA: EUROPA Y LA DEUDA SOBERANA

Ismael Ramos Ruiz........................345

EL ORADOR VIRTUOSO EN PLATÓN Y EN SÓCRATES: UN ALEGATO A LA ENSEÑANZA DE LA RETÓRICA CLÁSICA

Silvia Rincón Alonso........................357

LA COMPETENCIA DEL FILOSOFAR: CONDICIÓN DE POSIBILIDAD DE UNA FILOSOFÍA PARA NIÑOS Y NIÑAS

María Rodríguez Toro........................369

"¡HABLÁIS DEL CIELO! Y DESHONRÁIS LA TIERRA": LA BÚSQUEDA ESPIRITUAL EN EMERSON Y THOREAU

Encarnación Ruiz Callejón........................383

EL RENACIMIENTO: UNA NUEVA COSMOVISIÓN DEL MUNDO

Flor de María Sánchez Aguirre........................395

PROBLEMAS COM AS ORIGENS DO TOTALITARISMO: SUBJECTIVIDADE E CIRCULARIDADE NA INTERPRETAÇÃO DOS REGIMES DE ESTALINE E HITLER

Henrique Taborda Varajidás........................407

VERDAD Y COMUNICACIÓN: DOS CONCEPTOS INSEPARABLES

Laura Trujillo Liñán 421

LOS RESTOS DE FREUD: URNA GRIEGA Y ARQUEOLOGÍA DEL ESPEJO DIONISÍACO

Rita Vega Baeza 427

ORIGEN Y EVOLUCIÓN DEL PENSAMIENTO EN TORNO AL BIEN COMÚN: DE LA ESCOLASTICA HASTA EL MOMENTO ACTUAL

Lorena Velasco Guerrero 437

APRENDER A COMPARTIR EL AGUA

Cristina Vilaplana Prieto 449

PRÓLOGO

Nos complace presentar al lector esta obra tan original y necesaria, que analiza y ahonda nuestra actualidad y futuro inmediato, desde enfoques tan profundos e ineludibles como los derechos fundamentales, las crisis y los discursos políticos, económicos y sociales, el pensamiento crítico, el derecho, la ética o la filosofía. Sirvan estas líneas como humilde carta de presentación y agradecimiento a los autores y autoras que han compartido, en las siguientes páginas, sus últimas investigaciones y reflexiones para construir juntos este volumen: *Retos sociales y filosóficos actuales: ética, política, falsedades y discursos disruptivos*.

Estos desafíos sociales y filosóficos, que conforman el título que tiene entre sus manos, requieren de un enfoque multidisciplinario y de un compromiso colectivo, que los académicos e investigadores que firman cada capítulo condensan y subliman en sus hallazgos y reflexiones. La ética, la política, la lucha contra la desinformación y la promoción de discursos sociales más constructivos y cívicos, entre otros, son áreas en las que la sociedad puede trabajar para construir un futuro más ético, informado, y cohesionado.

Es cierto que la sociedad actual se encuentra en un constante cambio y evolución, lo que nos lleva a tener que adaptarnos rápidamente a las nuevas situaciones y desafíos que se nos presentan. Las transformaciones tecnológicas y las innovaciones en diferentes áreas del conocimiento han sido fundamentales en este proceso, permitiéndonos acceder a herramientas y recursos antes impensados y ampliando nuestras posibilidades de conocimiento y acción. La creciente influencia de la tecnología y de las inteligencias artificiales, en todos los campos de la vida social, política y económica, plantea preguntas y debates éticos imprescindibles sobre cómo evitar el odio y la polarización, cómo alfabetizar en el uso de las redes sociales y de la tecnología, cómo proteger la privacidad y la propiedad intelectual, o cómo evitar la manipulación de la información para avanzar hacia una sociedad más crítica, reflexiva, responsable y mejor informada.

La complejidad de los problemas que encaramos en la actualidad, así como la volatilidad e incertidumbre del entorno, nos obligan a tener una visión más amplia y holística de las situaciones, y a buscar soluciones colaborativas y creativas que nos permitan enfrentar estos desafíos de manera efectiva. Las propuestas de mejora y las soluciones, en la mayoría de los casos, no están en el futuro, sino en lo que ya tenemos y conocemos. Por ello, los capítulos siguientes reivindican la necesidad de redescubrir y releer la filosofía moral, la ética aplicada, el diálogo y el consenso, o el equilibrio entre lo nacional y lo global. Las soluciones las encontraremos en la filosofía, en la psicología, en la historia, en la literatura, o en las teorías de información y comunicación, que nos enseñaron a valorar, desde su mismo origen, la gobernabilidad, la democracia y la diversidad.

En tiempos de polarización política, falta de diálogo y consenso, debates sobre identidades y migraciones, la cooperación y la democracia pueden llevar a soluciones decisivas, que mejoren el clima convulso al que nos hemos acostumbrado erróneamente. La lucha contra la desinformación, la proliferación de noticias falsas y *fake news*, o el socavamiento de la confianza en los medios, los políticos y las instituciones es defendida por los autores de este libro, que quieren retomar una educación moral y ética. La difusión de discursos de odio y el extremismo en tantas áreas de la vida plantean preocupaciones sobre la radicalización y la seguridad.

La creciente difusión de discursos de odio y la proliferación del extremismo en diversos ámbitos de la sociedad plantean serias preocupaciones en relación con la radicalización y la seguridad. Desde plataformas en línea hasta discursos políticos, estos mensajes de intolerancia y división pueden alimentar el resentimiento, el miedo y la polarización social, generando un caldo de cultivo propicio para la radicalización de individuos vulnerables. Esta propagación del extremismo no solo amenaza la cohesión social y la convivencia pacífica, sino que también representa un desafío significativo para la seguridad pública, ya que puede conducir a actos violentos y terrorismo. En un mundo cada vez más interconectado, abordar esta problemática exige un enfoque multifacético que combine medidas preventivas, la promoción del diálogo intercultural y la protección de los derechos humanos, con el fin de salvaguardar la paz y la estabilidad de nuestras sociedades.

En este entorno, la necesidad de educar a las personas en la ética, la moralidad, el diálogo, la verificación o la alfabetización mediática es esencial para abordar estos problemas y los que pronto nos asalten. Cada uno de nosotros tiene un papel importante que realizar en la construcción de una sociedad más ética, informada y comprometida, que ayude a enfrentar los desafíos y retos en el presente y en el futuro inmediato.

Rafael Marcos-Sánchez
Concepción Campillo-Alhama
Graciela Padilla-Castillo

Universidad Internacional de La Rioja (España)
Universidad de Alicante (España)
Universidad Complutense de Madrid (España)

LA COSMOVISIÓN DINÁMICA: NISHIDA Y NIETZSCHE COMPARADOS

Filomena Adda[1]

Este artículo examina el concepto de basho (lugar) en la filosofía de Nishida y la superación de la dualidad que este concepto implica, haciendo una comparación con el cuestionamiento de Nietzsche a la dialéctica de los opuestos, a la dualidad y al principio de no contradicción.
Palabras clave: Nietzsche; Nishida; contradicción; dinamismo; lógicas no convencionales.

1. INTRODUCCIÓN

Kitarō Nishida actúa como intérprete y mediador en el encuentro entre la filosofía oriental y la filosofía occidental. A través de sus numerosas obras, Nishida realiza una transposición de los sistemas conceptuales europeos a una visión propia de la filosofía japonesa, aportando una fructífera contribución a la reflexión filosófica global. Como hecho esencial del pensamiento innovador de la Escuela japonesa de Kioto, la aportación de Nishida constituye una valiosa y pura elaboración filosófica, así como una acción profundamente intercultural.

Nietzsche fue un pensador sumamente innovador, cuya ruptura con la tradición filosófica occidental lo acerca a Nishida, particularmente en lo que se refiere a la negación del principio de no contradicción y a la superación de la visión de la realidad basada en la dualidad. Con Nietzsche se cuestiona todo: el *yo*, la realidad, la separación entre *sujeto* y *objeto* y, por supuesto, la *verdad*. De hecho, la reflexión de Nietzsche no solo derribó toda la estructura interpretativa de la realidad de las filosofías anteriores, cuestionando los pilares del pensamiento occidental como la metafísica y el propio concepto de *logos*, sino que su crítica ha tenido el poder de cuestionar cualquier propuesta que estuviera sustentada en esquemas conceptuales y en razonamientos lógicos, porque con Nietzsche es la propia lógica la que se cuestiona, al menos la lógica clásica.

2. OBJETIVOS

Este artículo examina el concepto de *basho* (lugar) en la filosofía de Nishida y la superación de la dualidad que este concepto implica, haciendo una comparación con el cuestionamiento de Nietzsche a la dialéctica de los opuestos, a la dualidad y al principio de

1. Universidad de Málaga (España)

no contradicción. Por lo tanto, a través de un recorrido en el que se conectarán los aspectos esenciales del pensamiento de ambos filósofos, el presente trabajo se propone demostrar cómo tanto Nishida como Nietzsche, al proponer lógicas alternativas que rompen con el dogma de la dualidad y con el principio de no contradicción, muestran el camino para la recuperación de la experiencia original del yo en el mundo.

La investigación también tendrá en consideración, aunque sea de forma limitada, el efecto asombroso de ciertas lógicas no convencionales aplicadas en el ámbito tecnológico (por ejemplo, en el metro de Sendai, cuyo funcionamiento se basa en la *lógica difusa*), cuyo alcance innovador puede interpretarse, desde un punto de vista filosófico, como una confirmación tecnológica de lo que ya anticiparan las ontologías de Nietzsche y Nishida.. Puesto que aún se encuentra en proceso de elaboración, esta investigación no pretende ser una obra completa, ni pretende abordar un tema tan delicado con la certeza de alcanzar resultados definitivos: precisamente en esto, la investigación se distinguirá como una investigación filosófica sin pretender demostrar nada a nivel científico. No se pretende, por tanto, encontrar respuestas ciertas, sino más bien estimular la formulación de nuevas preguntas y proponer una reflexión sobre la complejidad de lo que genéricamente definimos como realidad.

3. METODOLOGÍA

La metodología que se utilizará será la lectura, el análisis y la comparación entre los textos de los dos filósofos. Al tratarse de un trabajo muy focalizado, y habiendo realizado una breve introducción encaminada a esclarecer la distancia temporal y espacial entre ellos, nos centraremos concretamente en algunos pasajes esenciales del ensayo de Nishida (Basho 場所) que se compararán con algunos importantes aforismos y fragmentos de Nietzsche. El objetivo es resaltar la similitud entre las dos perspectivas filosóficas, ambas basadas en una visión dinámica de la realidad. La elección de los textos a comparar se sustenta en la idea de que, a pesar de la distancia temporal y espacial existente entre ellos, subyace una visión que une a las dos filosofías, a saber, una concepción dinámica de la realidad, que en Nishida hunde sus raíces en la tradición oriental, mientras que en Nietzsche, por el contrario, representa un vuelco radical respecto a la tradición occidental, en particular, respecto a aquellas certezas del mundo europeo del siglo XIX y su confianza racionalista.

4. DESARROLLO DE LA INVESTIGACIÓN

4.1. La distancia que los acerca: sobre los mundos de Nietzsche y Nishida

Nos encontramos en el siglo XIX, en un pequeño pueblo de Sajonia: nacido en el seno de una familia de tradición protestante (su padre era pastor) Nietzsche debutó en el mundo académico como filólogo, si bien su acercamiento a esta disciplina se caracteriza enseguida por una forma de indagar en el significado más íntimo de la civilización y por resaltar sus aspectos más oscuros y estridentes. En el filólogo Nietzsche ya se trasluce claramente al filósofo que interpretará Occidente. De hecho Nietzsche no estudia los textos antiguos con la intención de revelar alguna esencia o verdad, sino más bien para apropiarse de ese conocimiento y utilizarlo para convertirse en profeta de una transformación de la civilización occidental. Precisamente en esto sus consideraciones se revelan como "intempestivas", debido a que se encuentran fuera de su momento histórico, por estar demasiado atrasadas o demasiado adelantadas con respecto a su momento actual. El conocimiento por el conocimiento, de inspiración aristotélica, no interesa a Nietzsche que cree que la filosofía, al interpretar el mundo, puede transformarlo. Esto es lo que, según él, siempre ha sucedido en todas las épocas, solo que los pensadores que lo habían precedido no eran conscientes de cómo sus interpretaciones podían transformar el mundo. Por eso Nietzsche cree que el concepto de verdad, sobre el que se ha construido la civilización occidental a lo largo de la historia, expresa de hecho otra función, a saber, la de afirmar la voluntad de quien interpreta la realidad.

Nietzsche se distancia también de la tradición filosófica en la que se forma su pensamiento por la forma en la que escribe[2]: él preferirá el aforismo, caracterizado por la forma concisa, esencial y deslumbrante de puntos cruciales y aclaraciones rápidas, a la modalidad del ensayo, llena de periodos largos y estructurados. Además el aforismo, que recuerda al estilo cortante utilizado por Heráclito, es propio de las filosofías no sistemáticas y responde bien a la necesidad de la filosofía nietzscheana de operar como un martillo que destruye las verdades de la civilización occidental. Es como si todos los pilares del pensamiento occidental se vieran sometidos a los golpes aforísticos de Nietzsche, que utiliza este estilo narrativo en la mayoría de sus obras (con algunas importantes excepciones, como en *El nacimiento de la tragedia* o en las *Consideraciones intempestivas*, que se estructuran más como ensayos, o en *Así habló Zarathustra*, escrito en un estilo que evoca las *Sagradas Escrituras* y los textos proféticos).

Nishida nació en la prefectura de Ishikawa, Japón, en 1870 y se dio a conocer a partir de 1911, tras la publicación de su primera obra, *Indagación del bien*. Nishida es un estimado profesor de la Universidad de Kioto y cuando empezó a escribir *Basho* se encontraba a punto de jubilarse. No hay rastro en el pensamiento de Nishida de una propuesta de ruptura con la tradición a la que pertenece; al contrario, como ya se anticipó, el pensamiento de Nishida propone argumentos innovadores respecto a ciertos puntos del pensamiento occidental debido precisamente a que está firmemente enraizado en la tradición del pensamiento oriental. El filósofo japonés destaca por ser el precursor de una interesante reflexión ya que, partiendo del análisis de ciertos filósofos europeos, percibe el alejamiento de la tradición de pensamiento occidental de lo que él considera la experiencia originaria del ser en el mundo, es decir la *experiencia pura (junsui keiken* 純粋経験*)*, un enfoque del conocimiento que, como explica Enrico Fongaro (2012), está profundamente arraigado en el pensamiento oriental tradicional. La persuasión que mueve el pensamiento de Nishida es que la dimensión originaria de 'estar aqui', la más inmediata y fundamental, es una experiencia del mundo afín a la intuición de Shamadi de la no dualidad (funi, 不二) o del no-saber (muchi, 無知) taoísta y budista, así como rastreable en la experiencia de la práctica zen a la que se había dedicado el propio Nishida. Lo interesante es que en su investigación filosófica, en su afán por desarrollar su propia teoría del conocimiento y su propia lógica a partir de la comparación con la filosofía occidental, Nishida no parece interesarse, o tal vez no ha tenido ocasión de confrontarse con el pensamiento de Nietzsche, cuando creo, como intentaré de demostrar, que habría encontrado en algunos aforismos del filósofo alemán muchos puntos de encuentro con sus propias intuiciones.

2. Véase también Filosofico.net (https://www.filosofico.net/nietzsche.html)

4.2. Nishida y Nietzsche sobre subjetividad y conocimiento

El ensayo *Basho* (場所, lugar) se publicó por primera vez en una revista[3] en 1926 y fue propuesto como una aproximación crítica a las ideas consolidadas en el debate europeo sobre el proceso que conduce al conocimiento.

¿Qué significa conocer? Para responder a esta pregunta, Nishida parte de un análisis de los fundamentos, de los límites y de la validez de algunas de las teorías del conocimiento humano más conocidas de su época, que se basaban en el supuesto de que existía algo que podía separarse de su contexto, como el sujeto conocedor, que actúa conscientemente para conocer al otro separado de sí mismo, y que, por tanto, se convierte en objeto de conocimiento. Nishida observa inmediatamente cómo la epistemología de orientación kantiana (en particular la de Heinrich Rickert) no escapa a este modelo que la generó: tanto el sujeto como el objeto, escribe Nishida, se conciben como algo que trasciende totalmente a los actos (incluido el pensamiento, entendido como el acto de lo que llamamos conciencia) para valerse por sí mismos. Sin embargo, prosigue Nishida, para relacionar la conciencia del sujeto con el objeto debe haber algo que los envuelva a ambos. ¿Qué es lo que debe haber para permitir esa relación? Un basho, un lugar en el que se relacionen. (Krummel and Nagatomo, 2012, pp. 50-51). Y, ¿qué son los lugares? Son campos interactivos en los que se realiza una de las perspectivas posibles, contextos, situaciones, definiciones temporales que hemos creado, pero que se transforman en la relación, en el momento del encuentro y, aunque parecen pertenecernos desde antes del mismo encuentro como otros distintos o separados de nosotros mismos, somos nosotros los que de hecho también somos transformados constantemente al estar en un *basho*, al encontrarnos con algo o alguien que percibimos como externo a nosotros. En esta concepción, no existen elementos de fijeza y, por tanto, polaridades opuestas a partir de las cuales se genere el dinamismo; más bien, este dinamismo es el acontecimiento que caracteriza que, eventualmente, puedan abstraerse temporalmente polaridades opuestas. Huelga decir que, desde este punto de vista, las polaridades no tienen existencia propia, sino que forman parte de un flujo de acontecimientos y que, por tanto, no pueden definirse absolutamente como causas o efectos. Todo puede ser lo mismo y su contrario, en una perspectiva que rechaza el principio de no contradicción, ya que la naturaleza del universo consiste en una infinidad de contradicciones unidas por la contradicción absoluta: uno es muchos, muchos son uno (cf. Martorella, 2002).[4] Volviendo al concepto de *basho*, estos lugares son esenciales para apropiarse de los eventos que emergen del fluir del devenir. Sin embargo, hay que tener cuidado: los lugares no son eternos, aunque parezcan ir más

---

3. *Basho* 場所 fue publicado inicialmente el 1 de junio de 1926 en Tetsukagu Kenkyū 123 (Nishida & Fongaro 2012, p. 25).

4. Sobre este punto me gustaría aclarar de inmediato que la mención 'uno es muchos, muchos es uno' no se refiere a un tipo de asimilación de la multiplicidad en la unidad, como, por ejemplo, en las tradiciones místicas judía, cristiana e islámica donde, si bien hay una especie de superación de la individualidad, no se cuestiona realmente la distinción sujeto/objeto, sino que, a través de un proceso de ascesis, se produce una asimilación al Uno; esta es una visión que es absolutamente ajena a la perspectiva que estoy a punto de describir. Del mismo modo, el uno que he mencionado no es un concepto neoplatónico del que descienden los muchos, que implícitamente vuelve a proponer una idea fundamentalmente dual de alto-bajo y que, por lo tanto, es mi intención cuestionar. Para decirlo en palabras de un conocido autor: "The one is self-contradictorily composed of the many, and the many are self-contradictorily one. The world can be viewed in two directions – the double aperture – and its unity is not the unity of oneness, as the mystic would likely express it, but the unity of self-contradiction. It is both one and many ..." (Carter, 1985).

allá de los fenómenos, sino que tienen una duración relativa y se crean para que tengan una utilidad, interpretar la realidad. Por lo tanto, también los lugares pueden objetivarse. Investigarlos y hallar la forma en que se definen equivale a indagar en el campo de la conciencia, es decir, en ese lugar de lugares que es el campo de investigación de la ciencia cognitiva y la psicología. En el campo de la conciencia, los acontecimientos se reflejan y se convierten en actos del pensamiento, incluyendo juzgar lo que es verdad y lo que es falso. La experiencia vivida, que se objetiva, deja de ser alógica, pues contiene en sí misma el pensamiento, el juicio y la lógica que la transforman en conocimiento, o más bien en uno de los conocimientos posibles (porque el pensamiento, el juicio y la lógica son lo que más puede diferenciar a un individuo de otro). Evidentemente, Nishida aquí comienza su investigación aceptando los supuestos de la teoría que quiere criticar, una teoría para la que el objeto es la idea que asocia elementos similares de la realidad y respecto de los cuales damos una definición unívoca (la silla, la montaña...), y cuyo contenido empírico es decididamente inmanente y puede distinguirse claramente de un contexto a otro (las montañas pueden ser muy diferentes entre sí), pero cuya definición como objetos del conocimiento provoca para ellos que se transformen de objetos empíricos a objetos trascendentes: cada objeto permanece fijo en el campo de la conciencia como una imagen estática y con características precisas que van mucho más allá de la impermanencia de los actos en los que participan. Pero, ¿de dónde obtiene el filósofo japonés el concepto de conciencia al que se refiere? La comprensión de la conciencia como 'conciencia de algo' fue particularmente profundizada en la filosofía de Husserl, muy conocida por Nishida: es la idea de una referencia necesaria de la conciencia a un objeto, definida 'intencionalidad' (cf. Husserl, 2002). Nishida la entiende como el momento en el que la presencia del pensamiento establece su ser como sujeto, como unidad que se desprende de una realidad objetiva sobre la cual puede intervenir (incluso simplemente a través del juicio). La conciencia de esta separación representa el proceso a través del cual la realidad percibida adquiere un significado. Es evidente que aquí Nishida ya se ha situado en un contexto filosófico que da por supuesta la existencia de un sujeto que entra en posesión, a través de su propio sistema sensorial, con un conocimiento que se considera no reflejado, inmediato y auténtico, aunque concierna y dependa de la misma objetividad corporal del sujeto que experimenta esta separación del *yo* de la realidad circundante. Esto abre naturalmente muchas otras cuestiones: el conocimiento es posible a través del cuerpo y del sistema sensorial (dimensión inmanente), pero se sustenta en el pensamiento y en la lógica que lo ilumina (dimensión trascendente), de modo que lo inmediatamente dado tiene una doble realidad: la inmanente y la trascendente. Obviamente, las teorías del conocimiento basadas en estos supuestos no se sustentan en ninguna razón válida para ser consideradas más auténticas o menos míticas que otras. Nishida ve los puntos débiles de esta construcción teórica, pero se esfuerza por encontrar una justificación para el punto de vista epistemológico que está analizando, y también acepta la separación sujeto/objeto como punto de partida. De hecho, a diferencia de Nietzsche, que, como veremos en breve, define esta separación como un 'error', Nishida solo se preocupa, sobre la base de estas premisas, por encontrar una solución. En otras palabras, es posible que esta teoría del conocimiento sea de alguna manera auténtica, como lo pueden ser otras teorías, pero en su 'verdad' presenta unos problemas que Nishida trata de interpretar y resolver. Y la solución que propone es la idea de un lugar como dimensión para el encuentro, destacando el valor de la relación cuando se percibe una de las realidades posibles.

Ahora bien, el pensamiento de Nishida está profundamente arraigado en la filosofía tradicional de Asia oriental, caracterizada por una visión dinámica básica que parece desafiar varias ideas: (a) la oposición binaria, (b) el universo compuesto de entidades,

(c) el sujeto que actúa, (d) el sujeto abstraído de su contexto, (e) el sujeto como causa o efecto de un evento, etc. ¡Ahora bien!, de nuevo debemos de tener cuidado de no caer en el camino que la filosofía de Nishida trata de cuestionar. De hecho, la visión dinámica no niega ninguna suposición que considere que todas las mencionadas anteriormente sean verdaderas al mismo tiempo, como tampoco niega ningún punto de vista que se adhiera a alguna de estas ideas. Sostenerlas como verdaderas-falsas y aceptar que pueden ser verdaderas y falsas al mismo tiempo es parte del dinamismo como camino a seguir. Es precisamente la forma de proceder en la construcción del conocimiento la que debe hacerse cargo del dinamismo. Pensar en algo como absolutamente cierto o no cierto, es decir, definirlo de forma no dinámica, ya es parte del camino a seguir que se debe cuestionar. En definitiva, asumir que hay que separar (sujeto/objeto; objeto inmanente/objeto trascendente, etc.) para construir el conocimiento es una idea que Nishida trata de cuestionar, pero no se opone a esta tendencia, que no es en sí misma un error, sino que destaca sus debilidades tratando de recomponerlas en la teoría de *basho*.

Nietzsche, en cambio, que había comprendido los riesgos de este conocimiento basado en la separación, utiliza explícitamente los términos "error" y "culpa". Para él, se trata de un error inevitable, ya que es inherente al lenguaje del ser humano. En efecto, especialmente en las lenguas europeas, el papel del sujeto es el de caracterizar fuertemente las oraciones. Esto obliga a pensar en un sujeto separado del flujo del devenir. Nietzsche ilustra el problema en un conocido aforismo que describe cómo se produce este error:

> *En el juicio se encuentra nuestra creencia más antigua, en todo juzgar hay un tener por verdadero o un tener por no verdadero, un afirmar o negar, una certeza de que algo es así y no de otra manera, una creencia de que allí se ha «conocido» efectivamente — ¿qué es lo que se cree verdadero en todo juicio?*
>
> *¿Qué son los predicados? — Hemos tomado alteraciones en nosotros no como tales sino como un «en-sí» que nos es ajeno, que nosotros sólo «percibimos»: y no las hemos puesto como un acontecer sino como un ser... Pero esta inferencia es ya mitología: separa lo que produce un efecto >> el efectuar. Cuando digo «el relámpago resplandece», he puesto el resplandecer una vez como actividad y otra como sujeto: por lo tanto, al acontecer le he supuesto un ser que no es idéntico al acontecer, sino que, por el contrario, permanece, es y no «deviene». — Poner el acontecer como efectuar: y el efecto como ser: ese es el doble error, o interpretación, del que nos hacemos culpables. Así, p. ej., «el relámpago resplandece» — : «resplandecer» es un estado en nosotros; pero no lo tomamos como un efecto sobre nosotros, y decimos «algo resplandeciente» como un «en-sí» y buscamos para él un autor, el «relámpago». (Nietzsche, 2008, fragm. 2[84], p. 102).*

Nietzsche se pregunta: "¿qué son los predicados?". El predicado es el que enuncia algo, y precisamente este es el que nos da información sobre lo que es un sujeto, o lo que hace. Por lo tanto, el propósito del predicado es definir mejor al sujeto. Pero precisamente en este punto la pregunta de Nietzsche abre un abismo frente a nuestras certezas: ¿cómo separar el sujeto del predicado? Por ejemplo, ¿estamos tan seguros de que existe una separación entre la acción y el agente? ¿Cuáles son las implicaciones de esta hipótesis? El ejemplo del relámpago es muy explicativo: si separamos la acción 'resplandece' del fluir del devenir y consideramos al relámpago como algo inmanente respecto del fenómeno luminoso que se produce en determinadas condiciones, cometemos el error de atribuir una sustancia y una duración a algo (relámpago) que en realidad se agota en el mismo momento en que ocurre el evento (resplandece), y del que no se puede separar. Esta separación entre el sujeto actuante (relámpago) y la acción (resplandecer) implica la concepción de la existencia del relámpago más allá de la duración del fenómeno, y por tanto es precisamente la separación lo que atribuye al relámpago una absolutización metafísica, a partir de la cual se pueda señalar al relámpago como un sujeto actuante, es decir, como un ente que tiene la intención de actuar, y luego, como consecuencia de esto, como algo responsable de producir una acción, un efecto. Nietzsche señala que este esquema se basa en un error trivial: la tendencia a definir un evento como la acción de algo (o alguien) que por lo tanto tiene la intención o la voluntad de actuar y, como sucede en el caso del relámpago, interpretar el efecto del acontecer (relámpago) como ser, haciéndolo metafísicamente absoluto.

Volviendo a Nishida, cabe señalar de inmediato que el idioma japonés tiene características muy diferentes con respecto a las lenguas europeas. Por ello el filósofo somete a la lengua japonesa a una tensión considerable, ya que lucha por introducir un esquema lingüístico ajeno a ella, debido a que en japonés los adjetivos son bastante similares a los verbos y no existe la cópula como en las lenguas indoeuropeas. Cuando Nishida habla de lógica en sus textos, a menudo emplea expresiones occidentales como "A es B" negándose a traducirlas. En otras ocasiones, sin embargo, fuerza su propio lenguaje tratando de hacer literal la estructura 'sujeto-cópula-predicado', como si quisiera introducir y apropiarse de una lógica que, por otro lado, le es ajena y se encuentra en el límite de la comprensión. Nishida ciertamente reconoce que hay mucho por aprender de la cultura occidental, pero también que, con una lógica como la greco-occidental, no es posible expresar la experiencia lógico-ontológica original de las culturas del Lejano Oriente. (Nishida & Fongaro, 2012).

Sea cual sea el motivo que llevó al pensamiento occidental a desarrollarse sobre una separación sujeto/objeto, Nishida percibe que esto choca con su propia visión del mundo, cuyas raíces, como ya hemos dicho, se hunden en la tradición oriental. Su concepto de *basho* parte del supuesto de que no es solo el *sujeto* quien interpreta la realidad, sino que cada interpretación encaja perfectamente en una relación dinámica, en la que incluso el sujeto se reinterpreta. En efecto, el *sujeto-objeto* se redefine continuamente por el encuentro con todo lo que, en ciertos aspectos, en un momento preciso, se percibe como el 'otro' de sí mismo. La relación es lo que permite que los *sujetos/objetos* se vuelvan parte de un solo sistema, preservándose a sí mismos; si el sistema es percibido como algo que está compuesto de objetos, entonces esta representación describiría una forma de funcionar del ser humano, de encontrarse ahí en un mundo de objetos. Como dijimos, el *basho* es el encuentro, la relación, el acto que objetiva la realidad. Solo dentro de este campo/lugar/*basho* se puede decir que algo es o no es, solo ahí se puede distinguir el ser (aru, 有る) y el no ser (nai, 無い). Asimismo, Nishida trata de adaptar los conceptos occidentales a una percepción exquisitamente oriental de la realidad, aunque esto le resultará difícil: cuando la experiencia vivida está en el lugar de la conciencia, también se reflejan en ella los contenidos del sentimiento y de la voluntad. Así se realiza el conocimiento. Pero este conocimiento puede resultar en una trampa, puede aprisionar en lugar de revelar. De hecho, las similitudes y asociaciones con las que establecemos el significado de un objeto en el campo de la conciencia, donde todos ya se perciben como "yo", las decidimos nosotros, siempre nosotros y solo nosotros somos quienes las establecemos. Ahora bien, la intención de Nishida es poder distinguir entre el acto inmediato, que constituye la auténtica experiencia vivida (lo que él denomina experiencia pura), de los fenómenos que ya pertenecen al campo de la conciencia. Nishida escribe: "True lived experience entails the standpoint of complete nothingness, a free standpoint separate from knowledge." (Krummel and Nagatomo, 2012, p. 53)

El objetivo de Nishida es claro: todas las teorías del conocimiento analizadas se basan en el supuesto de que existe una separación entre el yo y el mundo, dando por sentada esta separación. Pero Nishida se pregunta si esta es la forma correcta de investigar la realidad. ¿El conocer implica siempre una separación? En las líneas que siguen a las citadas anteriormente, Nishida cuestiona a Aristóteles y profundiza en la separación adicional propuesta por el filósofo griego: esta vez no se trata de sujeto/objeto, inmanente/trascendente, sino de forma y contenido. Nishida entiende que lo que suele denominarse como el contenido, en este tipo de planteamiento, corresponde exactamente a la experiencia vivida original, que es alógica y está completamente libre de los criterios del conocimiento. En cambio, las formas de las que habla Aristóteles son, según Nishida, lo que ya ha sido objetivado por el juicio y, por lo tanto, ya pertenece al *campo de la conciencia*, donde la realidad se refleja perdiendo su naturaleza original y ya no puede reconocerse como *experiencia pura*. Para aclarar lo que sucede en el campo de la conciencia, Nishida utiliza la metáfora del espejo. Al reflejarse en el campo de la conciencia, la experiencia vivida adquiere las oposiciones que conocemos: el sujeto y el objeto, la materia y la forma, lo verdadero y lo falso, etcétera.

En definitiva, parece que en la historia de la filosofía occidental se han complementado dos tendencias distintas dirigidas al conocimiento y al control de la realidad: por un lado haciendo varias separaciones, como ya hemos observado, y por otro reuniendo en esquemas simplificados, en asociaciones superficiales, en semejanzas aleatorias. Y precisamente sobre esto Nietzsche tiene algo que decir, algo que encaja perfectamente con la posición de Nishida:

> *Proveniencia de lo lógico. — ¿De dónde ha surgido la lógica en la cabeza humana? Ciertamente desde lo ilógico, cuyo reino tuvo que haber sido originariamente enorme. Pero innumerables seres que razonaban de manera diferente a como lo hacemos ahora nosotros han perecido: ¡y podría haber sido sin embargo más verdadera!*
>
> *Quien por ejemplo, en relación con la alimentación o con los animales hostiles, no sabía encontrar lo «igual» con suficiente frecuencia, quien subsumía por lo tanto con demasiada lentitud, quien era demasiado precavido en la subsunción, tenía simplemente menos probabilidades de sobrevivir que quien, entre todo lo similar, daba de inmediato con lo igual. Pero la tendencia predominante de tratar a lo similar como igual, una tendencia ilógica —pues en sí no hay nada igual—, ha sido la que creado todos los fundamentos de la lógica. ...los seres que no veían con exactitud tenían ventaja respecto de aquellos que veían todo «en su fluir». En y por sí mismo, todo alto grado de precaución al razonar, toda tendencia escéptica es ya un gran peligro para la vida.*
>
> *No se hubiera conservado ningún ser viviente si la tendencia contraria, que prefiere afirmar antes que suspender el juicio, equivocarse e inventar antes que esperar, consentir antes que negar, juzgar antes que ser justo, no hubiera estado cultivada con una fuerza extraordinaria. — El curso que siguen en nuestro cerebro actual los pensamientos y conclusiones lógicos corresponde a un proceso y a una lucha de impulsos que, individualmente, son todos muy ilógicos e injustos; por lo común sólo experimentamos el resultado de la lucha: tan rápido y oculto funciona ahora en nosotros ese antiquísimo mecanismo. (Nietzsche, 2014, aforismo 111, p. 796).*

No hay mucho que agregar a las palabras de Nietzsche: los seres que fueran capaces de ver el flujo del devenir sin forzarlo a una lógica falsa habrían tenido aún menos posibilidades de sobrevivir. Entonces, la lógica tiene su función de utilidad para preservar la vida. Está bien, pero eso no significa que la lógica nos diga cómo son realmente las cosas. Esto es lo que nos dice Nietzsche: razonar con la lógica puede ocultar más que revelar y tal vez sobrevivimos como humanidad pero pagamos un precio para ello. Hoy día que la supervivencia y el control sobre la naturaleza parecen menos urgentes que para los hombres del pasado, ¿no es hora de detenerse para comprender mejor la realidad? ¿no es hora de intentarlo?

4.3. Experiencia pura (junsui keiken 純粋経験)

Una vez aclarado el papel del campo de la conciencia, Nishida señala que él mismo puede convertirse en objeto de estudio. Evidentemente, lo que se estudia como el lugar de los lugares, el campo de la conciencia, debe ser objetivado para poder situarse en otro lugar en el que pueda reflejarse como objeto. Como tal, esta es la preocupación de gran parte de la filosofía, la psicología y la neurociencia contemporáneas, es decir, de aquellos campos de estudio para los que la conciencia es simplemente un objeto que debe analizarse o describirse. El problema es que todos estos niveles de conocimiento (también conocidos como metaconocimiento o conocimiento metacognitivo) se basan, una vez más, en el supuesto de la separación entre quien actúa y quien soporta la acción, es decir, entre un sujeto actuante y un objeto. Incluso la filosofía de Husserl, muy estudiada y apreciada por Nishida, precisamente por sus presupuestos, no se deshace de la idea de la oposición entre conciencia y objeto y, en consecuencia no se puede comprender, desde esta perspectiva la idea de la conciencia como el lugar de encuentro original en el que Nishida está pensando. La conciencia no es, en absoluto, el lugar libre de juicios en el que ya piensa Nishida. Todavía no puede serlo mientras se parta del supuesto de la oposición, de la frontera entre el yo y el mundo ya que, desde esta perspectiva, la conciencia sigue siendo el elemento trascendente en la dirección del sujeto, cuando en cambio, y esta es la extraordinaria perspicacia del filósofo japonés, Nishida (Krummel & Nagatomo, p. 89) propone la búsqueda del elemento trascendente en la dirección del predicado, pretendiendo encontrar una lógica que se caracterice por ser una lógica del predicado que no puede convertirse en sujeto, es decir, una lógica que investiga el acto puro de conocer. Inmediatamente, esto nos recuerda inevitablemente el aforismo de Nietzsche sobre el relámpago: Nietzsche también consideraba un error pensar en un sujeto separado de la acción. Sólo que él no acepta (al menos así lo declara) ninguna trascendencia, ni del sujeto ni de la acción.

En cualquier caso, ambos filósofos tienen como objetivo claro la superación de la separación entre sujeto y objeto, que es solo una de las tantas dualidades con las que estamos acostumbrados a interpretar el mundo. Pero, si no hay separación entre el yo y el mundo, ¿es posible pensar que el mundo a su vez actúa a través del yo (lo que percibimos como el yo) como pura acción, sin separaciones, sin interrupciones? Si es así, en el acto de conocer, la transformación se produce en ambas direcciones: de la misma manera en que el yo modifica al mundo en el momento en que lo observa, a la inversa, el mundo modifica al yo en el momento en que es observado... pero, ¿quién observa a quién?

La búsqueda del elemento trascendente en la dirección del predicado tiene consecuencias importantes: 1. La acción pura se vuelve central y se investiga como un instante de intercambio entre lo que se percibe como el yo y lo que se percibe como el mundo; 2. Si lo que se percibe como el mundo actúa sobre el sujeto, al igual que el sujeto actúa sobre el mundo, se puede suponer que investigar dentro de uno mismo equivale a investigar al mundo. Esto es lo que afirma Nishida: "From knowing the interior of itself, it amounts to knowing things outside of itself. That which is given to the self must first be given within the self". (Krummel & Nagatomo, 2012, p. 54).

Llegados a este punto, algunos podrían creer que no hay nada nuevo en la postura de Nishida, que en la historia de la filosofía tenemos varios representantes de esta forma de conocer el mundo a través de un camino introspectivo, y que esta tradición tiene sus lejanos orígenes en el mundo griego, por ejemplo en un conocido aforismo, el ya mencionado Heráclito afirmaba: "ἐδιζησάμην ἐμεωυτόν" (DK 101), "he buscado dentro de mí mismo". También Platón cree que el auténtico conocimiento es el resultado de un profundo viaje introspectivo: en el *Meno*, Platón interroga a un esclavo que desconoce por completo la geometría, y consigue que resuelva, interrogándole socráticamente, un problema geométrico que requería el conocimiento del teorema de Pitágoras. El esclavo parecía encontrar la solución del problema en su interior. Con este ejemplo, Platón cree poder demostrar que el conocimiento auténtico equivale al autoconocimiento. Los ejemplos podrían continuar, pero podemos detenernos aquí: ni Platón ni Heráclito (ni sus sucesores hasta Descartes) tienen la intuición de lo que sostiene Nishida, ya que en ambos no se cuestiona en absoluto el papel del yo. En concreto, para Platón el conocimiento es anamnesis, es decir, una forma de recuerdo, un resurgir de lo que siempre ha existido en el interiorior de nuestra alma. La teoría de la anamnesis se basa en las doctrinas órfico-pitagóricas, según las cuales el alma es inmortal y renace una y otra vez. En otras palabras, soy yo quien encuentra en mí mismo lo que siempre yo y solo yo he experimentado y conocido en innumerables ocasiones. Esta certeza sobre el yo permanece casi inalterada hasta Descartes y después de él. Solo con Nietzsche se pone en tela de juicio:

> *Todavía sigue habiendo inofensivos observadores de sí mismos que creen en la existencia de «certezas inmediatas», por ejemplo, «yo pienso», o, como fue la superstición de Schopenhauer, «yo quiero»: como si aquí, por así decirlo, el conocer lograra captar pura y desnudamente su objeto, como «cosa en sí», y sin que por ello tuviese lugar una falsificación ni por parte del sujeto ni por parte del objeto. Pero que tanto la «certeza inmediata» como el «conocimiento absoluto» o la «cosa en sí» implican una contradictio in adjecto, esto es algo que repetiré cien veces: ¡deberíamos librarnos de una vez para siempre de la seducción de las palabras! Por más que el pueblo crea que conocer es un conocer-hasta-el-final, el filósofo tiene que decirse a sí mismo: «si descompongo la operación que está expresada en la proposición "yo pienso", entonces obtengo una serie de temerarias afirmaciones cuya fundamentación resulta difícil, acaso imposible, — por ejemplo, que sea yo el que piense, que tenga que existir en absoluto algo que piense, que el pensar sea la actividad y el efecto de un ser que es pensado como causa, que exista un "yo", o, finalmente, que ya esté fijado de antemano aquello que deba ser definido como pensar, — que yo sepa lo que es pensar ... (Nietzsche, 2016, aforismo 16, p. 307).*

Volviendo al filósofo japonés, Nishida va más allá del esfuerzo disciplinado por evitar verse a sí mismo como un sujeto situado en un mundo de objetos. Lo que trata de definir es una ontología basada en el intento de captar la experiencia como una acción que permanece firmemente arraigada en la corporeidad. Sin embargo, el filósofo está pensando en una corporeidad que es en sí misma una expresión del mundo experiencial, más aún, en la corporeidad como una extensión del mundo externo, por lo que hay una actuación del mundo sobre ella, que es por tanto impermanente, mutable, y está en continua transformación, aunque es precisamente este *lugar* el que puede hacerse cargo del origen de cualquier otra actividad de la conciencia, incluido el pensamiento y, por tanto, la filosofía. Nishida intenta describir una dimensión que, por las razones que hemos mencionado, no es totalmente descriptible:

> Junsui keiken, pure experience. This is not the experience of something but rather experience before it divides into an experiencing subject and an experienced

> object. It is to 'see' (beyond seer and seen) the formless form and to 'hear' (beyond auditor and audited) the soundless sound. (Wirth, 2019, p. XIV)

En el pensamiento de Nishida se produce, por tanto, una inversión: en lugar de partir de la idea de que hay experiencia en el individuo, la experiencia se considera algo más fundamental y de lo que, si acaso, se distingue el individuo. La idea que impulsa el pensamiento de Nishida es que la dimensión original, más inmediata y fundamental, es una experiencia del mundo que trasciende cualquier separación, y esta persuasión lleva en sí misma el legado de la sabiduría Samadhi sobre la no dualidad, así como la experiencia de la práctica Zen, a la que Nishida se dedicó: las formas, los colores y los sonidos podrían percibirse sin la idea preconcebida de que estos sonidos y colores se deben a la acción de objetos externos o de que es un *yo* el que los percibe, es decir antes de añadir el juicio de lo que son estos colores y sonidos. Partiendo de esta experiencia pura, Nishida trató de dar cuenta de todo acto de pensamiento, conciencia y voluntad, creando las condiciones para una ontología enraizada en la tradición filosófica de Asia Oriental:

> *Here, Sariputra, form is emptiness and the very emptiness is form; emptiness does not differ from form, form does not differ from emptiness; whatever is form, that is emptiness, whatever is emptiness, that is form, the same is true of feelings, perceptions, impulses and consciousness.*[5]

Este es quizá el ejemplo más famoso de los textos sapienciales de la filosofía oriental a los que quiero referirme, el *Sutra del Corazón de la Perfección de la Sabiduría*, es decir, uno de esos textos que Nishida conocía sin duda y que probablemente contiene esas intuiciones de las que hemos hablado. Se trata de uno de los Sutras fundamentales del budismo, un texto breve, recitado en todas las escuelas budistas, pero que adquiere un valor fundamental en el *budismo* zen: el texto revela la inconsistencia del conocimiento y propone una visión de la realidad compleja que llega a sugerir que incluso la *forma* y el *vacío* son indistinguibles. Por supuesto, hay que señalar que aquí los opuestos son distintos: no hablamos de *forma* y *contenido*, sino de *forma* y *vacío*. Y en cualquier caso, aunque los dos términos opuestos sean diferentes, son indistinguibles. Entonces, ¿no podría ser que la oscuridad no se opusiera a la luz, que el frío no se opusiera al calor y que lo verdadero no se opusiera a lo falso?

4.4. Nishida y Nietzsche más allá del principio de no contradicción

La experiencia pura, que se caracteriza como una acción indistinta entre el yo y el mundo sugiere un concepto de ser que no debe confundirse con la idea del ser a la que estamos acostumbrados, especialmente en el mundo occidental. También Heidegger planteará la cuestión de cómo se concebía el ser en Occidente, expresándola como la diferencia ontológica entre el ser y el ente. Pero Nishida había planteado la cuestión mucho antes. De hecho, Nishida sugiere una idea, la de la Nada Absoluta como el trasfondo del ser, lo que contiene en sí tal el ser y la nada. Según Nishida, la nada que niega el ser y se opone al ser no es la verdadera nada, la Nada Absoluta. (Nishida y Fongaro 2012, p. 38). Además, la Nada Absoluta es algo que se percibe íntimamente en la cosmovisión de las culturas orientales, algo fundamental en las culturas de Oriente que ha nutrido a sus ancestros durante miles de años, algo que está oculto y escapa a la visión superficial de las cosas,

5. Existen muchas traducciones diferentes del *Sutra del corazón de la perfección de la sabiduría* en muchos idiomas (en ingles Sutra of the Heart). Esta cita está tomada de la versión inglesa de Edward Conze, tal como aparece en muchos textos y sitios web.

la dimensión en la que se encuentra la forma sin forma, donde se puede escuchar la voz sin voz. (Uehara 2009). Nishida trata de dar una base filosófica a esta percepción de la realidad. Dicho lo cual, ¿cómo puede representar este concepto de la Nada Absoluta (zettai mu) un punto de encuentro entre las filosofías de Nishida y Nietzsche? En primer lugar, Nishida lo describe como un lugar de libertad, libre de juicios, como el lugar donde se da la experiencia pura. Pero, sobre todo, como acabamos de ver, es el lugar donde resquebrajan todas las suposiciones sobre la dualidad y la existencia de los términos opuestos: la forma puede ser sin forma, la voz puede ser sin voz y todo puede ser su opuesto. De hecho, son precisamente los conceptos de "negación" y "opuesto" los que no existen en este lugar:

> *Nishida's dialectic has as its aim the preservation of the contradictory terms, yet as a unity ... This is the logic of soku, or sokuhi – the absolute identification of the is, and the is not. In symbolic representation: A is A; A is not-A; therefore, A is A. I see the mountains. I see that there are no mountains. Therefore, I see the mountains again, but as transformed. And the transformation is that the mountains both are and are not mountains. That is their reality. (Carter, 1985).*

Precisamente el cuestionamiento del principio aristotélico de no contradicción es en lo que más convergen Nishida y Nietzsche. Un conocido fragmento del otoño de 1887 merece especial atención. En este escrito Nietzsche logra magistralmente poner en duda el fundamento de la lógica tradicional, que con el tiempo había impuesto la anulación definitiva de la contradicción, incluso en los conceptos preexistentes de λόγος y ἐπιστήμη (logos y episteme). Este principio establece que las proposiciones contradictorias no pueden ser al mismo tiempo verdaderas, es decir, no es posible decir que A puede ser no-A simultáneamente:

> *No logramos afirmar y negar una y la misma cosa: esta es una proposición empírica subjetiva, en ella no se expresa una «necesidad», sino sólo una incapacidad. Si, de acuerdo con Aristóteles, el principio de no contradicción es el más cierto de todos los principios, si es el último y más básico, al cual remiten todas las demostraciones, si en él reside el principio de todos los demás axiomas: con tanto mayor rigor debería examinarse qué afirmaciones en el fondo ya presupone. O bien se afirma con él algo respecto de lo real, del ente, como si ya se lo conociera de otra parte: a saber que no se le pueden atribuir predicados contrapuestos. O bien el principio quiere decir: que no se le deben atribuir predicados contrapuestos. En ese caso la lógica sería un imperativo, no para el conocimiento de lo verdadero, sino para poner y arreglar un mundo que debe llamarse verdadero para nosotros.*
>
> *En resumen, queda abierta la pregunta: ¿los axiomas lógicos son adecuados a lo real, o son criterios y medios para crear previamente para nosotros lo real, el concepto de «realidad»? ... La prohibición conceptual de la contradicción parte de la creencia de que podemos construir conceptos, de que un concepto no sólo designa lo verdadero de una cosa sino que lo aprehende ... En realidad, la lógica (como la geometría y la aritmética) sólo vale respecto de verdades ficticias que nosotros hemos creado . La lógica es el intento de concebir, o mejor dicho, de hacer formulable, calculable el mundo real de acuerdo con un esquema de ser puesto por nosotros... (Nietzsche, 2008, fragm. 9(97), p. 264)*

El principal problema para Nietzsche ha sido siempre este: cuestionar el concepto mismo de verdad tal como se concebía en Occidente. Según el filósofo alemán esta idea de verdad, que ha dominado en los últimos milenios, refleja únicamente las creencias, las opiniones, las necesidades y el mundo interior (y por tanto también podríamos decir 'la metafísica inversa') de quienes invocaron este concepto para sustentar sus visiones del mundo: todas las formas de conocimiento presionaban para ser consideradas verdaderas y siempre había una lucha entre facciones opuestas, ya que "el mundo verdadero no puede estar en contradicción consigo mismo, no puede cambiar, no puede devenir, no tiene principio ni fin..." (Nietzsche, 2008, fragm. 14 [153], p. 581).

Ahora bien, es evidente que Nietzsche utiliza categorías occidentales. Pero, ¿acaso lo que busca Nietzsche no tiene algo en común con la dimensión de la que habla Nishida? Por supuesto, se puede argumentar que Nietzsche en realidad no busca una solución, su principal objetivo es destruir las falsas creencias. Pero al hacerlo, lo quiera o no, sea consciente de ello o no, propone inevitablemente algo nuevo: de la misma forma en que propone cómo destruir sugiere cómo reconstruir. Esto lleva a preguntarse: ¿no es compatible la idea de la Experiencia Pura con la visión nietzscheana de la realidad? ¿no es la Nada Absoluta lo que Nietzsche está buscando?

5. CONCLUSIONES

Hoy tenemos muchos ejemplos de lógicas que no reconocen el principio de no contradicción como elemento fundamental: la lógica cuántica niega el principio de no contradicción y defiende el principio de contradicción complementaria; la lógica paraconsistente niega el principio de no contradicción; la lógica difusa y algunas lógicas polivalentes niegan el principio de no contradicción. También es digna de mención la interesantísima posición del filósofo y lógico Graham Priest, cofundador del dialeteismo, una lógica según la cual existen contradicciones verdaderas. Y es precisamente en el país natal de Nishida, en Japón, donde las lógicas no convencionales se aplican constantemente y con éxito en la creación de tecnologías innovadoras. Cabe destacar, por ejemplo, la aplicación de la lógica difusa al sistema de control del metro de Sendai:

> *While designing the subway system at Sendai, Hitachi engineers spent many years trying to automate the train operations based on conventional machine logic and industrial control methods...The engineers noted that the drivers internal reasoning might be something like: 'have to watch the speed along that stretch' or 'easy on the brakes coming in'. These seemingly vague and imprecise decisions were actually the result of highly complex thought processes based on his knowledge and experience, and allowed constant readjustment of indices ... It is very difficult to process the "fuzzy" and "imprecise" information used by a skilled motorman... The engineers next looked at FL (Fuzzy Logic N. de la A.) for help with designing a radically different subway control system. (Dutta, 1993).*

Lejos de una visión determinista, en un mundo no siempre previsible, donde a veces es difícil reconocer inequívocamente las causas y los efectos de un acontecimiento, el ser humano intenta fundar sus conocimientos abriéndose a visiones menos rígidas, no sólo en la lógica: por ejemplo, en la teoría de la complejidad, desde una perspectiva sistémica, se intenta recuperar la comprensión de los sistemas dinámicos renunciando a cualquier supuesto de linealidad..., pero estas consideraciones requerirían un nuevo artículo.

En estas páginas he intentado trazar una trayectoria desde la comparación de algunos escritos de Nishida y Nietzsche hasta la intuición, confirmada por las lógicas no convencionales, de que la realidad podría ser ser muy distinta de cómo estamos acostumbrados a interpretarla. No era mi intención analizar el pensamiento de los dos filósofos en su totalidad, por supuesto, ya que ambos parten de supuestos distintos y llegan a conclusiones diferentes y, a menudo, discordantes a lo largo de sus vidas. Pero lo que tienen en común es la intuición, en un momento preciso de sus trayectorias de reflexión, de que el flujo del devenir es algo que no puede separarse del yo, que no sabemos qué es el yo ni sabemos qué es pensar, que el yo y el no-yo podrían coexistir, que las contradicciones no pueden resolverse con la razón y que, en efecto, deben mantenerse para que exista una realidad, hasta no poder distinguir con absoluta certeza entre lo verdadero y lo falso, que todo puede ser su contrario suponiendo que haya algo que pueda definirse como contrario… Estamos aquí, en esta realidad: aquí el yo, en su relación con el otro desde sí mismo, sea objeto, sujeto o fuerza, en el *basho* donde prevalece (Nishida), solo tiene una forma de recuperar la experiencia original de sí mismo en el mundo: puede afirmar su propia diferencia y regocijarse en ella (Nietzsche), pero debe ser capaz de superar los límites del yo y del otro, de lo propio y de lo ajeno. Lo hace reconociendo el vacío de la forma (Nishida) y la inconsistencia de la negación (Nietzsche), ya que lo negativo no está presente en la realidad como esencia sino que resulta como efecto del dinamismo de la existencia (Nietzsche y Nishida), y de la afirmación de un yo en un lugar, precisamente en el lugar del encuentro con el otro (Nishida), en el lugar donde se crea su diferencia (Nietzsche), que, en todo caso, permanece mutable y se basa en la contradicción.

6. REFERENCIAS

Agra, K. L. R. P. (2019). The Naturalized and Dialectical Ontologies of Nietzsche and Nishida. Kritike *13*(2), 113-130. https://www.kritike.org/journal/issue_25/agra_december2019.pdf

Axtell, G. S. (1991). Comparative Dialectics: Nishida Kitarō's Logic of Place and Western Dialectical Thought. *Philosophy East and West*, 41(2), 163–184. https://doi.org/10.2307/1399768

Carter, R. E. (1985). The Nothingness Beyond God. *The Eastern Buddhist*, 18(1), 120–130. http://www.jstor.org/stable/44361748

Deleuze, G. (2002). *Nietzsche e la filosofia e altri testi*, F. Polidori (traductor). Einaudi. (Original work published 1962)

Derrida J. (2017). *La farmacia di Platone*. R. Balzarotti (traductor). Jaka Book. (Original work published 1972)

Dodds, E. R. (2004). *The Greeks and the Irrational*. University of California Press.

Dutta S. (1993). *Fuzzy Logic Applications: Technological and Strategic Issues*. INSEAD. https://flora.insead.edu/fichiersti_wp/Inseadwp1993/93-05.pdf

Ferraro, G. (2012). *Differenza epistemologica e identità ontologica tra Saṃsāra e Nirvāṇa nel pensiero buddhista*. Trans/Form/Ação 35 (1). https://doi.org/10.1590/S0101-31732012000100012

Heidegger, M. (2017). *In cammino verso il linguaggio* (A. Caracciolo, Ed.). Mursia. (Original work published 1959)

Heisig, J. W. (2001). *Philosophers of Nothingness*. University of Hawaii Press.

Heraclitus (2013). *Eraclito. Frammenti* (F. Fronterotta, Ed.). Bur Rizzoli.

Husserl, E. (2002*). Idee per una fenomenologia pura e per una filosofia fenomenologica* (Vincenzo Costa, Ed.). Einaudi. (Original work published 1913)

Kinnes, T. The Heart Sutra - Three Versions. http://oaks.nvg.org/heart-sutra.html#b (Original work: Conze, Edward. 1959. Buddhist Scriptures. Penguin).

Krummel, J.W.M and Nagatomo, S. (2012). *Place and Dialectic: Two Essays by Nishida Kitaro*. Oxford University Press.

Martorella, C. (2002). *Il pluralismo del doppio*. LG Argomenti.

Nietzsche, F. (2008). *Fragmentos Postumos*, Volumen IV (1885-1889). Sánchez Meca, D. (director de la edición española), Vermal, J.L. y Llinares, J. B. (traductores). Editorial Tecnos.
Nietzsche, F. (2014). *Obras Completas Volumen III, Obras de madurez I. Sánchez Meca, D. (director de la edición española). Vermal, J.L. Vermal, J.L., Aspiunza, J., Parmeggiani, M., (traductores). Editorial Tecnos.*
Nietzsche, F. (2016). Volumen IV, Escritos de madurez II. Sánchez Meca, D. (director de la edición española). Aspiunza, J., Barrios Casares M., Layernia K., Llinares, J. B., Martin Navarro A. (traductores). Editorial Tecnos.
Nishida, K. (2007). *Uno studio sul bene* (E. Fongaro, traductor edición italiana). Bollati Boringhieri.
Nishida, K. (2012). *Luogo* (E. Fongaro., traductor edición italiana). Mimesis. (Original work Basho 場所 published 1926).
Platón (2003). *Diálogos*. Obra completa en 9 volúmenes. Volumen II: Gorgias. Menéxeno. Eutidemo. Menón. Crátilo. Traducción del Menón por Francisco Olivieri. Editorial Gredos.
Uehara, M. (2009). Japanese Aspects of Nishida's Basho: Seeing the "Form without Form". In Wing Keung Lam & Ching Yuen Cheung (eds.), *Frontiers of Japanese Philosophy 4*: Facing the 21st Century. Nanzan Institute for Religion & Culture, pp. 152-164.
Whitehead, A. N. (1979). *Process and Reality*. Free Press.
Wirth, J.M. (2019). *Nietzsche and other Buddhas*. Indiana University Press.

ANÁLISIS DE INVESTIGACIÓN DEL TRATAMIENTO DE INFORMACIÓN Y LAS NOTICIAS FALSAS

Virginia Alarcón Martínez[1], *José Ángel Mercader Jiménez*[2]

1. INTRODUCCIÓN

La proliferación de noticias falsas se ha convertido en un preocupante problema en la sociedad actual, con consecuencias que van desde la influencia en la opinión pública hasta el impacto en la toma de decisiones políticas y sociales (Gómez-Calderón, 2020; Tandoc *et al.*, 2021). Además de ello, sus efectos han quedado demostrados en otros ámbitos como la educación, ciencia, economía, comunicación o sanidad (Tandoc *et al.*, 2019; Canavilhas *et al.*, 2019; Sánchez-García, 2021; Ho *et al.*, 2022).

Diferentes estudios, se concluyen indicando, que el factor humano en la contaminación de la actualidad informativa parece ser una de las claves del problema. A diario, se encuentran en Internet y en las redes sociales noticias, todo tipo de información que de manera veloz y fácil puede difundirse a través de dispositivos móviles tales como teléfonos móviles, tablets, portátiles.

Internet, y en particular las redes sociales como Twitter o Facebook han supuesto un gran cambio respecto a la manera en la que se accede y comparten noticias e informaciones de diferente índole. Hasta hace tan solo unos años los medios de comunicación tenían el privilegio de ser quienes tenían la información y la administraban o difundían según su parecer o ideología concreta, pero en la actualidad esto ha cambiado radicalmente, son los usuarios de plataformas sociales como las anteriormente referenciadas los que usan estos soportes como fuente de información.

En gran parte este cambio está basado en el interés de las llamadas redes sociales por construir comunidades donde una gran cantidad de usuarios comparten gustos, opiniones y estilos de vida, de manera que es la propia red quien a veces comparte y difunde noticias propias del grupo, reafirmando y afianzando la confianza de los usuarios en el mismo.

En este sentido, las redes sociales han facilitado el incremento exponencial de la presencia de contenidos fraudulentos en la Red, dada a la rápida y masiva difusión que permiten estas vías (Míguez-González, 2023). Por su parte, los estudios sobre *fake news* y desinformación se han convertido en un campo de investigación en expansión en la última década, especialmente en el campo del periodismo (García-Marín, 2022; Raponi *et al.*, 2022; García-Marín y Salvat-Martinrey, 2022).

---

1. Universidad Internacional de la Rioja (España)
2. Universidad Politécnica de Cartagena (España)

2. OBJETIVOS

2.1. Objetivo general

El objetivo general del presente estudio se basa en investigar sobre el tratamiento de la información y las *fake news* en diferentes grupos de edades.

2.2. Objetivos específicos

- Analizar los grupos de edades y temas a tratar que más suelen identificar *fake news*.
- Examinar las razones por las que se hacen virales los bulos.

Por todo ello, en el presente artículo, se centra en demostrar que, si las nuevas tecnologías se utilizasen con precaución y adecuadamente, éstas podrían ofrecer muchas soluciones, situaciones y actividades positivas, pero cuando no se es consciente de los peligros que, por ejemplo, las redes sociales pueden proporcionar, dicho uso puede convertirse en una amenaza.

3. MARCO TEÓRICO

Hace unos años, una persona era el público ante un medio de comunicación particular, siendo en estos días, dicha persona, creador y difusor de su propio contenido. Esto es debido a la facilidad con la que las redes sociales animan a sus seguidores a publicar opiniones, imágenes, vídeos en tan solo un clic de ratón.

Lo que en principio puede parecer un inofensivo comentario u opinión entre familiares y conocidos, rápidamente, puede convertirse en tan solo unos instantes en algo viral, donde "amigos de nuestros amigos" pueden ir compartiendo una determinada información de manera sencilla y llegando a un gran número de personas, pudiendo transformarse en una simple broma o comentario en algo que a medida que la información se comparte puede ir amplificando su esencia de bulo.

Internet es más moderno que los bulos, por lo que desde que surgió la red, se encuentran en este medio, pero es actualmente cuando los bulos se están convirtiendo en algo más usual de lo que se debería esperar.

En su trabajo de investigación David Blanco-Herrero y Carlos Arcila-Calderón (Vista de Deontología Y Noticias Falsas: Estudio de Las Percepciones de Periodistas Españoles, 2019) señalaban a las redes sociales y, en general, la comunicación online, así como las causas de índole económica, como principales responsables del surgimiento de las noticias falsas.

Por "*fake news*", se refiere a cualquier información o noticia que es imprecisa, no está situado en un contexto real o que sencillamente es falsa, manifestada por alguien de manera consciente con la pretensión de manipular la opinión de un grupo de personas.

Esto no es algo que se pueda considerar nuevo, ha existido siempre, pero es la rapidez que proporcionan las redes sociales, Telegram o el correo electrónico lo que hace que llegue a mucha gente de una manera prácticamente inmediata.

En general, todas las personas, ya sean mayores, menores, adolescentes, buscan información en la red y en ocasiones, se comparten noticias sin pensar o poner en duda aquello que se ha leído o visto, pudiendo, por tanto, acceder a informaciones que no son reales.

Fomentar el pensamiento crítico y la lectura comprensiva es la mejor manera que hay para que se puedan detectar esos contenidos falsos que se pueden hallar en el día a día, especialmente si se va potenciando desde edades tempranas. Se debe acostumbrar a los más pequeños a utilizar fuentes fiables de información, favoreciendo de este modo el análisis de la noticia, el contraste de los hechos que se mencionan y con ello, verificar las fuentes de las que procede. A continuación, se exponen unos buenos consejos que se podrían poner en práctica para poder detectar un bulo que circule por la red.

- 1. No limitarse a leer solamente el título de una noticia, se debe mirar el contenido, y revisar si hay faltas de ortografía, o carencias de fuentes.
- 2. Comprobar si la noticia está firmada y quien ha compartido la misma.
- 3. Poner en observación o duda inicialmente las noticias y no difundirlas hasta comprobar que son veridicas.
- 4. Poner en duda aquella información recibida a través de personas que no se conocen o a través de un enlace o archivo adjunto. En definitiva, siempre se debe emplear el sentido común.

Según el estudio realizado por João Figueira y Sílvio Santos (Vista de Percepción de Las Noticias Falsas En Universitarios de Portugal: Análisis de Su Consumo Y Actitudes, 2019), en la muestra de jóvenes adultos que consideraron, se concluyó que dicho sector de la población es claramente consciente de la existencia de las *fake news*, si bien es cierto que el límite de su definición no queda claro para todos. Aunque se definen con relativa claridad en el ámbito académico, las noticias falsas no son bien reconocidas ni delimitadas por la muestra que tomaron.

Por ejemplo, las noticias satíricas, prácticamente no se consideraron como pertenecientes a esta categoría. Por tanto, usar el sentido común, poner en duda la noticia hasta contrastarla, así como conocer al autor, tal y como se ha indicado, siguen siendo buenos consejos para detectar un bulo que podamos encontrarnos por Internet.

Por otro lado, el auge de las *fake news* en la actualidad puede deberse a varias razones. Entre los motivos que pueden llevar a que alguien difunda un bulo pueden destacarse: que quiera ganar dinero, que quiera reafirmar unos ideales o que la persona desee generar alarma social.

El general, alarma social que se ha vivido recientemente, a raíz de la pasada pandemia en el 2020, donde todo lo relacionado con la medicina y la salud interesa, y mucho, a gran parte de la población. Es por ello, que sobre estos temas han proliferado en los últimos años una gran cantidad de bulos y noticias falsas que crean esa alarma social que antes se ha mencionado. Tal y como concluyen Claudia Montero-Liberona y Daniel Halpern en Vista de Factores Que Influyen En Compartir Noticias Falsas de Salud Online, 2019, las personas están interesadas en las noticias relacionadas con la salud, confían en su grupo de amigos y conocidos para compartirlas y las difunden más cuanto menos confían en los medios tradicionales.

Según los resultados que obtuvieron en su estudio, no solo es suficiente con reconocer la influencia de las noticias falsas en medicina, si no que manifiestan que es necesaria una alfabetización en salud para una toma de decisiones coherentes y eficaces.

Ni el periodismo ni las redes sociales que permiten la difusión de mensajes de manera instantánea como Facebook, Twitter, WhatsApp, Telegram, entre otras, son, de momento, capaces de controlar toda la desinformación que abunda en internet, si bien es cierto que últimamente están incorporando nuevas medidas como limitar el reenvío de mensajes o destacar el contenido generado por personas disminuyendo el contenido expuesto por organizaciones con el fin de evitar la propagación de bulos o información engañosa (Rodríguez Pérez, 2019).

Como señala Nuria Fernández-García en "*Fake News*": Una Oportunidad Para La Alfabetización Mediática | Nueva Sociedad, 2017, es necesario facilitarles a los ciudadanos la adquisición de las competencias mediáticas para poder distinguir así entre las noticias que son reales y las que son falsas. Añade que esto se debería realizar mediante "una apuesta real por la alfabetización mediática, con un sentido cívico que refuerce la democracia construyendo una ciudadanía informada que pueda decidir libremente. Es responsabilidad de todos luchar contra la creciente tolerancia al engaño y la mentira" (Nuria Fernández-García, 2017).

4. METODOLOGÍA

La metodología empleada, abarca dos campos de investigación. Por un lado, responde a una revisión bibliográfica (Scopus + Web of Science del grupo general, Dialnet Plus, bases de datos del CSIC, así como Embase (Elsevier) y Medline) más recientes al respecto.

Y, por otro lado, en el marco práctico, se analiza una encuesta en la que los participantes indican desde la frecuencia con la que usan las nuevas tecnologías hasta la red social con la que más suelen interactuar con sus amigos y familiares, indicando del mismo modo el tipo de información o noticias que suelen buscar en las redes, así como cuál ha sido su experiencia con las noticias falsas o *fake news*.

5. DESARROLLO DE LA INVESTIGACIÓN

Dentro de esa alfabetización mediática estaría la seguridad en la red, y tal y como aparece en Los peligros de Internet (Velasco Sánchez, n.d.), la seguridad completa no existe, pero si se puede emplear tiempo en construir un sistema seguro. A continuación, se indican algunas medidas que sería altamente recomendable tener en cuenta:

- Elegir una contraseña buena y segura.
- Usar un buen antivirus y tenerlo actualizado.
- Tener cuidado con los correos sospechosos y con los ficheros compartidos.
- Cerrar y encriptar el wifi personal.
- Evitar abrir correos electrónicos si se conoce al remitente.
- En el siguiente apartado, se analizan los peligros más habituales que se pueden encontrar en la red.

5.1 Peligros en la red

a) Problemas con la privacidad

A veces no se es consciente de la cantidad de información que se puede llegar a compartir en la Red. No es algo que solo afecta a los jóvenes, o a los adultos. En ocasiones, no se es consciente de lo lejos que puede llegar una publicación, una foto o un vídeo, especialmente cuando no se ha configurado el perfil adecuadamente. Una vez que algo se ha publicado, aunque se borre, difícilmente desaparecerá realmente de Internet.

b) Suplantación de identidad

Este problema se da cuando otra persona roba una cuenta en una red social y de este modo, puede hacerse pasar por la persona. Esto no solo perjudica la imagen, sino que también la persona que efectúa el robo tendría el acceso a todos los datos e información que se tenga en esa cuenta, pudiendo tener de este modo información sobre la persona en cuestión, que puede ser delicada. A veces es suficiente, tan solo una captura de pantalla de una foto de esa persona, para crear un perfil totalmente nuevo, y falso a la vez, en la misma o en otra red social, en el que los comentarios y las opiniones vertidas parecerían ser de la persona, pudiendo llegar a perjudicar la reputación.

c) Ciberbullying

Por este término se entiende el acoso a una persona a través de Internet. Es en las redes donde también surgen comportamientos para nada deseables que, utilizando el anonimato que muchas veces se tiene (o se cree que se tiene), hace que un acoso sufrido en otro ámbito pueda continuarse de manera virtual, pudiendo ser muy graves las consecuencias de dicho acoso.

d) Contacto con desconocidos

A través de Internet es muy sencillo entablar contacto con otras personas desconocidas que no siempre son quienes se piensa que son o que no son cómo dicen que son. A través de una simple foto, comentario o contacto en común se puede ir cogiendo confianza con una persona que puede manipular y perjudicar. Al hilo de lo indicado, los casos más graves podrían ser:

e) Grooming, en el que un adulto engaña con una finalidad sexual a un menor

Sexting, mantener conversaciones de índole sexual en las que a veces se comparten imágenes de contenido sexual a través de canales de comunicación, como podrá ser WhatsApp, por ejemplo.

Sextorsión, amenaza de hacer públicos vídeos o imágenes de una persona con la intención de obtener más material del mismo tipo, dinero o un encuentro personal.

f) La adicción a las Redes Sociales

La necesidad de compartir a cada momento lo que se hace puede llevar a problemas físicos, por ejemplo, con problemas en el sueño, problemas sociales, el aislamiento, problemas psicológicos o trastornos alimentarios. El querer publicar todo y querer saber todo de sus contactos hace que se gaste mucho tiempo en la vida de una persona, tiempo que se le quita a otras actividades que pueden ser más productivas, como el trabajo, el estudio, los amigos, y la familia.

Como ocurre con otras adicciones, el placer que proporciona al principio cierta conducta o actitud puede dar paso a un malestar. Es lo que sucede con las nuevas tecnologías y las redes sociales. Éstas pueden desencadenar el llamado FOMO (fear of missing out o miedo a perderse algo), presentando ansiedad ante el temor a perderse un acontecimiento que al resto de gente les proporciona una sensación positiva. En muchas ocasiones dichos ataques de ansiedad tienen su punto de inicio en una baja autoestima.

El depender de la evaluación y aceptación por parte de los demás, hace que la persona sienta la necesidad de estar presente en todas las situaciones que se relacionen con su día a día. Esto puede llegar a ser un problema grave si supone un malestar en el sujeto o las personas de su entorno.

Las personas que tienen FOMO tienen la necesidad de actualizar a cada momento sus redes sociales, no importando que sea durante la noche, en el trabajo, en un paseo o incluso conduciendo. Los síntomas más destacables que presentan las personas con FOMO son:

- Estar a menudo de malhumorado y dar preferirá la soledad.
- Invertir demasiado tiempo en las redes sociales
- Actualizar constantemente sus estados en las mismas
- Usar el teléfono inteligente de forma constante todo el tiempo
- No vivir el momento: preferir fotografiar un paisaje para publicarlo después antes que disfrutarlo en el momento
- Aceptar ir a todas las fiestas y eventos que se le proponga.

q) Retos

Otro riesgo importante en las redes son los «challenges»: retos que pueden ser peligrosos poniendo en riesgo la vida de las personas que los realizan o incluso siendo constitutivos de algún delito concreto.

h) Problemas de distorsión de la realidad

Plataformas tales como Facebook, TikTok, Instagram, entre otras, están repletas de vídeos e imágenes donde se puede encontrar personajes a los que seguir, influencers que se convierten en modelos a imitar. Esto puede llevar a pensar, que ese estilo de vida es fácil de conseguir, que genera grandes ingresos económicos y que siempre es bueno. Sin embrago, la realidad es otra muy diferente, y es que hay muchas horas de dedicación detrás de la cámara, llegando en ocasiones, a ser muy complicado el poder vivir de ello.

A esto se le puede juntar el hecho de que el modelo a seguir puede promover mensajes tóxicos, con lo que la visión de la realidad de la persona que le "sigue" podría estar distorsionada.

i)Acceso a discursos de odio

Cuando un individuo con un pensamiento crítico escaso o aún no formado escucha o visualiza un discurso de odio, puede pensar que esas ideas son correctas, las hace suyas e incluso puede ayudar a que dicho discurso se propague. Esto por desgracia abunda en las redes sociales, y el seguir dichos discursos pueden causar daños a otras personas.

j) Fake News (bulos)

Para los jóvenes, aunque a los adultos no están libres de que también pase, el creer que una noticia o información sea cierta sin serlo realmente, puede llevar a que se piense o se imagine una realidad muy diferente de lo que verdaderamente es. Esto además se agrava y hace cómplices a las personas, cuando se comparte una determinada información sin que previamente esté contrastada la misma.

6. RESULTADOS

En una Encuesta sobre Equipamiento y Uso de Tecnologías de la Información y Comunicación en los Hogares (Instituto Nacional de Estadística, 2016), se llegó al resultado de que cerca del 93% de la población de 16 a 74 años había utilizado Internet de manera frecuente en 2022 (al menos una vez por semana en los últimos tres meses), siendo ligeramente superior el uso por parte de los hombres (93%) que el de las mujeres (92,8%).

Del mismo modo se obtiene, que los porcentajes más altos de usuarios frecuentes de Internet corresponden a las personas jóvenes, un 99,7% de hombres de 16 a 24 años y un 99,3% de mujeres de 25 a 34 años.

Por último, se pudo deducir que, al aumentar la edad, descendía el uso de Internet de manera frecuente tanto en hombres como en mujeres, siendo el porcentaje más bajo corresponde al grupo de edad de 65 a 74 años (73,2% de hombres y 71,5% de mujeres).

Con estos datos del uso tan frecuente de Internet, no resulta extraño encontrar que los problemas mencionados anteriormente sobre el uso de las redes sociales crezcan cada vez más en actual sociedad, principalmente entre los jóvenes. De hecho, es en este grupo de población donde internet es el canal preferido para encontrar de manera rápida y sencilla noticias o información sobre un determinado tema: es el canal preferido por los jóvenes a la hora de informarse (European Commission, 2023; Shearer, 2018), pero al mismo tiempo esta realidad convive también con la desinformación que habita en la red.

Como ya se ha mencionado anteriormente, uno de los problemas del uso de internet y las redes sociales es que muchos contenidos están recubiertos de *fake news*, engaños e informaciones que han sido deliberadamente manipuladas. Como consecuencia de esta desinformación van apareciendo opiniones y discursos radicales y la desconfianza de la población a ciertos medios de comunicación. Precisamente son los bulos la principal causa con la que se relaciona la desconfianza en los medios de comunicación según el estudio anual publicado por el instituto Reuters (2018).

7. DISCUSIÓN Y CONCLUSIONES

Las *fake news* constituyen un componente esencial, desapercibido, indeseado, pero omnipresente de la mayor parte de la población. En este estudio de investigación, a partir de una muestra amplia y representativa, los autores han tratado de obtener una radiografía lo más certera posible de la percepción que los adolescentes y los jóvenes tienen de su exposición a las noticias falsas.

Las noticias falsas constituyen un problema difícil de abordar. Los métodos de detección desarrollados están basados en el análisis lingüístico, terminológico y semántico en la aplicación de métodos de *machine learning* y reglas de identificación para determinar la probabilidad de que las noticias sean falsas, satíricas o verdaderas.

Sin embargo, en todos los casos, se trabaja con una base de conocimiento previa que restringe su uso a un contexto muy limitado o a una serie de fuentes de información delimitadas. Estos factores, unidos al hecho de que existen contramedidas para alterar los resultados de los programas de detección, así como la dificultad para diagnosticar noticias en tiempo real de las que no se tiene equivalencia previa en las bases de conocimiento, no permiten vislumbrar una solución efectiva a corto plazo.

En todas las investigaciones, parecen constatarse algunos puntos en relación con las noticias falsas:

- Alteración de los hechos reseñados en las noticias con hipérboles que tienen por objetivo captar la atención del receptor.
- Uso de terminología y recursos para crear un discurso primario que no profundiza en la información.
- Inmediatez de la información y textos muy breves que no permiten contrastar ningún detalle de las afirmaciones resumidas.

- d) Preponderancia del titular por encima de las pruebas y el contraste de los hechos.
- Alto nivel de difusión en redes sociales, comentarios favorables y aceptación.
- Noticias destinadas a cambiar el parecer o la forma de pensar del receptor; presencia de escándalos o hechos presentados con poca sensibilidad; doble moral o situaciones en las que puede haber un actor claramente beneficiado.

Es posible que las noticias falsas, que constituyen un arma cibernética al que cualquier país y organización puede tener acceso, sigan creándose en un futuro debido a los intereses económicos y políticos. Está demostrado que es posible influir en procesos electorales, decisiones políticas, la estabilidad social, el balance de cuentas y las campanas de ventas de las empresas, su cotización en bolsa y la potenciación de crisis económicas.

Por estos motivos, resulta más que probable que el nivel de sofisticación de las *fake news* y su infraestructura sea incrementado conforme se diseñan métodos más avanzados para su diagnóstico.

El valor estratégico de las noticias falsas reside en la capacidad para influir en las personas, la sociedad y en sistemas informáticos que, cada vez con mayor frecuencia, toman decisiones basándose en la información que analizan permanentemente de la web, las redes sociales y los medios de comunicación. Esto ha convertido al ecosistema de *fake news* en un arma cibernética con la que se han mejorado los métodos tradicionales de subversión y propaganda.

Al problema de las noticias falsas, hay que añadir un problema de credibilidad y fiabilidad de las fuentes de información, así como de transparencia de las instituciones y gobiernos. La facilidad para manipular las pruebas de una noticia o bien de crearlas según las necesidades del mensaje y el objetivo perseguido, así como la dificultad para contrastarlas, puede provocar una falta de confianza que, además puede ser aprovechada para generar desinformación.

La detección de fuentes fiables resulta costosa y requiere de tiempo para verificar de forma imparcial y crítica las pruebas y los hechos que cada noticia publicada aporta. Esto se contrapone al efecto de instantaneidad de la información.

Al margen de que puedan existir grupos operativos e infraestructuras tecnológicas que aglutinen programas de auto publicación de noticias falsas, granjas de blogs y enlaces, métodos de *clickbait* y marketing viral, todos altamente coordinados para contaminar un ecosistema de información, cabe destacar el entorno de libertad en el que se desarrollan estas actividades y se camuflan con la normalidad informativa de las redes sociales.

Una causa de ello podría encontrarse en el periodismo ciudadano, que en muchos casos puede estar afectado por estos fenómenos. La democratización del periodismo ha permitido la publicación y difusión de cualquier tipo de noticia, incluso rumores, sin que exista en muchos casos un análisis pormenorizado de los hechos y sus pruebas.

El periodismo que busca la verdad ha de aplicar los principios de análisis e imparcialidad, ofrecer una descripción aséptica y realista de los hechos, diferenciar el hecho de la opinión, alertar al lector del estado de la noticia y su fiabilidad, y responder a todas las preguntas y cuestiones que pueden derivarse para llegar al conocimiento profundo del objeto y su efectivo relato.

El alcance del problema parece justificar el inicio de investigaciones orientadas al desarrollo de tecnologías y estrategias para evitar y detectar noticias falsas en los diversos medios de comunicación disponibles en la web, incluyendo redes sociales, blogs y portales de noticias.

En concreto, resultaría imprescindible generar un corpus de noticias falsas en español para iniciar la experiencia de desarrollo y experimentación técnica para una identificación eficaz.

Por otra parte, recuperar y mejorar estándares de seguimiento como RSS y mejorar la calidad de la metainformación y de los contenidos también favorecería la discriminación de noticias falsas. Asimismo, resulta importante crear programas para la predicción de eventos informativos con la finalidad de ejercer un control sobre el presente continuo de la información.

Las conclusiones corroboran la hipótesis, de que este fenómeno de las *fake news*, ha suscitado recientemente el interés por analizar las causas, consecuencias y soluciones a este problema. En el análisis realizado de las *fake news* y sus consecuencias a lo largo del referenciado artículo, se pretende favorecer una reflexión sobre este fenómeno actual.

8. REFERENCIAS

Blanco-Herrero, D. (2018). "Deontología periodística en el nuevo escenario comunicativo: periodismo digital y fake news en los códigos deontológicos del sector en España"[Comunicación en congreso] VI Congreso internacional de la AE-IC. Comunicación y conocimiento. Salamanca, España. https://bit.ly/44rk9nR

Canavilhas, J., Colussi, J., y Moura, Z. B. (2019). Desinformación en las elecciones presidenciales 2018 en Brasil: un análisis de los grupos familiares en WhatsApp. *El Profesional de la Información*, 28(5) https://doi.org/10.3145/epi.2019.sep03

European Commission. (2023). Eurobarometer. Europa.eu. https://europa.eu/eurobarometer/surveys/detail/2119

Fernández-García, N. (2017). Fake news: una oportunidad para la alfabetización mediática. *Nueva sociedad*, (269). https://biblat.unam.mx/hevila/Nuevasociedad/2017/no269/8.pdf

García-Marín, D., y Salvet-Martinrey, G. (2022). Tendencias en la producción científica sobre desinformación en España. Revisión sistematizada de la literatura (2016-2021). *AdComunica*, (23), 23-50. https://doi.org/10.6035/adcomunica.6045

Gómez-Calderón, B., Córdoba-Cabús, A., y Méndez-Nieto. A. (2020). Jóvenes y fake news. Un análisis sociodemográfico aplicado al caso andaluz. I/C. *Revista Científica de Comunicación e Información*, (17), 481-504. https://n9.cl/4fod9

Ho, S., Goh, T. J., y Leung, Y. W. (2022). Let's nab fake science news: Predicting scientists' support for interventions using the influence of presumed media influence model. *Journalism*, 23(4), 910-928. https://doi.org/10.1177/1464884920937488

Instituto Nacional de Estadística. (2016). Www.ine.es. https://acortar.link/OOZ4Jd

Raponi, S., Khalifa, Z., Oligeri, G., y Di Pietro, R. (2022). Fake news propagation: a review of epidemic models, datasets and insights. ACM Transactions on the Web. https://doi.org/10.1145/3522756 (En prensa).

Reuters Institute (2018). Digital news report 2018.

Rodríguez Pérez, C. (2019). No diga fake news, di desinformación: una revisión sobre el fenómeno de las noticias falsas y sus implicaciones. *Comunicación*, 40, 65–74. https://doi.org/10.18566/comunica.n40.a05

Sánchez-García, F. J. (2021). Educar la mirada. El discurso informativo de las fake news en el currículo de Secundaria y Bachillerato. *Contextos Educativos*, (27), 153-167. https://doi.org/10.18172/con.4865

Shearer, E. (2018, December 10). Social media outpaces print newspapers in the U.S. as a news source. *Pew Research Center*; https://acortar.link/Oa0G0k

Tandoc, E. C., Jenkins, J., y Craft, S. (2019). Fake news as a critical incident in journalism. *Journalism Practice*, 13(6), 673-689. https://doi.org/10.1080/17512786.2018.1562958

Tandoc, E. C., Thomas, R. J., y Bishop, L. (2021). What is (fake) news? Analyzing news values (and more) in fake stories. *Media and Communication*, *9*(1), 110-119. https://doi.org/10.17645/mac.v9i1.3331

Velasco Sánchez, R. (n.d.). Los peligros de Internet. www.feandalucia.ccoo.es/docu/p5sd6428.pdf

Blanco-Herrero, D., y Arcila-Calderón, C. (2019). Deontología y noticias falsas: estudio de las percepciones de periodistas españoles. *Profesional de la Información*, 28(3). https://bit.ly/3XU1dLK

Montero-Liberona, C., y Halpern, D. (2019). Factores que influyen en compartir noticias falsas de salud online. *Profesional de la Información*, 28(3). https://bit.ly/44NHIa5

Figueira, J., y Santos, S. (2019). Percepción de las noticias falsas en universitarios de Portugal: análisis de su consumo y actitudes. *Profesional de la información*, 28(3). https://bit.ly/3rx6ddc

Vosoughi, S., Deb, . R., y Sinan, A. (2018). The spread of true and false news online, Science, 359:1146-1151. www.te.gob.mx/blog/reyes/front/openJustice/article/84

A IDEOLOGIA REACIONÁRIA DA NOVA ORDEM INTERNACIONAL

Rui Albuquerque[1]

1. INTRODUÇÃO

Costuma designar-se por Ordem Internacional a composição relativa dos vários agentes que operam e se relacionam no plano global do nosso planeta, entre eles, e principalmente, os Estados e as Organizações Internacionais. Este conceito explica também as relações de poder e de influência que estes diferentes sujeitos estabelecem entre si, assim como as interações económicas, comerciais, culturais e religiosas em que reciprocamente se envolvem. Ao longo da História, os arranjos da Ordem Internacional foram diversos. A afirmação de diferentes poderes estaduais, ora hegemónicos ora concorrenciais, ora unívocos ora plurais, carateriza-a e distingue-a, momento a momento. Desde os antigos impérios da Antiguidade Clássica, principalmente o Império Romano, passando pela hegemonia da Igreja Católica medieval, o mundo dual do Tratado de Tordesilhas, o Concerto Europeu do Congresso de Viena, até ao equilíbrio do terror estabelecido entre os Estados Unidos da América e a União das Repúblicas Socialistas Soviéticas, o nosso mundo conheceu diferentes modelos de composição dos interesses relativos dos Estados e dos atores internacionais, com vista a assegurar a paz e a prosperidade, objetivos frequentemente não conseguidos. Desde o fim da URSS (1991) que se consagrou a ideia, quiçá demasiadamente otimista, de que tínhamos alcançado um *status* de consenso onde predominaria um sistema internacional habitualmente designado por «Ordem Internacional Liberal». Essa composição da sociedade internacional era da responsabilidade dos EUA e do Ocidente, e seria pautado pelo livre-comércio, pelos direitos humanos e pela democracia. De há uns anos para cá, considera-se que esse modelo se encontra em profunda decadência, havendo até quem entenda mesmo que já terá chegado ao fim. A invasão russa da Ucrânia teve como principal causa a necessidade de forçar a sua morte, segundo afirmam os principais protagonistas russos e outros que secundam as suas opiniões. E é por isso que, muito mais do que um conflito entre dois países, ela representa um litígio existencial entre dois mundos opostos.

A finalidade deste artigo consiste, por conseguinte, em tentar perceber se a Ordem Internacional Liberal chegou, ou não, ao seu derradeiro momento, se está decadente, ou não, e quais são os principais motivos que poderão explicar esses possíveis factos, ou outros que possamos vir a concluir como mais ajustados à realidade.

---

1. Universidade Lusófona; investigador integrado do CEAD – Centro de Estudos Avançados em Direito – Francisco Suárez (Portugal)

Em termos metodológicos, o trabalho resulta da análise política e económica, feita sob a perspetiva das Relações Internacionais, do mundo atual, recorrendo a bibliografia e publicações pertinentes para nos ajudarem a perceber os dias ímpares que estamos a presenciar. Houve uma particular atenção para com o pensamento de alguns ideólogos que se julga influenciarem o pensamento dos principais decisores políticos das grandes potências mundiais.

2. A «OPERAÇÃO MILITAR ESPECIAL»

No dia 24 de Fevereiro de 2022, a Federação Russa deu início àquilo a que o seu Presidente designou como uma «operação militar especial» no solo de um país soberano seu vizinho, a Ucrânia. Nesse mesmo dia, Vladimir Putin dirigiu uma longa mensagem de 40 minutos ao mundo, pela qual perpassava uma ideia essencial: os EUA preparavam-se para atacar a Rússia, usando para isso o regime «nazi» de Kiev, que, segundo ele, massacrara, durante os último oito anos, as populações russófonas do Donbass e do leste ucraniano. As evidências dessa intenção americana estavam, segundo Putin, na continuada expansão da NATO para leste, violando todos os acordos estabelecidos depois do fim da União Soviética, em 1991, que a levara até às fronteiras do seu país. Com o desequilíbrio da balança de poder causado pelo fim do contraponto soviético, o predomínio americano transformara-se num modelo quase único na ordem internacional, trazendo padrões existenciais e políticos uniformizados, a democracia burguesa, a economia de mercado, o consumismo americano, enfim, o capitalismo, «uma espécie de forma moderna de absolutismo» (Visão, 2022), segundo as palavras que proferiu nesse discurso. Depois da vitimização, a derradeira justificação para a intervenção: «a Rússia não pode sentir-se segura, desenvolver-se, existir com uma ameaça constante que emana do território da Ucrânia moderna» (Visão, 2022). E como, segundo Putin, os EUA foram sempre insensíveis aos inúmeros apelos da Rússia para estancarem a expansão da NATO, como, não obstante as infindáveis tentativas russas de resolução pacífica deste problema «a posição dos EUA não muda» (Visão, 2022), foi necessário, para defender a «própria existência do nosso Estado» (Visão, 2022), disse, ir à fonte do problema, a Ucrânia, onde se estabeleceram os últimos bastiões da NATO, logo antes de principiar o território do país governado por Putin.

3. A ORDEM INTERNACIONAL LIBERAL

Foi com a transformação da sociedade internacional, de um mundo bipolar saído do fim da URSS, com outros atores de menores proporções mas não despiciendos, entre os quais a China, e da quebra dos compromissos que, na altura, os EUA e a NATO terão assumido, que Vladimir Putin fundamentou a necessidade da intervir na Ucrânia. Uma intervenção que, segundo as suas próprias palavras, não era uma guerra mas um ato de justiça elementar com vista a repor as fronteiras naturais do seu país, estabelecendo uma zona de proteção, uma espécie de terra ermada medieval entre a Federação Russa e o Ocidente, de modo a que todos se sentissem seguros. Para tanto precisava de destituir os «nazis» que governavam o país vizinho por influência americana, sendo ese o primeiro objetivo anunciado da operação militar. Esta questão foi, no discurso oficial russo, e continua a ser, determinante nas decisões tomadas sobre a Ucrânia. Já no ano de 2023, no dia 7 de Abril, o Ministro dos Negócios Estrangeiros da Rússia, Sergei Lavrov, disse, em declarações proferidas em conferência de imprensa com o seu homólogo turco Mevlut Cavusoglu, que a guerra no país vizinho terminaria no exato momento em que fosse estabelecida uma «nova ordem mundial». Isto significava que aquela que ainda existe, embora decadente e em fase terminal, como é convicção dos ideólogos e responsáveis políticos russos, não serve os interesses da paz e da segurança. Essa configuração do cenário internacional, a que usa dar-se o nome de «Ordem Internacional Liberal», foi uma decorrência da «guerra fria», embora os seus princípios e a sua história comecem verdadeiramente nos primórdios do século XIX, com e após o Congresso de Viena (1814-5).

De facto, se é verdade que o mundo ocidental saído de Viena foi multipolar, porque as grandes potências – Inglaterra, Prússia, Áustria e Rússia – viram o seu poder reforçado na comunidade de Estados e tomavam decisões em conjunto, em organizações internacionais formais como a Santa Aliança, esse facto não significou propriamente que eles tinham mundovisões políticas e civilizacionais díspares, porque, ao tempo, entre todas elas predominava uma identidade comum. Como assinalou Henry Kissinger, o que garantiu a longas décadas de paz europeia depois de Viena foi o facto dos países continentais estarem «ligados por um sentido de valores partilhados. Não havia apenas um equilibrio físico, mas também um equilibrio moral» (Kissinger, 2002, p. 66). Mesmo na Rússia essa aproximação à Europa e aos valores ocidentais vinha já de trás. Pedro, o Grande, provavelmente a personagem histórica que mais inspirou Putin, quando construiu São Petersburgo, e para lá transferiu a capital do seu país, queria fazer da nova cidade «uma janela para a Europa» (Eltchaninoff, 2022, p. 25). Aliás, o próprio presidente atual da Rússia, nos primórdios da sua liderança, caraterizava o seu país do seguinte modo: «do ponto de vista geográfico, a Rússia, evidentemente, é um país eurasiático. Mas (...) a Rússia é, sem dúvida nenhuma, uma país europeu, porque é um país de cultura europeia» (Eltchaninoff, 2022, pp. 28-29). A separação da Rússia deste genuíno *melting-pot*, que era a sociedade internacional europeia do século XIX, só se efetivará com o triunfo do comunismo no século XX, quando Lenine declarou o «imperialismo» como inimigo principal e este se corporizava no Ocidente, em particular, após os Quatorze Pontos de Wilson, nos EUA. É uma nova ideologia, e não tanto o interesse nacional estratégico do Estado russo, que impera nesta nova apreciação das Relações Internacionais que nasce em Moscovo. Desde esse momento, que a separação entre dois mundos tão distintos, o capitalista ocidental e o comunista soviético, se começará a aprofundar e a posicionar-se no plano internacional com conquistas e anexações territoriais, assim como com a delimitação de zonas de influência. A União Soviética, que se constitui em 1922 com a união das repúblicas soviéticas da Rússia, Ucrânia e Transcaucásia (Arménia, Arzebeijão e Geórgia), ocupará em 1945, com o Exército Vermelho de Estaline, a Europa de Leste. Depois, encetará uma política expansionista pela América do Sul, pela Ásia e por África, aproveitando o ciclo, que se iniciava, do fim dos impérios europeus e das descolonizações. A sua influência foi imensa e expandia-se por esses quatro continentes. Apresentava-se, o imperialismo soviético, como defensor dos povos oprimidos contra o capitalismo ocidental, sobretudo norte-americano. Eram, pois, dois mundos completamente diversos que se confrontavam, duas visões da existência, do indivíduo, da sociedade e da história, absolutamente antagónicas. Não poderiam coabitar, nem sequer cooperar. A filosofia do marxismo soviético tinha por objetivo a destruição do mundo burguês e capitalista, que os EUA e o Ocidente nessa altura já representavam.

Não foi, todavia, o que se passou. A 26 de Dezembro de 1991, a União Soviética implodiu, depois de décadas de um sistema político e económico que a fez desmoronar, enquanto que o capitalismo continuava vivo e pujante. Não foi ainda dessa vez que as profecías de Marx se concretizariam. Pelo contrario, Boris Yeltsin e o seu primeiro-ministro Viktor Chernomyrdin tentaram transformar a economia russa numa economia de mercado, ao modo ocidental. A China começava a dar passos decisivos no mesmo sentido, procedendo a importantes reformas da economia, da propriedade e dos sectores produtivos. As suas "ilhas capitalistas" constituíram uma inegável oportunidade para enriquecer, esse destino «glorioso», segundo Deng Xiaoping. Quando chega ao poder, Putin declara-se europeísta e quase um "liberal": «nos primeiros anos da sua Presidência ele terá demonstrado um ocidentalismo exemplar, pelo menos na aparência» (Eltchaninoff, 2022, p. 28). Desde então a chamada «Ordem Internacional Liberal» parecia ter como destino inevitável a universalização, de tal modo que houve mesmo quem tivesse vaticinado «o fim da História». Era chegado o tempo de levar esses valores para aquelas partes do mundo que ainda não viviam com eles. Liberdade, democracia, economia de mercado, direitos humanos, laicidade, uma panóplia de ideias que tinham nascido nos Iluminismos europeus de setecentos e se tinham transformado no credo das sociedades ocidentais. Havia uma convicção generalizada de que nenhum ser humano, nenhuma sociedade que tivesse a oportunidade de conviver com esta forma de encarar o mundo a rejeitasse. Ao Ocidente cabia esse fardo de «nation building», como outrora tivera, em África, «o fardo do homem branco». Desse modo, esperava-se uma adesão entusiástica dos povos oprimidos a esta oportunidade que o Ocidente lhes oferecia para se «libertarem» e elevarem nos valores do Iluminismo. O direito natural, a «lei natural» dos antigos gregos e romanos, parecia estar agora a transformar-se num *ius cogens* universal. Todos os homens, todas as sociedades, todos os países têm direito a viver sob a égide da democracia e da liberdade, e isso será uma fatalidade irrenunciável. Também não foi, porém, isso que aconteceu, nem o que os destinatários da «generosa» oferta ocidental quiseram para si.

4. O FIM DA ORDEM INTERNACIONAL LIBERAL

Com o mesmo entusiasmo com que abraçaram a ideia do «fim da História» e do triunfo universal da «Ordem Internacional Liberal», muitos intelectuais e decisores políticos, assim como as opiniões públicas nacionais, começaram a duvidar da sua viabilidade e do seu futuro. O fracasso da Segunda Guerra do Golfo, a crise do pensamento neoconservador, segundo os postulados fixados por Irving Kristol, e a nova perspetiva do choque, já não de ideologias políticas, mas de civilizações, povos e das suas culturas, defendida por Samuel Huntington, parecia encaixar-se milimetricamente nas novas coordenadas da realidade em que se movia o mundo posterior ao 11 de Setembro e à consequente cruzada democrática no Médio Oriente. A ordem internacional unipolar dos EUA, a «pax americana», parecia estar num estado comatoso de difícil ou mesmo impossível recuperação. Num excelente artigo publicado no *International Affairs*, no ano de 2018, antes do cismo da pandemia e da crise da invasão da Ucrânia, Gilford John Ikenberry, professor da Universidade de Princeton, refletia sobre a possibilidade de estarmos perante uma mudança profunda do sistema internacional que conhecíamos pelo menos há setenta anos, mas que, como o próprio reconhecia, tivera as suas raízes no Iluminismo e na Revolução Industrial. A sua principal tese era a de que o internacionalismo liberal do século XIX, que permitiu quase uma centúria completa de relativa paz e de enorme prosperidade na Europa, poderia estar a aproximar-se do fim, por se ter globalizado no século XX e ter incluído no processo países que não partilhavam dos mesmos valores ideológicos e civilizacionais. No fim de contas, como mais adiante retomaremos, a fronteira entre esses dois mundos estava no Iluminismo, entre os países e as sociedades que se tinham separado do *Ancien Régime* teocrático e contrário a qualquer ideia de modernidade e os que permaneciam nessa mentalidade reacionária, opondo-se às transformações que, a partir daí, se operaram e que culminaram no desenvolvimento dos Estados de direito e da democracia. O professor de Princeton concluía, assim, que «the crisis of liberal order today is in part of how to reorganize the governance of this order» (Ikenberry, 2018, p. 19). Apesar do artigo ter sido escrito muito antes da eclosão daqueles dois momentos anteriormente referidos, que abalaram e continuam a abalar profundamente a ordem internacional, o autor manifestava já a sua preocupação com a orientação do Presidente Trump em política externa, porque a sua presidência assinalava a primeira vez que «since the 1930s, the United States has elected a president who is actively hostileto liberal internationalism» (Ikenberry, 2018, p. 7).

Na verdade, o histriónico inquilino da Casa Branca que sucedeu a Obama tinha uma visão e uma doutrina muito claras sobre o liberalismo e a sua ordem internacional. Para ele, esta ideologia identificava-se com meia-dúzia de tópicos, entre eles, a OMC (Organização Mundial de Comércio), o livre-cambismo, o multilateralismo, a falta de proteção dos Estados às suas economias nacionais e, claro, a China, acima de tudo a China como a grande beneficiária desse sistema de comércio livre internacional. As teses de Trump são, como Vasco Rato bem classificou, «declinistas», no sentido de sustentar que os EUA enfrentavam um longo período de declínio nacional por causa das suas elites corruptas que se tinham rendido aos interesses da China em seu benefício pessoal e prejuízo dos trabalhadores americanos (Rato, 2023, p. 124). Foi essencialmente com esta mensagem que o milionário americano ganhou as eleições presidenciais de 2016, certo sendo que ela não era propriamente original, correspondendo mesmo a uma certa forma de estar na política, que está longe de ser exclusivamente norte-americana. Como não era também inteiramente sua a convicção do «excepcionalismo» dos EUA, que, em sua opinião, levara o país a intervir desnecessariamente na ordem internacional em defesa de interesses que não eram exatamente os seus, fazendo com que os primeiros beneficiários desse apoio o desmerecessem porque praticamente nada investiam para o ter. Trump pensava, obviamente, na China e União Europeia, e, nesta última, nos países mais ricos, a Alemanha e a França, que não honravam as suas acordadas contribuições para a NATO e para uma segurança occidental comum. Também aqui encontramos raízes na tradição política americana, concretamente no isolacionismo que é tão antigo como o próprio país. Destas duas grandes linhas de força Donald Trump entende que a Ordem Internacional Liberal chegara ao fim, ou que, pelo menos, estava tão abalada que já não teria salvação. Por isso ele propôs revogar ou, na melhor das hipóteses, rever os grandes instrumentos de direito internacional no âmbito do comércio e da segurança. Desconsiderou a União Europeia, símbolo deste tipo de mentalidade pouco eficaz para gerir os interesses dos Estados, apoiou o Brexit, ameaçou a sobrevivência da NATO, e optou pelo bilateralismo em desfavor do multilateralismo. Só assim a América poderia voltar a ser «great again». Este posicionamento era paradoxal, porque se aproximava muito da visão de Putin e de Xi Jiping, no que se refere ao «retorno à normalidade das relações internacionais» (Rato, 2023, p. 75), por isto querendo-se dizer o abandono da ordem unipolar americana e do fim do liberalismo[2], isto é, da ordem liberal do pós-1945. A situação é tanto mais esdrúxula que, como nota Vasco Rato, é profundamente irónico que seja a China de Xi Jiping a «afirmar-se como defensora acérrima do comércio livre, do multilateralismo e de outros elementos estruturantes dessa mesma ordem» (Rato, 2023, p. 254) criada pelos EUA, sendo que estes parecen querer abandoná-la.

2. Numa entrevista concedida ao *Financial Times*, a 27 de Junho de 2019, o autocrata russo diz expressamente que o liberalismo «become obsolete». E, em tom de ameaça, acrescenta: Os liberais « cannot simply dictate anything to anyone just like they have been attempting to do over the recent decades» (Financial Times, 28 de Junho de2019: https://www.ft.com/content/670039ec-98f3-11e9-9573-ee5cbb98ed36).

5. BENOIST, BANNON E DUGUIN

Em Janeiro de 1963, a editora francesa Saint-Just publicava um livro de Fabrice Laroche com o título *Salan devant l'opinion*, que versava sobre o julgamento ocorrido no ano precedente de Raoul Salan, um militar nascido na Roquecourbe, comuna francesa da região administrativa de Occitânia, situada no departamento de Tarn. Depois de uma espúria ligação com o governo de Vichy, Salan passou-se para o lado da resistência ao nazismo e combateu pela França Livre, na II Guerra Mundial. Após a vitória das forças aliadas em 45, combateu no Vietnam, assumiu a liderança das tropas do seu país na Indochina, e seguiu posteriormente para a Argélia Francesa, onde chefiou as forças armadas francesas, a partir de 56. Com o recrudescimento dos conflitos com a FLN (Frente de Libertação Nacional), movimento de libertação da Argélia contra o domínio francês, Salan só vê uma hipótese do seu país manter essa colonia em África, que era o general Charles de Gaulle assumir o poder em Paris. Assim, no ano de 1958, desafia-o a disputar as eleições presidenciais de Dezembro desse ano, o que ele fez e ganhou com 78% dos votos expressos dos franceses. Mas, ao contrário do que Salan esperava, o novo presidente não só não manteve a política colonial sobre a Argélia, como negociou a independência dessa colónia com o movimento de libertação. Chegando a um acordo nesse sentido, De Gaulle assinou um cessar-fogo em 18 de março de 1962 (Acordos de Évian), no qual reconheceu essa independência, que teria lugar quatro meses mais tarde. Antes de se consumar este facto, cientes de que o mesmo poderia via a ocorrer, Salan e outros nacionalistas franceses fundaram uma organização terrorista, a OAS (Organização Armada Secreta), para organizar a resistência a uma eventual independência argelina. Na noite de 21 para 22 de Abril de 1961, rebentou um golpe na Argélia dirigido por essa organização, com o fim de a manter na soberania francesa na colónia. De Gaulle consegue facilmente reverter a situação, prende os cabecilhas do movimento, entre eles o general Raoul Salan, que será julgado e condenado à pena de morte no ano seguinte. O castigo seria transformado em prisão perpétua, pena de que se viu livre em 1968 por lhe ter sido perdoada. Salan é, por conseguinte, o rosto mais nobre do nacionalismo francês do século XX e Laroche o seu biógrafo e admirador. Sucede que o cidadão Fabrice Laroche não existia. Tratava-se de um pseudónimo, porque na altura, em 1953, era ainda muito arriscado exaltar, em França, o chefe da OAS. O verdadeiro nome do autor deste arrojado estudo era, na verdade, Alain de Benoist, um jovem nacionalista então com apenas vinte anos de idade, que se transformaria num dos filósofos mais importantes da França moderna e que fundaria, pouco tempo depois, uma influente escola de pensamento conhecida por Nouvelle Droite.

Esse movimento foi, de facto, impactante e ideologicamente revolucionário, sobretudo nas décadas de 70 e de 80 do século passado. Vivia-se, em França e um pouco por toda a Europa, desde pelo menos a vitória do Exército Vermelho em Berlim, uma espécie de encantamento com o marxismo e o com o comunismo soviético, até mesmo com o estalinismo dominante, um estado de alma a que Raymond Aron acertadamente chamou «o ópio dos intelectuais». Nas escolas, nas universidades, nas academias, nos clubes, nos centros intelectuais havia a presunção de que a *intelligentsia* vivia à esquerda, e que de modo algum a partilhava com a direita. Escritores, filósofos e professores, os *maîtres à penser* eram, com exceções raríssimas, homens de esquerda, e de esquerda acentuadamente marxista radical. Benoist subverteu o paradigma. Assumindo-se de direita e como um homem vastamente culto, Alain de Benoist fundou um grupo de intelectuais denominado simbolicamente GRÈCE (Groupement de Recherche et d'Études pour la Civilisation Européenne), a partir do qual publica duas prestigiadas revistas, a *Nouvelle École* e a *Éléments*. A primeira é uma espessa coleção de ensaios sobre filosofia política com temas variados e a segunda uma publicação mais ligeira, para um público mais vasto, embora com inegável expressão intelectual. A primeira existe desde 1968, a segunda foi fundada cinco anos mais tarde, em 1973. Ambas continuam a editar-se e, a revista *Éléments*, tem hoje circulação europeia global.

Em 1978, Alain de Benoist concluiu a sua *magnum opus*, o livro *Vu de Droite, anthologie critique des idées contemporaines*, quase uma enciclopédia das grandes ideias e dos grandes autores que, de algum modo, tinham contribuído para um pensamento desalinhado com a esquerda e o marxismo, e que o autor reclamava como património de uma nova direita que pretendia fundar. A direita parecia, assim, vingada das acusações que, por muitas décadas, lhe foram movidas de iliteracia cultural. Todavia, uma análise mais exigente do pensamento do escritor francês suscitaria algumas dúvidas muito pertinentes, entre elas a seguinte: que espécie de direita é esta que Alain de Benoist propõe?

Pois bem, em primeiro lugar, tratou-se de uma direita que reclamou os valores tradicionalistas, mas de uma «tradição» ancestral, que busca em Atenas, Esparta e Roma os seus fundamentos. Este «tradicionalismo» não pode, portanto, considerar-se alinhado com o conservadorismo iluminista de Burke, Acton, Ferguson, Herculano e de outros autores que, embora conservadores, não negaram a influência dos ideais democráticos. Sequer na tradição cristã e católica, de que as democracias-cristãs alemã e italiana do pós-2ª Guerra Mundial seriam depositárias. Depois, uma direita imensamente reacionária, que não se identifica com o liberalismo e a democracia. Pelo contrário, tem-nos como destruidores da civilização europeia. Por último, uma direita que abomina a cultura americana, sincretismo contemporâneo do liberalismo e dos ideais iluministas, segundo Benoist. Ele propõe, por isso, um regresso à cultura europeia que considera clássica, o que não deixa de ser um *upgrade* do seu nacionalismo francês para o plano de um verdadeiro nacionalismo europeu. A grande civilização que nasce na Grécia e em Roma, e que, ao invés do que se costuma dizer, não é nem judaico-cristã nem iluminista, mas pagã e anti-modernista. Para esta forma de pensar, a Europa é uma civilização e essa civilização começou a decair com o triunfo do Iluminismo, do liberalismo e do capitalismo industrial. Como René Guénon e Julius Évola, bem como com os autores da Escola Perenialista, abomina a modernidade, marcada pelo «reino da quantidade» e pelo mercantilismo financeiro americano, desprovida de valores genuinamente europeus. O individualismo liberal é um mal que se torna necessário destruir e a Europa deve regressar às suas origens e abandonar a civilização que os EUA lhe impuseram no século XX. No plano da política pura, a Nova Direita é inimiga declarada da democracia, do Estado de direito burguês e da Constituição, que considera tratarem-se de artificialismos iluministas destruidores da tradição europeia e de um sentido iliberal de comunidade. Joseph de Maistre é o grande inspirador desta atitude contra o Iluminismo[3], e é dele que replicam a ideia de tradição, ainda que recusem o seu proclamado catolicismo. Não por acaso, num estudo relativamente breve sobre o pensador saboiano, o filósofo judeu americano Isaiah Berlin considerará que é no pensamento de De Maistre que se encontram as raízes mais profundas do fascismo. A Nova Direita de Benoist nada tem, por conseguinte, a ver com a tradição da direita democrática e iluminista, liberal ou conservadora, mas com uma forma de expressão ideológica que se aproxima muito mais das formas políticas totalitárias e estatistas, do culto marxista e soreliano da violência como «parteira da História», da teoria das elites de Pareto.

3. Apesar de Joseph de Maistre ter sido, em nossa opinião, o mais proeminente pensador anti-iluminista, ele esteve longe de ter sido o único e até mesmo o primeiro. Como sublinha Isaiah Berlin, «a oposição às ideias centrais do Iluminismo francês, bem como aos seus aliados e discípulos noutros países europeus, é quase tão antiga como o próprio movimento.» (Berlín, I, 2023, 111).

Os outros dois nomes mencionados nesta epígrafe, Steve Bannon e Aleksandr Duguin, são duas personalidades entre si muito diferentes, que estão aparentemente nos antípodas um do outro. É, porém, essa, uma análise ilusória. Bannon foi, como se sabe, o estratega e ideólogo da candidatura presidencial de Trump e da primeira fase do seu governo. É certo que o ex-presidente dos EUA cedo se livrou dele, mas não das suas ideias, nomeadamente aquelas sobre a ordem internacional. Quanto a Duguin, o seu mito não nos permite dizer qual o seu grau real de influencia que exerce sobre Putin, embora o discurso deste último e do seu ministro dos Negócios Estrangeiros, seja decalcado do que o filósofo russo diz e escreve, pelo que *se non è vero* que Duguin seja o ideólogo do Kremlin, *è ben trovato*. Facto indesmentível é que os dois presidentes que influenciaram, ou influenciam, têm posições muito semelhantes sobre a modernidade, o liberalismo, o livre comércio e as relações internacionais. E também que Bannon e Duguin se conhecem, estiveram várias vezes juntos e admiram-se reciprocamente.

Bannon ajudou a criar e a difundir a Alt-Right (Alternative Right), um movimento político de contornos e limites pouco definidos, mas que inequivocamente se situa fora das direitas tradicionais e fica muito próxima dos partidos populistas e muitas vezes neofascistas. Era (é) próximo de Marine le Pen, de Salvini, de Viktor Órban, assim como dos líderes do Brexit, que também Donald Trump apoiou com entusiasmo. Depois de sair da Casa Branca, Steve Bannon anunciou a criação de um grupo político transnacional, *The Movement*, cuja sede seria localizada em Bruxelas, o coração da União Europeia, a organização supranacional que consideram ser o maior perigo para os seus ideais políticos. O objetivo era o de federar os diversos movimentos populistas e nacionalistas europeus e americanos, de modo a criar uma contracultura política que pusesse em causa a globalização e o liberalismo. Seria também um centro político de articulação das respetivas táticas e estratégias a executar em fóruns tão importantes como o Parlamento Europeu, por onde hoje passa a esmagadora maioria da legislação da União Europeia, e que tem um número crescente de deputados associados a partidos eurocéticos. A estrela de Bannon tem vindo a esmorecer, nos úlyimos anos, debido aos muitos processos judiciais que contra ele existem nos EUA, que o levaram até a ser preso durante algum tempo, mas *O Movimento* continua a existir e os populismos europeus de direita também, e, aliás, com sucesso eleitoral crescente. As próximas eleições norte-americanas (2024) e na França (2027) poderão trazer um reforço das suas posições, nos dois casos com consequências imprevisíveis na ordem internacional e, no imediato, na guerra da Ucrânia.

Pelo seu lado, Aleksandr Duguin é, como personagem pública, profundamente diferente de Bannon. É um intelectual, um filósofo, um pensador, um místico que cultiva uma aparência e um estilo que não são completamente distintos dos de Rasputin, ainda que ele seja muito mais politizado e muito menos esotérico do que o conselheiro de Nicolau II. Todavia, a proximidade a Guénon, a Eliade e a Évola, em suma, ao perenialismo nas suas diferentes variantes, é evidentes e declarada. A Alain de Benoist, de quem é amigo pessoal, também. Entre 1992 e 2000, Aleksandr Duguin publicou e dirigiu a revista *Elementy*, uma réplica russa da revista homónima francesa. Benoist fazia parte do conselho editorial e era a grande referência inspiradora. E a Bannon, que conheceu pessoalmente e com quem trocou opiniões e conselhos políticos, sobre quem escreveu as seguintes significativas palavras: «Bannon foi inspirado por autores antimodernistas sérios e consistentes como Julius Evola, e a sua oposição ao globalismo e ao liberalismo tinha, por conseguinte, raíces mais profundas» (Duguin, 2023, p. 50). Duguin publicou, ao longo dos últimos anos, um conjunto de obras sobre filosofia política e relações internacionais e geoestratégia, que coincidem com esta visão tradicionalista do mundo. Entre elas, sobressai *The Fourth Political Theory*, de 2009, onde expõe o essencial do seu pensamento político. Para ele, as três grandes ideologias da modernidade nascida com a Revolução Francesa foram o liberalismo, o comunismo e o fascismo, sendo que a primeira venceu as outras duas e, depois de o fazer, adquiriu uma dimensão quase universal. Ao ganhar essa posição predominante, «o liberalismo desaparece e transforma-se numa entidade diferente: o pós-liberalismo», perdendo qualquer ideia de liberdade para passar a ser um pensamento «determinista», logo, totalitário e inimigo dessa mesma liberdade que dizia defender (Duguin, 2022, p. 38). Sucede que, para o filósofo ruso, por diversas razões, o liberalismo está no seu fim e será sucedido por uma outra mundovisão pós-modernista, a que precisamente chama a Quarta Teoria Política. No campo das relações internacionais, que é o que mais nos diz respeito, ela repercutirá no fim da Ordem Internacional Liberal, ou tendencialmente unipolar e norte-americana, e na criação de uma nova ordem de «Grandes Espaços ou Grandes Potências», entre as quais a Eurásia (o espaço «natural» da Rússia), a União Europeia, a NAFTA, a China, uma possível União Islâmica, entre outros (idem, 189). Para esse efeito, a Rússia precisava de recuperar o seu espaço geográfico natural de influência, de que a Ucrânia, que aliás, para Duguin, não é mais do que uma parte do seu país, é parte imprescindível. É por essa razão, mas também pelos avanços da NATO, que Duguin desde há muito dizia que era necessário «recuperar» a Ucrânia. Pelo menos desde 2014, quando escapou ao controlo da Rússia e se começou a aproximar perigosamente do Ocidente. Esta é exatamente a visão atual de Vladimir Putin, que serviu como fundamento à invasão do país vizinho, e que consiste no grande objetivo dessa «intervenção militar especial», conforme foi declarado pelo presidente russo. Se esta decisão de invadir foi resultado da direta influência de Duguin sobre o presidente e as elites políticas de Moscovo, ou uma mera coincidência que resulta de convicções semelhantes, não podemos responder. Mas a morte de Darya Dugina, filha do filósofo russo, vítima de um atentado terrorista, ocorrido a 23 de Agosto de 2022, num carro onde, em vez dela, deveria estar o seu pai, é esclarecedor da importância que nele reconhecem os inimigos de Putin.

6. CONCLUSÕES: O IMPASSE QUE NOS AGUARDA

Não é exatamente uma novidade a questão do suposto fim da orden internacional liberal. Pelo menos desde o ataque às Torres Gémeas que se percebera que a narrativa do mundo unipolar americano e do triunfo universal do capitalismo era capaz de ser, glosando Mark Twain, manifestamente exagerada. A resposta arrasadora dos EUA, com intervenções militares ao arrepio do Direito Internacional e da Carta das Nações Unidas, revelaram uma força que, de facto, escondia uma enorme fragilidade. Porque, nos países onde essa intervenção teve lugar, não se conseguiu impor o modelo da democracia liberal, que confrontava com as tradições políticas e, sobretudo, religiosas e sociais das populações. Mas, principalmente, porque delas nasceu um pólo geopolítico completamente antagónico a essa concepção de vida, que foi um Irão substancialmente reforçado, num Médio Oriente cada vez mais incontrolável. Na verdade, o único resultado tangível desta intervenção foi mesmo o de transformar em potência hegemónica regional o país que é, desde a Revolução Islâmica de 1979, o grande inimigo dos EUA e da democracia liberal, devido à quase destruição do seu contraponto histórico e geográfico que era o Iraque.

Alguns anos após essa catastrófica nova cruzada, assistiu-se a um exponencial aumento do terrorismo, assim como ao renascimento da Rússia e a um crescimento, há vinte anos difícil de prever, da importancia da China como potência económica e política global. Disso mesmo se queixava, aliás, Donald Trump, para quem o país asiático fora verdadeiramente o único beneficiário da globalização e das facilidades criadas para o comercio internacional pela OMC. Por razões desta natureza é que protagonistas relevantes da cultura política ocidental, como o historiador Niall Ferguson, consideravam, já em 2017, que "o momento alto da ordem liberal internacional já só é visível pelo espelho retrovisor" (Ferguson e Zakaria, 2019, p. 39). O historiador inglés contrapunha os seus argumentos aos do jornalista norte-americano Fareed Zakaria, que, pelo seu lado, fazia profissão de fé no futuro da orden liberal internacional, que considerava viva, pujante e promisora. Mas não era essa a perspectiva de Ferguson, que entendia que ese mundo nascido da política externa dos EUA fora vítima do seu próprio sucesso. Segundo o seu ponto de vista, a globalização tinha ido longe de mais e, com isso, provocara duas crises irresolúveis: "a crise financeira e depois uma crise de emigração em massa" (Ferguson e Zakaria, 2019, p. 16). É nelas que o historiador vê os suficientes condimentos para afirmar que a orden internacional liberal «está acabada» (idem, 16).

Sucede que este debate teve lugar antes de dois factos da maior relevancia, que, pelo menos um deles, não terminou ainda: a crise pandémica de 2020-21 e a invasão da Ucrânia pela Rússia. Ora, se é verdade que há razões, em ambos os casos, para um reforço do pessimismo, também não podemos ignorar que eles comportam relevantíssimos argumentos para sustentar a perspectiva contrária. Na verdade, ambas as crises têm demonstrado uma enorme resiliência de algunas das mais duvidosas dimensões da ordem ocidental dos nossos dias: a economia e as instituições internacionais. Quanto à primeira, quer a recuperação da generalidade das economias ocidentais, que foi muito mais rápida no pós-covid-19 do que alguma vez se imaginou, quer a produção, que readquiriu números quase sempre superiores aos que existiam antes do início da pandemia, quer o Euro, a moeda em que poucos acreditaram, que sobreviveu e se afirmou como moeda forte, até de reserva, face ao dólar e às economias mundiais. Quanto às instituições ocidentais, bastará termos em conta a situação da NATO e da União Europeia antes de Fevereiro de 2022 e no que lhes aconteceu depois disso. Um dos fatores que terá pesado na ponderação que Vladimir Putin fez para tomar a decisão de invadir o país vizinho terá sido precisamente essa aparente fragilidade ocidental, que levava a supor que essas e outras instituições não resistiriam a uma política militar agressiva e a um discurso forte e ameaçador, como o presidente russo usou com as armas nucleares. Ao contrário de todas as previsões, a reação ocidental e europeia tem sido notável, e essa reação foi exatamente para defender a Ordem Liberal Internacional que construíram e que têm como seu património inquestionável.

Em relação ao futuro, é muito difícil, como sempte, predizê-lo. Existem inúmeras variáveis e imprevisibilidades que obrigam a uma prudência reforçada aos que se dedicam a antever os dias que ainda não chegaram. Todavia, parecem-nos existir somente duas posibilidades a concretizar: um prolongar anómalo da guerra, o que beneficiará a Rússia e tenderá a agravar eventuais pontos de fratura entre os países ocidentais; ou uma resolução mais rápida do conflito, sendo que, nesse caso, tal resolução será fatalmente prejudicial para os interesses russos e de Vladimir Putin. Neste binómio de possibilidades dois factos serão certamente decisivos: a eleição presidencial americana de 2024, com uma elevada probabilidade do regresso ao poder do isolacionismo trumpiano, com Trump ou sem Trump; e o desenrolar das crises sucessivas na França, país que é um esteio imprescindível da União Europeia, mas que, se Marine le Pen alguma vez chegar ao poder, o que é cada vez mais provável em razão do agravamento das tensões sociais do seu país, poderá bem deixar de ser. E se a União conseguiu resistir, com relativa facilidade, ao Brexit, o mesmo não se passará com um eventual esmorecimento da posição gaulesa na Europa. Assim, o destino que nos aguarda tanto poderá determinar o renascimento do capitalismo e da ordem internacional que esse sistema compôs nos últimos duzentos anos, como o fim de ambos.

7. REFERÊNCIAS

Barber, L., & Foy, H. (2019). *Vladimir Putin says liberalism has 'become obsolete'.* Financial Times. https://www.ft.com/content/670039ec-98f3-11e9-9573-ee5cbb98ed36

Berlín, I. (2023). *A busca do ideal – História das ideias.* Guerra e Paz.

Duguin, A. (2022). *A quarta teoría política.* Contra-Corrente.

Duguin, A. (2023). *O grande despertar vs. O grande reinício.* Contra-Corrente.

Eltchaninoff, M. (2022). *Na cabeça de Putin,* Livros Zigurate.

Ferguson, N., & Zakaria, F. (2019). *A Ordem Liberal Internacional terá chegado ao fim?.* Gradiva.

Ikenberry, J. (2018). The end of international liberal order. *International Affairs, 94*(1), 7-23. https://doi.org/10.1093/ia/iix241

Kissinger, H. (2002). *Diplomacia.* Gradiva.

Rato, V. (2023). *Tsunami-Trumo, Trumpismo e a Europa.* Conjuntura Actual Editora.

Visão (2022, Fevereiro 24), *A declaração de guerra de Putin – na íntegra: "Quem nos tentar impedir, deve saber que a resposta da Rússia será imediata".* https://acortar.link/2OAQv0

APLICACIÓN DE LOS CONOCIMIENTOS DE ÉTICA PROFESIONAL EN ESTUDIANTES DE ODONTOLOGÍA DE LA UNIVERSIDAD DEL ALBA

Leonardo Alcota Muñoz[1], *Roger Yefi Carrasco*[1]

El presente texto nace en el marco del proyecto de tesis patrocinado por la Escuela de Odontología de la Universidad del Alba y apoyado por fondos internos de apoyo a participación a congresos otorgados por la Dirección General de Investigación y Vicerrectoría Académica de la Universidad del Alba

1. INTRODUCCIÓN

La educación universitaria busca formar profesionales cirujanos dentistas integrales para la sociedad entregando conocimientos científicos, técnicos y humanísticos con un alto sentido social y ético (Torres-Quintama & Romo, 2006; Orellana & Guerrero, 2019). De acuerdo con la Real Academia Española, la ética es definida como el conjunto de normas morales que rigen la conducta de las personas en cualquier ámbito de la vida. Etimológicamente, la palabra ética deriva del griego ethos que significa carácter, forma, habito y modo de vida (RAE, 2023). La evidencia indica que tanto los valores como las motivaciones personales de los estudiantes del área de salud en formación, se construyen y desarrollan a lo largo de toda la vida en un complejo proceso que intervienen: la familia, la escuela y la sociedad (García, 2008; Morales *et al.*, 2021).

Los odontólogos se enfrentan diariamente a diferentes dilemas de su profesión, y requieren adoptar acciones que favorezcan el bienestar de sus pacientes (Zijlstra-Shaw *et al.*, 2017; Khalaf *et al.*, 2022). El primer deber moral que asume el odontólogo es "hacer el bien" a sus pacientes y la decisión que tome frente a un caso clínico dependerá tanto de los saberes profesionales como de la ética que posea (Orellana & Guerrero, 2019). Los recientes lineamientos exigen al Odontólogo informar a su paciente todo lo concerniente a su salud bucal estableciendo una buena relación con su paciente, por lo tanto, tienen la obligación de controlar la calidad de sus prácticas clínicas en el ámbito ético (Izzeddin *et al.*, 2010).

La formación universitaria permite alcanzar niveles superiores de desarrollo moral, logrando modelos de conducta ética que se aplicaran en la vida adulta, tanto en el contexto personal como en el ámbito profesional (Alcota *et al.*, 2016). Según la Asociación para la educación Dental en Europa (ADEE), las competencias éticas necesarias que un odontólogo

1. Universidad del Alba (Chile)

necesita adquirir en su formación profesional incluyen: una conducta ética adecuada en la sociedad, competencias transversales a la disciplina y habilidades sociales entre sus pares y con los pacientes, asimismo, la Dental Council de Inglaterra reconoce la importancia de la adquisición temprana de actitudes profesionales, señalando que el profesionalismo requiere estar en el centro de la agenda dentro de las responsabilidades de las escuelas dentales, y es categórico en afirmar que las escuelas están obligadas a desarrollar planes de estudio que incorporen tanto conocimientos técnicos específicos como competencias transversales que aseguren la formación de actitudes, valores y comportamientos éticos en los estudiantes (Ozar, 2012; Hartshorne & Van Zyl., 2020).

El estudiante de odontología desde su formación se enfrenta diariamente con dilemas éticos que se presentan en la práctica clínica, y será su formación profesional lo que le aportara un enfoque más humanitario para enfrentarlos, por esta razón, la Asociación Americana de Educación Dental (ADEA por sus iniciales en inglés) y la Asociación Dental Americana (ADA), han desarrollado capítulos en los que incorporan las conductas éticas y profesionales recomendando que en todas las escuelas de odontología se trabaje en torno a estos aspectos (Shaw. 2009; Bateman *et al.*, 2019). El desarrollo de la profesionalidad del estudiante en odontología se demuestra con el altruismo, la integridad, el cuidado, el enfoque en la comunidad y el compromiso con la excelencia de atención hacia los pacientes (Alcota *et al.*, 2016; Alcota *et al.*, 2019).

Los estudiantes de Odontología requieren tener conocimiento de pautas éticas y demostrar su profesionalismo con principios establecidos. Shaw. (2009) enumera seis principios, incluyendo: 1) poner los intereses de los pacientes en primer lugar; 2) Respetar la dignidad y la autonomía de los pacientes; 3) Proteger confidencialmente la información de los pacientes; 4) Cooperar con otros miembros del equipo a favor de los pacientes; 5) Mantener su conocimiento y competencia profesional y 6) Ser confiable. Los primeros tres principios son de naturaleza ética e impulsados por el concepto general de respeto a la autonomía. Sin embargo, los principios cuatro y cinco no son de naturaleza ética, y se relacionan con el desarrollo profesional y el equipo trabajo. El sexto principio es una virtud del profesional, si bien, no guía la acción ética del profesional, es un principio de naturaleza ética (*Patrick*. 2017).

Se ha encontrado que los estudiantes de 4to año de Odontología, luego de haber recibido un curso de ética aumentan significativamente su juicio de decisiones éticas (Ilguy *et al.*, 2015; Hertrampf *et al.*, 2019). Asimismo, en la Facultad de Estomatología de la Universidad Inca Garcilaso de la Vega en el año 2018 un 68% de los alumnos presentó un nivel de conocimiento regular de Bioética (Vargas. 2018). Asimismo, se ha observado que, en la Facultad de Odontología de la Universidad Nacional Mayor de San Marcos de México, un 47% de los estudiantes poseen un nivel de conocimiento del Código de ética regular (Monge, 2016). En los alumnos de pregrado, posgrado y docentes clínicos de la Universidad de Chile el nivel de conocimiento acerca de Bioética aplicada en Odontología es bajo (Miranda. 2009). Por su parte, en la Facultad de Odontología de la Universidad de San Martin de Porres Filial Norte, de Chiclayo, Perú, los alumnos de 5to año poseen un nivel de conocimiento medio sobre los principios de bioética (Flores, 2018).

Actualmente existe un consenso entre los expertos en educación dental que la comprensión del conocimiento y las habilidades clínicas en Odontología no son suficientes para garantizar la calidad en las prácticas de salud oral sin la aplicación de la ética profesional y las habilidades de gestión de la práctica. La enseñanza de la ética profesional en Odontología facilita el desarrollo personal y profesional de los aspirantes a dentistas (Al-Zain *et al.*, 2014; Razavi *et al.*, 2023).

En Chile, el colegio de cirujanos dentistas posee un nuevo código de ética que aborda diferentes dimensiones en el ámbito de la ética y bioética, destacando: 1) sobre el ejercicio general del cirujano, dentista; 2) La relación del cirujano dentista con su paciente, familiares y representantes; 3) Las relaciones personales, interprofesionales y personal de apoyo y 4) Con lo referente a la publicidad (Campos *et al.*, 2020). Se ha evaluado la percepción del compromiso ético hacia las personas y la sociedad en estudiantes de la escuela de odontología en la Universidad de Chile, demostrando que existe una baja percepción en la promoción curricular en los aspectos éticos (Ramírez & Massa *et al.* 2016).

Recientemente la Carrera de Odontología de la Universidad del Alba (Chile)m ha modificado la malla curricular en la formación profesional, intensificando la formación en ética y bioética, teniendo una fuerte influencia del Código de ética del Colegio de Cirujanos dentistas y la legislación vigente referente a la investigación clínica (Ley 20.120) y la atención con pacientes (Ley 20.584) (Campos *et al.*, 2020; Biblioteca del congreso nacional de Chile, 2023)

2. OBJETIVO

El propósito de esta investigación fue evaluar la aplicación de los conocimientos sobre ética profesional que tienen los alumnos de sexto año de la Universidad del Alba

3. METODOLOGÍA

El estudio realizado fue de tipo cuantitativo transversal. La muestra de estudio se obtuvo de manera probabilística a partir de una población finita determinada por los alumnos de sexto año de la Carrera de Odontología de la Universidad del Alba (N= 58 alumnos) de la cohorte 2021. La muestra fue calculada según población utilizando la formula $n= (N \times Z^2\alpha \times p \times q) / (e^2 (N-1) + Z^2\alpha \times p \times q)$. Participaron 29 estudiantes de sexto año. Se utilizaron los siguientes criterios de inclusión: a) Alumnos del 6to año matriculados en el semestre académico 2021; b) Alumnos que aprobaron la asignatura de Ética y Bioética, y los criterios de exclusión utilizados fueron: a) Alumnos que no aceptaron participar voluntariamente del estudio y b) Alumnos que por diferentes motivos no contestaron en el plazo de 2 semanas posterior al envió de la encuesta.

El nivel de conocimientos sobre ética y bioética y su aplicación, se evaluó aplicando un cuestionario de 43 preguntas a través de la plataforma de google forms institucional. El cuestionario fue dividido en 2 etapas. En la primera etapa se aplicaron 28 preguntas de selección múltiple para evaluar el nivel de conocimientos de ética y bioética que poseían los estudiantes de sexto año de la carrera odontología. El cuestionario aplicado fue realizado utilizando el programa académico de Ética y Bioética. En la segunda etapa del cuestionario, se realizaron preguntas de casos tipo dilemas éticos de Odontología en la práctica clínica. El cuestionario fue validado de manera externa e interna. Se aplicaron 15 casos de dilemas éticos para evaluar la aplicación de los conocimientos de ética profesional en la práctica odontológica mediante diferentes situaciones Los casos de tipo dilemas éticos fueron obtenidos desde diversas publicaciones utilizando los buscadores Pubmed, Wiley y Google scholar y las siguientes palabras claves ethics dentistry clinical case, ethical dilemas dentistry, Dental ethics case, Ethics dental case (Poirier *et al.*, 2015; EI-Dessouky *et al.*, 2011; Ilgy *et al.*, 2015; Naidoo (a). 2010; Naidoo (b). 2010; Naidoo.2011; Naidoo (a). 2012; Naidoo (b). 2012; Naidoo (a). 2013; Naidoo (b). 2013; Naidoo (c). 2013; Naidoo. 2014; Naidoo & Du Toit., 2014; Naidoo & Du Toit., 2015)

Las preguntas del cuestionarios fueron elaboradas con carácter cerradas politómicas. El encuestado necesitó elegir una alternativa correcta entre varias. Las respuestas presentadas fueron excluyentes. En la etapa 1 del cuestionario cada pregunta tiene 4 alternativas diferentes, mientras que la etapa 2 del cuestionario cada pregunta estuvo relacionada a un caso clínico, cuyas alternativas fueron: Si, No y No sé.

Los alumnos que participaron del estudio contaron con un tiempo de 2 semanas para responder el cuestionario de preguntas que fueron enviadas a través de la plataforma Google Forms previa firma del consentimiento informado. El estudio tuvo la aprobación del Comité de Ética institucional. Las respuestas fueron ingresadas a una hoja de cálculo de MS-EXCEL 2010 (Microsoft Corp. Seattle, WA), para posteriormente ser analizadas en el Software Prisma 8, versión 8.4.3. Las tablas y gráficos se realizaron en el programa Excel.

4. DESARROLLO DE LA INVESTIGACIÓN

4.1. Participantes del estudio

Participaron del estudio un total de 29 estudiantes de sexto año de la carrera de Odontología, el 27,6% (n=8) fueron hombres y el 72,4% (n=21) fueron mujeres (figura 1).

Muestra	Número	Porcentaje
Hombres	8	27,6
Mujeres	21	72,4
Total	29	100

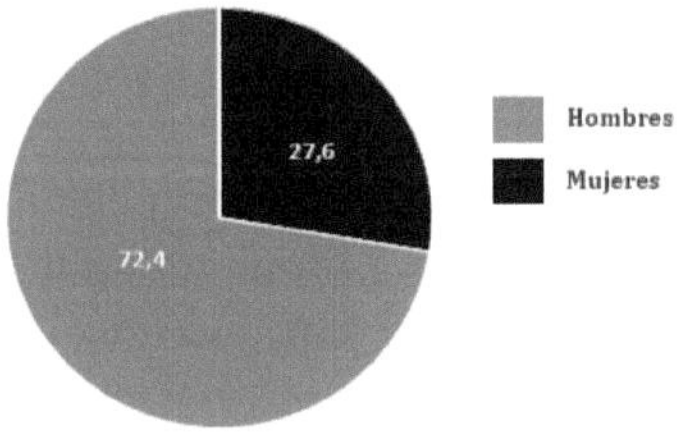

Figura 1. Estudiantes de sexto año de la carrera de Odontología participantes del estudio Fuente: Elaboración propia.

4.2. Nivel Conocimientos de Ética de los estudiantes de Odontología

Al aplicar la primera parte del cuestionario evaluando el nivel de conocimientos de ética en los estudiantes de sexto año de la carrera de Odontología (28 preguntas), se encontró que en promedio respondieron 16,1 ± 6,55 de preguntas correctas, representando un

55,06% del total, y respondieron incorrectamente en promedio 12,9 ± 6,55 de preguntas representando un 44,44 % (Figura 3). Estos resultados y de acuerdo a la puntuación por pregunta, se obtuvo un puntaje igual a 15,65 que al ser evaluado con una escala al 60% arrojó un escaso nivel de conocimientos en temas relacionados con la ética y bioética en los estudiantes de Odontología (Tabla 1).

Número total de preguntas		Estudiantes promedio con respuestas Correctas	Estudiantes promedio con respuestas inorrectas	% Estudiantes con respuestas Correctas	% Estudiantes con respuestas inorrectas
28	Promedio	16,1	12,9	55,06	44,44
	Desviación Estándar	6,55	6,55	22,87	22,59

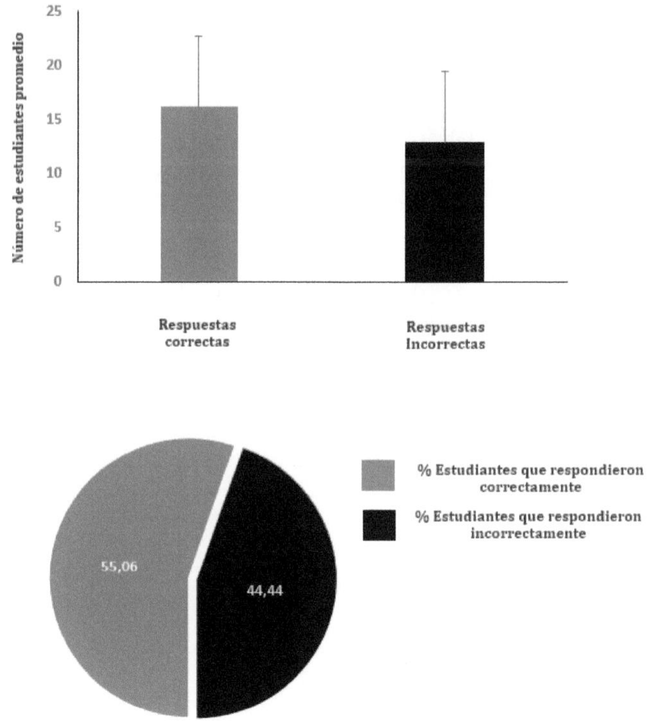

Figura 2. Número y porcentaje de estudiantes de Odontología que respondieron de forma correcta e incorrecta el cuestionario que evaluó el nivel de conocimientos de ética y bioética. Fuente: Elaboración propia.

Nivel de conocimientos	Puntaje	Nota asociada al puntaje	Puntaje Promedio Obtenido	Nota obtenida	Nivel de conocimiento obtenido
Alta	25-28	6,2-7,0	15,65	3,9	Escaso
Medio	17-24	4,0 -6,1			
Escaso	0-16	1,0 -3,9			

Tabla 1. Nivel de conocimientos en ética y bioética que poseen los los estudiantes de sexto año de la carrera de Odontología de la Universidad del Alba Fuente: Elaboración propia.

4.3. Aplicación de los conocimientos éticos en dilemas odontológicos

En la segunda parte del cuestionario (15 preguntas) para evaluar la aplicación de los conocimientos éticos en diferentes dilemas odontológicos en los estudiantes de sexto año de la carrera de odontología, se observó que en promedio un total de 18,7 ± 7,31 estudiantes respondieron correctamente representando un 64,62% del total, mientras que, solo un 10,3 ±6,55 de estudiantes en promedio respondieron de manera incorrecta las peguntas, lo que representa un 35,38 % del total (Figura 3).

El puntaje total obtenido para todas las respuestas correctas fue de 19,3 puntos que al ser evaluados con una escala del 60% permitió obtener una nota global de un 4,5. Este resultado nos indicó que los conocimientos de ética y bioética que los estudiante de odontología aplicaban a ciertos dilemas en el ámbito odontológico fue media (Tabla 2).

Número total de preguntas		Estudiantes promedio con respuestas Correctas	Estudiantes promedio con respuestas inorrectas	% Estudiantes con respuestas Correctas	% Estudiantes con respuestas inorrectas
15	Promedio	18,7	10,3	64,62	35,38
	Desviación Estándar	7,31	6,55	25,23	25,23

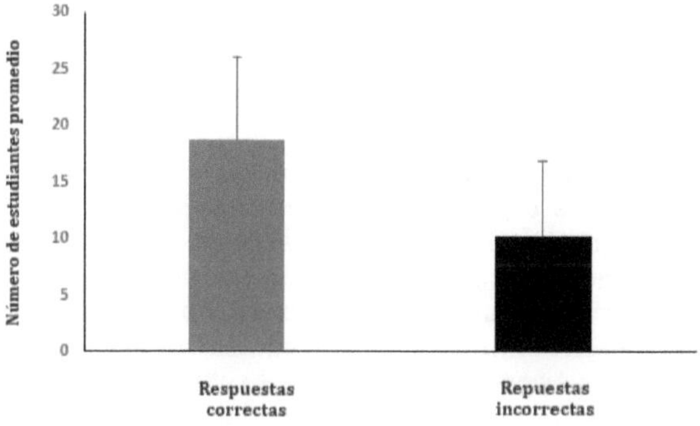

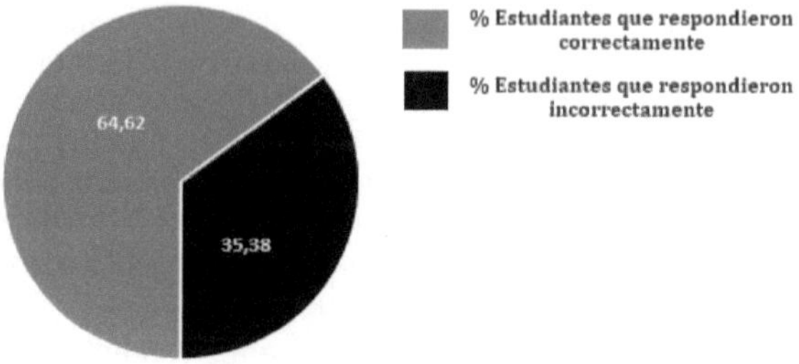

Figura 3. Número y porcentaje de estudiantes de Odontología que respondieron de forma correcta e incorrecta el cuestionario que evaluó la aplicación de los conocimientos de ética y bioética en dilemas odontológicos. Fuente: Elaboración propia.

Aplicación de los conocimientos de ética y bioéica	Puntaje	Nota asociada al puntaje	Puntaje Promedio Obtenido	Nota obtenida	Aplicación de conocimientos
Alta	26-30	6,2-7,0	19,3	4,5	**Media**
Media	18-25	4,0 -6,0			
Escasa	0-17	1,0 -3,9			

Tabla 2. Aplicación de los conocimientos de ética y bioética en dilemas odontológicosFuente: Elaboración propia.

5. DISCUSIÓN

La ética estudia el conjunto de normas morales que rigen la conducta de las personas en cualquier ámbito de la vida (RAE, 2023). El presente estudio permitió evaluar en estudiantes de sexto año de Odontología los conocimientos sobre ética y su aplicación en diferentes dilemas éticos profesionales.

En términos generales, los estudiantes de último año de la carrera mostraron un escaso conocimiento sobre los diferentes tópicos de ética con una nota promedio igual a 3.9 (Tabla 1), sin embargo, tuvieron una aplicación media al responder los diferentes dilemas éticos planteados en esta investigación, alcanzando una nota promedio general de 4.5 (Tabla 2). Estos resultados fueron bastante semejantes a los presentados por Márquez & Sánchez-Alfaro (2015), quienes en alumnos del postgrado de Odontopediatría y Ortopedia Maxilar encontraron que poseían escasos conocimientos sobre principios y fundamentos de la bioética y ética de la investigación. Esto permite plantear que la comprensión del conocimiento y las habilidades clínicas en odontología, no son suficientes para garantizar las habilidades de gestión y la calidad en las prácticas de salud oral sin la aplicación de la ética profesional. Además, los estudiantes si son capaces de aplicar sus conocimientos en casos reales, más allá de manejar escasamente la teoría. Esto sugiere que los estudiantes en su último año utilizan el sentido común de su propio comportamiento moral como futuros profesionales de la salud enfrentados a diferentes dilemas éticos reales. Es interesante la observación realizada por Herrera-Salas *et al.* (2019) quienes plantean que el ámbito clínico es el generador de la experiencia formativa con pertinencia ética, es decir, que la identidad profesional en su rasgo humanístico se ve objetivada por la valoración del paciente más allá de lo puramente profesional, sino que apunta a los principios generales de beneficencia, no maleficencia, autonomía y justicia.

Asimismo, es posible observar que nuestros resultados van en la línea según lo expuesto por Al-Zain *et al.* (2014) quienes plantean que existe un consenso entre los expertos en educación dental que comprensión del conocimiento y las habilidades clínicas en Odontología requieren de la aplicación de la ética profesional y las habilidades de gestión de la práctica para garantizar una atención de calidad a los pacientes. Por su parte, Zaror & Vergara (2008) argumentan que la formación universitaria de pregrado es el mejor momento para abordar la ética y la bioética, abandonando la creencia de que la formación valórica es inalterable y que la educación ética en los currículos de las profesiones de la salud es compleja y difícil de implementar debido al carácter multifactorial e interprofesional, a la falta de profesionales capacitado y al poco interés de los educadores. Bellido (2018) en su estudio concluye que la ética, como eje de formación profesional, requiere tener una presencia transversal en el plan de estudios considerando a la dignidad humana como valor fundamental. Desde el inicio de la carrera universitaria se necesitan sentar las bases éticas de la formación profesional, las que se aplicará en la práctica profesional universitaria.

Los resultados obtenidos en esta investigación nos permitió también observar que las estudiantes mujeres presentaron un mayor interés que los hombres en temas éticos ya que fueron las que más participaron del estudio con un 72,4% (21 estudiantes), esto fue consistente con el estudio de Medina & Sánchez-Alfaro (2015) donde las mujeres con un 59% de participación evaluaron el conocimiento de los principios y fundamentos de la bioética y la ética en la investigación en salud alcanzando además un porcentaje del 44,3% de respuestas correctas, muy por encima de las respuestas correctas de los hombres con un 38,4%.

Y finalmente para reflexionar, coincidiendo con lo planteado por Alcota *et al.* (2016). en su investigación sobre profesionalismo en la formación odontológica, creemos que la odontología es una profesión con un profundo sentido social que persigue solucionar los problemas de salud bucal de la población y mejorar su calidad de vida. Sin embargo, para conseguir esto, es absolutamente necesario tanto un comportamiento ético-profesional como una responsabilidad social por todos quienes ejercen la profesión, donde los aspectos valóricos requieren ser una preocupación constante desde la formación universitaria de pregrado y postgrado

6. CONCLUSIONES

Los estudiantes de sexto año de la carrera de odontología de la Universidad del Alba poseen un escaso conocimiento de la ética y bioética, no obstante, son capaces de aplicar en la práctica clínica estos conocimiento tomando decisiones en diferentes dilemas odontológicos. Es necesario fortalecer la educación ética en la toma de decisiones tanto a nivel de pregrado como de postgrado la carrera de Odontología.

7. REFERENCIAS

Alcota, M., De Gauna, P. R., & González, F. E. (2016). El profesionalismo en la formación odontológica/profesionalism in dental education. *Revista de la Facultad de Odontología Universidad de Antioquía, 28*(1), 158. https://doi.org/10.17533/udea.rfo.v28n1a9

Alcota, M., Manríquez, J. M., Cornejo-Ovalle, M., Salinas, J. C., Catano, V. M., Ruiz de Gauna, P., & González, F. E. (2019). Values related to professionalism in dental education at the University of Chile: Student and faculty perceptions. *European Journal of Dental Education, 23*(2), 190-198. https://doi.org/10.1111/eje.12419

Bateman, H., Ellis, J., & McCracken, G. (2019). Professionalism in undergraduate dental education: a pause for thought. *British Dental Journal, 227*(12), 1025-1027. https://doi.org/10.1038/s41415-019-0991-2

Bellido, D. V. (2018). Fortalecimiento de la ética en la formación de profesionales en odontología desde la perspectiva de la bioética personalista. *Apuntes de Bioética, 1*(1), 17-28. https://doi.org/10.35383/apuntes.v1i1.187 17

Biblioteca del congreso nacional de Chile/BCN. Ley 20.120. Sobre la Investigación científica en el ser humano, su genoma, y prohíbe la clonación humana. Ministerio de Salud, subsecretaria de Salud Pública, (2006). https://www.bcn.cl/leychile/navegar?idNorma=253478

Biblioteca del congreso nacional de Chile/BCN. Ley 20.584. Regula los derechos y deberes que tienen las personas en relación con acciones vinculadas a su atención en salud. Ministerio de Salud, subsecretaria de Salud Pública, (2023). https://www.bcn.cl/leychile/navegar?idNorma=253478

Campos Sanhueza F., Sotta R., Chacón R., Campos V., Lagos R., Colegio de Cirujano Dentista de Chile, Código de Ética, 2020. https://n9.cl/qzmkh

El-Dessouky, H. F., Abdel-Aziz, A. M., Ibrahim, C., Moni, M., Abul Fadl, R., & Silverman, H. (2011). Knowledge, awareness, and attitudes about research ethics among dental faculty in the Middle East: A pilot study. *International journal of dentistry, 2011*. https://doi.org/10.1155/2011/694759

Flores Huamaní, A. O. (2018). Nivel de conocimiento de los principios de la bioética personalista en alumnos del 5to año de odontología en una universidad local. http://hdl.handle.net/20.500.12423/1418

García Rupaya, C. R. (2008). Inclusión de la ética y bioética en la formación de pre y posgrado del cirujano-dentista en Perú. *Acta bioethica, 14*(1), 74-77. http://dx.doi.org/10.4067/S1726-569X2008000100010

Hartshorne, J., & van Zyl, A. (2020). Dental malpractice and its liabilities: Ethical and legal considerations every dentist should know. *dent S Afr, 10*(2), 46-60. https://n9.cl/feumo

Herrera-Salas, F., Morales-Ruíz, M. A., Martínez-Aguilar, K. M., Arredondo-Velázquez, I. L., De, M., & Cano-Calderón, Á. (2019). La formación odontológica del pregrado y los dilemas éticos de la atención en clínicas universitarias, (50), Julio-Septiembre. https://www.cucs.udg.mx/revistas/edu_desarrollo/anterioresdetalle.php?n=50

Hertrampf, K., Groß, D., Karsten, G., & Wenz, H. J. (2019). The influence of clinical experience on dental students' ethical awareness. *European journal of dental education, 23*(2), 101-109. https://doi.org/10.1111/eje.12408

Izzeddin Abou, R., Spina, M., & Tosta, E. (2010). Dimensión ética en la práctica odontológica: visión personalista. *Acta bioethica, 16*(2), 207-210. http://dx.doi.org/10.4067/S1726-569X2010000200014

Khalaf, K., El-Kishawi, M., & Al Kawas, S. (2022). Exploring Professionalism among Final Year Dental Students and New Graduates: Translating Knowledge to Practice. *European Journal of Dentistry*. https://doi.org/10.1055/s-0042-1743153

Miranda Viorklumds, M. V. (2009). Evaluación del conocimiento sobre bioética aplicada en odontología de académicos y estudiantes de cursos clínicos de la carrera de odontología de la Universidad de Chile.

Monge Poma, V. M. (2016). Nivel de conocimiento del Código de Ética y Deontología de los estudiantes del posgrado de la Facultad de Odontología de la Universidad Nacional Mayor de San Marcos. https://hdl.handle.net/20.500.12672/5514

Márquez, E. R. M., & Sánchez–Alfaro, L. A. (2015). Conocimientos sobre bioética y ética de la investigación encarnados por estudiantes de postgrados de odontología de una universidad colombiana. *Acta Odontológica Colombiana, 5*(1), 65-79. https://revistas.unal.edu.co/index.php/actaodontocol/article/view/52280

Naidoo, S. (2010). Dental Ethics case 2: what are your responsibilities to patients who may have an eating disorder?: dental ethics. *South African Dental Journal, 65*(5), 220. https://hdl.handle.net/10520/EJC148369

Naidoo, S. (2010). Dental Ethics case 3: informed consent: risks and benefits of treatment: dental ethics. *South African Dental Journal, 65*(6), 270-271. https://hdl.handle.net/10520/EJC148385

Naidoo, S. (2011). Dental ethics case 17 What are my obligations and ethical responsibilities when treating patients with HIV?: dental ethics. *South African Dental Journal, 66*(10), 482-483. https://hdl.handle.net/10520/EJC146419

Naidoo, S. (2012a). Dental ethics case 18: use of amalgam for dental restorations: dental ethics. *South African Dental Journal, 67*(1), 36-38. https://hdl.handle.net/10520/EJC145026

Naidoo, S. (2012b). Dental ethics case 21: extreme makeovers-the ethics of aesthetic dentistry: dental ethics. *South African Dental Journal, 67*(4), 184-185. https://hdl.handle.net/10520/EJC143866

Naidoo, S. (2013a). How do I comment ethically on the work of colleagues?: ethics corner. *South African Dental Journal, 68*(5), 236-237. https://hdl.handle.net/10520/EJC141815

Naidoo, S. (2013b). Out-of-hours and emergency cover: ethics corner. *South African Dental Journal, 68*(4), 188-189. https://hdl.handle.net/10520/EJC141829

Naidoo, S. (2013c). Patient's access to records: ethics corner. *South African Dental Journal, 68*(1), 36-37. https://hdl.handle.net/10520/EJC141967

Naidoo, S. (2014). Minors' request for confidentiality: ethics corner. *South African Dental Journal, 69*(6), 279-280. https://hdl.handle.net/10520/EJC156379

Naidoo, S., & Du Toit, J. (2014). Xenografts and religious beliefs: ethics corner. *South African Dental Journal, 69*(1), 28-29. https://hdl.handle.net/10520/EJC148960

Naidoo, S., & Du Toit, J. (2015). Unanticipated treatment complication and legal recourse. *South African Dental Journal, 70*(2), 76-77. https://n9.cl/tllnf

Orellana Centeno, J. E., & Guerrero Sotelo, R. N. (2019). La bioética desde la perspectiva odontológica. *Revista ADM, 76*(5). https://www.medigraphic.com/cgi-bin/new/resumen.cgi?IDARTICULO=89635

Ozar, D. (2012). Professionalism: challenges for dentistry in the future. *Journal Of Forensic Odonto-Stomatology, 30.* https://ojs.iofos.eu/index.php/Journal/article/view/118

Patrick, A. (2017). A review of teaching ethics in the dental curriculum: challenges and future developments. *European journal of dental education, 21*(4), e114-e118. https://doi.org/10.1111/eje.12230

Poirier, T. I., Hecht, K. A., Lynch, J. C., Otsuka, A. S., Shafer, K. J., & Wilhelm, M. J. (2015). Health professions ethics rubric: validation of reliability in an interprofessional health ethics course. *Journal of Dental Education, 79*(4), 424-431. https://doi.org/10.1002/j.0022-0337.2015.79.4.tb05900.x

Real Academia Española: Diccionario de la lengua española, 23.ª ed., [versión 23.6 en línea] (2023). <https://dle.rae.es> [15 de agosto del 2023]. https://dle.rae.es/%C3%A9tico

Ramírez, R. v. K., & Massa, Á. A. (2016). Enseñanza de bioética en la carrera de odontología. Reflexiones y prospectivas. *Persona y bioética, 20*(2), 257-270. https://doi.org/10.5294/PEBI.2016.20.2.10.

Razavi, S. M., Maleki, L., Keshavarzian, A., Feizi, A., Keshani, F., & Kazemi, S. S. (2023). Evaluation of Dentists' Attitudes Towards Principles of Professional Ethics. *International Dental Journal.* https://doi.org/10.1016/j.identj.2023.02.001

Shaw, D. (2009). Ethics, professionalism and fitness to practise: three concepts, not one. *British dental journal, 207*(2), 59-62. https://doi.org/10.1038/sj.bdj.2009.606

Torres-Quintana, M. A., & Romo, F. (2006). Bioética y ejercicio profesional de la odontología. *Acta bioethica, 12*(1), 65-74. http://dx.doi.org/10.4067/S1726-569X2006000100010

Vargas Pérez, K. (2018). Nivel de conocimiento de la bioética en alumnos del último ciclo de una facultad de Estomatología. http://repositorio.uigv.edu.pe/handle/20.500.11818/2844

Zaror Sánchez, C., & Vergara González, C. (2008). Ética en el currículo de las carreras de odontología. *Acta bioethica, 14*(2), 212-218. http://dx.doi.org/10.4067/S1726-569X2008000200012

Zijlstra-Shaw, S., Roberts, T., & Robinson, P. (2017). Evaluation of an assessment system for professionalism amongst dental students. *European Journal of Dental Education, 21*(4), e89-e100. https://doi.org/10.1111/eje.12226

İlgüy, M., İlgüy, D., & Oktay, İ. (2015). Ethical decision making in dental education: a preliminary study. *BMC medical ethics, 16*(1), 1-6. https://doi.org/10.1186/s12910-015-0046-4

LA TORTUGA DE DARWIN DE JUAN MAYORGA DESDE LA FILOSOFÍA DE LA HISTORIA

Emilio José Álvarez Castaño[1]

1. INTRODUCCIÓN

La tortuga de Darwin (2008) es una de las piezas teatrales de Juan Mayorga que, al igual que en algunas de sus primeras obras, se encuentra la presencia de animales, es el caso de *Siete buenos hombres* (1989), *Más ceniza* (1992), *El jardín quemado* (1998) o *Angelus novus* (1999). El título de esta última alude al conocido dibujo de Paul Klee y tiene una mayor presencia en la producción de este dramaturgo, como se comentará. Además, en ciertas ocasiones, estas obras se inspiran en una noticia real para, a partir de ahí, literaturizar el hecho referido con el objeto de promover una reflexión en la que la historia tiene un papel principal. En *Últimas palabras de Copito de Nieve* (2004), el motivo de inspiración es la muerte del único gorila albino, que se encontraba entonces en el zoológico de Barcelona. En *La tortuga de Darwin*, la noticia de la muerte de la tortuga Harriet, quien fue en su momento el animal más longevo del mundo cuyo captor pudo ser Charles Darwin (Nicholls, 2014), sirve de estímulo para mostrar las acciones violentas y egoístas perpetradas por la humanidad en los últimos cien años. La idea de darle voz a un animal ya aparece en «Informe para una academia» (1917) de Franz Kafka. Mayorga utiliza animales reales y conocidos que el ser humano separó de su especie y que los ha mitificado, pero a cambio de que estos pierdan su libertad y tengan que ponerse una máscara para vivir entre los humanos (Gómez, 2016), como ocurre con las dos obras recién mencionadas.

2. OBJETIVOS

Numerosos estudios sobre *La tortuga de Darwin* se centran en el papel de los marginados, de «los otros». Sin desconsiderar esta interpretación, se pretende completar esta lectura añadiendo una mayor base teórica. No en vano, Mayorga hizo su tesis doctoral sobre la filosofía de la historia de Walter Benjamin (Molanes, 2014), un dato que invita a ahondar en este campo, de hecho, se hará referencia a dicho filósofo más tarde. El presente trabajo propone la idoneidad de considerar al personaje de Harriet no solo como la personificación de los marginados, sino también de la propia Historia. Si se atiende a algunas de las características simbólicas de la tortuga se comprueba que es un animal que es la imagen del universo, contribuye a la estabilidad de este y su longevidad, su caparazón y su cerebro apuntan a la inmortalidad (Chevalier y Gheerbrant, 2007), es decir, son rasgos que se

1. Shandong University (China)

pueden identificar también con el discurso histórico. En efecto, la Historia es un reflejo de la evolución del ser humano en el transcurso del tiempo, su estudio ofrece lecciones del pasado y es un fenómeno aglutinador que no tiene fin. Se comprobará cómo, en la pieza teatral de Mayorga, el personaje de Harriet tiene estas características.

3. METODOLOGÍA

Para abordar la presencia de la filosofía de la historia en *La tortuga de Darwin*, se tendrán en cuenta diferentes aportaciones teóricas sobre dicho campo tales como: la diferencia entre el estudio de la historia y ser testigo de la historia, la memoria, la intrahistoria y la historia «desde abajo», la línea que separa historia y literatura, el fin de la historia y la fascinación y el miedo que provoca la historia. Sobre estos rasgos se darán unas nociones teóricas y, a continuación, se mostrarán ejemplos de cada uno de ellos al respecto en dicha pieza teatral.

A la luz de este comentario, a continuación, se harán unas observaciones complementarias sobre el personaje de Harriet en tres aspectos concretos: la relación de Harriet con los otros tres personajes de la obra, la Historia (encarnada en Harriet) como herramienta de la que hacen uso los seres humanos y la idea de la adaptación.

4. RESULTADOS

La historia es una fuente de inspiración presente en numerosas obras teatrales de Juan Mayorga. Por otra parte, dicho autor estudió la obra de Walter Benjamin, quien reflexionó, entre otros aspectos, sobre la filosofía de la historia. *La tortuga de Darwin* es una de las obras de Mayorga en la que se aprecia la presencia de la historia, de la que se ha destacado de manera especial la reivindicación que se hace de la figura de los marginados. No obstante, considerando lo recién expuesto, resulta procedente explorar hasta qué punto la base teórica sobre la historia tiene una mayor presencia en esta pieza teatral, no solo en cuanto a las aportaciones de Benjamin, sino también si es posible rastrear otras teorías y aproximaciones que puedan dar una visión complementaria.

5. DISCUSIÓN

El primer aspecto sobre el que se quiere llamar la atención es la diferencia que hay entre el estudioso de la historia (la historia oficial) y el testigo de la historia (la historia experimentada). Se trata de una distinción que ya se encuentra en las aportaciones que hizo Georg W. F. Hegel (1770-1831) sobre las diferentes formas que existen de escribir la historia. Una de las maneras que distinguió dicho filósofo es la que llamó la historia reflexiva, de la que dijo: «[E]sta forma trasciende la *actualidad* en la que el historiador vive para tratar el pasado más lejano como *actual* en espíritu. Es la especie más variada, y engloba a cuantos solemos considerar como historiadores» (Hegel, 1972, p. 25). Es decir, se trata de un historiador que se documenta sobre unos hechos pasados de cierta trascendencia social y escribe sobre los mismos buscando, en muchas ocasiones, transmitir la máxima veracidad al intentar llegar al corazón del asunto objeto de estudio. Es el narrador de la Historia, una materia sobre la que se ha documentado. Otra forma de escribir sobre los hechos históricos para Hegel era la historia original, que es la historia compuesta por los historiadores que exponen las acciones, acontecimientos y situaciones vividos por ellos, y da como ejemplos a Herodoto y Tucídides (Roldán, 2005), aunque también hay que decir que tiene su continuación en el Medievo (Ainsworth, 2003) antes de llegar a la edad moderna. Etimológicamente, la historia original recoge la raíz del término, que es la de ser testigos de la historia que se está contando (Flórez, 1983), y el hecho de que vivieran esos acontecimientos que narran añade un punto de credibilidad al relato que están haciendo (Bermejo, 2004) dentro de esta concepción clásica. Por otra parte, esta historia original tampoco puede pretender tener un gran alcance porque es un punto de vista personal, limitado en el tiempo (Rus, 2011) y también en el espacio. Dentro de estas ideas, en *La tortuga de Darwin* se puede apreciar desde el comienzo que el Profesor, desde su conocimiento académico, está interesado en las aportaciones que le puede dar Harriet en tanto que ella ha experimentado la historia y ha sido testigo de numerosos sucesos de interés. De tal manera que, aunque al principio la quiere despedir de manera rápida porque supone una interrupción en sus labores de investigación, cuando ve en Harriet una fuente de información para sus estudios, comienza a hablar en primera persona del plural mientras toma notas, para que Harriet lo guíe en la narración histórica que le hace.

Este aspecto lleva a la consideración del segundo punto a exponer que es el de la memoria dentro de la construcción de la historia. En este sentido se ha comentado: «Memory is only valid for the person who experiences the historical event, and is always a synthesis of facts» (Rønning, 2009, p. 148), por lo que se trata de un factor humano que, con su subjetividad e imperfecciones, trata de ayudar a la historiografía, lo que implica aspectos positivos (como el hecho de la experimentación fenomenológica de la historia) y negativos (es selectiva y puede ser parcial puesto que no puede recordarlo todo ni lo hace de una manera objetiva). Por este último aspecto, no tiene sentido un estudio histórico basado en la memoria, y menos aún de un cierto periodo de tiempo, en el que se interprete la historia no de manera científica por medio de los materiales históricos sino psicológicamente (Maestro, 2017), como ha sucedido por medio de leyes en los últimos años en España. De tal forma, los recuerdos de la memoria, interpretada esta sin evitar sesgos, y la historia, aunque son elementos distintos, más que oponerse entre sí se enlazan ya que cada uno tiene componentes del otro, son partes constitutivas el uno del otro y lo pueden ser en múltiples direcciones (Lowenthal, 1998) que se enriquecen mutuamente. Estos dos aspectos se contemplan en la obra de Mayorga. La memoria es necesaria para recodar información de interés, por eso es un contratiempo que Beti no recuerde el hospital al que llevaron a Harriet. Dentro ya del campo académico, el Profesor considera que la memoria de Harriet es un tesoro, pero sus conocimientos históricos le hacen desenmascarar algunas incongruencias en las que ella cae, por lo que acaba por reconocer que no estuvo presente cuando zarpó el Titanic y que no subió a la torre Eiffel en su inauguración. Harriet admite que en algunos relatos se tiende a fantasear. Más tarde, también argumenta que de los surrealistas aprendió que de la realidad, especialmente cuando esta implica horror, se puede escapar con la fantasía, en un aspecto que se va a tratar a continuación. Dentro de este punto, también hay una referencia a la memoria colectiva, que se forma gracias a los documentos que proporciona la historiografía, de tal manera que, si se altera esta, se puede cambiar la historia escrita. Aunque hay sobrados ejemplos al respecto, algunos de ellos muy cercanos, Harriet habla de los hermanos gemelos Demidóvich, que no forman parte de la historia porque Stalin los borró de ella retocando las fotografías en las que aparecían. En este caso, estos hermanos son una invención de Mayorga y por eso el Profesor considera que es un hallazgo que va a dar a conocer en el próximo congreso en el que va a participar. En todo caso, sí son reales la desaparición de numerosos enemigos de Stalin en documentos gráficos, como es el caso de Nikolai Yezhov o el propio León Trotsky, entre otros.

También con el objeto de completar el discurso historiográfico surgieron otras aportaciones como la intrahistoria y la historia «desde abajo». En efecto, ante las grandes narraciones sobre la historia centrada en los más destacados hechos y nombres en su cara pública, surgió la necesidad de prestarle atención a la faceta íntima y personal, con el objeto de hacer constar la voz de aquellas personas anónimas que, dentro de su vivir, forman parte de la historia, puesto que también son los que la construyen. Ya William Godwin (1756-1836) demostró su desconfianza ante la validez de las verdades generales, la historia general, y llamó la atención sobre el papel de la «historia individual», entendiendo por tal las peculiaridades y los motivos que se encuentran tras cada elemento autónomo (Rajan, 2011) en el que los seres anónimos también son generadores de la Historia. Más tarde, el Construccionismo rechaza una Historia centrada en la política y en los grandes nombres ya que defiende una visión de la Historia de tipo cultural (Aurell, 2005) ante la crisis epistemológica y metodológica. Es decir, es una historia hecha desde abajo, la Historia del pueblo que es quien ha propiciado los cambios históricos, de ahí que se les preste atención a los grupos minoritarios con cuyo discurso habitualmente no se había contado. El caso de Harriet es un ejemplo fehaciente de esa historia «desde abajo» puesto que ella está en un nivel muy inferior (en el suelo) al de los personajes históricos que conoce, pero también porque, como animal, vive distanciado de lo humano (Guzmán, 2016), como se muestra en la obra en numerosas ocasiones. Además, para Harriet, la historia son también los pequeños detalles, algo que ejemplifica en la carta que el recluta recibió de su novia, puesto que Harriet quiere humanizar la historia (Loyola, 2016), como hace cuando se refiere a Darwin como «Charly». Además, se trata de una aportación que hace la literatura en numerosas obras de inspiración histórica.

Así, ese aspecto subjetivo que se ha señalado puede ser tan elevado, ya sea por la memoria o por otros factores, que puede hacer pensar que hay poca diferencia entre la historia y la literatura. De hecho, el elemento ficticio se puede encontrar ya en algunas de las primeras manifestaciones historiográficas del mundo occidental. Así, Herodoto no busca la verdad en su obra sino que expone diversas noticias que le han llegado, incluso las que él personalmente cree como falsas. La primera función que persigue Herodoto es luchar contra el tiempo y el olvido. Al dejar algo por escrito busca preservarlo. Como segunda función, no se trata sólo de conservar estos hechos, sino de darles fama y gloria a aquellos que son grandes y admirables (Gómez-Lobo, 1995) para que perduren. Al darle a su narración ese matiz más gráfico o pintoresco procura cercanía con el lector, es decir, se intenta humanizar la historia. Ya dentro de los planteamientos más cercanos a la contemporaneidad, para Hayden White (1928) la relación entre la historiografía y la literatura es tan tenue y difícil de definir como la que puede haber entre la historiografía y la ciencia (White, 1987), dentro del contexto de la postmodernidad. Por eso, la Historia más que una ciencia es una protociencia constituida por elementos no científicos (White, 1973), lo que da fe de la imposibilidad de alcanzar la realidad del pasado. En *La tortuga de Darwin* hay un ejemplo de ello ya aludido. En la citada discusión en la que el Profesor le reprocha a Harriet que no ha sido objetiva al incluir elementos fantasiosos en su relato, el Profesor cree firmemente que la historia es una ciencia, que debe ser objetiva y que si no se tiene esa objetividad entonces no se puede distinguir de la literatura, un error que, según él, cometen otros historiadores.

En los años 90 del siglo XX cabe destacar los comentarios que surgieron a raíz del ensayo *The End of History and the Last Man* (1992) de Francis Fukuyama (1952). El concepto de fin de la Historia surge en este contexto finisecular cuando se demandaba un giro que negase el modelo modernista. Se trata de un intento por formular una teoría que afectase a la Historia no solo como disciplina académica sino como una de las empresas clave de la vida humana (Breisach, 2009), con la paradoja de que aspectos que apuntaban a ese fin de la historia como la globalización, el postmodernismo y el multiculturalismo también eran fenómenos históricos (Rüsen, 2002) que tenían su propio curso. Más que con Marx, que mantenía que el comunismo era quien representaba la resolución final a la lucha de clases (Sanmartín, 2013), Fukuyama conecta con Hegel utilizando de puente a Alexandre Kojève (1902-1968) pero malinterpretándolo (Chung, 2013), puesto que no todas las propuestas políticas que buscaban, teóricamente, un estado de libertad e igualdad global llevaron a la práctica dicho fin. Por ello, es significativo que Harriet acabe su relato con la caída del muro de Berlín, a lo que el Profesor indica que el mundo no concluyó ahí. Pero para Harriet sí porque cree que desde entonces no ha dejado de ver repetida la misma historia de brutalidad en diferentes puntos del mundo.

Por último, hay que destacar la fascinación y, al mismo tiempo, el miedo que produce la historia. Se trata de una idea que está presente en la figura del «Ángel de la Historia» de Walter Benjamin. Inspirado por el dibujo «Angelus Novus» de Paul Klee, Benjamin elaboró una idea pesimista sobre la historia en la que no dejaba de haber horrores. En concreto, en su tesis IX sobre la filosofía de la historia, explica que este ángel quiere recomponer un pasado destrozado pero no puede dejar de mirar hacia el futuro. Esta idea enlaza en la pieza teatral justo con el concepto anterior, puesto que el pasado del ser humano está lleno de horror y no puede dejar de recordar las catástrofes que ha presenciado (Spooner, 2017), pero Harriet quiere mirar al futuro, que para ella está en sus orígenes, lejos del ser humano.

Esto es así porque a Harriet, y se trata ya de la primera de las observaciones complementarias sobre la protagonista, no le deja de defraudar el contacto con los seres humanos, como se puede ver en sus relaciones con los otros tres personajes. Al Profesor solo le importa su prestigio académico, no la vida que le hace llevar a Beti, su mujer (fue una de sus becarias pero solo la quiere para que lo atienda en las tareas domésticas), o lo que le pase a Harriet. Como se ha visto, le molesta que Harriet no llegue a cumplir parte de su pacto cuando inventa cierta información, sin embargo, le dice a Beti y después al Doctor quién es Harriet, por lo que incumple su palabra. Para el Profesor, Harriet es de utilidad porque le permite la experiencia casi fenomenológica de tocar la historia con los dedos, como él mismo lo describe y lo llega a hacer. En este sentido, llama la atención que rechace la propuesta empresarial de Beti porque, según él, supone convertir a Harriet «en un fenómeno de barraca de feria» (Mayorga, 2018, p. 220), pero es lo que están haciendo todos. De hecho, cuando el Doctor descubre la realidad de Harriet, llega a un acuerdo con el Profesor para que ambos se beneficien de lo que les puede aportar en sus respectivos campos. En el caso del Doctor, inyecta sustancias a Harriet para experimentar con ella, le corta partes de su cuerpo para examinarlas, luego quiere que reproduzca. Ante todo ello, Harriet permanece pasiva y colaboradora, como si dicho personaje fuese una representación de que la historia está para que hagamos uso de ella. En su caso, el Doctor quiere enriquecerse averiguando el secreto de la longevidad y Harriet accede a colaborar con él porque le da pena. Beti, por su parte, lejos del mundo académico, no tiene una postura muy diferente. Desde el comienzo, se ve a atraída por conocer a Harriet, de ahí que busque constantes escusas para estar presente en las charlas que tiene esta con su marido. Más tarde, después de que el Profesor y el Doctor sellen su pacto con un apretón de manos, se indica en una acotación que Beti contempla a Harriet «con una mezcla de asco, miedo y fascinación» (Mayorga, 2018, p. 204), unas impresiones contradictorias pero que encuentran su explicación dentro del planteamiento teórico que aquí se defiende. En efecto, se trata de sensaciones que se pueden asociar igualmente al fenómeno histórico, que presenta episodios de repulsa pero que también contiene otros que atraen, en una doble actitud que recuerda al Ángel de la Historia ya referido. En todo caso, ya se ven sus intenciones desde el comienzo cuando hace que Harriet asuma algunas tareas del hogar, a lo que esta no se opone. Al final, la forma en la que se quiere aprovechar, y lucrar, es utilizando a Harriet como parte de un espectáculo teatral. No en vano, la mujer tortuga fue uno de los reclamos que, al igual que otras alteraciones genéticas como la elefantiasis, los hermanos siameses, los liliputienses, el gigantismo, la mujer barbuda, etc., se utilizaron como parte de morbosos espectáculos de circo hasta entrado el siglo XX (Slide, 2012), donde estas personas se presentaban como monstruos, tal y como se refleja en la película *La parada de los monstruos* (*Freaks*, T. Browning, 1932). Para el Profesor, por su parte, la Humanidad progresa porque «la Historia es la Gran Maestra. Todos esos desastres son lecciones que nos hacen más sabios» (Mayorga, 2018, p. 191), algo que no comparte Harriet tras su larga experiencia vital porque, como se comprueba, las lecciones que el Profesor aprende son solo de tipo teórico, sobre el papel, porque en la práctica es incapaz de llevarlas a cabo.

Por tanto, y en segundo lugar, Harriet es un archivo viviente que es vulnerable a las fuerzas que buscan cambiarlo o desacreditarlo (Loyola, 2016), pero la pasividad de Harriet ante todo esto, además, tiene la intención ya indicada de presentar a la historia como una herramienta de la que los seres humanos pueden disponer. Ya se ha comentado que no le parece mal contribuir en las tareas domésticas que le asigna Beti. Además, Harriet recuerda que cuando fue una obra de arte se convirtió en el capricho de un coleccionista, o que ha yacido con numerosos hombres. Cuando comprueba que el Doctor solo la quiere para sus experimentaciones y el Profesor no la va a llevar a las islas Galápagos, simula su involución y entonces ninguno de los otros tres personajes la quiere, ya que ha dejado de tener utilidad para ellos.

Finalmente, Harriet, en las dos conversaciones de tipo metafísico que tiene con Beti, le indica que no cree en un más allá ni en cuestiones espirituales, muestra su incredulidad casi generalizada y añade: «Basta aguantar el tiempo suficiente para descubrir que esa verdad en la que confías firmemente, también esa caerá. Hay que ir adaptándose a las creencias como a todo lo demás» (Mayorga, 2018, p. 198), por lo que la conocida teoría de Darwin también presenta aquí esta faceta. De ahí que Harriet le diga a Beti que el hámster Herodoto es como ellos en tanto que todo es materia. Por eso, es significativo que el profesor quiera tener encerrado y controlado a dicho animal y, de igual manera, en el desenlace de la obra, Harriet, después de matar a los humanos que la maltrataban, tenga la tentación de devorarlo para, finalmente, dejarlo libre. Harriet ha demostrado que sigue su lema según el cual vivir es adaptarse, en este caso convirtiéndose en una asesina, ya sea por autodefensa o porque es una agresión más, como las que han perpetrado los seres humanos a lo largo de la historia y de las que ella ha sido testigo (Loyola, 2016) aunque no con la intención de aprender o repetir este tipo de conductas. No obstante, y bajo el planteamiento general dentro de la filosofía de la historia que aquí se propone, se puede tratar del hecho de la venganza de la historia, como fenómeno aglutinador que todo lo abarca y lo engulle. Esta evolución de Harriet es algo que no hacen los tres humanos, quienes se mantienen fijos en sus principios y obsesiones. Por eso, si Harriet devorase a Herodoto sería completamente igual que los humanos, de ahí que ella decida dar un paso más en su evolución. De manera añadida, se puede indicar que, siendo Herodoto un historiador heterodoxo, la liberación del hámster también implica la liberación de la historia de su versión oficial (Guzmán, 2016) y que se defiende una visión de la historia más global.

6. CONCLUSIONES

En *La tortuga de Darwin* resulta lógico y procedente relacionar a Harriet con los desheredados, con los otros. De manera añadida, Juan Mayorga estudió los conceptos sobre filosofía de la historia de Walter Benjamin, de los que hay un claro ejemplo en esta pieza teatral, de modo que aquí se percibe la presencia de ideas aportadas por este autor y también otros principios de dicho campo que apuntan a que Mayorga tiene un conocimiento más amplio que desarrolla igualmente a lo largo del texto. Por consiguiente, si se tiene en cuenta la base teórica sobre la filosofía de la historia que hay detrás, resulta procedente, de igual modo, identificar al personaje de la tortuga Harriet con la propia historia.

La utilización de dicho animal no solo es una herramienta para proponer una reflexión sobre los últimos cien años en la historia de Occidente, sino que también alude a cómo las conocidas ideas de Darwin sobre la supervivencia tienen una implicación historiográfica. Por consiguiente, no se trata solo de que en la humanidad sobrevive quien mejor se adapta a las circunstancias, sino que la Historia, como fenómeno inabarcable que es, produce fascinación por la cantidad de información y conocimientos que alberga y, simultáneamente, horror por todas las atrocidades que ha hecho el ser humano a lo largo de los tiempos, como apunta el «Ángel de la Historia». Así, la historia se adapta a lo que el ser humano quiere hacer de ella y, pese a las imperfecciones de sus estudios, la subjetividad de los recuerdos, la inclusión de elementos fantasiosos y la tentación por manipular, entre otros aspectos, siempre continúa sobrepasando la vida de cualquier persona.

7. REFERENCIAS

Ainsworth, P. (2003). Contemporary and 'Eyewitness' History. En D. M. Deliyannis (Ed.). *Historiography in the Middle Ages* (pp. 249-276). Brill.

Aurell, J. (2005). *La escritura de la memoria: de los positivismos a los postmodernismos.* Universidad de Valencia.

Bermejo Barrera, J. C. (2004). *¿Qué es la historia teórica?* Akal.

Chevalier J. y Gheerbrant, A. (2007). *Diccionario de los símbolos.* Tra. M. Silvar y A. Rodríguez. Herder.

Chung, P. S. (2013). *Church and Ethical Responsibility in the Midst of World Economy: Greed, Dominion, and Justice.* James Clarke & Co.

Flórez Miguel, C. (1983). *Génesis de la razón histórica.* Ediciones Universidad de Salamanca.

Gómez-Lobo, A. (1995). Las intenciones de Herodoto. *Estudios Públicos*, 59, 1-16.

Gómez Rubio, G. (2016). El animal como personaje en el teatro de Juan Mayorga. *Tonos Digital*, 30(1), 1-13.

Guzmán, A. (2016). Los animales humanizados. La animalización humana y la memoria histórica ecológica en *La tortuga de Darwin* de Juan Mayorga. *Romance Notes*, 56(2), 235-244. https://doi.org/10.1353/rmc.2016.0027

Hegel, G. W. F. (1972). *La razón en la Historia.* Tra. C. A. Gómez. Seminario y Ediciones.

Kafka. F. (2011). *Informe para una academia.* Tra. J. Segovia y V. Beck. Maldoror Ediciones.

Lowenthal, D. (1998). *El pasado es un país extraño.* Tra. P. A. Piedras Monroy. Akal.

Loyola, M. (2016). *Seeing Memories: Blindness, Truth, and Accountability in the Theater of Juan Mayorga.* ProQuest.

Maestro, J. G. (2017). *Crítica de la razón literaria.* Academia del Hispanismo.

Mayorga, J. (2018). *Hamelin. La tortuga de Darwin.* Ed. E. Peral Vega. Cátedra.

Molanes Rial, M. (2014). Walter Benjamin en la poética dramática de Juan Mayorga. *452ºF. Revista electrónica de teoría de la literatura y literatura comparada*, 11, 161-177.
Nicholls, H. (2014, 12 de febrero). Celebrity pet: the rediscovery of Charles Darwin´s long-lost Galapagos tortoise. *The Guardian*. https://n9.cl/r5dl2
Rajan, T. (2011). The Disfiguration of Enlightment: War, Trauma, and the Historical Novel in Godwin´s *Mandeville*. En R. M. Maniquis y V. Myers (Eds.). *Godwinian Moments: From the Enlightenment to Romanticism* (pp. 172-193). University of Toronto.
Roldán, C. (2005). *Entre Casandra y Clío*. Akal.
Rønning, A. H. (2009). Some Reflections on Myth, History and Memory as Determinants of Narrative. *Coolabah*, 3, 143-151. https://doi.org/10.1344/co20093143-151
Rus Rufino, S. (2011). Las lecciones de filosofía de G. W. F. Hegel. En A. Cayuela, J. Vara, S. Rus, y A. Arjomandi (Eds.). *El curso de la historia* (pp. 47-102). Erasmus Ediciones.
Rüssen, J. (ed.). (2002). *Western Historical Thinking: An Intercultural Debate*. Berghahn Books.
Sanmartín Barros, I. (2013). El fin de la historia en Hegel y Marx. *História da historiografía*, 12, 100-118. https://doi.org/10.15848/hh.v0i12.630
Slide, A. (2012). *The Encyclopedia of Vaudeville*. The University Press of Mississippi.
Spooner, C. (2017). Lenguajes de la violencia y violencia del lenguaje en la obra de Juan Mayorga. *Recherches*, 19, 121-134. https://doi.org/10.4000/cher.1703
White, H. (1973). *Metahistory*. The John Hopkins U. P.
White, H. (1987). *The Content of Form*. The John Hopkins U. P.

INGENIERÍA DE TEJIDOS: ASPECTOS BIOÉTICOS

Jorge Alberto Álvarez Díaz[1]

1. INTRODUCCIÓN

Elysium es una película futurista distópica, dirigida por Neill Blomkamp y protagonizada por Matt Damon y Jodie Foster. Plantea al planeta tierra para 2154 como un sitio sobrepoblado, con problemas graves de contaminación, en donde vive la gente pobre. Existe, además, un hábitat especial, el *Elysium*, donde vive gente adinerada, y a diferencia de los Campos Elíseos de la antigua Grecia, lugar mítico celeste para quienes habían recibido el favor de la elección de Zeus, en la película habitan el lugar personas quienes poseen una salud perfecta. No se debe a que vivan en mejores condiciones (no solamente), sino a una cápsula que funge como escáner para identificar cuáles partes del cuerpo están dañadas y repararlas. El futurólogo y transhumanista canadiense George P. Dvorsky ha afirmado que para el 2030 será posible producir órganos autónomos hechos *ad hoc* para cada paciente, haciendo prácticamente desaparecer las figuras del donante y la donación de órganos. Tanto la visión distópica de la película, como el optimismo tecnoentusiasta de Dvorsky, tendrían que recibir algunos matices desde lo que ha sido, es y probablemente será la medicina regenerativa.

Aproximadamente a mediados de la segunda década del Siglo XXI se inicia la investigación con animales humanos (en adelante, seres humanos, para utilizar la expresión más clásica) en el campo de la medicina regenerativa. Para realizarla se requiere investigación preclínica (con modelos de animales no humanos, entre otros) antes de iniciar la investigación clínica, es decir, con seres humanos. La problemática científica y ética se discutía sobre los problemas que podían surgir a medida que avanzaban esas novedades, cuándo iniciar ensayos clínicos, cómo regular dichos ensayos, cuándo y cómo introducir responsablemente estas estrategias en la práctica clínica y cómo mantener una percepción pública positiva del campo de la ingeniería de tejidos en su conjunto (Taylor *et al.*, 2014).

Para intentar dar respuesta a estas y otras inquietudes, había que tener un cierto consenso sobre qué es y qué no es medicina regenerativa. Una definición sencilla, inicial, puede considerar que "la medicina regenerativa reemplaza o regenera células, tejidos u órganos humanos, para restaurar o establecer una función normal" (Mason & Dunnill, 2008). Un problema con definiciones mínimas es que al resumir tanto lo que se hace y la forma como se hace, parece algo tan excelso que no admite siquiera la idea de que existan

1. Universidad Autónoma Metropolitana Unidad Xochimilco (México)

problemas éticos en su desarrollo. Por ello, una definición más amplia de lo que es la medicina regenerativa puede ayudar a distinguir cuáles son los problemas científicos para su desarrollo, y cuáles son los retos éticos que deben resolverse para poder continuar con el avance el conocimiento. En este sentido, valga la siguiente definición:

> *La medicina regenerativa es un campo interdisciplinario de investigación y aplicaciones clínicas centrado en la reparación, reemplazo o regeneración de células, tejidos u órganos para restaurar la función deteriorada resultante de cualquier causa, incluidos defectos congénitos, enfermedades, traumatismos y envejecimiento. Utiliza una combinación de varios enfoques tecnológicos convergentes, tanto existentes como emergentes, que lo lleva más allá de las terapias tradicionales de trasplante y reemplazo. Los enfoques a menudo estimulan y apoyan la capacidad de autocuración del propio cuerpo. Estos enfoques pueden incluir, entre otros, el uso de moléculas solubles, terapia génica, terapia con células madre y progenitoras, ingeniería de tejidos y la reprogramación de tipos de células y tejidos. (Daar & Greenwood, 2007).*

Es necesario este tipo de definiciones para delimitar el actuar. La medicina regenerativa, pese a su nombre, no sería propiamente una rama más de la medicina, sino un campo interdisciplinar donde confluyen diferentes enfoques. Si bien el objetivo común es la regeneración de tejidos y órganos del cuerpo, la forma de conseguirlos, al ser tan distinta, encara diferentes problemáticas científicas y éticas. No es lo mismo hacer terapia génica que ingeniería de tejidos. En múltiples ocasiones se toma a la ingeniería de tejidos como un sinónimo de la medicina regenerativa, pero se trata más bien de uno de los posibles enfoques para conseguir la regeneración.

2. OBJETIVOS

El objetivo de este trabajo consiste en describir la problemática ética que debe resolver la ingeniería de tejidos, como rama de la medicina regenerativa, para poder realizarse y eventualmente pasar de la investigación clínica a la práctica clínica.

3. METODOLOGÍA

Se realiza una revisión narrativa para que, con los datos obtenidos, se efectúe un análisis hermenéutico crítico sobre problemáticas éticas identificadas para el desarrollo adecuado de la ingeniería de tejidos.

4. DESARROLLO DE LA INVESTIGACIÓN

Para poder realizar el análisis de la problemática ética encontrada, es necesario hacerlo desde un cierto marco. En primer lugar, establecer dentro de la actividad clínica (entendida como aquella en la que se intervienen seres humanos) qué es investigación clínica y qué es práctica clínica. En segundo lugar, comprender porqué el enfoque debe realizarse desde la bioética y no simplemente desde la ética. En tercer lugar, relacionar la problemática ética encontrada con el marco bioético de la actividad clínica.

4.1. La actividad clínica: investigación y práctica

Desde el punto de vista sociohistórico, la práctica clínica ha sido la actividad clínica realizada desde hace mucho tiempo. El mundo clásico grecolatino es testigo del nacimiento de lo que se va a entender por medicina en el llamado mundo occidental. La medicina realizó fundamentalmente práctica clínica desde el Siglo V a.C. hasta el Siglo XIX, introduciendo la novedad de la investigación clínica hasta el Siglo XX. Esto es así porque en el Siglo XIX surge el positivismo, doctrina filosófica que impacta directamente en la forma como se entiende la ciencia a partir de entonces. "Clínica" es un término que deriva del griego *kliniké*, que significaba, "actividad realizada al lado de la cama del paciente", que se refería a lo que hacían profesionales de la medicina en el proceso de atención. Con la introducción de la investigación, el término cambia de sentido, entendiéndose como "actividad realizada con seres humanos". Por ello la investigación preclínica es una actividad de investigación donde no se interviene sobre seres humanos, pero cuyos resultados se utilizan para poder hacerlo. Así, la investigación clínica es aquella donde se interviene a seres humanos, habitualmente con el antecedente y soporte de los datos de investigación preclínica.

En la corta historia de la investigación clínica podrían identificarse cuando menos tres etapas. La primera corresponde aproximadamente a la primera mitad del siglo XX, donde la humanidad aprende a realizar investigación clínica (planteando la necesidad de contar con datos de investigación preclínica). La segunda corresponde aproximadamente a la segunda mitad del siglo XX, donde la humanidad aprende que no es suficiente la corrección teórica y metodológica de la investigación, sino que es necesario considerar elementos éticos (como el pedir el permiso de las personas que se van a intervenir, lo que ha sido llamado consentimiento informado). La tercera corresponde a la que se vive actualmente en los inicios del siglo XXI, donde la humanidad está aprendiendo que no es suficiente la corrección teórico-metodológica y las consideraciones éticas, sino que es necesario que existan regulaciones jurídicas que hagan cumplir ambos rubros y que vigilen el adecuado desarrollo de la investigación.

Realizadas estas aclaraciones, es necesario identificar cuáles son los criterios epistemológicos para determinar cuáles intervenciones sobre el cuerpo de los seres humanos se consideran investigación y cuáles se consideran práctica. No se trata de una mera inquietud intelectual, o afán de erudición; debe establecerse alguna diferencia por las consecuencias prácticas, como se verá. En la primera mitad del siglo XX esto no estaba muy claro, pero en la segunda mitad, a raíz del nacimiento de la bioética y propuestas sistemáticas como las enunciadas en el famoso Informe Belmont, se va construyendo esta base epistemológica. El primer criterio de división entre práctica e investigación es antiguo (mundo clásico) y subjetivo: se trata de la intención. Cuando el profesional interviene otro cuerpo con la intención de que, derivado directamente de esa intervención, exista algún tipo de mejoría, se está en el terreno de la práctica clínica. Si el profesional interviene otro cuerpo con la intención de aumentar el conocimiento (lo que no necesariamente representa que los cuerpos intervenidos reciban mejoría; en ocasiones puede haber perjuicios; si la intervención demuestra eficacia, entonces serán los cuerpos de otros seres humanos quienes se beneficien), se está en el terreno de la investigación clínica. El segundo criterio de división es reciente (Siglo XX) y objetivo: se trata de la validación. Cuando el profesional interviene otro cuerpo con procesos y procedimientos que previamente han sido validados, se está en el terreno de la práctica clínica. Si el profesional interviene otro cuerpo con la finalidad de validar procesos y procedimientos (diagnósticos, terapéuticos, etc.), se está en el terreno de la investigación clínica.

Esta distinción es absolutamente necesaria sobre la ingeniería de tejidos, ya que si bien hay datos de investigación preclínica desde mediados del Siglo XX, la sistematización de la investigación clínica no da inicio propiamente hasta inicios del Siglo XXI. Además, no puede hablarse aún propiamente de práctica clínica, ya que en su inmensa mayoría no han pasado por los procesos de investigación suficientes para demostrar lo mínimo necesario como para introducirlos en la práctica, esto es, seguridad y eficacia. En los casos de las intervenciones que están en estos procesos de validación, su aplicación ha resultado relativamente anecdótica y muy cara.

4.2. El marco de la bioética

Actualmente es ampliamente conocido que Fritz Jahr propone el término "bioética" en 1927, lo cual no tuvo un impacto sociocultural hasta mucho tiempo después, cuando se redescubre su trabajo en la primera década del Siglo XXI. Por otra parte, Van Rensselaer Potter escribió un par de textos a inicios de la década de 1970 utilizando el término "bioética"; en 1970 en un artículo y en 1971 en un libro. Siendo otras las condiciones socioculturales, esto impacta tanto en la formación de grupos académicos que se dedicaron al análisis de la bioética, así como en el interés por parte de organismos supranacionales. A medio siglo de haberse iniciado este campo, la bioética ha crecido exponencialmente.

Probablemente el trabajo de Potter tuvo impacto por dos grandes ramas de antecedentes que llevan al interés en los aspectos éticos que atañen a la vida y la salud. Por un lado, la rama medioambiental, con una preocupación creciente sobre otras formas de vida y no limitándose a la vida humana (que había sido generalmente lo habitual para la ética, las relaciones interpersonales). Por otro lado, la rama biomédica, en buena medida representada por la ética de la investigación con seres humanos. Es cierto que el trabajo inicial de Jahr y Potter tiene preocupación por la vida en general, es decir, por la rama medioambiental. Sin embargo, no es menos cierto que los intereses académicos iniciales se decantaron más por la rama biomédica. Habiendo crecido tanto, resulta complejo hablar de la bioética como un solo campo, ya que es complicado relacionar, por poner un ejemplo, el consentimiento informado, el trato hacia los animales utilizados en investigación preclínica, o la necesidad de proteger la ecósfera.

Con estos antecedentes, se retoma una propuesta para poder clasificar los problemas éticos que enfrenta el desarrollo de la ingeniería de tejidos, desde la perspectiva bioética (Álvarez Díaz, 2016). Bajo este planteamiento, la ética admite dos niveles. Existen éticas de máximos, asociadas a los proyectos de vida feliz, de vida buena, que tiene cada ser humano. Para que cada quien pueda llevar a cabo su proyecto personal, se requiere de una ética de mínimos, compartida, que ya no se relaciona con la felicidad, sino con la justicia. A la felicidad de invita, y la justicia se exige. Un mínimo de justicia como punto de partida es el respeto. Cada ser humano debe respetar al proyecto de vida feliz de otro ser humano, pero siempre y cuando no atente contra los mínimos de justicia, contra los mínimos del respeto y lo que de ello derive.

Así, la bioética, en tanto que ética aplicada a la vida y a la salud, tendría tres esferas: la microbioética, la mesobioética y la macrobioética. En cada uno de ellos se reflejarían los dos niveles de la ética, es decir, éticas de máximos y una ética de mínimos. En la esfera de la microbioética se incluyen los problemas relacionados con la bioética clínica, esto es, decisiones que tienen que ver sobre el propio cuerpo; en la esfera de la mesobioética se incluyen las problemáticas estructurales e institucionales, donde se incluyen temas de políticas, gestión, gobernanza, etc.; y finalmente en la esfera de la macrobioética se incluyen las problemáticas de alcance mundial global (y no solamente las relacionadas con la ecoética, ya que existen fenómenos globales tales como migraciones, guerras, pandemias, etc., donde es necesaria la reflexión y acción a nivel mundial). Las tres esferas están entrelazadas gracias al proceso de deliberación que es necesario para la construcción de la bioética, manifestando la relación entre cada esfera gracias a flujos, fundamentalmente de información simbólica.

4.3. Problemática bioética de la actividad clínica con ingeniería de tejidos

Teniendo un marco de análisis, debe iniciarse con una idea de qué puede entenderse por ingeniería de tejidos. Como ya se mencionó, este texto no la considera como sinónimo de "medicina regenerativa"; antes bien, se trata de una rama de este campo, la cual combina células indiferenciadas (como las embrionarias), poco diferenciadas (de tejido neonatal hasta adulto) o desdiferenciadas (inducidas a la pluripotencia), a la par de andamios de biomateriales para poder construir o reconstruir tejidos vivos con el objetivo de restaurar órganos de pacientes tras haber cursado (o estar cursando) con una lesión o una enfermedad. Con esta idea general, queda claro que la problemática bioética puede ser hacia rumbos muy distintos. En el caso de células indiferenciadas de origen embrionario, hay tanta literatura que merece un análisis aparte de estas reflexiones (Aach *et al.*, 2017). En el caso de células diferenciadas obtenidas de seres humanos ya nacidos, la problemática ha sido analizada, no en relación específicamente con la ingeniería de tejidos, pero sí con la obtención e intervención de muestras biológicas. Para el caso de células desdiferenciadas, las denominadas iPS (del inglés *induced pluripotent stem cells*), hay también literatura que considera que una de sus grandes ventajas es que no representan tantos problemas desde el punto de vista bioético.

Además del tema de las células utilizadas, está la otra parte, es decir, el andamiaje para las mismas. En la última década han entrado en el campo con mucha fuerza tecnologías emergentes tales como la bioimpresión 3D, la biofabricación, o la generación de materiales supramoleculares. En este rubro se han analizado implicaciones de seguridad para quienes recibirían este tipo de andamiajes, así como aspectos económicos, poniendo énfasis especial en la protección de los derechos individuales y la transparencia de la investigación. Al igual que toda aplicación técnica, y con ello, todas estas nuevas biotecnologías, implican tanto oportunidades como riesgos (Patuzzo *et al.*, 2018). No se trata de caer en falacias o falsas dicotomías, como dividir a tecnoentusiastas de tecnopesimistas, antes bien, se trata de buscar la deliberación bioética que lleve al avance científico y la mejora de la calidad de la práctica clínica con un mejor arsenal terapéutico a través de la inclusión de la ingeniería de tejidos, pero cumpliendo con aspectos bioéticos y los jurídicos correspondientes.

Mención aparte, pero conjunta por su desarrollo e implicaciones, merecen los organoides. El término moderno organoide se refiere a las células que crecen en un entorno tridimensional (3D) definido *ex vivo*, con el objetivo de formar minigrupos de células que se autoorganizan y se diferencian en tipos de células funcionales, recapitulando la estructura y función de un órgano como si fuese *in vivo* (por lo que también se les denomina "mini-órganos"). Los organoides pueden derivarse de las células citadas previamente a través de un proceso similar a la forma en que el órgano adquiere su organización distintiva. Esta autoorganización dentro del organoide ocurre a través del compromiso de linaje restringido por mecanismos de diferenciación celular determinados genéticamente y por el medio, lo que requiere la activación de varias vías de señalización mediadas por componentes celulares intrínsecos o entornos extrínsecos como la matriz extracelular emulada por la bioimpresión y/o los medios de cultivo de las células (Corrò *et al.*, 2020).

Previamente, los cultivos de células o tejidos 2D convencionales se habían utilizado, y se siguen utilizando, para modelar el desarrollo humano y enfermedades. A pesar de ser ampliamente adoptadas en muchos modelos biomédicos, las líneas celulares 2D generalmente se consideran no fisiológicas, ya que en su mayoría están modificadas al inmortalizarse y además carecen de arquitectura y complejidad tisular. Por otro lado, los modelos de ratón modificados genéticamente (MRMG) y los xenoinjertos derivados del paciente (XDP) se consideran alternativas mejoradas *in vivo* para modelar los procesos biológicos de las enfermedades. Aunque los MRMG están ampliamente distribuidos en la investigación del desarrollo embriofetal y el cáncer, la producción de MRMG (desde su diseño, pasando por su generación y eventual mejoramiento) frecuentemente lleva años para establecerse. Otras limitaciones de los MRMG es que no pueden recapitular al 100 % las condiciones humanas (por ejemplo, la interacción con el microbioma), la genética y/o la fisiología, lo que puede afectar su poder predictivo al evaluar los resultados clínicos. (a pesar de que hayan mostrado seguridad y eficacia) Los XDP son otro paso adelante para modelar el cáncer humano mediante el xenotrasplante de material del paciente en ratones inmunodeficientes, pero el establecimiento de XDP es ineficiente y requiere mucho tiempo. Los organoides primarios derivados del paciente (OPDP) *ex vivo* recién surgidos ofrecen alternativas superiores a las líneas celulares, MRMG y XDP para el modelado de enfermedades. Todas estas posibilidades científicas siguen en debate con diversas posturas respecto al trato de los animales no humanos en condiciones de laboratorio: su estatus moral, si hay límites para realizar este tipo de investigaciones (y, de haberlos, cuáles serían), etc. (Corrò *et al.*, 2020).

De superar la investigación preclínica, una de las principales preocupaciones es el consentimiento informado y la propiedad de los OPDP, así como los intereses comerciales asociados. Será importante definir cómo y en qué medida los organoides se relacionan con los donantes y la gobernanza posterior de los datos asociados a los organoides, como todos los datos ómicos generados a partir de los OPDP (genómicos, transcriptómicos, proteómicos, metabolómicos, etc.). Al considerar la aplicación de organoides en medicina regenerativa, es particularmente importante abordar todas las preocupaciones éticas y de seguridad antes de aplicar a los pacientes. Algunas otras problemáticas bioéticas señaladas para el desarrollo de organoides son la artificialización y/o humanización del animal no humano vivo, así como el estatus de organoides y gastruloides cerebrales, requiriendo regulaciones especiales para biobancos de organoides, los procesos de consentimiento, y sus aplicaciones clínicas (Yahaya *et al.*, 2022).

Los organoides son modelos que además de lo que pueden aportar a la ingeniería de tejidos dentro de la medicina regenerativa se utilizan en investigación sobre el desarrollo embriofetal, estudios filogenéticos, modelado de enfermedades, medicina de precisión, ómicas, edición genética, interacciones huésped-microbioma, descubrimiento de fármacos y toxicología (Xinaris, 2019). Algunas de estas aplicaciones implican uso de animales no humanos en laboratorio y otras pretenden disminuir y, a ser posible, eliminar tal uso. Existen algunas investigaciones donde se requieren organismos completos (ya sea animales no humanos o seres humanos), tales como el estudio de parámetros farmacocinéticos, interacciones inmunoendocrinológicas, etc. Por ello, varias investigaciones han desarrollado enfoques multiorganoides para modelar algunas posibilidades biológicas (además de la farmacocinética, la cinética de metástasis, etc.), con lo cual sigue quedando la duda de hasta dónde esos resultados pueden extrapolarse a un organismo completo.

Una revisión reciente de las implicaciones éticas del desarrollo y la aplicación de la ingeniería de tejidos para medicina regenerativa realizó una búsqueda sistemática en los 4 repositorios más relevantes de la literatura científica y humanística sobre el tema (PubMed, Embase, Scopus y PhilPapers). Arrojó 2451 artículos; después de una selección sistemática, se incluyeron 237 artículos relevantes de investigación biomédica y bioética publicados entre 2008 y 2021 (de Kanter *et al.*, 2023). La revisión clasificó las implicaciones éticas en 10 temas. Siete temas trazan el desarrollo de la metáfora inglesa de la medicina traslacional "from bench, to bedside", es decir, desde la investigación preclínica (en laboratorios, donde el uso de bancos es habitual), pasando por investigación preclínica y clínica hasta alcanzar la práctica clínica (es decir, la cama del paciente): experimentación con animales no humanos, manejo de tejido humano, consentimiento informado, potencial terapéutico, riesgo y seguridad, traducción clínica e impacto social. Otros tres temas representan salvaguardas éticas relevantes durante todas las fases de desarrollo: integridad científica, regulación y participación de pacientes y la sociedad en general. La revisión muestra que desde 2008 hay literatura sobre diseño y conducción de ensayos clínicos para ingeniería de tejidos de una manera responsable. También destaca que algunos temas requieren de mayor atención, como el impacto social de estos desarrollos, la propiedad sobre los tejidos modificados, etc.

La historia de la ética en investigación ha mostrado una y otra vez que la comunidad científica, al igual que cualquier otra comunidad humana, no se autorregula éticamente; al menos, no del todo. Si esto fuese así, no habría necesidad del Derecho; como es bien sabido, los Estados contemporáneos basan su existencia y organización en el Derecho. Por ello resulta importante qua la bioética esté presente en la regulación jurídica, sin pretender que al regular una actividad jurídicamente es suficiente para que el comportamiento sea ético. Por ello es relevante no solamente cómo se entienda la medicina regenerativa o la ingeniería de tejidos, sino qué se presuponga para que se regule de una o de otra manera. Por ejemplo, países y regiones de gran desarrollo tecnocientífico y económico como lo son la Unión Europea (UE), los Estados Unidos (EEUU), Japón y Corea del Sur tienen definiciones formales estándar para la medicina regenerativa, aunque se utilizan diferentes terminologías y esto introduce la posibilidad de variaciones en las regulaciones (Qiu & Toumi, 2023). Por ejemplo, Japón y Corea del Sur definen y clasifican la medicina regenerativa en tres categorías de productos: medicamentos de terapia celular, medicamentos de terapia génica y productos de ingeniería tisular. La UE y los EEUU utilizan cuatro categorías, que incluyen las tres previas y productos combinados. En los EEUU, la medicina regenerativa se conocen como "terapias avanzadas de medicina regenerativa", que pueden estar reguladas como medicamentos, productos biológicos o dispositivos médicos; por otra parte, para la UE la medicina regenerativa se refiere a "productos medicinales de terapia avanzada" y están regulados como medicamentos. Finalmente, en Japón el término "medicina regenerativa" se utiliza en la Ley de Dispositivos Médicos y Farmacéuticos de Japón y está regulado bajo una vía única separada de los medicamentos o productos biológicos. Si bien al interior de un determinado país o de una región esto puede funcionar, la globalización de la tecnociencia hace repensar si esto debería seguir así o si, por el contrario, deberían buscarse algunos consensos que ya se han alcanzado en otros campos (como en el desarrollo de fármacos y las Guías de Buena Práctica Clínica).

5. CONCLUSIONES

La distinción entre "práctica clínica" e "investigación clínica" es absolutamente fundamental. Más allá de las cuestiones teóricas aquí analizadas, ya se ha hecho notar que pueden existir prácticas fraudulentas al ofrecer tratamientos con células madre, ingeniería de tejidos y/o medicina regenerativa que en realidad no lo son, ya que no se han sometido a los procesos de investigación necesarios para demostrar seguridad y eficacia (Cyranoski, 2012). Están documentadas demandas civiles por daños derivados de publicidad engañosa y fraude (Horner *et al.*, 2018), habiendo identificado algunas enfermedades donde el fenómeno ha sido lamentablemente más frecuente, asociado a turismo médico y explotación (Glassberg *et al.*, 2021).

El marco bioético es necesario para el análisis de la problemática ética en torno a la ingeniería de tejidos. La ética clásica no puso mucho énfasis más allá de relaciones interpersonales, por lo que animales no humanos no han sido grandemente incluidos en la reflexión ética. Este punto es esencial para la investigación preclínica en ingeniería de tejidos. No se trata solamente de un análisis de problemas relacionados con el desarrollo tecnocientífico y su aplicación en la vida humana y la vida en general; es cierto que se ha potenciado la reflexión a partir de avances vividos en el Siglo XX. Sin embargo, no es menos cierto que también ha existido una serie de novedades en la esfera sociocultural, tales como el mayor peso que se le ha dado a la autonomía de las personas para decidir sobre su cuerpo y sus derivados (células, tejidos, órganos), el reconocimiento de derechos en materia de salud, etc.

Derivado de lo anterior, habría que hacer análisis particulares de las problemáticas citadas. Baste aquí una breve y mera recapitulación. En la esfera de la microbioética estarían las éticas de máximos, donde cada persona decidiría si en su proyecto de vida feliz entra o no el participar en una investigación relacionada con ingeniería de tejidos (por ejemplo, donando células); en caso de ser paciente por alguna afección (lesión o enfermedad), también debería poder contar con información verídica para evaluar si accede a un tratamiento que involucre ingeniería de tejidos. Todo esto gira en torno a la idea del consentimiento informado. Los requisitos bioéticos (y jurídicos, donde los hay) no son iguales para un consentimiento informado para práctica clínica, que un consentimiento informado para investigación clínica. Además, la cantidad y calidad de la información puede ser muy variable de persona a persona, lo que ya se sabe desde la teoría y práctica actual del consentimiento informado. Por ello no es posible realizar esquemas previos a modo de formularios para meramente llenar una serie de datos. Hay coincidencia en que durante el proceso de información para consentir o no una intervención, ya sea de práctica clínica o de investigación clínica, debe informarse claramente sobre riesgos y beneficios. Esta información solamente puede tenerse si se conoce la literatura científica disponible, por lo que la veracidad y sinceridad de profesionales involucrados en el campo de la ingeniería de tejidos resulta crucial.

En la esfera mesobioética se escala a instituciones y estructuras sociales, de modo que el tema de la regulación es esencial. Es absolutamente necesaria una base bioética para elaborar leyes que regulen de modo adecuado estas actividades; y no solamente para el marco jurídico, también debe pensarse en la política gubernamental, las políticas públicas, etc., así como en la gobernanza adecuada en un país o región, sin aislarse del contexto mundial.

En la esfera macrobioética el tema de la justicia es esencial, ya que los costes de la investigación y la práctica clínica en ingeniería de tejidos (y en medicina regenerativa en general) es todavía muy alto (y parece que seguirá siéndolo). Esto impulsa en el mejor de los casos al turismo médico, pero en el peor de los casos a la información fraudulenta y tras ella la explotación de las personas y eventualmente la generación de daños por aplicar intervenciones no probadas o por francamente no aplicar nada. El reto en las tres esferas es grande, pero hay que afrontarlo con responsabilidad, individual y colectivamente.

6. REFERENCIAS

Aach, J., Lunshof, J., Iyer, E. y Church, G. M. (2017). Addressing the ethical issues raised by synthetic human entities with embryo-like features. *eLife,* 6, e20674. https://doi.org/10.7554/eLife.20674

Álvarez-Díaz, J. A. (2018). *Aspectos éticos de la nanotecnología en la atención a la salud.* Universidad Autónoma Metropolitana, Unidad Xochimilco. https://n9.cl/t6rf1

Corrò, C., Novellasdemunt, L. y Li, V. S. W. (2020). A brief history of organoids. *American journal of physiology. Cell physiology, 319*(1), C151–C165. https://doi.org/10.1152/ajpcell.00120.2020

Cyranoski D. (2012). Stem-cell fraud hits febrile field. *Nature, 490*(7420), 321. https://doi.org/10.1038/490321a

Daar, A. S. y Greenwood, H. L. (2007). A proposed definition of regenerative medicine. *Journal of tissue engineering and regenerative medicine, 1*(3), 179–184. https://doi.org/10.1002/term.20

de Kanter, A. J., Jongsma, K. R., Verhaar, M. C. y Bredenoord, A. L. (2023). The ethical implications of tissue engineering for regenerative purposes: A systematic review. *Tissue engineering. Part B, Reviews, 29*(2), 167–187. https://doi.org/10.1089/ten.TEB.2022.0033

Glassberg, M. K., Csete, I., Simonet, E. y Elliot, S. J. (2021). Stem cell therapy for COPD: Hope and exploitation. *Chest, 160*(4), 1271–1281. https://doi.org/10.1016/j.chest.2021.04.020

Horner, C., Tenenbaum, E., Sipp, D. y Master, Z. (2018). Can civil lawsuits stem the tide of direct-to-consumer marketing of unproven stem cell interventions. *NPJ Regenerative medicine,* 3, 5. https://doi.org/10.1038/s41536-018-0043-6

Mason, C. y Dunnill, P. (2008). A brief definition of regenerative medicine. *Regenerative medicine, 3*(1), 1–5. https://doi.org/10.2217/17460751.3.1.1

Patuzzo, S., Goracci, G., Gasperini, L. y Ciliberti, R. (2018). 3D bioprinting technology: Scientific aspects and ethical issues. *Science and engineering ethics, 24*(2), 335–348. https://doi.org/10.1007/s11948-017-9918-y

Qiu, T. y Toumi, M. (2023). *Regenerative Medicine: Unlocking Patient Access and commercial potential.* CRC Press.

Taylor, D. A., Caplan, A. L. y Macchiarini, P. (2014). Ethics of bioengineering organs and tissues. *Expert opinion on biological therapy, 14*(7), 879–882. https://doi.org/10.1517/14712598.2014.915308

Xinaris C. (2019). Organoids for replacement therapy: expectations, limitations and reality. *Current opinion in organ transplantation, 24*(5), 555–561. https://doi.org/10.1097/MOT.0000000000000680

Yahaya, B. H., Shaffie, S. A. C. y Sasongko, T. H. (2022). Ethical implications on organoid. In *organoid technology for disease modelling and personalized treatment* (pp. 193–208). Springer. https://doi.org/10.1007/978-3-030-93056-1

COSMOVISIÓN AUTOPOIETICA Y COMUNICACIÓN RETÓRICA (CLAVES INVESTIGADORAS DE HUMANISMO DIALÉCTICO)

Jesús Baena Criado[1]

1. INTRODUCCIÓN

El surgimiento de nuevas realidades, manifestadas a través de la aparición genuina de soportes materiales propios de nuestro tiempo —como pueden serlo las redes sociales, la Realidad Virtual o la Inteligencia Artificial, entre otros—, parecen indicarnos las prematuras estelas que los tiempos venideros depositan en el presente como un augurio. Para las disciplinas humanísticas, el hallazgo que podemos pretender como premonitorio nos advierte del nacimiento de formas de expresividad literaria renovadas, las cuales discurren hasta confluir en la generalidad de la Teoría de la Literatura. Ello, a su vez, nos dirige al seno profundo, interior y nuclear de los conceptos básicos de esta disciplina, conceptos y objeto de estudio que, asumidos como propios, no obstante, ejercen cierta tensión entre sí en la contemporaneidad, lo que parece forzar a concepciones fenoménicas holísticas y de mayor amplitud para asumir estas nuevas realidades cuyo estudio le corresponde con legitimidad. Todo ello, en definitiva, nos aproxima hacia la ampliación de las fronteras teóricas que pueden ofrecer un acercamiento a explicaciones más satisfactorias sobre las realidades estético-literarias, que, a su vez, pueden englobarse, desde la concepción etimológica de la poiésis aristotélica y sistematizarse, tanto en sus coordenadas teóricas como en las metodológicas, gracias a las propuestas de la «invención estética» (E. Baena), «Retorica cultural» (T. Albaladejo) y «Retórica constructivista» (D. Pujante). La integración de estas posiciones en el *corpus* teórico parece posibilitar la configuración de un marco conceptual en la Teoría de la Literatura con capacidades potenciadas y operativas para satisfacer las exigencias fenoménicas y fácticas que plantea la actualidad, todo lo cual se adecúa en una armonía intelectiva a partir de las ideas propias que trasladamos en esta contribución, que se recogen en la noción de *cosmovisión autopoietica*. Para la correcta comprensión de esta fórmula noética, que constituye el núcleo que fundamenta nuestra aportación metodológica, completamos la definición de las conceptualizaciones que utilizamos trayendo también aproximaciones de ideas como las de la «creación», en tanto que fenómeno general, e «invención», como denominación crítica que proponemos en el corazón de la Teoría de la Literatura.

---

1. Universidad de Málaga (España)

2. METODOLOGÍA

Durante nuestra exposición, utilizamos en un plano teórico y metodológico conceptos como «cosmovisión», «creación» e «invención», para los cuales ofrecemos las definiciones y significados con los que operamos en este texto.

La cosmovisión —en la estela pero no equivalente a la *Weltanschauung* alemana— se configura de la siguiente forma: se constituye como una idea o un conjunto de ellas relativas a la totalidad de la realidad —incluido el ser humano— sobre la cual se fundamenta el resto de las relaciones e interrelaciones entre sujeto-objeto, objeto-sujeto y objeto-objeto. En similitud a lo escrito por Rodríguez Pequeño (1997, p. 183), «lo importante es la percepción de la realidad [...] aunque en lo que llamamos realidad objetiva tal «realidad» sea imposible. El resultado es la ficcionalización no del objeto o la realidad sino de la misma percepción».

De esta forma, en función de la cosmovisión de la cual se parte, se deriva de esta la concepción de toda realidad que no forme parte de esa idea o conjunto de ellas sobre las cuales se edifica la visión del mundo, de manera que la totalidad de la realidad queda contenida, de forma explícita o implícita, en el núcleo conceptual de la cosmovisión. La cosmovisión supera, por otro lado, conceptos como el de «postura filosófica», «cultura» o «condición psicológica»: la cosmovisión puede configurarse a partir de conceptos e ideas que no necesariamente se rigen por una lógica compartida, ni por un motivo cultural ni por la experiencia psicológica, aunque con posteridad una cosmovisión particular pueda ser asumida por una o más personas, replicándose como un meme (Dawkins, 1976). La cosmovisión adopta, como sugerimos, una idea o un conjunto de ellas a partir de las cuales se significa la realidad, pudiendo ser la idea una entidad metafísica original, la ciudad reflejada como orden cosmológico (la *polis*) u otras realidades de cualquier índole; la derivación del resto de objetos que se contienen necesariamente en el núcleo cosmovisionario, se produce en calidad de armonización significativa en la interrelación de las ideas fundamentales con el resto de las realidades. No quisiéramos dejar de indicar que nuestra proposición, si bien la aplicamos con especificidad en este trabajo a aspectos creativos de la cultura occidental, sería aplicable de igual modo a otras civilizaciones, culturas y tradiciones. De este modo, las derivaciones contenidas en el núcleo cosmovisionario pueden estar en dependencia de una única idea, y no de otra, conviviendo en la pluralidad conceptual: incluso en cosmovisiones fundamentadas sobre ideas opuestas o excluyentes entre sí, se significa la realidad y se armoniza la significación de sus interrelaciones. Cabe mencionar, en última instancia, que los tipos de cosmovisiones pueden variar según su carácter: una cosmovisión simbólica (por ejemplo, la pitagórica o, en cierto modo, la platónica) exige que el conocedor la desvele al que la desconoce, puesto que las ideas sobre las cuales se fundamenta se constituyen como símbolos; una cosmovisión metafórica (por ejemplo, la idea nuclear de la *polis*) requiere la comprensión del proceso metafórico a través del cual toda realización es metaforizada desde el concepto *polis*, lo cual nos hace recordar a Wittgenstein (1973, pp. 163-165).

Así, la creación se convierte en objeto de las diferentes cosmovisiones como un concepto que se deriva de estas, siendo por ello necesaria la comprensión de la cosmovisión hegemónica para tratar sobre los aspectos relacionados con lo creativo. Es por ello que, cuando recordamos con Zambrano (1993) la condena platónica a la poesía, no consideramos oportuno limitar el objeto del destierro a lo que a día de hoy comprendemos por «poeta», sino a la totalidad de los creadores, lo que refrendan las propias palabras de Aristóteles (1974) al inicio de su *Poética* y las reflexiones que hemos realizado a ese respecto, ya que, según la cosmovisión platónica, cualquier creación —y no solo poema— que refleje el vicio, la apariencia y otras ideas de ese tenor se constituye como «la mentira». A su vez, según la cosmovisión adoptada por el creador, la segunda será una materialización de la primera, que motiva la siguiente consideración de Rico (1986, pp. 115-116): «la equivalencia del reino, el hombre y el universo, así, venía en lo antiguo a sancionar la comprensión del fenómeno político, subrayando las nociones de unidad, orden, jerarquía y prestándoles una "espontaneidad" a toda prueba».

Para finalizar estas reflexiones críticas metodológicas nos queda tratar el último de los conceptos, la invención. Como ya hemos anotado, el objeto de la Teoría de la Literatura es la creación literaria como fenómeno general: la creación *es*. Esta disciplina, en su condición teórica, denomina en su *corpus* a este fenómeno utilizando el término ya definido por la Retórica, esto es, invención. Como tal, este concepto se ha propuesto en el *corpus* retórico como la sistematización analítico-productiva del fenómeno de la creación literaria, lo cual no debe confundirse con una pretensión sustitutiva: la invención recoge y sistematiza las manifestaciones y materializaciones de la creación a través de la Lengua, algo que no conlleva la suposición —o sospecha, o acusación: sirva como ejemplo la reacción de los románticos contra la Retórica, entendida esta como sistema normativo— de que la creación literaria es solo aquella que se realiza desde la *inventio* retórica. Así, la invención describe el fenómeno de la creación literaria, del mismo modo que hoy en día puede describirse la composición del agua: la descripción permite tanto el análisis como la producción, en ambos casos. Sin embargo, y a diferencia de las ciencias naturales, si bien la invención permite la reproducción, notemos que la repetición de lo creado no es creación: el hecho de que pueda replicarse la materialización de la creación literaria, esto es, la palabra, sea de forma literal o bien las estructuras lingüísticas o las figuras, no conlleva creación, sino que solo implica una repetición: la Teoría de la Literatura no se agota en la descripción de su objeto, como puede ocurrir en las ciencias naturales, sino que por el contrario su objeto se compone del propio fenómeno de la creación, entendido como un *continuum* ligado al ser humano cuyo acaecer se sucede y se renueva en la propia humanidad: el agotamiento de la Teoría de la Literatura como disciplina implica, pues, el agotamiento de la humanidad o, en su extremo apocalíptico, su desaparición.

Sin embargo, hemos indicado anteriormente que la creación es la manifestación de una cosmovisión. Por lo tanto, la invención, como denominación del fenómeno de la creación, conlleva una sistematización de su materialización lingüística —un fenómeno particular— tanto como acarrea la configuración teórica de herramientas analíticas de la cosmovisión, que se manifiesta en la creación: es así como surge como necesidad teorética el concepto de la *invención estética*, concebido y desarrollado por E. Baena.

3. OBJETIVOS

Tras las vanguardias, la cosmovisión contemporánea se hace patente en la sociedad, no sólo en la creación artística, sino en el pensamiento en todas sus manifestaciones, como también lo hacen todas las demás cosmovisiones: por un lado, el desarrollo y la consolidación del avance científico, el cual se distancia paulatinamente de la Verdad en términos absolutos de la mano de pensadores como Kuhn, Popper o Latour, entre otros; y, por el otro, la eclosión de las corrientes denominadas «posmodernistas», que desarrollan hasta sus extremos radicales la concepción de la creación de la humanidad, llegando incluso a negar la existencia de lo objetivo.

Desde nuestra perspectiva, la cosmovisión contemporánea está fecundada por ambas posturas de forma indisoluble: la aceptación de la existencia de lo objetivo, por una parte, y la concepción del ser humano como creador de su humanidad, por la otra; sin embargo, consideramos que la segunda es, de hecho, la menos asimilada, confundiéndose frecuentemente la creación de la humanidad con la mentira, la manipulación o el pensamiento de que toda expresión es válida como creación; así, se nos hace difícil aceptar que, en relación con la creación de la humanidad del ser humano, este ha tomado conciencia plena de sí en su generalidad y particularidad, culminando en sí mismo como sociedad la propia modernidad. En cierta manera, y salvando las distancias, la creación en la cosmovisión contemporánea se nos presenta más cercana a la idea que expone Escohotado (1975, p. 79) respecto del pensamiento griego: «el hacer del *logos* es un decir, un discurso [...] Las presencias que forman ese universo son «razones» (*lógoi*), palabras de la palabra, actos de su actividad, todo ello de modo directo o sin mediación». Y con Zambrano (1993, p. 15), «la razón, el logos era creador, frente al abismo de la nada; era la palabra de quien lo podía todo hablando. Y el logos quedaba situado más allá del ser [...]. Era el principio más allá de todo lo principiado».

Ese *logos* creador es el corazón de la cosmovisión contemporánea: no es una negación de la razón, sino su afirmación: el reconocimiento de lo objetivo como existente y, a la vez, la conciencia de lo humano y de su humanidad: «palabras de la palabra». Recordamos los conceptos nucleares que hemos expuesto ya: la primera de las conceptualizaciones sobre las que se constituye es la negación y el rechazo de lo metafísico, en cualquier forma; la segunda de las conceptualizaciones que forman parte de ese núcleo, es la relación entre el individuo como sujeto y lo objetivo, tomando dicha relación como expresión, como creación; el tercero de los conceptos que configuran el núcleo cosmovisionario contemporáneo es la capacidad de conocer el objeto, de aprehenderlo y hacerlo propio y la conciencia de la legitimidad para manipular la expresión de lo objetivo; la cuarta conceptualización, en consecuencia, es la afirmación de la humanidad en lo humano, al haberse descubierto a sí mismo en el cosmos y, al fin, la última: el reconocimiento legítimo del ser humano para construir su propia humanidad:

> *será, de otra manera, la razón vital, interior y no la exterior, la que dé inteligibilidad a lo externo, en esa corriente vital que va de dentro afuera, y cuya capacidad radica en superar espacios amplificados de comprensibilidad, trasladando sus nuevos sentidos sobre los fenómenos. Palabra y ser se pertenecen, por ello, mutuamente en la perspectiva de la invención estética (Baena, 2014, p. 108).*

Nuestro primer propósito es, por ello, el hallazgo de la cosmovisión contemporánea: consiste en la aprehensión, en el adueñarse del mundo por parte del ser humano, dando «inteligibilidad a lo externo», de forma que «palabra y ser se pertenecen»: la creación, en el seno de la cosmovisión contemporánea, amplía hacia el ámbito literario el estudio cultural de la humanidad asumiendo una visión poética de sí. Cuando el ser humano en nuestro tiempo se relaciona con el cosmos, en él encuentra lo objetivo, aquello de lo cual es consciente que no tiene por sí mismo mayor significación que su propia existencia, es decir, que el hecho de que el objeto *es*. A este respecto, el propio método científico se aproxima y se dirige más a esta concepción, esto es, a la consideración de que el conocimiento de *lo objeto* no significa nada más que el reconocimiento de que *es*, asumiendo la descripción como *episteme*, la cual se circunscribe al ser humano observando el cosmos desde su humanidad: desde la Lógica hasta las Matemáticas, en todo, el ser humano acaba por descubrirse a sí mismo.

La interrelación entre el sujeto y lo físico, en la cosmovisión contemporánea, se corresponde en cierta forma con aquel concepto de Marinetti, el «hombre multiplicado», que también nos recuerda a Zambrano (1993, p. 19) cuando afirma que «la poesía perseguía, entre tanto, la multiplicidad desdeñada, la menospreciada heterogeneidad»; ese «hombre multiplicado», poeta de la multiplicidad y la heterogeneidad, en su búsqueda de lo esencial, descubre a la humanidad: tras esta conclusión, que no es relativista ni escéptica, en la observación del cosmos se afirma el humano a sí mismo y ahora es cuando se arroja a la construcción de la humanidad, de su humanidad, esto es: de la cosmovisión desde la cual concibe *lo objeto*:

> *el camino seguido por el poeta para alcanzar en forma de subjetivización creadora la eternidad no es un refugio para alejarse, en ninguna medida, de la objetividad, [...] sino la llamada vocativa que debía seguir para llegar a su meta de hombre sucesivo (Baena, 2014, p. 99).*

Y ello se hace posible, a toda luz, porque la cosmovisión hegemónica se plantea en los términos expuestos, conviniendo con Wittgenstein (1973, p. 197) que: «el sentido del mundo debe quedar fuera del mundo. [...] (Ética y estética son lo mismo)». Todo aquello que forma parte de las atribuciones de l*o objeto* no es sino *aesthesis*, y queda «fuera del mundo» porque «en él no hay ningún valor, y aunque lo hubiese no tendría ningún valor» (Wittgenstein, 1973, p. 197), de tal forma que, con Protágoras, «el hombre es la medida de todas las cosas»: así, la Verdad, lo Bueno, lo Bello, en fin, lo ético se convierte en estético, «pureza, generalidad, rigor, lógica eran en esta disciplina virtudes generadoras de paradojas, y ésta es la más admirable: ¡la Estética de los metafísicos exigía que se separase lo Bello de las cosas bellas!» (Valéry, 1990, p. 52). De tal forma que todo lo ético es estético porque el cosmos es significado en la construcción de la humanidad por parte del individuo, ya que «todo lo que se cree universal es un efecto particular. Todo universo que formamos responde a un punto único, y nos encierra» (Valéry, 1990, p. 57), construyendo una cosmovisión y, por lo tanto, creándose a sí mismo: «ese discurso primero, la *poités*, se instaura como la mirada interior que proyecta en la realidad del mundo su energía para así nombrarla» (Baena, 2021, p. 213).

Así, el poema, lo creado, la poesía, entendida ahora y en la cosmovisión contemporánea como autopoiésis, «es ya la unidad no oculta, sino presente; la unidad realizada, diríamos encarnada. El poeta no ejerció violencia alguna sobre las heterogéneas apariencias y sin violencia alguna también logró la unidad» (Zambrano, 1993, p. 22), que es lo que se convierte en «palabras de la palabra», ya que el individuo en la cosmovisión contemporánea «busca la palabra capaz de crear lo real, es decir, de configurar aquello cuya expresión pueda traslucir el nuevo sentido del ser» (Baena, 2014, p. 103): ese sentido que el ser humano deposita desde sí mismo en l*o objeto*, de modo que «la última raíz de la visión del mundo es la vida. [...] en toda su hondura de inteligencia e interpretación, tal como se ha objetivado en sus exteriorizaciones, que en toda percatación y aprehensión del propio vivir» (Dilthey, 1974, p. 41).

La cosmovisión contemporánea se configura a la vez con la armonía significativa, el sentido y la coherencia de la estructura conceptual cosmovisionaria, ahora descentralizada desde lo Uno, en su ascendente plotiniano, hasta el individuo creador en su ejercicio de autopoiesis: «es, pues, una modalidad de la conciencia de las cosas, un modo original y específico de captar el mundo. La emoción poética no se añade, pues, desde fuera a la imagen del objeto» (Cohen, 1977, p. 202), a lo cual añade, sobre la diferencia entre la prosa y la poesía, que «no se halla ni en la sustancia sonora ni en la sustancia ideológica, sino en la clase especial de relaciones que el poema introduce, por una parte, entre el significante y el significado, y por otra, entre los propios significados» (Cohen, 1977, p. 196). La armonía es el sentido que adquiere la cosmovisión según la interrelación de los objetos entre sí ya significados, de manera que «ahora pueden ser considerados como representaciones simbólicas, generales, abstractas, de lo que figuran —y así unas tijeras cualesquiera pueden encarnar toda la idea de la "forticidad"— o como la concreción última de su individualidad» (Risco, 1982, p. 23). Ello se constituye como nuestro segundo objetivo, pues permite el descubrimiento del fenómeno como objeto de estudio de la Teoría de la Literatura ya fecundado por la acción poética del yo

Así, cuando el individuo inmerso en la cosmovisión contemporánea y, por lo tanto, en su cosmovisión, se encuentra con la creación artística, esta es la expresión de su cosmovisión, la materialización de su autopoiesis. Y es aquí donde, por otra parte, cabe señalar que surge y nace la problemática de la inconmensurabilidad (Baena Criado, 2022) señalada por Richards (1965, p. 3), cuyas palabras recuperamos: «rhetoric, I shall urge, should be a study of misunderstanding and its remedies. We struggle all our days with misunderstandings, and no apology is required for any study which can prevent or remove them», y que también Baena (2014, p. 23) recoge en los siguientes términos: «ocurre una absoluta imposibilidad de comunicación y cuando lo hacen se trata de una comunicación sesgada cuyo código es trascendental, el deber ser que los aferra como una impostura que se opone a la verdad». La dotación de significación plena no solo a la palabra, sino al texto, según van Dijk, es una materialización de la autopoiesis del creador, concretada en una obra que se convierte en acto y cuyo sentido, dentro de la obra, es totalizador, de forma que «el pensamiento del escritor se realiza en una estructura artística determinada de la cual es inseparable» (Lotman, 1988, p. 22). De tal modo alcanzamos la creación literaria: «el exterior se interioriza en la conciencia, y, a su vez, ésta se expande en la exterioridad. La consecuencia señala cómo es en el interior del hombre donde lo exterior se acumula, donde surge la realidad sobrepasada que se origina en la palabra» (Baena, 2014, p. 99).

«Las palabras de la palabra» adquiere ahora un sentido pleno: lo que se dice sobre lo que es desde la cosmovisión autopoiética, su materialización y concreción en la obra como acto y, en el receptor, como acción. Pero en su materialidad, la creación literaria se concreta en la lengua, como su manifestación, sobre la cual indica Coseriu (1986, p. 29) dos aspectos fundamentales, referidos por Humboldt: «el lenguaje como *enérgeia*, es decir, como continua creación de actos lingüísticos individuales, como algo dinámico [...], y, por otra parte, el lenguaje como *ergon*, vale decir, como "producto" o "cosa hecha", como sistema históricamente realizado ("lengua")». De tal modo que, con Coseriu, entendemos el lenguaje «como continua creación de actos lingüísticos individuales», también comprendido desde la óptica que ofrece Paz (1956, p. 37): «el lenguaje es poesía, y cada palabra esconde una cierta carga metafórica dispuesta a estallar apenas se toca el resorte secreto, pero la fuerza creadora de la palabra reside en el hombre que la pronuncia», lo cual es propio de la autopoiesis que hemos definido, ya que desde la cosmovisión autopiética, el creador nombra significando el cosmos; así, junto a de Man (2007, p. 82), es preciso señalar que «en el lenguaje poético las palabras no se usan como signos, ni siquiera como nombres, sino para nombrar». Siendo así que, si convenimos en nuestra propuesta sobre la cosmovisión contemporánea y la cosmovisión autopoiética, sobre la cual hemos presentado nuestros argumentos, ayudándonos de diferentes autores y, a su vez, esta se materializa en la creación literaria como concreción, «palabras de la palabra», sobre lo cual hemos acordado la fecundación de la lengua por parte de la poiesis, todo ello nos conduce, pues, a acordar con Lotman (1988, pp. 29-30), quien, por su parte, dota de plenitud nuestra exposición hasta el momento y la refrenda en sus palabras, lo siguiente: «el estudio del lenguaje artístico de las obras de arte no sólo nos ofrece una cierta norma individual de relación estética, sino que asimismo reproduce el modelo del mundo en sus rasgos más generales».

Nuestro tercer objetivo es, por lo tanto, la sistematicidad de la concepción lingüística como creación, y esta, siendo la materialización de la cosmovisión autopoiética de lo humano. La palabra queda entonces significada por el creador, por una parte, a la vez que la palabra nombra el cosmos: «el poeta no reclama el nombre como medio para llegar a la cosa, lo que pide es el ser mismo porque la palabra, la que desvela la expresión del ser, no se constituye sino en la facultad de ser» (Baena, 2014, p. 108).

La creación se concibe como la totalización del significado —en los términos de este estudio—, del sentido que la construcción autopoiética vierte sobre la realidad, sobre sus interrelaciones: toda ficción, imaginación, lógica y símbolo lingüístico o matemático, geometría o lengua son, en definitiva, las materializaciones de una cosmovisión, sea en el ámbito artístico o fuera de él, las cuales están significadas por el ser humano. Y es en el ámbito literario donde la materialización cosmovisionaria se expresa a través de una herramienta, la lengua, cuya función exclusiva no es la manifestación del creador: pero sí refleja, sin embargo, las estructuras cosmovisionarias. Todo ser humano ejerce sobre sí una acción continua y dinámica de autopoiesis, y todo ser humano la materializa a través de los medios que estima convenientes; pero no todo ser humano desarrolla cosmovisión; la expresión artística como materialización de tal cosmovisión autopoiética requiere la existencia de dicha cosmovisión, del depositarse sobre el cosmos. Y, en el caso de la creación literaria, cabe además acordar con Bloom que «en un poema la libertad tiene que significar la libertad de la significación, la libertad de poseer una significación propia, personal» (Bloom, 2010, p. 14), puesto que son los poetas aquellos que han depositado su cosmovisión sobre la palabra, significando el cosmos y a «las palabras de la palabra», razón por la que «desde esta perspectiva debe verse toda su actividad poética como la creación en belleza de un universo lírico y absoluto y eterno por la palabra creadora» (Baena, 2014, p. 94).

4. DISCUSIÓN

Considerando que se esclarece nuestro concepto sobre la cosmovisión contemporánea, la cosmovisión como autopoiesis y la creación literaria como materialización lingüística de la cosmovisión autopoiética y, a su vez, en lo relativo a la materia lingüística, como la acción de «señalar nominalmente por primera vez en modo renovado», es todo ello a lo que nos referimos, desde una perspectiva teórica, como *invención estética*. Este término, enunciado por primera vez por Valéry, lo dota de plenitud Baena a lo largo de sus obras y trabajos que, como hemos indicado, se nos ofrecen como una Poética, en el sentido, si se quiere, aristotélico y es, por su configuración teórica, el que consideramos conveniente y más adecuado para tratar y sistematizar y, en definitiva, nombrar desde la Teoría de la Literatura a toda acción poética —sobre lo cual recordamos que, cuando utilizamos el término poesía, no nos limitamos al género literario, sino a toda creación y, en particular, a la literaria concebida en su máxima extensión como creación a través de la palabra—.

Nos resulta de conveniencia, pues, recordar, para la mejor comprensión posible, la concepción relativa a la invención en la tradición retórica. Tal y como ya hemos citado con anterioridad, Lausberg (1975, p. 235) indica que la invención

> es el «encuentro o hallazgo» de las ideas. La *intellectio* era un proceso receptivo-comprensivo; consiste en comprender las *res* dadas. La *inventio* es un proceso productivo-creador; consiste en extraer las posibilidades de desarrollo de las ideas contenidas más o menos ocultamente en la res (*excogitatio*);

a lo cual añade que «el encontrar es una feliz casualidad; efectivamente, la *inventio* es en realidad una palestra de la natura (especialmente del *ingenium*). Sin embargo, el orador no puede prescindir del arte» (Lausberg, 1975, p. 235). Por su parte, Chico Rico (1987, p. 52) apunta que

> en el proceso de producción puede decirse que la *inventio* es una operación, por una parte, extensional, de hallazgo de las ideas o elementos semánticos expresables por el discurso, a través de la construcción de una concreta estructura de conjunto referencial [...] y, por otra parte, intensional, de traslación a la estructura de sentido de las ideas o elementos semánticos que configuran la estructura de conjunto referencial.

Ya hemos argumentado con anterioridad sobre la necesidad de concebir la invención como creación, en su sentido amplio, y que tal concepto tiene lugar en el contexto teórico en el cual surge la Retórica como disciplina; en este sentido, consideramos más adecuada a nuestro propósito la conceptualización que ofrece Chico Rico, sin que por ello sea inválida la de Lausberg. De tal forma que la *intellectio*, renovada por nuestra parte en forma de la cosmovisión, y la invención como denominación teórica de la creación, quedan así establecidos. La invención estética, como concepto teórico, es aquel que no sólo toma como su objeto de estudio el fenómeno general de la creación sino que, más allá, acepta como objeto la cosmovisión y la creación, bien sea como objetos en sí mismos o bien en sus posibles interacciones.

Ahora bien, la invención estética como herramienta teórica adquiere una importancia reseñable cuando dirigimos nuestra mirada a la cosmovisión contemporánea, si bien es funcional fuera de cualquier circunstancia: se trata del hecho de que la cosmovisión contemporánea, como cosmovisión de cosmovisiones, nos sitúa en un marco estructural cosmovisionario en el que la creación literaria es dependiente no de una cosmovisión hegemónica, sino que parte de ella para elaborarse como la cosmovisión autopoiética de cada poeta: la producción literaria contemporánea se sustenta, necesariamente, en la comprensión de la cosmovisión autopoiética que se materializa en lo creado, donde adquiere una significación y sentido plenos y totalizadores en sí mismos. La afirmación de *lo objeto,* por otra parte, y la aceptación de la existencia objetiva de la entidad como aquella respecto de cuya *aesthesis* el poeta crea su propia humanidad como humano es, a toda luz, una concepción provechosa y renovada para la Teoría de la Literatura, la cual permite conciliar las dos tendencias iniciadas en la cosmovisión de la Modernidad, sin que ello implique el regreso sobre conceptos metafísicos o cientificistas, de modo que

> *por esta vía, lo real es descubierto simbólicamente como predicado poético y, de este modo, aquella realidad innominada pasa al orbe del yo poético, de donde surgirá el nombre en la espiritualización que consigue el poeta al nombrar la cosa misma. [...] En adelante, su tarea ineludible será la construcción de un universo cuyo punto culminante, el último nombre, estará ceñido al ámbito de la infinitud, el rasgo con el que Schiller declaraba la poética moderna, frente a la finitud clásica (Baena, 2014, p. 102).*

Y, completando estas reflexiones,

> *en la esfera de la invención, desde su mundo imaginario, nos abre a un horizonte soberano: y la dimensión de lo infinito afirma la existencia poética del ser, atribuye realidad al ideal, y por medio de él se propone el ser mismo del poeta y el del universo circundante fusionándose armónicamente (Baena, 2014, p. 109).*

La invención estética, tomando como objetos la *intellectio* y la *inventio*, concebidas como cosmovisión y creación respectivamente, nos ofrece la comprensión de lo creado desde la concepción del artificio, de la autopoiesis que se encarna en la palabra que nombra, significando. La obra, convertida en sí misma en un cosmos, acoge en sí el sentido, la armonía significativa depositada por el poeta, convirtiéndose todo ello en el fenómeno objeto de estudio de la invención estética y, para lo cual, todas las disciplinas y corrientes desarrollas en el seno de la Teoría de la Literatura desempeñan una función correspondiente a los fenómenos particulares que conforman la obra en tanto cosmos, como acto en sí misma y como acción dinámica respecto al receptor trascendental en el espacio-tiempo, tomando de este modo en consideración que entendida «así la poesía, es decir, como interiorización y desarrollo de conciencia, su misión es una tarea vocativa que el poeta no puede eludir porque es un modo de convergencia mítica en lo personal indispensable en el desarrollo de su ser» (Baena, 2014, p. 94).

5. RESULTADOS

De esa manera es como quedan conceptualizadas la cosmovisión contemporánea y la invención estética: cosmovisión de cosmovisiones y cosmovisión autopoiética conforman los núcleos a partir de los cuales se manifiesta la creación literaria en la contemporaneidad. La presencia de estos conceptos es, en nuestra sociedad actual, fundamental: consideramos que se trata de conceptualizaciones teóricas que encuentran correspondencia con la realidad humana y literaria de nuestra época, y el nacimiento y desarrollo de la cosmovisión contemporánea, tal y como la concebimos, que ha implicado, ya que, en lugar de agrupar a los creadores en grandes corrientes, estos forman parte, desde lo teórico, de grupos cuya composición numérica es progresivamente menor: las muestras crecientes de cosmovisión autopoiética conllevan, por necesidad, dificultades para aglutinar a los creadores. No se trata de la muerte del gran relato: sigue existiendo, pero en una composición cada vez más polifónica, donde cada voz lo es en sí misma respecto a la colectividad, y no en una cierta monofonía, quizás más cierta en otras épocas. El análisis teórico que resulta de nuestro trabajo tiene como intención el estudio de la cosmovisión autopoiética de cada creador literario a partir de la conceptualización teórica de la invención estética y su desarrollo; y es de tal modo que nos aventuramos a indicar que, a nuestro juicio, la tendencia sociocultural occidental se dirige hacia la consciencia generalizada de tales presupuestos, de forma que la cosmovisión autopoiética, si bien en cierto modo es una descripción del ser humano fuera de toda contextualización, se desarrolla ahora y en mayor profundidad en cada persona, significando el cosmos y a sí mismo en el cosmos. Una idea que, por otra parte, requiere la culminación de los pensamientos modernos: no basta con el rechazo de lo que niega lo humano, pues, como escribió Nietzsche, ello no es más que nihilismo pasivo en su máxima radicalidad; se requiere que el ser humano se asuma a sí mismo, responsabilizándose de su propia humanidad, de su ser y de su estar que, de forma inevitable en los términos actuales, conduce a que cada persona realice en sí la cosmovisión autopoiética, cuya manifestación puede materializarse en múltiples formas. En otras palabras: el individuo se dirige inexorablemente a una *performance* continua y dinámica, en sentido artístico, de sí mismo y de su humanidad, dotando de sentido la etimología de persona. De forma que ello conlleva que el creador, por su parte, sea quien en el acto, en lo ya creado, conciba cada vez de forma diferenciada, circunstanciada y armónica la significación que crea. Tal y como hemos hecho notar, la cosmovisión contemporánea, es decir, el «hombre multiplicado» a partir de la cosmovisión autopoiética, como en ejercicio performativo dinámico de sí mismo, es una concepción que no se limita a la creación artística, sino que por el contrario se asienta en lo humano como creador de la humanidad de sí mismo. Y, del mismo modo, la culminación del pensamiento se dirige hacia una realidad en la que cada individuo realice la cosmovisión autopoiética en sí mismo, toda vez que asuma la humanidad de su ser-humano y se responsabilice de sí.

Ello, de forma necesaria, lo referimos en nuestras circunstancias actuales, esto es, en los sistemas democráticos occidentales (Baena Criado, 2023). Dado que la democracia es un sistema que consiste en la redistribución de poderes entre quienes tienen la condición de ciudadanos (Schumpeter, 1963; Rubio Carracedo, 1996, 2005), la democracia por sí misma no conlleva, en su calidad de sistema, ninguna cosmovisión; por el contrario, las democracias que implican cosmovisiones colectivas, sea en forma de tradición, de cultura, de valores y religiones, etcétera, se motivan por la propia circunstancia histórica del colectivo que la práctica, y no de forma intrínseca a la democracia (Baena Criado, 2023). De tal modo que, en efecto, la democracia como sistema, al no implicar por sí misma ninguna cosmovisión, es depositaria de la cosmovisión hegemónica o colectiva que se asuma; pero, para que la democracia como sistema sea una materialización cosmovisionaria, es la propia ciudadanía la que debe ser consciente de la capacidad de creación de cosmovisiones que ostenta, lo cual es, a todas luces, la consumación de la democracia: «no puede haber democracia sin demócratas, es decir, sin ciudadanos en el ejercicio de la plenitud de sus derechos políticos, ya que la mera democracia formal puede ser instrumentalizada para fines oligárquicos de legitimación, convirtiendo a los ciudadanos en simples clientes electorales» (Rubio Carracedo, 1996, p. 247).

Ahora bien, el mero «ejercicio de la plenitud de sus derechos políticos» no significa a la democracia como sistema: el derecho, sea en cualesquiera de sus vertientes, materializa en la sociedad una cosmovisión particular a través de su regulación, lo cual quiere decir que su cumplimiento sin consciencia de sí no constituye como tal la democracia, siguiendo a Rubio Carracedo, puesto que más que lo jurídico, la democracia necesita «una generalizada conversión democrática de los individuos», que se encarna en el humano consciente de sí cuya voluntad conforma la democracia desde su individualidad hacia la colectividad. Dicho de otro modo, la democracia plena se realiza en la cosmovisión autopoiética individual como colectiva, de manera que

> el poeta abre la posibilidad de la construcción de un mundo, sentando las bases del conocimiento, del involucrarse en la historicidad postergada, y a la vez inquiriendo sobre la historia de la conciencia al articular *ab initio* la lógica que nace de ese establecimiento fenomenológico del yo (Baena, 2021, p. 107).

Y es en este marco conceptual donde consideramos conveniente señalar dos proposiciones teóricas de sumo interés que se incardinan, a nuestro entender, del mismo modo que se completan mutuamente junto a los conceptos que proponemos, que son: la Retórica cultural, de Tomás Albaladejo y la Retórica constructivista, de David Pujante, y, también, la teoría de la interideidad de Vladimer Luarsabishvili (2022). Tal y como señala Luarsabishvili (2019, p. 84), «el texto es un producto del pensamiento humano, compuesto por las características subjetivas. La subjetividad es un derivado de la relación individuo-sociedad», de tal forma que el individuo, en el proceso de cosmovisión autopoiética desde sí hacia el colectivo y, más aún, la creación cosmovisionaria del colectivo respecto a su circunstancialidad significa, en términos de Pujante (2022, p. 31), que «hacer el discurso es hacerse en el discurso».

Y es así cómo alcanzamos entonces las dos proposiciones que nos ocupan: la Retórica cultural que, en términos de Albaladejo (2013, p. 18), se concibe en los siguientes términos:

«el lugar de la Retórica en la cultura, en la construcción de la identidad y el horizonte de personas, grupos humanos y sociedades está situado en el campo de la Retórica cultural»; y la Retórica constructivista, que comprendemos con Pujante (2022, p. 21) de la siguiente forma: «frente a la realidad objetiva, que unos creen alcanzarla y otros niegan poder conocerla (cuestión del planteamiento filosófico), está la realidad en la que vivimos, y esa realidad en la que vivimos es una consecuencia de nuestro discursear».

Ambas proposiciones, se encuentran en la Retórica como disciplina, en aquella Retórica concebida por la cosmovisión sofista, que no vuelve su mirada únicamente a lo literario, sino al cosmos. En su mirar, como observación teorizadora, se descubre la «construcción de la identidad y el horizonte de personas», «esa realidad en la que vivimos es una consecuencia de nuestro discursear», hallando así nuestro concepto de cosmovisión en ambas. Así, «es en la sociedad donde la retórica funciona plenamente y donde su actividad adquiere verdadero sentido» (Albaladejo, 2020, p. 73), pues es en las sociedades democráticas donde el individuo realiza su cosmovisión autopoiética, donde a partir de la elaboración discursiva se crea a sí mismo: «en este sentido, la democracia es una descripción y/o una valoración de un ser en común fundado del reconocimiento mutuo de los compañeros y de la independencia de cada grupo en el que se comparte ese reconocimiento» (Nancy, 2010, p. 39). La invención estética, encarnada en la Retórica, integra en su conceptualización, según anotamos arriba, los conceptos de *intellectio* y de *inventio* tradicionales: cuanto más sentido adquiere en su plenitud, más la invención estética se integra en las proposiciones que hemos tomado como objeto. La Retórica cultural, como estudio retorizado de la cultura y, la Retórica constructivista, como creación discursiva del individuo y de la sociedad se completan, en nuestro humilde juicio, en reciprocidad con y desde la invención estética: la capacidad creadora del individuo extendida, así, a través de la palabra, hacia el cosmos: «este enfoque nos conduce a un concepto de educación moral en cuanto autoconstitución de la persona moral, capaz de construir cooperativamente (esto es, mediante deliberación argumentativa e interacción social) juicios morales ponderados» (Rubio Carracedo, 1996, p. 66).

La cosmovisión autopoiética designa la creación del ser humano de lo humano, como hemos referido, que acaece como fenómeno en la realidad, respecto de la cual se adopta la invención estética como denominación teórica, que la toma como su objeto de estudio. Se convierten, así, en necesarias como mirada hacia nuestro presente y nuestro futuro: la concepción de la humanidad, por una parte, y la creación de la humanidad, por la otra, se convierten así en objetos de esta Retórica, antigua y nueva, cultural y constructivista, en las cuales dicho fenómeno adquiere su plenitud conceptualizada como invención estética, a nuestro entender. Y es la Retórica, la cultural y la constructivista, la disciplina adecuada: la invención estética integra ambas en la cosmovisión autopoiética del individuo, pero también de la sociedad, de forma que hallamos en este concepto el objeto de estudio de ambas proposiciones, desentrañando de tal forma el discurso, la textualidad, la creación individual y social que se significa a sí misma a partir —he aquí la Retórica— de procedimientos cognitivos y de la lengua, siendo todo ello parte de la Retórica como sistema, que, de ese modo, se integra a su vez en las tres propuestas.

Su necesidad es, por otra parte, evidente: la tendencia creciente y previsible hacia la polifonía, la *poliacroasis,* en definición de Albaladejo (1998), que implica que cada vez sea mayor el número de personas que realicen su cosmovisión autopoiética, nos invita al desarrollo y a la aplicación de nuestros planteamientos para comprender y consumar la democracia en nuestras sociedades, del mismo modo que también lo hace para alcanzar la culminación del individuo, de lo humano en el ser humano. Todo ello, en especial, si nos atenemos al advenimiento de las revoluciones tecnológicas auguradas, de las cuales destacamos el concepto «transhumanismo» (Diéguez, 2017): las nuevas posibilidades que ofrece la tecnológica, tanto virtuales como en las potenciales modificaciones biológicas de cualquier tipo, hacen nacer en sí mismas que la integración tecnológica en el ser humano se conciba desde la autopoiésis del individuo, más allá que de la utilidad de la modificación, de tal forma que ya en la virtualidad ya en la genética o en la fisiológica, el ser humano puede significar lo tecnológico desde su cosmovisión autopoiética, y no desde una perspectiva utilitaria. De tal manera que en la democracia, en el plano de la autopoiesis cosmovisionaria, la transhumanidad o la post-humanidad son momentos ya alcanzados por el poeta: y puede que ello sea, a su vez, la creciente tendencia del individuo occidental, esto es, significarse a sí mismo en el cosmos tanto como significar el cosmos y manifestarlo, sea a través de la expresión artística, de su cotidianeidad, de la construcción y materialización de su cosmovisión en la virtualidad o de la concreción de la misma en su corporalidad.

5. CONCLUSIÓN

En definitiva, si la cosmovisión autopoiética es el objeto de estudio de la invención estética, la primera como el discurso, el texto como tejido cosmovisionario autopoiético en sus planos individuales y colectivas, son ambos los objetos de la Retórica cultural y la Retórica constructivista: dos nuevas concepciones teóricas y sistemáticas no de estudiar la expresión artística, sino la creación de lo humano que realiza en sí el ser humano, y desde sí hacia la comunidad. Constituyen estas las más adecuadas, por la Retórica como disciplina sustentadora y sistematización de la creación y la expresión, para la comprensión no del colectivo en términos sociológicos, ni antropológicos, sino de la sociedad en términos creadores, volviéndose sobre sí misma en el «infinito estético» de Valéry: desvelar, en fin, cómo significa la sociedad al cosmos y a sí misma, qué sentido se crea para sí como acto y como acción dinámica y cuál es su armonía significativa. Los eventos sociopolíticos, los movimientos sociales y los ideologicos, las manifestaciones y nuevos surgimientos políticos: cosmovisión autopoiética en lo social desde lo individual y viceversa, cuyo estudio analítico-productivo es el correspondiente a la Retórica cultural y a la Retórica constructiva, respectivamente, y según nuestro entendimiento.

Se trata de la identificación de lo fenoménico como acuciante y evidente, su reconocimiento y su teorización son los que nos guían hacia el estudio, desde una re-creada Retórica, hacia la exploración de la cosmovisión autopoiética en toda su extensión individual y social para comprenderla, para comprendernos; para crearnos y, en fin, para saber crearnos, pues:

> el poeta está entero en su rostro, en todas sus acciones, en todas sus creaciones. Esa unidad, o mejor esa búsqueda de la unificación, sólo se encuentra a través de las claves expresivas: la dialogía del logos que incorpora la intersubjetividad, la síntesis primordial —que es donde radica lo poético— entre los opuestos: lo absoluto-relativo, lo uno-múltiple, lo permanente-cambiante, la mismidad-alteridad (Baena, 2021, p. 166).

6. REFERENCIAS

Albaladejo, T. (1998). Polyacroasis in Rhetorical Discourse. *The Canadian Journal of Rhetorical Studies/La Revue Canadienne d'Études Rhétoriques*, 155-167. https://doi.org/10.17380/rr2016.1.2

Albaladejo, T. (2013). Retórica cultural, lenguaje retórico y lenguaje literario. *Tonos digital: Revista de estudios filológicos, 25*. www.um.es/tonosdigital/znum25/secciones/estudios-03-retorica_cultural.htm
Albaladejo, T. (2020). La retórica y la dimensión social del discurso. En P. Valdivia, & C. del Valle (Eds.). *Leyendo el tejido social. Análisis discursivo y retórica cultural en el sur global* (pp. 21-47). UFRO.
Aristóteles. (1974). *Poética.* (V. García Yebra, ed. y trad.). Gredos.
Baena Criado, J. (2022). Nota teórica sobre la inconmensurabilidad con una concreción en la poesía de Rafael Ballesteros. En J. Lara Garrigo, B. Molina Huete, y P. Plaza González (Eds.). *En sí perdura* (pp. 337-363). Renacimiento.
Baena Criado, J. (2023). Cultural Rhetoric and Democratic Culture: Worldview and Fundaments. En V. Luarsabishvili (ed.). *Cultural Rhetoric. Rhetorical Perspectives, Transferential Insights* (pp. 285-333). New Vision University Press.
Baena Peña, E. (2014). *La invención estética.* Cátedra.
Baena Peña, E. (2021). *Los poetas y el espíritu del tiempo. Aspectos críticos del devenir creativo y de la conciencia literaria.* Orbis Tertius.
Bloom, H. (2010). *Deconstrucción y crítica.* (M. Sánchez Ventura, trad.). Siglo Veintiuno de España.
Chico Rico, F. (1987). *Pragmática y construcción literaria: discurso retórico y discurso narrativo.* Universidad de Alicante.
Cohen, J. (1977). *Estructura del lenguaje poético.* (M. Blanco Álvarez, trad.). Gredos.
Coseriu, E. (1986). *Introducción a la lingüística.* Gredos.
Dawkins, R. (1976). *The Selfish Gene.* Oxford University Press.
Diéguez, A. (2017). *Transhumanismo.* Herder.
Dilthey, W. (1974). *Teoría de las concepciones del mundo.* Revista de Occidente.
Escohotado, A. (1975). *De Physis a Polis. La evolución del pensamiento griego desde Tales a Sócrates.* Anagrama.
Lausberg, H. (1975). *Manual de Retórica literaria* (Vol. I). (D. Alonso, ed. y J. Pérez Riesco, trad.). Gredos.
Lotman, Y. M. (1988). *Estructura del texto artístico.* Itsmo.
Luarsabishvili, V. (2019). La traducción como herramienta intercultural para la transformación y transferencia comunicativa: apuntes sobre la traducción de la poesía de Gustavo Adolfo Bécquer al georgiano. *Miscelánea Comillas, 77* (150), 83-91. https://doi.org/10.19130/iifl.ap.2008.2.267
Luarsabishvili, V. (2022). *Teoría de la Interideidad: Gustavo Adolfo Bécquer y Miguel de Unamuno.* Universidad de Valladolid.
Man, P. de (2007). *La retórica del romanticismo.* Akal.
Nancy, J. L. (2010). *The Truth of Democracy.* Fordham University Press.
Paz, O. (1956). *El Arco y la Lira.* Fondo de Cultura Económica.
Pujante, D., & Alonso Prieto, J. (2022). *Una retórica constructivista. Creación y análisis del discurso social.* Universitat Jaume I. Publicacions.
Richards, I. A. (1965). *The Philosophy of Rhetoric.* Oxford University Press.
Rico, F. (1986). *El pequeño mundo del hombre: varia fortuna de una idea en la cultura española.* Alianza Editorial.
Risco, A. (1982). *Literatura y figuración.* Gredos.
Rodríguez Pequeño, J. (1997). Mundos imposibles, ficciones posmodernas. *Castilla: Estudios de literatura*, 179-188. https://uvadoc.uva.es/handle/10324/13998
Rubio Carracedo, J. (1996). *Educación moral, postmodernidad y democracia.* Trotta.

Rubio Carracedo, J. (2005). *Ciudadanos sin democracia: nuevos ensayos sobre ciudadanía, ética y democracia.* Comares.
Schumpeter, J. A. (1963). *Teoría del desenvolvimiento económico. Una investigación sobre ganancia, capital, crédito, interés y ciclo económico* (Tercera ed.). Fondo de Cultura Económica.
Valéry, P. (1990). *Teoría poética y estética.* (C. Santos, trad.). Visor.
Wittgenstein, L. (1973). *Tractatus Logico-Philosophicus.* (E. Tierno Galván, trad.). Alianza Editorial.
Zambrano, M. (1993). *Filosofía y poesía.* Fondo de Cultura Económica.

ETNOCENTRISMO EN EL DISCURSO POLÍTICO

Francisco Bernete García[1], Carmen Aidé Valecillos Vázquez[1]

1. INTRODUCCIÓN

El presente trabajo muestra que es posible desvelar la manera precisa de construir representaciones del grupo propio y el ajeno, aplicando la técnica de análisis de las relaciones lógicas entre elementos narrativos de cada discurso. El objeto material de estudio está constituido por los diez discursos de Memoria y Cuenta que Hugo Chávez -Hugo Rafael Chávez Frías- presentó a la Asamblea Nacional, como presidente de Venezuela entre los años 1999 y 2013 y los resultados indican que se trata de narraciones muy etnocéntricas, por cuanto abundan las atribuciones positivas al endogrupo y las negativas al exogrupo, uno y otro construidos discursivamente como radicalmente distintos.

Hugo Rafael Chávez Frías, fue un líder venezolano que asumió la presidencia de la República con la promesa de romper con las viejas estructuras políticas y económicas y proteger los sectores menos favorecidos por el sistema democrático representativo (Chávez Frías, 2006; Chávez Frías y García, 2007; Garrido, 2002). "Las viejas estructuras" venían a ser el sistema político, económico y social establecido y consolidado entre 1958 y 1998, conocido como el Puntofijismo que es un término popular para designar los gobiernos que rigieron los destinos de Venezuela a partir de 1958, después que los líderes de los principales partidos políticos firmasen un pacto de gobierno en la ciudad de Punto Fijo el 31 de octubre de 1958. Este sistema sentó sus bases políticas sobre los principios de un sistema democrático representativo que, por los pactos realizados, también se denominó "sistema populista de consolidación de élites" (Rey, 1991).

Hugo Chávez anuncia un cambio en el sistema democrático venezolano desde el mismo momento en que se presenta como candidato a las elecciones presidenciales de 1998 y mantiene ese planteamiento durante todo su mandato (1999-2013), e incluso, lo prolonga en su sucesor Nicolás Maduro. Sobre los cambios propuestos por Chávez, Bisbal dejó escrito en 2012:

> *La figura del presidente Hugo Chávez Frías encarna un modelo cultural que se fundamenta en la vieja tesis del populismo latinoamericano, pero ahora renovado con nuevos dispositivos no solo políticos, sino culturales y comunicacionales que hacen de esa figura un neopopulista que intenta cambiar la historia del país y de América Latina. (Bisbal, 2012, p.14)*

---

1. Universidad Complutense de Madrid (España)

La ideología de Hugo Chávez y sus planteamientos de gobierno se fueron consolidando y concretando en el transcurso de sus casi 15 años de presidencia del ejecutivo, apoyados en los pensamientos de Bolívar, Jesús de Nazaret, Ezequiel Zamora, entre otros. Torres (2009) intenta ubicar el discurso de Chávez y señala:

> *Se trata de una concepción humanista de la justicia social basada en la Biblia y en el pensamiento de Jesús, que reúne las voces de la historia que dicen no al imperialismo y a la injusticia.... Posteriormente, cuando se postula el Socialismo del Siglo XXI (...) sigue vigente la idea cristiana (...) El sincretismo Jesús-Bolívar se apoya en una base de sustentación universal. (Torres, 2009, p. 260)*

Respecto de la importancia que tuvieron sus discursos en la consolidación de su propuesta de gobierno y en su liderazgo, se ha escrito abundantemente. Cañizales (2012), por ejemplo, llegó a considerar que este presidente ejerció su mandato basado en una presidencia mediática; Romero (2002) señala que el discurso de Chávez sirvió para describir un nuevo equilibrio de fuerzas; según Chumaceiro Arreaza (2003) el discurso de Chávez explica la polarización política surgida en el país durante los años de su mandato; pero también se estudian esos discursos para determinar en ellos los elementos lingüísticos, semánticos, pragmáticos y semióticos (Adrián, 2010; Chirinos y Molero, 2007; Galbán y Molero, 2008); o se analizan para ubicar en él, las representaciones del pasado (Capriles, 2011; Romero, 2005a; Romero, 2005b; Valecillos y Bernete, 2012).

2. OBJETIVOS

En este estudio el objetivo fue explicar cómo se aplican pautas etnocentristas (divisorias entre 'miembros' y 'no miembros' del endogrupo) en el discurso político, a partir del análisis de las representaciones construidas sobre algunos referentes o personajes. Por ello, se pretende establecer qué dice Hugo Chávez sobre sí mismo y sobre la oposición (en adelante, PRESIDENTE y OPOSICIÓN, los dos referentes principales de sus discursos) en sus alocuciones de Memoria y Cuenta ante la Asamblea Nacional.

Con el análisis de esas representaciones, se identifican las semejanzas y diferencias que existen entre las descripciones de la oposición y la figura presidencial como personajes que cumplen roles distintos y se comprueba que las pautas etnocentristas se aplican para que los opositores queden excluidos de la asignación de atributos positivos asignados al presidente y sus supuestos aliados. Y, a la inversa: los atributos negativos asignados a los opositores quedan excluidos de la representación del PRESIDENTE.

3. MARCO TEÓRICO

El discurso político es un claro exponente del sistema de comunicación pública institucional, que provee a los miembros de la comunidad de relatos donde se les propone una interpretación de lo que existe y lo que acontece en el entorno (Martín Serrano, 2004, p. 40). Por tanto, los discursos políticos, como otras narraciones de la comunicación pública institucional, se caracterizan por: presentar un mundo cercano y real, ofrecer unos patrones de comportamientos admitidos por la mayoría, o aceptados con facilidad y, finalmente, describir unos sucesos concretos, pasados o que probablemente puedan suceder, en un producto comunicativo que se presenta a la audiencia, a través de los medios de comunicación elegidos.

3.1. El discurso político desde la Teoría de la Mediación

En esta investigación, el proceso de mediación del discurso político se entiende como aquel que va desde que el mediador elige unos aconteceres o referentes para construir su discurso, hasta que el receptor elabora su propia representación cognitiva acerca de esos mismos referentes, que lo llevan, o no, a adoptar cambios en su comportamiento.

Martin Serrano (2004) detalla esa mediación en seis niveles que van desde la presencia de determinados sucesos o emergentes que afectan a una comunidad o grupo social, hasta el nivel de influencia que tienen esos sucesos (o lo que se dice sobre ellos) en el comportamiento de los individuos o comunidad. Entre el punto inicial y el punto final encontramos los otros cuatro niveles que serían: la selección del acontecer público por parte del mediador, la producción de representaciones sociales en los relatos de ese mediador, luego, la selección de audiencias y, posteriormente, "la utilización cognitiva de la información por los sujetos individuales" (Martin Serrano, 2004, p. 167).

Todos estos niveles se observan en cualquier producto de la comunicación pública, definida como aquella en la que se elabora y transmite la información concerniente a una comunidad (Martín Serrano, 2004, p. 89). En la comunicación pública (discursos políticos, cuentos clásicos, mitos, leyendas, relatos de prensa, radio, televisión, redes sociales, escuelas, etc.) las representaciones colectivas prueban su vigencia; y, en caso necesario, pueden ser remodeladas e incluso sustituidas (Adrián, 2010).

Este trabajo estudia las representaciones sociales que se encuentran en los discursos que Hugo Chávez pronunció en la Asamblea Nacional y esos relatos o discursos se objetivan como una práctica mediadora (por parte del presidente de la República) entre lo que sucede y el conocimiento de lo que sucede, porque ese relato es su interpretación de la realidad. Aunque la interpretación esté en toda narración, los elementos interpretativos deben provocar pocas disonancias o ruidos entre el relato y la visión que de esos aconteceres tiene el receptor.

Quien elabora el relato, y construye las representaciones sobre los acontecimientos, tiene dos objetivos: compaginar las representaciones transmitidas en la comunicación, con las consolidadas en una comunidad (manifestadas en los productos culturales del Sistema Social) y ofrecer una interpretación de la realidad que se corresponda con las representaciones que desea fortalecer o debilitar (en el Sistema Cognitivo del individuo). Para conseguir ese efecto el emisor, consciente o inconscientemente, opera con tres elementos: "los objetos de referencia, a propósito de los cuales quiere comunicar a una audiencia determinada, los datos de referencia que han de proporcionarse acerca de estos objetos y la organización de dichos datos" (Bernete, 1990, p.39).

3.2. La aplicación de patrones etnocéntricos en la mediación comunicativa

Los mensajes de Memoria y Cuenta que pronuncian los presidentes venezolanos anualmente en los primeros meses del año ante el Poder Legislativo, manejan implícitamente un plano al que pertenecen los miembros del grupo y otro al que pertenecen los no miembros, como sucede con otras narraciones de la comunicación pública. En este epígrafe se explica en qué consiste este uso del doble plano desde la perspectiva de la Teoría de la Mediación.

En *La Mediación Social* (Martín Serrano, 2008, p. 166-167) se muestra que la Televisión establece la distinción entre los planos a los cuales pertenecen "los miembros", y los planos a los cuales pertenecen los "no miembros"; distinción a partir de la cual se dan todas las demás distinciones ideológicas. Los "miembros" suelen llevar a cabo comportamientos etnocéntricos, entendiendo por etnocentrismo la orientación hacia un endogrupo, o grupo del que el sujeto forma parte (una familia, sus amigos, su pueblo, nación, orientación política, etc.). Los "miembros" tienen voluntad de seguir los valores particularistas del grupo, aceptan la validez de esos valores y manifiestan el convencimiento de que son valores superiores. Asumen con gusto la posición reservada a su rol dentro del endogrupo y tienen la capacidad de ser amados y de amar a los otros miembros del endogrupo. Los "no miembros" suelen ocupar posiciones abiertas a los extraños; a criterios, costumbres o normas, a posiciones políticas, que caracterizan a los otros grupos.

Así, también los discursos políticos pueden realizar o contribuir a esta disociación puesto que, tanto ellos como otros relatos canalizados por los medios de comunicación pública, "se convierten en abastecedores de identidades con los que las personas van sintiéndose identificadas o diferenciadas y les permiten, además, encontrar cierto apoyo para la adscripción a determinada identidad" (Alsina, 2001, p. 74).

4. METODOLOGÍA

Para estudiar los mensajes presidenciales se aplicó un análisis de contenido (o lo que es igual, un análisis de las representaciones del relato), puesto que el objetivo era identificar en los relatos escogidos los datos de referencia y los datos de evaluación (que implican una valoración) sobre los referentes con mayor frecuencia mencionados en los discursos de Memoria y Cuenta ante el Parlamento.

En primer lugar, se identificaron los referentes (personajes/instituciones) de ese relato público y luego se registraron las atribuciones asignadas a estos referentes (cualidades, relaciones con otros actores y deberes). Para mayor claridad gráfica, en este artículo los referentes se verán en mayúsculas y las cualidades en cursivas.

Los datos obtenidos sobre los referentes y personajes surgieron de las siguientes preguntas: ¿Qué roles desempeñan?; ¿Qué atributos o cualidades morales, sociales, físicos y artísticos presentan?; ¿Qué interacción generan con los otros actores del relato?; ¿Qué normas o deberes cumplen en el desempeño de su rol?

Tanto con los referentes/personajes como con los atributos, se hizo un ejercicio de agrupación con objeto de unir en una sola las categorías que fuesen semejantes en significado. De esta manera, por ejemplo, el atributo *bondadoso* se anotó como presente cada vez que aparecieron expresiones como "pacífico", "generoso con el perdón", "magnánimo", "piadoso" "benévolo" "afectuoso". Igualmente, con el referente OPOSICIÓN se agruparon a todas aquellas instituciones o personajes que se oponían al gobierno, al residente, al sistema, al proyecto chavista o a la revolución.

Para obtener una información más detallada de cómo se diferencian estructuralmente las respectivas representaciones que ofrecen los discursos chavistas sobre PRESIDENTE y OPOSICIÓN se lleva a cabo, finalmente, un análisis de las relaciones lógicas que se detectan entre cada uno de estos referentes y los atributos que le son asignados.

Esas relaciones son de cuatro tipos (determinación o dependencia, interdependencia, constelación y exclusión) (Martín Serrano, 1978 y 2008). A continuación, se señalan ejemplos de su uso con los hallazgos de esta investigación.

- Se halla una relación de 'determinación' o 'dependencia' en una sola dirección cuando el relator atribuye algún rasgo a un personaje y solo a él. En el corpus de este trabajo: el adjetivo *estratega* aparece asignado con exclusividad a PRESIDENTE. Ello no impide que ese mismo personaje comparta otros rasgos con otros actores, pero no el de *estratega*, que se ha reservado para él y es, por ello, una marca distintiva respecto de todos los demás personajes mencionados.

- Se encuentra una relación de 'constelación' cuando un determinado rasgo se atribuye a más de un personaje. En el corpus de este trabajo, por ejemplo, la cualidad de *democrático*, además de aplicársela a sí mismo, también Chávez se la otorga a otros referentes como PAÍS o GOBIERNO. La atribución del mismo rasgo a varios actores implica un vínculo entre ellos. La condición compartida de ser *democrático* les une y, por ello mismo, les diferencia de quienes nunca son descritos con esa misma característica.
- Aparece una relación de 'interdependencia' cuando determinado rasgo solo es atribuido a un personaje y, además, a ese personaje no se le asigna ningún otro rasgo. En el corpus de este trabajo, los empresarios son *deshonestos,* sin que otro referente reciba este calificativo y sin que a EMPRESARIOS se le asigne otra cualidad, es decir, cuando el mediador menciona a este personaje (EMPRESARIOS) lo menciona para establecer una estrecha solidaridad entre la pertenencia a este sector y la deshonestidad.
- Por último, la relación de 'exclusión' se registra cuando determinado rasgo (posiblemente atribuido a algunos referentes o personajes) en ningún discurso se aplica para referirse a otro actor o personaje. En el corpus de este trabajo, por ejemplo, la cualidad de ser *democrático* (asignada a PRESIDENTE, GOBIERNO y PAÍS) no se encuentra cuando se hace referencia a la OPOSICIÓN.
- Los cuatro tipos de relaciones lógicas pueden utilizarse para marcar las diferencias estructurales entre los referentes de la narración. Lógicamente, el discurso será tanto más etnocéntrico cuanta más correspondencia exista entre:

Las atribuciones positivas que recaen sobre el propio relator (en este caso, el PRESIDENTE) y el endogrupo que construye, así como la exclusión de las negativas; y, al tiempo

Las atribuciones negativas que recaen sobre el exogrupo (los otros), así como la exclusión de las positivas.

5. RESULTADOS

En los discursos que fueron objeto de estudio, se registraron 15 personajes principales a los cuales Hugo Chávez asignó cualidades o atributos, sin embargo, para el presente trabajo, se escogen tan solo dos: PRESIDENTE y OPOSICIÓN. El objetivo es utilizar estos dos referentes para explicar las representaciones sociales que se construyen sobre ellos y precisar la estructura de endogrupo y exogrupo que manejaba el presidente Chávez en su discurso.

5.1. La figura presidencial, el eje central de la propuesta discursiva chavista

Hugo Chávez Frías, para construir las representaciones sociales de los 15 personajes principales, utilizó 1859 atributos y de ellos más de la tercera parte (38,03%) los asignó a su propia persona.

En primer lugar, el PRESIDENTE en 98 ocasiones *reconoce méritos* a otros actores. En Chávez el reconocimiento a terceros involucra prácticamente a todos aquellos que están con el proyecto, por ejemplo, en el año 2000 reconoce la labor de una institución del pasado: "Hay que reconocerle a esa Corte Suprema de Justicia, la última de la IV República, que facilitó esta transición, eso hay que reconocerlo: honor a quien honor merece". A líderes sindicales: "Ahora, recientemente, he recibido una carta de este muchacho, Ramón Machuca, que parece que está cogiendo buen camino. Desde aquí felicito a Machuca y a todos los trabajadores de Sidor [Empresa estatal llamada Siderúrgica del Orinoco]" (Chávez, 2002). Y a las mujeres, entre otros muchos: "¡Vivan las mujeres revolucionarias! La Revolución las conserva bellas y jóvenes a todas, y todas ellas están acá" (Chávez, 2010).

Pero, igualmente y con 67 menciones, se autodefine como *religioso/creyente*: menciona a Dios, pide su ayuda, agradece su intervención, hace uso de frases bíblicas, una cualidad que le permite acercarse a un pueblo mayoritariamente religioso. Sin embargo, es un rasgo que va más allá de lo estrictamente individual, para formar parte de su acción al frente del Gobierno: "Pedimos a Dios que la tragedia de Vargas o tragedias como la de Vargas o como la de El Salvador, ojalá Dios permita que no se repitan más nunca en ningún pueblo" (Chávez, 2001).

Resalta Torres: "Lo particular del fenómeno religioso en Venezuela es la permeabilidad y versatilidad de las creencias y ritos que se esconden bajo una aparente máscara de descreimiento" (2009, p. 65). Por su parte, Subero (2013, p.6), señala que en los discursos de investidura de Hugo Chávez la tendencia religiosa se mantiene al lado de lo político y lo histórico: "Hay tendencias que se repiten en el trío de discursos presidenciales. Son ideológicos, de referencias históricas, con toques religiosos en los que se incluyen reiteradas menciones a Cristo".

Chávez usa rasgos morales y de valía personal para reforzar su acercamiento con el pueblo. En cinco cualidades de este tipo reúne más del 23% de todas las cualidades dedicadas a sí mismo: *autocrítico*, *afectuoso*, *emprendedor*, *humilde* y *acucioso*. Sumando a ello, se identifica como *aliado del pueblo* en 33 ocasiones.

También utiliza algunos rasgos relacionados con la confrontación, por ejemplo, ser *estratega* y *guerrero*, ser *antineoliberal* y *antiimperialista*, con los cuales reúne más del 17% de los atributos asignados a su representación y a estas cualidades se pueden sumar otros rasgos que refuerzan la imagen de luchador: *enfrentar a la oposición* y a Estados Unidos, *consolidar la revolución* y *eliminar la corrupción*, agregando un 8,24% de atributos a este perfil de guerrero.

Estas atribuciones dibujan la imagen que Hugo Chávez quiere dar de sí: un hombre que reconoce el aporte de los demás, un mandatario religioso, de fe, un hombre con el cual se puede hablar pues su humildad, sus buenos sentimientos y su deseo de rectificar y oír las críticas se lo permiten. Cualidades que se complementan con la imagen de hombre guerrero que obedece a planteamientos estratégicos, dispuesto a enfrentar las batallas necesarias para consolidar el proyecto emprendido. Torres (2009, p.185) señala: "Las tres cualidades de maestro, líder y guerrero son las tres facetas que el héroe adopta sucesivamente de acuerdo a las circunstancias".

5.2. La oposición está en el centro, pero del exogrupo

El segundo personaje en importancia es la OPOSICIÓN, referente que reúne un 11,94% del conjunto de rasgos usados por Chávez. Se debe aclarar que Chávez gobernó con aquellos partidos y grupos políticos que mantuvieron su tendencia izquierdista -pero no gobernaron- durante los cuarenta años de la democracia representativa. Por lo cual, para el mandatario la oposición la conforman aquellos que gobernaron el país desde 1958 hasta 1998 como representantes de los partidos Acción Democrática y Copei. Sin embargo, en las narraciones de Chávez también entran como oposición los ricos, los pensadores asociados a ideas neoliberales, las instituciones que favorecen estas ideas y todo aquel que pueda sentir nostalgia por el Puntofijismo, por ejemplo, organizaciones civiles, empresariales, sindicales y hasta militares o medios de comunicación.

Los atributos elegidos dibujan la OPOSICIÓN como un referente distante al resto, con características y actitudes exclusivamente negativas y contrarias al grupo propio. El Mandatario tan solo acerca la OPOSICIÓN al resto de actores cuando señala que *debe ser democrática.*

Chávez considera que nada de lo que dice la OPOSICIÓN es confiable, sus planteamientos obedecen a intereses particulares o de grupos económicos poderosos, incluso obedecen a indicaciones de Estados Unidos por ser su aliado, tergiversan cifras o datos de otro tipo, exageran los acontecimientos o los minimizan, es decir, actúan fuera de la realidad. Por ello, y reuniendo todos esos planteamientos sobre la oposición, el atributo *Manipula la información,* representa el 40% de las cualidades asignadas a este referente, muy por encima de las siguientes cualidades asignadas a la oposición que son: *se opone al país y el pueblo* (17,56%) y por su actitud y comportamiento es *criminal, injusta e ilegal,* con el 14% (tabla 1).

	Atributos asignados	Porcentajes
Cualidades y comportamientos habituales	Manipula la información	40,09
	Criminal, injusta, ilegal	13,97
	Fascista	5,86
Relaciones con otros actores	Se opone al país	9
	Se opone al pueblo	8,56
	Se opone a la revolución	6,76
	Es aliada de Estados Unidos	6,76
Deberes	Debe ser democrática	9
Total		100

Tabla 1. La representación de la OPOSICIÓN en el discurso de Hugo Chávez. Fuente: Elaboración propia, 2023.

La OPOSICIÓN, según Chávez, comete actos criminales, injustos, desleales con las instituciones, busca la división del país. Por ello, los grupos que la componen son desestabilizadores y con estas y otras acciones se oponen al pueblo, van en contra de sus intereses, intentan someterlo de nuevo a las injusticias y desigualdades del pasado y en contra de la revolución que adelanta su gobierno. Chávez también en sus mensajes manifiesta su enfrentamiento con Estados Unidos, porque este país apoya a la oposición y al sistema democrático anterior, quiere imponer un modelo en el mundo y se inmiscuye en la política interna de otros países.

Estos resultados confirman lo observado en otras investigaciones: una constante confrontación entre aliados y opositores que se sostiene por "el permanente deslinde que plantea entre los 'grupos bolivarianos', afectos a su gobierno y el resto de los venezolanos opuestos a su proyecto, a quienes descalifica abiertamente como *oligarcas, escuálidos, golpistas, fascistas, terroristas*" (Chumaceiro Arreaza, 2003, p. 39).

También Moncho Stefani y Montilla Lugo (2017, p. 61) apuntan al respecto dos conclusiones: la primera, "el discurso de Hugo Chávez desprende la necesidad de dividir la sociedad venezolana en dos bandos que se encuentran en una permanente batalla"; la segunda, "la recurrente utilización de adjetivos peyorativos promueve la construcción de identidades sociales dicotómicas irreconciliables".

5.3. La exclusión para construir el relato etnocentrista

Un modo de identificar cómo se distingue la representación ofrecida a propósito de cada uno de los personajes que son objeto de referencia, consiste en comparar qué tipo de relaciones lógicas se detectan en los discursos analizados entre dichos personajes y los rasgos que le son asignados, como se hace en la tabla 2. En dicha tabla se observa la exclusión de rasgos positivos en la representación de la OPOSICIÓN, y, a su vez, la exclusión de rasgos negativos de la construcción de la figura PRESIDENTE.

Todos los atributos asignados a PRESIDENTE se excluyen de la representación que se dibuja de OPOSICIÓN, incluso el *ser democrático* para PRESIDENTE es una realidad y para OPOSICIÓN es un deber. El PRESIDENTE comparte cualidades con otros referentes como GOBIERNO, PUEBLO y PAÍS (Valecillos Vázquez, 2015), pero nunca con OPOSICIÓN. El mandatario comparte con PAÍS ser *democrático*, *revolucionario*, *pacífico* y *soberano*; con PUEBLO el ser *bolivariano* y *soberano* y con GOBIERNO ser *democrático* y *revolucionario*.

Relaciones lógicas	PRESIDENTE	OPOSICIÓN
Determinación ↑ Rasgos que se asignan solo a este referente	Creyente Emprendedor Estratega Dialogante Guerrero	Criminal Fascista Debe ser democrática
Constelación ⍰ Rasgos que se asignan también a otros referentes (GOBIERNO, PUEBLO y PAÍS)	Democrático Revolucionario Bolivariano Pacífico Soberano	
Interdependencia ↔ Rasgos cuya aparición es solidaria con la aparición del referente		

Exclusión)(Rasgos que nunca se asignan a este referente	Criminal Fascista	Democrático Revolucionario Bolivariano Pacífico Soberano Creyente Emprendedor Estratega Dialogante Guerrero

Tabla 2. Relaciones lógicas entre la atribución de rasgos y los referentes PRESIDENTE y OPOSICIÓN en el discurso de Hugo Chávez. Fuente: Elaboración propia, 2023.

6. DISCUSIÓN

En este trabajo se analiza una modalidad de comunicación pública (discursos de Memoria y Cuenta del Jefe del Estado ante el Parlamento) en cuyas narraciones se promueven unas representaciones de lo que hay y lo que sucede en un país. Los contenidos de esas narraciones o discursos derivan en última instancia de los valores, actitudes u orientaciones para la acción que se introducen en las representaciones de lo que hay y lo que acontece. La razón de tales introducciones es que las representaciones que se proporcionan en la comunicación pública están al servicio de la permanencia del grupo y de sus organizaciones (económicas, institucionales, axiológicas).

Con los resultados obtenidos, se reafirma que Chávez utiliza la pauta etnocentrista para consolidar su proyecto revolucionario, resultado que también se obtiene con otras técnicas de análisis "Para Chávez la identificación del 'nosotros', que se asocia con el colectivo/pueblo es clave, al mismo tiempo se distancia del 'ellos' que se estructura en su representación/asociación con las elites, con la oligarquía, con los grupos económicos" (Romero y Quiñonez, 2011, p. 526).

También Fernández Ulloa y Melendrez (2019, p. 88), entre otras conclusiones, coinciden con las de este estudio al señalar que Chávez busca enemigos (los otros) a quienes transferir los males pasados y presentes: "Dentro de este discurso se excluye al otro, se trata de deslegitimar a los demás partidos y corrientes; los demás proyectos aparecen, por tanto, como rivales o enemigos de la esencia definida en los conceptos-símbolos".

La aplicación de técnicas de análisis de las relaciones entre los datos permite un acercamiento riguroso al discurso chavista, después de que éste haya sido objeto de innumerables estudios que pasan por estar cargados de apreciaciones subjetivas y carentes en ocasiones de análisis riguroso y equilibrado.

El análisis realizado sobre el discurso chavista podría servir de base para nuevas investigaciones que ayuden a entender mejor los relatos de la izquierda en América Latina y el impacto que sobre ella ocasionó el discurso antineoliberal y antiimperialista; el populismo en Venezuela y en la región (Hawkins, 2003; Lecuna, 2021); la construcción de identidades sociales y la construcción de proyectos políticos (Gauna, 2018), entre otros, porque revisar tales objetos de estudio nos permitiría comprender muchos fenómenos que perduran en la construcción política y social de la América Latina de hoy en día.

7. CONCLUSIONES

Las representaciones de las que se ocupa esta investigación se construyen utilizando un doble plano (etnocéntrico y exocéntrico). La relación entre referentes y atributos lo confirma. En planos paralelos se ubica a quienes forman parte de "los nuestros" (Presidente, Gobierno y aliados) y a quienes forman parte de "los otros" (opositores, en general, a los nuestros).

El héroe en estos discursos sería el primer mandatario por ser quien mayor número de atributos recibe (todos positivos) y quien mayor número de rasgos comparte con otros personajes que tan solo son satélites a su alrededor. La oposición se encuentra en el lado opuesto. Por ello, los discursos de Hugo Chávez Frías ponen de manifiesto, con mucho énfasis, la existencia de conflictos entre grupos políticos y entre clases sociales, así como el claro enfrentamiento entre héroes y antihéroes.

Chávez construye la imagen de la oposición, hacia él y hacia su gobierno, con gran cantidad de personajes y variedad de atributos negativos. Por ejemplo, señala como antagonistas directos a "Estados Unidos" y a los "Partidos políticos opositores", quienes se enfrentan al sistema, al gobierno, a la revolución y obstruyen la realización del Proyecto; también son opositores los líderes políticos del pasado, quienes forman parte de una época que debe ser superada, al igual que aquellos líderes de la sociedad civil que manifiestan su disconformidad con su proyecto, o líderes políticos que se distancian del orden establecido. Del mismo modo, también forman parte de "los otros" los empresarios, un grupo que destaca por su incumplimiento con el Estado y con la población.

En este caso, el relato político revela la exclusión que sostiene todas las demás exclusiones: la establecida entre el grupo propio y los grupos ajenos. El expresidente Chávez reúne en el endogrupo a los individuos, colectivos o instituciones con los cuales se identifica como integrante y como líder. Ellos conforman el grupo con los que comparte criterios y valores, pero cuando los individuos, colectividades o instituciones se manifiestan en contra de las normas y valores de ese grupo, pasan a ser opositores y, por tanto, son objeto de la exclusión, el desconocimiento, el rechazo: forman parte del exogrupo.

En este mandatario el endogrupo estará dirigido por la figura presidencial, mientras que el exogrupo presenta una configuración especial tanto por el variado número de personajes que la conforman como por la diversidad de atributos que les asigna. La legitimación de "los nuestros", de "nosotros", tiene relación directa con el objetivo de un discurso político, el cual no es otro que el de intentar mantener un orden social ya establecido o afianzar uno que se propone como diferente, evitando o disminuyendo los ruidos que puedan distorsionar la relación entre el mediador y la audiencia, a fin de garantizar que su discurso dé continuidad al grupo.

6. REFERENCIAS

Adrián, T. (2010). La metáfora conceptual en el discurso político venezolano: Rómulo Betancourt y Hugo Chávez Frías. *Revista Latinoamericana de Estudios del Discurso, 10*(1), 9-33. https://periodicos.unb.br/index.php/raled/article/view/33534/27137

Alsina, R. (2001). *Teorías de la comunicación: ámbito, métodos y perspectivas.* Universidad Autónoma de Barcelona.

Bernete, F. (1990). *Los estereotipos de la comunidad iberoamericana: La representación de los personajes en los libros de texto de historia*. [Tesis Doctoral. Universidad Complutense de Madrid]. http://eprints.ucm.es/10765/

Bisbal, M. (2012). Venezuela en la encrucijada de sus comunicaciones. Las dimensiones comunicacionales del régimen. *Revista Comunicación, 158*(segundo trimestre), 12-23. http://64.227.108.231/PDF/COM2012158.pdf

Cañizales, A. (2012). *Hugo Chávez: La presidencia mediática*. Alfa.

Capriles, A. (2011). *Las fantasías de Juan Bimba. Mitos que nos dominan, estereotipos que nos confunden*. Taurus Santillana.

Chávez, H. R. (2001, 15 de enero). *Presentación de memoria y cuenta ante la Asamblea Nacional por parte del Comandante Presidente Hugo Chávez*. Todo Chávez. https://n9.cl/utx5ae

Chávez, H. R. (2002, 15 de enero). *Presentación de memoria y cuenta ante la Asamblea Nacional por parte del Comandante Presidente Hugo Chávez*. Todo Chávez. https://n9.cl/sayur

Chávez, H. R. (2006). 2000. *Año de la Relegitimación de Poderes*. Selección de discursos del Presidente de la República Bolivariana de Venezuela (Tomo 2). Ediciones de la Presidencia de la República.

Chávez, H. R. (2010, 15 de enero). *Presentación de memoria y cuenta ante la Asamblea Nacional por parte del Comandante Presidente Hugo Chávez*. Todo Chávez. https://n9.cl/6g38r

Chávez, H. R. y García Brito L. (2007). *Ideas cristianas y otros aportes al debate socialista*. Fundación Fondo Editorial Simón Rodríguez e Instituto Autónomo de Biblioteca e Información de Miranda.

Chirinos A, y Molero L. (enero - junio 2007). La imagen del yo y del otro: construcción de identidades en los discursos de toma de posesión de los presidentes de Venezuela y Brasil. *Boletín de Lingüística, 19*(27), 70–93. http://ve.scielo.org/scielo.php?script=sci_arttext&pid=S0798-97092007000100003

Chumaceiro Arreaza, I. (2003). El discurso de Hugo Chávez: Bolívar como estrategia para dividir a los venezolanos. *Boletín de Lingüística, 15*(20), 22-42. http://saber.ucv.ve/ojs/index.php/rev_bl/article/view/1450

Fernández Ulloa, T., & Meléndrez, C. (2019). Populismo, miedo y otras técnicas de persuasión en el discurso político del presidente Hugo Chávez. *Estudios de Lingüística del Español, 40*, 47–94. https://doi.org/10.36950/elies.2019.40.8563

Galbán Molina, A. y Molero de Cabeza L. (enero-junio 2008). El discurso político venezolano en televisión. Un enfoque semio-lingüístico. *Quórum Académico, 5*(1), 43–66. http://dialnet.unirioja.es/servlet/articulo?codigo=4537477

Garrido, A. (2002). *Documentos de la Revolución Bolivariana*. Edición del autor.

Gauna, A.F. (2018). Populism, heroism, and revolution. Chávez's cultural performances in Venezuela, 1999–2012. *American Journal of Cultural Sociology, 6*, 37–59. https://doi.org/10.1057/s41290-016-0003-9

Hawkins. K. (2010) Populism in Venezuela: the rise of Chavismo. *Third World Quarterly, 24*(6), 1137-1160. https://doi:10.1080/01436590310001630107

Lecuna, A. (2021). Populism in Venezuela: The Nature of Chavismo. *Telos, 195*(Summer), 53–64. https://doi:10.3817/0621195053

Martín Serrano, M. (abril-junio 1978). Un método lógico para analizar los significados. Aplicación al estudio del lenguaje de la TV. *REIS, 2*, 21-52. https://reis.cis.es/REIS/PDF/REIS_002_05.pdf

Martín Serrano, M. (2004). *La producción social de comunicación* (3era ed.). Alianza Editorial.
Martín Serrano, M. (2008). *La mediación social*. Akal.
Moncho Stefani, B y Montilla Lugo, M. J. (2017). *Análisis de discurso de la retórica militar utilizada por el presidente Hugo Chávez sobre la base de la teoría de las metáforas de George Lakoff* [Tesis de grado, Universidad Católica Andrés Bello]. http://biblioteca2.ucab.edu.ve/anexos/biblioteca/marc/texto/AAT4887.pdf
Rey, J. C. (1991). La democracia venezolana y la crisis del sistema populista de conciliación. *Revista de estudios políticos, 74*, 533-578. https://www.cepc.gob.es/sites/default/files/2021-12/16701repne074518.pdf
Romero, J. E. (2002). Hugo Chávez construcción hegemónica del poder y desplazamiento de los actores tradicionales de Venezuela. *Utopía y Praxis Latinoamericana, 7*(17), 73-86. http://www.redalyc.org/pdf/279/27901706.pdf
Romero, J. E. (2005a) Discurso político, comunicación política e historia en Hugo Chávez. *Ámbitos, 13-14*, 357-377. https://n9.cl/vp6w4
Romero, J. E. (2005b) Uso e interpretaciones de la historia de Venezuela en el pensamiento de Hugo Chávez. *Revista Venezolana de Economía y Ciencias Sociales, 11*(2), 211-235. https://n9.cl/1mfd1l
Romero J.E. y Quiñónez, Y. (2011). El pensamiento socio-político de Chávez: discurso, poder e historia (1998-2009). *Espacio Abierto, 20*(3), 519-536. https://www.redalyc.org/pdf/122/12219464008.pdf
Subero, C. (2013, enero 13). Toma de posición. Hay diferencias en las tres alocuciones de investidura presidencial. *Últimas Noticias*, pp. 6-7.
Torres, A, T. (2009). *La herencia de la tribu. Del mito de la independencia a la revolución bolivariana*. Alfa.
Valecillos-Vázquez C. (2015). *La construcción de representaciones sociales en los discursos anuales de los presidentes venezolanos: Betancourt, Caldera, Pérez y Chávez.* https://eprints.ucm.es/id/eprint/27677/
Valecillos-Vázquez, C. y Bernete F. (2012). Representaciones de la sociedad venezolana en los discursos del presidente de Venezuela José Tadeo Monagas. *Mediaciones Sociales*, 10, 63-85. https://doi.org/10.5209/rev_MESO.2012.n10.39682

ANÁLISIS CRÍTICO DEL DISCURSO MULTIMODAL PRODUCIDO POR LOS PARTIDOS POLÍTICOS ESPAÑOLES EN SUS CUENTAS DE INSTAGRAM

Javier Díaz-Bajo Rodríguez[1]

El presente texto nace bajo la línea de investigación del ponente, el cual, es miembro del grupo de investigación de la Universidad de Alcalá, "Imágenes, Palabras e Ideas". El fin de este trabajo se fundamenta en explorar y analizar las actividades cotidianas y comunicativas de determinadas organizaciones, instituciones o colectivos políticos a través de los medios digitales y de las redes sociales.

1. INTRODUCCIÓN

El discurso es considerado como un dispositivo semántico y *sociosemiótico* complejo que cristaliza y materializa las prácticas comunicativas y los diferentes significados sociales que se establecen en la visión institucionalizada de un imaginario sociocultural dado.

En este sentido, se aborda el concepto de imaginario, como un recurso epistemológico que permite acceder a la realidad social que es representada a través de los canales digitales, con el fin de explorar, desde una mirada constructivista (Pintos, 2014), las múltiples y complejas significaciones subjetivas que proliferan de la producción discursiva política en relación con la concepción de *feminismo.*

2. OBJETIVOS

Desde esta perspectiva teórica, esta investigación pretende realizar un análisis crítico de los discursos escenificados por los principales partidos políticos españoles, por medio de la producción y difusión discursiva que hacen en sus cuentas propias de Instagram. En esta línea, se plantean las siguientes preguntas de investigación:

- ¿Qué tipo de significaciones sociales y culturales son promulgadas a través de los contenidos *multimodales* producidos por los diferentes partidos políticos?
- ¿Qué diferencias se manifiestan en las significaciones sociales y culturales promulgadas por los diferentes partidos políticos, respecto a lo que es percibido como lo bueno, lo justo o lo correcto?

1. Universidad de Alcalá (España)

- ¿Qué rol juega la lógica mediática de Instagram en la escenificación discursiva de los contenidos?

3. MARCO TEÓRICO

La noción de *imaginario* social ha evolucionado a lo largo de las últimas décadas, como una categoría elemental a la hora de interpretar las prácticas comunicativas y discursivas de las sociedades del presente. A través de esta concepción, y desde una visión amplia, los *imaginarios* son concebidos como una producción de creencias, ideas y modos de pensamiento colectivo que son cristalizados y materializados por la comunicación y el discurso social. Desde esta perspectiva, las prácticas discursivas se convierten en espacios donde la sociedad puede llegar a reproducir, imaginar y pensar toda una serie de matrices y campos de significaciones sociales (Aliaga *et al.,* 2022).

Siguiendo esta misma línea de reflexión, las prácticas discursivas de las sociedades modernas ejercen como un elemento vertebrador determinante de aquellas significaciones y representaciones sociales que proliferan en las diferentes realidades contemporáneas. En este sentido, aproximarse a la noción de *significación social*, implica analizar aquellos significados racionales e irracionales que son manifestados, tanto de manera explícita como latente, en las prácticas discursivas de la realidad social compartida (Sancho y Riffo-Pavón, 2022). En esta misma línea, y tal como postula el autor Daniel H. Cabrera, "las significaciones están referidas a un orden social específico del que son parte integrante y dentro del cual tienen una efectividad práctica constituyente del sistema de creencias y de la acción colectiva" (2006, p 49).

En coherencia con esta aproximación, y a pesar de la complejidad que conlleva acometer todas las aproximaciones teóricas que abordan la noción de *significación social*, este trabajo se apoya en la perspectiva de Daniel H. Cabrera (2006), con el objetivo de fijar un punto de partida unívoco en la simbiosis que se establece entre las *significaciones sociales* y los *imaginarios sociales.* Siguiendo la visión de este mismo autor, las *significaciones sociales* son concebidas como un conjunto de creencias compartidas que son conformadas y constituidas por una serie de sentimientos, ideas e imágenes, y que son aceptadas a su vez, por algún tipo de sociedad dada. En este sentido, las principales funciones que dichas significaciones desempeñarían en la sociedad son: instituir, mantener, legitimar, explicar, dar sentido, justificar, integrar, orientar, dar plausibilidad subjetiva y permitir consenso. En concordancia con ello, y tal como señala el autor, también se hace uso de las *significaciones sociales* con el fin de cuestionar, ocultar o dominar determinados aspectos de la realidad social compartida.

Por tanto, por medio de este tipo de funcionalidades se articulan diferentes sistemas de creencias que son difundidas de manera *paralingüística* (como, por ejemplo, por medio de textos y representaciones verbovisuales*)*, y que circulan a su vez, en ámbitos de la sociedad muy próximos a los medios de comunicación, la industria publicitaria o las redes sociales virtuales. En este sentido, resulta coherente destacar la relación que se establece entre las *significaciones,* las *representaciones* y los *imaginarios* que orbitan en nuestra sociedad, como materializaciones, condensaciones y sedimentaciones de la realidad que permiten analizar los hechos y los acontecimientos de la sociedad por medio de determinados sistemas de creencias, ideas y sentimientos diversos (Tacussel, 2002).

Partiendo de este punto de vista, los principales postulados teóricos que han centrado su objeto de estudio en dichas nociones han convergido en una zona interdisciplinar y fronteriza del conocimiento social, por medio de diferentes disciplinas como la sociología, la psicología social o la antropología. Aunque ambas aproximaciones teóricas nos sirven como recursos epistemológicos eficaces a la hora de hacer inteligible las realidades sociales de nuestro tiempo, este trabajo se inclina por la profundidad y operatividad sociológica que brinda el análisis de los *imaginarios sociales*. En esta línea, la aportación teórica de Pintos (2014) permite explorar por medio de una mirada sociológica constructivista, la dimensión múltiple, intersubjetiva y plural que adopta la realidad social compartida y la vida cotidiana. A diferencia de otras visiones teóricas, el principal interés de Pintos se orienta en concebir los imaginarios como realidades representativas de la sociedad en permanente estado de cambio. Es decir, su foco de interés se centra en acometer la realidad imaginaria como un dispositivo de creación y elaboración de sentido que dispone de capacidad propia para legitimar los aspectos de la sociedad de manera dinámica (Pérez Rubio, 2009), especialmente, cuando la producción de imaginarios emerge de los múltiples universos mediáticos, espacios sociales de la comunicación, y de las prácticas discursivas que se producen desde algunos marcos institucionales como el político, el publicitario o el religioso.

En síntesis, abordar la construcción y la interpretación de lo social, y de todas aquellas manifestaciones específicas productoras de sentido y significación cultural, implica en un principio, afrontar la relación que se establece entre los imaginarios representativos de la realidad compartida y todas aquellas prácticas discursivas que los escenifican, instrumentalizan y articulan.

4. METODOLOGÍA

Esta investigación se ha apoyado en dos modelos metodológicos. Primeramente, en el análisis crítico del discurso de Norman Fairclough (1995a; 1995b) y, de manera simultánea, en el análisis del discurso multimodal (Kress y Van Leeuwen, 2020; Serafini y Reid, 2019). Estos dos enfoques metodológicos se combinan con el propósito de enriquecer el análisis y la interpretación de las prácticas discursivas que son producidas y difundidas por los partidos políticos en sus cuentas de Instagram.

En relación con la perspectiva tridimensional de Norman Fairclough (1995a; 1995b), el discurso es concebido desde una doble perspectiva: por un lado, como una mera práctica del lenguaje en uso y, por otro lado, como una práctica que moviliza la acción social. A este respecto, la mirada tridimensional de Fairclough se convierte en un método idóneo para abordar un evento discursivo mediante tres niveles distintos, pero coherentemente interrelacionadas (Agustín, 2010; Stecher, 2014):

- Como un texto o fragmento del lenguaje escrito, hablado o visual, que dispone de aspectos lingüísticos que condicionan el efecto de sentido y significado. A través de este nivel se busca dar respuesta a la siguiente pregunta: ¿qué sentidos moviliza el texto a partir de su organización lingüística?

- Como una práctica discursiva que implica procesos de producción e interpretación del texto, y que es determinada a su vez, por el contexto situacional, institucional o cultural. En este nivel se persigue dar respuesta a la siguiente pregunta: ¿a partir de la movilización de qué recursos discursivos ha sido producido el texto?

- Como una práctica social que moviliza diferentes modos de acción y pensamiento de la sociedad y de los sujetos. Por medio de este nivel se busca dar respuesta a las siguientes preguntas: ¿de qué forma está condicionado el texto por la situación, la institución y la estructura social de la que es parte?, ¿cómo contribuye a partir de los sentidos que moviliza?

En sintonía con este último enfoque metodológico, este trabajo se ha complementado, de manera sincrónica, con análisis del discurso multimodal. Desde un punto de vista general, los estudios más innovadores del discurso abordan todos aquellos recursos de naturaleza *multimodal* o *multisemiótica* que participan e intervienen en la producción de sentido semántico, lo cual implica, referirse a modos semióticos distintos al lenguaje escrito u oral, como por ejemplo puedan ser, las imágenes, las acciones u otro tipo de signos escenificados (Kress y Van Leeuwen, 2020; Serafini y Reid, 2019).

4.1. Datos y codificación

En concordancia con este estudio, la elección de las unidades de análisis ha sido determinada por el contexto político y social actual de la sociedad española, en relación con el feminismo y la igualdad de género. Se ha tomado como fuente de los datos, la cuenta de Instagram de los siguientes partidos políticos españoles: Partido Socialista Obrero Español (PSOE), Partido Popular (PP), VOX y Unidas Podemos. En un primer momento, se extrajeron todos los contenidos que estaban publicados en las cuentas de Instagram de los cuatro partidos políticos en el periodo de la obtención de datos (desde el 01/11/22 al 30/04/23):

- PSOE: 82 contenidos publicados en ese periodo temporal.
- PP: 222 contenidos publicados en ese periodo temporal.
- Vox 269 contenidos publicados en ese periodo temporal.
- Podemos: 157 contenidos publicados en ese periodo temporal.

De todos los contenidos publicados, y tomando como referencia el contexto político y social de la actualidad respecto al fenómeno del *feminismo,* esta investigación ha centrado su análisis en aquellos contenidos que manifestaban de manera explícita y unívoca, visiones específicas y modos de pensar determinados respecto a esta categoría (género femenino). De todas las publicaciones registradas, y para tener una perspectiva más clara de la actividad de cada partido al respecto, el corpus codificado en relación con el género femenino tiene la siguiente ponderación en la producción de los partidos (datos extraídos de NVivo12):

- El 13% de todas las publicaciones del PSOE, corresponden a contenidos tematizados sobre género femenino.
- El 30% de todas las publicaciones del PP, corresponden a contenidos tematizados sobre género femenino.
- El 11% de todas las publicaciones de VOX, corresponden a contenidos tematizados sobre género femenino.
- El 43% de todas las publicaciones de Podemos, corresponden a contenidos tematizados sobre género femenino.

Respecto al proceso de organización y de codificación de los datos, se ha hecho uso de dos herramientas analíticas, el software de análisis cualitativo, NVivo 12, y el reproductor *VLC media player multimedia* (software libre y de código abierto, desarrollado por el proyecto VideoLAN). Hacer uso de estos dos instrumentos analíticos, ha posibilitado una articulación y triangulación adecuada de los lenguajes audiovisuales que emanan de los contenidos. Respecto a la organización y almacenamiento de los datos, el reproductor VLC ha permitido abordar de manera integrada, todas las transcripciones discursivas, así como todos aquellos fotogramas que han sido utilizados en la producción semántica de los contenidos. En este sentido, es importante resaltar el uso estratégico por parte de los partidos políticos, de textos escritos, orales y visuales, con el fin de representar y producir significación hacia ciertas categorías culturales que orbitan en las sociedades del presente.

4.2. Criterios de interpretación

Una vez categorizado el corpus principal, se han analizado aquellos elementos semánticos que son escenificados, discursivamente, mediante modos semióticos orales, escritos y visuales, con el fin de enriquecer la dimensión interpretativa del discurso. En este sentido, y tal como postula el autor Gee (cfr. Torrijos, 2021), este ejercicio es muy oportuno, ya que, el lenguaje no se comporta como un fenómeno lingüístico neutro. Según el autor, siempre se utiliza el lenguaje desde alguna perspectiva concreta y específica, especialmente, cuando el discurso se orienta sobre lo que es normal, posible, aceptable o real, en definitiva, sobre el modo adecuado y correcto de las cosas.

En relación con este enfoque, Gee (2014b) propone una deconstrucción del discurso (denominado, proceso de naturalización) que cuestione las intenciones, los propósitos y los modos de pensamiento que se representan a través del discurso. Para implementar este proceso de interpretación de la práctica discursiva, se han sistematizado una serie de preguntas que permitan cuestionar todos aquellos significados implícitos y explícitos que configuran la escenificación discursiva de los contenidos:

- ¿Cuál es la intención y el propósito que revela el discurso?
- ¿Qué es lo que se entiende por normal o correcto en la sociedad?
- ¿Se manifiestan ideas convencionales que no suelen ser cuestionadas?
- ¿Qué elementos del discurso denotan aspectos socioculturales explícitos o latentes?
- ¿Qué posibles efectos puede generar el discurso político en la sociedad?
- ¿Emanan del discurso juicios de valor o evaluaciones sobre lo que debe ser justo, positivo o bueno?

5. RESULTADOS

Tomando como punto de partida las características cualitativas de este trabajo, así como las propias limitaciones de extensión que requiere este artículo, se mostrarán dos ejemplos representativos de cada partido político, con el fin de evidenciar de manera fiable, explícita y unívoca, aquellos modos de pensar que son manifestados, discursivamente, por las diferentes fuerzas políticas en relación con el género femenino y la realidad social española de la actualidad.

Así pues, y como primer ejemplo ilustrativo, el siguiente contenido corresponde a una publicación en formato audiovisual producida y difundida por el PSOE, con una duración de 01: 58; fue publicado en la cuenta de Instagram del PSOE el 25/11/22; y fue etiquetado con los *hashtags: #NoSonNúmeros #25N.* A través del contenido, diversos ciudadanos anónimos y algunos miembros del PSOE (en este caso el vídeo escenifica al ministro de Presidencia, Félix Bolaños, y a la secretaria de Igualdad, Andrea Fernández), describen algunos de los sucesos más dramáticos que han sucedido en relación con la violencia hacia mujeres. Partiendo de este contexto, la secretaria de Igualdad, Andrea Fernández, manifiesta, verbalmente, el rechazo y la condena de su partido político hacia la violencia machista, contextualizando este problema social como un claro asunto de Estado:

<Archivos\\1. Discurso sobre género del PSOE\\Contra violencia machista> - § 1 referencia codificada [Cobertura 87,12%]

Referencia 1 - Cobertura 87,12%

> *¿Recuerdas el nombre de la última víctima de la violencia machista? En España han sido asesinadas más de 1.170 mujeres y 48 menores. Es fácil decir una cifra, pero es mucho más complicado imaginar el dolor de tantas vidas rotas. Son importantes los datos para conocer el enorme impacto que tiene esta violencia, pero no podemos perder la perspectiva.*
>
> *Detrás de cada cifra hay una vida.*
>
> *La violencia de género no es un problema de las mujeres, es una cuestión de calidad de nuestras democracias y por eso debe ser una cuestión de Estado.*
>
> *La vida de las mujeres vale.*
>
> *La vida de las mujeres importa.*
>
> *La vida de las mujeres no son números.*
>
> *El PSOE contra la violencia machista.*

Figura 1. Texto verbovisual analizado del PSOE. Fuente: Elaboración propia a partir de NVivo 12.

En esta misma línea, el siguiente contenido corresponde a una publicación en formato audiovisual, publicada el 08/03/23 y con una duración de 02:06. El vídeo es escenificado, principalmente, por la intervención de Andrea Fernández (secretaria de Igualdad del PSOE), José Luis Zapatero (ex presidente del Gobierno) y Pedro Sánchez (actual presidente del Gobierno). Por medio del discurso de los tres miembros del PSOE en un mitin de su propio partido, se promulga el legado que ha dejado esta fuerza política en relación con la igualdad a lo largo de la historia de la democracia española. El discurso de los integrantes del PSOE cuestiona las políticas llevadas a cabo por las fuerzas políticas identificadas con "la derecha". Desde esta perspectiva, y tal como muestra la siguiente escenificación discursiva, los tres miembros políticos defienden que el partido al que representan se posiciona como una fuerza democrática que defiende los derechos, libertades y cuotas de representatividad paritaria entre hombres y mujeres:

<Archivos\\1. Discurso sobre género del PSOE\\Legado PSOE> - § 2 referencias codificadas [Cobertura 90,98%] Referencia 1 - Cobertura 86,93% 110,50 - 1670,720 / Referencia 2 - Cobertura 82,19%

> *[Fragmento 1] Caminamos sobre hombros de gigantes. El legado de nuestro partido en materia de igualdad ha sido el principal ingrediente vertebrador de la democracia en España. Sin mujeres no hay democracia. La derecha siempre, siempre, juega con los derechos de las mujeres. Ni han podido, ni podrán. Porque aquí están los feministas socialistas, firmes y valientes. El gobierno socialista de España es el gobierno más feminista del mundo.*
>
> *Si España exporta, ante todo, derechos libertades valores, porque esta ha sido ante todo una democracia de mujeres en España*
>
> *[Fragmento 2] Vamos a aprobar una ley de representatividad paritaria entre hombres y mujeres en los centros de decisión, porque si las mujeres representan la mitad de la sociedad, la mitad del poder político y la mitad del poder económico tiene que ser de las mujeres. Y habrá gente que le parezca que le parezca grave incluso absolutamente desproporcionado. Pero a nosotros nos parece simple y llanamente justicia. De Justicia.*

Figura 2. Texto verbovisual analizado del PSOE. Fuente: Elaboración propia a partir de NVivo 12.

Como contrapartida y en relación con las publicaciones que estaban presentes en la cuenta de Instagram del partido político, Partido Popular, se muestran a continuación dos ejemplos representativos de la escenificación discursiva producida y difundida por el propio partido en relación con su visión del feminismo. En concreto, en el primer vídeo, publicado el 08/03/23, con una duración de 0:43 y etiquetado con el *hashtag #DePega*, Concepción Gamarra, secretaria general del Partido Popular, manifiesta a través de su intervención en el congreso de los diputados, el modo de pensar de su partido respecto a determinados problemas sociales de la realidad actual y compartida de España. En particular, la representante del PP recrimina, cuestiona y denuncia la concepción que tiene el PSOE del feminismo, mientras expone su rechazo a algunos sucesos que han acontecido en la sociedad española tras algunas decisiones políticas del Gobierno en relación con la ley denominada del "Solo sí es sí", así como un caso de prostitución que ha sido protagonizado por un miembro del PSOE:

<u><Archivos\\2. Discurso sobre género del PP\\Usted no puede llamarse feminista></u> - § 2 referencias codificadas [Cobertura 92,14%] 100,3 1200,720

> *Usted no puede llamarse feminista, cuando han probado una ley que ha beneficiado a más de 730 agresores sexuales, y lo que queda lamentablemente. Ustedes no pueden llamarse feministas cuando impulsan la ley trans que borra a las mujeres y que va a causar daños irreparables a niñas y adolescentes. Usted no puede llamarse feminista cuando se pone de perfil en el caso del tito Berni que afecta al Partido Socialista y a su grupo parlamentario y en el que están implicadas mujeres,mujeres prostituidas. La única prioridad de su gobierno es la supervivencia política de un hombre: Pedro Sánchez.*

Figura 3. Texto verbovisual analizado del PP. Fuente: Elaboración propia a partir de NVivo 12.

En coherencia con la visión de este partido político, el siguiente contenido pertenece a un vídeo que fue publicado el 08/03/23; tiene una duración de 0:51; y fue etiquetado con el *hastagh, #ConLasMujeres.* A través de este vídeo, el PP escenifica, discursivamente, su visión y concepción de la mujer. El contenido intercala una serie de escenas diferentes que son escenificadas por una diversidad de mujeres, y entre las cuales, se encuentran mujeres que son miembros del Partido Popular. La visión de esta fuerza política hacia el feminismo se evidencia a través del siguiente discurso y de las imágenes representativas que se muestran a continuación:

<Archivos\\2. Discurso sobre género del PP\\Imagen1> - § 2 referencias codificadas [Cobertura 95,63%]

Referencia 1 - Cobertura 95,63% 10,10 - 840,1430/ Referencia 2 - Cobertura 95,63%

> *Mujeres somos todas.*
>
> *Cuando nacemos y cuando lo descubrimos.*
>
> *Las que trabajamos fuera y las que trabajamos en casa.*
>
> *Las que derribamos las puertas a patadas y las que preferimos que nos las abran. Las que nos gustan los hombres y las que amamos a otras mujeres. Y por supuesto, somos tan mujeres las que estamos en un lado, como en el otro. Igualdad es que todas podamos celebrar el 8M sin distinciones y en libertad. Como mujeres. Como mujeres. Como mujeres.*

Figura 4. Texto verbovisual analizado del PP. Fuente: Elaboración propia a partir de NVivo12.

Respecto a los modos de pensar que son manifestados por la fuerza política de Unidas Podemos, se muestran los siguientes resultados representativos. En primer lugar, el siguiente contenido corresponde a un vídeo que tiene una duración de 01:22, y que fue publicado el 15/03/23. A través de este contenido, Ione Belarra, miembro de esta fuerza política y ministra actual del Gobierno en Derechos Sociales, manifiesta por medio de su intervención en el Congreso de los diputados una visión muy específica respecto a otros partidos políticos. En este contenido en concreto, la ministra recrimina, cuestiona y denuncia la visión del PP respecto al fenómeno feminista, calificando a dicha fuerza política, como un lastre para los derechos históricos de la democracia en materia de igualdad. Desde esta perspectiva, Ione Belarra enumera una serie de acontecimientos en los que el PP se ha mostrado contrario, como, por ejemplo, aquellas medidas que han sido diseñadas para potenciar los derechos de las mujeres en relación con los matrimonios igualitarios, las leyes que permiten abortar voluntariamente, o las leyes que articulan cambios de identidad. En esta línea, Ione Belarra cataloga la identidad ideológica del PP como un hecho de naturaleza franquista que limita los derechos y libertades de las personas. En este sentido, el discurso emitido por la política y las imágenes que articulan el contenido, escenifican lo siguiente:

<Archivos\\3. Discurso sobre género de Podemos\\scene00025> - § 2 referencias codificadas [Cobertura 97,07%]

Referencia 1 - Cobertura 97,07% 0,0 - 710,1260/Referencia 2 - Cobertura 97,07%

> *Mire Señoría, este Gobierno no acepta ni media lección de feminismo del Partido Popular. Ustedes han sido un lastre para los derechos de las mujeres a lo largo de toda la historia, le voy a recordar solo alguna de las cosas que ha hecho el Partido Popular por las mujeres: el Partido Popular no apoyó la Ley de Igualdad de 2007, el Partido Popular recurrió la Ley del Aborto del año 2010, el Partido Popular votó en contra del matrimonio igualitario, recortó de manera salvaje los fondos destinados a luchar contra la violencia machista, se opuso a la ley de libertad sexual en el 2022, y votó en contra de la nueva ley del aborto y de la ley trans en pleno 2023. Y le tengo que recordar además que su partido fue fundado por siete ministros de una dictadura sanguinaria que vulneraba los derechos de las mujeres, tiempo en el que en España no se podían divorciar y no podían ni abrir una cuenta en el banco sin permiso de su marido. Pero mire, ¿sabe qué le digo? Que nosotras estamos muy orgullosas de que los derechos que estamos construyendo son también para sus hijas, para sus hijos, y para sus hijes, para sus hijos y sus hijas trans y para las mujeres que desde su silencio también quieren interrumpir su embarazo. Porque en este país, el país que estamos construyendo, sí caben ustedes y caben sus hijos, sus hijas y sus hijes, y en el suyo por desgracia, no cabemos nosotras.*

Figura 5. Texto verbovisual analizado de U. Podemos. Fuente: Elaboración propia a partir de NVivo12.

Para poder entender con mayor claridad el contexto social actual que articula la mayor parte de manifestaciones discursivas en relación con el discurso de los diferentes partidos, es importante enmarcar la ley de garantía integral de la libertad sexual, denominada, ley del "solo sí es sí", que ha sido liderada por esta fuerza política. En este sentido, Unidas Podemos publicó el día 18/11/22 un contenido que fue etiquetado con el *hastagh, #LeySoloSíesSí,* a través del cual, esta fuerza política defiende su postura respecto al sentido que ha tenido la creación de esta ley. Tal como se puede apreciar en el texto, este partido político recrimina al poder judicial la interpretación y la aplicación de dicha ley, y desde esta perspectiva, Unidas Podemos defiende su visión sobre el impacto positivo que tendrá esta decisión sobre la vida de muchas mujeres españolas:

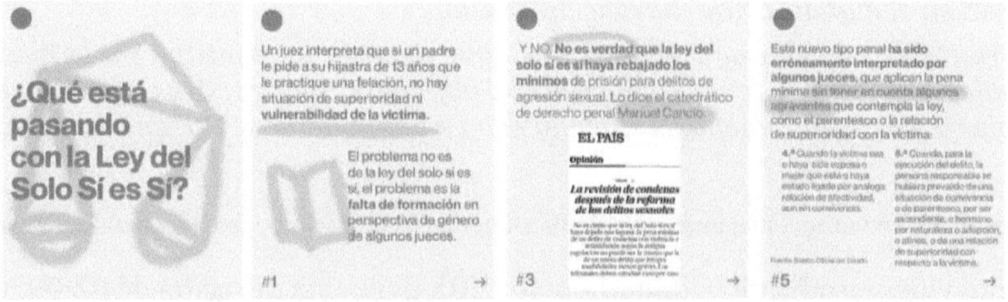

Figura 6. Texto verbovisual analizado de Unidas Podemos.
Fuente: Elaboración propia a partir de NVivo12.

Por último, respecto a los contenidos producidos y difundidos por VOX, se muestran dos ejemplos representativos producidos y difundidos en su cuenta de Instagram. En primer lugar, el vídeo que se representa en la figura 7 tiene una duración de 02:20; fue publicado el 18/11/22; y es un contenido que ha sido etiquetado con los *hastahgs: #VOX, #España, #MonteroDimisión, #GobiernoDimisión, #feminismocriminal, #solosíessí.* Por medio del vídeo se escenifican algunas intervenciones de diferentes miembros del gobierno actual de manera crítica, mientras en la propia secuencia escénica, Santiago Abascal recrimina las afirmaciones y las medidas tomadas por parte de dichos miembros del gobierno en relación con la ley denominada "solo sí es sí". En este sentido, el presidente de VOX hace responsable al gobierno de la rebaja de condena de "violadores" (manifestación expresada literalmente por Santiago Abascal) y acusa a dicho Gobierno de "no tener vergüenza". En esta línea, a través del siguiente texto se materializa el discurso de la siguiente manera:

<u><Archivos\\4. Discurso sobre género de VOX\\NO TENEIS VERGUENZA></u> - § 2 referencias- Referencia 1 - Cobertura 96,35% 10,10 - 1470,1270 / Referencia 2 - Cobertura 93,53%

[Fragmento 1, Irene Montero]: como saben hoy es un día muy importante, se aprueba por fin definitivamente la ley del solo si es si... El grito feminista del solo si es si, del hermana yo si te creo, se convierte en ley en nuestro país.

[Fragmento 2, Pedro Sánchez]: una ley de vanguardia que va a inspirar otras muchas leyes en el mundo, estoy convencido de ello.

[Fragmento 3, Santiago Abascal]: Los que montan un ministerio a la medida de la mujer del vicepresidente, cuyo principal objetivo es que nuestras hijas lleguen a casa, solas y borrachas, mientras bajan la pena a los violadores. No tenéis vergüenza.

Figura 7. Texto verbovisual analizado de Vox. Fuente: Elaboración propia a partir de NVivo12.

El siguiente vídeo producido y difundido por VOX tiene una duración de 02:09; fue publicado el 08/03/23; y está etiquetado con los siguientes *hastaghs: #8DeMarzo, #DiaInternacionalDeLaMujer, #VOX, #España, #SantiagoAbascal, #8demarzo, #feminismo, #igualdad.* A través de este contenido, se escenifica al presidente de VOX en un mitin de su partido compartiendo con sus militantes su modo de pensar en relación con el feminismo. En particular, Santiago Abascal manifiesta su rechazo a las leyes aprobadas orientadas a la mujer por parte del gobierno actual, mientras califica al gobierno y al consejo de ministras como "gentuza", "indocumentadas" o "desaprensivas". Mientras transcurre la escena, el discurso y las imágenes escenifican lo siguiente:

<Archivos\\4. Discurso sobre género de VOX\\scene00670> - § 2 referencias codificadas [Cobertura 97,70%] Referencia 1 - Cobertura 97,70% / 0,10 - 480,860/Referencia 2 - Cobertura 97,70%

Para nosotros, por lo menos para los que somos hombres, todos los días son el día de la mujer. A los que tenemos madre, para los que tenemos la fortuna de tener abuela, para los que tenemos hermanas, para los que tenemos hijas, no va a venir una gentuza, sea nombres y mujeres, a decirnos lo que tenemos que hacer, a darnos lección sobre cómo son las mujeres y sobre el respeto que merecen las mujeres. Eso es lo que queremos, que sean esas mujeres, nuestras madres, nuestras abuelas nuestras hijas, las que estén en el Consejo de Ministros, las que presidan los intereses que defiende el Gobierno, y no una pandilla de indocumentadas y desaprensivas que no saben hacer una ley, y cuando hacen una ley para proteger a la mujer, sirve para que las mujeres estén más inseguras, para que a los violadores se le reduzcan la pena y para que algunos salgan de prisión. Y por eso este es un gobierno culpable de los futuros crímenes de las futuras violaciones que cometan esos delincuentes reincidentes que saldrán a la calle por las leyes de este gobierno.

Figura 8. Texto verbovisual analizado de Vox. **Fuente:** Elaboración propia a partir de NVivo12.

6. DISCUSIÓN Y CONCLUSIONES

Partiendo de los resultados obtenidos, este trabajo pretende poner de relieve el modo en que las diferentes fuerzas políticas se apoyan en un acontecimiento determinado de la realidad social compartida (como es el caso de hechos sociales que giran en torno a la concepción del feminismo), para diseñar, producir y difundir los contenidos que articulan la práctica discursiva estratégica de cada partido en sus propias cuentas de Instagram.

En línea con ello, se puede evidenciar por medio de los resultados hallados, el uso instrumentalizado que cada partido político hace del discurso *verbovisual*, con el fin de escenificar y promulgar diferentes modos de pensamiento y conducta respecto a lo que cada uno entiende por feminismo. Desde este punto de vista, las correspondientes publicaciones de Instagram analizadas se comportan como construcciones discursivas que promulgan diferentes campos de significación social y cultural de la realidad social compartida. Es decir, los partidos políticos, como agentes e instituciones diferenciadas ideológicamente de la sociedad, comparten una valoración y un juicio propio de la concepción del feminismo, así como de las leyes aprobadas de manera más reciente en relación con ello, ejerciendo en cada caso, como sujetos reguladores, homologadores y transmisores de campos de significación, juicios y sistemas de pensamiento divergentes.

Desde este punto de vista, el discurso político producido y difundido de las diferentes fuerzas políticas en relación con el feminismo, se constituye de imaginarios y perspectivas semánticas subjetivas y opuestas, que representan en cada caso, lo que aparentemente es deseable, legítimo o válido en la concepción sociocultural y política de la mujer. En este sentido, la propuesta discursiva de cada partido es concebida como una práctica instituida e instituyente de sistemas de creencias subjetivas que asignan un sentido determinado de lo que debería ser correcto en la vida individual y social de las mujeres, es decir, cada partido político apela de manera *socioconsciente* y por medio de una visión específica, a un imaginario propio que imponga y legitime su perspectiva de lo femenino.

Así pues, la cuenta de Instagram de cada partido político se convierte en un espacio propio de comunicación, en el cual, los contenidos y publicaciones ejercen como portadores de sentido y significación con capacidad para evaluar y validar un fenómeno social y cultural determinado. En esta línea, los contenidos son utilizados como un conjunto de códigos normativos y simbólicos específicos que buscan cuestionar, cambiar o construir el contexto social del feminismo, por medio de visiones, ideologías y propuestas discusivas heterogéneas. Si se admite esta perspectiva, entonces se puede afirmar que los partidos políticos instituyen y promulgan, intersubjetivamente, la misma realidad, por medio de valores, creencias, y normas que buscan legitimar lo que es considerado como correcto, bueno o válido en un contexto sociocultural específico. En línea con esta última afirmación, la construcción discursiva de cada partido adquiere las siguientes funciones:

- Analizar una visión de la realidad social dada por lo que acontece u ocurre.
- Promulgar, asignar sentido y legitimar a través de la plausibilidad subjetiva, aquello que acontece u ocurre en una realidad social dada, por medio de diferentes modos de pensamiento y conducta, tanto individual como social.

A este respecto, este estudio busca contribuir a la reflexión de la sociedad por medio de las construcciones discursivas e imaginarias de la política, es decir, tal como impregna el sentido sistémico de Pintos (1995), los imaginarios discursivos de la política vertebran y articulan los sistemas de representación, identificación e integración social de las posturas intersubjetivas de la realidad social compartida. En este sentido, y tomando como punto de referencia la vasta aportación teórica del autor Baeza (2008) al respecto, los imaginarios sociales se comportan de esta manera, como meros esquemas construidos y simbolizados socialmente a través de símbolos. En otras palabras, la fragmentación ideológica contribuye a construir diferentes visiones de una misma realidad social compartida, la cual es percibida y concebida, mediante sistemas de ideas y creencias que escenifican, subjetiva y discursivamente, lo que se entiende como real.

EN DEFINITIVA, ESTE TRABAJO PERSIGUE ESTIMULAR JUNTO A TODAS AQUELLAS LÍNEAS DE REFLEXIÓN QUE CENTRAN SU OBJETO DE ESTUDIO EN EL ANÁLISIS DE LAS SUBJETIVIDADES, CONSTRUCTOS SIMBÓLICOS E INTERSUBJETIVIDADES POLÍTICAS QUE SON REPRESENTADAS POR MEDIO DE LAS REDES SOCIALES Y DE LAS NUEVAS GRAMÁTICAS AUDIOVISUALES, CON EL FIN DE PROFUNDIZAR EN LOS ANTAGÓNICOS MODOS DE PENSAMIENTO QUE EMANAN DEL DISCURSO POLÍTICO, Y QUE EN MUCHA OCASIONES, EXIGE PLANTEARSE LA SIGUIENTE PREGUNTA: ¿LOS DISCURSOS POLÍTICOS EN ESPAÑA SE FUNDAMENTAN EN LA PLURALIDAD IDEOLÓGICA DEMOCRÁTICA, O POR EL CONTRARIO, SE CONSTITUYEN COMO PRÁCTICAS DISCURSIVAS QUE FOMENTAN LA IMPOSICIÓN DE CREENCIAS CULTURALES Y EL ODIO?

7. REFERENCIAS

Agustín, Ó. G. (2010). Discurso e institucionalización: un enfoque sobre el cambio social y lingüístico. Universidad de La Rioja.

Aliaga, F., Baeza, M. A., Basulto Gallegos, O., Carmona Ochoa, G., Carretero Pasín, Á. E., Cegarra Guerrero, J. A., y de Alba González, M. (2022). *Investigación sensible. Metodologías para el estudio de imaginarios y representaciones sociales*. Universidad Santo Tomás.

Baeza, M. A., y Baeza, M. A. (2008). *Mundo real, mundo imaginario social: Teoría y práctica de sociología profunda*. Santiago: RIL Editores.

Baeza, M.A. (2015). *Hacer mundo: Significaciones imaginario-sociales para construir sociedad*. RIL Editores.

Basulto, O., Segovia L, P., y Julian, C. (2020). Imaginarios y representaciones para configurar un perfil mediático de la prensa tradicional en Chile: El caso del diario El Mercurio y El sur en torno al movimiento estudiantil universitario 2011. *Universum* (Talca. Impresa), *35*(1), 250–287. https://doi.org/10.4067/s0718-23762020000100250

Cabrera, D. H. (2006). *Lo tecnológico y lo imaginario: las nuevas tecnologías como creencias y esperanzas colectivas*. Editorial Biblos.

Fairclough, N. (1995a). *Critical discourse analysis: The critical study of language*. Longman.
Fairclough, N. (1995b). *Media Discourse*. Bloomsbury Academic.
Gee, J.P. (2014b). *How to do discourse analysis 2nd edition: A toolkit*. Routledge.
Hjarvard, S. (2013). *The mediatization of culture and society*. Routledge.
Kress, G. (2009). *Multimodality: A social semiotic approach to contemporary communication*. Routledge.
Kress, G., & van Leeuwen, T. (2020). *Reading images: The grammar of visual design* (3a ed.). Routledge.
Pintos, J. L. (1995). Los imaginarios sociales: la nueva construcción de la realidad social (Vol. 30). Editorial Sal Terrae.
Pintos, J. L. (2014). Algunas precisiones sobre el concepto de imaginarios sociales. Revista latina de sociología, *4*(1), 1–11. https://doi.org/10.17979/relaso.2014.4.1.1217
Riffo-Pavón, I. (2022). Imaginarios sociales, representaciones sociales y re-presentaciones discursivas. Cinta de Moebio, *74*, 78–94. https://doi.org/10.4067/s0717-554x2022000200078
Rubio, A. M. (2009). «De los Imaginarios a las Representaciones Sociales: notas para un análisis comparativo», en Sociologías en los márgenes. Homenaje al Profesor Juan Luís Pintos de Cea Naharro. 285–302.
Sancho, R, Riffo-Pavón, I. (2022), Análisis semiótico del discurso: identificando representaciones e imaginarios sociales. Investigación sensible. Metodologías para el estudio de imaginarios y representaciones sociales. Universidad Santo Tomás.
Serafini, F., y Reid, S. F. (2019). Multimodal content analysis: expanding analytical approaches to content analysis. *Visual Communication*, *22*(4). https://doi.org/10.1177/1470357219864133
Tacussel, P. (2002). A sociologia interpretativa. *Revista Famecos*, *9*(18), 07-14.

GUIA METODOLÓGICO DA REALIZAÇÃO DO ENSAIO FILOSÓFICO

José António Duarte Domingues[1]

O presente texto considera como possibilidade a construção de um guião metodológico do ensaio filosófico na modalidade de uma escrita reflexiva (o método de escrever original da filosofia -Molder, 1995, 23) no contexto do ensino da filosofia no ensino secundário português. Cadências de ensaio que se podem criar: crítico, relativista, aberto, multiperspetivista, pluralista, fragmentário, teste de probabilidades. É um desvio do método de argumentação - "si por argumentación se entiende el processo por el cual se intenta modificar um estado de opinión dado y persuadir a alguien de algo (Vian Herrero, 2000, 424). O ensaio do presente texto é uma tentativa, um risco, de um pensamento que se procura fazer pensamento, justamente. Os efeitos esperados na pedagogia e na didática: o ensino da liberdade (learning by doing) do eu que quer descobrir um ajuizar.

1. INTRODUÇÃO

O presente texto é uma pesquisa sobre a possibilidade de apresentação de um guia metodológico da realização do ensaio filosófico. Na origem desta está, em primeiro lugar, uma preleção sobre o assunto do que o ensaio é, na sua etimologia, como se tem explicado historicamente a palavra. Sobre a forma do ensaio nos meios filosóficos e do que é a sua natureza e experiência encontram-se muito bem determinadas estas questões em Gabriel Marcel, estabelecidas como um pensar diarístico.

O presente trabalho outorga à metodologia do ensaio a base, a superfície, propriamente dita, que tem de ser construída como uma pedagogia e uma didática da filosofia e do filosofar que se estende, ao mesmo tempo, sobre a experiência do aluno, assim como sobe o modo de este a representar no texto escrito.

O guia constitui-se na forma de uma proposta de trabalho filosófico. Esta conceção de ensaio coloca ao aluno um significado de exame, de análise ponderada de sentidos do mundo, mas também o ensaio de si, em relação com um género de (Da) exercitação. Montaigne (1580, 311): "O que aquí vedes não é a minha doutrina, mas o meu estudo, e não constitui uma lição para os otros, mas para mim mesmo. Não se me deve levar a mal se a comunico. O que me é útil pode eventualmente sê-lo também para outros." Sílvio Lima (2002, 1309) acentua o papel dinâmico, ativista, construtivo, operatório, da autonomía do

1. Universidade da Beira Interior (Portugal).

ensaio na educação: "O pupilo deve marchar, trotar diante do profesor; não vai a reboque, como rês morta, *perinde ac cadaver* [como um cadáver]. Não é um vaso a *meubler*, mas uma fornalha a acender e a fazer crepitar pelos seus póprios recursos. Não um armazém, mas uma oficina de trabalho".

2. OBJETIVOS

O projeto inclui como objetivos: ensaio de definição de ensaio, procurando distinguir as suas distintas determinações etimológicas e históricas; análise, entre as multiplicidades de versões de ensaio, do significado. diarístico do ensaio em Gabriel Marcel, um dos principais filósofos do existencialismo francés; descrição e avaliação da proposta de um guia metodológico da realização do ensaio filosófico no contexto do ensino secundário, traçando diferentes dimensões, eixos de abordagem e exemplos.

3. METODOLOGÍA

O princípio metodológico seguido valida que se deve partir de uma fenomenologia da existência para se fazer uma primeira reflexão sobre o ser em situação, pelo que respeita ao real, e o que nele está implicado. O projeto procura mostrar que o ensaio implica na verdade situações concretas nas quais o aluno se encontra e sobre as quais pode interrogar-se, possam a conceptualização e a argumentação ser mais pressentidas do que evidentes. O ponto de partida para a elaboração do guia metodológico é o próprio problematismo da experiência humana. Perante o qual chega o aluno a uma tomada de consciência de si.

Em tal contexto, o guia não se trata de uma pura *téchnê* , forma de ensaio instrumental. O seu desenho incialmente foi objeto de um diálogo com professores de filosofia do ensino secundário e a aplicação consistiu na elaboração de um Diário Filosófico em que, a propósito de problemas filosóficos colocados pelo programa de Filosofia, os alunos eram convidados a encontrar à sua volta acontecimentos, factos, experiências (livre escolha do aluno) e a mostrar as implicações existenciais dos mesmos. O trabalho do ensaio revelou-se também relação às competências filosóficas (problematização, conceptualização, argumentação). Cada aluno exprimiu as suas circunstâncias os seus interesses e projetos.

4. DESESENVOLVIMENTO DA INVESTIGAÇÃO

Começamos por colocar em evidência o quadro histórico da etimologia de ensaio com as modificações e regularidades para, em seguida, favorecer a ideia do ensaio como um diário metafísico. E posteriormente, interpretar o guia metodológico da realização do ensaio como uma criação de pensamento e de escrita que existe em diferentes ciclos de relação, de eixos, no sentido de alternâncias entre fases de congregação, uma dispersão de onde se conclui uma orientação de uma unidade.

4.1. Sobre a origem

O ensaio é, na sua etimologia, *exagium* (termo substantivo latino [tardio, séc. IV]), um [Comprovar o] peso, acção de pesar ou [examinar com a] balança. Concorda com *Ἐξάγιον* (gr.), glosado, por sua vez, com a forma latina *examino perpendo,* exame acurado, ainda sentir o gosto [de] na culinária. Trata-se, ainda, de *pensatio,* seja na aceção de *ponderatio,* medir, ou *examen trutinae,* conferência de peso ou medida com a balança, seja no significado, mais específico, de *tecnici di legitimo illo pondere, ad quod inde a Constantino solidus exigebatur* "certificação [controlo] do peso certo do *solidus* [soldo numerário em ouro] decretada pelo imperador Constantino".

O nome *exagium* (relembra-se derivação de *exagiait*, provar) participa originariamente, simultaneamente, da forma semântica de *exigire* (ex-i(a)gere), verbo, que lhe assigna os significados de examinar, investigar, dispor de, vender (em linguagem comercial), medir, pesar (no sentido matemático), e da de *examen* (ex-agmen), esta marcada por significados como comprovar ou ponderar. As duas formas constituem-se por efeito de *ago* que visa a função de fazer, atuar, tratar, impondo-se como a função que realiza a orientação operativa da situação de ensaio: prova (prova jurídica e a muito desenvolvida prova teatral) que abrange os significados de tentativa e, também, aquilatação de qualquer coisa, cuja forma verbal ensaiar integra com a aceção de intentar, procurar, que a partir de alguns aspetos da realidade quotidiana medieval tem por trás um empenho, esforço, como foi a do cavaleiro, porquanto a conquista da honra vai depender disto mesmo, de exercitar-se contra os inimigos mouros.

A abordagem de ensaio encontra-se hoje determinada como exercitação, exercício de ensaiar, a partir de um acometer, atacar, preparar para a luta. É por uma distribuição dos comportamentos de *exigire* e de *examen*, uma indagação e uma análise, mas que integra o exercício, que vai constituir-se o ensaio (*exagium*).

4.2. Ensaio filosófico diarístico

Gabriel Marcel explicita na abertura de *Diário Metafísico* (1956) que o seu texto, o que ele exprime, é a mudança no modo de o sujeito se articular com a realidade e no modo de a evocar. O que refere para além da reflexão é o procedimento da exposição. "O Diário Metafísico que agora entrego ao público não foi originalmente concebido, na minha mente, para ser publicado; a meus olhos, era apenas uma espécie de preparação para uma obra dogmática na qual eu pretendia expor, numa sequência tão rigorosa quanto possível, as teses essenciais que a minha reflexão pessoal me tinha levado a escrever." (Marcel, 1956, 7) No entanto, à medida que as suas investigações prosseguem, apercebe-se do carácter hipotético e aventureiro das teses que elabora, que mudam ao mesmo tempo que essas reflexões se alteram e de um grande número de temas em torno dos quais a reflexão gravitava: "apercebi-me cada vez mais claramente, não só da repugnância que um procedimento de exposição dogmática em si mesmo me inspirava" (Marcel, 1956, 7). Nestas condições, reconhece que a reflexão não precisa de um molde sistemático onde esvaziar os pensamentos que ele reconhecia ser incapaz de ordenar segundo os ritmos tradicionais da arquitetura filosófica. A forma de diário refaz a ordem orgânica da reflexão: pelo facto de não ser dada num todo determinado, abre possibilidades, exprime conceções diferentes que decorrem do caminho que o sujeito percorre. Volve-se relação com o leitor, interessando-o por percorrer o caminho que o autor percorre.

O *Diário* é apresentado como uma reflexão das questões da existência humana. A particular formulação do diário como modo de pensar e de escrever como o sujeito se articula com a realidade causa um corte com a "exposição dogmática" das ideias essenciais da reflexão pessoal. O corte é com a possível ordem categorial, intelectual, dos temas da reflexão, mas também com a pregnância com que esta ordem inscreve um caminho que é percorrido, efetivamente, de modo sinuoso. É, por conseguinte, da própria realidade ("minhas dúvidas", "minhas incertezas") que o pensamento é afastado imediatamente com a exposição de um sistema de conjunto. Há uma série de aspetos da condição humana que não vão possibilitar ao raciocínio atribuir-lhes validade, verdade ou solidez.

Esta maneira de fazer filosofia descobre um exercício de filosofia, precisamente, na perspetiva de um pensamento aberto à experiência que se reveste de consciência reflexiva que é própria dos filósofos que no seu perguntar consideram a experiência das ideias e dos problemas de forma crítica. É esta a ideia que o ensaio diarístico explicita. Nestes termos, não se limitará a atividade filosófica nos adolescentes e nos jovens do ensino secundário à aprendizagem de uma técnica lógica e argumentativa. Não se trata de pensar através da linguagem articulada de modo a criar argumentos fortes, fracos, haver um encadeamento de modo a provar alguma coisa, não admitindo a contradição, apenas admitindo a menor dúvida. Tal confere-lhes uma estrutura rígida, previsibilidade e quase estereotipada na forma e no conteúdo (vg. as conceções de arte e os mapas de conceitos e de argumentos como resultado de aprendizagem que os manuais didáticos fornecem).

4.3. Guia metodológico da realização do ensaio filosófico

A proposta de guia metodológico que se apresenta introduz este dado de o ensaio filosófico se enraizar no olhar de vida do aluno, curioso, perante o real, que o professor acompanha e estimula pelo diálogo, o debate, o texto escrito. O aluno constrói o seu filosofar, que o professor explora na dimensão ensaística. A proposta é suficientemente flexível de modo a permitir opções de trabalho (e ou), por exemplo, na relação com o real podem explorar-se acontecimentos presentes, como circunstâncias de crise, ou imaginárias ou distópicas.

O guia metodológico apresenta elementos cuja presença indica o texto como ensaístico. Neste, todas as relações têm de estar presentes, mas os aspetos particulares podem estar ou não estar.

O ensaio ou diário implica as seguintes 5 dimensões, cada uma com eixos de abordagem e exemplos:

> *1. Relação com o real (partir da condição e circunstância do aluno). 1.1. Identificar objetos possíveis de tratamento problemático: 1.1.1. Recorrer a acontecimentos do presente; 1.1.2. Enunciar conjunturas ou circunstâncias de Crise [podem ser evocados num texto jornalístico]. 1.1.3. Descrever comportamentos da sociedade. 1.1.4. Indagar o real situacional [contexto, circunstância, tempo, espaço, pessoas individuais concretas]. 1.1.5. Indagar o Real imaginário ou a ficção. 1.1.6. Indagar o real possível ou aquele que (se crê que) vem/expectável. 1.1.7. Indagar o real virtual/ ou o algoritmo imersivo.*
>
> *1.2. Eixos de abordagem. i. Transitório – devir da ordem do quotidiano, da envolvência, da afeção, da afetação, do imediato, do i-lógico, do faccioso, da multiculturalidade, do multiétnico, do efémero, da contingência]. ii. Imutável [da ordem da ideia sistemática/ perene/essência/representação da verdade, do lógico, do argumentativo, do conceptual, do justificável]. iii. Singular [da ordem das anomalias, do irrepetível, que não encadeia]. iv. Universal [da ordem da necessidade, da narrativa, da objetividade, da regularidade]. v. Concreção [em ordem à vida e ao viver]. vi. Abstrato [da ordem do ler entre linhas, do interpretar, dos sentidos].*
>
> *1.3. Exemplos em contextos históricos: Questões da prática médica; Questões da segurança; Questões do poder, do controlo, da disciplina; Questões ambientais.*

Nesta dimensão da relação com o real, o aluno é conduzido à consciência de si no mundo, envolve-se a integralidade de um ser inacabado, os seus questionamentos, limites e possibilidades no contexto de uma filosofia e ou de uma cultura. Suscita-se a atenção de si em relação à sua condição e circunstância, dos quais se indicam recursos de relação e respetiva indagação/problematização em níveis de real possíveis em que os objetos se podem inscrever (v.g. Mito do Sebastianismo: que impacto tem a nível político, a nível das mentalidades, que daí podem derivar...)

Face ao estranhamento no relacionar-se do sujeito com o real, os eixos de abordagem são estabelecidos de forma dicotómica, entre o transitório e o imutável, o singular e o universal, o concreto e o abstrato. Tomam-se como exemplos em contexto histórico questões da prática médica, questões securitárias, questões ambientais.

> *2. Relação com a subjetividade. 2.1. O Eu (o eu inscrito na escrita). 2.1.1. Eu=singular [eu e as minhas circunstâncias]. 2.1.2. Eu=trânsito [dinâmica de ideias, sem a rigidez do contraste, da oposição]. 2.1.3. Eu=transcendental [condição de uma afirmação incondicional] [Kant criou o tipo, mas não o personifica].*
>
> *2.2. Eixos de abordagem. 2.2.1. Escrita de autor (originalidade). 2.2.2. Escrita de autor imaginário. 2.2.3. Apagamento do autor.*
>
> *2.3. Exemplos. Montaigne, W. Benjamin, G. Marcel, G. Steiner, F. Nietzsche.*

A relação com a subjetividade prende-se com o eu inscrito na escrita, que o revela, em trânsito e transcendental, ou seja, o ensaio expressa o eu e as suas circunstâncias, a dinâmica das ideias sem a rigidez do contraste ou da oposição, mas em devir, e, finalmente, trata-se da superação da existência (a emancipação como transcendental). Os eixos de abordagem de autoria da escrita desta relação correlacionam-se, podem ocorrer em simultâneo. Tomam-se como exemplos autores em cuja prosa a subjetividade se torna dominante.

> *3. Relação com a distância / separação – 3.1. Dos cânones [grandes narrativas 'somos iguais']. 3.1.1. Da padronização das transdisciplinaridades [que não criam distância ou separação entre os saberes 'somos filósofos'].*
>
> *3.2. Eixos de abordagem. 3.2.1. Forma e conteúdo do ensaio/conteúdo enformador (revelador) de um real e de um sujeito. 3.2.2. Audácia (desconstrução das grandes relações, fragmento como possível forma de texto). 3.2.3. Criticismo dos ensaios gerais. 3.2.4. Sínteses (elaboradas para atingir as projeções genéricas e totais, as grandes questões, os elementos unificadores). 3.2.5. Análises (das redes de conceitos).*
>
> *3.3. Exemplos – E. Bloch (micrologias), M. Heidegger (Origem da obra de arte), F. Molder.*

A relação com a distância / separação significa que o sujeito para tomar posição se afasta de uma espécie de senso comum intelectual ou racional que considera as estruturas categoriais que subsumem a existência, em si contingente (v.g. as grandes narrativas 'somos iguais' e as transdisciplinaridades entre saberes que não criam distância ou separação entre os saberes - 'somos filósofos'). Os eixos de abordagem desta relação constituem, por outro lado, os elementos da elaboração propriamente dita do ensaio. A visão essencial concerne que forma e conteúdo do ensaio revelem o real e o sujeito em diferentes textos: fragmentos, aforismos, criticismo, sínteses (elaboradas para atingir projeções genéricas, grandes questões, elementos unificadores), a análise (das redes de conceitos). Tomam-se como exemplos as micrologias de E. Bloch, a ontologia de M. Heidegger e o pensamento morfológico de F.Molder.

4. Relação com o diarístico. 4.1. [é]Perceção d[e]o autor [autonomia crítica]. 4.1.1. [sobre um certo] Campo de pesquisa [teoria filosófica nos seus conceitos – 'Se todos somos iguais neste tempo de pandemia, porque é que nos sentimos tão diferentes?']. 4.1.2. Método desvio / [sair de um programa e voltar ao programa].

4.2. Eixos de abordagem. 4.2.1. O que o autor (a)prova com o que diz e como diz e experimenta ao dizer colocando-se no jogo de uma interlocução.

4.3. Exemplos. J. Saramago, M. E. Cardoso, R. A. Pereira [estudo das falácias a partir das crónicas].

A relação do ensaio com a forma diarística expressa-se na capacidade de autonomia crítica com que o aluno se perceciona no justo momento de indagar (perguntar sobre) um dado campo, teoria, experiência, do qual se desvia para sair como que de um programa de objetivos, competências, aprendizagens, lógicas, estruturas, padrões, mas indo ao seu encontro. Os eixos de abordagem desta relação com o diarístico interligam as razões, os argumentos, as provas do(s) autor(es) com o como diz (lógica, autonomia crítica) e com a experiência da sua subjetividade (desejo, questionamento, relação de si com a realidade), em permanente interlocução. Tomam-se como exemplos as obras literárias tardias de J.Saramago, as crónicas no Jornal O Público de M.E. Cardoso e as crónicas de R. A. Pereira.

5. Estilo (ser e escrever) – 5.1.1. Literário. 5.1.2. Irónico (Sócrates). 5.1.3. Lírico. 5.1.4. Espirituoso. 5.1.5. Original (identificado com a personalidade). 5.1.6. Equilibrado (congrega forma e conteúdo tendo presente as diferentes relações anteriores).

5.2. Eixos de abordagem – 5.2.1. Intertextualidade (ser e viver na palavra, *entre* textos). 5.2.2. *Vécrire* (escreviver, escrita vida. 5.2.3. *Vélir* (viver ler, escolher viver).

5.3. Exemplos – G. Steiner, E. P. Coelho, A. Sérgio, E. Lourenço, A. da Silva.

A relação com o estilo entende-se como uma atitude ou um alinhamento do aluno face ao que é e o que pretende mostrar ser no ensaio escrito, tornando inteligível esse ser (que se está a experienciar). Esse estilo não tem uma forma única de redação. Ao assumir a experiencialidade pode expressar-se de muitos modos. Cada um de diferente modo encontrará o estilo de revelação. Os eixos de abordagem desta relação refletem o ser e viver na palavra, a constituição da palavra, *entre* textos. Procura-se ainda uma abordagem de um estilo que escrevive, vive na escrita e pela escrita, é escrita vida que se constrói a partir da personalidade do sujeito, das suas memórias, das suas perguntas, das suas experiências (v.g. memórias do 25 de abril). Visa-se ainda um ponto de contacto entre o viver e o ler, a atitude de conseguir estar atento às experiências, interpretá-las, dar-lhes sentido, significado. É escolher viver, escolher a assunção da vida. Tomam-se como exemplos obras como as de Steiner.

5. CONCLUSÕES

Atribui-se ao ensaio filosófico um papel fundamental como forma de escrita e de reflexão filosóficas. Bergson documentará esta forma de escrever e de inscrever a reflexão na experiência como *durée*, ou através do *se faisant*. As possibilidades transformadoras, pedagógicas, do ensaio, a função da forma filosófica, são vistas na dinâmica própria da relação do pensamento com a experiência. O problemático é fundamentalmente aquilo que o ensaio implica na transmutação do pensar e da prosa filosófica escolar e poder considerar, a partir desta, a integração prática do ensaio no ensino da filosofia e das humanidades. Uma das questões para a qual pretendemos obter resultado sobre o problema do ensaio é o modo como se dá a assimilação no contexto de aula, aspecto que se encontra ainda em investigação. Procura-se um resultado didático como resposta para a propriedade "ensaística" do aprender a aprender: essa natureza de forma da filosofia (crítica) que assume e auto-avaliativa, como pode ser revelada como morfologia nas composições discursivas escritas nas circunstâncias da escola de hoje, de um mundo técnico – a prática do ensaio inserta no contexto de um trabalho da forma filosófica no ensino secundário, a possibilidade de "esse trabalho ser todo ele estruturado por um espírito ensaístico" (Lima, 1944, 1357). Impor-se como possibilidade de análise o perceber-se como força exploratória e explanatória dos textos narrativos e auto-expressivos, o modo essencialmente plausível, modal, provado nos contextos da cultura hodierna (está implícita uma investigação dos resultados do ensaio filosófico português e não apenas).

O processo de construção do ensaio deve ser projetado e planificado pelo professor, partilhado com o aluno. Deve ser calendarizado, envolvendo o aluno no processo de definição das diferentes fases de desenvolvimento. Este guia é apenas um referencial de trabalho que claramente pressupõe, em primeiro lugar, o processo de aprendizagem experiencial e, em segundo lugar, as aprendizagens essenciais da Filosofia.

A elaboração do ensaio pelo aluno é acompanhado pelo professor, de modo a distribuir um retorno (feedback) motivador e interpelante sobre o trabalho realizado pelo aluno que o leve a persistir no ensaio de si enquanto aprendente (aprender a aprender). No final, o aluno comenta o seu trabalho perante a turma numa perspetiva dialógica.

6. REFERÊNCIAS

Lima, S. (2002). Ensaio sobre a essência do ensaio [1944]. *Obras Completas de Sílvio Lima.* FCG.

Marcel, G. (1956). *Diario Metafísico.* Editorial Losada.

Molder, M.F. (1995). *O pensamento morfológico de Goethe.* IN-CM.

Montaigne, M. (1580). *Essais.* R. Dezeimeris & H. Barckhausen. https://gallica.bnf.fr/ark:/12148/bpt6k102435w/f333.image.r=doctrine

Vian Herrero, A. (2000). La noción de "ensayo" y los "monodiálogos" de Unamuno, el ensayo como paradigma. Príncipe de Viana, 18, 415-434. https://dialnet.unirioja.es/servlet/articulo?codigo=1281075

EL DEVENIR DE LA COMUNICACIÓN POPULISTA EN MÉXICO

Claudia Cecilia Flores Pérez [1]

1. INTRODUCCIÓN

México cuenta con una larga tradición en materia de comunicación presidencial, misma que oficialmente data del siglo pasado cuando fue institucionalizada por el general Lázaro Cárdenas, sexto presidente emanado de la revolución mexicana, quien bajo el lema, "México para los mexicanos", gobernó el país de 1934 a 1940, adoptando una línea política inclinada hacia la izquierda; protegiendo como nadie a la población indígena; impulsando la reforma agraria; combatiendo el latifundismo; expropiando el petróleo y los ferrocarriles; y estableciendo, además, una enseñanza pública, laica, gratuita y obligatoria. Por todas estas acciones, hoy en día se le conoce como el "Tata Lázaro", dada su actitud protectora y entregada hacia su pueblo (Flores, 2019).

En este mismo tenor nacionalista, el general Cárdenas institucionalizó la comunicación presidencial en México, publicando el 17 de junio de 1936, un acuerdo mediante el cual se modificaba la Ley de Secretarías y Departamentos de Estado, creando la Dirección de Publicidad y Propaganda, como parte de la Secretaría de Gobernación, formalizando así su primer modelo de información, mediante el cual, se difundirían las acciones del poder ejecutivo federal (Hernández, 1996) y, en particular, las del presidente.

Posteriormente, con el paso de los años y de trece presidentes, las funciones y actividades de dicho modelo de información no sufrieron cambios importantes en cuanto a su normatividad y operación, y continuaron trabajando así por mucho tiempo, hasta finales del año 2018 en que dio inicio el sexenio del presidente Andrés Manuel López Obrador (AMLO), quien de inmediato delineó su propio modelo de comunicación social y, por supuesto, definió su estilo propio de comunicación presidencial, en donde la evidente ideología populista ocupaba desde el principio el lugar central de todos sus esfuerzos.

Aquí es importante mencionar que el mandatario mexicano arribó a la Presidencia de la República respaldado por las izquierdas y con un considerable índice de aceptación cuando se vivían momentos de gran descontento social, representando así una esperanza para los votantes al ofrecer soluciones claras para aquellos añejos problemas que han dañado por décadas al pueblo mexicano: la corrupción en las instituciones públicas, el

---

1. Doctora en Administración Pública y Máster en Comunicación Pública. Docente-Investigadora en la Universidad Autónoma de Zacatecas (México).

control de las élites del poder y la desigualdad entre las clases sociales (Flores y Amador, 2022).

De esta manera, a través de la eficacia de su comunicación, AMLO –como cariñosamente le llama el pueblo de México, por sus siglas- se ha ganado la confianza y empatía de gran parte de ciudadanas y ciudadanos, ya que su retórica es directa y su carisma y popularidad indiscutibles, como rasgos característicos de los políticos y gobiernos populistas que se han reinsertado en América Latina durante las últimas décadas como consecuencia del hartazgo y rechazo a los gobiernos de corte neoliberal (Flores y Amador, 2022).

Y es en este contexto donde tiene lugar la presente investigación, con el objetivo de articular la estrategia política populista con la comunicación presidencial del ejecutivo federal, en el ánimo de anunciar una nueva era de la comunicación en el país: el génesis de la comunicación populista en México. Por ello, el presente trabajo se enfoca en la comunicación política que ejerce el licenciado Andrés Manuel López Obrador a través de sus acciones y actos de gobierno, así como del tratamiento informativo de las conferencias de prensa matutinas llamadas coloquialmente "Las mañaneras", y de sus informes de gobierno.

El punto de partida de esta investigación fueron los índices de aprobación del ejecutivo federal, la integración del corpus de los discursos y la definición de actos y acciones de gobierno por analizar. La investigación se llevó a cabo a través de un enfoque cualitativo, basado en el análisis político del discurso de Laclau (2005), que describe y explica sobre aquellos de índole populista. Los resultados sugieren que, efectivamente, las prácticas comunicativas del presidente, así como sus actos y acciones de gobierno, se traducen en una comunicación populista.

Finalmente, a través de las conclusiones se detallan los hallazgos más importantes de la investigación, entre los que destacan, la configuración ideológica populista, a través de la comunicación presidencial del mandatario Andrés Manuel López Obrador.

2. OBJETIVOS

General. Demostrar que se está configurado una comunicación populista en México.

Particulares. Articular la estrategia política populista con la comunicación presidencial del ejecutivo federal; y analizar los significantes vacíos de la comunicación presidencial del mandatario de México.

3. METODOLOGÍA

La investigación se llevó a cabo a través de un enfoque cualitativo, basado en el análisis político del discurso de Ernesto Laclau (2005), que describe y explica aquellos de índole populista. El corpus consta de los discursos pronunciados con motivo de su primero, segundo, tercero y cuarto informe de gobierno, ocurridos durante los años 2019, 2020, 2021 y 2022, por considerarse coyunturales en la transformación política de México. Asimismo, fue analizada una muestra importante de las conferencias matutinas "Las mañaneras", como se detallará más adelante.

4. DESARROLLO DE LA INVESTIGACIÓN

4.1. Comunicación presidencial

Meyenberg y Aguilar (2015) definen a la comunicación presidencial como aquella que está representada por las ideas, visión, forma de ser y decisiones del mandatario en turno, así como por "su personalidad, estilo de gobernar, manera de entender la política y su concepción de la democracia" (Meyenberg y Aguilar, 2015, p. 191). No obstante, la comunicación presidencial de cualquier mandatario, al constituirse como tal, debe de dar cuenta también de una comunicación institucional cuidadosamente construida y por lo tanto entendida "como toda aquella actividad comunicativa, vinculada a la estructura que conforma el sector público de un territorio" (Escalona, 2015, p.25). Bajo esta premisa, Luz María Martínez (1995) sostiene que las instituciones del Estado son emisoras de un discurso institucional argumentado y que su finalidad radica en convencer a sus interlocutores, ya que "la emisión de estos discursos, es una forma de intervención para alcanzar un objetivo" (Martínez, 1995, p. 30).

Manuel Castells, en su libro Comunicación y Poder, señala que "el poder se ejerce mediante la coacción (o la posibilidad de ejercerla) y/o mediante la construcción de significado partiendo de los discursos a través de los cuales los actores sociales guían sus acciones" (Castells, 2009, p. 27). En virtud de lo anterior, Van Dijk (2000) coincide en que el discurso político representa las interacciones entre los diversos grupos sociales con poder, ya que el discurso en términos generales es un hecho comunicativo, una manifestación tangible de muchas interacciones sociales. Sostiene también que por medio del discurso político se pueden determinar los elementos comunicativos que se usan para establecer o mantener las relaciones de poder entre los diferentes grupos sociales.

En este contexto, Meyenberg y Aguilar (2015) destacan que el discurso fija el campo de comunicación con el auditorio y establece los términos del diálogo. Por esta razón, cualquier líder que busque ejercer alguna influencia política o movilizar apoyo hacia su causa, está obligado a poner mucho cuidado y emoción en lo que dice, ya que el mensaje que se emite atiende al menos cuatro significados:

1) La definición de la manera en que se comunicará el proyecto de gobierno.
2) El discurso en sí mismo.
3) Los símbolos que adopta la publicidad gubernamental.
4) El uso que hacen los gobernantes de los medios de comunicación para explicar a la sociedad las razones de sus decisiones (Meyenberg y Aguilar, 2015, pp. 41-42).

Consecuentemente, las acciones como producto de la interacción que se construye a partir del discurso se legitiman y dan lugar a una serie de resultados, entre ellos, el éxito de la comunicación presidencial y la empatía de las audiencias (Flores y Amador, 2022).

4.2. El populismo como movimiento político

De acuerdo con algunos estudiosos en la materia, el populismo data del bonapartismo, aproximadamente del año 1848, cuyo modelo político y administrativo ha sido definido como una concepción de la democracia autoritaria por el uso de la retórica y las prácticas de Luis Napoleón, quien cautivó al pueblo francés con su elocuente discurso (Rosanvallon, 2020). Tiempo después, entre los años 1870-1880, este movimietno se extendió hasta Rusia y fue liderado por jóvenes intelectuales y aristócratas que criticaban la modernización de occidente (Flores y Amador, 2022).

Diez años más tarde nació en Estados Unidos el People's Party, un partido político agrario autodenominado populista, cuyos integrantes se hacían llamar precisamente, *the populists*. Su aparición en la arena política se recuerda en 1890 y movilizó a los agricultores de las Grandes Llanuras que estaban en conflicto con las compañías de ferrocarriles y bancos (Rosanvallon, 2020). Posteriormente, en 1929 surgió en Francia "El Manifiesto de la novela populista", panfleto publicado como un pronunciamiento de índole literario en la escuela naturalista, que invitó a los novelistas franceses a tomar por objeto a los sectores populares. Al evocar a este populismo, se pensó en Zola como antecesor o en los contemporáneos Marcel Pagnol y Eugène Dabit (Rosanvallon, 2020).

Para el caso de Latinoamérica, los populismos surgieron a medida que crecían las demandas de reconocimiento social y de integración política, visibilizándose los primeros problemas de corrupción en las instituciones gubernamentales. Como consecuencia de esta situación se presentaron diferentes crisis en los social, político y moral. Comenzaron a surgir figuras de líderes populares que en su retórica representaban a los sectores marginados histórica y sistemáticamente, hasta entonces. Tal es el caso de Juan Domingo Perón en Argentina y Jorge Eliécer Gaitán en Colombia, durante la primera mitad del siglo XX (Rosanvallon, 2020).

Ya en el siglo XXI, el populismo llegó con total efervescencia a América Latina, sobre todo, a los países de Argentina, Venezuela, Ecuador, Bolivia y Paraguay, encabezados por luchadores sociales de izquierda que venían impulsando movimientos sociales para reivindicar las injusticias de las clases marginadas, combatir la corrupción y defender la soberanía (Ulloa, 2017). En este contexto, la oleada de insatisfacción social llegó hasta México y en el 2018 se vivió una atípica transición política en el país, al ganar la contienda electoral el licenciado Andrés Manuel López Obrador, candidato presidencial del Movimiento de Regeneración Nacional (MORENA), quien se erigió a partir de ese momento como el portavoz de la esperanza ante el desalentador panorama que se percibía en todo el territorio nacional, inmerso en las arbitrariedades del poder y el favoritismo hacia las élites (Flores y Amador, 2022). Desde entonces, ha gobernado con discursos políticos impregnados de ideología populista.

4.3. Ideología política y estrategia populista

Ernesto Laclau, filósofo argentino, fue quien sentó las bases teóricas del populismo moderno, basándose en la teoría política de Antonio Gramsci, filósofo italiano que teorizó sobre los fenómenos sociales y políticos en Rusia, Francia, Estados Unidos y América Latina, surgidos como consecuencia de las crisis sociales y políticas (Flores y Amador, 2022). En este contexto y aunque el populismo no tiene un significado exacto y definitivo, en la conceptualización que Laclau ofrece mediante su teórica política, este autor afirma que:

> *El populismo se presenta como un movimiento capaz de alterar la estabilidad política de un país, siendo su punto de partida la reconstrucción de un nuevo orden, toda vez que el anterior está fracturado. Ante el debilitamiento de las instituciones, el movimiento populista resulta eficiente para operar. Por lo que, la mejor forma para manejar a un país debilitado es desde los sectores vulnerables o marginados, es decir el populismo surge y opera mediante la articulación de demandas insatisfechas, las cuales son reestructuradas para su cumplimiento. (Laclau, 1986, pp. 221-222)*

Asimismo, destaca que:

> *El populismo generalmente incluye componentes opuestos, como ser el reclamo por la igualdad de los derechos políticos y la participación social de la gente común, pero unido a cierta forma de autoritarismo a menudo bajo un liderazgo carismático. También incluye demandas sociales, una defensa vigorosa de la pequeña propiedad, fuertes componentes nacionalistas y la negación de la importancia de la clase. Esto va acompañado de la afirmación de los derechos de la gente común como enfrentados a los grupos de interés privilegiados, generalmente considerados al pueblo y a la nación. (Laclau, 2005, p. 16)*

Argumenta que los rasgos típicos del populismo como estrategia política pueden ser su carácter *anti-statu quo*, la pérdida de credibilidad de los políticos, la apelación del pueblo y la igualdad de las clases sociales, el anti intelectualismo, etcétera. Dicha estrategia "es adoptada por los movimientos sociales, de acuerdo con sus procesos históricos, es decir, la movilización nace cuando la sociedad enfrenta una problemática social" (Laclau, 1986, p. 168).

En este sentido, es importante rescatar los cinco elementos con los que, según Rosanvallon (2020), se consagra la cultura del populismo:

> *Es una concepción del pueblo ; una teoría de la democracia; una modalidad de la representación ; una política y una filosofía de la economía ; y un régimen de pasiones y emociones. La concepción del pueblo fundada en la distinción entre ellos y nosotros es el elemento estudiado con más frecuencia. (Rosanvallon, 2020, p. 3)*

En concordancia, Casullo (2019) señala que, desde su propia retórica, un líder populista llega a dar certidumbre a un pueblo desconfiado de los gobernantes; aparece en la arena política con la idea de cambiar de rumbo la situación de determinados sectores excluidos, debido a los malos manejos de las administraciones anteriores ; y, a través de su discurso, crea confianza y se gana el cariño de la población.

Por todo lo anteriormente expuesto, pareciera entonces que el populismo es más una estrategia política que una ideología, ya que se vuelve caldo de cultivo cuando ciertas demandas sociales no han sido atendidas por mucho tiempo. Es aquí cuando, como exponen Flores y Amador (2022) surge la oportunidad para ganarse la confianza de los votantes mediante un discurso populista como elemento fundamental para que los ciudadanos vean la luz en el camino sobre los reclamos sin respuesta, emergiendo el personaje que encabezará la solución a las demandas, configurándose así como un líder carismático con la cpacidad de treansformar la realidad.

En este punto es importrante reiterar que los sectores sociales excluidos e invisibilizados por las administraciones anteriores siempre buscan ser reconocidos por aquel que pretenda gobernar. Por ello, y siguiendo con la definición de Flores y Amador (2022), el populismo como estrategia política impulsa la figura de un líder social, moralmente honesto, con quien el pueblo se sienta identificado y que además, esté dispuesto a trabajar por sus demandas y necesidades, garantizándoles un trato justo y un futuro promisorio.

Una propuesta de gobierno populista se constituye entonces, desde la postulación de un candidato carismático, sencillo, de cara al pueblo, quien busca llegar al poder tras un fallido gobierno que lo antecedió, materializando en su discurso, la solución de las demandas no atendidas por el Estado. Es, por lo tanto, el discurso populista lo que hace posible la movilización de los sectores sociales (Flores y Amador, 2022).

4.4. El populismo como discurso político de gobierno

Laclau (2005) manifiesta que el discurso político populista se construye a través de una demanda social, es decir una petición o un reclamo del pueblo. Una demanda insatisfecha por cierto tiempo puede generar una acumulación ante la omisión del sistema institucional y provocar el descontento social. Es entonces que el líder identifica y utiliza estas necesidades para conformar su retórica. Sobre la pluralidad de demandas, Laclau (2005) menciona que:

> *Constituyen una subjetividad social más amplia y se le denominan demandas populares, por lo que comienzan a constituir al pueblo como un actor histórico potencial. A partir de esto, se comienza la configuración populista. Incluso, la unificación de estas demandas llega hasta un punto de un vago sentimiento de solidaridad en un sistema estable de significación, es decir, se cumple el contagio de las masas. (Laclau, 2005, p. 101)*

Charaudeau (2009) ahonda en este aspecto, al afirmar que el éxito del populismo y su discurso radica en una insatisfacción de los ciudadanos —los de clases populares, principalmente— pues es ahí donde el líder se gana la confianza y el respeto de la comunidad y logra captar las demandas no atendidas explotando su resentimiento hacia las cúpulas del poder que los tienen en el olvido.

Para comprender lo anterior, hay tres categorías que definen a la teoría política del populismo y su discurso, conforme a los preceptos teóricos de Laclau (2005):

1. El discurso: Se constituye el terreno primario de la construcción de la objetividad como tal, conformado por elementos significativos, palabras y acciones para tener el eco en las masas.
2. Significantes vacíos y hegemonía: Un significante no tiene significado, es decir puede ocuparse de contenido según quien lo utilice, conforme a las demandas que éste detecte en la masa. Mientras que la hegemonía, según Gramsci es una dirección política, intelectual y moral con la cualidad que tiene la clase dominante para construir los intereses de otros grupos y la voluntad colectiva.
3. Retórica: En este caso, el lenguaje fidedigno no sería literal, sino figurativo, debido a que sin ofrecer nombres que no se pueden nombrar no habría lenguaje alguno. (Laclau, 2005, pp. 92-95)

De acuerdo con este autor, la efectividad del discurso populista conformado por estas tres premisas expuestas, se vuelve visible cuando el colectivo toma como bandera cada uno de los simbolismos y palabras empleados en la retórica del líder y luego el mensaje discursivo se replica en la sociedad. Así pues, la creación de un discurso configurado por promesas y demandas insatisfechas es un terreno fértil para la persuasión de los ciudadanos, porque representan sus exigencias incumplidas que, por primera vez, son escuchadas.

Por su parte, Charaudeau (2009) menciona que todo líder populista en su discurso promete el rescate de los sistemas de élites económicas y políticas, así como el restablecimiento de la soberanía popular y la reivindicación de la sociedad amagada por los grupos de poder. Con su discurso movilizan a las clases sociales bajo la promesa de mejores condiciones de vida. Es entonces que el populista crea y recrea la legitimidad de su propia autoridad a través de su discurso directo y asiduo a sus seguidores, es decir, los populistas repiten muchas palabras en su discurso para dar a conocer su proyecto y hacerlo visible ante los votantes, sobre todo para explicarles quiénes son ellos y quiénes somos nosotros.

Casullo (2019) afirma que con esta práctica retórica se buscan reafirmar narrativas en la sociedad para forjar lazos de solidaridad entre sectores sociales a fin de crear una coalición multiclasista. Un líder populista debe hablar a sus seguidores con un discurso persuasivo e inspirador y, a la vez, con una narrativa enfocada y muy dirigida a cada sector, incluso en la que explique varias veces quién es el pueblo, quién es el "antipueblo" y, algo muy importante, quién es el líder de esta historia.

La misma autora advierte que en sus discursos, los populistas se presentan como los *outsiders*, es decir, que vienen "de fuera", que no están viciados por la partidocracia o el *establishment* y que su presencia en la política se debe a la indignación moral ante el sufrimiento del pueblo y las atrocidades que el sistema político anterior provocaron, es decir, que ellos son los redentores y los servidores del pueblo, políticos diferentes al resto, sin compromisos con ningún partido, que llegan al poder, sin pecado alguno, con las manos limpias y sin nada que los involucre en actos de corrupción o deshonestidad

Sin embargo, hay otros elementos que constituyen el discurso populista. Al respecto, Ulloa (2017) menciona que entre éstos se encuentran:

> *Los contenidos de confrontación y polarización (buenos versus malos), antipolítica (contra el sistema político y en especial contra los partidos), reivindicación del pueblo, refundación de la patria y la promesa de una nueva democracia. Cuando hablo de pueblo, me refiero a las trampas que introducen los actores políticos para referirse a algo ambiguo y que cobra sentido sólo en función del contexto en disputa con sus adversarios. (Ulloa, 2017, p. 272)*

En este sentido, Casullo (2019) coincide con la anterior explicación y añade otras características:

> *En esta historia, el líder político se considera un redentor que debe acompañar al pueblo en una lucha con características épicas contra un villano externo que da las órdenes a un traidor interno. El líder se presenta, así como la única voz que cuenta con la suficiente autoridad performativa para designar a cada momento quién está de un lado o del otro de la frontera móvil que divide al pueblo del antipueblo.*
>
> *Esto no significa, sin embargo, que esas narrativas sean pura ficción o una fantasía destinada a engañar al populacho crédulo. Estos relatos ganan adeptos porque explican y le dan significado a situaciones de injusticia y opresión que son sentidas: designan con claridad a grupos sociales concretos como responsables de esta opresión y generan horizontes igualmente concretos de conductas políticas que repararán (en teoría) el daño. Dirigida de manera directa hacia el líder y el movimiento, la lealtad no es abstracta sino personal, y puede movilizarse en la esfera pública. (Casullo, 2019, p. 1609)*

En el tema de la polarización y reivindicación del pueblo, el populismo se caracteriza por manejar como estrategia un discurso de confrontación abierta, intensa y maniquea entre el pueblo y los adversarios políticos. Así lo expresa Ulloa (2017):

> *Es de confrontación abierta porque masifica el ataque y lo hace público, sin que haya interés por mediar el conflicto con su contrario bajo el uso de mecanismos institucionales. El discurso de confrontación también es intenso, pues le interesa no solo debilitar a su oponente, sino anularlo completamente. Y es maniqueo, porque la realidad no puede tener matices, es lo uno, pero no lo otro: el pueblo o los otros. El discurso populista no da márgenes para una tercera vía, peor aún, para la negociación. El discurso populista es de suma cero. (Ulloa, 2017, p. 273)*

Ahora bien, el pueblo en el discurso político del populismo es una figura indispensable y se capitaliza como palabra. Es un elemento clave porque de esta manera el líder se legitima como figura política apoyada por la población que se siente identificada en su discurso. En este sentido, el pueblo:

> *Es quien lo revalida apoyando al líder que hace eco de sus demandas, necesidades y expectativas. Sin embargo, en esta relación vertical, líder-pueblo, el primero tiene la habilidad no solo de expresar demandas y crear un enemigo, sino también sobredimensionar la crisis y atacar al enemigo del pueblo.*
>
> *El ataque al enemigo, basándose en una lógica de suma cero, crea un ambiente de polarización; deja de lado alternativas políticas que, en muchos de los casos, no están ni del lado del pueblo ni del populismo. Tal vez la polarización contribuye a la creación de un contexto político dividido: "estás conmigo o contra mí" (Ulloa, 2017, p. 274).*

El mismo autor refiere que otra singularidad del populismo es tratar de evitar y eliminar las mediaciones institucionales, por lo que el líder impulsa la idea de un gobierno cercano a la gente y sin intermediarios. Por lo tanto, al ganarse la simpatía de los ciudadanos, este tipo de gobierno es popular entre la sociedad.

En lo referente a la refundación de la patria, el autor explica que el líder se caracteriza por ser un vengador o cobrador de cuentas a los enemigos del pueblo, por lo que el discurso se capitaliza en el pasado-presente, pueblos-enemigos del pueblo, viejas instituciones-nuevas instituciones, lo que significa en otras palabras una lucha entre el bien y el mal.

Por último, la relación de los medios de comunicación y el poder político, puede ser, tal y como dice Ulloa (2017), de dependencia, de colaboración o de confrontación, generando así la constante opinión pública.

4.5. El discurso populista del mandatario Andrés Manuel López Obrador

Andrés Manuel López Obrador es una figura política de talla mundial que se ha consolidado dentro y fuera de México, a lo largo de los años. Como sello distintivo encontramos su discurso político, orientado siempre a la visibilización de la injusticia social, la lucha del pueblo, el nacionalismo y los abusos de la clase priviegiada, creando así un estilo propio que lo ha conectado con el pueblo, convirtiéndose en el interlocutor por excelencia, de la soberanía popular. Dentro de su retórica destacan también los valores del pueblo y el lugar que éste debe ocupar en cualquier régimen que se precie democrático, enfrentándose por lo tanto con los enemigos del mismo, en un justo reclamo de sus demandas insatisfechas, a fin de crear un medio de protesta real y de movilización de masas (Flores y Amador, 2022).

Según Le Bon (1895, pp. 124-125, en Laclau, 2005), todo estadista debe bautizar como palabras populares, o menos indiferentes, a las cosas que la multitud no puede soportar bajo anteriores denominaciones. Es decir, el poder de las palabras tiene tanta fuerza que bastará con conformar nuevos términos bien estructurados a ciertas cosas que no han sido deseables anteriormente para volverlas aceptables a las masas. De esta manera, el autor, coincidiendo con Flores y Amador (2022), advierte lo importante que son las palabras para el posicionamiento de un discurso entre las masas y cómo surgen las esperanzas e ilusiones en las multitudes a partir de las carencias y exigencias de un pueblo para arraigar un fenómeno o movimiento político.

En este contexto y con la finalidad de llevar a buen puerto la presente investigación, se lleva a cabo un análisis interpretativo de los discursos políticos del presidente de México, mediante la teoría política del discurso populista de Laclau (2005), como se ha explicado con anterioridad. Los discursos en estudio corresponden a su primer, segundo, tercer y cuarto informe de gobierno (años 2019, 2020, 2021 y 2022, respectivamente). Asimismo, se analiza una muestra de las conferencias matutinas "Las mañaneras".

Esta investigación se desarrolla como se ha señalado al contemplarse en el objeto de análisis los elementos que representan en mayor medida las "ideas, visión, forma de ser y decisiones del mandatario (...), su personalidad, estilo de gobernar, manera de entender la política y su concepción de la democracia" (Meyenberg y Aguilar, 2015, p. 191). Además, como Camps (2011) señala porque son muy importantes los espectadores y el entorno en el que se desenvuelven los discursos, pues no es lo mismo un discurso dirigido a jóvenes o a adultos ; a mujeres o a hombres ; a personas de clase alta o a aquellas de clase baja (Flores y Amador, 2022).

Siguiendo esta reflexión, no es lo mismo un discurso pronunciado en "Las mañaneras" de manera cotidiana, que un discurso ofrecido en el marco de un informe de gobierno, en donde se rinden cuentas del trabajo realizado, se evidencia el cumplimiento o incumplimiento de las promesas y expectativas y se marcan horizontes. En estos últimos escenarios, como apuntan Flores y Amador (2022), ante un público expectante, compuesto por representantes de los diversos sectores, de los diferentes órdenes de gobierno y por sus homólogos, jefes de Estado, ante una cobertura mundial.

4.6. El devenir de la comunicación populista en México

A partir de la publicación de la "Tesis acerca de la forma hegemónica de la política" (1985) y "Hegemonía y estrategia socialista" -escrito en coautoría con Chantal Mouffe- (2004), Ernesto Laclau inició una ruptura teórica, onto-epistemológica y política con su anterior concepción marxista-estructuralista. Laclau fundó una innovadora teoría política del discurso, las identidades políticas y la hegemonía, de matriz posfundacional, posestructuralista y posmarxista -posgramsciana en sentido estricto- (Fair, 2018).

Dicha perspectiva, conocida como "Teoría del Discurso de la Escuela de Essex", "Teoría Política del Discurso", "Teoría del Discurso Político", "Teoría de la Hegemonía" o "Teoría de las Identidades Políticas" (Fair, 2018), articula el abordaje de los elementos lingüísticos y extralingüísticos desde el análisis del discurso.

Desde entonces y hasta su fallecimiento en 2014, los principales textos escritos de Laclau presentaron una pluralidad de fragmentos que destacaron la importancia de los factores extra-lingüísticos. Entre ellos, el historiador argentino mencionó los siguientes, agrupados en diferentes categorías, a modo de ordenamiento analítico (Fair, 2018, pp. 4-8):

> *1) Los contextos y coyunturas históricas; 2) Las instituciones; 3) Los procesos económicos y el sistema de organización productiva; 4) Los mitos, utopías e imaginarios sociales; 5) Las tradiciones y creencias; 6) Las identificaciones y la dimensión afectiva; 7) Los hechos de la física, la biología y el mundo natural; 8) La violencia y el uso de la fuerza física; 9) Las prácticas y rituales sociales; 10) Lo real/ la dislocación.*

Por ello, la teoría y la ontología política posestructuralista de Laclau asume una concepción amplia del discurso que integra todos los elementos lingüísticos y extra-lingüísticos, como ya se mencionó en párrafos anteriores, bajo su sobredeterminación significante, en tanto no existe ningún objeto que adquiera sentido por fuera de su construcción discursiva (Laclau y Mouffe, 2004, p. 145). Así, Laclau destaca que "depende de cada contexto social o histórico (distinguir) cuáles serán los significantes que llenarán la función de representar un universal vacío" (Laclau, 2003a, p. 76 y Laclau, 2003b, pp. 192 y 212). Además, deja claro que en la operación hegemónica no existe una contraposición estricta entre el plano ontológico (teórico-conceptual) y el análisis óntico (fenoménico-político). Por el contrario, hay un "puente" que, a través del "investimiento" de los "significantes vacíos" en un "contenido óntico" particular, articula lo ontológico con lo óntico, sin que ello implique subsumir entre sí a ambos planos.

Ciertos contenidos son investidos con la función de representar la plenitud ausente de la comunidad. Esta plenitud se plasma en lo que hemos llamado significantes vacíos —que son también, por ello mismo, hegemónicos—. Pero esa función ontológica de expresar la presencia de una ausencia sólo puede tener lugar a través del investimiento en un contenido óntico. Como en el caso del Abgrund heideggeriano, como en el caso del objeto lacaniano, la operación hegemónica consiste en un investimiento radical que, a la vez que intenta crear un puente entre lo óntico y lo ontológico, reproduce, a su vez, su imposible convergencia (Laclau, 2014, p. 149-150).

La teoría política del populismo de Ernesto Laclau, el análisis político del discurso que este historiador describe y explica, como se ha referido, es la base sobre la que se fundamenta esta investigación. Su estudio permite la demostración de que se está configurando una comunicación populista en México, a través de las arengas políticas del mandatario Andrés Manuel López Obrador, desde la trinchera de su muy particular comunicación presidencial.

Al mismo tiempo, las conferencias matutinas, "Las mañaneras", son también objeto de análisis en este trabajo. La selección de las mismas se ha acotado a la primera de cada mes del año 2022 y de enero a junio 2023, ya que que se tornaba complejo realizar el análisis de la totalidad de las mismas -que al 23 de diciembre de 2022 sumaban 1,000 emisiones (Arista, 2022), con un promedio de dos horas y media, cada una-.

De esta manera, inicialmente fueron definidas ocho categorías de análisis de manera deductiva, en base a los postulados teóricos de Laclau (2005). Posteriormente, los discursos correspondientes a su primer, segundo, tercer y cuarto informe de gobierno fueron transcritos y se clasificaron en fichas técnicas mediante una tabla particular de referencia, a través de la cual se ofrecen importantes datos contextualizantes, entre los que destacan : nombre del discurso, fecha, lugar, la liga en donde se encuentra disponible y por supuesto, la transcripcíon, íntegra. Este mismo procedimiento se aplicó para cada una de las « Mañaneras » analizadas.

Posteriormente, se identificaron regularidades de temas sobresalientes, de eventos recurrentes y de patrones de ideas en los datos, de los que se extrapolaron las categorías inductivas, las cuales, al complementarse con las deductivas, se excluyeron mutuamente y formaron un solo sistema de categorización que quedó finalmente reducido y constituido, en 5 categorías y 25 subcategorías con los principales significantes vacíos utilizados por el mandatario de la nación en sus discursos (Tabla 1). Estos contienen su significado basado en la teoría política de Laclau (2005), según se expone en la Tabla 2.

Categorías	Subcategorías
Pueblo	Clases desfavorecidas y vulnerables ; Representación social ; Gobierno democrático ; Gobierno de todos
Mafia del poder	Corrupción ; Deshonestidad ; Impunidad ; Privilegios ; Fifís ; Fantoches ; Conservadores
Neoliberales	Modelo neoliberal ; Carlos Salinas de G ; Enrique Peña Nieto
Simbolismos	Patria ; México ; Héroes revolucionarios ; Identidad nacional ; Juarismo o Juárez ; Pueblos originarios
Demandas sociales	Crisis económica ; Crisis de bienestar social ; Inseguridad ; Violencia ; Pobreza ; Marginación

Tabla 1. Categorías y subcategorías de análisis encontradas en los discursos políticos del presidente de México. Fuente : Elaboración propia, 2023.

Teoría del discurso populista de Ernesto Laclau	Categorías
Significante vacío : Según Laclau (1986), este concepto representa a determinada clase social, caracterizada por un movimiento como ideología, quiénes a través de una cadena de demandas configuran el discurso populista. Una sociedad se divide en dos campos: élite y pueblo. El pueblo es una comunidad de los menos privilegiados (Laclau, 2005).	Pueblo
Significante vacío : Según Laclau (2005), este concepto representa al bloque opositor del gobierno que vivió en la opulencia y la extravagancia durante muchos años; una clase social a la que no pueden aspirar la mayoría de los ciudadanos.	Mafia del poder
Significante vacío : Según Laclau (2005), este concepto representa a la clase política privilegiada y grupos dominantes que, ahora son enemigos del pueblo.	Neoliberales
Significante vacío : Según Laclau (2005), este concepto representa tanto el poder de las palabras y la unión de las imágenes históricas, que se configuran en el discurso populista, para ejercer una mayor influencia a través de éste.	Simbolismos
Significante vacío : Según Laclau (2005), este concepto representa a una multitud lastimada por las omisiones de sus anteriores gobernantes, por ello quieren ser escuchados y buscan aclamar a un héroe que les resuelva sus agravios sociales.	Demandas sociales

Tabla 2. Significante vacío, categorías y subcategorías extraídas de la teoría política y análisis del discurso populista de Laclau (2005). Fuente : Elaboración propia, 2023.

En la Tabla 3 se observa el orden jerárquico de repetición y aparición de los cinco significantes vacíos más utilizados por el ejecutivo federal en su discurso político, elemento fundamental de su comunicación presidencial.

Categorías	Subcategorías
Pueblo	1.Gobierno de todos ; 2. Gobierno democrático ; 3. Clases desfavorecidas y vulnerables ; 4. Representación social
Simbolismos	1.México ; 2. Patria ; 3. Juarismo o Juárez ; 4. Pueblos originarios 5. Identidad nacional ; 6. Héroes revolucionarios
Mafia del poder	1.Corrupción ; 2. Conservadores ; 3. Fifís ; 4. Privilegios ; 5. Deshonestidad ; 6. Impunidad ; 7. Fantoches
Demandas sociales	1.Pobreza ; 2. Marginación ; 3. Crisis de bienestar social ; 4. Crisis económica ; 5. Violencia ; 6. Inseguridad
Neoliberales	1.Carlos Salinas de G ; 2. Enrique Peña Nieto ; 3. Modelo neoliberal

Tabla 3. Categorías y subcategorias jerarquizadas, según orden de repetición y aparición en los discursos de Andrés Manuel López Obrador. Fuente : Elaboración propia, 2023.

5. CONCLUSIONES

De acuerdo con los resultados de la investigación, en cada uno de los discursos analizados a través de los informes de gobierno y "Las mañaneras", se han encontrado clara y reiteradamente cinco de los significantes vacíos propuestos por Laclau en su teoría del populismo (2005), con lo que se demuestra la hipótesis y se cumple el objetivo. El pueblo, los simbolismos, la mafia del poder, las demandas sociales y los neoliberales (en ese orden de repetición y aparición), hacen eco constante en los discursos del presidente, los mismos que se encuentran en concordancia con los postulados de Laclau. Asimismo, la idea de dirigir su discurso al pueblo tiene un asunto de forma y de fondo : acercar siempre sus palabras al sector no escuchado por anteriores gobiernos, a los más desprotegidos (Laclau, 2005).

Por su parte, Charaudeau (2009) advierte que un líder populista en su discurso promete el rescate de la nación de la élite del poder, a fin de restablecer la soberanía popular y encaminar a la sociedad que estaba bajo el dominio de los grupos minoritarios, como es el caso de la mafia del poder, palabra utilizada por el presidente de México de manera recurrente. Su promesa es mejorar las condiciones de bienestar social para las clases marginadas –que fueron excluidas por los gobernantes anteriores-, propiciando así una sociedad más justa e igualitaria. En este sentido, López Obrador ha repetido hasta el cansancio que su propósito es servir a México y que las prácticas neoliberales ahora son cosa del pasado, que no se repetirán en su gobierno.

Respecto a los simbolismos del significante vacío, el mandatario ha retomado los valores y principios morales -además de los héroes patrios de México- como estandarte para conectar con los ciudadanos. De igual manera, el discurso político populista se construye a través de una demanda social, es decir una petición o un reclamo del pueblo; y una demanda insatisfecha por cierto tiempo puede generar una acumulación ante la omisión del sistema institucional, provocando el descontento social. Es entonces cuando el líder identifica y utiliza estas necesidades para conformar su retórica. En esta línea, se ha observado que el bienestar común es un principio de la democracia retomado por Andrés Manuel López Obrador en su discurso, con el propósito de afrontar el problema de la desigualdad social en México.

En su retórica, el mandatario explica que una de sus convicciones será aspirar a una sociedad igualitaria, ya que a partir de las carencias sociales surgieron fenómenos como la inseguridad y la violencia, por lo que promete mejores condiciones de vida para los sectores más marginados, los desfavorecidos por los gobiernos del pasado: el pueblo. Su mensaje -claramente populista, según los postulados de Laclau (2005)- ha convencido a una buena parte de los mexicanos excluidos, ya que han encontrado en su retórica un discurso conformado por palabras con una intensidad simbólica que cobra significado para ellos.

Recordemos que el discurso populista que se configura mediante la retórica y los significantes vacíos, se vuelve visible cuando el colectivo toma como bandera cada uno de los simbolismos y palabras empleados por el líder y replica el mensaje discursivo en la sociedad. Así pues, la creación de un discurso configurado por promesas y demandas insatisfechas es un terreno fértil para la persuasión de los ciudadanos, porque representan sus exigencias incumplidas que, por primera vez, son escuchadas (Laclau, 2005).

De esta manera, a través de las necesidades del pueblo y sus demandas sociales, Andrés Manuel López Obrador ha configurado mediante su discurso político el populismo en México, de manera sutil, silenciosa e inadvertida para sus adversarios. Su discurso político, es ahora su discurso institucional, parte inherente de su comunicación presidencial, abriendo con ello –quizá sin saberlo- nuevas corrientes de estudio de la comunicación, abordadas ahora desde la teoría política del populismo, es decir la comunicación populista, como medio para instaurar y llevar a cabo proyectos políticos e ideológicos.

6. REFERENCIAS

Arista, L. (23 de diciembre de 2022). Mañaneras: cuatro años de ataques, agenda y propaganda en el gobierno de AMLO. *Expansión política.* https://politica.expansion.mx/amlo-mananeras-cuantas-van-cuatro-anos

Camps, V. (2011). *El gobierno de las emociones.* Heder.

Castells, M. (2009). *Comunicación y poder.* Alianza Editorial.

Casullo, M. (2019). *¿Por qué funciona el populismo?* Siglo XXI Editores.

Charaudeau, P. (2009) Reflexiones para el análisis del discurso populista, *Discurso & Sociedad,* 3(2), 253-279.

Escalona, N. (2015). *Comunicación de instituciones públicas.* Editorial UOC.

Fair, H. (2018). Propuesta metodológica para investigar los elementos extralingüísticos y el impacto hegemónico desde la perspectiva de Laclau, *Athenea Digital: revista de pensamiento e investigación social, 18*(3), 1-41. https://doi.org/10.5565/rev/athenea.1540

Flores, C. (2019). *La comunicación social en México y la lucha fallida por la transparencia: del imperio Azteca a la Ley Chayote.* Universidad Autónoma de Zacatecas.

Flores, C. y Amador, J. (2022). La configuración del populismo en México a través de la comunicación presidencial. Un análisis del discurso político de AMLO, *Argumentos,* (99), 23-49. https://doi.org/10.24275/uamxoc-dcsh/argumentos/202299-01

Hernández, F. (1996). Las oficinas de comunicación social en México*, Comunicación y Sociedad*, 57-72.

Laclau, E. (1985), "Tesis acerca de la forma hegemónica de la política", en J. Labastida (coord.), *Hegemonía y alternativas políticas en América Latina*, Siglo XXI, México, pp. 19-44.

Laclau, E, (1986) *Política e ideología en la teoría marxista. Capitalismo, fascismo, populismo.* Siglo XXI Editores.

Laclau, E. (2003a). Identidad y hegemonía: el rol de la universalidad en la constitución de lógicas políticas. J Butler, E. Laclau y S Zizek (comps.), Contingencia, hegemonía y univesalidad. FCE.
Laclau, E. (2003b). Estructura, historia y lo político. En J Butler, E. Laclau y S Zizek (comps.), *Contingencia, hegemonía y universalidad*. FCE.
Laclau, E. (2005). *La razón populista*. FCE.
Laclau, E. (2014). *Los fundamentos retóricos de la sociedad*. FCE.
Laclau, E. y Chantal M. (2004). *Hegemonía y estrategia socialista*. FCE.
Martínez, L. (1995). El discurso institucional y las representaciones sociales en la Intervención social, *Fronesis, 2*(1), 27-55.
Meyenberg, Y. y Aguilar, R. (2015). *La comunicación presidencial en México 1988-2012*. UNAM. Rosanvallon, P. (2020). *El siglo del populismo*. Galaxia Gutenberg.
Ulloa, C. (2017). *El populismo en escena ¿Por qué emerge en unos países y en otros no?* FLACSO.
Van Dijk, T. (2000). *El discurso como interacción social*. Gedisa.

HANNAH ARENDT Y EL PROBLEMA DE LA COMUNIDAD POLÍTICA

María Fernanda González Osorio[1]

El presente texto nace en el marco de un proyecto de la Universidad Santiago de Cali titulado: "La Comunidad Política: una reflexión a partir de Hannah Arendt".

1. INTRODUCCIÓN

Este texto traza sus coordenadas como un intento de concebir la obra de Hannah Arendt a partir de una pregunta sobre los modos y posibilidades de la comunidad política en nuestro presente. Se intenta dialogar con nuestro tiempo, pensar lo político y su sobrevivencia.

Para Hannah Arendt la política es concebida como una actividad esencialmente relacional, es decir, que se da a partir de la interacción entre seres humanos; tiene como fin procurar una vida mejor para quienes conforman una determinada comunidad. La política se da "en el entre" y lleva a un fin más elevado, el reconocimiento del otro, es decir, de la pluralidad (Arendt, p. 1997). "Los hombres se organizan políticamente según determinadas comunidades esenciales en un caos absoluto, o a partir de un caos absoluto de las diferencias" (p. 45) y Arendt propondrá como escenario para la política, un espacio de aparición o esfera pública, donde los hombres, no el hombre, tejen sus redes de relaciones e interrelaciones, elaborando percepciones y significaciones del mundo. El aparecer de la política es significativo en tanto sea colectivo a través de lo que se vive en esa red de relaciones y significados.

La autora no escribe de manera explícita sobre el concepto de comunidad política pero despliega su conceptualización. En *La Condición Humana* (1993), Arendt establece una distinción nítida entre labor, trabajo y acción a las que considera las actividades básicas de la condición humana. Las relacionadas con la labor son aquellas que nos permiten atender a las necesidades de la vida. A saber: comer, dormir, reproducirse, etc.

La labor es la dimensión de la actividad humana ligada a la necesidad, esto es, mediante ella se produce lo necesario para la reproducción de la especie. En este sentido, muestra el carácter repetitivo de las actividades que llevamos a cabo para reproducir la vida biológica, son tareas que no singularizan a los individuos (*animal laborans*). En opinión de Arendt, la labor no sería una actividad específicamente humana, ya que es una condición que compartimos con el resto de los seres vivos.

1. Universidad Santiago de Cali (Colombia).

El trabajo, en otro nivel, se articula en torno a las actividades que el hombre (*homo faber*) realiza para producir objetos. A diferencia de la labor, el trabajo es productivo. En él se da un proceso de humanización de la naturaleza y con él se crea un espacio artificial entre el hombre y su medio. Tiene un carácter más duradero.

La acción que implica siempre un proceso creativo que permite una liberación de las necesidades mediante un proceso de inserción en la cultura. Solo en la acción ocurren las actividades que permiten al hombre desarrollarse de la manera que le es más propia, esto es, libremente. La acción es un punto de la condición humana que se realiza con y entre los hombres, sugiriendo a partir de esta tesis, la potencia de lo común y del estar juntos (Arendt, 1996).

La formación de la comunidad política se da a partir de aquellos lazos, vínculos o telas de relaciones que se traman entre hombres y mujeres (para este caso, Arendt los llama "agentes") que se dedican a una causa o interés político común en el interior de un espacio público. Al proceder de esa manera, los agentes crean entre ellos, por medio del desempeño de sus actos y palabras, nuevas formas de vida, espacios comunes destinados a durar mientras perdure su mantenerse juntos.

Al respecto, varios autores hacen referencia a las nociones tradicionales del concepto de comunidad: Bauman (2003) sugiere que comunidad es una de esas palabras que no sólo tiene significados, sino sensaciones: "La palabra comunidad [...] produce una buena sensación: sea cual sea el significado de comunidad, está bien tener una comunidad, estar en comunidad" (p. 7). Esposito (1999) advierte en contra de concebirla como un objeto específico de cuestionamiento. Jean Luc Nancy previene sobre una visión sustancializada e ideologizada, que, al ser entendida como identidad cerrada, constituye el germen de la exclusión, del racismo y de la violencia con el otro; propone el ser en común de los hombres, como aquello compartido entre los hombres, "lo que tiene lugar siempre a través del otro y para el otro" (Nancy, 2000).

Arendt, señala al escenario de la polis griega como el lugar decisivo que ejemplariza el sentido de lo que es la política. En la polis griega, tuvo lugar una experiencia de libertad, que, aunque por un tiempo muy corto, todavía resuena tras los conceptos y categorías para entender la política. Su concepto de política está estrechamente vinculado con los conceptos de mundo de la vida política y de libertad.

El hilo central con relación a la comunidad política son las condiciones para que la política tenga lugar y el modo en que se lleva a cabo la construcción del mundo político, Para ello, crítica la tradición filosófica que desvincula la vida del filósofo de la vida política, postura que despliega, para definir la pluralidad como condición de la política y el carácter de la acción política.

1.1. Pluralidad

La pluralidad, como asunto que atraviesa a los seres humanos, condiciona ontológicamente cualquier existencia compartida, cualquier concepto de comunidad. La metáfora de la mesa le servirá a Arendt (1993) para explicar este aspecto: Los hombres y mujeres alrededor de la mesa permanecen vinculados por ella, pero a la vez separados por su diversidad. En palabras de Arendt: "Al igual que la mesa está localizada entre los que se sientan alrededor; el mundo, como todo lo que está en medio, une y separa a los hombres al mismo tiempo" (p. 61-62). Alrededor de la mesa, hombres y mujeres sintiéndose como "iguales" comparten hechos y palabras en una trama de relaciones que crea un ambiente netamente político, pero a la vez, cada uno de ellos, es singular; entonces la diversidad, aquello que hace única a cada persona, constituye la pluralidad.

Se presenta el conflicto por el hecho de que somos complemente distintos y ocurre una posible resolución por el hecho de buscar considerarnos iguales para poder comunicarnos y evitar el caos. Es ahí cuando se crea el espacio político y se es perteneciente al mundo; "El mundo es pues lo que está entre nosotros, lo que nos separa y nos une" (Birulés, 2012, p. 19). Por ello, es la pluralidad el elemento que constituye ontológicamente la política. En este caso, el ser de la actividad política se basa en la pluralidad, sin ella no sería posible concebir lo que es la política: "el estar juntos y los unos con los otros de los diversos". Es la diversidad y la unicidad respectivamente de cada persona quién crea un espacio político; la diferencia lo separa usualmente pero, a su vez, llegan a común acuerdo por su igualdad. Y aunque seamos distintos y ello genere confrontación, estamos encargados del cuidado de nuestro mundo.

Al mostrar que no somos un algo, somos un quién, que es la característica más sobresaliente de la pluralidad. El agente, que es único por excelencia, ha podido revelarse a los otros por medio de la acción y del discurso, ya sea por medio de sus historias o respondiendo a un ¿quién eres tú?, crea un espacio entre mujeres y hombres, un espacio político, un mundo en el cual habitamos y actuamos.

Si esta acción, creadora de espacios comunes resulta ser algo que pueda denominarse una comunidad, se debe a la condición entre los hombres de reconocerse como iguales y libres. El mantenerse juntos en esta condición, teje entre ellos, telas de relaciones simbólicas, afectivas, económicas y políticas las cuales producen importantes transformaciones en la manera de vivir-en-común, por medio de la invención de nuevas formas.

1.2. Artificio, apariencia y mundo común.

Como mencionamos, para Hannah Arendt el ser humano concebido como *animal laborans*, centrado en el consumo y en la necesidad de la vida y del cuerpo, no crea mundo; El *homo faber*, fabrica, crea objetos de uso, artificios, medios, que permiten erigir mundo, no porque los objetos y artificios se mantengan o se desgasten, sino porque las ideas que los conciben perduran y potencian la multiplicación de los objetos de uso.

¿Pero entonces cuáles son las condiciones para la comunidad política?. En el pensamiento político de Arendt, el aspecto central es la preocupación por el mundo, no por el hombre. Los hombres, en plural, no el hombre en singular, necesitan del mundo o espacio publico, para dar sentido a su vida y elevar su condición humana; los seres humanos en tanto actúen juntos entre hechos y palabras, configuran la política. Para Arendt, el mundo es aquello que comparto con otros, mundo común o espacio público, al que accedemos a través del espacio relacional con otros, existencia y presencia de los otros para donar y donarse sentido de realidad. (Arendt, 1993, p. 57).

Es decir, nuestro mundo depende del tipo de relaciones que establecemos; lo común se reconoce en los otros, Cuando las diferencias se complementan en lugar de excluirse, entre hombres y mujeres que no renuncian a lo público, demandando un reconocimiento de su pluralidad. El mundo se revela, se manifiesta como una trama, una red de diferencias que se entrecruzan y que desembocan en un espacio común; de esta manera el carácter de la política es entonces, para Arendt, una realización de la libertad, por lo que la libertad emerge no como el fin sino como condición de la política (Arendt, 1997b, pp. 61-62). Esta libertad, desde luego, no hace referencia al libre albedrío ni tampoco a una libertad negativa encasillada en el refugio de la privacidad; la libertad, para Arendt, no es una cualidad interna en las personas o algo relacionado con la voluntad individual.

Arendt, al enfatizar (1996) la naturaleza colectiva de la libertad, se aleja de la idea de que la libertad puede aparecer en la individualidad humana, propone una noción de liberación, donde la libertad es liberarse de las necesidades para aparecer en público en condiciones de igualdad, a través de la palabra y la acción, en presencia de otros y, por lo tanto, contribuir a la Revelación de un mundo común. "Los hombres son libres -algo muy distinto del hecho de poseer el don de la libertad- apenas mientras actúan, ni antes, ni después: pues ser libre y actuar son lo mismo" (p. 151). De hecho, donde no hay libertad no hay política ni al revés (p. 165).

Por tanto, la mundanidad no está dada, empieza a ubicarse por el hecho de experimentar percepciones más allá de los sentidos y del propio cuerpo. Está relacionada con la percepción, como un aparecer entre los seres humanos, en la apertura hacia los otros, en el requerimiento y la presencia de otros. En palabras de Arendt (2002) "Aparecer implica parecerle algo a otros y este parecer cambia según el punto de vista y las perspectivas de los espectadores" (p. 34), configurando el mundo inicialmente en la apertura hacia los otros, a través de los sentidos y del sentido común. Esta aparición, siempre ante varios o multitud de espectadores, donde cada uno aparecerá de diversas formas. Aquello percibido también debe serlo por los otros, no necesariamente de igual manera, pero se requiere que su confirmación, asegure que lo percibido se está manifestando.

El sentido común, o sensación de realidad, como Arendt lo llama, es común a todos los seres humanos, permite que podamos entendernos puesto que es una sensación de las apariencias que se manifiestan ante nosotros, confirmadas por los otros. Arendt explica que su función "es acoplarnos en el mundo de los fenómenos y hacer que el universo que se ofrece a nuestros sentidos nos resulte familiar y propio" (Arendt, 2002, p. 77). Parafraseando a Arendt, "a través del sentido común aparecemos en el mundo y nos sentimos como en casa".

1.3. Despojo del mundo

Pero este mundo común que aparece, que acontece la acción política, puede ser alienado o despojado. Desde otra perspectiva, profundizando la distinción entre el espacio público y privado, la modernidad para la autora, se distingue por la emergencia del espacio social, un hibrido entre el espacio público y lo privado que anida una conducta uniforme como sustitución de la igualdad. Lo social según Arendt, promueve la pasividad, el conformismo entre los seres humanos, el ideal de la realización personal, la individualidad y en consecuencia la pérdida del mundo. El espacio público es vaciado por la ausencia de interacción entre los seres humanos y de su falta de pluralidad.

El laboratorio totalitario implementado por la Alemania nazi durante la segunda guerra mundial es el ejemplo, según la autora, más destacado en la historia de la humanidad del despojo del mundo. Trajo como consecuencia la destrucción de toda forma de mundo común, por tanto, de la política y de la condición humana. Para Arendt (1998) el ser humano se volvió superfluo, "ser superfluo significa no pertenecer en absoluto al mundo" (p. 800). Bajo el aislamiento y el terror del régimen totalitario el mundo fue despojado a los seres humanos. Pero el totalitarismo iría más allá de destruir el espacio público; despojó a las personas de cualquier posibilidad de espontaneidad y por tanto de capacidad política. "Presionando a los hombres unos contra otros, el terror total destruye el espacio entre ellos; (...). Destruye el único prerrequisito esencial de todas las libertades, que es simplemente la capacidad de movimiento, que no puede existir sin espacio (p. 782).

2. OBJETIVOS

A partir de esta reflexión pretendemos examinar el concepto de Comunidad Política a partir del pensamiento filosófico de Hannah Arendt y analizar los modos y posibilidades de la comunidad política, en nuestro presente, así como los elementos que potencian el dialogo entre su filosofía y la sobrevivencia de la política, como una interacción consciente, creativa pero conflictiva de un espacio público.

3. METODOLOGÍA

El presente capítulo es una disertación filosófica sobre un aspecto de la obra de Hannah Arendt. Primero se seleccionó el tema, se planteó el problema y se procedió a rastrearlo en su obra, principalmente en sus libros *Los orígenes del totalitarismo* (1998), *La condición Humana* (1993), *Qué es la política* (1997b) y *La vida del espíritu* (2002). Tuvo una fase heurística de búsqueda y registro del material, luego una fase hermenéutica de interpretación crítica de otros autores y personal.

4. DESARROLLO DE LA INVESTIGACIÓN

A lo largo de su obra, Hanna Arendt, usa el término "Comunidad política" en tres sentidos:

4.1 Un primer sentido como un concepto amplio, como Mundo

El mundo de los hombres, retomando a San Agustín en su tesis doctoral (2001) señalará: "la Comunidad entre los hombres que, remontándose a Adán, constituyen el mundo, es anterior a toda ciudad de Dios (*Chivitas Deí*). La comunidad de los seres humanos a que el individuo se incorpora con el nacimiento está siempre dada de antemano" (p. 137).

La Cualidad principal de la comunidad como el mundo de los hombres es " la natalidad". En *La condición humana* (1993), explica que el hombre, por cuenta de la natalidad, tiene dos nacimientos, uno biológico y otro político. El mundo, como el espacio en donde se realiza el actuar "de" hombres y mujeres, "entre" los hombres y mujeres que lo habitan a través del nacimiento biológico, es intervenido a través de la natalidad como la posibilidad de dar inicio, de un nuevo comienzo en sus vidas; y sus condiciones son: palabras y hechos, actuar y debatir, dar y recibir, creer y confiar y no nunca por medio de la comprensión intelectual.

Con cada nacimiento, afirma la autora, algo singularmente nuevo y único entra en el mundo, hace su aparición como un hecho absolutamente inesperado. Por virtud de este segundo nacimiento, los seres humanos como seres únicos toman iniciativas y se aprestan a la acción de manera permanente. Así, la capacidad humana de la natalidad es la que permitirá introducir nuevas perspectivas y nuevos procesos en el horizonte general del mundo y otorgar a los hechos pasados una condición de originalidad ante el carácter inesperado de todo nuevo comienzo.

4.2 Un segundo sentido de comunidad política se muestra en su peculiar articulación entre los conceptos de pluralidad, singularidad, acción política y libertad

Arendt ve, en la época moderna, otros atisbos de libertad, otras experiencias de libertad. Su favorita es la Revolución Americana porque el acto de fundación tomó la forma de una constitución de la libertad. Sus otros ejemplos son las comunas revolucionarias de la Revolución Francesa, la Comuna de París de 1871, la creación de Soviets durante la Revolución Rusa, la resistencia francesa a Hitler en la Segunda Guerra Mundial y la revuelta húngara de 1956. "En todos estos casos individuales, hombres y mujeres tuvieron el coraje de interrumpir sus actividades rutinarias y pasar delante de sus vidas privadas para crear un espacio público donde la libertad pudiera aparecer" (Passerin D'entreves, 1994).

Su comparación entre la revolución norteamericana y la francesa es amplia en su obra: sobre la primera, considera que debió irradiar su influencia sobre el mundo, más que la revolución francesa y el hecho de que haya ocurrido a la inversa es la causa de que se relacione violencia con revolución. Para Arendt, la revolución francesa privilegió la lucha contra la pobreza y la explotación, por encima de la acción política: la lucha contra la tiranía y la opresión. De esta circunstancia, nace el hecho de que la revolución francesa asumiría un carácter social y no de lucha por una mejor forma de gobierno sino por un ordenamiento social. Y a partir de allí, la política sería absorbida por cuestiones sociales. (Arendt, 2009, p. 120).

Teniendo en cuenta esta crítica a la cuestión social, Arendt rechaza, además, cualquier concepto relacionado con la nación, la proveniencia racial o étnica, el concepto de pueblo como un solo cuerpo, soberanía nacional, en tanto desconocen la pluralidad.

Considera que la conquista del estado-nación, mediante el establecimiento de la soberanía nacional como el principio ideal de gobierno, dio como resultado el debilitamiento del papel del Estado como una institución legal suprema y la negación de la pluralidad humana como la condición previa para la política y la acción política. Para Arendt, esto tuvo consecuencias desastrosas, puesto que destruyó el espacio para que hombres y mujeres aparecieran como actores políticos involucrados en la divulgación del mundo que los separa y los relaciona entre sí.

En otras palabras, para Arendt, la soberanía de la voluntad de la nación arruinó la posibilidad de un orden de libertad, requerido para la defensa de un mundo común. En su pensamiento, nunca somos soberanos, pues siempre nos encontramos entre otros, teniendo que ver con posibilidades que nos abren a lo contingente. Atribuye a la idea dominante de la soberanía nacional como la base misma de la nación-estado moderna. Para ella, la soberanía es la antítesis de la pluralidad.

Al margen de considerar la violencia opuesta a toda acción política, pues frente a ella todo enmudece, Arendt destaca en estos momentos de crisis o de revolución, la decisión de empezar algo totalmente nuevo, no un simple cambio o hechos violentos, sino algo novedoso, la fundación de un comienzo de algo totalmente nuevo para los seres humanos, que pueda acoger la política por encima de la liberación.

4.3 Tercer sentido sobre comunidad política

Arendt (2002) analiza comunidad como un cuerpo político para garantizar la permanencia de la Libertad. Su "republicanismo" como forma de vida que implica la virtud instauradora de la libertad en un dominio público abarcador de la experiencia humana y vía para salir del mundo de los intereses particulares; la República como lugar para la virtud y el protagonismo de la ciudadanía en la búsqueda del bien común como su mayor legado.

Actualmente en nombre de la "política" no sólo se continúa apostando por la guerra, se instalan formas de dominación y opresión que nada tienen que ver con la participación democrática, se enmascaran, en nombre de un cuerpo político, la exclusión, o simplemente la lógica que llama gobierno al dominio de una élite económica y tecnocrática, cuya acción concreta erosiona los mecanismos de representación y participación.

En el proceso colombiano, a pesar de la guerra y de las estrategias de terror implementadas, emergen desobediencias, luchas, posibilidades, gestas de sectores sociales, hombres y mujeres, voces y acciones invisibles y anónimas que transforman un yo singular en un nosotros, conflictivo pero posible; un comprometido y contingente nosotros. A lo mejor no un nosotros irreductible, pero sí las posibilidades de un nosotros. Un nosotros que no puede sustraerse al conflicto, sino que es parte de acciones políticas disruptivas de lo establecido. Escenarios de construcción de política que posiblemente impliquen otros tipos de acción política, que cuestionan las fronteras existentes de lo común y se mueven más allá, en unas relaciones que tal vez excedan ciertas formas institucionalizadas pero que despliegan nuevos y posibles sentidos de comunidad.

En el contexto colombiano, podemos referirnos, por ejemplo, a los pueblos indígenas que se organizan para recuperar una parte de sus territorios ancestrales arrebatados por complejos industriales y latifundistas. En las comunidades de paz que se ubican en la zona geográfica conocida como el Urabá entre los departamentos de Antioquia y Chocó, zona de histórica producción bananera y víctima de innumerables masacres y ataques contra la población civil. Son poblaciones que reciben de forma directa el impacto de la violencia y se organizan para resistirla y permanecer en el territorio. Se llaman comunidades de paz porque proclaman como condición de pertenencia no formar parte directa ni indirectamente del conflicto con grupos armados ilegales y trabajar sólo en acciones que procuren la paz.

En las comunidades afrocolombianas de los ríos Cauca, Atrato, San Juan, Mira, Baudó y Patía y muchos más a lo largo de los departamentos de Nariño, Cauca, Valle del Cauca, Chocó y una parte de Antioquía se organizan los Consejos Comunitarios que son protegidos por la ley 70 de 1993 en la que se dictan las disposiciones legales que regulan sus territorios como tierras comunitarias y que se organizan de una manera no convencional pero que buscan mantener las tradiciones ancestrales y el respeto al territorio como la base de la construcción colectiva del conocimiento. Zonas éstas que se encuentran en conflicto con empresas de extracción de recursos naturales, narcotráfico y grupos ilegales y paraestatales que buscan apoderarse de los territorios colectivos y campesinos, generando asesinatos selectivos.

Siete municipios de la provincia de Soto Norte, en el departamento de Santander en el nororiente de Colombia muy cercano a Venezuela, se organizaron a partir del año 2016 para la defensa del páramo de Santurbán contra los procesos de megaminería de multinacionales europeas y árabes a partir de un discurso basado en que el agua es vida y el oro no lo es.

En un contexto más amplio, podemos señalar a los grupos feministas que luchan contra la tiranía patriarcal que los ha convertido en víctimas de ataques con ácido, feminicidios, secuestros, desapariciones y otras formas de violencia, además de crear lazos de solidaridad y sororidad; a las comunidades de identidad LGTBI que buscan el reconocimiento de sus identidades en un marco de derechos, pero cuya lucha sigue siendo por la igualdad de oportunidades y derechos. Incluso las comunidades virtuales como escenarios de construcción de política que implican la emergencia de otros tipos de acción política; por ejemplo, el movimiento de la séptima papeleta antes de las elecciones del 11 de marzo de 1990 que, guiado por un movimiento estudiantil, exigió la realización de la Asamblea Nacional Constituyente en 1991.

En este sentido, Sánchez (2002) analizando la experiencia de las comunidades judías en Palestina antes de la conformación del estado de Israel, la considera como una experiencia donde "la pluralidad fracasó" frente a la experiencia de los primeros colonos de la revolución americana basada en los Consejos y que cristalizó en una constitución para la permanencia de la libertad y por tanto en la creación de "un modelo para la fundación de un cuerpo político". Esta idea de participación a través de una red de instituciones y asociaciones formales e informales permite que el poder se convierta en una experiencia real en la medida en que los "asuntos comunes" sean, por así decir, físicamente tangibles para unos participantes que podrán negociar de forma autónoma sus propias preocupaciones inmediatas. Con estos ejemplos, Arendt apuesta a un modelo de democracia directa; sin embargo, según Sánchez (2002), en estas dos experiencias es donde se podrían encontrar los rasgos para una nueva *politeya*.

Según la autora, la formación de la comunidad política se da a partir de aquellos lazos, vínculos o telas de relaciones que se traman entre los agentes que se dedican a una causa o interés político común en el interior de un espacio público. Al proceder de esa manera, tales agentes crean entre ellos, por medio del desempeño de sus actos y palabras, nuevas formas de vida y nuevos espacios comunes.

Sin embargo, los vínculos asociativos, los ejercicios de participación directa o atisbos de libertad, deben garantizar la pluralidad y la igualdad para preservar un espacio público y hacerlo duradero.

La comunidad política, según Arendt, está igualmente comprometida en el reconocimiento de los derechos humanos, de su experiencia de vida; así critica los derechos naturales y propone la importancia del reconocimiento. Los derechos requieren reconocimiento, especialmente el derecho a tener derechos, la universalidad proclamada de los derechos humanos es significativa si se está incluido dentro de una comunidad política particular. Pero a la luz de los tiempos actuales, donde la relacion es de hegemonía e interdependencia entre los países, la defensa de la democracia directa a través los de consejos podría resultar ingenua.

5. CONCLUSIÓN

La pluralidad como rasgo fundamental de la comunidad política en tanto la presencia de otros es indispensable para poder actuar y revelarnos ante los otros. Pero la sociedad, especialmente bajo sus formas más contemporáneas, elimina la pluralidad: el hombre masa es un sujeto aislado carente de relaciones interpersonales, lo que no significa que no hable o no tenga contacto con otros, sino que se elimina o se restringe la posibilidad de mostrarse a los otros.

La supremacía del espacio privado sobre la esfera pública es fundamental en la eliminación de la comunidad política por otro lado. La sociedad está sustentada en el conducir no en el en el actuar; está sustentada en la labor y no en la acción; está sustentada en lo privado y no en lo público. La comunidad política sólo se desarrolla en medio de personas que actúan cuando al aparecer no han uniformado su modo de conducta: la uniformidad es propia de la labor. La acción tiene como fundamento él iniciar algo sin poder revertirlo ni prever sus efectos.

La acción ligada al discurso o de la capacidad de relacionarnos a través de las palabras nos muestra como distintos frente a los otros y junto a la capacidad de iniciar algo nuevo ocasiona que la pluralidad entre hombres y mujeres sea lo que mantenga esa comunidad o aquello común conformado entre ellos.

6. REFERENCIAS

Arendt, H. (2009). *Sobre la revolución*. [Traducción de Pedro Bravo]. Alianza Editorial.
Arendt, H. (2002). *La vida del Espíritu*. [Traducción de Carmen Corral]. Paidós.
Arendt, H. (2001). *El amor en San Agustín*. Encuentro.
Arendt, H. (1998). *Los orígenes del totalitarismo*. [Traducción de Guillermo Solana]. Taurus.
Arendt, H. (1997). *Qué es la política*. [Traducción deRosa Sala Carbó]. Paidós.
Arendt, H. (1997b). *¿Qué es la política?*. [Traducción de Rosa Sala Carbó], Paidós.
Arendt, H. (1966). Entre el pasado y el futuro. [Traducción de Ana Poljak]. Península.
Arendt, H. (1993). *La Condición Humana*. Paidós.
Bauman, S. (2003). *Comunidad. En busca de seguridad en un mundo hostil*. Siglo XXI.
Birulés, F. (2013). Memoria, inmortalidad e historia en Hannah Arendt. https://n9.cl/jj212
Esposito, R. (1999). *El origen de la política. Hannah Arendt o Simone Weill*. Paidós
Nancy, J. L. (2000). *La comunidad inoperante*. [Traducción de Manuel Garrido]. www. Philosophia.cl. Escuela de Filosofía de la Universidad de ARCIS.
Sánchez. C. (2002). Hannah Arendt: ¿Jerusalén o América? La fundación de la Comunidad Política. *Daimon, Revista de Filosofía*, 26, 57-75. https://revistas.um.es/daimon/article/view/11951
Passerin D'entreves, M. (1994). *The political philosophy of Hannah Arendt*. Routledge. https://philpapers.org/rec/PASTPPp. 68

FORMACIÓN ÉTICA Y MORAL Y SU INCIDENCIA EN LAS ORGANIZACIONES

José Cristobal Hernandez Tamayo

1. INTRODUCCIÓN

Las instituciones de educación superior son parcialmente responsables de formar estudiantes capaces de contribuir al desarrollo de sus disciplinas y dispuestos a comportarse de manera moral y ética frente a las diferentes situaciones en que se encuentren. En esta investigación se examina la conducta moral de los individuos mediante la evaluación de variables diseñadas para medir la conducta y promover el desarrollo de culturas organizacionales auténticas y morales. Este trabajo se suma a una línea de investigación enfocada en el desarrollo de técnicas de intervención para corregir o prevenir la falta de ética en diferentes contextos organizacionales.

Actualmente, las instituciones de educación superior incluyen clases de ética en el currículo, pero hacen poco por evaluar su impacto. Como parte de la estructura de la investigación, se incluye la variable del género, ya que existen críticas sobre la manera en que se diseñan los planes de estudio en ciertas disciplinas que llevan a pensar que los contenidos tienen diferentes impactos entre personas de distinto género. Existe evidencia de que el género es una variable que modera las conductas de individuos en organizaciones. Con este trabajo, se busca contribuir a dar respuesta a las interrogantes que se explicarán en las diferentes secciones del manuscrito, las cuales se pueden resumir bajo la premisa de las diferencias que se identifican en la autopercepción de alcance moral entre estudiantes de licenciatura y posgrado de las instituciones de educación superior.

Las instituciones de educación superior (IES) son responsables por formar estudiantes capaces de contribuir al desarrollo de sus disciplinas y dispuestos a comportarse de manera moral y ética frente a las diferentes situaciones en que se encuentren. En esta investigación se examinan la conducta moral en individuos mediante la evaluación de variables diseñadas para medir la conducta moral y promover el desarrollo de culturas organizacionales auténticas y morales. Este trabajo se suma a una línea de investigación enfocada en el desarrollo de técnicas de intervención para corregir o prevenir la falta de ética en diferentes contextos organizacionales (Cooper, Scandura y Schriesheim, 2005).

Las IES tienen un papel muy importante en la formación de futuros lideres organizacionales. Por esta razón, existe un gran interés en círculos académicos por identificar las variables que sirvan para generar autoconocimiento y posibles programas de intervención (Greenfield, 2004). La intención de este tipo de programas de intervención ya sea que se lleven a cabo en IES o en empresas, es apoyar a los participantes para que sean capaces de identificar, emplear, defender, y promover conductas éticas en el trabajo como una responsabilidad social (Gómez, Alvarado y Pujols, 2018).

Actualmente, las IES incluyen clases de ética en el currículo, pero hacen poco por evaluar su impacto (Crane, 2004). Como parte de la estructura de la investigación, se incluye la variable del género, ya que existen críticas sobre la manera en que se diseñan los planes de estudio en ciertas disciplinas que llevan a pensar que los contenidos tienen diferentes impactos entre personas de distinto género (Díaz, 2018), y hay evidencia de que el género es una variable que modera las conductas de individuos en organizaciones (Solinger, Jansen y Cornelissen, 2020). Con este trabajo, se busca contribuir a dar respuesta a las interrogantes que se explicarán en la siguiente sección del manuscrito, las cuales se pueden resumir de la siguiente manera: ¿Qué diferencias se identifican en la autopercepción de alcance moral entre estudiantes de posgrado?

2. OBJETIVOS

El objetivo de la investigación es examinar variables que conforman la conducta moral en individuos, mediante la evaluación de su diseño para medir la conducta y promover el desarrollo de culturas organizacionales morales, mediante una investigación enfocada en el desarrollo de técnicas de intervención para corregir o prevenir la falta de ética en diferentes contextos de las organizaciones.

3. METODOLOGÍA

La metodología de esta investigación se llevó a cabo mediante un enfoque cuantitativo empleando el método de encuesta. El estudio fue no experimental y transversal. Esta investigación se llevó a cabo mediante un enfoque cuantitativo empleando el método de encuest. Los procesos de acopio y análisis de datos fueron congruentes con los utilizados típicamente en investigaciones de este tipo con estudiantes universitarios (Fowler, 2014).

Participantes. En total, 100 estudiantes de posgrado respondieron el cuestionario. Todos estudian el nivel de Maestría, según la siguiente distribución: Maestría en Educación (n=51), Maestría en Administración (n=47), Maestría en Derecho (n=2). La distribución por genero fue: femenino (n=65), masculino (n=33), no binario (n=2). Por grupo de edad, los participantes quedaron segmentados según estos grupos: 26 – 32 años (n=49), 33 – 40 años (n=27), y 18 – 25 años (n=8). Finalmente, 56 reportaron haber cursado la asignatura de Ética al momento de responder el cuestionario, mientras que 44 aún no lo habían hecho.

Instrumento. Los participantes completaron el Cuestionario de Potencia Moral (MPQ, por sus siglas en inglés), creado y validado por Hannah y Avolio (2010). El cuestionario se compone por 12 ítems en escala de Likert de 5 puntos donde 1 = Muy en Desacuerdo y 5 = Muy de Acuerdo. El factor Valentía Moral se compone de los ítems 1, 2, 3, y 4 (α=.79), el Factor Propiedad Moral incluye los ítems 5, 6, y 7 (α=.74), y el Factor Eficacia Moral combina los ítems 8, 9, 10, 11, y 12 (α=.78). Los índices de consistencia interna dan muestra de la fiabilidad del instrumento ($\alpha \geq .70$), a pesar de tratarse de la versión traducida al español.

Procedimiento. El proceso se llevó a cabo en el primer semestre del 2022 y el acopio de datos comenzó con la autorización de la dirección del área de posgrados de la institución educativa donde se llevó a cabo el estudio. El cuestionario fue administrado a través de Google Forms mediante las cuentas de correo electrónico institucionales de los estudiantes de Maestría en Administración, Maestría en Educación, y Maestría en Derecho. Los programas académicos operaban en la ciudad de Tijuana, Baja California, México, pero al momento de la aplicación del cuestionario, las clases se llevaban a cabo de manera virtual sincrónica por la pandemia del Covid-19. El cuestionario se envió en dos ocasiones a todas las cuentas de correo electrónico (n=598). La participación fue voluntaria, con un nivel de respuesta del 16%.

Análisis. Las pruebas de hipótesis se llevaron a cabo mediante la aplicación de pruebas t de muestras independientes. Para las pruebas correspondientes a H1, H2, y H3, se compararon los promedios de los tres factores del instrumento entre estudiantes que reportaron haber cursado la asignatura de Ética y los promedios de los estudiantes que todavía no la cursaban. Posteriormente, para las pruebas de H4, H5, y H6, se compararon los promedios de participantes de género femenino y masculino. En este caos, las dos respuestas de participantes de que reportaron No Binario quedaron fuera del análisis debido al bajo nivel de respuestas. Se utilizaron los promedios, desviación estándar, prueba de Levine, y p-valor ($p \leq .05$) para determinar si las diferencias fueron estadísticamente significativas.

4. DESARROLLO DE LA INVESTIGACIÓN

Formación Moral Universitaria

La ética y la moral son elementos fundamentales en las instituciones de educación superior, mismos que forman a los estudiantes, y a su vez regulan su conducta, la de profesores y personal administrativo. Montañez-García (2017) destaca el sentido significativo de los valores institucionales, ya que son mecanismos que permiten la mejora en el comportamiento de los individuos en el desempeño de sus funciones y tareas en cada puesto de trabajo. Chapa y Martínez (2015), exponen que las instituciones de educación superior tienen la tarea de contribuir a que los futuros profesionales desarrollen una visión y sentido ético, que pueda orientar a la práctica y que refleje en sus tareas a los valores en un conjunto: responsabilidad, solidaridad, sentido de la justicia, servicio a otros.

En el mismo sentido, Del Salto Bello (2015) afirma que la educación en valores debe propiciar el aprecio y el respeto por la vida. La educación del siglo XXI se encuentra en una fase de transformaciones, entre estas la implementación de políticas educativas orientadas a la educación en valores. Por su parte, Moreno y Ramírez (2018) afirman que el cambio ha generado consecuencias relacionadas con la educación superior al ofertar, a través de planes y programas de estudio, conocimientos en temas de desarrollo científico y tecnológico, con el objetivo de atender las necesidades y demandas de un mercado laboral altamente competitivo y globalizado, dejando de lado el desarrollo del ser humano integral que toda persona necesita adquirir para la convivencia.

Consecuentemente, Palomer y López (2016) refieren una propuesta de valores dirigida a estudiantes, ya que serán los futuros profesionistas y se enfrentarán a retos en diversos contextos como en el profesional, social y cultural, lo que implica una preparación en valores sólidos y pertinentes lo cual les llevarán a tomar mejores decisiones y así contribuirán a un mejor estilo de vida. Asimismo, Díaz y Castro (2015) proponen una escala de valores, donde se establece que los docentes no pueden demandar conductas y actitudes a los estudiantes, sin antes ser ellos quienes los fomenten a través de su propia personalidad así como de las estrategias de enseñanza aprendizaje que empleen en el salón de clases, lo cual aporte para una educación en valores que les brindara a los estudiantes las herramientas necesarias para enfrentar la vida

Desde el mismo enfoque, urge la formación de alumnos que se incorporen al sector productivo y posean la capacidad de aplicar conocimientos y valores obtenidos en la educación superior. Este acontecimiento impulsa a que las instituciones de educación superior consideren implementar planes y programas de estudio que permitan contribuir al desarrollo de valores en las personas. En este sentido, Chapa y Martínez (2015) destacan la necesidad de establecer una escala valoral dirigida a las instituciones de educación superior por ser espacios de formación donde se divulgan valores y se reconoce que a través de la institución se debe formar al ciudadano. Cantú (2018) deduce que las universidades deben contemplar docentes capacitados, comprometidos y ser testimonio de comportamientos y actitudes que influyen a través del ejercicio y la práctica de hábitos que demuestren valores éticos y morales.

Competencia Moral

La ética y la moral son constructos complejos que rara vez se logran articular de manera pragmática. Sin embargo, el trabajo realizado por Hannah y Avolio (2010) permiten describir este tipo de competencia en factores claros y medibles. Primero, los autores sugieren que la moral implica desarrollar Valentía Moral. Esto implica que las personas no solamente deben identificar qué es lo correcto, sino que deben ser capaces de enfrentar situaciones y personas que van en contra de la moral. Situaciones como negarse a seguir una orden inmoral por parte de un superior, o resistir la presión social de hacer algo incorrecto son ejemplos de este tipo de conducta.

Los autores Hannah y Avolio (2010) identificaron un segundo factor que denominaron Propiedad Moral. Esto implica que no basta con dejar de hacer lo incorrecto, sino tomar acción al percatarse de que algo inmoral está sucediendo, contribuyendo de algún modo a corregir el suceso. Finalmente, la Eficacia Moral, se refiere a encontrar formas de enfrentar problemas de ética. Esto implica lograr trabajar con otros para la solución de problemas y mantenerse firme ante los retos que implica tomar acción.

El Currículo Universitario y la Formación Moral

El currículo y la formación moral son factores que se contextualizan en las instituciones de educación superior. La aportación de Sánchez (2014) define a la universidad como un instrumento garante de la reproducción de conocimientos en cuyo seno cohabitan las certezas constituidas, derivadas de una organización curricular que ha ejercido notable impacto en distintas áreas de conocimiento, en los modelos de enseñanza, dando como resultado la construcción y formación de estudiantes capaces de reproducir las prácticas educativas con que ha sido formado.

Díaz-Barriga (2006), sostiene que las prédicas curriculares que se imponen en los diferentes modelos, provienen de variados referentes teóricos, tales como son la educación basada en competencias, currículo flexible, planeación curricular estratégica, análisis institucional, calidad total. Llanos (2018) resume que, si la universidad adopta esta cultura se convertiría en el lugar para la irrupción de nuevas sensibilidades sociales, diferentes contextos vitales, perspectivas teóricas, políticas y éticas.

Diferencias de Género en la Formación Moral

En la actualidad las diferencias de género en la formación moral representan un reto para las instituciones de educación superior. Sánchez (2014) identifica que, al permear de un diálogo intercultural las prácticas pedagógicas significan una real posibilidad de mejorar la humanidad, donde gradualmente permite superar las debilidades, que implica una apertura al aprendizaje del mundo que el otro ofrece. El diálogo intercultural es tener conciencia de carencia, apertura con libertad de expresión para ambos, relación de cooperación y compresión mutua.

Cruz et al. (2021) deduce que, las diferencias de género en las emociones derivan de las distinciones en las estructuras cerebrales y hormonales sexuales, así como de la evolución adaptativa. En lo que refiere a la formación moral, las mujeres poseen una mayor expresividad y emotividad y demandan mayor compañía en situaciones de estrés que los hombres. Asimismo, los estereotipos sociales establecen que los hombres deben mantenerse ecuánimes y valientes ante situaciones inconvenientes, lo que supone que, los varones controlen su emoción ante estímulos desagradables, el ser humano tiende a controla sus valoraciones morales.

Hipótesis

H1: Los estudiantes de posgrado que completaron la asignatura de ética tienen mayor nivel de valentía moral que los que no han completado la asignatura.

H2: Los estudiantes de posgrado que completaron la asignatura de ética tienen mayor nivel de propiedad moral que los que no han completado la asignatura.

H3: Los estudiantes de posgrado que completaron la asignatura de ética tienen mayor nivel de eficacia moral que los que no han completado la asignatura.

H4: Los estudiantes de posgrado de género masculino y femenino reportan diferentes puntajes en el factor valentía moral.

H5: Los estudiantes de posgrado de género masculino y femenino reportan diferentes puntajes en el factor propiedad moral.

H6: Los estudiantes de posgrado de género masculino y femenino reportan diferentes puntajes en el factor eficacia moral.

5. RESULTADOS

Los resultados de las pruebas de hipótesis sugieren que completar la asignatura de ética no tiene un impacto significativo en los puntajes de los tres factores del MPQ. Las tres primeras hipótesis (H1-H3) se rechazaron con base en los resultados mostrados en la Tabla 1. Por otra parte, en la Tabla 2, se observa que existen diferencias significativas en los puntajes de los grupos masculinos y femeninos, lo que lleva a aceptar H4. Finalmente, se rechazan H5 y H6, con base en los datos de la misma tabla. En continuidad con las tablas 1 y 2 , la primera expone los resultados de la prueba t de muestras independientes para los grupos de la asignatura de Ética, y la segunda los resultados de la prueba de t de muestras independientes para los participantes Masculinos y Femeninos.

Los resultados de las pruebas de hipótesis sugieren que completar la asignatura de ética no tiene un impacto significativo en los puntajes de los tres factores del MPQ. Las tres primeras hipótesis (H1-H3) se rechazaron con base en los resultados mostrados en la Tabla 1. Por otra parte, en la Tabla 2, se observa que existen diferencias significativas en los puntajes de los grupos masculinos y femeninos, lo que lleva a aceptar H4. Finalmente, se rechazan H5 y H6, con base en los datos de la misma tabla. En continuidad con las tablas 1 y 2 , la primera expone los resultados de la prueba t de muestras independientes para los grupos de la asignatura de Ética, y la segunda los resultados de la prueba de t de muestras independientes para los participantes Masculinos y Femeninos.

Resultados de la prueba t de muestras independientes para los grupos de la asignatura de Ética

	Cursó asignatura de Ética	N	Media	DE	t	gl	p-valor
Valentía Moral	Si	56	4.11	.83	1.13	98	.26
	No	44	3.92	.88			
Propiedad Moral	Si	56	3.92	.96	0.33	98	.73
	No	44	3.86	.95			
Eficacia Moral	Si	56	4.21	.70	1.01	98	.31
	No	44	4.06	.72			

Tabla 1. Resultados de la prueba t de muestras independientes para los grupos de la asignatura de Ética. Elaboración propia.

Graficado del resultado de la prueba t de muestras independientes para los grupos de la asignatura de ética.

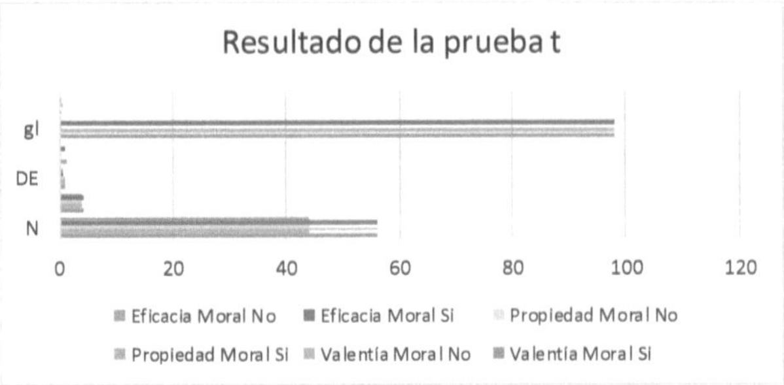

Gráfica 1. resultado de la prueba t de muestras independientes para los grupos de la asignatura de ética.

Resultados de la prueba de t de muestras independientes para los participantes Masculinos y Femeninos

	Género	N	Media	DE	t	gl	p-valor
Valentía Moral	Femenino	65	38.76	.89	-2.44	96	.01
	Masculino	33	43.18	.73			
Propiedad Moral	Femenino	65	37.69	.98	-1.87	96	.06
	Masculino	33	41.51	.90			
Eficacia Moral	Femenino	65	40.61	.76	-1.77	96	.07
	Masculino	33	43.33	.59			

Tabla 2. Resultados de la prueba de t de muestras independientes para los participantes Masculinos y Femeninos. Elaboración propia, 2023.

6. CONCLUSIONES

Los resultados de la encuesta muestran que no existen diferencias significativas entre los grupos de estudiantes participantes. Tanto los estudiantes que cursaron la clase de ética y quienes no la cursaron reportaron niveles similares en las variables de valentía, propiedad, y eficacia moral. Este hallazgo sugiere que el autoconocimiento y autopercepción sobre estas variables es moderado por otro u otros factores independientes de las asignaturas de ética. Esto tiene implicaciones importantes para el diseño curricular ya que pone en duda cuál es el resultado esperado en los estudiantes que cursan este tipo de asignatura. Si bien, es cierto que este hallazgo no debe ser generalizado ya que representa una muestra especifica de la población, el resultado se suma a la crítica sobre la falta de evaluación en la formación ética en IES (Crane, 2004).

Los resultados de la encuesta muestran diferencias significativas entre participantes de género masculino y femenino en la variable valentía moral. Los participantes de género masculino reportaron mayores niveles de valentía moral que sus contrapartes femeninas. Este resultado es congruente con trabajos anteriores que sugieren que el género de la persona influye sobre la conducta y el valor que se les otorga a ciertas acciones (Mansur, Sobral e Islam, 2020). Este resultado recomienda que existe una necesidad de discutir la importancia de valentía moral para las personas que conforman las organizaciones.

Otro hallazgo importante fue la falta de diferencias entre participantes de género masculino y femenino sobre la variable propiedad moral. Los resultados sugieren que participantes de género femenino y masculino se consideran similarmente competentes para identificar y actuar para corregir actos que se encuentran fuera de la ética. Evidentemente, este tipo de competencia es esencial para el desarrollo de competencias organizacionales éticas, por tanto, es recomendable que todos los individuos involucrados en contextos organizacionales estén conscientes de esta competencia y trabajen para desarrollarla.

Finalmente, no se encontraron diferencias significativas en participantes de género masculino y femenino en la variable eficacia moral. Los resultados exponen que el género no es un moderador en la búsqueda de estrategias para enfrentar y solucionar problemas de ética dentro de las organizaciones. La habilidad para resolver diferente tipo de problemas, incluyendo los relacionados con la falta de ética, es importante para las personas dentro de las organizaciones, lo que justifica su enseñanza en IES.

Las implicaciones de esta investigación para las IES son las siguientes: Primero, la formación universitaria incluye el desarrollo de competencias de ética, lo cual es positivo ya que se espera que los futuros profesionales y lideres organizacionales se conviertan en agentes de cambio organizacional y promuevan la conducta moral. En este sentido, mostrar a los estudiantes formas de medir este tipo de competencias periódicamente, fomentando el autoconocimiento y la discusión. Los resultados de esta investigación sugieren que cursar asignaturas de ética no necesariamente aumentan la competencia moral de los estudiantes, pero llevar a cabo el ejercicio de medición podría ser un factor importante para la conducta futura, cuando los estudiantes se encuentren en la práctica.

Segundo, la diferencia de género merece ser estudiada ya que se ha demostrado que esta variable influye sobre la percepción y conducta organizacional. En esta investigación, se encontraron diferencias a lo largo de las tres variables de conducta moral, aunque solamente las diferencia sobre valentía moral fueron estadísticamente significativas. No obstante, vale la pena generar discusión dentro de las IES sobre los diferentes obstáculos que enfrentan mujeres y hombres para actuar de forma moral y promover la ética en sus entornos. La responsabilidad de las instituciones de educación superior en la formación moral y ética de los estudiantes debe dirigirse a promover el desarrollo de culturas auténticas, de tal forma que permee en los contextos organizacionales, no solo incorporar clases con esas temáticas, sino que permitan la implementación de programas de intervención y la posibilidad de evaluar los diferentes impactos en distintos géneros.

En el mismo sentido es importante identificar las diferencias en la autopercepción de alcance moral entre estudiantes de las IES, inculcar en los futuros profesionistas el sentido y aprecio a la cultura de la vida, en congruencia con el liderazgo docente capaz de dar testimonio ético y moral. Asimismo, enfatizar la importancia de la valentía moral para enfrentarse a quienes no simpatizan con los principios y resistir la presión social, tomar acciones para corregir los sucesos inmorales y solucionar los problemas de ética manteniendo una postura firme.

7. REFERENCIAS

Avolio, B. y Gardner, W. (2005). Authentic leadership development: Getting to the root of positive forms of leadership. *The leadership quarterly, 16*(3), 315-338. https://doi.org/10.1016/j.leaqua.2005.03.001

Cantú, P. (2018). Profesorado universitario: Emisor de valores éticos y morales en México. *Revista Educación, 42*(1),1-24. https://bit.ly/3c9yoaX

Chapa. P. y Martínez, T. (2015). Valores Universitarios en los Jóvenes Estudiantes de la Facultad de Ciencias Políticas y Administración Pública, UANL. *RIDE Revista Iberoamericana Para La Investigación Y El Desarrollo Educativo, 6*(11), 773 - 786. https://bit.ly/3QEAhLC

Cooper, C., Scandura, T. y Schriesheim, C. (2005). Looking forward but learning from our past: Potential challenges to developing authentic leadership theory and authentic leaders. *The leadership quarterly, 16*(3), 475-493. https://doi.org/cb89jf

Crane, F. (2004). The Teaching of Business Ethics: An Imperative at Business Schools, *Journal of Education for Business, 79*(3), 149-151. https://doi.org/c37hxp

Cruz, A., Robles, V. y Robles, V. (2021). Diferencias de género en la sensibilidad emocional por covid-19 en estudiantes universitarios. *RIDE. Revista Iberoamericana para la Investigación y el Desarrollo Educativo, 11*(22), e049. https://doi.org/h8t4

Del Salto, M. (2015). Educación en valores: propuesta de una estrategia. *Medisan [revista en internet]. 19*(11), http://www.medisan.sld.cu/index.php/san/article/view/533

Díaz, E. (2018). Leadership self-efficacy: A study of male and female MBA students in Mexico. *Advancing Women in Leadership, 38*, 27-34. https://doi.org/h8t2

Díaz, M. y Castro, D. (2015). Valores sociales y métodos de enseñanza: lo que deben mejorar los docentes universitarios desde la visión de los estudiantes. *Humanidades Médicas, 15*(3), 582-602. https://bit.ly/3Chm0Ai

Díaz-Barriga, A. (2006). El enfoque de competencias en la educación. ¿Una alternativa o un disfraz de cambio? *Perfiles Educativos, 28*(111), 7-36. http://www.redalyc.org/articulo.oa?id=13211102

Fowler, F. (2014). *Survey research methods*. Sage Publications.

Gómez, L., Alvarado, Y. y Pujols, A. (2018). Practicando la responsabilidad social universitaria en el Caribe: Perspectivas de los públicos internos. *Revista Digital de Investigación en Docencia Universitaria, 12*(1), 96-118. https://doi.org/10.19083/ridu.12.714

Greenfield, W. (2004). Moral leadership in schools, *Journal of Educational Administration, 42*(2), 174-196. https://doi.org/10.1108/09578230410525595

Hannah, S. y Avolio, B. (2010). Moral potency: Building the capacity for character-based leadership. *Consulting Psychology Journal: Practice and Research, 62*(4), 291–310. https://doi.org/10.1037/a0022283

Llanos, M. (2018). La cultura organizacional, principal propulsor de la calidad en Instituciones de Educación Superior: caso universidad ecuatoriana. *Revista Espacios, 39*(23), 29-44. https://bit.ly/3Ka7xb8

Mansur, J., Sobral, F. e Islam, G. (2020). Leading with moral courage: The interplay of guilt and courage on perceived ethical leadership and group organizational citizenship behaviors. *Business Ethics: A European Review, 29*(3), 587-601, https://doi.org/10.1111/beer.12270

Montañez-García, A. (2017). Liderazgo, cultura organizacional y cambio en la universidad. *Cuaderno de Investigación en la Educación, 32*, 51-62. https://bit.ly/3KcstP1

Moreno M. y Ramírez L. (2020). Revisión de educación en valores para el nivel superior en Latinoamérica. *Revista Educación, 44*(1), 1-32. https://doi.org/h8tz

Palomer, L. y López, R. (2016). Educación universitaria, formando profesionales y personas. *FEM, 19*(6), 281-285. https://bit.ly/3c5KFgF

Sánchez, P., Azorín, C. y García, M. (2015). Evaluación de planes de mejora en centros educativos de orientación inclusiva. *Revista de Currículum y Formación de Profesorado, 19*(3), 326-346. http://www.redalyc.org/articulo.oa?id=56743410022

Silva, C. (2010). *La reforma curricular en las PREFECO ¿La vía corta para el empleo?* Memorias electrónicas del V Congreso Nacional de Educación. Toluca, Estado de México, Universidad Autónoma del Estado de México. https://bit.ly/3c8iYDV

Solinger, O., Jansen, P. y Cornelissen, J. (2020). The emergence of moral leadership. *Academy of Management Review. 45*(3), 504-527. https://doi.org/gfw67d

Woolley, L., Caza, A. y Levy, L. (2011). Authentic leadership and follower development: Psychological capital, positive work climate, and gender. *Journal of Leadership & Organizational Studies, 18*(4), 438-448. https://doi.org/10.1177/1548051810382013

AUGUST WILSON CONNECTING AFRICAN SPIRITUALITY AND CHRISTIANITY

Elvira Jensen-Casado[1]

1. INTRODUCTION

After the Emancipation Proclamation and the movements from South to North during the Great Migration numerous forms of African-American conjures and magic were developed within metropolitan environments. The world that the former slaves now inhabited was more unpredictable and uncertain than during the slavery period. Anxieties over violence, separation from family and loved ones, or the foreseeable risks of the new life in the North were some of the uncertainties that troubled the African Americans.

In contrast to Christianity where salvation and morality were given priority, conjure beliefs applied to the more immediate and pressing conditions; at the same time Conjure practitioners considered the invisible world as a manipulative reality and not as a source of divine grace.

2. OBJECTIVE

As Franklin and Moss remarks (1994), the religious practices of early Africans were mainly as worship of ancestors. Africans believed that the spirits of their ancestors had almost limitless power over their lives. Franklin and Moss further states that:

> *Bells or rattles were used to invoke the spirits and the worshippers. The blood of victims -chickens, sheep, goats, or human beings, was offered as a sacrifice to appease the gods. [...] Prayers and songs were other expressions of adoration. It was only natural that in a society such as that found in Africa there would be considerable reliance on the magical power of amulets, talismans, and the like, anything that helped to explain and answer the imponderables was a welcome addition to tribal practices. (pp. 20-21)*

Many of these early African religious traditions and practices were kept during the slavery period and the post-bellum period. From slavery days to the present African-Americans have moved between African spirituality and Christianity with little concern for the incompatibility or mutual exclusiveness. As Chireau (2003) mentions, even though Conjure had multiple uses its most prominent value had to do with racial abuse but it also spoke to

1. Universidad Europea Miguel de Cervantes de Valladolid (España)

other concerns, such as health or love and seduction. It allowed African-Americans to gain some control over their uncertain lives and provided them of a framework, a supporting structure in which they could feel sustenance.

3. METHODOLOGY

The coexistence between Christianity and Conjure was fluid and overlapping as conjures often adopted traditional Christian symbols for use in their own rituals and practices, as Chireau (2003) comments. No doubt that the church has had a very important role in African-American life as it promoted education encouraging their members to become Bible readers or functioning as welfare agencies.

In August Wilson's plays we see how the conjure practices served to give the individual a transcendent experience that erases the boundaries between self and spirit, brings cohesion to the community, and becomes the bridge that connects the African-American spiritual heritage with the new Northern traditions. It is this cohesion between the community and the individual that helps each character in their personal quest that August Wilson so masterly portrays in *Joe Turner's Come and Go*. Wilson presents the African-American's ethos synthesized in memory, rituals and experience that reach for a spiritual cohesion. In its turn, this cohesion offers power to the powerless and security to the uncertain world the African-American were, and is, facing. Nonetheless, as we will see through this paper, in Wilson's drama African spirituality and Christianity works on different, intertwined, levels.

In *Joe Turner's Come and Gone* all the boarding house guests have several things in common: they have all recently arrived from the rural south, they have all experimented racial segregation and they have all moved North searching for better and safer living and working conditions than they had in the South. We find some characters that try to adapt to the new social conditions and rules they have found in the urban North. In addition, what they found in the North was also a very hostile and racist society. All characters, except for Seth, suffer different grades of uproot, and all the characters in the play, again except for probably Seth, feel somehow displaced and dislocated; after the change from slavery and the emancipation of their lives they had to reconstruct and adapt their lives to the new social norms and conditions. The quest of finding power over one's destiny and environment is what chases all the boardinghouse guests in *Joe Turner's Come and Go*.

Loomis is the character that breaks the status quo in the play, Loomis with his mysterious and violent reactions and his cryptic silence becomes almost an enigma for everyone except for Bynum. All the characters in *Joe Turner's Come and Gone* are immersed in a search of their identity, of their song, that can give them a reason, a motive and a place where they can feel they belong, a reference point. But, as Ellam mentions (2008: 8), Herald, as all characters in Wilson's plays, "can only move forward psychically by going back, by connecting to a time past". He has to, as Aunt Esther said in *Two Trains Running*, (Wilson, 1997) "Go back and pick up the ball". In all of Wilson's plays we find the importance of the sense of place, both a physical and a psychical place where they belong, where they have their roots.

Loomis (Wilson, 1997) in *Joe Turner's Come and Gone,* needs to reconnect with what he calls a starting point when explaining why he needs to find Martha, he says:

> *I just wanna see her face so I can get me a starting place in the world. The world got to start somewhere. That's what I been looking for. I been wandering a long time in somebody else's world. When I find my wife that be the making of my own. (p. 206)*

Loomis hopes that if he closes the circle, the emptiness of the seven years of bondage will be closed. Most of the characters have forgotten what Toledo in *Ma Rainer's Black Bottom* called "the names of their gods". They need to reconnect and reassemble with the past in order to find a meaning and understanding of the present world they are facing. As Bogumil (1994) has mentioned, there was an African American's collective sense of displacement -a fragmented sense of self and of community within a culture.

Bynum carries a story that holds a remarkable connection to the past and the future. In a world still recovering from the atrocities of slavery, Bynum serves as a connection to the Middle Passage and an African tradition that gives cohesion to the African-Americans.

Chireau (2003) comments how conjures often were called for to their profession in a way that evoked the Christian "call" ministry, while others were born, marked or chosen with this gift. In *Joe Turner's Come and Gone*, (Wilson, 1997) Bynum has inherited the gift from his father who had the Healing Song, while Bynum has the Binding Song. Bynum understands that he has to accept his Song, his commitment in life:

> *It had come from way deep inside me. I looked long back in memory and gathered up pieces and snatches of things to make that song. I was making it up out of myself. And that song helped me on the road (p. 205)*

Bynum understands that his song has roots that come way back from his ancestors, but it is also a gift of power and understanding: a power over one's environment and circumstances, and an understanding of one's destiny. The conjurer comforts when confronted with the uncertainties in their lives and achieving some control and power over their circumstances.

As Chireau (2003) further underlines, the relationship between Christianity and African Spirituality was fluid, changing, and entwining and adopted symbols and rituals from Christianity in their own rituals and practices.

The Christian institution helped in many ways African-Americans during slavery and after the civil war to create cohesiveness and as an educating institution. Evidently, it also caused feelings of rejection, as is expressed by Loomis (Wilson, 1997):

> *You all sitting up here singing about the Holy Ghost. What's so holly about the Holly Ghost? You singing and singing. You think the Holly Ghost coming? You singing for the Holly Ghost to come? What he gonna do, huh? He gonna come with tongues of fire to burn up your wooly heads? You gonna tie onto the Holly Ghost and get burn up? What you got then? Why God got to be so big? Why he got to be bigger than me? How much big is there? How much big do you want? (p. 186)*

Loomis, who was a deacon, cannot find any answers in the church anymore, he cannot identify with the Christian God anymore. Because of his seven years of bondage he has lost touch with the world. Loomis (Wilson, 1997) feels misplaced between two cultures where he seems not to fit, where he cannot find an image or song that gives any meaning to his life: "The ground's starting to shake. There's a great shaking. The world's busting half in two. The sky's splitting open. I got to stand up. Get up on the road." (p. 189)

Loomis needs to reconnect with his life and "get back on the road", there is a psychic rupture Loomis has to unite again, and to do so he has to go through his own self-redemption through his own blood sacrifice and purification. Conventional faith that Christianity offers is insufficient for Loomis, as it was for Levee, Christianity feels like a hostile force that seems hard to reconcile with their personal life experiences. They seem to be too far and distant from each other, with little in common.

Loomis (Wilson, 1997) cannot accept that it is the same god that promises salvation also can support and protect slavery, that the slaves and slaveholders can worship the same God:

> *Great big old white man . . . your Mr. Jesus Christ. Standing there with a whip in one hand and a tote board in another, and them niggers swimming in the sea of cotton. And he counting. He tallying up the cotton. "Well, Jeremiah . . . what's the matter, you ain't picked but two hundred pounds of cotton today? Got to put you on half rations." And Jeremiah go back and lay up there on half rations and talk about what a nice man Mr. Jesus Christ is 'cause he give him salvation after he die, something wrong here. Something don't fit right! (pp. 226-227)*

Loomis needs something more than a promise of salvation; he needs coherence between the spiritual message and the social reality. In this, the character prefigures the 20th Century's desire to unite spirituality and social justice (as Martin Luther King later did).

The worshippers of the Pentecost churches believe that the Holly Ghost visits them and makes them talk in tongues they never before have learned. During Pentecost the Holly Ghost will come and through audible signs manifest itself. It is the restitution of the unity that was lost in Babel, and there is a parallelism between the confusion foiled by God and the confusion, dispersion and need African-Americans had of cohesion. This cohesion could be reached through religion or the juba, two roads, one secular and one sacred, but with the same purpose: creating a sense of belonging. Martha Loomis, changed her name to Martha Pentecost, Martha changed her last name, her roots, her ancestors, the Africa-American spirituality for the Christian religion.

Trudier Harris (1994) mentions Wilson's great capacity to transform fantastic and traditional religious elements into African-American folklore. Like the "Shiny Man" who is the one who shows the way, and who baptizes and purifies with his own blood, has similarities with Jesus in the Christian tradition. A parallelism can be made between the journey Bynum makes with the Shiny Man, the Man who shows the way, and the journey the Apostles make with Jesus or Loomis' vision of the bones walking on the sea resembles Jesus walking on the lake Gennesaret.

Both Harris (1994) and Williams (1999) have mentioned the similitudes between Loomis vision of the bones that becomes alive and the Biblical passage of Ezekiel 37, "The Valley of the Dry Bones". Wilson have again combined the sacred and the secular, he has Africanized Judeo-Christian myths and traditions bridging both cultures. Wilson has, as Williams mentions, taken a familiar and well-known story, Africanized it and given a voice to the African American past, its culture and traditions. Although, we have to remember that some of these myths as the self-inflicted bloodletting belongs to ancient Egyptian myths that was the foundation of Judeo-Christian messianic sacrifice, salvation and self-redemption.

Bynum's father takes Bynum to the sea, and from the sea the bones come up, reborn, in Loomis's vision. It is at the sea that where Bynum, as the bones people are refilled with spirit, reborn and empowered with "a song worth singing", a life worth living, a life with a new meaning. From the sea came all slaves from America, this, however, contrasts with the Biblical passage where the Pharaoh's troops drowned by the waves when pursuing the Hebrews. In the Christian tradition, this becomes a symbol and a passage from slavery to freedom, while for the Africans this cross over became a transit from freedom to slavery. Water thus, becomes a symbol of life and death, death of all the anonymous slaves during the Middle Passage, but also a symbol of life, where the spirit is reborn.

The metaphor of the bodies without souls, without spirit, is parallel to the character of Loomis, who after the years under Joe Turner bondage also has lost his soul, he has become spiritless, and he has wandered lost searching for a starting point, something that will reconnect him with his past, culture and tradition. What Wilson calls his song. Loomis is physically free but he is still chained to Joe Turner's bondage, his spirit, his song, is still enslaved. Loomis suffers from a physical and psychic rupture that manifest in this unrest and disconnection with the world that surrounds him.

Some of Wilson's characters seem to be caught between African religious notions and white controlled spiritual institutions. As the play unfolds, Loomis' journey turns into a spiritual pilgrimage, a pilgrimage that does not end until he has made a transcendent experience that erases the boundaries between self and spirit, brings cohesion to the community, and becomes the bridge that connects the African-American spiritual heritage with Christianity in a move that is liberating both spiritually and socially.

4. CONCLUSION

In all of Wilson's plays there are different levels of states of difficulties that need to be solved, some of these disorders can be dealt with through the Christina religion and some through the African-American spiritual heritage. Loomis has to discover the link between identity and self-worth, he is cough in a depression of disruption and rootlessness, and it is not until he recovers culturally that he again can "stand up". In this cultural recovery, Christian religion and the African spirituality are connected and intertwined as they have been through the African-American history.

The Christian exorcism, as we saw in *The Piano Lesson*, is unsuccessful and only the African spirituality can help, while in *Joe Turner's Come and Gone* it is through the physical cut and bleeding that Loomis understands the positive sense of "otherness" and, this way Loomis' own stabbing with a knife links the African and Christian traditions and beliefs. self-worth. Loomis, this way, liberates himself from Joe Turner's enslavement. The main difference between Christianity and African spirituality is that while the first suggests suffering quietly in compensation of a better future life the latter is a celebration of a spirit uniting with ancestors. Loomis finally discovers he does not need to look to the white man (or their institutions) for self-definition, he can look inside himself for his own identity and song. It is the only way he can find his inner peace and move on in life. In the same way, Bernice has, since the death of her husband, constantly tried to look away from her ancestors and culture, while that has only made the ghost of the past much stronger. She has to look inside herself and back to her ancestors where she can gain strength to confront the past and present. Significantly, both battles occur inside, Sutter's ghost and the fight is inside the house and Loomis' identity and spiritual conflict is also interior. Although he thinks that it will be solved as soon as he finds his wife Martha and reconnects with his former life. Herald Loomis has to reconnect and reassemble through an inner journey as he has gone, from possession to person, from item to identity that has caused him a spiritual emotionlessness. Loomis is suffering dislocation and psychological alienation from past and present; he needs to reconnect to a spiritual and cultural foundation he lost during those seven years of slavery. Loomis' need to stand up and walk, Loomis' need to stand up and walk, which expresses the African-American's necessity of connecting with their past. This way, Wilson once again shows that the reunification with the past is necessary, gaining knowledge of African traditions is crucial to battle the sense of worthlessness and powerlessness, but that does not necessary imply that Christianity has to be erased as long as he is not devaluated as a human being. The same way, we should not oversimplify it as religious or spiritual "winners and losers", but rather as what brings cohesion and becomes the bridge that connects the African and the American or Western spiritual heritage in a move that is entwined and that for many characters will become liberating both spiritually and socially. Christian religion in Wilson's plays, is Africanized, Wilson unites Christianity with Yoruba rituals, connecting and bridging, this way, the African and Western traditions.

5. REFERENCES

Alkalimat, A. (1986). *Introduction to Afro-American Studies*. Twenty-First Century Books.

Bogumil, M. L. (1994). Tomorrow Never Comes: Songs of Cultural Identity in August Wilson's *Joe Turner's Come and Gone. Theatre Journal, 46*(4).

Booker, M. (2003). *Lillian Hellman and August Wilson. Dramatizing a New American Identity.* Peter Lang.

Chireau, Y. P. (2003). *Black Magic: Religion and the African American Conjuring Tradition.* University of California Press.

Justin Elam, H. (2004). *The Past as Present in the Drama of August Wilson*, The University of Michigan Press.

Franklin Hope, J., & Alfred A. M. (1994). *From Slavery to Freedom*, McGraw Hill.

Harris, T. (1994). August Wilson's Folk Traditions in *August Wilson. A Casebook*, Elkins (ed.) Garland.

Powers, K. (1984). An Interview with August Wilson, *Theater*, Fall/Win, *16*(1).

Wilson, A. (1997). *The Piano Lesson* and *Joe Turner's Come and Gone*, Penguin.

Williams, D. (1999). Making the Bones Live Again: A Look at the "Bones People in August Wilson's Joe Turner's Come and Gone and Henry Dumas's "Ark of Bones"", *CLA Journal*, 42(3).

EDUCACIÓN Y VALORES EN SÉNECA. NATURALEZA, HOMBRE Y DIOS

Francisco Javier Jiménez-Ríos, Gracia González-Gijón, Nazaret Martínez-Heredia[1]

El presente texto surge en el marco del Proyecto I+D+I Andalucía Violencia en las relaciones de pareja del alumnado de grado en Educación Social en Andalucía, Ceuta y Melilla. Estudio y propuestas para la prevención y formación en valores (B-SEJ-266-UGR20) e Investigación en Educación Sexual Integral. Melilla y Ceuta (INV-IGU198-2022).

1. INTRODUCCIÓN

Cuando la praxis pierde el horizonte por el poder de la sin-razón se levanta el susurro, el clamor silencioso de los que antes como ahora no soportan el vacío ético que rompe la pregunta por el hacer. Tal es el caso de Séneca, cuyo decir sobre Dios engarza en el nervio ético que constituye su pensamiento, hasta articular el fundamento de esa "filosofía moral completa" que pretende explanar (Séneca, p. 713; Carta CVI): "No hay hombre bueno sin Dios" (p. 506; Carta XLI). "Para Séneca el tema central de la filosofía es justamente lo divino" (Ortega Muñoz, p. 301).

Y esta articulación ética de su referir a Dios que deviene fundación teologal de la acción, se puede escuchar como una palabra dinámica en la transfiguración del crepúsculo de nuestro atardecer caído en aurora luciente de un nuevo amanecer del hacer humano. Así pretendemos leer el continuo aflorar de Dios en el discurso de Séneca como un *pan-en-teísmo* liberador que, a nuestro modo de ver, resuelve en *presencia* la tensión que se revela como tecleo entre la identidad que irrumpe y la diferencia que llama, tensión encubierta en los actuales panteísmos amordazantes de toda diferencia.

Así pues, la presencia de Dios y su incidencia práctica vertebran nuestro discurso con Séneca, que pretende aquilatar la originalidad de su panenteísmo como presencia liberadora, acercándose en primer lugar a la intrincación de la naturaleza con Dios y deteniéndose después en la relación de Dios con el hombre, que resultará clave, y con el mundo (que se abordará en otro trabajo). Esta presencia liberadora la comprendemos, finalmente, como el desgarrón de un deseo que, desde muy dentro (Feuerbach), muestra la apertura del hombre como estar-dando-de-sí más allá de cualquier realización histórica.

1. Universidad de Granada (España)

La identificación de Dios con la Naturaleza y su presencia en el hombre abren el horizonte de los valores: la realidad personal humana haciendo de la tierra el lugar de las personas que con-viven en los procesos educativos que configuran la marcha de la historia.

2. OBJETIVOS

Pretendemos mostrar la importancia educativa de la reflexión de Seneca sobre la relación de Dios con la Naturaleza y con el hombre, como un sustrato en el que se pueden fundar los valores desde la perspectiva de su vinculación con el hombre en la tierra, en el humus de una ecología integral. Se trata de mostrar el fundamento educativo que subyace en el discurso de Séneca cuando aborda la naturaleza y el hombre encontrándose con lo divino.

3. METODOLOGÍA

La manera de proceder se centra en el análisis de contenido, macerado en una larga reflexión profunda, cuya clave de bóveda se constituye desde una mirada crítica a la realidad actual de la realidad personal humana en su relación con las otras personas en la tierra. Un comentario de los textos que, desde la perspectiva educativa, se configura en la lectura y relectura, buscando mostrar los arroyos de las palabras que van confluyendo en la presencia de lo divino en la naturaleza y en el hombre.

4. DESARROLLO DE LA INVESTIGACIÓN

En un primer momento indagamos en la vinculación Naturaleza-Dios, para después centrarnos en la relación Dios-hombre, para concluir con la importancia de estas reflexiones como fundamento de una educación en valores.

4.1. Naturaleza-Dios

Al plantear el asunto de la naturaleza y Dios nos asalta una pregunta que determina nuestro proceder: ¿es Séneca panteísta? Así lo parece: "¿qué otra cosa es la Naturaleza sino Dios y la razón divina que penetra el mundo todo y sus partes?" (p. 357; De los beneficios, IV, 7).

El esbozo de la cuestión de la identidad de la naturaleza con Dios conduce a delimitar el papel de *la razón* en la articulación de la naturaleza y Dios, así como el asunto de la ley y la fortuna.

4.1.1. La razón

La razón aúna naturaleza y Dios. "La Naturaleza universal es racional" (p. 776; Carta CXXIV) y Dios, "todo entero Él es razón" (p. 785; Cuestiones naturales, I). Y de este modo: "no hay Naturaleza sin Dios ni Dios sin Naturaleza; ambos a dos son uno" (p. 358, De los beneficios, IV, 8).

Pero entonces, ¿cómo en la naturaleza hay cosas mudables y perfeccionables cuantitativa y cualitativamente, cosas despreciables e incluso irracionales? ¿Por qué no todo en la naturaleza es un bien, aunque todo bien sea según la naturaleza, si la razón es perfecta en Dios? (p. 748; Carta CXVIII). Es más: ¿de qué modo se puede explicar que en el hombre, obra maestra de la naturaleza, la razón, sea consumable mientras ya es consumada en los dioses, si naturaleza y Dios son idénticos? (p. 660, Carta XCII).

¿No será que en esa cierta identificación de la naturaleza con Dios está cargando las tintas contra el ingrato que rechaza a Dios como ajeno a la naturaleza? Se trataría, según García Rúa (p. 197-198), del plano sofístico del discurso.

De hecho la contemplación de la naturaleza barrunta el misterio divino: el bosque añoso testifica la divinidad y en la oquedad natural rebrota el presentimiento de lo religioso (p. 506; Carta XLI).

Así pues, si en la naturaleza acontece la racionalidad divina y por otra parte hay algo en ella que se resiste a tal racionalidad, o al menos no la manifiesta, si en la naturaleza está presente el bien, y "todo bien es divino" (p. 555; Carta LXVI) pues "la razón lo trae consigo" (p. 765; Carta CXXIV), a la vez que hay cosas despreciables en ella, no siendo despreciable ningún bien, nos vemos abocados al dramatismo de la naturaleza misma.

En ella hay naturalezas que nunca podrán ser racionales como la del árbol o el animal; otra es la del hombre, cuya racionalidad (y bondad) está afectada por el tiempo y el esfuerzo, diferenciándose de aquella de Dios cuyo bien lo da la misma naturaleza (p. 766; Carta CXXIV). Lo irracional de la naturaleza no se identifica con Dios. "En suma, solamente es perfecto lo que lo es según la Naturaleza universal y la Naturaleza universal es racional" (p. 766; Carta CXXIV). Todo bien es racional y es según la naturaleza, pero no todo lo que es según la naturaleza es un bien, pues el "bien algunas veces es contra la Naturaleza" (p. 558; Carta LXVI).

Racionalidad y perfección se identifican en el acontecimiento del bien. Es la naturaleza *universal* la que es racional. La naturaleza considerada como un todo, en su conjunto participa de la racionalidad divina más allá del principio de violencia que rebeldece en su interior, más allá del puro barro de la biología, más allá de la lógica dual que la preside.

Por tanto, desde el punto de vista de la razón (perfección) no se puede admitir una identidad *simpliciter* de la naturaleza con Dios. Cuando menos hiere el díscolo de lo irracional. "La identificación senequista de Dios y naturaleza hay que considerarla, pues, con más cautela de lo que se suele, y ver que la noción que Séneca tiene del término *natura* no tolera el panteísmo que incluye una visión monístico-inmanentista" (García Rúa, p. 200).

4.1.2. La ley

¿Se identificará entonces Dios con la ley de la naturaleza? Si la razón consiste en la imitación de la naturaleza, el bien del hombre estará en acomodarse a su ley, a su voluntad: "porque no hay bien sin razón, y la razón va en pos de la Naturaleza. ¿Qué es, pues, la razón? La imitación de la Naturaleza. ¿Qué es el sumo bien del hombre? acomodarse a la voluntad de la Naturaleza" (p. 558; Carta LXVI).

La naturaleza, en efecto, al igual que Dios, gobierna este mundo y produjo al hombre, a quién engendró amante, lo creó magnánimo, formó su alma y lo armó con la razón que es parte del espíritu divino (p. 715; Carta CVII), siendo la razón divina la que manda sobre todas las cosas (p. 656-657; Carta CXII). La naturaleza "hizo al hombre derecho... hábil para la contemplación" (p. 301; De la vida retirada, 5).

Y por ello la naturaleza es digna de acción de gracias (p. 783; Cuestiones naturales, I), pues "el mayor beneficio que hemos recibido de la Naturaleza es que la virtud hace penetrar su lumbre en todas las almas" (p. 362; De los beneficios, IV, 17) ya que "puso los cimientos y la semilla de las virtudes" (p. 717; Carta CVIII) de tal modo que nadie pueda estar tan apartado de la "ley natural" (p. 362; De los beneficios, IV, 17) que no sea solicitado a convertirse a la naturaleza, a retornar a la ley de la naturaleza, a obedecerla, a vivir según la naturaleza (p. 673; Carta XCIV), que no es otra cosa que seguir a Dios (p. 366; *De los beneficios,* IV, 25).

La naturaleza "no quiso que nuestra ley fuese distinta a la suya" (p. 492; Carta XXX), "la ley divina, a cuyo dictado marcha el Universo" (p. 591; Carta LXXVI). Y en el campo abierto entre la entrada para la vida que hizo la ley eterna y las muchas salidas que decretó (p. 568; Carta LXX), "la Naturaleza nos custodia" (p. 569; Carta LXX).

Y también será la naturaleza la que según la ley del universo reclame nuestra vida para mezclarse con ella en el retorno al gran todo (p. 290; De la vida bienaventurada).

Parece, por tanto, que Dios se identifica con esa ley de la naturaleza universal racional, con una especie de providencia que sostiene todos los estadios de la vida del hombre, la providencia que "preside el universo" (p. 175; De la providencia, I), a cuya voluntad el hombre debe doblegarse, acomodarse para encontrar la felicidad racional del bien, "pues lo mismo es vivir bienaventuradamente que vivir según la Naturaleza" (p. 282; De la vida bienaventurada, 8). Hay que seguir su caudillaje pues a ella observa la razón (p. 282; De la vida bienaventurada, 8).

4.1.3. La fortuna

Pero en este momento entra en danza la cara oculta de esa ley providente de la naturaleza que declara la lucha en el corazón de la misma y disuelve la apariencia de la identidad establecida: la fortuna. Y así, al final, la ley indicará presencia, no identidad.

Una tensión recorre muchos pasajes en los que el azar de la fortuna incontrolable se enfrenta al orden de la ley infalible y eterna que la naturaleza establece y se opone al cuidado de los dioses, aunque pueda ser vencida por el sabio con la virtud en aras de la libertad (p. 574; Carta LXXI).

La tensión es tal que tantas veces triunfa el hado cruel llevando a un violento fatalismo (p. 124, Consolación a Madre Helvia, 15). Y sin llegar tan lejos, "buenos y malos sin distinción son vejados de la misma manera" (p. 143; Consolación a Marcia, 16). En ocasiones un extraño maridaje de mal y necesidad, "único es el alivio de los grandes males: padecerlos y resignarse a la inevitable necesidad" (p. 94; De la ira, III, 16), parece diluir el esfuerzo del hombre contra el hado. Y el hado con todo su determinismo, para nosotros indeterminado, llega a fundarse en el orden eterno que encadena todos los sucesos (p. 183; De la providencia, 5), hasta tal punto que el deber del hombre virtuoso es abandonarse al destino: "Tiempo ha que fue decretado cuánto has de gozar, cuánto has de llorar, y por más que parezca ser muy diferente la vida de cada uno, en fin de cuentas, se reduce a este solo punto: fallecederos, recibimos cosas fallecederas. ¿Por qué, pues, nos indignamos? ¿De qué nos quejamos? A eso nacimos. Emplee la Naturaleza a su antojo unos cuerpos que ella formó. Nosotros, contentos en cualquier contingencia, contentos y fuertes, pensemos que nada muere que sea nuestro. ¿Cuál es el deber del hombre virtuoso? abandonarse al Destino. Es consuelo grande ser arrebatado a par del universo" (p. 183-184; De la providencia, 5).

Grave problema el del mal, que hace tambalearse los cimientos del edificio senequista. Hasta Dios mismo queda inexorablemente ligado a los decretos del Destino que Él dictó, "a este mismo poder están los dioses inflexiblemente obligados" (p. 184; De la providencia). El hecho del mal le lleva a menoscabar la omnipotencia divina antes que se abra el resquicio de la duda ante la bondad divina: Dios ni quiere ni puede hacer el mal (p. 681-682; *Carta XCV)*. Y una muestra de ello es su indignación contra aquellos que justificaron el pecado de los hombres creyendo pecadores a los dioses (p. 295; De la vida bienaventurada, 26).

Pero en cualquier caso el mal está. ¿De dónde viene? No es la causa el artífice.

"¿Qué es lo que Dios puede hacer? ¿Crea Él la materia que ha de menester o utiliza la que ya halló existente? ¿Cuál de las dos es primera que la otra: sobrevino la razón a la materia o la materia a la razón? ¿Realiza Dios todo cuanto quiere? ¿Se denuncian sus obras por muchos respectos: o muchas cosas salen defectuosas de las manos de este artista sumo, no porque sea impotente su arte sino porque la materia sobre la que labora es indócil a su arte? (p. 785-786; Cuestiones Naturales, I).

Es la materia quién lo limita: "no puede el artífice cambiar la materia, es ella la que lo comporta" (p. 184; De la providencia, 5).

Y si nos encontramos con el mal, ¿qué hacer con él? Séneca encuentra una salida práctica. El mal, sin dejar de serlo, se puede aprovechar para el bien, puede ser transfigurado en bien. El mal puede tener un sentido educativo visto a la luz del padre que castiga-endereza a su hijo para que encuentre el camino de la virtud. Así Dios guía al hombre virtuoso para que se fortalezca en las pruebas de la fortuna hasta alcanzar el sumo bien viviendo según la naturaleza. "Pasar por la vida sin alguna dentellada en el alma, es ignorar la otra mitad de la naturaleza... mira Dios por aquellos que quiere que sean los más gloriosos, dándoles coyuntura de hacer algo animoso y fuerte, para lo cual es menester alguna dificultad: conocerás en la borrasca al piloto, en el combate al soldado... los dioses aplicaban al alma como estímulos. La adversidad es ocasión de virtud" (p. 180-181; De la providencia, 4). "Entiende tú esto mismo de Dios, el cual no mantiene en las delicias al hombre bueno, sino que le prueba, le endurece y le prepara para sí" (p. 176; De la providencia, 1). "Dios tiene por los buenos un corazón de padre y los ama varonilmente" (p. 177, De la providencia, 2).

Y así el hombre hace algo digno de Dios. "He aquí un duelo digno de Dios: el varón fuerte luchando a brazo partido contra la fortuna adversa" (p. 177; De la providencia, 2).

Todo este discurso nos lleva a concluir que si no se puede admitir una identidad *simpliciter* de la naturaleza con Dios, mucho menos cuando se la considera marcada por la polaridad ley-fortuna, providencia-hado. Pues aunque, al menos intencionalmente y frente a la tradición estoica (García Rúa, p. 202), la tensión se resuelva a favor de la providencia, en cualquier caso este dramatismo dual (diabólico) de la naturaleza no puede agotar, ni siquiera conformarse con la inmensidad de la bondad divina, razón perfecta. La razón última de esta imposibilidad la encontramos en el dualismo que rasga la metafísica senequista (Ortega Muñoz, p. 306-308; García Rúa, p. 207). Dios no se identifica sin más con la naturaleza, ni con la providencia, y menos con el hado. Encontramos el dualismo, que es también oriental además de platónico, aunque en el tratamiento de la materia nos aleja del fatalismo radical de las corrientes gnósticas cercanas.

De todos modos el problema no está resuelto: "De la misma manera llámale Naturaleza, hado, fortuna; todos son nombres de un mismo Dios en uso de su poder de varias maneras" (p. 358; De los beneficios, IV, 8). Podría leerse como recurso sofístico, pero nos permite seguir profundizando.

Indaguemos en las relaciones de Dios con el hombre por si encontramos pistas que desvelen como presencia la aparente identidad de la naturaleza con Dios, de tal modo que ésta resulte el principio concreto del proceso epistemológico que nos remonta a la hondura de Dios.

4.2. Dios-hombre

El problema de Dios es objeto propio de la filosofía. El sabio se sumerge en el conocimiento de las cosas divinas para conformarse a Dios en la bienaventuranza, viviendo en el reconocimiento cultual de su bondad y señorío.

4.2.1. El conocimineto

La filosofía, ciencia de las cosas divinas y humanas presagió la existencia de Dios: "barruntó la existencia de un ser mayor y más hermoso que la Naturaleza hurtó a nuestras miradas" (p. 783; Cuestiones naturales, I).

La filosofía discierne las ambigüedades de la vida, y tras habernos librado de las tinieblas, adentrándonos en las *intimidades* de la naturaleza, "nos conduce al manantial y venero de la luz" (p. 783; Cuestiones naturales, I).

El sobrecogimiento ante las maravillas de la naturaleza y el asombro ante el hombre virtuoso son indicadores de un álito divino. En la epístola 41 la contemplación de la naturaleza, que testifica alguna divinidad, y del hombre, que no puede sino ser movido por la fuerza de un poder divino, marca el camino de la sabiduría en su larga peregrinación hacia "conocer lo desconocido" (p. 301, De la vida retirada, 5), una marcha en la que "pase de lo manifiesto a lo oscuro y descubra algo más antiguo que el mundo" (p. 302; De la vida retirada, 5). Una peregrinación en el placer de la contemplación de la naturaleza (p. 657, Carta XCII).

Una aventura en la que rebrota con nueva fuerza el objeto de la filosofía en la pregunta por el origen de todo, búsqueda de las verdades augustas que justifican el haber nacido: "aprendo cuál sea la materia del universo, quién su autor y su custodio; qué es Dios; si está todo entero concentrado en sí mismo o si de vez en cuando vuelve a nosotros sus miradas; si crea todos los días o si creó una vez por todas; si es porción del mundo o si es el mundo mismo; si le es hacedero aun hoy tomar nuevas decisiones y mellar en algún punto la inflexible rigidez de los hados o si es una mengua de su majestad y una confesión de su error haber hecho alguna cosa susceptible de enmendarse" (p. 783; Cuestiones naturales, I).

Una indagación que incluso vale como arma arrojadiza en discurso sofístico con el insensato que no sabe interpretar las cosas divinas (p. 581; Carta LXXIV), los beneficios de Dios: "¿de dónde?" es la pregunta que encabeza el recorrido por las cosas que el hombre tiene comenzando en las privadas y terminando en la riqueza común de la naturaleza (p. 356; De los beneficios, 5).

Es la razón, partícula de lo divino chispeante en el alma del hombre (p. 555, Carta LXVI), la que, siendo común a los dioses (p. 660; Carta XCII) y acompañada de la sabiduría, nos lleva al conocimiento de lo divino, y de todo: "declara quiénes son los dioses y cuál es su Naturaleza, qué es el mundo soterraño, qué son los lares y los genios, cuál es la condición de las almas inmortales que tienen el segundo lugar después de los dioses, en dónde moran, en qué se ocupan, qué pueden, qué quieren. Estas son sus iniciaciones, por las cuales nos abre un templo, no un templo cualquiera en una ciudad cualquiera, sino el templo del mundo, el templo magnificente de todos los dioses, cuyas verdaderas imágenes, cuyas representaciones verdaderas mostró a los ojos de nuestras almas; pues para tan grandes espectáculos es boto el ojo corporal. De aquí vuelve a los principios de las cosas, a la razón eterna incorporada en el todo y a la virtud seminal que da a cada cosa la forma propia" (p. 650; Carta XC). En el tema de la virtud seminal encontramos un antecedente de la doctrina agustiniana de los principios germinales. "El sabio conoce el principio constitutivo de los cuerpos celestes, cuál sea su fuerza y cuál su naturaleza" (p. 638; Carta LXXXVIII).

Finalmente, resulta que la creencia en Dios es la constatación de un hecho universal, pues "no hay nación echada hasta tal punto fuera de la ley y de la moral, que no crea en ningún Dios", constatación que es fundada en una interpretación que aparece con la categoría de hecho: "colegimos la existencia de Dios del hecho que esta creencia es innata en todos los hombres"(p. 742; Carta CXVII).

O más bien, el hecho de la creencia innata reforzado por la universalidad de la creencia, vienen a concluir la existencia de Dios. La creencia en Dios es común e innata. Sería interesante un estudio en relación con Descartes.

El problema de Séneca no va a ser la existencia, pues en sus escritos se revela la hondura de su relación con Dios. El problema está en ésta relación, es problema de cercanía y distancia, como el de toda relación (personal); es el esfuerzo de aquilatar la presencia (p. 506-507; Carta XLI), sabiendo que al término Dios, con más razón que cualquier otro, se nos escapa, dejándonos en la incertidumbre de *cuál Dios* sea, de qué (o quién) es Dios, un Dios resueltamente incognoscible. "Nadie conoce a Dios" (p. 494; Carta XXXI).

Y no es extraño, pues la misma "Naturaleza es entendida más fácilmente que no explicada" (p. 757; Carta CXXI). "La Naturaleza no entregó sus misterios de un sólo golpe" (p. 909; Cuestiones naturales, VII, 30).

Y así, Dios se nos esconde. "El, que es la parte más grande de su obra y la mejor, se ha robado a nuestra vista; tenemos que verle con el pensamiento... se rige a sí mismo, y para nadie es accesible sino para el alma... Lo que hay más grande en el mundo, Dios, se nos esconde" (p. 909; Cuestiones naturales, VII, 30).

Nadie conoce a Dios y sin embargo todo hombre se encuentra con el reto de conocer la voluntad de los dioses para seguir el camino de la virtud, de conocer a Dios para hacerse digno de Él (p. 183; De la providencia, 5), conformarse con Él.

4.2.2. La conformación

La filosofía, que instruye el hacer de la tierra indicando lo que se hace en el cielo (p. 783; Cuestiones naturales, I), será nuestra defensa en la batalla de la vida. "Ella nos exhortará a obedecer a Dios de buen grado y a resistir a la Fortuna, con una férrea obstinación; ella te enseñará a que sigas a Dios" (p. 464; Carta XVI).

Porque "nada hay más divino que lo divino" (p. 555; Carta LXVI) y todo bien es divino, el hombre para llegar a la virtud, que es la razón perfecta, ha de seguir a Dios, de quien todas las cosas proceden, querer cosas dignas de dioses (p. 767; Carta CXXIV). Ha de hacerse a sí mismo digno de Dios, levantarse a la altura de Dios (p. 468; Carta XVIII). "Esto es, efectivamente, lo que me promete la filosofía: hacerme igual a Dios" (p. 518; Carta XLVIII).

El hombre imita a Dios porque lo entiende (p. 71; De la ira, II, 16). El sabio vive en la vecindad de Dios, igualándose en todo excepto en la duración de la vida, e incluso superándolo en la felicidad de tener por esfuerzo lo que Dios por naturaleza (p. 113; Consolación a Madre Helvia, 5). El hombre supera a Dios en la felicidad de vencer la adversidad (p. 185; De la providencia, 6). El hombre bueno vive en la amistad de Dios (p. 176; De la providencia, 1). "Obedecer a Dios es libertad" (p. 287; De la vida bienaventurada, 15).

Pero no basta el seguimiento en la imitación. Para igualarse a Dios, para alcanzar la bienaventuranza de la virtud consumando la razón en razón perfecta, hay que conformarse a Dios: "No obedezco a Dios sino que me conformo con Él; sígole por voluntad, no por necesidad" (p. 685; Carta XCVI). "No sufro ni coacción ni violencia, ni soy mandado por Dios, sino que me conformo con él" (p. 183; De la providencia, 5). Es posible socavar, y deshacer la interpretación panteísta con las propias palabras de Séneca (Rábade, p. 149). La distinción entre el carácter personal e impersonal de la razón, donde se tocan lo finito y lo infinito, le ha salvado del panteísmo (Castro & Fernández, p. 27). Rúa llega más lejos: "Las experiencias de la divinidad, en Séneca, se desarrollan en el marco de la creencia en un Dios personal y de relaciones personales del hombre para con Dios" (García Rúa, p. 207). El hombre, que va (descubre) a Dios en su interioridad, en el proceso de vuelta, conoce su propia interioridad a la luz de Dios. "La conciencia, mostrando nuestra realidad, nos la muestra en la realidad divina, como el efecto está en la causa, como lo fundado está en el fundamento; nos dice que somos de Dios, no que somos dioses" (Castro & Fernández, p. 27). Y lo que se muestra de manera inmediata: la experiencia de lo religioso (lo divino) en la constitución de la vida cotidiana, como describe John Dewey (Patiño, p. 173).

En este esfuerzo de con-formación el hombre se separa de la irracionalidad y se asocia con Dios encontrando su bien en la razón perfecta (p. 767; Carta CXXIV). Por eso el hombre debe dar gracias a Dios, por todos los beneficios que le da; porque todo cuanto tiene, y hasta la vida misma es beneficio suyo (p. 645; Carta XC), ha de rendirle el culto propio de su señorío.

4.2.3. El culto

Un culto a Dios que sólo da el que lo *conoce*, y que consiste primeramente en creer en él, en tenerlo en cuenta, en tomarlo en serio. "El primer culto a los dioses es creer en ellos; luego, reconocer su majestad y su bondad, sin la cual no hay majestad posible; saber que son ellos los que presiden el mundo, que con su poder lo atemperan todo, que son amparo y defensa del género humano, si bien a veces descuidan los individuos. Ellos ni dan mal ni lo tienen; por lo demás, castigan a algunos y los reprimen y les infligen penas y los sancionan con bienes aparentes" (p. 681-682; Carta XCV). El verdadero culto es tener una idea justa de Dios, "bienhechor gratuito que todo lo tiene y que lo da todo" (p. 681; Carta XCV).

Sólo una imagen verdadera de Dios puede llevar a una praxis auténtica. Es grave la incidencia práctica de las falsas imágenes pues eliminan la distancia que dinamiza el esfuerzo del hombre hacia el bien como llamada en los dioses, acomodándolos al hado maligno que parece reinar en el mundo de los hombres (p. 294-295; De la vida bienaventurada, 26).

Es mejor ni siquiera acordarse de cuando los dioses eran de barro, y detestar la práctica de los necios que levantan las manos al cielo pidiendo al sacerdote entrar en el templo para hablar a las orejas de las estatuas (p. 494; Carta XXXI).

Es verdad que Júpiter tiene un templo, y que hay un tributo, y un orden sacerdotal que custodia lo sagrado, y unos ritos antiguos y nuevos (p. 201; De la tranquilidad del alma, 10), pero es más verdad que el verdadero templo de los dioses es el mundo y la razón su sabiduría.

Hay que vivir agradecidos a los dioses, y se puede pedir a los que nos custodian con tal de no fatigarlos con la machaconería (p. 591; Carta LXXVI). Pero es denigrante enfadarse con ellos a causa de la envidia por el bien ajeno (p. 102; De la ira, III, 31). Conviene tener propicios a los dioses, ser bueno, darles culto en la imitación (p. 682; Carta XCV).

Podríamos continuar haciendo indicaciones. Basten éstas para concluir que la comparecencia del hombre en el terreno de Dios (que nos ocupa) nos arranca, en principio, de la marisma de la identidad injertándonos en el campo de la presencia como llamada liberadora hacia la igualación en la razón consumada, virtud perfecta de la bienaventuranza.

5. CONCLUSIONES

Nos hemos acercado a la cuestión de Dios en Seneca desde una perspectiva educativa, con la intención innovadora de mostrar la potencia de su pensamiento en el quicio fontal del proceso educativo en el que se fragua el *por-venir* dinámico de autorealización personal, y social, en que consiste la educación, como un desbordamiento de realidad de la realidad personal humana en el mundo, hasta más allá del límite, en y desde muy dentro.

Hemos indagado, en Séneca y con Séneca, en dos elementos constituyentes de su discurso: la naturaleza y Dios, el hombre y Dios, intentando mostrar los fundamentos de una reflexión práctica educativa. El objetivo del presente trabajo es mostrar el fundamento educativo que subyace en el discurso de Séneca cuando aborda la naturaleza y el hombre encontrándose con lo divino.

Investigamos en las relaciones de Dios con el hombre por si encontramos pistas que desvelen como presencia la aparente identidad de la naturaleza con Dios, de tal modo que ésta resulte el principio concreto del proceso epistemológico que nos remonta a la hondura de Dios. El problema de Dios es objeto propio de la filosofía. El sabio se sumerge en el conocimiento de las cosas divinas para conformarse a Dios en la bienaventuranza, viviendo en el reconocimiento cultual de su bondad y señorío. Concluimos que la comparecencia del hombre en el terreno de Dios (que nos ocupa) nos arranca, en principio, de la marisma de la identidad injertándonos en el campo de la presencia como llamada liberadora hacia la igualación en la razón consumada, virtud perfecta de la bienaventuranza, fundamento del deseo, dinamismo de la realidad educanda.

Esta tensión identidad (Naturaleza-Dios) y presencia (Dios-hombre) abre el horizonte a otro trabajo, como prospectiva, en que se se articularán los elementos en la complejidad que implica el mundo y Dios, Dios-en-el-mundo, intentando mostrar la potencia del deseo humano de realización en la constitución de la realidad personal humana como realidad educable (Kant, p. 29). La presencia de Dios en el hombre y su identidad con la Naturaleza abren la perspectiva de una educación en valores centrada en-el-hombre-en-el-mundo.

6. REFERENCIAS

Castro y Fernández, F. (1981). *Discurso leído en la apertura del año académico de 1981 a 1982 en la Universidad de Sevilla.* Universidad de Sevilla.

García Rúa, J. L. (1976). *El sentido de la interioridad en Séneca. Contribución al estudio del concepto de "modernidad".* Secretariado de publicaciones de la Universidad de Granada.

Kant, I. (1983). *Pedagogía.* Akal.

Ortega Muñoz, J. F. (1983). La metafísica y el problema de Dios en la filosofía de Séneca. *Analecta Malacitana, 6*(2), 301-316.

Patiño, M. (2019). La dimensión religiosa de la vida cotidiana según John Dewey. *Ideas y Valores, 68*(170), 171-186.

Rábade Romeo, S. (1966). La metafísica en Séneca. *Estudios sobre Séneca.* Consejo Superior de Investigaciones Científicas, 141-158.

Séneca, L. A. (1957). *Obras completas.* Editado por L. Riber. Aguilar.

LA DIVULGACIÓN DE LA ARQUEOLOGÍA EN TITULARES: VERACIDAD FRENTE A DESINFORMACIÓN

Carlos Maciá-Barber[1]

Acción financiada por la Comunidad de Madrid a través de la línea de Excelencia del Profesorado Universitario del Convenio Plurianual con la UC3M (EPUC3M25), en el marco del V PRICIT (V Plan Regional de Investigación Científica e Innovación Tecnológica).

1. INTRODUCCIÓN

La naturaleza humana se ve atraída por lo misterioso, lo fantástico, lo oculto. Desentrañar los secretos del pasado despierta de por sí atraer audiencias. Dado que la mayoría de la ciudadanía carece de formación especializada, su exposición a la ciencia arqueológica y sus avances científicos acontece básicamente gracias a las obras de divulgación o a través de los medios de comunicación, no gracias a las publicaciones académicas. En un siglo XXI dominado por la interacción que vehiculan las redes sociales, sin regulación ni referentes deontológicos, es crítico el riesgo de convertirnos en víctimas de la desinformación.

El fenómeno de la pseudoarqueología no es nuevo: es amplio el repertorio de autores clásicos, como Von Däniken, Pauwels, Bergier, Temple, Hancock o J.J. Benítez que en las páginas de sus obras difunden un realismo mágico o vierten fabulosas conjeturas infundadas. Estas corrientes falsamente alternativas encuentran una sustanciosa y fiel audiencia que se agiganta desde el espectro televisivo gracias a canales populares como History Channel, donde se distorsiona la ciencia mediante contenidos en apariencia inocentes que rebosan fuentes pseudocientíficas (*Alienígenas, Grandes misterios de la historia, Los archivos secretos del Vaticano*) o del mítico National Geographic (*En busca de ovnis*).

Desde finales del siglo XX es creciente la petición desde el colectivo profesional de los arqueólogos para asentar y consolidar los vínculos entre la arqueología y el periodismo (Carmona, 2006), una relación posible y deseable (Ruiz Zapatero, 1996), y superar sus reticencias y temor a la prensa ante el miedo a que declaraciones y resultados se tergiversen, empañando la tarea de periodistas bien formados y éticos que luchan en defensa de la conservación del patrimonio (Vaquerizo, 2015). La amenaza reside en la proliferación del sensacionalismo, la viralidad de las redes sociales, el fenómeno del *clickbait* y la exigua

1. Universidad Carlos III de Madrid (España).

tasa de alfabetización mediática, fallas que emplazan a consolidar pautas éticas que aseguren el rigor en la información que difunden las empresas periodísticas.

Efectivamente, las iniciativas de verificación demuestran la necesidad de ser prudentes ante los mensajes y exigir una sólida calidad en los contenidos. Maldita Ciencia desmintió en 2020 la imagen viral de una supuesta destrucción de la glándula pineal de los esclavos del antiguo Egipto, cuando se representaba en verdad una intervención oftalmológica procedente de la ilustración "Construyendo un Catafalco, Tumba de Ipuy", realizada por el egiptólogo y copista Norman de Garis Davies (Metropolitan Museum of Art de Nueva York). Y en 2023, con motivo del estreno de un documental en Netflix, Newtral abordó el cíclico debate sobre el origen racial de Cleopatra.

2. OBJETIVOS

La investigación persiguió como propósito cardinal determinar el grado de adecuación o de vulneración de los principios que se recogen y de las pautas que se contemplan en los principales códigos deontológicos y los acuerdos sectoriales, tanto en España como a escala internacional, en el específico campo de la divulgación de la ciencia, con relación a los géneros periodísticos informativos e interpretativos: noticia, crónica, reportaje y entrevista. El objetivo específico fue el análisis de los titulares de los mensajes informativos.

El ámbito temático científico en que se centró el estudio fue el de la arqueología, desde sus múltiples facetas (investigación, patrimonio, turismo, museología) y su quehacer en las sucesivas etapas del devenir de la humanidad (prehistoria, historia antigua, historia medieval, historia moderna e historia contemporánea).

3. MARCO TEÓRICO

El primer compromiso ético del periodista es el respeto a la verdad, médula del quehacer periodístico (Federación de Asociaciones de Periodistas de España, 2007). No hay información si no hay verdad. El objetivo es elaborar un relato honesto de la realidad que le es posible alcanzar al reportero. Y la férrea voluntad de procurar alcanzarla asemeja al periodista con el científico, en la medida en que busca la precisión en la información que transmite y en aplicar una metodología para asegurar la validez de los datos recabados. Por tanto, la primera y principal batalla se centra en combatir el error mediante el rigor.

En la presente investigación se estimaron las siguientes variables vinculadas al principio de veracidad:

a) **Falsedad**. Investigadores y periodistas tienden a compartir la idea de que la objetividad es deseable y alcanzable, pero su conceptualización es disímil según los temas que abordan, su adscripción a las diferentes áreas de conocimiento o a su pertenencia profesional (Post, 2015). En periodismo ya no se alude a la objetividad (el "mito objetivista" de dar voz a las partes enfrentadas como sinónimo de reflejo objetivo de la realidad), sino sobre todo a la honestidad, porque lo sustancial de la mentira es la intrínseca voluntad de causar un daño en el otro de un modo consciente.

b) **Conjetura**, **especulación**, **rumor**. El periodismo, como interpretación sucesiva de la realidad social (Gomis, 2008), se abre al juicio que se forma de algo por indicios u observaciones (conjeturar), pero al tiempo a la imprudencia de conjeturar sobre algo sin conocimiento suficiente (especular), o a reflejar el rumor ("la voz que corre entre el público"), de modo ingente y desbocado por culpa de las redes sociales. Un reportero, cualquiera que sea su ámbito de trabajo o su especialidad, debe saber que la conjetura es una suposición que, de modo similar al mundo matemático o físico, quedaría pendiente de probar o refutar. Y al ciudadano debería quedarle siempre clara la naturaleza de una información con esa cláusula pendiente.

El rumor ha sido calificado como el medio de difusión más antiguo del mundo (Kapferer, 1989). El ruido de la calle o la filtración pueden —y dado el caso, deben— servir para iniciar una indagación al periodista, precisamente encaminada a tratar de alcanzar el máximo de verdad. Pero ni siquiera su mera existencia es noticiable. Los códigos deontológicos no dejan lugar a dudas: el rumor no es noticia.

c) **Precisión, exactitud**. El rigor al facilitar los datos a la audiencia es un requisito inexcusable. Ni pueden transcribirse mal, ni resultar inexactos, ni mudarse de forma errónea, ni resultar incompletos. Pero esta exigencia no cabe reducirla al lenguaje matemático. Un principio clave en la transmisión de la información reside en emplear el lenguaje con la máxima exactitud, que sea preciso y, al mismo tiempo, entendible. Un camino apropiado para reducir la posibilidad de error y de poder ajustar el relato a la realidad es huir de la vaguedad y de lo genérico, facilitando claridad y nitidez.

El eufemismo, por ejemplo, ha de desterrarse. En la calle sobreviene, como en la práctica de ciertos periodistas, esa manifestación suave o decorosa de ideas que si se expresan de modo franco resultan duras. Pero enmascarar o dulcificar la realidad no deja de ser faltar a la verdad, ni tampoco contribuye a una verdadera mejora social.

d) **Fuentes**. La información de la que dispone un reportero la obtiene por encontrarse en el lugar de los hechos, como testigo directo; por el relato o la declaración de un tercero, o por la consulta de un documento. El ciudadano tiene derecho a saber en toda circunstancia de dónde procede la información. Por consiguiente, el ideal periodístico es citarlas e identificarlas siempre que se pueda. Si el periodista está poco familiarizado con las fuentes académicas y carece de la ayuda o de la asesoría de un experto se expone al riesgo de caer en las redes de desaprensivos que vulneran los procesos de divulgación científica manipulando la evaluación de su calidad (Mercedes, 2016): revistas depredadoras (*predatory journals*), revistas secuestradas (*hijacked journals*), falsos factores de impacto, falsos evaluadores, secuestro de artículos (*hijacked papers*), artículos falsos o textos generados por ordenador (ChatGPT).

Hay que estar atentos a la omisión de fuentes. Cuando no se consigue contacto con una fuente jamás debiera insinuarse o aparentar que se trató de localizarla sin conseguirlo. Si se intentó y se fracasó, convendrá detallar las gestiones emprendidas con tal objetivo (la "debida diligencia"). No resulta banal señalar a los públicos las circunstancias en las que el periodista contacta con una fuente. La interrelación directa posibilita profundizar en la búsqueda de la verdad gracias a la percepción de la comunicación no verbal del sujeto o la facilidad para poder repreguntarle, por ejemplo. Basta una concisa referencia contextual para indicarlo (entrevista por correo electrónico o por WhatsApp).

e) **Contexto**. Todo mensaje superficial está abocado a la mediocridad, a incumplir su función informativa. Cuanto mayor sea el contexto y más se profundice en los hechos y los acontecimientos, más y mejor satisfacción del derecho a la información del ciudadano. Para evaluar de manera crítica la veracidad de una información algunas preguntas útiles se encaminarían a: a) Contrastar los hechos. El público ha de tener suma precaución cuando se omita alguno de estos detalles: ¿Quién? ¿Qué? ¿Dónde? ¿Cuándo? ¿Cómo? ¿Por qué? b) Determinar la procedencia. ¿Está clara la autoría? ¿El autor posee credibilidad? ¿Es una fuente experta? c) Comprobar la disponibilidad de un contexto. ¿Se aportan antecedentes? ¿Se citan evidencias? ¿Está completa la historia? d) Discernir posibles intereses. ¿Quién se podría beneficiar del mensaje? ¿A quién puede perjudicar? e) Apreciar los límites. ¿Qué

falta? ¿Son verificables todas las fuentes? ¿Se apuntan intereses ideológicos o mercantiles?
f) Determinar el enfoque predominante. El mensaje, ¿informa, entretiene, persuade? ¿Busca adeptos o consumidores?

Fomentar un sano escepticismo se orienta a combatir el denominado "dragado de datos" (*data dredging*), la práctica de manipular los datos para mostrar un significado estadístico deseado; por lo general, uno que beneficia o valida a los patrocinadores del estudio. Por ello, resulta obligado el contraste de toda declaración que se acompaña de datos, en particular, cuando resulte llamativa.

f) **Transparencia**. Partiendo del supuesto de que la ciencia es una actividad beneficiosa para la sociedad, se da por sentado su carácter legítimo, independiente y desinteresado. Por ello tiende a dejarse de lado el aspecto financiero que sustenta toda investigación, sea pública o privada. Sucede algo similar con la actuación de los medios, al entender que suponen un servicio público orientado a la satisfacción del derecho a la información del ciudadano. Por consiguiente, parece que no importara de dónde sale el dinero que financia un estudio o qué institución o qué empresa lo apoya. El menoscabo de la transparencia en reflejar posibles intereses ocultos ciega en buena parte la interpretación y valoración por parte del destinatario.

g) **Sensacionalismo**. La tendencia a producir sensación, emoción o impresión a través del mensaje causa estragos —sea con el tratamiento, con el lenguaje, mediante los contenidos, a través de las imágenes o usando los sonidos—. Además de atentar contra la veracidad y, en ocasiones, incluso vulnerar derechos fundamentales, provoca al fin y al cabo en el destinatario una grave desconfianza hacia el autor que elabora la pieza y el medio que la difunde.

Precisamente la espectacularización de la información sobre ciencia es una causa de la decadencia de las secciones especializadas en los medios tradicionales (Cortiñas y Alonso, 2014 p. 413-415). Ocurre cuando el medio opta por lo frívolo, lo episódico, lo trivial, lo anecdótico para ahorrar costes y evitar el descenso de audiencias. ¿Por qué no abandonarse en manos de lo compartido por los públicos en las redes sociales, garantía de un interés previo, más si está dotado de imagen y de movimiento? Porque la ciencia ya no es "seria" (mejor lo alternativo), ni es "serio" el corsé de los géneros periodísticos (la hibridación y la ruptura de moldes es lo "moderno").

h) **Distinción entre información y opinión**. Desde antaño, se asienta en el periodismo una tradición profesional, deontológica y científica de considerar dos ámbitos propios y característicos en la cobertura periodística: el territorio de la noticia y el de la interpretación, cuyos mensajes divulgan e interpretan hechos, frente al comentario, cuyo fin es difundir ideas. Esta perspectiva se conoce en la tradición anglosajona como la dualidad *story* (relato) y *comment* (juicios de valor). La mixtura inadvertida o indiscriminada de ambas esferas deja indefensa a la audiencia porque se vulneran los códigos implícitos y explícitos de los géneros periodísticos. Kovach y Rosenstiel (2003 p. 219) señalan que el reportero concibe en demasía la narración periodística como "escribir desde un punto de vista personal", intercalando "sus propias impresiones y opiniones, como si fuera un apuntador de teatro", lo que pudiera incluso ocultar la verdad, advierten.

El juicio posee naturalezas diversas. Ignorar sus categorías o vulnerar la restricción que impone el género en cada caso implica convertir la noticia, el reportaje o la crónica en un texto editorial, persuasivo. El pacto explícito con la ciudadanía queda roto al subvertir el código normativo con que se interpreta el mensaje. Por consiguiente, el periodista deja de servir a los públicos para servirse de ellos.

La Resolución 1.003 sobre ética del periodismo aprobada por la Asamblea Parlamentaria del Consejo de Europa (1993) establece que el principio básico de toda consideración ética del periodismo debe partir de una clara diferenciación entre noticias y opiniones, evitando cualquier confusión. Esta salvaguardia se orienta a proteger el derecho del ciudadano a la información, razón última del quehacer de todo reportero. A modo de síntesis de los principios deontológicos pautados, esta disgregación de información y opinión debe ser clara, nítida y escrupulosa, en todos los soportes y en cualquier área informativa. Los juicios del periodista recalan, por consiguiente, en una parcela propia: la sección y los géneros de opinión. No está obligado el reportero a ser neutral sino a deslindar conjetura, interpretación y opinión.

4. METODOLOGÍA

La muestra objeto de estudio se extrajo de los dos diarios españoles que encabezan la clasificación nacional de la prensa digital conforme a su reputación: *El País* y *ABC* (SCImago Media Rankings, 2023). Se seleccionaron todos los mensajes periodísticos vinculados a la cobertura informativa de tinte arqueológico (n=103). Con independencia del género periodístico al que se adscriben, se extrajeron las piezas periodísticas difundidas durante los dos primeros meses de 2023 (del 01/01 al 28/02) (*El País*=42; *ABC*=61). Del conjunto de titulares se analizaron las diversas unidades lingüísticas que lo integraban, desde las vertientes morfológica y sintáctica.

Para la selección de cada unidad de análisis se atendió a las etiquetas troncales empleadas en cada diario. En el caso de *El País* fueron "Arqueología", "Restos arqueológicos", "Hallazgos arqueológicos", "Paleontología", "Pirámides Egipto", "Evolución humana", "Patrimonio cultural", "Exposiciones", "Patrimonio arqueológico", "Antiguo Egipto", "Patrimonio de la humanidad" y "Libros". En *ABC*, se recurrió a los rótulos "Arqueología", "Arqueología subacuática", "Patrimonio cultural", "Momias", "Cementerios", "Museos", "Museo Arqueológico Nacional", "Cuevas", "Historia", "El imperio romano", "Antigua Roma", "Funerarias" y "Pecios").

El examen se centró en el titular, recurso nuclear para atraer el interés inmediato del lector y que es determinante de la interpretación del texto, ya que proporciona datos relevantes acerca de los valores e ideologías de los periodistas y de los periódicos, y, en especial, del modo en que los lectores entenderán y usarán la información para elaborar su conocimiento y opiniones acerca de la "realidad" (Van Dijk, 1983 p. 78).

Para el estudio, se creó una batería de variables vinculadas con el principio de veracidad, que se extrajeron de los códigos o normativas deontológicos de referencia internacional (n=3), los generales en España (n=3), los específicos de los medios examinados (n=4) y los documentos especializados en comunicación pública de la ciencia (n=1). Los ítems cristalizaron en categorías como "Falsedad", "Conjetura", "Especulación", "Rumor", "Precisión", "Fuentes", "Contextualización", "Transparencia", "Sensacionalismo" y "Opinión". Junto a las variables deontológicas medulares centradas en el principio de veracidad (n=10), las variables específicas técnicas fueron "medio", "sección", "asunto", "temática", "ámbito", "género periodístico", "autoría", "titulación" y "recursos gráficos", todas desagrupadas en sus respectivas subvariables.

5. RESULTADOS

5.1. Autoría y géneros periodísticos

Con respecto al emisor y la naturaleza del mensaje, se confirmaron dos rasgos característicos. El primero, un alto porcentaje de autoría experta, la de aquellos reporteros especialistas en la divulgación de la historia y arqueología, o corresponsales, versados en el conocimiento de una sociedad y cultura particular. En *El País*, destaca Vicente G. Olaya, redactor especializado en arqueología, patrimonio cultural e historia[2]. En el caso de *ABC*, Mónica Arrizabalaga[3], especializada en arqueología y patrimonio histórico. Como anomalía, existe en *ABC* un abuso de la firma colectiva (16,4%) y de las iniciales (26,2%), lo que impide identificar con facilidad la autoría y socava la debida transparencia; este fenómeno es inexistente en *El País*. Con relación al sexo, se observan realidades opuestas: mientras en *El País* es innegable el predominio masculino (21 frente a 7 firmas, y 81,0% ante 19,0% de piezas, respectivamente), en *ABC*, la situación es inversa (7 y 9, y 38,7% frente a 61,3%).

El segundo atributo que despunta es la de una continuidad en la cobertura, palpable en la frecuencia de la firma y de temáticas recurrentes (Figura 1). En *El País* se plasma en los reportajes de Vicente G. Olaya (n=8/19,0%); en *ABC*, el aporte periódico es de Mónica Arrizabalaga (n=10/16,4%). Una persistencia informativa que se sostiene en ambos casos, por firmas especializadas que acometen investigaciones propias (reportajes), o se ocupan de hechos noticiosos cuando acontecen (crónicas); de otro, aparece una sustancial corriente alimentada por las aportaciones de corresponsales en el extranjero (crónicas) o de puntuales colaboradores expertos (exposiciones, libros).

La cobertura analizada muestra un predomino casi absoluto de los géneros interpretativos (n=86/83,5%), con un desequilibrio entre el reportaje (28,2%) y la crónica (52,4%); la entrevista, queda en un tercer plano residual (2,9%). Las noticias suponen el 16,5% restante. Existe correspondencia entre las diversas autorías y los diferentes géneros: los reporteros especialistas se decantan por el reportaje y, como alternativa, por la crónica; los corresponsales —extranjeros o locales—, priman la crónica, acudiendo accesoriamente a la noticia.

Por asuntos, temas y ámbitos no se trasluce un patrón en la secuencia temporal y en la génesis noticiosa, unas variables en apariencia correlacionadas. El índice de homogeneidad informativa no es significativo (alcanza el 4,85%). En el caso de los respectivos expertos, no existe coincidencia en sus 18 trabajos.

---

2. Ha desarrollado su carrera profesional en Antena 3, RNE, Cadena SER, Onda Madrid. Es licenciado en Periodismo por la Universidad CEU-San Pablo.
3. Periodista, licenciada por la Universidad de Navarra, trabaja en la edición digital del diario desde 2008, sección de Cultura.

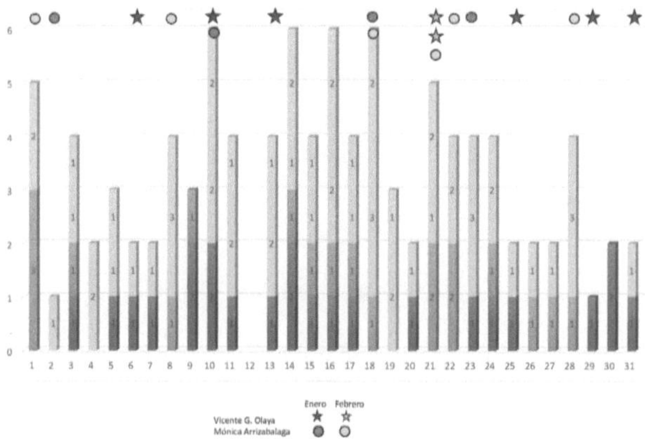

Figura 1. Distribución y frecuencias de mensajes en *El País y ABC* (2023) y de las colaboraciones de los periodistas especialistas en arqueología. Fuente: Elaboración propia.

5.2. Titulación

Del conjunto de titulares (n=103) se analizaron 504 unidades lingüísticas (sustantivos, adjetivos, verbos y adverbios), desechándose artículos, preposiciones y conjunciones (Figuras 2 y 3). El conjunto muestra coherencia en la medida en que los campos semánticos guardan estrecha relación con las temáticas propias y particulares del ámbito histórico y arqueológico desde la perspectiva científica. Entre los sustantivos, descuellan los vinculados al contexto arqueológico ("yacimiento", "excavación", "muro", "vía", "pieza", "restos", "momia", "cementerio"...), que se agrupa en los campos "contexto", "infraestructura", "material", "muerte" y "tiempo". En los verbos, abundan las formas y tiempos propios de la misión del colectivo profesional ("hallar", "descubrir", "revelar"...). La riqueza adverbial gira en torno a tipologías que aluden por lo general a lugar, tiempo, cantidad y duda, mientras eluden el modo, la negación y la afirmación. El adjetivo asoma poco, aunque con motivo: "Los descubridores de un patrimonio arqueológico silenciado", "Unas cartas destapan que dos piezas del románico gallego que se exponen en Barcelona fueron robadas", "Tres siglos de batallas reconstruidos con los botones perdidos por los soldados", ""¿Eres estúpido?": insultos y garrotazos a un turista que subió una pirámide en Chichén Itzá", fueron titulares difundidos por *El País*.

Se aportan pruebas en el cuerpo del texto en aquellos casos que podrían suscitar debate: "El enorme mosaico bizantino que escondía un olivar de Gaza" (30m^2) (*El País*), "Hallan en Libisosa un testimonio único de la romanización de las élites íberas" (primer artefacto con esas características) (*ABC*); "Una sequía extrema dio la puntilla a uno de los mayores imperios de la Antigüedad" (3 años de duración) (*El País*). En ocasiones, el dato o interpretación se aloja en el enunciado: "El gran día de la egiptología española: se abren al público en Luxor tras 22 años las dos tumbas del Proyecto Djehuty" (*El País*) o "Sacrificios rituales y violencia, anatomía del macabro fenómeno de las 'momias del pantano'" (*ABC*). Y cuando existe consenso académico, se trasluce por igual: "Viaje a la espléndida villa Vettii de Pompeya" (*ABC*).

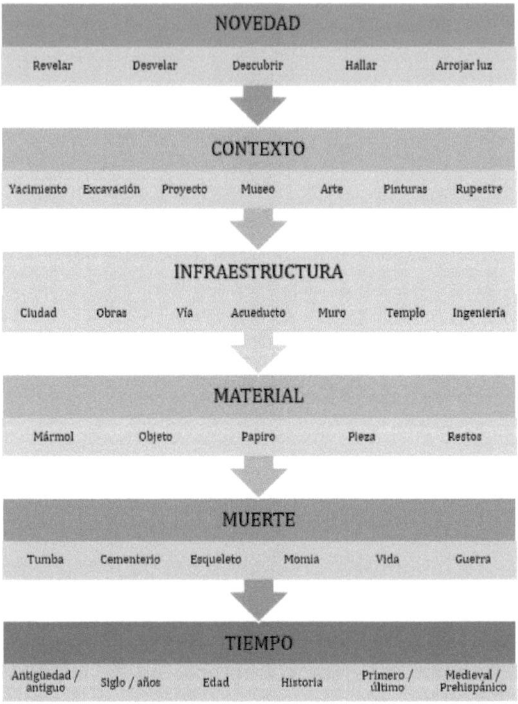

Figura 2. Correlación de los principales campos semánticos en los titulares de los mensajes periodísticos. Fuente: Elaboración propia.

En el caso de *El País*, los epígrafes predominantes son temáticos (85,7%) ("Arqueología", 10,7%; "Hallazgos arqueológicos", 5,8%; "Patrimonio", 2,9%), frente a los geográficos. Los más frecuentes son "Arqueología" y "Hallazgos arqueológicos". Se aprecia una escasa uniformidad (23 tipos para 42 piezas). En el caso de *ABC*, la sección marca la pauta (básicamente, "Cultura"), que se complementa, si acaso, con el contexto espacial (casi siempre, la denominación de la Comunidad Autónoma).

Se detectó que algunas unidades lingüísticas reiteradas y relevantes en la titulación se emplean como etiquetas en la base de datos de las respectivas hemerotecas de los diarios (descuellan "momias", "cementerios", "Roma", "Egipto", "Arqueología", "Museo").

Figura 3. Preminencia de unidades lingüísticas en los titulares de los mensajes periodísticos. Fuente: Elaboración propia.

5.3. Aspectos deontológicos

No consta la existencia de falsedad en titular alguno. Al contrario, emergen los que persiguen desenmascarar imposturas aceptadas socialmente ("Las mentiras históricas más disparatadas sobre los guerreros vikingos" (*ABC*); "Isaac Moreno, experto en ingeniería romana, denuncia el fraude de la Vía de la Plata..." (*ABC*); "La verdad del galeón español que Spielberg convirtió en pirata" (*ABC*) o "Medina Azahara no fue destruida por los bereberes, sino por una cadena de terremotos" (*El País*). O los que alcanzan a reescribir la historia ("El enigma de la niña enterrada en el Alcázar de Sevilla: no era de la Edad Media, sino de una familia rica del siglo XIX" (*El País*); "El hallazgo de 60 momias en la tumba de Amenhotep Huy revela que fue más que un visir" (*ABC*); "Las grandes batallas medievales sin mitos ni fantasías: un viaje de las Navas de Tolosa a Constantinopla" (*ABC*).

La ciencia no siempre presenta certezas, por lo que los avances reflejan la creencia de los investigadores como una posibilidad. Lo ético es trasladar la conjetura al titular ("Descubierto un objeto de 2.000 años de antigüedad que podría ser 'el primer consolador romano'" (*ABC*) o "Unas puntas de 54.000 años sugieren que los 'sapiens' ya disparaban flechas cuando contactaron con los neandertales" (*El País*).

El rigor se aprecia en el suministro de cifras y datos ("168 nuevos dibujos", "800 kilómetros de canales", "enterrado a 450 kilómetros", "60 momias", "30 gemas", "16 metros"...), aunque llevar esta exigencia al extremo impediría uno de las rasgos propios y deseables del reporterismo, más en el marco de los géneros interpretativos: la creatividad ("Cuando Zeus sedujo a Antíopa junto a la playa de Málaga" (*El País*) o "La Coyolxauhqui: recuerdos de una noche interminable" (*El País*). El esfuerzo en la precisión obliga al entrecomillado, que alerta al lector de que se fuerza el lenguaje con un afán ilustrativo o didáctico: "Descubren un 'reino' de sitios mayas bajo la selva de Guatemala" (*ABC*).

Muy escasa es la presencia directa de la fuente en el titular. Conserva un claro encaje en la entrevista de personaje ("Isaac Moreno, experto en ingeniería romana, denuncia el fraude de la Vía de la Plata: "Al norte de Salamanca nunca ha existido, fue un invento que ha ido a más"" (*ABC*); "Nikolaos Stampolidis, director del Museo de la Acrópolis: "Los británicos siempre buscan argumentos para que no regresen los mármoles del Partenón"" (*ABC*); "Carles Lalueza-Fox: "Somos descendientes de los hombres poderosos que practicaron la desigualdad"" (*El País*); "Marga Sánchez, catedrática de Prehistoria: "¿Soy feminazi si estudio a las mujeres del pasado, pero cuando las ocultan es ciencia objetiva?" (*El País*). Se inserta en la noticia solo en un caso: "El Gobierno griego insiste en que no reconoce al Museo Británico como propietario de las esculturas del Partenón" (*ABC*).

El afán por suministrar el debido contexto ilustrativo encuentra sustento en el recurso en el símil con la actualidad: "La matanza romana de hace 2.100 años en Navarra que recuerda a Bucha" (*ABC*). La descripción también posibilita mostrar un panorama comprensivo para los públicos: "Así exprimieron los romanos el oro de las Médulas: 800 kilómetros de canales para reventar las montañas" (*El País*).

Resulta raro incorporar en el titular al sujeto inversor que financia una actuación o al promotor de una iniciativa cultural o científica ("Palarq busca digno sucesor a la 'Pompeya del Paleolítico' y a la hecatombe tartésica"; "El Proyecto Djehuty del CSIC abre al público dos tumbas del 1500 a.C. en Luxor"; "El Marq programa seis actuaciones arqueológicas..."; "El Museo Británico, a punto de cerrar el acuerdo sobre la devolución de los Mármoles del Partenón a Grecia" (*ABC*). Esta apuesta por la transparencia se opaca en un caso, con cariz publicitario: "Un yacimiento arqueológico confirma el vínculo de la UAO-CEU con Martín el Humano, el último rey catalán" (*ABC*).

En los vocablos del titular es infrecuente encontrar términos que puedan interpretarse como exagerados o desmedidos, sea por su significado, sea como recurso estilístico. Predomina de forma indiscutible el sustantivo (información, dato) y la forma verbal (acción), siendo exigua la adjetivación, orientada al recurso literario ("...las ruinas más atléticas"). Así, se encuentra "El "loco" que sepultó su fortuna y a su familia por descubrir Troya, la ciudad perdida durante 3.000 años" (*ABC*). En el caso de "Un túnel del AVE atraviesa el 'Atapuerca' del País Vasco" (*ABC*), la comparativa se antoja desmedida si carece de refrendo científico. Por último, extraña el recurso bélico en "Batalla en Navarra por convertir la Mano de Irulegi en 'merchandising' vascónico" (*El País*). Sí tiene cabida la interpretación técnica o científica fruto de la heterodoxia científica: "Una tumba en Rumanía aporta luz sobre las invasiones bárbaras, uno de los periodos más oscuros de Europa" (*El País*).

No se encontraron muestras de especulación o que ampararan rumores.

6. DISCUSIÓN

Resulta significativa la existencia de la desproporción de género en la autoría de los mensajes, con una minoría de mujeres en el caso de *El País*. Este dato aboca a interrogarse sobre la posibilidad real de que exista un indeseable sesgo en la visión que se transmite de la realidad científica, de los contenidos y temáticas que se acometen, y de los valores de los hallazgos. Aunque en el conjunto de la muestra sí se equilibran las magnitudes, sería necesaria una indagación específica al respecto, ampliable a una muestra de campo más amplia y heterogénea que permitiera establecer unas conclusiones más fundadas. De igual modo, es irrenunciable acompañar esta aproximación cuantitativa de un estudio cimentado en entrevistas en profundidad tanto a reporteros especializados como a científicos expertos para obtener indicadores complementarios relevantes.

No resulta baladí reflexionar en torno al predominio temático que asoma en la muestra analizada. En un doble sentido. De un lado, por la selección del asunto: si se trata de iniciativa propia del diario (o del periodista), o si se deriva del influjo o presión de las publicaciones científicas que actúan como corriente mayoritaria (*Science*, *Nature*, *National Geographic*, *Journal of Archaeological Research*, *Quaternary Science Reviews*...). De otro, las interconexiones con intereses, más o menos ocultas, que impelen a focalizar ámbitos a diarios y a reporteros (política, economía, turismo, territorio...).

Merece una reflexión encontrar el límite o interconexión entre la paradoja y el sensacionalismo, con respecto a su vínculo con lo incógnito o misterioso. Llamativa resulta la aparición de "cientos de restos romanos bajo chalés de veraneo", aquella "discoteca escondía la sinagoga medieval más importante de la península Ibérica" o que aparezca "una momia prehispánica en la bolsa térmica de un repartidor en Perú". No siempre se trata de hipérbole o falta de rigor ("enorme mosaico", "vida eterna de las momias", "La Coyolxauhqui: recuerdos de una noche interminable", "testimonio único", "espléndida villa Vettii de Pompeya"), aunque quizá no reste claro de inicio ("asombroso hallazgo").

7. CONCLUSIONES

Existe una primacía incuestionable de las temáticas que aúnan elevado interés y sustancial demanda ciudadana, aquellas adornadas de una aureola de misterio (Egipto, Roma, evolución humana), fundadas usualmente en hallazgos arqueológicos y por la correlativa difusión de los resultados científicos alcanzados. En segundo término, se exhiben coberturas generadas por la transmisión del conocimiento a la sociedad (museología, monografías, patrimonio).

Cabe destacar que se muestra con frecuencia el carácter colectivo del trabajo arqueológico, fruto de un esfuerzo conjunto multidisciplinar. Esta característica se transmite de modo directo ("equipo de arqueólogos", "los descubridores") o indirecto, mediante el uso del plural ("hallan", "descubren") o el numeral cardinal ("tres investigadores"). Este rasgo aleja al protagonista del influjo de un peligroso tono sensacionalista fundado en supuesta brillantez individual. De hecho, la fuente informativa primordial —el científico—, no figura en los titulares. Por lo general, trasluce el carácter experto del quehacer, alejándose de una indeseada visión romántica o dulcificada del "cazatesoros" anclado en la tradición de la literatura y de la ficción cinematográfica o televisiva.

No se aprecia una significativa ambigüedad o una confusión fruto del recurso a los sustantivos y los adjetivos que se emplean en los elementos de la titulación. Prevalece la claridad en el enunciado.

Las vulneraciones a los principios relativos a la veracidad son mínimos, pese a la preminencia de los géneros interpretativos, siempre más susceptibles de enmascarar una indebida opinión de los autores.

Como colofón, y con carácter proactivo, se proponen a la industria informativa unas pautas concretas desde la deontología periodística para informar sobre el mundo de la arqueología. Estas pautas deberían exigirlas públicos y arqueólogos. Un modelo de calidad debería contemplar, como mínimo, los siguientes preceptos:

a) Impedir la difusión de mensajes que de modo directo o colateral susciten o alienten en la población la búsqueda, explotación, adquisición o apropiación del patrimonio histórico o arqueológico. No cabe negocio o afición basado en violar la legislación o en la conculcación de los derechos fundamentales.

b) Evitar los relatos y enfoques orientados al sensacionalismo, cualesquiera que fuesen los recursos o las estrategias (titulación, ilustración, enfoque, fuentes, estilo). El mensaje debe centrarse en la verdad científica, sin dar pábulo a la especulación infundada o pseudocientífica. Abominar de cualquier término, calificativo o expresión que banalice hechos o realidades que posean o sean susceptibles de un trasfondo discriminatorio, cualesquiera que sea (raza, género, clase, educación, ideología...).

c) La creación y el sostenimiento de secciones especializadas encomendadas a especialistas en la divulgación de la ciencia arqueológica, que cuenten con una formación idónea dual (comunicación, ciencia). El sostenimiento de una cobertura frecuente, sistemática, alejada de los puntuales vaivenes de los intereses empresariales o redaccionales. La exigencia de rigor y de profundidad técnica ha de ser la prioridad en la cobertura periodística.

d) Debe primar la visión que plasme la realidad de un colectivo, el de los profesionales de la arqueología, restando protagonismo a la individualidad del personaje o la fuente famosa o reconocida socialmente. Puede que un rostro o un discurso ilustren o apuntalen una causa, pero el monopolio de una voz siempre homogeniza un quehacer multifacético, tanto por el enfoque como por la concepción de la arqueología (pública, feminista...).

8. REFERENCIAS

Asamblea Parlamentaria del Consejo de Europa (1993). Ethics of journalism. Resolution 1003. https://assembly.coe.int/nw/xml/XRef/Xref-XML2HTML-en.asp?fileid=16414

Carmona, J. (2006). Algunas notas sobre periodismo científico y saber arqueológico. *Re-Presentaciones: Periodismo, Comunicación y Sociedad*, 1, 37-64.

Cortiñas, S. y Alonso, F. (2014). La decadencia de las secciones de ciencia en los medios tradicionales. *Prisma Social*, 12, 402-435. https://dialnet.unirioja.es/descarga/articulo/5429667.pdf

Federación de Asociaciones de Periodistas de España (2007). *Código deontológico*. https://fape.es/home/codigo-deontologico/

Gomis, L. (2008). *Teoría de los géneros periodísticos*. UOC.

Kapferer, J.-N. (1989). *Rumores: el medio de difusión más antiguo del mundo*. Plaza y Janés.

Kovach, B. y Rosentiel, T. (2003). *Los elementos del periodismo*. Santillana.

Mercedes, G. (2016). El fraude en las publicaciones científicas: más allá de fabricar, falsificar y plagiar. *TecnoLógicas, 19*(36), 9-12. https://n9.cl/puwv1

Post, S. (2015). Scientific objectivity in journalism? How journalists and academics define objectivity, assess its attainability, and rate its desirability. *Journalism, 16*(6), 730-749. http://dx.doi.org/10.1177/1464884914541067

Ruiz-Zapatero, G. (1996). La divulgación del pasado. Arqueólogos y periodistas. Una relación posible. *PH. Boletín del Instituto Andaluz del Patrimonio Histórico*, 17, 96-99

Van Dijk, T. A. (1983). Estructuras textuales de las noticias de prensa. *Anàlisi. Quaderns de comunicació i cultura*, 7/8, 77-105.

Vaquerizo, D. (2015). Arqueología para un futuro incierto... La profesión de arqueólogo tras la crisis devastadora del 'pelotazo'. *Pyrenae, 46*(2), 89-120. http://dx.doi.org/10.1344/Pyrenae2015.vol46num2.5

¿DE LA TEORÍA A LA PRÁCTICA O DE LA PRÁCTICA A LA TEORÍA?

María Elena Yolanda Magaña Barajas[1]

El presente texto nace en el marco del 2º Coloquio Académico de experiencias de enseñanza aprendizaje de la Facultad de Diseño de la Universidad Anáhuac México, Campus Norte, en relación con procesos, métodos y metodologías, así como a diferentes teorías que dependen de la filosofía institucional, del perfil docente, del perfil del alumno, de la actitud de los actores del proceso de enseñanza – aprendizaje, de situaciones contextuales, así como de nuevas realidades.

1. INTRODUCCIÓN

La comunicación interpersonal entre seres humanos ha sido modificada por la virtual, ya sea por la era digital o por las exigencias propias de una sociedad educativa vanguardista, sin embargo, el pensamiento creativo permea para permanecer como una actividad de acercamiento humano, cálida multi e interdisciplinaria que nos lleva, no solo a exponer propuestas de diseño, sino a preguntarnos sobre los juicios éticos frente a estos cambios tecnológicos. Ganga-Contreras *et al.* (2019) en su artículo sobre los juicios en dilemas éticos se retrotraen también ante esta pregunta. De esta manera, surgen cuestionamientos respecto a, si la teoría está asociada a la pasividad y la tecnología al sedentarismo, mientras que la práctica se vincula con una inquietud dinámica y la exploración creativa a la actividad; así la renovación mediante la exploración personal en los procesos, nos lleva a romper paradigmas entre la interpretación personal y lo que del diseño se ha dicho, entre la teoría y la práctica y entre los retos actuales que enfrentamos como creativos sin perder nuestra esencia y sin olvidar nuestros orígenes y de qué estamos hechos.

Según Aladro Vico (2020), el concepto de comunicación interpersonal está en concordancia con otros similares que aparecen en la sociedad del post-decrecimiento, y encaja en la filosofía de los autores y analistas que se plantean interrogantes como las expuestas en este trabajo. Walls Ramírez (2020) por su parte, se adentra en el valor y el aporte de la comunicación para difundir estos análisis.

1. Universidad Anáhuac México (México)

2. OBJETIVOS

Mostrar la relevancia de la práctica en su fundamentación teórica cuando la tendencia adaptativa exige de las carreras creativas su permanencia.

3. METODOLOGÍA

La metodología aplicada será empírico-analítica, mediante la cual, se analizará el proceso creativo del diseñador, siendo la observación y la exploración, los que nos permitirán establecer conexiones entre causa y efecto y así obtener una respuesta concreta entre la teoría y la práctica.

4. DESARROLLO DE LA INVESTIGACIÓN

El ser humano fue creado en convivencia junto con el otro, es por ello, que su participación colectiva, le permite no sólo desarrollarse, sino potenciarse, tanto en sus habilidades y destrezas, producto de su inteligencia, como en su capacidad creativa y expresiva, así, de esta manera y a partir de sus sentidos, crea patrones repetitivos de comportamiento que le dan la posibilidad de establecer procesos conductuales, como resultado de la observación, exploración (examinar, reconocer, averiguar y registrar) experimentación (probar, indagar, intentar, investigar, comprobar, demostrar, descubrir, modificar) y análisis (estudio, observación, comparación) para la solución de problemas. Autores como Bensalem (2022); Compte-Pujol *et al.* (2020) y Ferreiro Vilariño (2021) han escrito sendas investigaciones desde las cuales se pueden extraer interesantes conclusiones que nos invitan a seguir adentrándonos en nuestro objetivo.

En el diseño, esto funciona igual. El diseñador colabora con otros para resolver problemas de comunicación, de forma o de funcionalidad de los objetos, pero esto no sería posible sin una fundamentación teórica y sin una exploración práctica, así como sin los procesos y las metodologías. Estas estructuras han logrado conformar una vocación, que, si bien es joven, ha permeado en muchas de las actividades del quehacer humano con o sin un sentido expresivo y estético, sin embargo, como lo anota el psicólogo y antropólogo Daniel Goleman (2020, pp. 49-52), es fundamental precisar que la experiencia creativa se vive de la mano de la experiencia vivida y se da de manera personal y repentina en su inicio, como un flash que ilumina el entorno y como consecuencia de una inquietud constante por crear, innovar, proponer, resolver, dar respuesta y solución a situaciones diversas, siendo parte de un proceso que contagia y se comparte a la vez, que se ha diversificado y vuelto más ambicioso y complejo.

Si bien, así como de niños se pedía dibujar sin salirse de la raya y pintar la piel de color carne, en sus orígenes, también el Diseño se regía por lineamientos muy específicos, definidos solo por bases teóricas, mismos que poco a poco fueron sosegando la infinitud y creatividad del diseñador. El buscar la calidad perfecta aun cuando la intención no lo fuera, era la norma, alinearse a ciertos criterios editoriales era básico y cuidar que las propuestas cumplieran con un estándar para evitar que los demás las criticaran era fundamental, sin embargo, esta conducta tuvo repercusiones en los procesos creativos y propuestas de diseño, limitándolos por miedo al rechazo, tanto por su atrevimiento como por una aparente falta de habilidad y de esta forma se fueron condicionando, sin embargo, por la propia naturaleza humana y en el afán de liberarse de ataduras ante una actividad que por sus características debiera de gozar de total libertad, fue que a principios de los

80 el ilustrador y diseñador gráfico estadounidense Bob Gill nos sorprendió con un libro polémico titulado *Olvide todas las reglas que le hayan enseñado sobre diseño gráfico, incluso las de este libro,* en el que rompía con todo viso teórico y en el que relacionaba el problema de diseño con la solución, pidiendo olvidarnos de lo bonito y perfecto que debiera de ser el diseño, para evaluar sus resultados a partir de su apreciación estética, alejándose de principios, convencionalismos y modas para retomar y re direccionar la manera en cómo se plantean los problemas de diseño y cómo diseñar a partir de la exploración a la medida, de forma particular y en determinados contextos en los que la práctica se convierte en un elemento fundamental de cada propuesta de diseño y en la que los usuarios, sentido común, el justo medio, la asociación de ideas y el estado de la cuestión serán factores detonantes de la propia propuesta, de la solución del problema y de sus propósitos.

Antes sólo con la teoría, el proceso era muy lineal, pues apuntaba a un solo objetivo, el resultado. Ahora, con la prevalencia de la práctica, con la que además de conocer el problema, identificarlo y observarlo, se investiga, explora, contextualiza y analiza para enfrentarse a él de manera certera con propuestas que, en la búsqueda de soluciones, puedan bien ser correctas o erróneas o frustrantes o gratificantes. El proceso de diseño se ha conectado con mayores especialistas que lo han convertido en multifactorial y multidireccional, en el que no solo el objetivo apunta al resultado, sino a la propia experiencia creativa y en la que la comunicación interpersonal se ha ampliado a una comunicación virtual y multimediática, ya interdisciplinar o multidisciplinar que a pesar de la distancia, quiere ganarse un lugar en las experiencias, calidez y acercamiento humano, no solo en la búsqueda de soluciones, sino de sus propias emociones. Son éstas las protagonistas del nuevo paradigma social. Según Barrientos-Báez *et al.*, 2022b) lo que no emociona no vende. Lo que no emociona no te hace sentir. Es por ello necesario, analizar y profundizar en el conocimiento de herramientas que se puedan implementar para mejorar la comunicación interpersonal y social (Barrientos-Báez *et al.*, 2022a).

Es así que, ante el fracaso, destaca la resiliencia del diseñador para sobreponerse y su capacidad creativa, puesto que la creatividad debe de imponerse con un renovado optimismo por ejecutar nuevamente el proceso en busca de la solución óptima, de esta manera, la frustración se convierte en reto y éste a su vez en una mar de nuevas opciones creativas que, con dedicación y un proceso metodológico claro, llevarán a la optimización e idea final.

En contraposición, ante el éxito, el diseñador debe de anteponer la humildad para no olvidarse de que su profesión brinda servicios en los que la persona es el fin y el diseño el medio. Triunfo o fracaso nos llevan, no sólo a exponer propuestas de diseño, sino a preguntarnos sobre los juicios éticos frente a los procesos y metodologías emergentes ante estos cambios tecnológicos; de esta manera, surgen cuestionamientos respecto a si la teoría es simple pasividad mientras que la práctica se vuelca en un dinamismo sin sentido y poco confiable; así, la exploración personal en los procesos, hace cuestionarnos todo lo que se ha dicho entre teoría y práctica del diseño, frente a los cambios educativos y los retos actuales que afrontamos como creativos, sin dejar de ser y sin olvidar de dónde venimos, hacia dónde vamos, nuestros retos y alcances, lo que lo hace ser mero formulismo.

Saberse creativo es un acto humano que estará sujeto a la observación para emitir juicios propios o del colectivo, juicios totalmente válidos para trabajos de apreciación, comunicación y función, y juicios que deben de aceptarse con humildad para revisar y siempre mejorar, pues recordemos que el diseño es perfectible como lo es su creador.

El reservarse ante los principios teóricos no es malo, finalmente son nuestras bases. La aportación que ha dado la teoría al diseño va en el sentido del cuidado y protección del verbo diseñar y de la propia actividad del diseñador, sobre todo cuando en la actualidad, esta palabra se ha viciado en diversos ámbitos, pero el continuar aplicando la teoría olvidándonos de los cambios sociales y avances tecnológicos sería una necedad. Sin embargo, el mostrar siempre la teoría y trabajar solo a partir de ella, puede sesgar la ejecución práctica de las ideas, hacer que el proceso creativo sea mecánico y no vivencial y con ello, disminuir el placer que en sí mismo debiera darse por la creación.

Las tendencias por sí solas no siempre ganan, lo que gana es saber aprovecharse de ellas para adaptarlas a nuevos entornos y con nuevos enfoques que solo se logran con bases teóricas. En el diseño, estas bases se quedan almacenadas en el subconsciente para, en su momento, detonar en un consciente creativo que va más allá de principios y lineamientos de una manera más fluida y práctica, para optimizar resultados y profundizar en la propia experiencia, para, al hacerla consciente con la práctica, diseñar olvidándose de las reglas. Esto no quiere decir necesariamente que la teoría se deje de lado, sino que su relevancia ya está almacenada y ahora hay que adueñarse de ella para crear diseños más versátiles, icónicos, trascendentes y humanos.

En un salón de clase de diseño el docente le comparte al alumno, no solo conocimientos teóricos como principios del contenido temático del curso, sino su propia experiencia que enriquece esa teoría compartida de una manera más vivencial, mediante la puesta en escena de esa misma teoría en su práctica profesional, de esta manera el alumno ejecuta sin "libros de texto" sino mediante su propia interpretación, que a partir de sus vivencias, reviste, dando forma a ideas innovadoras que conllevan la exploración y experimentación para llegar a dar con la solución más adecuada. Valorar cada idea, aunque al final no se implemente, es valorar la propia naturaleza humana de una manera ética y moral.

No hay que olvidar que el proceso creativo surge como un acto de creación que tiene sus bases en la teoría, pero que, en su disfrute ético como parte de la dignidad de la persona humana, debe de estar cargado de valores y darse en la práctica a través de procesos y metodologías libres, en un ambiente de ensimismamiento, reflexión, desconexión, concentración y respeto para fomentar la creatividad y así reconocer la capacidad humana para generar ideas y dar vida a sus creaciones.

Alejandro Masferrer[2] propone como guía una metodología para exponer problemas, analizarlos, conversarlos y resolverlos, evitando conflictos y amenazas que desequilibren el proceso creativo.

Las metodologías, son los procesos que se activan para entender a los equipos de trabajo, lidiar con fricciones para posteriormente celebrar el éxito. En el diseño de procesos creativos, además de establecer las metodologías adecuadas para abordar un problema y trabajar en equipo, está la diferencia de mentalidades y pensamientos que enfrentarán la comprensión de las instrucciones frente al problema, para evitar la improvisación y con ello, afectar no solo al equipo de trabajo, sino a la propia demanda y solución del problema. La metodología radica en el cómo hacer las cosas y bajo qué sistemas de trabajo, así, la ideación partirá de diferentes preguntas y puntos de vista para el proceso de creación conjunta e interdisciplinaria y la práctica para facilitar los trabajos y procesos de trabajo en equipo.

2. Diseñador especializado en metodologías para facilitar los procesos de co-creación en equipos de diseño e innovación. Fundador de The pop Up Agency, agencia nómada con *sprints* de 48 hrs. y creador de Triggers, marca especializada en consultoría de procesos creativos y diseño de herramientas para equipos.

La ayuda en procesos creativos es necesaria y el saber liderar y que haya diferentes líderes en el equipo de trabajo es garantía, pero eso se genera en y con la práctica, sin embargo, siempre existirán limitantes tales como: juzgar a priori, actuar sin analizar, estancarse en la reflexión analítica, tener miedo a la exploración y experimentación, así como la falta de iniciativa si las reglas no son claras, pasar al proceso creativo sin investigar bien el problema, mismo que debe de compartirse en equipo, y si todas estas limitantes no se enfrentan para resolverse, el trabajo cooperativo será un infierno, y si además partimos de la premisa que los procesos creativos son abstractos, inciertos, confusos, en los que se divaga y que cada cabeza es un mundo, éstos se vuelven más complejos y desordenados. De ahí que el proceso creativo deba consensuarse con anterioridad adecuándolo a las necesidades, y la estructura teórica deba de ser la base para la creación, de esta manera en la práctica, las ideas fluirán con seguridad, conciencia e intención evitando tiempos perdidos y siendo más asertivos, así, la práctica será la que permita el planteamiento de objetivos, la identificación y comprensión del problema, la ideación mediante la experimentación, su definición, delimitación, estructura, filtración, improvisación, exploración, intuición, proyección, combinación y asociación sistémica de ideas, y finalmente, la elección definitiva para presentarla al cliente en un *dummie* o prototipo.

Abordar los procesos creativos de diseño como una inmersión en la que se busca para encontrar y conocer y quizá borrar y reiniciar, pero con una idea común de lo que es y con una mentalidad en específico para concretar los objetivos del proyecto con propuestas estratégicas a fin de facilitar la generación de ideas, no es cosa fácil, ya que cada proyecto es diferente y por tanto los parámetros para abordarlos deberán necesariamente de serlo también, pues las experiencias del equipo de trabajo igualmente intervienen en ellos aunado a las situaciones adversas que puedan girar en torno a ellos, así como las variantes y circunstancias no previstas, por ello, la práctica en un mundo cambiante es fundamental para la renovación no solo física, sino intelectual de los equipos de trabajo, pues es la que enmarca la tendencia adaptativa que se exige en las carreras proyectuales y creativas para lograr su permanencia, evitando así la incertidumbre creativa y dando claridad intencional a los procesos y metodologías de trabajo sin perder de vista que se trabaja en equipo, lo cual es algo inmensamente gratificante ya que éste colabora hacia un fin común, pero también es algo enormemente complejo en el que las actitudes críticas como el recelo hacia las nuevas ideas, el conformismo, la apertura, la tolerancia o la falta de motivación, serán actitudes que con la práctica y trabajo en equipo irán siendo menos dañinas para el diseño.

5. CONCLUSIONES

En un mundo cambiante, la creatividad no puede quedarse estática frente a la teoría, sino que ésta debe abrirse a las nuevas formas de comunicación humana, así como a los cambios tecnológicos que van de la mano del hombre.

La ciencia, siempre le ha brindado al ser humano la posibilidad de crecer, desarrollarse y cambiar, y es así como una de sus capacidades propias a su existir como lo es la creatividad, no puede quedarse solo en formulaciones, sino que debe de explorarse con la práctica para ir creciendo en conocimiento, habilidades y dimensiones para así mismo ir formulando nuevos procesos y metodologías para poder proyectar las ideas de los diseñadores.

Preguntarnos si la teoría nos llevó a la práctica o si de la práctica surgió la teoría sería tanto como cuestionarnos ¿qué fue primero?, ¿si el huevo o la gallina? o ¿qué es más importante, el óvulo o la fecundación?

6. REFERENCIAS

Aladro Vico, E. (2020). Comunicación sostenible y sociedad 2.0: particularidades en una relación de tres décadas. *Revista de Comunicación de la SEECI,* 53, 37-51. https://doi.org/10.15198/seeci.2020.53.37-51

Barrientos-Báez, A., Caldevilla-Domínguez, D. y Yezers´ka, L. (2022a). *Fake news* y posverdad: relación con las redes sociales y fiabilidad de contenidos. *Fonseca, Journal of Communication,* 24, 149-162. https://doi.org/10.14201/fjc.28294

Barrientos-Báez, A., Martínez-González, J. A., García-Rodríguez, F. J. y Gómez-Galán, J. (2022b). Entrepreneurial Competence Perceived by University Students: Quantitative and Descriptive Analysis. *Journal of International Studies, 15*(2), 40-49. https://doi.org/10.14254/2071-8330.2022/15-2/3

Bensalem, E. (2022). El impacto del disfrute y la ansiedad en la voluntad de comunicarse de los estudiantes del idioma inglés. *Vivat Academia, Revista de Comunicación,* 155, 91-111. https://doi.org/10.15178/va.2022.155.e1310

Compte-Pujol, M., Marca-Francès, G., Menéndez-Signorini, J. y Frigola-Reig, J. (2020). Necesidades de información en pacientes con enfermedades crónicas. ¿Cómo evitar el ruido en la relación médico-paciente?. *Revista Latina de Comunicación Social,* 75, 207-223. www.doi.org/http://doi.org/10.4185/RLCS-2020-1423

Ferreiro Vilariño, T. (2021). Nuevas necesidades comunicativas del paciente y su relación con el coaching para pacientes. *Revista de Comunicación y Salud,* 11, 77-102. https://doi.org/10.35669/rcys.2021.11.e274

Ganga-Contreras, F., Guiñez Cabrera, N. y Varas Meza, H. (2019). Juicios en dilemas éticos por estudiantes de negocios de una universidad estatal chilena. *Revista Utopía y Praxis. 24*(4). https://acortar.link/uKSW9N

Goleman, D., Kaufman, P. y Ray, M. (2020). *El espíritu creativo.* Gustavo Gili. http://doi.org/10.15178/va.2019.149.109-125

Masferrer, A. (2019). *Diseño de procesos creativos: Metodologías para idear y co-crear.* Gustavo Gili.

Walls Ramírez, M. (2020). Aportes de la comunicación para la difusión del patrimonio cultural. *Revista de Ciencias de la Comunicación e Información, 25*(1), 49-55. http://doi.org/10.35742/rcci.2020.25(1).49-55

ODO MARQUARD'S METAPHILOSOPHY AS A HERMENEUTICAL KEY TO HIS WORK

José Antonio Marín-Casanova[1]

This text is part of the CITESORA project of the Andalusian Research Plan (PAIDI HUM-326).

1. INTRODUCTION. THE METAPHILOSOPHICAL THESIS OF COMPENSATION

It is a "humanist" cliché to complain that the humanities are a magnificent type of knowledge, which is illegitimately displaced by the valuable knowledge of the "naturalities", so the sciences make the liberal arts useless and dispensable. Well, the Compensation Theory of the "Ritter School" (Hacke, 2022) subverts this reactive or spiteful assumption, by maintaining that the humanities have nothing to lose, and much to gain, with the naturalities since they arise historically later than them and also have enormous usefulness that makes them indispensable. Indeed, they perform services for something essential such as compensating for the loss of experience, the processes of alienation, and the side effects of progress. The liberal arts counterbalance the "rationalising" imbalances introduced in the modern world by the sciences, the "hard" or experimental, servile sciences. In fact, the Theory of Compensation has an express thread, which threads the textual thought of Joachim Ritter, Hermann Lübbe, and Odo Marquard, which is that of the very inevitability of the sciences of the spirit as the sole and only narrative-comprehensive counterweight for the balance of that loss of equilibrium that ends up being imposed by the explanatory knowledge of the natural sciences (García, 2019). The value of this counterpoise is such that, in turn, it allows us to understand the whole of Odo Marquard's thought. The hypothesis defended here is that his metaphilosophical thesis that the greater the modernity, the greater the compensatory need (Mateu 2007; De Mesel, 2018) of the humanities is hermeneutically the master key of access to Marquard's philosophical work.

Joachim Ritter was prominent in the early 1960s for his advocacy of the importance of the sciences of the mind or humanities in modern society. Ritter developed his theory of compensation to answer the problem of the relationship between the sciences of the mind and the sciences of nature, arguing that both epistemic types are necessary for the full understanding of the world of human experience, but in different ways. In his *Die Aufgabe der Geisteswissenschaften in der modernen Gesellschaft* (1961) [The Task of the Spiritual Sciences in Modern Society], Ritter argues that the spiritual sciences are distinct from the

1. Universidad de Sevilla (España)

natural sciences in that they deal with human experience, which cannot be reduced to mechanical or physical processes. The sciences of the spirit, those that deal with culture, history, literature, art, and religion, seek to understand the subjectivity and uniqueness of human experience. And, mind you, they do not come before the sciences: first came the natural sciences and then the humanities. The sciences of the spirit are younger and significantly more recent than the experimental sciences of nature. The humanist "delay" is a century or so in their establishment, and their university institutionalisation did not happen until the second half of the 19th century.

Ritter argues along hermeneutic lines that the sciences of the spirit cannot be reduced to the logic and method of the natural sciences but require a more complex and holistic approach. He argues that the method of the sciences of the spirit involves understanding historical and cultural processes, the interpretation of texts and works of art, and attention to the social and political contexts in which human experience is produced. The compensation between liberal arts and sciences is necessary to fully understand (in the hermeneutic or Diltheyan sense) the world and human experience, the lifeworld challenged by the natural sciences. Naturalities offer an objective explanation of physical reality but cannot account for the complexity of human experience; on the contrary, they simplify it. Humanities, however, deal with the subjectivity and uniqueness of human experience but cannot ignore the objective aspects of reality.

Nevertheless, this complementarity taken to the extreme as compensation, which, as a subsequent response to the challenge, was not immediate, we might say, from Ritter's teaching, was not innocent either, for equally modern is the responsible response -this should be a redundancy- to the scientific curtailment of the *Lebenswelt*. Concerning naturalities, humanities came later but did not come earlier because they could not have come earlier. They arrived just in time. And because they "arrived" they were not, could not have been, displaced. The sciences were not the cause of the decline and death of liberal arts but rather of its birth and development. However, what becomes obsolete or superfluous with modernisation, a modernisation that includes the sciences of the spirit themselves, is the classic theory.

The work of the humanities is reminiscent of classical "theory" in an unavoidable way, but as long as its specific and thoroughly modern character is not forgotten. Indeed, Ritter argues that modern sciences of the spirit, let's admit the pleonasm, are concerned with understanding and interpreting culture and history to understand human experience and its meaning in society in a critical and reflexive perspective. In antiquity, *theoría* (superordinated to *praxis*, in turn, superordinated to *poiesis* or *techné*) referred to the disinterested contemplation of truth, without a concern for its application. Aristotle, for example, held that theory was superior to practice and that its aim was the contemplation of truth for its own sake. Ritter argues on the contrary that modern sciences of the mind have a social and practical function, the aim of which is to compensate for the damage caused by the ahistoricism caused by the objectification of the world resulting from science in the context of modern society.

His disciple Joachim Lübbe converges with him in his research on the indispensable work of the sciences of the mind in modern society, because they compensate for the (unbalancing, uniformising reductions of the) sciences of nature, and he has made important contributions to the quarrel between science and literature from the theoretical perspective of compensation. In his work *Die Wissenschaften und ihre kulturellen Folgen. Über die Zukunft des common sense* (1986) [The sciences and their cultural consequences. On the future of common sense], this paladin of the magisterial rider defends the idea that the humanities and the natural sciences should be seen as two complementary forms of knowledge necessary for the understanding of reality. In the hermeneutic tradition, the sciences of the spirit focus on understanding human life in all its dimensions, seeking to grasp the complexity of human experience and its meanings, while the sciences of nature focus on the study of physical and natural phenomena. For Lübbe, however, the division between the sciences of the spirit and those of nature should not be seen as an absolute dichotomy. Instead, he advocates the need for compensation between the two forms of knowledge. This means that a balance should be sought between the understanding of human life and the explanation of natural phenomena so that a complete and comprehensive picture of reality can be obtained. Lübbe also argues for the importance of common sense as a form of knowledge that can act as a bridge between the sciences of the spirit and those of nature. Common sense is a form of practical knowledge that is acquired through everyday experience and that enables us to understand and act in the world. Common sense can act as a means to understand the complexity of human experience and to connect it with natural phenomena.

In addition to his book just cited, Lübbe has also contributed to the theory of compensation with his works *Geschichtsbegriff und Geschichtsinteresse* (1977) [Concept of History and Interest in History] and *Erfahrungsverluste und Kompensationen* (1989)[Losses of experience and compensation]. Inspired by Ritter's work, he also argues that the historical sciences have a compensatory cultural function. Lübbe expands on this idea and argues that the understanding of history and its relation to the present is essential for the understanding of reality and the search for a balance between the sciences of the mind and the sciences of nature. According to his approach, the historical sciences have a fundamental role to play in understanding the world of life and in compensating for the standardisations of human experience brought about by modern science. The historical sciences with their common sense deal with the understanding of the complexity and cultural diversity of different epochs and societies, which enables them to be better appreciated.

Lübbe also discusses the role of the human being in the understanding of reality and the importance of common sense in this process. The human becomes an expert within his lifeworld (*Lebenswelt*), and what it is becomes a thing. This means that the understanding of reality is based on practical experience and on the human being's ability to interpret and understand the world around him. In short, Lübbe defends the idea of compensation as a way of balancing different forms of knowledge and recognises the importance of the historical sciences in understanding the world of life and in compensating for the modern losses of sense. This is taken to the extreme by Odo Marquard.

2. THE DOUBLE MEANING OF MARQUARD'S COMPENSATORY PHILOSOPHY

Indeed, the notion of compensation has been most developed by Marquard, to the extent that the master rider himself, in the aforementioned inaugural lecture on the theory of compensation, relied on the "compensatory" work of the disciple, and applied it to the duality between "hard" and "soft" sciences. In his article, *Über die Unvermeidlichkeit der Geisteswissenschaften* (1985) [On the Inevitability of the Sciences of the Spirit], whose title is the perfect epitome of the compensatory metathesis, Marquard defends the importance and necessity of the sciences of the spirit. The inevitability of the humanities is based on the obvious koiné of the humanists: human beings cannot know the world exclusively through the natural sciences. Naturalities seek causality and predictability, quantification, while the humanities seek understanding and interpretation of human experience. The human experience is much more complex and multidimensional than the world of natural-scientific "technification", and to understand it properly requires stories, for narrating is necessary, as his essay *Narrare necesse est* states. Already, in *Apologie des Zufälligen* (1986) [Apology of the Contingent], Marquard defends the importance of chance and the fortuitous in human life and argues that not everything can be explained through causality. In *Glück im Unglück* (1995) [Happiness in Unhappiness], he deals with the relationship between happiness and suffering and questions the notion that happiness is something that can simply be achieved through knowledge and technology. In *Philosophie des Stattdessen* (2000), Marquard reflects on the idea that human life is characterised by what one does not do and what one does not have, which requires an acceptance of limitation and contingency. This is the anthropological bias at the basis of the notion of "compensation": the human animal is the *homo compensator*, that is, it is a being that must do something, can do something, and does something, rather than something else. This human condition gives rise to the philosophy of compensation as the philosophy of "instead of" (*Stattdessen*).

According to Marquard, radicalising Ritter's thesis, the sciences of the spirit are a modern creation, subsequent to the natural sciences, and inevitable. "Je moderner die moderne Welt wird, desto unvermeidlicher werden die Geisteswissenschaften" [The more modern the modern world is, the more necessary the humanities become]. This is his motto, which he repeats everywhere, with all the recursiveness of a mantric obsession, the compensatory thesis on the inevitability of the humanities (1986, p. 98; 1995, p. 108; 2000, pp. 30, 54, 60). This is because the hard sciences, heirs of the servile arts, focus on the empirical observation of physical and biological phenomena, while the sciences of the spirit, heirs of the liberal arts, focus on the interpretation of human phenomena, which are characterised by their complexity and ambiguity. Marquard argues that the complicated multivoiced nature of human phenomena makes it necessary to interpret and understand the intentions, motivations, values, and beliefs underlying them. Therefore, the sciences of the spirit are essential for the formation of human beings as free and responsible beings. According to Marquard, the humanities are necessary for cultivating critical reflection and moral sensitivity, and for helping human beings to understand their place in the world and their responsibility towards society and the environment, telling stories that divide absolute powers (*Individuum und Gewaltenteilung* [Individual and Division of Powers], 2004) and avoid hermeneutic civil wars by bidding farewell to the principled (*Abschied vom Prinzipiellen* [Farewell to the Principled], 1981), by nurturing healthy scepticism against single thinking (*Skepsis und Zustimmung* [Scepticism and Consent], 1994; *Skepsis als Philosophie der Endlichkeit* [Skepticism as a Philosophy of Finitude], 2002; *Skepsis in der Moderne*, 2007 [Skepticism in Modernity]) and knotting the future to the past (*Zukunft braucht Herkunft* [Future Needs Past], 2003).

Marquard makes his thesis about the necessity of the humanities plausible by means of four other theses that make it explicit. Firstly, the sciences of the mind are not older, but younger than the natural sciences. Both types of sciences are specifically modern, and the modern specificity of the sciences of the spirit must be understood as a response to the same modern specificity of the sciences of nature. Thus, Marquard argues, the sciences of the mind are not victims of modernisation, but its product. And that is why they are unsurpassably modern.

Secondly, as narrative sciences, the humanities help to compensate for the losses caused in the world of life by the consequent application of the experimental method by counteracting modernisations, which are dehistoricising in themselves. In this order, three types of stories can be distinguished that compensate for the various modernisations: stories of *sensitisation* through the aesthetic sense, which contribute to the compensatory re-enchantment of the world disenchanted by modernisation; stories of *conservation* through the historical sense, which contribute to the compensatory care of historical continuity, of tradition, which interrupts innovative modernisations; stories of *orientation* through the philosophical sense, which contribute to the compensatory rebalancing of the orientation deficit produced by modernisations, disorienting with their increases in complexity.

Thirdly, the humanities are inevitably the organ of counter-ideological liberations, which makes them modern, since by telling many stories, interpretable in many ways, the humanities are critical of the dangers of the absolutism of the single history, of the singularising monomyth; modernisations are universalistic and egalitarian, which makes pluralisms necessary as historical replicas.

Fourthly, the valuable joint effect of the sciences today is not the institutionalisation of a comprehensive human science in a single discipline, but the desired interdisciplinary dialogue.

Compensation theory seems to offer a justification of the humanities in relation to the dynamics of the modern world (Marín-Casanova, 2016; 2017). At first glance, it seems appealing in times when the success of the natural sciences and technology is evident and the humanities are put on the defensive. However, the Theory of Compensation challenges many positions, especially the more extreme ones on both sides, the superlative humanisms and naturalisms. It raised the constructive criticisms of both Ernst Tugendhat (1992) and Herbert Schnädelbach (1992), who claim the scientific and enlightened character of the human sciences to complete, rather than to compensate for, modernisation, or the destructive ones of Habermas considering Compensation Theory as "intellectually irrelevant reaction phenomena" (1981, p. 368). Already in our century, it is worth noting the study, in my opinion, the most successful, by Ottmann in 2010, which raises four objections to Compensation Theory: first, the theory is characterised by an antiquarian interest in history; second, it only takes into account the conservative function of the humanities; third, it degrades the humanities to being a mere appendage and complement to cultural change; and, fourth, it overestimates the competence of the humanities to balance the losses and risks of modernisation. A treatise on church history does not compensate for modern losses of faith. An essay on Caspar David Friedrich is no reward for a ruined landscape. The belief that every loss and every damage finds its balanced reparation probably refers back to the religious belief in forgiveness or the philosophical arguments of Theodicy. He concludes that the humanities are not to be justified by arguments of utility. They are "useful" because they do not have to be useful at all.

The curious thing is that almost a quarter of a century in advance Marquard himself classified and preemptively answered the eventual challenges to the compensatory theory. He published his advance reply to some, five, objections in the *Frankfurter Allgemeine Zeitung* in 1987, on 18 March (Marquard, 1995). One: if the humanities are modern sciences, there must have been before modernity a task that they must have been concerned with; yes, indeed, the sciences of the spirit, apart from the replacement of rhetoric by hermeneutics, historicise and aestheticise the ancient philosophical and theological task of the self-understanding of the human being, saving it modernly from successive modernisations that attack it. Two: the value of the humanities is reduced to being something functional to the sciences, they are underdetermined; but compensatory functionalization does not say little about the substantial, human self-understanding, but even more than just the substantial, in addition to the fact that it must be perceived as substantial, although for that one must trust more than the critic in the substantial. Three: to see the human sciences as narratives or stories is to exclude truth and argument from those sciences; but that is to presuppose that there is no truth in stories and not to realise that the humanities are all the more interesting the more they argue by means of stories, that they are so true that they serve to orient oneself in life, both past and future, which makes narrative unwaivable in the modern world. Four: the lack of universalism prevents arts and humanities from providing indispensable civil ethics; however, precisely because they compensate for the loss of connection with the experience of life, they are service enterprises for the citizen with a growing potential for orientation by providing experience to those who do not have it, which, given the modern infantilisation of the modern world, of which Lübbe spoke, requires the compensation of "being adult" and, moreover, the fact that the orientations are many and partial is not a relativist deficit, but a pluralist gain. Five: to see the sciences of the spirit in a compensatory way is to see them conservatively, blunted by criticism; this objection ignores the fact that the compensations themselves are already corrective, and if they save, they imply changes, which can lead to transforming and not only conserving what already exists.

And yes, the concept of compensation comes from the eighteenth-century theodicies and their argumentative economy, which was destroyed by the setback suffered by the idea of progress. The eighteenth century was used to saying yes to the world by supporting its progress with that assertiveness. But if faith in progress falters, it reverts to the opposite faith, to the negativity of saying no. The modern world of the absolute non-crisis of progress is a world of absolute non-crisis. The modern world of absolute non-crisis becomes the modern world of absolute crisis, of negation, of the mania for saying no to the bourgeois or civil world, the world of citizens. The humanities, on the contrary, encourage "civil courage" and make it possible to overcome the difficulties for the assertiveness of saying yes, yes to a modern world where the upheavals are compensated. Yes to the world of modern compensation where, for example, "technification" is (must be) compensated by historicisation; uniformisation by pluralisation; History by histories; Science by sciences, including the human sciences, humanities.

However, the human sciences, if we leave the political connotation aside, are strictly "reactionary", insofar as, as the compensatory theory provides, they react to modernising excesses, but not with an old-fashioned pre-modern or anti-modern doctrinarism, but with more modernity, with another modernity. In fact, the historical genesis of the sciences of the spirit is - the dating of the different humanistic disciplines results unquestionable - much later than that of the natural sciences. The human sciences are modern and happen later, the studies of the humanities always come later, after those of the sciences. This was first pointed out by Ritter and confirmed by Marquard.

Indeed, in the face of popular prejudice, popular also among those of us who cultivate the humanities, the dates are eloquent. On their own, they are enough to silence it, since the temporal distance is almost a century. Thus, in a first Modernity, what we could consider the first natural metascience, the Cartesian *Discours de la méthode*, saw the light of day in 1637, while the first human metascience, the Viquian *Prinzipi di una scienza nuova*, was published in its first edition in 1725. And in a second Modernity, already in the Contemporary Age, the epistemology of experimental science, par excellence, the Kantian *Kritik der reinen Vernunft*, first appeared in 1781, while European consciousness would have to wait more than a hundred years, until 1883, to have the equivalent in the humanistic field, the Diltheyan *Einleitung in die Geisteswissenschaften*, and its subsequent writings constituting the *Kritik der historichen Vernunft*. The human sciences were not institutionalised at the university level until the second half of the 19th century. In fact, and to restrict ourselves to the linguistic-cultural sphere of the compensatory philosophers, in German the terms used to designate the two typological groups of modern knowledge are also carried over the century in age difference. The term *Naturwissenschaften* became commonplace from 1703 onwards, while the antistrophic term *Geisteswissenschaften* was not used until 1847 or 1849, and this already classical German terminology reflects the historical chronology of the discovery, or rather the invention, of modern science. The natural sciences burst forth, with the turn towards the accuracy of physics and chemistry, initially in their critical period, during the seventeenth and eighteenth centuries. The humanities burst in, with the turn towards monumental contemplation of Archaeology, then History and the sciences of language, literature, and art, which is their critical space of time, throughout the eighteenth and nineteenth centuries. Thus, in modern times, the hard sciences of nature began and a century later the sciences of man followed. But if this was and is the case, then, as the compensatory theory teaches, the experimental sciences have not made the human sciences superfluous, as positivism maintains and humanists grumblingly fear. Thus, intellectually speaking, it is not acceptable to continue to consider the servile sciences as having caused the death of the liberal arts. On the contrary, the naturalities do not carry with them the death certificate of the humanities but rather brought with them the birth certificate of the humanities. So the time has come, if our interpretation of the "Theory of Compensation" in general and of Marquard, in particular, is plausible, for us to banish the double prejudice that the experimental sciences are a threat to the human sciences because they have come to dethrone them in a time, the modern time, in which they have become dispensable because they no longer respond to it. From our hermeneusis, we can interpret Marquard's compensatory philosophy as revealing the modern necessity of the humanities in the double sense of the genitive. So the fate of the humanities (and hence that of humanism) is linked to the modern, and the fate of the modern (and hence that of modernism) is linked to the humanities: in the objective sense, liberal arts are something post, they are post-born after the birth of the hard sciences, they are "post-scientific" since the historical fact is that the humanities arise after the natural sciences. The modern necessity of the humanities can be read in the objective sense of the genitive, because their modernity was necessary, at least, their greater modernity than that of the natural sciences. And it is an accepted commonplace to identify modernity and science, to the extent that the science of experimental content and mathematical formality is the defining feature of modernity itself. Since the humanities do not exist before the naturalities and the naturalities are essentially modern, the humanities are not before modern times. The humanities are objectively modern: they are modern objects. Thus, we conclude the modern necessity of the humanities in the objective sense of the genitive. In a word: the humanities are of Modernity, the humanities belong to modern times. Hence humanism is modern.

In the subjective sense, the humanities are something *propter*, they are not only later in their birth than the birth of the hard sciences, but they owe their own birth to the latter, they are "propter-scientific" since the historical value is that the humanities arise as a compensatory consequence of the naturalities. The modern necessity of the humanities is read in the subjective sense of the genitive, for they were necessary in modern times, at least their necessity for modernity was no less than that of the naturalities. And it is an accepted commonplace to identify modernity and humanism, to the extent that the science of experiential content and historical formality is a defining feature of modernity itself as well. Since the humanities exist only as a compensatory consequence of the naturalities and the naturalities are essentially modern, modern times are not before the humanities. Modernity is "subjectively" humanist: humanism subjects it. Thus, we conclude the modern necessity of the humanities in the subjective sense of the genitive. In a word: Modernity belongs to the humanities, the modern times belong to the humanities. Hence modernism is humanist.

3. THE METAPHILOSOPHICAL THESIS OF COMPENSATION AND THE TEMPORAL DOUBLE LIFE IN MODERNITY

However, the metaphilosophical thesis itself, that the more modern the world is, the more inevitable the humanities become, allows us to understand Marquard's thought as a compensatory philosophy. Indeed, one can see in the very metaphilosophical thesis of compensation the key to reading Marquard's philosophy, allowing his numerous small major essays, in all their great thematic diversity, to present an enormously high degree of unity and homogeneity of readerly and interpretative development.

Marquard's philosophy is a hermeneutics which is a whole anthropology that turns the transcendental point of view into a historical point of view, an Anthropology of time, elaborated from the awareness that the most certain future is death, which leads us to hasten, and simultaneously elaborated from the awareness that the most inevitable past is our birth, which leads us to delay. Hungry for the future and dominated by our origin, we cannot choose whether we want to live quickly or slowly, but must live with both haste and hesitation. The lack of vital time forces us into this temporary double life. And it is historically in modern times that the experience of the inevitable conceptual duality of haste and slowness has been most accentuated:

> *This is true for every human being. It is especially true for the modern man. The modern world simultaneously increases the speed of innovation and the human need for slowness. For the more the acceleration of innovation leads to an overload of innovation, the more strongly grows the need to compensate for the breaks in continuity: through the cultivation of slowness, through the culture of continuity" (Marquard, 2004, p. 10).*

This is why the "Philosophy of the instead of" links the genesis of the sciences of the spirit or humanities, in general, and of hermeneutics, in particular, to the compensation of that acceleration which, in turn, characterises modernity. Hence, it is necessary to break with the historical prejudice (mainly of positivist roots and internalised by the humanities) that presents the naturalities as an attempt (consummated or not) to surpass the humanities, as an advance or progress over the (false) narrative sciences or literary culture. In reality, the success of the exact natural sciences does not eliminate or diminish the need for the narrative sciences, but rather, on the contrary, engenders and increases their need, making them inevitable, which explains why the sciences of the spirit are more recent than the natural sciences. As the modern world becomes more modern and the world becomes more ahistorical, the sciences of the spirit become more indispensable as compensation. The more modern the modern world, the more things there are to tell. Faced with the accelerating speed of the world of techno-scientific change, the slow human is the most prepared. Marquard's basso continuo resonates so: *narrare necesse est*:

> *humans themselves are slow, the modern world itself is fast. And neither the fast world nor slow humans can be suppressed. Whoever denies the world of rapid change*

> *renounces the indispensable means of human survival; whoever denies slow humans renounces humans. This means that in the modern world, we must experience both: speed (future) and slowness (past). It is not now a question of freeing oneself from the tension between speed and slowness in an anti-modern way, forcing the modern world to choose between taking the path of the revolution or getting off the train but rather of preserving the tension between speed and slowness while retaining - given the acceleration of change in the modern world - the possibility of living slowly as human beings. Therefore, it belongs to the modern world amid its speed - in a compensatory way - the development of forms that allow the human being to live slowly and confidently in a fast world* (Marquard, 2000, pp. 71-72).

Indeed, Marquard's philosophical hermeneutics responds to the accelerating transformations of the contemporary world, which make our things strange to us, which make us lose our experience and miss the world, which dissociate *expectations* of life from *experiences* of life (Marquard, 1994), with its compensatory slowness, which allows us not only to re-appropriate the strange but also to appropriate the strange: "The modern world is therefore not only the epoch of radical transitoriness but simultaneously the epoch of the radical answer to that question which is transitoriness: also the authentic epoch of adaptive hermeneutics" (Marquard, 1981, p. 127).

The virtue of the Marcuardian philosophical hermeneutics is its necessity, that is, that it does not redeem, that it does not save. It only compensates. It cannot be more because we are less. It is not a mistake not to offer an absolute answer when we are not absolute but finite. And in this sense, genetically, Hermeneutics replicates the absolute book: it is the *discharge of the absolute book*. This Marquardian thesis allows our author to compensate through the plural humanities for the singular philosophy and its desire to become the only true discourse. In particular, Marquard thus succeeds specifically in confronting the Philosophy of History and its pea-princess complex with its monologic complaint while leading it to prevent hermeneutic civil war, a specific hermeneutic advantage that adds to its capacity to respond "timelessly" to the experience of finitude both as a legacy of tradition and as an expiration; and, "temporarily" to the modernising vicissitudes. It is now a question, third and last, of considering how and why specifically modern hermeneutics is literary hermeneutics, both in the sense that Marquardian hermeneutics is substantially reduced to literary hermeneutics and in the sense that literary hermeneutics is hermeneutics par excellence.

To better interpret this thesis, a dichotomy established by Marquard must be taken into account: the dichotomy between singularising and pluralising hermeneutics. It is, respectively, the irreconcilable antagonism between the interpretation that traces a single "spirit" from a multiple "letter", and the interpretation that, on the contrary, traces from a single "letter" a multiple "spirit". The hermeneutics that singularises in the acute phase of the institutional imposition of religion corresponds to theological hermeneutics, which commands the submission of the plural form of the literal stories to the order of a single and absolute spiritual sense, as a self-affirmation of orthodoxy against heterodoxy and heresy. The Protestant theological hermeneutics did not escape from the imposing singularising iron fetters. With the Reformation, two singularising hermeneutics confronted each other, both of which contended for the only correct interpretation, with salvific meaning or significance, of the Holy Scripture as an absolute text. Marquard strongly emphasises that the singularising hermeneutics only came to dominate the pluralising hermeneutics when, generation after generation, this hermeneutical contest became "bloody", when the religious civil war turned out to be a hermeneutical one as well: a civil war over the absolute text. His thesis is as follows:

The "literalisation" of hermeneutics (*originalitas, non veritas, facit interpretationem*), in particular, and the humanities, in general, substantiate the response to the trauma of confessional civil war (Marquard, 2004, p. 52). The struggle in which one and the other killed each other for the only absolutely correct understanding of the only absolute book (and later, with the singularising Philosophy of History) for the only absolute History, the struggle for univocism, with blood, sweat, and tears in between, made ambiguity, hermeneutic peace (Marquard, 2004, p. 132), necessary. This peace was achieved and made stable when it was discovered that there is not only one book (and not only one history), but many books, literature (and many histories), i.e. that for each book (and for each history) there are always several possibilities of interpretation, which must be cultivated by the hermeneutics of the plurality of understanding, i.e. by the hermeneutics of the sciences of the spirit.

This is why Marquard repeats so often in his writings that univocity is not an unattainable ideal for the interpretative sciences of the mind, but a danger to be avoided, the danger of unified science, which reduces the human capacity to ask questions. It is a matter of the hermeneutic value of achieving the beneficial attainment of equivocity, and of cultivating scientific pluralism (Marquard, 1995, pp. 115-122). This, if we may put it this way, would not be a weakness of hermeneutics that pluralises, but its strength, its paradoxical virtue, that of putting aside the illusions of the absolute. The fact is that whoever admits reasons in the plural (pluralism is always pluralisms) will probably not resort to the weapons.

Reading and letting oneself be read encourage the search for that context that relativises absolute controversies about textual comprehension, favouring that which in the comprehension of the text is beyond controversy. This is what was achieved with the literary transformation of hermeneutics, with the transformation of the absolute text into a literary text, of the absolute reader into an aesthetic reader. Thus the liberal arts as hermeneutic sciences neutralise absolute texts by making them interpretable, i.e. texts which can always be read differently and which can always mean something different, texts which are therefore open to interpretation (Marquard, 1981, pp. 130-131).

However, in fact, there are cases of new absolute hermeneutics, from the comical case that, when theologians have become philologists, many philologists seem to aspire to become theologians, to the serious case of the revolutionary Philosophy of History, which transforms the multiple histories into a single absolute History, and thereby shows no will to avoid the danger of the return of the hermeneutic civil war, perhaps because before feeling the duty to avoid that war, it wants to win it as a revolution. The necessary, though perhaps the not sufficient, answer to avoid it lies in living and letting live by reading and letting read, that is, in the pluralising procedure of literary hermeneutic sciences, which also embraces history, and which works with the liberal means of the division of powers, namely with the division of powers of writings and interpretations, the division of those powers which are the histories and even of those powers which are the texts.

This is, shall we say, a purely synchronic point of view, whereby the human sciences would adopt the point of view of the decipherer who confronts his object as a "secret language", as that language which I do not speak and do not understand. But while it is true that we generally do not understand everything, this does not mean that we do not understand anything at all. Hermeneutics teaches, in its inaugural prejudice, that we understand only if we already understand. The hermeneut does not and cannot start from scratch, he always starts from a text (or language, or social world) already understood or always understood beforehand. Thus, as opposed to the artificial methodical pretension of the decoder, who assumes a fundamentally strange and incomprehensible world, the hermeneut starts from a familiar, already understood world of life. This is why the hermeneut does not appeal to the code but to history: "Hermeneutics responds to decoding in a compensatory way, i.e. by preserving the problems that decoding has displaced" (Marquard, 1981, p. 137).

Of course, this presupposes that the poor hermeneuticists never leave history and that those who never leave history cannot attain an absolute position. But is it necessary to leave history, or is it necessary to reach an absolute position? And whoever might accuse him of becoming a sceptic will reply: "I must not become a sceptic, because I already am one" (Marquard, 1981, p. 138).

4. COMPENSATORY CONCLUSIONS: FINITUDE, SCEPTICISM AND PLURALISM

In fact, Marquard's remarks on the humanities are a faithful portrait of his scepticism as a philosophy of finitude. He was a Pyrrhonian who understood scepticism as a middle ground between two vices: the dogmatism of absolute knowledge and the foolishness of absolute non-knowledge, and whose three characteristic features are the sensitivity to the division of powers and to the usual, and the acceptance of one's own contingency (Marquard, 1986, pp. 7-9). These three characteristics and defining features of Marcuardian thought are characteristic and defining of the humanities as hermeneutic sciences. The division of exclusive power into powers is the main thing for a sceptic: the hermeneutic division of the absolute text into relative texts, i.e. pluralism, is a case (like the division of History into histories or of Philosophy into philosophies) of scepticism. The usual (present customs, habits, and traditions), that we remain predominantly what we already were, is inevitable for a sceptic: the hermeneutic recognition of the need to link with the coming for the sake of the future, rather than an absolute orientation against which death always comes faster, i.e. usualism, is a case of scepticism. The acceptance that we are indelibly marked by the contingencies of destiny, for we are more our own chance than our own choices, is an antiprinciple for a sceptic: the hermeneutic capacity to endure contingency, for living with chance is not the failure of absoluteness, but historical normality: contingentism, is a case of scepticism.

Absolutism does fail when it names man as the absolute head of the supposedly universal, one and total, singular History: the experience of the last two centuries shows that man cannot bear this absolute role. In the face of the failure of the hermeneutics of human absoluteness, scepticism leads Marquard to a philosophy of human finitude for which the following five themes are important, three explicitly proper and defining of hermeneutics as a liberal art, and the other two implicitly: a) the brevity of human life; b) pluralism; c) compensations; d) the culture of limit-reactions; and e) the need for style. These five *topoi*, which are the real philosophically important things for Marquard, are the really important things for the hermeneutic humanities.

As we have only a single finite life, life is always brief. Our finality is limited by our mortality. The future is always short, which binds us to what we already are. That is why we have no time either to shape the future as we wish or to dispense with the future. The liberal arts as hermeneutic sciences teach that we are past which determines us through contingent traditions, which choose us rather than choosing them.

That is why we need pluralism, to mitigate the lack of time without letting any one tradition (neither reality, nor power, nor history, nor conviction, nor book, etc.) be the only thing that defines our life. As finite beings, humans are not free by original sovereignty, but because the various instances that define us limit and divide one another. The pluralisation of life by multiplying the shoulders of burden makes its weight more bearable. The hermeneutical sciences teach us to attenuate finitude through plurality, pluralising the singular absolute text.

Compensations counterbalance the deficiencies of human beings, congenitally precarious and deficient in their finitude, without redeeming them, for they are not absolute processes and measures, but finite and therefore human and appropriate to the human. In this way, in the face of the modern rise of technoscience, the development of the sciences of the spirit, in general, and of hermeneutics, in particular, is given as compensation. Thus, the hermeneutic sciences teach to compensate, as a culture of preservation, the modern culture of innovation.

To see compensations, and not only separations, is to see more reality than officially foreseen, is to cultivate the inclusion of the excluded. Traditional reason is an exclusive reason, which takes away reality from everything that does not fit into the scheme, but reason can be understood as inclusive, if it is understood, like laughter or crying, as a reaction limit to what does not fit into the scheme by inoculating it with contingency. To interpret reason as inclusive is to assume that the realm of reason is what is limited, the finite. Liberal arts as hermeneutic sciences teach that reason shows what it properly is not where it practices exclusions, but where it does not succeed in that practice. The hermeneutic reason goes to the whole, like all reason, but where the whole is no longer the whole, but a residue that does not fit into the scheme, and to which it opens itself inclusively (Marquard, 1995, pp. 38-61). When philosophy renounces being absolute, the style becomes necessary, and the will to style compensates for philosophy's weakness. Humanities as hermeneutic sciences teach, from the necessity of the insecurity of the écrivain thinker (Marquard, 2004, pp. 16-22), the virtue of good literary presence, with lightness and sharpness as a form, to be endured, to compensate for the lack of time to be read, to unburden oneself of the absolute determination to be right. Philosophical hermeneutics thus spares one the effort of remaining a fool.

5. REFERENCES

De Mesel, B. (2018). Competence in Compensating for Incompetence: Odo Marquard on Philosophy. *The Pluralist, 13*(2), 50-71.

García, M. (2019). *El final de la filosofía. Estudio metafilosófico sobre el origen y las implicaciones de un nuevo conflicto de facultades*. Tesis Doctoral. EHU.

Habermas, J. (1981). *Kleine Politische Schriften I-IV*. Suhrkamp.

Hacke, J. (2022). Die bundesrepublikanische Variante eines Liberalkonservatismus: Bürgerlichkeit und Common Sense in der Ritter-Schule. *weiter denken. Journal für Philosophie*, 1. https://n9.cl/7k26d

Lübbe, H. (1977). *Geschichtsbegriff und Geschichtsinteresse. Analytik und Pragmatik in der Historie*. Schwabe & Co.

Lübbe, H. (1986). *Die Wissenschaften und ihre kulturellen Folgen. Über die Zukunft des common sense*. Westdeutscher.

Lübbe, H. (1989). Erfahrungsverluste und Kompensationen. *Die Aufdringlichkeit der Geschichte. Herausforderungen der Moderne vom Historismus bis zum Nationalsozialismus* (pp. 105-110). Styria.

Marín-Casanova, J._A. (2016). Experiencia y finitud: La hermenéutica escéptica de Odo Marquard. *Utopía y praxis latinoamericana*, 72, 27-39.

Marín-Casanova, J._A. (2017). La Filosofía como descarga de la sobrecarga de innovación. *Quaderns de filosofia*, *4*(1), 27-45.

Marquard, O. (1981). Frage nach der Frage, auf die die Hermeneutik die Antwort ist. *Abschied vom Prinzipiellen* (pp. 117-146). Reclam.

Marquard, O. (1986). Über die Unvermeidlichkeit der Geisteswissenschaften. *Apologie des Zufälligen* (pp. 98-116). Reclam.

Marquard, O. (1994). Krise der Erwartung – Stunde der Erfahrung. *Skepsis und Zustimmung* (pp. 70-92). Reclam.

Marquard, O. (1995). Verspätete Moralistik. Bemerkungen zur Unvermeidlichkeit der Geisteswissenschaften. *Glück im Unglück* (pp. 108-114). Fink.

Marquard, O. (2000). Narrare necesse est. *Philosophie des Stattdessen* (pp. 60-65). Reclam.

Marquard, O. (2002). *Skepsis als Philosophie der Endlichkeit*. Bouvier.

Marquard, O. (2003). *Zukunft braucht Herkunft*. Reclam.

Marquard, O. (2004). Kleine Anthropologie der Zeit. *Individuum und Gewaltenteilung* (pp. 9-12). Reclam.

Marquard, O.: *Skepsis in der Moderne*. Reclam, 2007.

Mateu, J._D. (2007). Antropología y compensación: sobre la hermenéutica escéptica de Odo Marquard. *Thémata. Revista de Filosofía*, 39, 339-346.

Ottmann, H. (2010). Der Geist der Geisteswissenschaften. *Synthesis Philosophica*, *25*(1), 101-107.

Ritter, J. (1974). Die Aufgabe der Geisteswissenschaften in der modernen Gesellschaft. *Subjektivität. Sechs Aufsätze* (pp. 105-140). Suhrkamp.

Schnädelbach, H. (1992). Kritik der Kompensation. *Zur Rehabilitierung des animal rationale* (p. 403 y ss.). Suhrkamp.

Tugendhat, E. (1992). Die Geisteswissenschaften als Aufklärungswissenschaften. Auseinandersetzung mit Odo Marquard. *Philosophische Aufsätze* (pp. 454-456). Suhrkamp.

LA FILOSOFÍA, ¿UN GÉNERO DE ESCRITURA?

Sara Mariscal Vega[1]

1. INTRODUCCIÓN

Para Richard Rorty existen varios modos de entender la filosofía. Por un lado, la filosofía se puede enfocar como aquella que se ocupa de la relación entre el pensamiento y su objeto, entre la representación y lo representado. Por otro lado, un enfoque distinto de la filosofía es el que defiende que ésta partió de una confusa combinación de amor a la sabiduría y afición a la polémica. En esta concepción no es posible aislar la filosofía de forma que ocupe un lugar propio, que tenga un objeto propio o proceda con arreglo a un método propio. Por ello, desde esta perspectiva, la mejor manera de entender la filosofía es como género de escritura. Sus límites, como los de cualquier género literario, no vienen impuestos por la forma o la materia, sino por la tradición.

La primera concepción de la filosofía entiende la verdad como una relación vertical entre la representación y lo que representa. La segunda lo hace horizontalmente, como la reinterpretación que culmina la reinterpretación que nuestros predecesores hicieron de la reinterpretación que dieron sus predecesores y así sucesivamente. Dicha tradición no se pregunta por la relación entre las representaciones y lo que representan, sino por la posible interrelación de las representaciones.

La primera tradición hace de la verdad científica la mayor preocupación filosófica. La segunda tradición considera la ciencia como un sector de la cultura, el cual, como todos los demás, sólo tiene sentido visto desde una perspectiva histórica.

Según Derrida, hay que hacer de la filosofía algo más impuro: algo menos profesional, más divertido, más lleno de alusiones, más provocativo y, sobre todo, más escrito. Derrida trata de crear un nuevo referente para la escritura: no el mundo, sino los textos. Los libros narran la verdad de las cosas. Los textos comentan otros textos, no hay nada fuera del texto (Rorty, 1996a).

La cuestión importante es que la filosofía no tiene un objeto definido, no puede entenderse de forma objetiva, esto es, su objeto no es un objeto. Y si no es un objeto, puede ser un modo de decir, es decir, que lo que la filosofía hace es narrar. La filosofía es extrametódica, porque no hay Método con mayúsculas que indique el camino hacia la Verdad, porque lo que no hay es Filosofía con mayúsculas. La cuestión es que el objeto de la filosofía no es la verdad, sino la conversación, la praxis. Sin embargo, contra lo que se pueda pensar, desde

1. Universidad de Cádiz, España

esta perspectiva tampoco la ciencia escapa a la historicidad de su saber. De ahí, de la idea de que la verdad puede entenderse, interpretarse, nace la pregunta rortiana sobre si hay algún problema con el discurso de ficción. Y es que, como sostiene Marín-Casanova:

> *Rorty hace borrosa la distinción entre lo literal y lo metafórico, viniendo a decir que vivimos mediante metáforas, que nuestro pensamiento está estructurado metafóricamente, esto es, que no existe experiencia humana al margen de las metáforas. Por tanto, las metáforas están a la base de cualquier operación de significado, de toda comprensión. "Creer que hay un referente (realidad, naturaleza, unidad, literalidad, concepto, lógica) independiente de nuestras experiencias al que podemos acceder en toda su pureza es justo una creencia, no algo demostrable conceptualmente, aceptable universalmente, natural, real, lógico" (Marín-Casanova, 2015, p. 220).*

2. OBJETIVOS

Partiendo de la hipótesis de partida de que el modo de decir de la Filosofía es un *modo* sin objeto definido, es decir, que no tiene método con mayúsculas, el objeto de esta investigación es rastrear las relaciones de la Filosofía con otros saberes concomitantes, principalmente con la literatura.

3. RAZÓN LITERARIA Y RAZÓN FILOSÓFICA

La razón literaria convierte a la Filosofía en una Filosofía del sentido traspasada, precisamente, por la ausencia de sentido, es decir, en una conciencia de la imposibilidad del hallazgo último de fundamento, donde lo que se expresa es, propiamente, la articulación de los diversos puntos de vista. Este modo de comprensión, lejos de la búsqueda metafísica de significado, de suficiencia racional, se muestra como la constatación de la insuficiencia lógica. La razón literaria, más concretamente la novela[2], trata sobre todo de mostrar cómo es más fácil acceder a lo que sea lo humano a través de historias particulares que intentando elaborar aserciones universalistas. Kundera coincide en que "la novela conoce el inconsciente antes que Freud, la lucha de clases antes que Marx, practica la fenomenología (la búsqueda de la esencia de las situaciones humanas) antes que los fenomenólogos" (Kundera, 1987, p. 43). Esta experiencia de la ausencia es la que lleva precisamente al descubrimiento del sentido relacional, donde lo importante no es ya el desvelamiento de la trascendencia, sino la forma particular de relacionarse con ella y con los otros. Así, esta suerte de nihilismo existencial (el que se puede deducir de la posición literaria como negación de la búsqueda de lo universal) supone la afirmación más rotunda de la existencia, donde, por no poder alcanzarse el todo, se particulariza la importancia de la vida. La novela hiende la necesidad de explicación para rozar la comprensión, es, como decía Lorca del duende, un poder y no un obrar, un luchar y no un pensar. No significa que la novela sea irracional, vacía, sino todo lo contrario: consciente del nihilismo que puede surgir de la conciencia de la muerte rebautiza la existencia como *topos* del único trascendental posi-

---

2. Hay que aclarar que en este trabajo no se contraponen la idea kunderiana de prosa (Kundera, 2009) con la reivindicación de la razón poética. Entendemos la razón poética en sentido amplio, es decir, no hablamos del sentido poético de la literatura propiamente, sino de la existencia, y éste, consideramos, es un sentido prosaico, esto es, narrativo. De hecho, el propio Kundera afirma que entiende la novela "como una gran *poesía antilírica*" (Kundera, 2009, p. 67).

ble, la contingencia. En este hermanamiento que brinda la muerte "no hay ni puede haber más ontología que la diversidad de los discursos o el círculo hermenéutico como condición de posibilidad de cualquier reflexión" (Arenas Martínez: 2004, p. 138). Y la reflexión propia de la literatura, como ya hemos dicho, no es explicativa, sino comprensiva, y en esa medida trata de dirigirse a la pluralidad de discursos. La razón filosófica que se deja ver en la literatura se parece al *como-si* kantiano, es un mientras tanto sin aspiraciones esenciales, un modo de desdivinizar el mundo para poetizarlo[3].

4. EL DESVÍO LINGÜÍSTICO DE LA FILOSOFÍA

Como afirma Javier Gomá, "ignorar que la filosofía es un género literario ha producido muchos extravíos" (Gomá, 3 de enero 2015) en los que la filosofía se ha alejado de su primigenio impulso para dedicarse a emular los métodos de otros saberes, principalmente el de la ciencia. Sin embargo, aceptar el carácter literario de la filosofía supone, según Gomá, consecuencias terribles para su estilo. Y es que, cuando la filosofía pretende utilizar el estilo científico, se aparta de su sentido poético, cuidado.

En este sentido, podemos decir que existe una concatenación entre verdades, léxico y formas de vida, esto es que, "si hay verdades es porque hay lenguajes y si hay nuevos lenguajes habrá nuevos tipos de seres humanos" (Vásquez, 2006b: 9). Es decir, que no hay conciencia prelingüística[4], a la que el lenguaje pueda/deba ajustarse, lo que tenemos es una predisposición a "venerar los cadáveres" de nuestros ancestros (Vásquez, 2006b: 10). De esta forma, abogando por la centralidad del lenguaje, y la centralidad poética (creativa y activa) de la filosofía, la ciencia, también la ética, aparecen en Rorty como un género de literatura y "la literatura como un género de investigación" (Vásquez, 2006b: 10). La ciencia, como diría Ortega, no es sino una creencia más, seguramente la más fabulosa del mundo moderno, y el mundo posmoderno, huérfano ya de Padre científico y religioso, encuentra refugio mítico en la palabra, en forma de tertulia, tweet o información. Es el mundo de la conciencia de la posverdad[5], pero no porque se haya inaugurado la era de la caverna, en sentido en que de repente la humanidad se oculte en la guarida de lo falso[6], sino en el sentido en que se pueda aceptar, por fin, que "entre los enunciados de hecho y los enunciados de valor no hay ninguna distinción absoluta e independiente de acuerdos históricos y contextuales de los seres humanos, ni tampoco entre la verdad y la ficción"

3. En realidad, esta razón novelada, novelesca, supone una reflexión alejada de la concepción científica o filosófica, pues se trata de una conciencia independiente de todo sistema de ideas preconcebidas, no proclama verdades, se interroga, se sorprende, sondea, adquiere formas como la metáfora, la ironía o la hipérbole, sin dejar nunca el mundo mágico de la vida novelada, nutriéndose y justificándose en la vida misma de los personajes (Kundera, 2009: 90).

4. Dice Vásquez, en su estudio sobre Rorty: "En moral, la recontextualización se mueve con el fin de aumentar la simpatía, la incorporación de nuevos grupos humanos al pronombre "nosotros" que aminoren la exclusión. En uno y otro caso el "criterio de validez" de los vocabularios es la capacidad inclusiva que ostentan, y no su presunta aproximación a la naturaleza del mundo o del hombre" (2006b, p. 19).

5. Al respecto resulta esclarecedor el artículo de Marín-Casanova "Posverdad y fake news ¿Moda o modo?" (2019).

6. Cita Vásquez a Vaihinger cuando dice que, el ser humano ha adquirido el compromiso de mentir gregariamente, pero con el tiempo olvida su situación y "miente inconscientemente y en virtud de hábitos seculares y precisamente en virtud de esta inconsciencia [...] de este olvido, adquiere el sentimiento de verdad " (2006a, p. 5).

(Vásquez, 2006b: 10). Tomada conciencia ya de la metáfora, del sentido múltiple como condición de posibilidad de lo humano, el mundo, también la filosofía, no debería virar en busca de la Realidad, de la verdadera esencia humana, sino, quizás, desechar el tema natural como cuestión central y desviarse[7] hacia la comprensión del sentido obligatoriamente literario, ficticio de eso que llamamos humanidad.

En este contexto, rescata Rorty la consideración hedeggeriana de la filosofía como serie de logros poéticos (Rorty, 1993, p. 25) y establece varios puntos importantes en relación con la naturaleza narrativa, literaria de la filosofía:

- Frente a la tesis común de la fenomenología husserliana y la filosofía analítica de que el filosofar es una labor de clarificación, de hacer explícito lo que ha venido estando implícito (de hacer claro, iluminar lo que ya estaba dado), la tesis rortiana (hermenéutica, de raíces narrativas), considera la metáfora como una fuente de creencias, considera el lenguaje como algo abierto, plural (es el ámbito ahora de lo distinto, espacio abierto a lo otro), abandonando la idea de que el objetivo del pensamiento es alcanzar el punto de vista de Dios.
- Frente a la afirmación de Davidson de la falsedad de las metáforas, Rorty apuesta por decir que: "la mayoría de las metáforas adoptan la forma de oraciones que, prima facie, parecen obviamente falsas", pero que, posteriormente, pueden llegar a considerarse literalmente verdaderas[8] (La verdad está en el decir, decimos más literariamente que literalmente, vivimos en la metáfora).
- El "avance" filosófico también es deudor de la literatura, o, al menos, del decir distinto. Y es que las incorporaciones "irracionales" de creencias carentes de sentido (las que rompen con la coherencia de nuestras creencias) son precisamente los acontecimientos que los historiadores de las ideas nombran como "revoluciones conceptuales". Y estos acontecimientos son palabras enunciadas por los que Heidegger llamará "pensadores". Precisamente explica esto Kundera cuando afirma que "la ambición del novelista no es hacerlo mejor que sus predecesores, sino la de ver lo que no han visto, la de decir lo que no han dicho" (Kundera, 2009, p. 28). De ahí que, aplicado a la Filosofía, podamos concluir que ésta es un modo de decir que, al mismo tiempo, es un modo de pensar.
- La filosofía, como el arte, en este caso la literatura, no utiliza simplemente la tradición, sino que todo preguntar significativo en la filosofía continúa siendo inactual, en el sentido en que para ser significativo debe romper de algún modo esa tradición, la confortable red de creencias. De ahí que, como decíamos antes, estos decires son, en un primer momento, una absurda falsedad, porque, de hecho, no encuentran correspondencia con el mundo conceptual en que vivimos. Es lo que Heidegger llamará "una palabra de ser". Se trata del carácter deconstructivo de la filosofía.
- La respuesta poética de Heidegger a la cuestión de la relación con la tradición focaliza la atención de esta filosofía en lo que podríamos llamar justicia histórica,

7. Isidoro Reguera habla del filósofo desviado como pensador del trasfondo y no del fundamento: "El desviado frente al académico. El del retiro frente al del ágora. En terminología wittgensteiniana: el gran hombre, educador de la humanidad, disolutor de problemas desde su misma formulación lingüística en pro de la claridad de conciencia y de la decencia moral, frente al hombre brillante, inventor de mitologías poderosas, de nuevas ficciones para la gente" (Reguera, 2002: 96-97).

8. Recuérdese el escrito de Blumenberg Las realidades en que vivimos (1999) y las Metáforas de la vida cotidiana de Lakoff y Johnson (1986).

una suerte de memoria histórica. Y es que, el planteamiento de Heidegger reivindica el objetivo del pensamiento filosófico como la liberación del lenguaje que utilizamos actualmente recordándonos que "ese lenguaje no es el de la "razón humana", sino la creación de pensadores de nuestro pasado histórico" (Rorty, 1993, p. 34). Es decir, recordar a estos pensadores, sentir la fuerza de sus metáforas, que tiene sentido en la época anterior a que se hayan convertido en verdades literales, lo que podríamos llamar verdadera justicia poética, debe ser la meta de la filosofía: "no facilitar sino sólo hacer más difícil, no rehacer nuestro entramado de creencias y deseos sino sólo recordarnos su contingencia histórica" (Rorty, 1993: 34). En esta suerte de relectura, de hermenéutica histórica, necesitamos volver a oír lo que ya no puede oírse, antes que hablar sobre lo que aún no se ha hablado, hacer resonar la huella de la contingencia, antes que intentar fundar una estela eterna.

- La labor del pensador, según Rorty es, efectivamente, comunitaria, es decir, en el círculo hermenéutico del que antes hablábamos, el pensador tiene el deber de hacer resonar particularmente la red de creencias de la comunidad. De ahí que el mayor honor para el filósofo sea conseguir convertir sus metáforas en metáforas muertas, en literalidades literarias. Es tarea nuestra la de recordar, rastrear la huella metafórica de todo decir, es más, de todo vivir.
- En líneas generales, el pragmatismo lo que viene a decir es que es imposible revelar el núcleo permanente de la humanidad en el rastreo de esas metáforas. Lo único que se puede concluir de ese rastreo es el carácter histórico de todo decir, y para rellenar el entramado de creencias en su totalidad habría que esperar al fin de la historia. En ese decir metafórico, reconocido o no, está el auténtico hacer del filósofo, que sólo puede liberar a la cultura de vocabulario obsoleto y ofrecer nuevas metáforas. De ahí que el pragmatista y Heidegger coincidan en que el poeta y el pensador "constituyen los legisladores no reconocidos del mundo social" (Rorty, 1993, p. 36).
- Finalmente, de acuerdo con el punto de vista pragmatista, con la reivindicación de la filosofía como un modo de decir, lo central es la "convicción de que las cosas irán mejor para todos si se da oído a toda nueva metáfora, si ninguna creencia o deseo se considera tan sagrado que se rechace automáticamente una metáfora que la pone en peligro" (Rorty, 1993, p. 37). Realmente, podríamos ir más allá y decir que lo importante es tomar conciencia de que esas creencias o deseos también son metafóricos, es decir, que responden a una raíz poiética común, que cada decir es un hacer. Concluimos, por tanto, que el filósofo, deudor de la literatura antes que de la ciencia, del dicho antes que del hecho, acepta la necesidad sempiterna de la metáfora.
- La conclusión final que extrae Rorty se resume en que, si alguna vez tenemos el valor para desechar el modelo cientificista de la filosofía, entonces,

  > *por sombríos que sean los tiempos, dejaremos de recurrir a los filósofos para conseguir la salvación, igual que nuestros ancestros recurrieron a los sacerdotes. Recurriremos entonces los poetas y a los ingenieros, a las personas que crean asombrosos proyectos nuevos para procurar la mayor felicidad para el mayor número (Rorty, 1993, p. 47).*

Donde el mundo enmudece, la hermenéutica interpreta; donde la ciencia calcula, la filosofía comprende; donde la epistemología explica, la literatura narra, lo ambiguo en lugar de lo equívoco, la contingencia en lugar del endiosamiento, la razón insuficiente en lugar de la suficiencia de la razón, la Beldad en lugar de la Verdad. Porque de lo que se trata en definitiva es de comprender, como hace el novelista, que se refleja en la obra y se descubre de pronto como otro distinto al que se pensaba, que "ningún hombre es aquel por el que se toma" (Kundera, 2009, p. 113).

5. A MODO DE CONCLUSIONES

Que la Filosofía sea un género de escritura no significa que no deba ser estricta, que no tenga un objeto o varios. Lo que significa es que lo que no tiene es Método en mayúsculas, no puede buscar a través de un modo inflexible porque su modo está en la forma, en el decir, en la *qualitas*. De ahí, de su *cualidad, q*ue la Filosofía sea un modo y no un qué.

De ahí también que la Filosofía se pregunte por tantas cosas, porque no es tan importante el objeto al que se dirige como la forma en que lo hace, lo estudia y se cuestiona por él.

Y la labor de la Filosofía como género de escritura no es pasiva, pues, como hemos visto, tiene un carácter creador, el filósofo tiene la obligación de ofrecer las nuevas metáforas que tendrán sentido y vigencia en el nuevo mundo donde las antiguas ya han quedado obsoletas.

Así, hemos concluido con Rorty que el lenguaje es algo abierto, plural, oponiéndonos de algún modo a la idea fenomenológica de la actitud obligatoriamente clarificadora del filósofo. Por ello, se ofrece la metáfora como fuente de creencias que expone las raíces narrativas del mundo pero que no lo ilumina sin más.

Por otro lado, hemos visto que la Filosofía, en estos términos, no sólo utiliza la tradición, sino que todo preguntar filosófico sigue siendo inactual, debe romper de alguna manera con la tradición, con esa red confortable de creencias.

Finalmente, Rroty concluye que esta labor metafórica, literaria, de la Filosofía es una labor comunitaria en su conexión con el rastreo de la huella metafórica común, ya que, aunque deba romper con la tradición, por su naturaleza hermenéutica, debe hacer resonar los aspectos *públicos* de las metáforas, que así serán bien halladas, y sólo así comprendidas y socializadas.

6. REFENCIAS

Arenas Martínez, S. R. (2004). *Volpi-Links-Klingsor: Autores inciertos.* Universidad de Veracruz.

Blumenberg, H. (1999). *Realidades en que vivimos.* Paidos.

Gomá, J. (3 de enero 2015). La Filosofía como literatura conceptual. *El País.* https://elpais.com/cultura/2014/12/30/babelia/1419954641_563282.html

Kundera, M. (1987). *El arte de la novela.* Tusquets.

Kundera, M. (2009). *El telón. Ensayo en siete partes.* Tusquets.

Lakoff, G. y Johnson, M. (1986). *Metáforas de la vida cotidiana.* Cátedra.

Marín-Casanova, J. A. (2015). La pragmática productividad conceptual de la metáfora. El «giro diafórico» en Blumenberg y Rorty. *Lo Sguardo- Rivista di Filosofia,* 17(1), 207-226. https://n9.cl/mj3vb

Marín-Casanova, J. A. (2019). Posverdad y fake news ¿Moda o modo? *Ámbitos. Revista de estudios de Ciencias Sociales y Humanidades,* 41, 105-111.

Reguera, I. (2002). Pensar y palabra. Filosofía y ficción, *Éndoxa,* 16, 87-112. https://n9.cl/pzjji

Rorty, R. (1993). *Ensayos sobre Heidegger y otros pensadores contemporáneos*. Paidós.
Rorty, R. (1996a). *Objetividad, relativismo y verdad: escritos filosóficos*. Paidós.
Vásquez, A. (2006a). Rorty: el giro narrativo de la ética o la filosofía como género literario. *Philosophica*, 42, 323-333.
Vásquez, A. (2006b). Rorty: la realidad como narrativa exitosa y la Filosofía como género literario. *Límite. Revista de Filosofía y Psicología*, 1(13), 5-23.

APORTACIONES DEL ANÁLISIS DE SISTEMAS-MUNDO AL DEBATE DE APERTURA DE LAS CIENCIAS SOCIALES

Sergio Martín-Carrillo[1]

El presente texto forma parte de la investigación encaminada a la realización de la Tesis Doctoral del autor titulada "Inserción internacional de Andalucía en la economía-mundo capitalista 1960-2020" dentro del Programa de Doctorado en Ciencias Políticas y Jurídicas de la Universidad Pablo de Olavide de Sevilla.

1. INTRODUCCIÓN

La reflexión en torno a la reestructuración de las ciencias sociales no es nueva. La misma se lleva produciendo desde los propios orígenes de las disciplinas que la componen. Pero es en el mundo actual, en el que las interconexiones a escala planetaria son cada vez mayores, las crisis ponen en jaque las propias condiciones de vida en nuestro entorno y los problemas a los que se enfrentan las sociedades son cada vez más complejos, donde este debate se hace más necesario.

La complejidad y la raíz sistémica de los grandes desafíos a los que nos enfrentamos hacen que la actual concepción de las ciencias sociales no logre responder a los mismos. En buena parte de las ciencias sociales ha primado el positivismo. El objetivo último de la investigación social ha sido, durante mucho tiempo, el de intentar formular leyes universales que permitieran explicar los comportamientos sociales, políticos y económicos, con una validez que ni tiempo ni espacio pudieran poner en duda con formulaciones ahistóricas. La mecánica de Newton y el dualismo cartesiano se convirtieron en los dos pilares del conocimiento, también en el campo de las ciencias sociales.

Estas reflexiones sobre las dificultades que tienen las actuales disciplinas para responder a los problemas complejos de la sociedad impulsaron que, hace justo ahora 30 años (en julio de 1993), se conformara un grupo de trabajo conocido como la Comisión Gulbenkian para la reestructuración de las ciencias sociales. La Comisión estuvo conformada por un grupo interdisciplinar de diez expertos – seis de las ciencias sociales, dos de las humanidades y dos de las ciencias naturales- que, tras tres años de trabajo y la realización de otras tantas reuniones plenarias, dieron a conocer sus conclusiones a través del libro *Abrir las ciencias sociales* (Wallerstein, 2004a).

---

1. Universidad Pablo de Olavide de Sevilla (España)

El coordinador del trabajo de la Comisión fue el sociólogo Immanuel Wallerstein, que también es el fundador y máximo representante del enfoque analítico de los sistemas-mundo. El objetivo principal de este texto es poner de relieve cómo el enfoque del análisis de los sistemas-mundo contribuye al debate de apertura de las ciencias sociales y a la construcción de una ciencia social histórica. Para ello se ha realizado la revisión del documento final de la Comisión y se han ido comparando con el enfoque de sistemas-mundo desarrollado por el propio Wallerstein.

Adicionalmente, es necesario reseñar que este texto no pretende presentar una propuesta novedosa sobre el camino que desarrollar por las ciencias sociales, sino que pretende estimular un nuevo impulso a este debate al interior de las ciencias sociales, dialogando, también, con las humanidades y las ciencias naturales. Tampoco se pretende desconocer el papel que la parcelación de las ciencias sociales ha tenido a la hora de facilitar la comprensión y el desarrollo del conocimiento hasta la actualidad. Sin embargo, el avance de este conocimiento se ha realizado a consta de algunas reducciones que nos hacen alejarnos de las realidades más complejas, y es aquí donde se plantea la necesidad de discutir sobre las actuales fronteras disciplinarias.

En cuanto al desarrollo metodológico, este documento parte de una breve revisión sobre el origen y la conformación histórica del conocimiento en diferentes campos y disciplinas desde el siglo XVII. Posteriormente, se presentan los elementos que deben incorporarse para la construcción de una ciencia social histórica. Para este segundo apartado, a las conclusiones y reflexiones aportadas desde la Comisión Gulbenkian, se incorporan buena parte de las aportaciones del análisis de sistemas-mundo, así como las aportaciones de otros autores que han reflexionado sobre la reestructuración del conocimiento abordándolo en torno a tres grandes cuestiones:

1. La reflexión en torno a la división del conocimiento sobre los seres humanos y sobre la naturaleza como dos esferas diferentes y poco conectadas,
2. La validez del estado-nación como unidad de análisis principal en el campo de las ciencias sociales, y
3. La actual división de las ciencias sociales y el papel que puede, y debe, desempeñar la historia para la difuminación de sus fronteras.

2. ORIGEN Y DESARROLLO DE LA FRAGMENTACIÓN DEL CONOCIMIENTO

La fragmentación del conocimiento tiene su origen en el momento en el que las facultades de filosofía, una de las cuatro existentes en la Universidad medieval, emprendieron un camino de segregación que llevó a la aparición de las facultades de ciencias, por un lado, y las facultades de humanidades, artes o letras, por el otro (Wallerstein, 2005). A partir de este momento, surge la visión clásica de la ciencia, que distingue entre ciencias naturales (o ciencias) y humanidades. Nace así lo que posteriormente se denominará "las dos culturas del conocimiento" (Snow, 1993).

Esta visión clásica de la ciencia se asienta sobre dos pilares fundamentales. El primero de ellos es el modelo newtoniano, que lleva a la búsqueda de un conocimiento racional y empírico, que lo consagra hacia un nivel casi teológico. Naredo (2003) describe este acontecimiento como la "sacralización de la ciencia" donde la propia ciencia que un primer momento se enfrentó a la religión como forma de conocimiento que permitía revelar el funcionamiento del mundo, finalmente acabó convirtiéndose en el sustituto laico de la misma (Soria y Puig, 1979).

El segundo de los pilares de esta nueva estructura del conocimiento es el dualismo cartesiano, que asume la distinción entre el alma y el cuerpo, entre lo espiritual y lo material, o lo que es lo mismo, entre el mundo físico y el mundo social. Es a partir de esta segunda consideración en la que se asienta la división del conocimiento en las ciencias naturales, propias del mundo físico, y las humanidades, referentes al mundo social y el comportamiento espiritual.

De esta división, de la que originariamente solo se distinguían por los objetos de estudios que querían abordar, se fue creando una suerte de disputa en lo que representaba la única forma de conocimiento verdadero y universal. Las ciencias naturales pasaron a ser "la ciencia", mientras que el conocimiento de las humanidades, a no ser positivista y no pretender la formulación de leyes universales, pasó a estar considerado en una jerarquía inferior. La racionalización del conocimiento obligaba a la cuantificación empírica del mismo y la capacidad de formulación de leyes universales. Ni tan siquiera a la hora de nombrar a las humanidades hubo unanimidad, por lo cual, nunca hubo un proceso de legitimación desde el poder de este tipo de conocimiento, conociéndose a veces como humanidades, otras como filosofía, letras o bellas artes (Wallerstein, 2004a).

La ciencia natural construía todo su andamiaje de conocimiento racional, positivista y cuantificable sobre la mecánica celeste. Esto rompía con la visión aristotélica de considerar al mundo desde la perspectiva organicista, como un todo (Naredo, 2003). En un principio, durante el siglo XVII, la división entre ciencia y humanidades resultaba en formas complementarias de conocimiento. Sin embargo, poco a poco, desde la ciencia natural empieza a considerarse que, al no ser cuantificable, ni verificable en sus propios términos, el conocimiento proveniente de las humanidades se asemejaba más a la teología. De este modo, todo conocimiento que no esté racionalizado bajo la visión mecanicista pretende ser excluido del conocimiento científico.

Para el siglo XVIII, la hegemonía de que el único conocimiento legítimo era aquel que provenía de la ciencia, ya sin adjetivo, estaba clara. Y ya, para comienzos del siglo XIX, la división del conocimiento en dos campos ya había perdido el sentimiento de que los dos eran "esferas separadas pero iguales", resultando un conocimiento cierto (que provenía de la ciencia); y un conocimiento imaginado, e incluso imaginario, proveniente de todo lo que no era ciencia (Wallerstein, 2004a)

Mientras las dos formas de conocimiento se iban distanciando cada vez más, entre ambas quedaba un vacío que necesitaba ser ocupado para responder a las nuevas demandas que tenía la sociedad. Las revoluciones liberales y el surgimiento del estado moderno en occidente exigieron un nuevo conocimiento adaptado a la nueva realidad social. Este conocimiento que se desprendía del estudio de lo social comenzaba un viaje hacia la concepción mecanicista del mundo. Por tanto, debía empaparse de la lógica positivista para poder ser un conocimiento científico.

Surge lo que Saint-Simon (1975) bautiza como "física social", siendo el intento de positivación del conocimiento entre las dos culturas con el objetivo de establecer leyes universales que expliquen el funcionamiento de la sociedad. Hecho éste, el de positivación del conocimiento social, que profundiza Augusto Comte (1979) promulgando que se deben estudiar las leyes que guían la política dejando de lado las consideraciones sobre los valores morales que son vestigio de un conocimiento metafísico. Frausto Gatica (2021) describe cómo Comte concibe la ciencia como tecnocrática, sin distinguir entre la política y la ciencia, una concepción del sistema social como una máquina que funciona con leyes universales.

Es a partir de 1850, y sobre todo en el periodo que va desde 1914 hasta el final de la II Guerra Mundial, cuando surgen, se desarrollan y se institucionalizan las disciplinas de la investigación social. Wallerstein (2004b) destaca 3 grandes fracturas que son las que determinan el surgimiento de las disciplinas al interior de lo que conocemos como Ciencias Sociales. En primer lugar, la fractura pasado/presente, que lleva a la determinación de que aquellos que estudian el pasado eran los "historiadores", mientras que los que estudian el presente eran los "científicos sociales". La segunda fractura es aquella que distingue entre Occidente/no Occidente, que determina el surgimiento de la antropología para el estudio de aquellas sociedades que no se encontraba en el nivel de "progreso" que había alcanzado occidente. Y, en tercer lugar, para aquellos estudios que abordaban como objeto de estudio el mundo occidental en su tiempo, surge la fractura estado/mercado/sociedad civil, que dividió a las ciencias nomotéticas en economía, ciencia política y sociología.

La diferenciación entre occidente y no occidente responde a la idea de progreso, mientras que la fractura que da origen al surgimiento de las tres grandes disciplinas obedece al reflejo del poder de la ideología dominante "estas disciplinas reflejaban la ideología liberal dominante en la época, que mantenían que el Estado, el mercado y la sociedad civil eran tres pilares separados sobre los que se habían construido las estructuras sociales modernas" (Wallerstein, 2004b, p. 178).

A partir de 1945, la tendencia hacia la fragmentación de las Ciencias Sociales, bastante más extensa de lo que aquí nos hemos referido, comienza a ralentizarse. Este cambio se produce, una vez más, en respuesta a las necesidades de la élite gobernante que este momento estaba fuertemente influenciada por el contexto geopolítico internacional. Tras la finalización de la II Guerra Mundial, surge el orden internacional bipolar en el cual, EE. UU., alcanza la hegemonía, entre otros muchos ámbitos, en el conocimiento. Este enorme potencial en el desarrollo del conocimiento llevó a que en el periodo comprendido entre 1945 y el fin de la década de los 60', la mayoría de la investigación social tuviera lugar en centros de estudio e investigación estadounidenses (Barsky, 2018).

Los intereses de la élite gobernante estadounidense son los que definen las prioridades que deben desarrollarse en el ámbito de las Ciencias Sociales. Aparecen los estudios de área, impulsados principalmente por la fundación Ford. Estos estudios eran por definición interdisciplinares. Su idea básica era la de definir un objeto de estudio sobre una zona geográfica amplia, que poseía alguna coherencia cultural, histórica y frecuentemente lingüística. De esta forma se rompía la fractura Occidente/no occidente y al mismo tiempo se formaban grupos interdisciplinares que comenzaban a estudiar la realidad de una forma más completa (Wallerstein, 2004a).

La ruptura de la fractura Occidente/no occidente llevó a su vez al decaimiento de lo que hasta ese momento había sido el estudio llevado a cabo por la antropología. Si se aplicaba el análisis de las sociedades occidentales a las no occidentales, era porque ambas eran equiparables. Al menos en parte, porque era evidente que había diferencias. Sin embargo, éstas se entendieron a que se ocupaban de sociedades en distintos estadios de desarrollo, lo que llevó al surgimiento de la teoría de la modernización.

El nuevo concepto de «desarrollo», que venía a complementar el de progreso, marcaba un camino universal hacia la modernización. En este punto, destacamos la teoría del desarrollo económico de Rostow (1993) que indica que los estadios o etapas en los cuales se puede encontrar una sociedad son cinco: sociedad tradicional, la creación de las condiciones previas al despegue, el despegue, la marcha hacia la madurez y la era del consumo de masas.

La teoría de modernización peca de un entusiasta y sesgado universalismo, sin embargo, sí que impulsa, como lo hace el propio Rostow desde su enfoque temporal, a que las fronteras disciplinarias al interior de las ciencias sociales vayan matizándose y que a partir de 1970 comencemos a encontrar algunos casos del acercamiento de los científicos sociales (politólogos, sociólogos y economistas) hacia la historia.

Frente a esta visión histórica y profundamente euroescéptica, comienzan a surgir algunos enfoques que cuestionan esta visión lineal de la historia. Desde América Latina, el estructuralismo, cuyas bases se inician con Prebisch (1949), se introducen las nociones de comercio desigual y de deterioro de los términos de intercambio. Más adelante, sobre estas bases se construye la teoría de la dependencia. Rist (2002) cuestiona la mitificación del desarrollo, que se convierte en un documento programático, pero no un verdadero enfoque teórico que permita profundizar en el conocimiento de la realidad social. El comercio desigual y la teoría de la dependencia marcan el comienzo de la visión sistémica e histórica en los problemas del desarrollo y subdesarrollo que asientan algunos de los puntos iniciales para el análisis de los sistemas-mundo.

3. ANÁLISIS DE SISTEMAS-MUNDO. HACIA LA CONSTRUCCIÓN DE UNA CIENCIA SOCIAL HISTÓRICA

Una vez presentado de forma breve el proceso histórico de conformación de las ciencias sociales actuales, así como la separación en dos polos aparentemente irreconciliables el conocimiento propio de las humanidades y el de las ciencias, partimos ahora de algunas de las consideraciones que la Comisión Gulbenkian realizó en el año 1995 sobre qué tipo de ciencia social se debe construir de cara al siglo XXI. Paralelamente, se irán presentando algunas de las nociones del enfoque de los sistemas-mundo, y como el propio enfoque da los pasos para la construcción de una ciencia social histórica.

Es necesario, comenzar remarcando que el objetivo de "abrir las ciencias sociales" de la Comisión Gulbenkian no era solamente el de discutir sobre el necesario traspaso de las fronteras disciplinarias al interior de las ciencias sociales. A esto, debemos añadir al menos dos objetivos más:

1. El de propiciar un acercamiento entre las "dos culturas" del conocimiento, siendo ahora las ciencias sociales el campo de posible reconciliación y no el campo estéril que separaba a las ciencias naturales y las humanidades; y
2. "Abrir las ciencias sociales" también a todos los "olvidados" por las élites que han dominado las formas de conocimiento durante los últimos siglos. Estos "olvidados": mujeres, pueblos no occidentales, grupos de minorías y otros grupos definidos como marginales, deben ser incorporados, no solo como campo de estudio, sino como fuentes de un conocimiento más real.

De esta forma, se pretende romper con la visión eurocéntrica en el que el universalismo del progreso y la modernización se constituyeron como el único camino que podían recorrer las sociedades, los sistemas políticos y cada una de las economías nacionales. Se pretende con esto desterrar el gen del darwinismo social que hoy en día sigue empapando parte del conocimiento y apostar por la construcción de un conocimiento más multicultural.

Es a esto, lo que la propia Comisión Gulbenkian denomina universalismo pluralista, en que considera que los estudios culturales han jugado también un papel crucial a la hora de desdibujar las fronteras del conocimiento. Este universalismo pluralista nos lleva a contextualizar los diferentes modos de vida, rompiendo con la idea de que podemos obtener todo conocimiento mediante un único sistema de valores (Alzate Zuluaga, 2015) y sobre el mismo establecer leyes universales.

Junto a la consideración de este universalismo pluralista y la búsqueda de la objetividad basada en el entendimiento y el aprendizaje humano, la Comisión Gulbenkian establece una serie de dimensiones importantes que deben ser tenidas en cuenta a la hora de reestructurar el conocimiento de las ciencias sociales. De las cuales destacamos las tres siguientes:

1. Rechazar el conocimiento partido de las "dos culturas";
2. Romper con la visión hegemónica del estado como principal unidad de análisis; y
3. El papel que juega la historia como campo de reconciliación de las ciencias sociales.

3.1. La división entre los seres humanos y la naturaleza

El surgimiento del nuevo antropocentrismo a partir de la mecánica de Newton y el dualismo cartesiano había permitido la consideración de que el ser humano era capaz de dominar la naturaleza mediante el uso y desarrollo de la tecnología. El ser humano se encontraba en el centro de un sistema que seguía un funcionamiento guiado por leyes universales que eran susceptibles de conocimiento y que, por tanto, permitía su dominación. Todo el sistema se resolvía como una gran máquina guiada por la mecánica celeste (Naredo, 2003).

Sin embargo, los propios avances tecnológicos que permitieron conectar y recorrer todo el mundo mediante el perfeccionamiento de las técnicas de navegación, hicieron plausible la finitud del mundo. Y esa finitud, con nuevos desarrollos tecnológicos que permiten el intercambio de información, bienes, servicios y personas a lo largo de todo el planeta, implican a su vez la limitación cada vez más plausible de la tierra como proveedora de recursos. Si los recursos necesarios para la vida son finitos, es innegable que las cuestiones de "lo físico" también deberían ser abordadas, o al menos consideradas, desde la investigación social.

Ya en la década de los 70' se estimó que con el ritmo de crecimiento de la población y la producción que existían en ese momento, la tierra llegaría en menos de 100 años a alcanzar su capacidad máxima de sustento para los seres humanos (Meadows, 1972). Esta reflexión, que estando ya en la tercera década del siglo XXI parece sencilla, es ignorada por buena parte de los científicos sociales actuales que consideran al sistema socioeconómico ajeno a los límites biofísicos del planeta.

Teniendo en cuenta éstos, así como las restricciones que los mismos imponen sobre las condiciones de vida para la sociedad, surgen nuevas corrientes de pensamiento que buscan abordar de forma transdisciplinar los problemas complejos a los que se enfrente la humanidad. De este modo, la economía ecológica, contienen una visión de que el sistema económico, político y social se inserta dentro del mundo finito, que provee de recursos y es destino de sus residuos. Aguilera Klink (1996) considera que el objeto de la economía ecológica es el de comprender la posición del ser humano en un mundo que está siendo simultáneamente creado y destruido por él mismo.

La economía ecológica suele ir de la mano de la ecología política, que, a la visión antes expuesta, pone de manifiesto los problemas de la desigualdad. Esta desigualdad queda problematizada en un doble sentido. Por un lado, en cuanto a las diferentes capacidades de acceso a los recursos por parte de las poblaciones humanas que se traducen en problemas socioambientales, o, también denominados conflictos ecológico-distributivos (Alier, 2015). Y, en segundo lugar, introduciendo la preocupación por la equidad intergeneracional, que cuestiona las limitaciones que tendrán las generaciones futuras por el nivel de consumo de las sociedades actuales.

Las respuestas a estos desafíos pueden y deben venir dadas teniendo en cuenta diferentes cosmovisones, siguiendo el *universalismo pluralista* que hemos citado previamente. En este sentido, cosmovisiones como el *Sumak Kawsay* o el *Suma Qamaña*, por poner dos ejemplos propios del mundo andino, dejan al margen a la mecánica celeste, el determinismo cartesiano, la linealidad histórica y el progreso infinito, y nos pueden ayudar a encontrar las respuestas a muchos de los grandes retos que tiene la humanidad en la relación problemática del actual modelo económico con la naturaleza (Serrano y Martín-Carrillo, 2013).

La complejidad derivada de estas problemáticas solo puede ser respondida desde un movimiento transdisciplinario que incluya el cuestionamiento incluso de la posibilidad intrínseca de la certeza (Wallerstein, 2004a). Esto podemos relacionarlo con lo que Funtowiz y Ravets (2003) denominan ciencia post-normal, en el que las certezas no existen, o al menos no de forma permanente, y en el que las respuestas ante un problema pueden, y de hecho son, variadas.

Si bien en un primer momento la relación entre lo social y lo físico pasaba más desadvertido en la formulación del Análisis del sistema-mundo de Wallerstein, lógico por otro lado por la propia evolución de las preocupaciones y del conocimiento, lo cierto es que el propio autor fue incorporando las limitaciones que la finitud física de la tierra impone sobre el desarrollo político, económico, social y de reproducción de la vida misma. Ya en 2008 Wallerstein indicaba:

> *los dilemas ambientales que encaramos hoy son resultado directo de la economía-mundo capitalista. Mientras que todos los sistemas históricos anteriores transformaron la ecología, y algunos de ellos llegaron a destruir la posibilidad de mantener en áreas determinadas un equilibrio viable que asegurase la supervivencia del sistema histórico localmente existente, solamente el capitalismo histórico ha llegado a ser una amenaza para la posibilidad de una existencia futura viable de la humanidad, por haber sido el primer sistema histórico que ha englobado a toda la Tierra y que ha expandido la producción y la población más allá de todo lo previamente imaginable. (Wallerstein, I. 2008, en Elizalde, A. 2009, p. 57)*

3.2. El estado-nación moderno como principal objeto de estudio de las ciencias sociales

"La ciencia social era claramente una criatura, si es que no una creación, de los estados y tomaba sus fronteras como contenedores sociales fundamentales (Wallerstein, 2004a. p. 30). Siendo creación del estado moderno, el núcleo clásico de las ciencias sociales nomotéticas (economía, sociología y ciencia política), junto con la historia, se empeñaron en estudiar sobre las fronteras del propio estado-nación las problemáticas de la vida social que cada una de las disciplinas consideraba.

Se partía, por tanto, de la idea de que el marco analítico más adecuado para analizar los procesos propios de las ciencias sociales era el del estado-nación. Incluso ya en la segunda mitad del siglo XX, con el auge de la Teoría de la Modernización, el centro seguía estando en el estado, el cual era el que delimitaba la etapa de progreso en el que se encontraba esa sociedad. A partir de 1970, con la revolución neoliberal en ciernes, el estado pierde parte del protagonismo, una vez más por una cuestión ideológica. El estado keynesiano entra en declive y la corriente dominante empuja a que se adelgacen las funciones de éste. La escuela de Chicago, a nivel económico, y las puestas en práctica a través de los liderazgos de Reagan y Thatcher, con la Nueva Gestión Pública en ciernes, laminaron, en parte, el interés del estado como objeto de estudio.

Aparte de la crisis del estado derivada de su desplazamiento ideológico, el estado actual se ve sometido a fuertes tensiones en un doble sentido. Por un lado, las fuertes presiones hacia la descentralización/fragmentación en unidades territoriales más pequeñas. Y por el otro, las presiones a formar parte de procesos de integración regional (Malamud, 2011).

Esta discusión acerca de la unidad de análisis es parte central de la propuesta del análisis de sistemas-mundo. Tradicionalmente las ciencias sociales nomotéticas se habían centrado en el análisis del estado: los historiadores analizaban las historias nacionales, los economistas las economías nacionales, los sociólogos las estructuras sociales nacionales, y los politólogos las estructuras políticas nacionales (Wallerstein, 2005).

En lo referente al conocimiento, también han sido varios los desarrollos teóricos que en la segunda mitad del siglo XX han relegado al estado como objeto de estudio principal en las ciencias sociales. Ya comentamos anteriormente el papel que en esto jugaron los estudios de área, ahora aquí nos centramos en el papel que juega el análisis de sistemas-mundo en trascender al estado como unidad de análisis. El análisis de sistemas-mundo tiene como objeto de estudio los sistemas históricos. Por sistema histórico se entiende una red integrada de procesos económicos, políticos y culturales cuya interacción total mantiene unido al sistema (Wallerstein, 2007). Ya Braudel (1976), mayor exponente de la escuela francesa de los Annales, había introducido unidades de análisis sistémicas, para analizar como el Mediterráneo en la época de Felipe II había constituido una economía-mundo en sí mismo.

De este modo, romper con el que había sido tradicionalmente el corsé en el cual centraban sus investigaciones las ciencias sociales y comenzar a analizar la realidad sistémica, las interrelaciones complejas entre las diferentes unidades del sistema a través de la División Internacional del Trabajo, exige, igualmente, desafiar las fronteras tradicionales de las propias ciencias sociales de forma que se pueda analizar la complejidad sistémica de forma global, y es ahí, donde la historia y el camino abierto por Braudel, juegan un papel fundamental como se desarrolla en el siguiente apartado.

3.3. La historia como campo de reconciliación de las ciencias sociales

Si para 1914 existía ya una especie de consenso en cuanto a la división de las ciencias sociales que se encontraba bien institucionalizado en las propias Universidades, distinguiendo entre historia, economía, sociología, ciencia política y antropología (que se encargaba para ese tiempo del estudio de las sociedades "atrasadas" no occidentales), hoy día podemos situar a la historia como el punto común para la reconciliación de las ciencias sociales.

Es a partir de 1970, con el auge de los estudios estructuralistas, cuando algunos economistas, politólogos y sociólogos comienzan a emprender un viaje hacia la historia con el objetivo de analizar los procesos estructurales, su conformación en el pasado y las implicaciones que ello tiene para el análisis presente y la comprensión de las prospectivas futuras. De este modo surgen nuevos enfoques en cada una de las disciplinas (sociología histórica, historiadores estructuralistas, nueva historia económica, nuevo institucionalismo o antropología histórica) que lo que vienen a realizar es el cuestionamiento de las fronteras entre disciplinas de las ciencias sociales.

Uno de los problemas teóricos señalados por la propia Comisión Gulbenkian fue el de la necesidad de "reinsertar el tiempo y el espacio como variables constitutivas de nuestros análisis y no meramente como realidades físicas invariables dentro de las cuales existe el universo social" (Wallerstein, 2004a, p. 82). En este sentido, resulta fundamental para la construcción de la ciencia social histórica recoger las aportaciones realizadas por estos nuevos enfoques, así como la visión de historia total aportada por la Escuela de los Annales.

Braudel (1976), además de introducir la noción de economía-mundo, también formuló la multiplicidad de tiempos sociales y el fuerte empeño en considerar los procesos históricos extendidos que son los que determinan las configuraciones estructurales del sistema. La *longue duré*, su consideración de conformación de la economía-mundo en el Mediterráneo, su permanencia temporal, y el desborde de las fronteras del estado-nación tradicional como objeto de estudio, resultan fundamentales para el desarrollo del análisis del sistema mundo y la construcción de una ciencia social histórica.

Otros autores como Passeron (1991), también han situado a la historia como punto de convergencia de las ciencias sociales. Por otro lado, el proyecto de *Actes de la Recherche en Sciences Sociales* fundado por Bourdieu justamente buscó y busca eliminar las fronteras heredadas del pasado y situar a la historia en el punto de encuentro de las diferentes ciencias sociales (Giménez, 2003).

Para comprender la conformación de las estructuras sociales, políticas y económicas, y por tanto, realizar abordajes sistémicos, es necesario la consideración de los contextos históricos y de los contextos culturales de las sociedades estudiadas (Alzate Zuluaga, 2015). Esto nos lleva a que la propia perspectiva histórica entronque con el *universalismo pluralista*.

Es, por esta consideración de la historia como punto de encuentro de las ciencias sociales, por lo que Wallerstein (2005) rehúye de hablar de la necesidad de estudios multidisciplinares, pues esto asumiría la preexistencia de las propias disciplinas. Por el contrario, al escribir su marco metodológico y teórico del análisis de sistemas-mundo, nos habla deliberadamente de estudio "unidisciplinar", pues su propuesta lleva intrínseca la construcción de una ciencia social histórica que rompa con los estudios parcializados.

La realidad es que ese estudio "unidisciplinario" no es mayoritario y la división institucional de los departamentos, áreas y facultades al interior de las Universidades sigue siendo fuente fundamental de la división de las ciencias sociales. Los ataques a la propuesta de Wallerstein provinieron de muchos frentes, sin embargo, también son cada vez más los estudios de Doctorado, Máster, o incluso la proliferación de dobles Grados, que, si bien no dotan al estudiantado de esa visión "unidisciplinaria" en el sentido indicado por Wallerstein, sí que incorporan perfiles docentes y de asignaturas de diferentes disciplinas. Esto otorga a la multidisciplinariedad un papel como paso previo, recogido por la propia Comisión Gulbenkian (Wallerstein, 2004a), que permite a los investigadores sociales en formación dotarse de una apertura del conocimiento que consiga ir limando poco a poco las fronteras arbitrarias entre los campos del conocimiento de las ciencias sociales.

4. CONCLUSIONES

El propio Wallerstein indica que el análisis de los sistemas-mundo es "una protesta contra la forma en que quedó estructurada la investigación social desde su concepción a mediados del siglo XIX, a partir de una serie de suposiciones *a priori* normalmente incuestionadas"

(2004b, p. 134). Esto resulta clarificador sobre la aportación que tiene su enfoque para repensar, o en palabras del propio Wallerstein, *Impensar las ciencias sociales* (2007).

El análisis de sistemas-mundo nos aporta una visión sistémica de la complejidad de las relaciones económicas, políticas y sociales que estudia no solo las instituciones al interior de cada unidad del sistema, sino que se centra en cómo se relacionan cada una de esas unidades. Esto supone la conformación de un objeto de estudio que trasciende a las partes y pone su foco en el propio sistema.

Wallerstein define al sistema-mundo actual, el sistema-mundo capitalista, como una economía-mundo capitalista. Analiza su conformación y sitúa sus orígenes en la economía-mundo europea del siglo XVI (Wallerstein, 2011). El trabajo desarrollado por Wallerstein para conceptualizar su objeto de estudio lo lleva a realizar un recorrido histórico de más de cinco siglos. Este camino lo recorre desbordando las fronteras disciplinarias de las ciencias sociales, vertebrando su estudio desde la perspectiva histórica.

Más que un enfoque interdisciplinario, el análisis de sistemas-mundo consigue hacer una aproximación unidisciplinar desde lo que el propio autor llamó la conformación de una ciencia social histórica. En los últimos años se fue incorporando, y es susceptible de mayor integración, la consideración de las limitaciones que la propia naturaleza impone para la reproducción de la sociedad. Esto lleva a que, como se ha comentado, el enfoque del análisis de sistemas-mundo esté abierto a otras perspectivas que han recorrido el camino de acercamiento entre las ciencias sociales y las ciencias naturales.

En este sentido, a la división internacional del trabajo propia del enfoque de sistemas-mundo, caracterizado por la constatación de un comercio desigual que es el causante las desigualdades a nivel interestatal, se pueden agregar las nociones de comercio ecológicamente desigual, que parte de valoraciones del impacto que tiene el comercio a nivel ambiental y no como una variable únicamente crematística.

Podemos concluir que la contribución del análisis del sistema-mundo al debate sobre la apertura de las ciencias-sociales resulta fundamental. La obra de Wallerstein giró en todo momento en torno a ese objetivo de dotar de un enfoque que pudiera desarrollar una perspectiva ampliada sobre la realidad social. El conocimiento holístico e histórico que este enfoque nos brinda nos marca un camino hacía el cual puede ir transitando el conocimiento para poder tener un mejor acercamiento a la complejidad social y poder responder a los grandes desafíos actuales y futuros.

5. REFERENCIAS

Aguilera Klink, F. (1996, noviembre, 2022). La economía ecológica como un sistema diferente de conocimiento [Ponencia]. El Desarrollo de las regiones, nuevos escenarios y perspectivas de análisis: XXII Reunión de Estudios Regionales. Pamplona, España.

Alier, J.M. (2015). Veinticinco años de Ecología Política. *Ecología política,* 50, 64-65. https://dialnet.unirioja.es/servlet/articulo?codigo=5776656

Alzate Zuluaga, M.L. (2015). La discusión en ciencias sociales sobre la crisis en la construcción del conocimiento: matices y perspectivas futuras. *FORUM, Revista Departamento de Ciencia Política. 2*(7), 113-126. https://dialnet.unirioja.es/servlet/articulo?codigo=6119925

Barsky, O. (2018) *La evaluación de la calidad académica en debate.* UAI-Teseo. www.teseopress.com/evaluac

Braudel, F. (1976). *El Mediterráneo y el mundo mediterráneo en la época de Felipe II.* 2ª edición. Fondo de Cultura Económica.

Comte, A. (1979). *Ensayo de un Sistema de política positiva.* Universidad Nacional Autónoma de México.

Elizalde, A. (2009). ¿Qué desarrollo puede llamarse sostenible en el siglo XXI? La cuestión de los límites y las necesidades humanas. *Revista de Educación*, 200, 53-75.

Frausto Gatica, O. (2021). La política de la ciencia en el pensamiento de Auguste Comte. *Andamios, 18*(45), 511-533. https://doi.org/10.29092/uacm.v18i45.828

Funtowicz, S. y Ravetz, J.R. (2003). Post-Normal Science. *International Society for Ecological Economics (Ed). Internet Encyclopaedia of Ecological Economics. https://www.isecoeco.org/pdf/pstnormsc.pdf*

Giménez, G. (2003). El debate sobre la prospectiva de las Ciencias Sociales en los umbrales del nuevo milenio. *Revista mexicana de sociología, 65*(2), 363-399. hhttps://tinyurl.com/yk5crhu9.

Malamud, A. (2011). Conceptos, teorías y debates sobre la integración regional. *Norteamérica, 6*(2). https://tinyurl.com/5f5b27zd

Meadows, D. H. (1972). *Los límites del crecimiento. Informe al Club de Roma sobre el predicamento de la humanidad.* FCE.

Naredo, J. M. (2003). *La economía en evolución. Historia y perspectivas de las categorías básicas del pensamiento económico* (3ª edición). Siglo XXI editores.

Passeron, J.C. (1991). Le raisonnement sociologique. *L'espace non-popperien du raisonnement naturel.* Nathan.

Prebisch, R. (1949). *El desarrollo económico de la América Latina y algunos de sus principales problemas.* Repositorio CEPAL.

Rist, G. (2002). *El desarrollo: historia de una creencia occidental.* Los libros de la catarata.

Rostow, W. (1993). *Etapas del crecimiento económico. Un manifiesto no comunista.* Ministerio de Trabajo y Seguridad Social.

Saint-Simon (1975). *El sistema industrial.* Ministerio de Trabajo y Seguridad Social.

Serrano Mancilla, A. y Martín-Carrillo, S. (2013). *La economía verde desde una perspectiva de América Latina.* Fundación Friedrich Ebert, FES-ILDIS.

Snow, C. P. (1993). *The two cultures.* Cambridge University Press.

Soria y Puig, A. (1979). *Hacia una teoría general de la urbanización: introducción a la obra de Ildefonso Cerdá (1815-1876).* Turner.

Wallerstein, I. (2004a). *Abrir las ciencias sociales* (8ª edición). Siglo XXI editores.

Wallerstein (2004b). *Capitalismo histórico y movimientos antisistémicos. Un análisis de sistemas-mundo.* Akal.

Wallerstein, I. (2005). *Análisis de sistemas-mundo. Una introducción* (2ª edición). Siglo XXI editores.

Wallerstein, I. (2007). *Impensar las ciencias sociales* (5ª edición) Siglo XXI editores.

Wallerstein, I. (2011). *El moderno sistema mundial. La agricultura capitalista y los orígenes de la economía-mundo europea en el siglo XVI* (2ª edición). Siglo XXI editores.

PARA UNA FUNDAMENTACIÓN ÉTICA DE LOS DERECHOS FUNDAMENTALES EN LA ERA DIGITAL: RAZÓN COMUNICATIVA Y RAZÓN DIGITAL EN CONTRASTE

Víctor Martin-Fiorino[1], *José Vicente Villalobos-Antúnez*[2], *Jesús Enrique Caldera-Ynfante*[3], *Rafael Rosell-Aiquel*[4]

El presente escrito es producto del trabajo de investigación en el Grupo de Investigación GINTECPRO del Programa de Ingeniería Industrial de la Universidad El Bosque, Colombia. Asimismo, es un avance del proyecto de investigación de la Universidad del Alba 2023, cuyo Investigador Responsable es el Dr. José Vicente Villalobos-Antúnez.

1. INTRODUCCIÓN

Como parte de los debates actuales acerca de las transiciones de lo humano en las derivas de deshumanización y las posibilidades de rehumanización, la problemática acerca de la relación de los seres humanos con sus propias creaciones -desde el arte y los derechos humanos hasta la inteligencia artificial, el Big Data y las armas de destrucción masiva- ha venido generando preguntas tales como: la razón digital ¿es el estadio final de la evolución humana?; la información compartida máquina-máquina, ¿ha dejado definitivamente atrás la comunicación hombre-hombre, hombre-máquina y máquina-hombre?; la democracia, la política y la ética, ¿tienen todavía algún lugar en los intercambios que se realizan en las sociedades dirigidas por la inteligencia artificial, el Big Data y los algoritmos?

El crecimiento exponencial del conocimiento en el último siglo ha generado una saturación del ámbito cognoscitivo y lo ha convertido en un espacio en el que se acumulan sin cesar informaciones sobre eventos acerca de los cuales la persona no posee ni el tiempo necesario para analizarlos ni la capacidad de decisión para intervenir en ellos. Ello conduce a que en gran medida las preguntas que los humanos se formulan hoy, tenga que ver con la búsqueda de sentido en relación con el papel del conocimiento en su vida personal y en la vida social.

1. Universidad El Bosque-Bogotá (Colombia)
2. Universidad del Zulia (Venezuela)y Universidad del Alba (Chile)
3. Universidad La Gran Colombia (Colombia) y Universidad Giustino Fortunato (Italia)
4. Rector de la Universidad del Alba (Chile)

Ya desde los tiempos de Aristóteles, quien caracterizó al ser humano como viviente político, las mentes más lúcidas de las diferentes culturas y civilizaciones no han cesado de preguntarse acerca de cómo es posible vivir juntos, argumentar acerca de ello y llevarlo a la práctica. A partir de la Modernidad, cuando se afirmó la idea de la razón como única fuente del conocimiento de la verdad, se han realizado diversos intentos de responder racionalmente a esta cuestión a través de diferentes teorías orientadas a hacer posible la supervivencia y a regular la coexistencia.

La separación entre el conocimiento de la verdad y la vida moral, que, según Michel Foucault se encuentra en el inicio de la modernidad (Foucault, 1987), ha contribuido a que la respuesta a la pregunta por la posibilidad de la vida en común haya quedado reducida a la producción de un conocimiento racional de la misma, que ancla los aspectos decisionales exclusivamente a una operación lógico-formal de la razón. Ello ha dado lugar a la enunciación de sistemas de derechos y deberes cuya realidad se ha limitado en gran medida a la articulación conceptual, a su enunciación discursiva y a una organización de las orientaciones procedimentales, pero con una muy reducida incidencia efectiva en la vida de las personas.

2. LO QUE NOS UNE: DEBATES SOBRE LA RELACIÓN ENTRE RAZÓN Y VIDA

La separación moderna entre conocimiento de la verdad y la práctica de la vida moral condujo a que la pregunta acerca de cómo vivir juntos mostrara sus limitaciones. Dicha pregunta, aunque abre el planteamiento de un tema decisivo para el futuro de los humanos, sólo alcanza a formular la primera parte de la dificultad: la regulación de los comportamientos sociales por parte de una razón centrada en el control, noción esta última que, además, plantea nuevas dificultades asociadas (Foucault, 1987), entre otras, a problemas de legitimidad. Por otra parte, los resultados teóricos (modelos racionales de poder ajenos a la vida) e históricos (autoritarismos, deterioro democrático) no han mostrado ser una alternativa plausible de respuesta.

Alain Touraine preguntaba, a finales del siglo XX, *¿Podremos vivir juntos?* (Touraine, 1992); antes, en 1962 y en ese mismo siglo XX llenos de preguntas ante la incertidumbre por el inmenso crecimiento del conocimiento y la tecnología, Eric Fromm inquiría *¿Podrá sobrevivir el hombre?* (Fromm, 2000), en cuyo trasfondo resuena otra pregunta que nos instala abruptamente en el presente: *¿Podrá el ser humano sobrevivir a su propio futuro?* Estas preguntas, junto a otras relativas a los modelos económicos y los límites del crecimiento como las formuladas por el Club de Roma, mostraban un agotamiento en la capacidad de justificación racional de la vida en común.

La esperanza de encontrar una respuesta parecía estar en el rápido crecimiento de la tecnología, que, paradójicamente, aunque nacida a instancias de necesidades bélicas, se esperaba que pudiera ayudar a sobrevivir y a vivir juntos. La desilusión acerca del papel de una racionalidad tecnológica ordenadora fue uno de los temas de un encuentro que, en 2021, reunió a influyentes pensadores (Adela Cortina, Naomi Klein, Karen Armstrong, Muhamad Yunus y Facundo Manes) y dio lugar a un libro con el título *Las preguntas siguen* (Gabilondo, 2021). Allí se examinan aspectos decisivos de la aguda crisis humana actual, mostrando que hoy las preguntas no sólo siguen sino que son aún más radicales, en la medida en que inquieren sobre qué racionalidad necesitamos para continuar siendo humanos.

El problema de la racionalidad incide hoy de manera decisiva en aspectos tan centrales como, por una parte, el tipo de *relacionalidad* democrática, de política o de economía que necesitamos en sociedades superinformadas pero incomunicadas, insolidarias y vulnerables y, por otra, de cómo acercar a una efectiva práctica los lenguajes sobre la dignidad humana, los derechos humanos y el derecho a la vida (Massini, 2020), destacando lo que Villalobos y Ramírez (2018) denominan *Derecho a la autobiografía*, es decir, las reales posibilidades de construir cada ciudadano del mundo sus propias sendas de opciones de vivir, y agregamos nosotros, más allá de las tecnologías digitales, puesto que estas paradójicamente tienden a desunirnos, como veremos. El debate se va centrando en encontrar la *racionalidad* que argumente sobre esa nueva identidad relacional por descubrir y construir lo que nos une, que en gran medida nos constituye.

Se hace cada vez más claro que es necesario dar el paso a otro nivel en la formulación del problema, desplazando la pregunta del *cómo* al *por qué,* que no niega el cómo sino que le dé un sentido más radical; del cómo vivir juntos al por qué hacerlo, trabajando, desde la convergencia entre las emociones y la razón (Cortina, 2021), en una argumentación que nos persuada y convenza de que es bueno hacerlo (instancia ética) y que, en vistas de las consecuencias que se derivarían, nos disuada de no hacerlo (instancia política).

3. UNA RAZÓN PARA RECONOCERNOS: DEL QUÉ AL QUIÉN

Fundamentar argumentativamente la posibilidad, necesidad y derecho a vivir juntos en democracias viables y centradas en el respeto a los derechos fundamentales abre la posibilidad de que exista un futuro por el que valga la pena sostener valores, proponer acuerdos, negociar intereses. Ese *por qué* vivir juntos pasa por reconocernos como personas --no sólo consumidores, productores o seguidores de información en una sociedad del rendimiento (Han, 2022)-; pasa también por sostener la justicia como principio fundamental, valorar la libertad como inescindible de la condición humana y afirmar la compasión como fuente de la solidaridad con los vulnerables (Cortina, 2021). Reciprocidad, justicia, libertad y compasión son los pilares de una racionalidad capaz de cuidar la vida, que posibilite la construcción autobiográfica propia en aras de la convivencia democrática (Villalobos, 2018).

La fundamentación de la convivencia va más allá de sólo plantear su necesidad y describirla como realidad imperfecta, abarcando también el desafío de reconocer, valorar y relacionar con la práctica el hecho de que convivir es, según Aristóteles, útil, conveniente y justo, para lo cual tenemos la palabra, régimen propiamente humano, fundado en la verdad y que, a diferencia de los demás vivientes, nos ayuda a vivir y vivir bien (Aristóteles, 2009).

En los contextos actuales marcados por fuertes presiones migratorias y reivindicaciones de aceptación intercultural, la pregunta sobre *¿qué es lo que nos une?* cobra una especial vigencia y determina reacciones de las que, en muchos casos, depende la vida de muchas personas. Las respuestas han recorrido un arco de posiciones que abarcan consideraciones negativas o positivas de la categoría del "nosotros". Entender el nosotros de un modo cerrado, definido por temas étnicos, culturales o aporofóbicos (de rechazo al pobre) (Cortina, 2017), ha llevado a posiciones de aislamiento defensivo asociado a manifestaciones de intolerancia, xenofobia y violencia.

Plantear en cambio un nuevo nosotros como espacio de reconocimiento, justicia y compasión es una realidad sostenida por muchas iniciativas impulsadas a nivel mundial por organismos internacionales como ONU, UNESCO, ACNUR, UNICEF, instituciones, Iglesias y fundaciones humanitarias y con una fundamentación filosófica que incluye, entre otros, a autores como Levinas, Ricoeur, Derrida, Nussbaum, Innerarity o Cortina.

En contextos como los de América Latina (Hernández y Martin-Fiorino, 2022) o de Francia y Europa en su conjunto (Dubet, 2017) la propuesta de vivir juntos se está abriendo camino en la formulación de políticas de integración humana y complementación económica y en la transformación educativa para el reconocimiento positivo de la diferencia y la manifestación pública de la dignidad.

Conocer el *qué* de lo que nos une, más allá de toda objetivación y en una instancia previa a todo procedimentalismo comunicativo, debe llevarnos a conocer el *quién* y saber *quiénes* son --en su dignidad de personas y en las circunstancias reales en que se encuentran-- aquellos a los cuales *ya estamos unidos*. Reconocer a ese ser humano con quien, en nuestra constitutiva condición de convivencialidad y en nuestro convivir real, podemos descubrirnos ya unidos. Reconocer la presencia del otro, humanamente próximo *(prójimo)* pero al mismo tiempo racionalmente separado con justificaciones guiadas por los intereses del poder, la ideología o el fundamentalismo, es una exigencia de este nuevo realismo del *quien*.

La fundamentación de la necesidad de pasar del *qué* al *quién* (Burgos, 2011) no es una tarea exclusiva de la razón, cuyo entendimiento --bajo la lógica de la modernidad-- ha estado mediado por condicionantes de poder, como lo han mostrado los análisis de Michel Foucault acerca de la biopolítica (Foucault, 2007) y de Byung-Chung Han sobre la psicopolítica (Han, 2022)[5]. Es, en cambio, una tarea que compromete a la persona en todas sus dimensiones, desde la corporalidad sintiente y sufriente hasta la espiritualidad dadora de sentido, pasando sin duda por una racionalidad que descubre y pone en común (comunica) lo que nos une. En dicha tarea el ser humano se descubre, como lo señala Adela Cortina (Cortina, 2007), ya *ob-ligado* con el otro, antes de todo deber prescrito por la razón.

4. COMPLEJIDAD E INTERDEPENDENCIA: "LA RAZÓN DE ESTAR CONTIGO"

La necesidad de volver a fundamentar desde la razón la vinculación con los otros, parte del previo reconocimiento de la constitutiva relación de interdependencia en la que—como países, como pueblos y como individuos—ya nos encontramos. La interdependencia constructiva, concepto que se inspira en la biología y que surgió en la segunda mitad del siglo XX en contextos de la psicología social, pronto ganó terreno en los ámbitos educativos, sociológicos y de las ciencias políticas, se expresa actualmente como interdependencia compleja mostrando cuánto nos necesitamos mutuamente (Martínez, F., 2014) y cuán riesgoso es desconocer dicha interdependencia, que puede llevar a las potencias hegemónicas a estar "destinadas a la guerra" (Graham, 2017).

Nuestro tiempo es contradictorio, constata Cortina, al mostrar que, en contraste con las pretensiones hegemónicas particulares, nunca los países, pueblos y personas "se necesitaron más mutuamente para poder sobrevivir con cierta dignidad" (Cortina, 2007; 115). Y dicha necesidad de fundamentación se hace aún más perentoria cuando constatamos las drásticas condiciones de desigualdad e inequidad existentes "entre las diferentes regiones y entre las personas que viven en ellas (...) justamente cuando el discurso de los derechos humanos se hace global, al menos verbalmente" (115).

5. Ver desde la psicopolítica las relaciones que se conforman entre las perspectiva de la dignidad humana y la construcción autobiográfica, pero esta vez como proyecto renovado ante las exigencia a las que se ve sometida la migración forzada, fenómeno humano que es propiciado por un discurso psicopolítico sin precedentes, en tiempos de esta posdemocracia transitada por la actual civilización. Cfr. Villalobos y Caldera (2022); y ello también en perspectiva del biopoder: Villalobos y Caldera (2022b).

La razón debe ayudarnos a reconocer que necesitamos a otros para desarrollar nuestros propios proyectos vitales. Sin embargo, la necesidad de establecer vínculos sobre la base del respeto a los derechos fundamentales puede ser expuesta al menos de dos formas: o bien creando dichos vínculos desde cero y estableciéndolos mediante un contrato; o bien, por el contrario, "nos percatamos de que ya existe un vínculo que pide ser reconocido y reforzado de modos diversos: un vínculo, una *ligatio*, que *ob-liga*, que genera una *ob-ligatio"* (Cortina, 2007, p. 115).

En línea con lo señalado por la autora, en el primer caso, un enfoque racional instrumental puede dar paso a la creación de uniones orientadas a alcanzar ciertos objetivos, para lo cual interesa vincular a aquellos que ayuden a realizarlos, excluyendo a quienes no sirven para ello. En la medida en que los pactos cambian, los que interesan hoy pueden no interesar mañana y, en la realidad de países y sociedades, algunos no interesan nunca, quedando excluidos a pesar de sus derechos.

En el segundo caso, en cambio, al reconocer que ya existen vínculos que nos ligan de modo sustancial *"des-vincularse* de algunos o de muchos exige tomar frente a ellos una *posición activa* de rechazo. No sólo es que no creamos un vínculo con ellos, es que rechazamos activamente el existente, nos negamos a tener en cuenta a quienes de algún modo ya están ligados: declinamos una *ob-ligación* que ya existe" (Cortina, 2007, p. 115), enmarcada en los derechos humanos, los derechos fundamentales y el derecho a la vida.

Por otra parte, para hacer real el establecimiento y reconocimiento del vínculo es necesario prestarle atención a la esfera del *querer,* que, como lo señala Zuboff (2021), expresa la experiencia interior de la personalidad humana: es en la interioridad de la persona donde se manifiesta la "voluntad de querer" como voluntad humana libre que no depende sino que le da sentido a la formulación racional del valor de lo que nos une, como base para la organización de la convivencia.

En el ámbito de la ética del discurso, Karl-Otto Apel ha mostrado que, en las sociedades materiales, lo que nos une se manifiesta mediante la construcción de un espacio dialógico de carácter lógico-discursivo común entre todos los seres humanos capaces de comunicación lingüística, que por ese hecho deben ser reconocidos como personas al convertirse en interlocutores y hacer aportes a la discusión (Apel, 2017).

La construcción de ese espacio comunicativo común ha recorrido un camino altamente difícil y, mostrando sus debilidades y limitaciones para poner en práctica *lo que nos une,* entra en crisis en las sociedades actuales, como lo muestran los trabajos de Adela Cortina (Cortina, 2007; 2017; 2022). Estas sociedades, marcadas por el efecto de las tecnologías disruptivas que introducen innovaciones cognoscitivas regidas por el control de las emociones (Villalobos-Antúnez *et al.*, 2022) erosionan definitivamente la acción comunicativa y su justificación discursiva, dejando abierta la alternativa de un nuevo enfoque o una nueva fundamentación de la racionalidad humana.

5. DÓNDE ESTAMOS: ENCRUCIJADAS DE LA RAZÓN DIGITAL

La sociedad digital, como realidad social soportada en las tecnologías de la información, plantea así un serio desafío comunicativo a la sociedad material, mostrando la limitación en la construcción de los consensos, introduciendo la cuestión del gobierno de la vida por parte de las emociones y conduciendo a replantear las bases éticas necesarias para dar cuenta, comunicativamente, del vínculo social y de su respeto en el plano de los derechos fundamentales de las personas, sin exclusión alguna.

La realidad tecnológica de los nuevos vínculos establecidos en la sociedad digital genera serias consecuencias para la democracia y la ciudadanía, dando lugar a replantear el concepto de "democracias sin ciudadanos", entendidas como conjuntos de individuos atomizados que ejercen su libertad sin cooperar en favor del interés del el bien común, con desafección política y escasa acción en asuntos que les conciernen (Camps, 2010).

De igual modo, el tipo de interacción que se genera en la sociedad digital da lugar a la presencia de "ciudadanos ilusos" (Villalobos-Antúnez *et al.*, 2022), los cuales, aun creyéndose libres, son gobernados mediante el control de su emociones; en tales condiciones se genera igualmente el concepto de "ciudadanía sin personas", es decir, sin seres humanos conscientes de sus alternativas de acción y capaces de discernir y decidir en su condición de libres, autónomos y responsables (Martin-Fiorino, 2022).

Por otra parte, el concepto de "ciudadanía digital", en sus diferentes líneas de interpretación (Santana y Serra, 2022), es una noción cuyo contenido está aún en construcción y que deja totalmente de lado la condición política de la acción humana y por lo tanto no abarca el interés por asegurar mayores niveles de participación a la población en las decisiones acerca de lo común. Basada solamente en la información y los datos, esta ciudadanía ya no es tributaria de la política sino de las redes sociales.

La noción de ciudadanía digital, además, se inserta en el concepto más amplio de democracia digital, sobre cuyas características Byung-Chul Han adopta una posición crítica. Se trata en realidad de una forma de posdemocracia en la que, al desaparecer los ambientes comunicativos y los espacios de debate, se eliminan los partidos políticos para dar lugar a una sola forma de ver la realidad, no argumentativa sino basada en los datos en la que los líderes políticos son reemplazados por los expertos informáticos.

Como lo señala Han (2022), las pérdidas son decisivas para la comprensión, gestión y promoción de espacios comunes de interacción humana, especialmente en el campo de la fundamentación ética y la discursividad política, privadas de sentido ante la desaparición del otro (como interlocutor, socio o amigo) en favor de las tribus digitales (p. 51); la disolución de la capacidad de empatía (p. 49); la saturación de la información, que impide el tiempo del discernimiento; la crisis de la escucha, ya que esta es necesaria para una democracia basada en el diálogo. Como consecuencia, al no haber debates discursivos se pierde la racionalidad que permite fundamentar los intercambios humanos, por lo cual, como lo señala el propio Han, ya no es posible validar lo que Habermas y Arendt proponían acerca de la convivencia porque se ha perdido el sustrato común para la discusión (Marcone, 2023; Villalobos *et al.*, 2022 b).

Diseñar el mejor algoritmo capaz de recopilar datos y generar información que permita calcular los intereses de la población respondiendo a los mismos desde la inteligencia artificial, parece ser la nueva forma –reductiva, presentada como inevitable y despojada de toda discursividad– de dirigir la voluntad de las personas en el terreno de los intercambios que regulan la conducta social. Pero, en la medida en que el poder se desvincula de los espacios públicos de deliberación, resulta más clara la influencia de los intereses políticos, económicos y empresariales de quienes diseñan los algoritmos y la inteligencia artificial.

La palabra define al humano y el régimen propio de la palabra es el diálogo, no el monólogo solitario. La verdad se busca a través del diálogo y éste es el espacio político de la palabra, es por medio de la palabra que los humanos han podido pasar del *gregarismo*, como estado básico de la vida en común para la supervivencia, regido por la necesidad; a la *socialidad*, en cuanto nivel de asociatividad útil y conveniente, y finalmente a la *politicidad* como estadio de lo justo, donde se argumenta y se debate sobre la compatibilidad de los diferentes proyectos de vida buena (Martin-Fiorino, 2023). La infocracia plantea el riesgo de regreso al gregarismo, a las tribus digitales, con la consecuente pérdida de todo lo avanzado en la fundamentación y construcción de lo común como espacio de vida.

6. RAZÓN Y DEMOCRACIA EN LA ERA DIGITAL

Estos tiempos de digitalización de la vida humana son tiempos de crisis de la democracia y también crisis de la verdad que está en su fundamento. La democracia necesita diálogo en la verdad, pero en la democracia degradada que Byung-Chul Han denomina *Infocracia*, o distorsiones infocráticas de la democracia (Han, 2022, p. 38), las formas de la comunicación pública resultan afectadas de tal modo que, como efecto de las transformaciones tecnológicas de la red de redes, la deliberación y la discusión pública, el debate argumentativo y la verdad se diluyen y pierden toda importancia en favor de una guerra de información y de representaciones mediáticas (Villalobos-Antúnez *et al.*, 2022 b).

Con el espacio social de la política reemplazado por el marketing, se imponen ahora los datos y las verdades inventadas a través de algoritmos, que influyen en la opinión pública para dirigirla hacia los intereses de quienes los diseñan. El nihilismo de los datos que impera en la digitalidad conduce a vaciarlos de realidad mediante el desconocimiento de la facticidad y la erosión de lo fáctico, hasta provocar que no haya diferencia entre verdad y mentira. Como señala Han, "la democracia no es compatible con el nuevo nihilismo porque (ella) supone un discurso de la verdad. Sin embargo, la infocracia puede prescindir de la verdad" (Han, 2022, p. 86).

Con el debilitamiento de los hechos, tal como lo analizara H. Arendt a propósito de los orígenes del totalitarismo en relación con el falseamiento de los hechos por parte de los mecanismos de la propaganda nazi (Arendt, 1998), resulta imposible ser conscientes de la realidad y con ello se abre el camino a la aparición de nuevos lenguajes distorsionadores de la realidad, creados para someterla a sus intereses (Han, 2022, p. 80). El dato determina la verdad y permite adquirir poder, el cual se refleja en términos de dinero en el marco de un nuevo capitalismo de la información.

La desconexión con la facticidad vuelve impracticable comunicativamente cualquier acuerdo que valide el discurso de la verdad. La cuestión de alcanzar un lenguaje común que, junto a la disposición afectiva, era para Arendt una base necesaria para convivir en democracia, se hace imposible en el marco de una manipulación del ciudadano, sobre la base de mensajes personalizados dirigidos al subconsciente; con ello se afecta la racionalidad discursiva de la esfera pública y, bajo el reino de imágenes, "que no argumentan ni justifican nada" (Han, 2022; 41), la verdad ya no es relevante.

Dicha afectación lo es también de la verdad como núcleo del discurso argumentativo, en el cual se realiza –en el sentido de hacer real un contenido humano común *ya existente* que nos liga al otro. El diálogo es el medio para relacionarse con la alteridad y para expresar la verdad, en cuanto espacio del acuerdo discursivo entre los humanos que, al mismo tiempo, supone una referencia a lo fáctico.

La pérdida del lenguaje común es correlativa a la disolución del impulso humano a la verdad (Marcone, 2023), el cual representa la fuerza de cohesión de la sociedad. Dicho impulso a la verdad ha estado presente en la cultura y en la filosofía desde sus orígenes y ha dado forma a diversas teorías y realidades sobre el desarrollo de lo humano, planteadas tanto como camino de la persona en el horizonte de la felicidad y también como centro de la política, como tarea de construcción del tejido social y fundamentación de la convivencia.

7. VERDAD Y COMUNIDAD: LA INSTANCIA ÉTICA DE FUNDAMENTACIÓN

Si se toma en cuenta la clásica definición aristotélica del ser humano como viviente político mencionada al comienzo del presente trabajo, se puede concluir que el proceso de pérdida de la dimensión discursiva y deliberativa que trae consigo la racionalidad digital representa una versión, globalizada y producto de la acción psicopolítica, del proceso descrito en su momento por Bernardo Kliksberg como *des-ciudadanía* (Kliksberg, 2001).

Se entiende por des-ciudadanía la progresiva pérdida del espacio social político para el ejercicio efectivo de la ciudadanía, es decir para la realización de la vida en común en tanto elemento inseparable de la vida buena. Resulta de ello que, consecuentemente, es también un proceso de deshumanización, de fragmentación de la unidad de la persona, de ruptura entre la persona pensante y la persona sintiente y de relegamiento de la importancia de convivir en democracia. En este escenario es muy reducido o nulo ese espacio de fundamentación de los derechos fundamentales.

En el marco de la crisis de la razón comunicativa, también la ética del discurso y el procedimentalismo ético muestran su limitación para explicar y fundamentar la riqueza del vínculo comunicativo, en cuanto realidad (defectiva) y posibilidad (perfectiva). Dicho vínculo, en efecto, tanto en su *realidad,* en cuanto vínculo fundado en la *ob-ligación* constitutiva que describe Cortina (2007), como también en su *posibilidad*, en tanto que el vincularse es una decisión tomada a partir de la *disposición afectiva* (Arendt, 2001) necesaria para convivir, sobrepasan la capacidad fundamentadora de la ética del discurso, que "no despliega todas las virtualidades del vínculo comunicativo, sino que se reduce a lo que podríamos llamar el *vínculo lógico-discursivo"* (Cortina, 2007; 117),

La tarea de fundamentar racionalmente la naturaleza de los vínculos que unen a los seres humanos y los derechos fundamentales no está ni puede estar disociada de unos referentes previos que le dan su orientación: la *disposición afectiva* que Hanna Arendt establece, en cuanto régimen del *querer,* como necesaria para construir convivencia (Arendt, 2001), y la instancia de la *sensibilidad identitaria,* como expresión de espiritualidad y sentido, permite sentirse unido al otro como prójimo y abrirse a su reconocimiento como tal antes de toda justificación o contrato (Ricoeur, 2004). Ambos referentes desembocan en la posibilidad de crear un consenso comunicativo y de llevar a la práctica un diálogo que establezca las bases del lenguaje común por medio del cual argumentar sobre los acuerdos de convivencia.

La verdad, como base de fundamentación del discurso, la política y de los derechos ha estado ligada a los fines sociales perseguidos por los pueblos y expresados en sus constituciones y normas fundamentales. Es sabido, por ejemplo, el papel de la *Politeia* griega como guía para alcanzar la felicidad (*eudaimonía*), inicialmente considerada como voluntad de los dioses, luego como producto de la sabiduría de los ilustres y finalmente, en la época clásica, como la obediencia a los principios de la Constitución.

Desde los comienzos de la filosofía y expresada definitivamente en el pensamiento de Aristóteles, la humana tendencia al saber se identificó como una indagación acerca de la verdad, de igual manera como búsqueda y construcción de la felicidad individual y social. En el pensamiento medieval predominó la idea de la capacidad de la mente humana para *descubrir* la verdad, según lo expone Tomás de Aquino, en un proceso progresivo que, a partir de una realidad sustancial o una palabra revelada, se va develando lo verdadero que ya se es, se tiene y a lo que se está llamado. El convertirla parcialmente en concepto a través de un proceso de reflexión es parte de un proceso más amplio, en el cual se busca compartir discursivamente la verdad descubierta, como verdad política y primer paso para la construcción de comunidad (Widow, 2002).

En el pensamiento moderno en su conjunto, en particular en el racionalismo inaugurado por Descartes y luego en las diferentes orientaciones del pensamiento racionalista, prevaleció la idea de que, al reconocer capacidades casi ilimitadas al intelecto y otorgar plena confianza a la fuerza de la razón, la verdad debía ser objeto de *construcción*, con reglas claras y distintas y un método capaz de alcanzar la evidencia de la verdad. A partir del racionalismo se abre la perspectiva de una ciencia de lo social y también unos cánones científicos para construir un lenguaje que permita la explicación y la estructuración de lo social (Arancibia, 2020).

Especialmente bajo la influencia de la filosofía de Kant, en el pensamiento contemporáneo, en sus vertientes filosóficas y sociológicas, se han desarrollado nuevas y decisivas teorías sobre la posibilidad y la justificación de la verdad y su relación con la ideología, así como sus implicaciones para la vida pública y la democracia. Autores como Gadamer, Apel y Habermas, entre otros, han sentado las bases para fundamentar el discurso de la verdad en el marco de la hermenéutica y de la razón comunicativa.

La línea principal de continuidad de la relación entre la verdad y la fundamentación de la vida en común ha sido el cultivo riguroso de la reflexión sobre su contenido como manifestación o develamiento *(alétheia)*, en cuanto vía para canalizar la constitutiva aspiración al conocimiento y a su aplicación en la organización de la vida. La verdad permite articular el ser (la realidad, el "es", dicho de muchas maneras), el discurso (la comunicación centrada en la voluntad de acuerdo) y el bien (como realización, plenitud de ser, felicidad individual y social: el objetivo de la política) (Blanco, 1999).

Los antecedentes clásicos y los recorridos históricos del problema de la verdad, como búsqueda cognoscitiva articulada a la realización del bien a través de acuerdos apreciativos compartidos, muestran que está más que nunca vigente en el siglo XXI, en el marco de sociedades centradas sólo en la información en las que, por una parte, el puro dato se desentiende de la verdad y, por otra, reaparece con fuerza el desafío de la enseñanza de las virtudes necesarias para la vida (Gardner, 2011).

En tal sentido, el interés de Byung-Chul Han por la "crisis de la verdad" (Han, 2022: 71), se debe a que el relegamiento de la verdad en las interacciones de las sociedades digitales implica un alejamiento de "la firmeza del ser", correlativa con el desconocimiento de la facticidad y con la imposibilidad de fundamentar discursivamente la vida en común. Como se ha indicado más arriba, la verdad está en el centro de la posibilidad de vivir en el régimen propiamente humano de la *politicidad*.

8. HUMANISMO, SOLIDARIDAD, DEMOCRACIA

Si es verdad, como lo indicó Martha Nussbaum, que las democracias necesitan de las humanidades, más que nunca en las sociedades digitales las democracias necesitan el recurso a lo humano para explicitar discursivamente lo que nos une, lo común situado tanto en el comienzo de la vida democrática (como reconocimiento de la *ob-ligación* o ligamen que nos vincula antes de todo contrato) (Cortina, 2007), como también en el final de la misma, como compromiso con el desarrollo de las personas biográficas –no sólo biológicas y genéricamente sociales– que forman parte de la sociedad (Villalobos *et al.*, 2018). Para que dicho desarrollo sea posible, las democracias necesitan recuperar el lugar de un discurso de la verdad, capaz de devolverles la capacidad de construir tejido social sobre la base de consensos, acuerdos y alianzas.

En el siglo IV a.C. Aristóteles sostuvo que la verdad poseía un aspecto lógico (la verdad del discurso); un aspecto ontológico (la verdad del ser); y un aspecto práctico (la verdad del obrar, verdad práctica de carácter ético-político). Estas dimensiones se integraron en el diseño de su pensamiento como articulación entre la búsqueda rigurosa del conocimiento (diferente de la manipulación del humano en la sofística) y la construcción de la felicidad, a lo largo de toda la vida y viviendo en sociedad. En el centro de dicha articulación, la verdad ha sido parte del diseño antropológico referido a la unidad de la experiencia humana (Martin-Fiorino, 2020), tanto en su realidad personal como en su dimensión social.

En el siglo XX, después de un largo recorrido en el que la verdad pareció quedar recluida en el espacio de visiones rígidas de la teoría del conocimiento o de la filosofía trascendental, la influencia de pensadores como Marx, Nietzsche y Freud (los "Maestros de la sospecha" según Ricoeur), la reaparición de conceptos como los de praxis o existencia y, en general, el énfasis en los diversos intereses práctico-históricos, llegaron a cuestionar la "voluntad de verdad" presente en grandes expresiones y momentos de la filosofía desde sus inicios.

En el mismo siglo XX, sin embargo, en un arco que restablece un nexo reflexivo entre la filosofía contemporánea con sus orígenes, Martin Heidegger, en las huellas de su maestro Husserl y del pensamiento fenomenológico, amplía de manera radical el ámbito de la verdad y de su relación con el conocimiento y con la vida. "Superando todo recurso a los objetos y todo regreso a la subjetividad, la ampliación del concepto de verdad es tan radical que abarca, más allá de lo teórico, todo comportamiento, toda actitud humana; la noción heideggeriana de 'ser abierto' es existenciaria, práctica e histórica. Con ello la verdad vuelve a ser un concepto filosófico fundamental que orienta además a la existencia humana en su totalidad" (Gutiérrez, 1983).

9. CAMINOS EN LA ENCRUCIJADA DE LA RACIONALIDAD

La crisis de la racionalidad comunicativa parece, en un primer acercamiento, no dejar otro camino que el de sumarse a la razón digital, aunque eligiendo, *con ilusión de libertad*, si lo haremos entusiasta o resignadamente, siendo la razón por la cual también se le denomina *ciudadano iluso* (Villalobos *et al.* 2022b). Esa razón digital es la que condujo al *homo digitalis*, hiperinformado pero no pensante, y a su pariente cercano, el *homo absortus*, en-redado en contenidos multimedia banales o interesados, a estar determinado por el dominio técnico como nunca había sido dominado. Ante la aparente inevitabilidad de este camino, no parece realista pensar en resucitar al *sapiens sapiens*, el mismo que estuvo en el origen de la evolución a lo digital.

Cabe más bien pensar en la posibilidad de abrir una alternativa que salga de la línea de continuidad evolutiva del *homo* para establecer un salto disruptivo y plantear una elección, ya no ilusoria sino real –es decir libre, voluntaria y responsable– entre (al menos) dos posibles direcciones para la inteligencia humana. En un primer caso, en apariencia obvia e inevitable, seguir la tendencia evolutiva y en consecuencia *optar* por integrarse a la lógica de la inteligencia artificial, en la que, como se ha planteado más arriba, acaba la *evolución del homo* y prosigue la evolución de la máquina (no necesariamente a favor de aquel).

En un segundo caso, decidir, en una acción más radical que la de una mera opción, el rompimiento de la tendencia evolutiva realizando un abordaje de la razón desde un ejercicio de imaginación disruptiva –en la imaginación comienza la ética, según Aristóteles– que puede equipararse al momento en que nuestro remoto antepasado se irguió, vio el horizonte y comenzó a caminar. Se trata en este caso de decidir una transformación de la razón desde la ética, que se realice en el presente para revertir la tendencia –en su sentido de prolongación del pasado– del uso de la razón para efectos de ejercer el *control* y convertirla en una *orientación* –en cuanto anticipación del futuro– para construir comunicativamente una *razón del cuidado* (Cortina, 2021).

La tarea de fundamentar racionalmente la naturaleza de los vínculos que unen a los seres humanos no está ni puede estar disociada de unos referentes previos que le dan su orientación. Entre estos referentes adquieren especial importancia la *disposición afectiva* que Hanna Arendt establece, en cuanto régimen del *querer,* como necesaria para construir convivencia (Arendt, 2001), y la *sensibilidad identitaria*, que, como expresión de espiritualidad y sentido, permite, según Paul Ricoeur, sentirse unido al otro como prójimo y abrirse a su reconocimiento como tal antes de toda justificación o contrato (Ricoeur, 2004). Ambos referentes desembocan en la posibilidad de crear una nueva forma de fundamentar y llevar a la práctica un diálogo entre personas (no sólo en el plano lógico-formal) por medio del cual argumentar sobre la convivencia.

10. RAZÓN, ÉTICA Y MUNDO DIGITAL

El desafío ético de ir más allá de la razón digital y poder dar razones para la convivencia democrática y el respeto de los derechos fundamentales no consiste simplemente en advertir y ajustar los aspectos de la digitalidad que se consideren riesgosos. La *ética digital* como ética aplicada (Balladares, 2023) prepara y requiere otro paso de mayor radicalidad, que apunte no sólo a un nivel de aceptación y adaptación sino a una transformación de la razón desde una *ethica cordis* que integre las dimensiones humanas (especialmente las emociones y los afectos), recupere los espacios argumentativos y deliberativos y pueda dar contenido concreto a acciones frente a las situaciones humanas globales de afectación y vulnerabilidad (Cortina, 2021).

La propuesta que Adela Cortina ha venido trabajando recorre un camino que permite situar la crítica a la razón digital en un itinerario que se apoya en la razón comunicativa para llegar a la razón cordial como razón del cuidado. Este recorrido no pertenece al campo de la evolución de la razón, como proceso evolutivo determinado en gran medida por factores externos, no argumentados ni decididos por el ser humano. Se trata de conocerlo, en cambio, como un desarrollo de la razón –entendiendo desarrollo en su sentido de avance deseado y concertado.

En este sentido, el avance de la razón acompaña y transforma el desarrollo humano, lo que supone una reflexión valorativa, un ejercicio argumentativo, un momento deliberativo, un consenso comunicativo y un compromiso de eficacia en relación con ciertos fines sociales a los cuales desean encaminarse los ciudadanos, como personas libres, en contextos de *politicidad* y en el marco de instituciones justas (Ricoeur, 2008). Hacerse cargo de la evolución del *homo* pero ir más allá significa impulsar argumentativamente los acuerdos necesarios para que los avances de la razón (de toda razón, no sólo digital) sean puestos al servicio del *desarrollo de la persona* (Martin-Fiorino, 2023).

En el escenario de la razón digital, que conduce a la desaparición del discurso como fuente consensual de la política y al desfondamiento de la ética, que, reducida a la absolutización de reacciones emocionales de adhesión o rechazo, ya no aparece como posibilidad de fundamentar los derechos fundamentales que sostienen la convivencia. El segundo escenario, en el que las emociones recobran su lugar para favorecer la recuperación de la empatía, lleva a perfeccionar la racionalidad comunicativa mediante la transición a la razón cordial como base de la ética del cuidado.

11. DEBILITAMIENTO DE LO SOCIAL, RAZÓN DIGITAL Y CONTROL

La racionalidad digital, que se sitúa como elemento estructurador de la sociedad digital, se convierte, a través de la información generada en las redes sociales, en herramienta de control, dejando definitivamente atrás el discurso que resulta sustituido por los datos y se desprende de la razón en favor de lo afectivo individual, generador de odios o adhesiones que no se plantean el momento de la argumentación racional. La digitalización representa, como lo señala Byung-Chul Han (2022), la transición de la inteligencia argumentativa a la inteligencia artificial, del discurso a la máquina, de la persona a la información soportada en el Big Data y la minería de datos y también, y no menos importante, el alejamiento de la democracia hacia nuevas formas de control de los comportamientos y pérdida de la libertad.

En la *infocracia*, concepto utilizado por Han para describir dicha realidad de poder, la esfera pública deja su realidad discursiva y adopta un carácter analítico (Han, 2022, p. 24), el del análisis de los datos, en lugar de los argumentos, para pronosticar así el comportamiento de las masas y no la conducta de los ciudadanos basada en el ejercicio deliberativo. Las personas ya no son consideradas libres sino sólo *previsibles*, según la información que generan y por la cual son condicionadas. El dato determina la verdad y permite adquirir poder, el cual se refleja en términos de dinero en el marco de un nuevo capitalismo de la información. El acto de la comunicación, soporte de la racionalidad comunicativa, ya no está presente en la racionalidad digital, por lo que ya no es necesario comunicarse sino solamente apoyarse en los datos generados en las redes sociales.

El otro, que me permite entrar en diálogo y es referente ineludible de la noción misma de comunicación en su significado de poner-en-común, desaparece, ya no es necesario y está sustituido por el dato, hecho que, en la infocracia fundada en la razón digital, se produce en el marco de un "fenómeno de autoadoctrinamiento (el cual) produce *infoburbujas* autistas que dificultan la acción comunicativa" (Han, 2022, p. 46).

12. DE LO DIGITAL A LO HUMANO Y DE REGRESO: LA IRRUPCIÓN DE LA RAZÓN CORDIAL

Entre las expresiones del pensamiento filosófico que vienen realizando abordajes importantes sobre la necesidad de recuperar la centralidad de la persona en la cultura actual marcada por la tecnociencia y su deriva digital, la figura de Adela Cortina resalta por sus importantes aportes a la ética en el marco de una renovada visión de los problemas de la convivencia en las sociedades cosmopolitas. Su pensamiento ha cultivado con especial interés el acercamiento de la ética a la vida –el hacer, el comportarse, el comunicarse–, partiendo de la racionalidad comunicativa, la ética discursiva y la ética dialógica (Habermas, Apel), incorporando decisivos aportes sobre la filosofía de la vida humana presentes en el pensamiento de Ortega y Gasset, Zubiri y Aranguren y abriendo nuevos espacios a la ética del cuidado.

Partiendo de la estrecha relación entre la racionalidad y las virtudes como motivación de la actuación humana, Cortina ha venido sosteniendo que, ante el abismo entre las declaraciones y las realizaciones al tratarse de principios y valores morales, entre la moral pensada y la moral vivida, es importante preguntar por qué, más allá de las palabras, las razones no llegan al corazón para convertirse en conductas. Su itinerario ha sido entonces el de revisitar la razón desde la ética, como espacio donde a través de convicciones y actuaciones se juega la vida de personas y comunidades, haciéndolo desde el ámbito de lo cordial *(cordis)*, como instancia de lo estimativo y de la compasión.

La cordialidad como categoría moral busca orientar una transición que, desde la doble perspectiva del sentido y la eficacia, une "una *ética cívica* de la vida cotidiana que tiene por fundamento una *ética dialógica* o *comunicativa*, entrañada en la fuerza de la *razón compasiva*. O, dicho con la hermosa expresión de la que hizo uso Ortega, la fuerza de una *razón cordial*" (Cortina, 2010, p. 12-13).

Ya desde 2010 y en la tradición del pensamiento sobre el reconocimiento recíproco, por medio del cual emergen las personas como interlocutores válidos dotados de competencia comunicativa, Cortina ha propuesto ver que la ética "no es expresión de la pura subjetividad, pero tampoco de verdades objetivas en lo moral, independientes de los sujetos que pueden conocerlas. Es expresión de esa intersubjetividad humana, que nunca debería ser dañada" (Cortina, 2010, p. 15).

En esa línea, a fin de construir una ética "de carne y hueso", Cortina considera necesario tomar en cuenta que la comunidad de los interlocutores no se define sólo por el nivel lógico-formal de la razón, sino que "presupone como condición de posibilidad que estos interlocutores válidos se reconozcan mutuamente, no sólo razón capaz de argumentar, sino también razón encarnada en un cuerpo, razón humana" (Cortina, 2010, p. 16).

Con el fin de situar la crítica de Cortina a la razón comunicativa en la vía de la transición a la ética de la razón cordial como ética del cuidado, resulta útil revisar algunos de los argumentos en el arco entre sus obras *Ética de la razón cordial* (2007) y *Ética cosmopolita* (2021), período en el cual ha ido ampliando el abordaje de sus conceptos especialmente a través de la reflexión crítica sobre el papel de las mediaciones políticas, sociales y económicas para la felicidad, el énfasis en la vulnerabilidad humana y afirmación de la responsabilidad mutua en el cuidado de la vida.

En la medida en que lo *cordial* -además de la directa referencia a corazón- puede entenderse de modo significativo como afecto, talento, espíritu (Cortina 2007b: 214), cabe constatar que la cordialidad se ha construido históricamente con razones que provienen de la razón y del corazón, de la justicia y del cuidado, de la rectitud y de la compasión (Calvo, 2016). A través de esa tensión fecunda puede convertirse, a partir del común referente de la justicia, en elemento articulador de los proyectos de vida buena diversos, elegidos libremente pero desarrollados necesariamente en relación con otros, que constituyen la base de la convivencia.

En el núcleo de la razón cordial se encuentran dos vínculos que sirven de fundamento para la construcción de convivencia a través de la observancia de los derechos fundamentales. En primer lugar, el *vínculo comunicativo* que une a las personas por medio de la capacidad de la palabra y de la acción con sentido y les permite participar en discursos prácticos a través de argumentos (Cortina, 2007a, p. 215). La base de este vínculo es antropológica pues se apoya en la socialidad constitutiva de los humanos, se expresa creativamente, introduciendo las dimensiones del arte y de la sensibilidad ("el humano sintiente") y cobra realidad a través de la realidad educativa, social y política.

La razón cordial se fundamenta también, en segundo término, en un *vínculo emotivo* que "predispone a las personas a desear relacionarse con sus semejantes para satisfacer intereses con un sentido mutuamente compartido, a valorar su vida y las vidas de los demás como dignas de ser preservadas, a sentir compasión por los que sufren y benevolencia con los que necesitan" (Calvo, 2016: 34). El desarrollo de esta disposición afectiva, tal como lo planteó Hanna Arendt, hace parte de la dimensión del *querer* y contribuye a que se pueda construir un lenguaje común, capaz de activar capacidad de futuro en las sociedades (Arendt, 2001).

Sobre la relación entre ambos vínculos, Cortina, en su libro sobre la *Justicia cordial* (Cortina, 2010), afirma que son complementarios e interdependientes, pues no pueden ser llevados a la práctica de modo separado. "Los interlocutores que, lo quieran o no, se reconocen mutuamente competencia comunicativa al entrar en un diálogo han de ser capaces de *sentir la injusticia* y de rechazarla con repugnancia, si es que el diálogo ha de tener algún sentido". Según la autora, en efecto, "sentimientos como los de compasión y justicia son *conditio sine qua non* del proceso de comunicación", por lo cual resulta claro que, "la forja del sujeto capaz de entrar en un diálogo sobre lo justo exija cultivar las emociones y los sentimientos de justicia y compasión" (Cortina, 2010, p. 19-20). Conocer lo justo no puede estar separado de sentir la injusticia, así como tampoco sirve de mucho estimar lo justo si no se puede participar de un diálogo práctico para alcanzar acuerdos.

De ambos vínculos surge un deber que encuentra su fundamento en el respeto a la dignidad de las personas, expresada en su capacidad para argumentar, sentir y emocionarse por sí mismas y por los demás (Cortina, 2007b, p. 115). Esa misma dignidad, considerada en su valor absoluto, es la fuente de "un conjunto de derechos y deberes que *ob-liga* a quienes ya están vinculados a actuar de una determinada manera" (Calvo, 2016, p. 35). Desde ese núcleo se expresa la razón cordial que hace posible una *relacionalidad cordial*, disruptiva frente a las tendencias de intrumentalización, excesivo formalismo o el relegamiento de la esfera de lo afectivo donde nace la compasión.

13. RAZÓN CORDIAL Y ÉTICA DEL CUIDADO

Vivimos una época paradójica: desde la razón digital se persiguen intereses políticos para construir el "sueño" de una sociedad sin política; se ensalza la libertad, pero desde la información se forman seres sólo previsibles; la esperanza es la tecnología, pero se experimenta radicalmente la vulnerabilidad. En contextos que expresan los extremos de la vulnerabilidad –como en el caso pandémico del Covid-19– se muestra especialmente necesario replantear los fundamentos éticos de la vida en común, a partir de la irracionalidad de la desmesura (*hybris*) y haciendo una apuesta por la razón de la prudencia (*frónesis)*.

La sociedad cordialmente justa que plateaba Cortina en *Justicia cordial* (2010) como sociedad cosmopolita, está llamada hoy a hacerse cargo de los fines de la humanidad y cuidar la vida de las personas y de la naturaleza desde la compasión y cultivando la cordura como "injerto de la prudencia en el corazón de la justicia" (Cortina, 2021, p. 25-25). La ética de la responsabilidad y la ética cordial convergen en la ética del cuidado, que se construye desde el respeto a la dignidad de las personas y el valor de los demás seres vivos, la práctica de la compasión como sentimiento activo y transformador y el ejercicio de los derechos como espacios de protección del proyecto de vida humana.

Para pensar el cuidado desde la ética, como propone Adela Cortina (2021), es necesario trazar un arco que abarca desde la capacidad de la ética de cuidar biológicamente hasta el cuidado de la palabra –mediante la cual vamos definiendo en el diálogo *qué* es ser propiamente humanos– y el cuidado de la democracia, que es el espacio para su ejercicio argumentativo y deliberativo por el cual decidimos *cómo* queremos ser humanos y *con quiénes* lo seremos, en el marco de la convivencia y los derechos fundamentales.

La ética del cuidado representa hoy en día una ética a nivel macro que apunta a una reconstrucción de la sociedad en su conjunto, enfatizando la relacionalidad cordial, la interdependencia constructiva y la razón cordial. Desde este punto de partida y en la convergencia entre justicia, libertad y compasión, es posible dejar atrás las lógicas de las disyunciones marcadas por oposiciones de poder que se hacen especialmente visibles en momentos de crisis global: libertad o seguridad, salud pública o economía, valores materiales o bienes intangibles.

En su lugar, las lógicas de la razón cordial y la ética del cuidado muestran que es posible sumar todos los aportes –mediante una sinergia de los sectores empresarial, político y ciudadano– en un proyecto educativo, político y jurídico para fortalecer las instituciones, generar amistad cívica y acordar metas comunes. Para ello es fundamental el empoderamiento de la ciudadanía, que ha de estar a la altura del desafío de aportar a la transformación de la sociedad, en lo cual las humanidades juegan un papel decisivo pues buscan comprender los acontecimientos en su sentido, desentrañar la intencionalidad de los actos humanos y fundamentar racionalmente los fines sociales.

14. REFLEXIONES CONCLUSIVAS

Ante la crisis de la racionalidad comunicativa se abre a la inteligencia humana una encrucijada de caminos marcada por al menos dos grandes direcciones: por una parte, su fusión con la razón digital, como resultado más reciente y en el que culmina el ejercicio de la razón humana considerada en la perspectiva de la evolución, que desde ahora queda a cargo de una inteligencia artificial cuya velocidad de transformación es imposible seguir para la mente humana.

Por otra parte, la segunda dirección posible es la de perfeccionar la racionalidad comunicativa mediante su transformación en razón cordial, cuyo centro no es un nuevo estadio de evolución de la razón sino la integración de ésta a los espacios de la emoción, la compasión y el reconocimiento para alcanzar el desarrollo de la persona completa, sintiente y sufriente, viviendo en sociedad y necesitada de espacios comunicativos para alcanzar su proyecto de vida buena de modo compatible con los proyectos de los otros.

De seguir el primer camino, desaparecen tanto la palabra sustituida por el dato, como la verdad, el discurso y la deliberación reemplazados por el manejo de la información generada en las redes, así como la democracia desplazada por la infocracia y la libertad sustituida por la previsibilidad. Dicho camino, en consecuencia, se muestra impracticable si se considera que para decidir el futuro –para que haya futuro–las decisiones de los humanos todavía cuentan.

Es necesario rehabilitar una instancia ética que pueda argumentar en favor de los derechos fundamentales y de la vida en común como útil, conveniente y justa, y esto sólo puede lograrse mediante el diseño de una ética del cuidado que, desde la prudencia y la cordura y con base en la justicia, reafirme la libertad y la compasión como el camino verdadero de la razón humana. Dicha fundamentación sólo es posible mediante la recuperación del espacio de la politicidad humana, que se funda en la socialidad pero que la trasciende y que definitivamente deja atrás al gregarismo de las tribus.

15. REFERENCIAS

Apel, K. O. (2017). *Racionalidad crítica comunicativa.* Comares.

Arancibia, F. (2020). *Verdad y certeza. El problema del conocimiento en la filosofía moderna.* Pontificia Universidad Católica de Chile.

Arendt, H. (2001). *La condición humana.* Paidós.

Arendt, H. (2006). *Los orígenes del totalitarismo.* Alianza.

Aristóteles (2009). *Ética a Nicómaco.* Gredos.

Balladares, J, (2023). Principios y valores para una ética digital. *Oximora, Revista Internacional de Ética y Política*, 23, 1-16.

Blanco, C. (1999). El problema de la verdad. *Revista de Educación*, 14, 11-26.

Burgos, J. M. (Ed.) (2013). *El giro personalista: del qué al quién*. Universidad de Navarra.

Calvo, P. (2016). Hacia una economía cordial. *Veritas,* 35, 29-56.

Camps, V. (2010). *Democracia sin ciudadanos.* Trotta.

Cortina, A. (2007a). Ethica cordis. *Isegoría*, 73, 113-126

Cortina, A. (2007b). *Ética de la razón cordial.* Nobel.

Cortina, A. (2010). *Justicia cordial.* Trotta.

Cortina, A. (2017). *Aporofobia, el rechazo al pobre.* Paidós.

Cortina, A. (2021). *Ética cosmopolita: una apuesta por la cordura en tiempos de pandemia.* Paidós.

Dubet, F. (2017). *Lo que nos une*. Siglo XXI.

Foucault, M. (1987). *El orden del discurso.* Tusquets

Fromm, E. (2000*). ¿Podrá sobrevivir el hombre?* Paidós.

Gabilondo, I. (Coord.). (2021). *Las preguntas siguen*. Paidós

Gardner, H. (2011). *Verdad, belleza y bondad reformuladas. La enseñanza de las virtudes en el siglo XXI.* Paidós.

Graham, A. (2017). *Destined for war.* Houghton Mifflin Harcourt.

Gutiérrez, C. (1983). *El concepto de verdad en Heidegger*. UNAL.

Han, B. Ch. (2022). Infocracia. *La digitalización y la crisis de la democracia*. Taurus.

Hernández, F. y Martin-Fiorino, V. (2022). Análisis de la xenofobia y de la ética de la hospitalidad en contextos de migraciones forzadas. *Revista Lasallista de Investigación, 19*(2). https//doi.org/10.22507/rli.v19n2a3

Kliksberg, B. (2001). *La agenda ética pendiente en América Latina.* Paidós.

Marcone, R. (2023). Byung-Chul Han y la Infocracia. *Derechos y libertades, II*(48), 299-309.

Martin-Fiorino, V. (2021). Ser humano y autonomía de la acción. El diseño antropológico del pensamiento de Aristóteles. J. A. Díaz (Ed.) *Persona y libertad.* Universidad Católica de Colombia.

Martin-Fiorino, V. (2022). Intimidad y convivencia. En Santa Cruz, D. (Coord.). *Persona e intimidad.* Universidad Católica de Colombia.

Martin-Fiorino, V. (2023). *Tras la razón: evolución del homo sapiens y desarrollo de la persona*. Universidad Católica de Colombia (en prensa).

Martínez, L. (2014). Interdependencia compleja. *Analéctica, 1*(7). https://doi.org/10.5281/zenodo.3905374

Ricoeur, P. (2004). *La lutte pour la recannaissance et l'économie du don*. UNESCO.

Ricoeur, P. (2008). *Lo justo, 2. Estudios, lecturas y ejercicios de ética aplicada*. Trotta.

Santana, L. y Serra, I. (2022). *Enfoque de derechos humanos y ciudadanía digital en la ciudad.* CEPAL.

Touraine, A. (1987). *¿Podremos vivir juntos? Iguales y diferentes.* PPC editores.

Villalobos-Antúnez, J. V. (2918). Politics as a requirement. On the concept of human rights and the right to an autobiography as an ethical category. *Opción. Revista de Ciencias Humanas y Sociales, 34*(85-2), 8-17. https://acortar.link/VIByik

Villalobos-Antúnez, J. V. y Ramírez-Molina, R. I. (2018). El derecho a la autobiografía: dimensión ius-filosófica desde la perspectiva de H. Arendt y P. Ricoeur. *Opción. Revista de Ciencias Humanas y Sociales, 34*(Esp. 18), 20-50. https://acortar.link/QZKLjQ

Villalobos-Antúnez, J. V. y Caldera-Ynfante, J. E. (2022). Dignidad y autobiografía. Cuestiones filosóficas y políticas en torno a la migración (forzada). En A. Amaro Agudo, F. Vidal Auladell y L. Da Silva Vargas (Eds.). *Psicología, Sociología y Sociedad.* (pp. 483-493). Aranzadi-Thomson Reuters.

Villalobos-Antúnez, J. V. y Caldera-Ynfante, J. E. (2022 b). ¿Biopoder o Psicopolítica? La acción tecnocientífica al servicio del poder. Perspectivas desde el Derecho a la autobiografía. En A. J. Chica Núñez, A. C. Tomás López y D. Navas Carrillo (Eds.). *Nuevas epistemologías de viejos saberes.* (pp. 453-463). Aranzadi-Thomson Reuters.

Villalobos-Antúnez, J. V., Guerrero-Lobo, J. F. y Caldera-Ynfante, J E. (2022). Crítica de la racionalidad digital. Nuevas fronteras para la ética y la filosofía. *Opción. Revista de Ciencias Humanas y Sociales 38*(Esp. 28), 7-13. www.doi.org/10.5281/zenodo.7278447

Villalobos-Antúnez, J. V., Guerrero-Lobo, J. F. y Caldera-Ynfante, J. E. (2022b). Emocionalidad de la acción: la razón comunicativa se disuelve. La teoría de la acción comunicativa en la era de la sociedad digital y de la emocionalidad disruptiva (política). *Filosofi(e) Semiotiche, 9*(2). https://acortar.link/1JZcv9

Widow, J. L. (2002). La verdad política en el pensamiento de Santo Tomás. *Angelicum*, 79, 327-384.

Zuboff, S. (2021). *La era del capitalismo de la vigilancia. La lucha por un futuro humano frente a las nuevas fronteras del poder*. Paidós.

INCIVILITY AND HATE TOWARDS IMMIGRANTS: THE CASE OF THE R/PORTUGUESE'S REDDIT COMMUNITY

Joana Milhazes-Cunha[1], *Luciana Gomes Oliveira*[1]

1. INTRODUCTION

Social media has created yet more opportunities for public discourse to unfold, connecting people thousands of miles away, permitting the sharing of ideas and enabling debate and civic engagement, a vital process for democracy (Adler & Goggin, 2005). However, as a space where everyday conversations are extrapolated, the most heated and controversial exchanges can also find a stage and an audience, as well as the instigation and propagation of harmful narratives and speech.

Examples of the use of hate speech (offensive discourse targeted at a group or induvial based on their identity characteristics like race, gender, ethnicity or religion (*United Nations Strategy and Plan of Action on Hate Speech (*2019)) throughout human history - e.g., its use as a weapon in colonialism, anti-Semitism, Islamophobia, and homophobia - the Internet and social media have emerged as a new catalyst and normalizer of these discourses.

In digital social environments, where users are prone to tailor content according to their preferences and where their views are least challenged, they have been proven to feel comfortable expressing extreme opinions (Rossini, 2022). This becomes especially concerning given that previous investigation has shown that online hostile interactions tend to evoke stronger emotions and spread more actively than content that is characterized by milder emotions (Song *et al.*, 2021). Social media's role in the spread of hate speech becomes even more drastic when considering that research has shown that even though some users do have previous misconceptions, prejudices and hate tendencies, others do not, and are directly influenced by hateful narratives found online, making them their own. The more a user is exposed to hate speech, the more likely they likely they are to express hate (Gallacher & Bright, 2021). Therefore, there is a strong effect of group dynamics and social contagion at play.

Considering that hate speech can have extreme impacts such as incitement to violence, terrorism, hostility, discrimination, and human rights attacks, it is increasingly important to study communities where hate speech is recognized to proliferate. This is the case of the r/Portuguese sub-forum (19,000 followers) of the social network Reddit, flagged by the media as a hub for this type of toxic and discriminatory discourse (Chow, 2022).

1. ISCAP, Polytechnic of Porto (Portugal)

The critical situation has been identified in current literature and recognized by Reddit. However, this is a community-based platform, which relies partly on the work of volunteer moderators to remove content, such as hateful posts and comments, and ban users who flout the platform's rules. Ultimately, the use of these resources has proven insufficient. Although the English-speaking moderator community is already solidified, the media signals the problem is experienced in other language forums, notably Portuguese, which lacks a satisfactory number of moderators to handle the amount of information circulating in the forum, in addition to the platform's disregard for the public alerts.

Given the panorama presented, we consider that the sub-reddit r/Portugueses is illustrative of a trend already observed in social networks of an echo-chamber devoted to sharing offensive content, where aggressions between users and those directed to moderators are recurrent, building an environment of dissemination of toxic discourse, which may have consequences in the social and political spheres of life in society.

In this paper, we seek to discover trends and unveil the environment lived in the community, to systematically report on the levels of incivility experienced in the reddit subforum r/Portugueses regarding immigration topics, to analyze the presence of hate speech, its proliferation and its domains, as well as the claims associated with the propagation of hate and the emotional commotion generated. Our research goals consist of (a) understanding the pervasiveness of incivility in the conversations on the r/Portuguese subforum regarding immigration; (b) determining what type of incivility (public level or personal level) appears more often in conversations about immigration; and (c) characterizing the narratives about immigration and its specific targets.

2. THEORETICAL BACKGROUND

2.1. Negative communication and incivility

Negative communication online is not a new phenomenon and has been extensively investigated by scholars, like Robertson *et al.* (2023), who linked negative words to higher online news consumption, or by Pröllochs *et al.* (2021) who found that emotive words, such as anger, increase the virality of false rumors. Negative communication is studied under a myriad of different concepts, like toxicity, defined by Sheth *et al.* (2022, p. 2) as not only "threats, obscenity, insults, and identity-based hate" but also "harassment and socially disruptive persuasion, such as misinformation, radicalization and gender-based violence". Recognizing just how widespread the pervasiveness of negative and toxic speech online is, Buder *et al.* (2021) have concluded that exposure to negative content increases polarization. Similarly, Kim *et al.* (2021) have found that exposure to toxic interactions on social media leads to increased toxicity in following comments, which becomes an even greater concern when considering that the same study has found that 77% of Facebook comments are more toxic than the answers of participants in a survey.

When analysing political communication, incivility is the concept used to study discourse that violates communication norms (Bormann *et al.*, 2022), which leads to the degradation of the quality of debate and is considered detrimental for societies and democracies (Rossini, 2022). Incivility differs from negativity since civility is a fundamental characteristic of democracy and, thus, its study reveals the quality of deliberative democracy in a given platform (Su *et al.*, 2018). Targets of incivility can be found in online conversations surrounding a plethora of topics. A study by Coe *et al.* (2014) analysed articles and comments of a local newspaper's website and found that while topics like lifestyle, health, technology, and journalism were able to attract incivility, it was in articles about economy, politics, law and order, taxes, and foreign affairs that displayed the highest amount of incivility. The controversy generated on the topic also contributes to the level of incivility found. Santana (2014) has shown that controversial topics elicit pejorative language, attribution of stereotypes, use of slurs and other hateful expressions, as well as xenophobia. The author also linked the anonymity of discussion forums with incivility, particularly targeting migrants.

Incivility is so widespread that it is seen as the norm in online interactions. For example, Sobieraj & Berry (2011) found that outrage (a form of incivility) in political blogs, talk radio and cable news was massive. Furthermore, while studying how incivility affects trust in online interactions, Antoci *et al.* (2019) found that, when exposed to incivility, users' attitudes of trust weren't significantly impacted. However, it was when civility was dominant that participants felt significantly more trusting. This is also a valuable insight into how much incivility can affect users' behaviours when engaged in online conversations.

When analysing the effect of uncivil comments made by a politician on users' attitudes toward parties, Sharma *et al.* (2020) have found that observers and the parties' reputation were negatively impacted when there is failure to take action against incivility. But the effects of incivility are not only restricted to perception and attitude. Research has shown that online incivility causes negative emotions and aggressive intentions (Masullo *et al.*, 2017), contributing to a hostile and toxic online environment. Likewise, Gervais (2015) found that exposure to uncivil debate generated feelings of anger and aversion. Additionally, a study by Weber *et al.* (2020) found that incivility and online hate resulted in reduced prosocial behaviour.

Furthermore, incivility, much like civility, is contagious. Antoci *et al.* (2016) employed a mean field approach and an evolutionary game framework to analyse the dynamics of civility and incivility in online social networks and their impact on collective welfare and found that if a reasonable number of users behaves in a civil manner, civility will dominate the conversation. On the other hand, if civil behaviors are not abundant or the benefits of incivility outweigh those of civility, users will respond by adopting self-protecting behaviors that can result in a negative outcome for the overall social network. These results are similar to the ones of Gervais' (2015), since the author also found that exposure to "like-minded incivility" augments the chances of incivility being used in political conversations.

2.2. Conceptualizing incivility and hate speech

The definition of incivility lacks consensus in the literature, as perceptions on what constitutes civility and incivility are considered to be subjective (Herbst, 2010). Some authors propose that incivility should be studied under the guise of politeness theory (Masullo *et al.*, 2017; Mutz, 2007), while Papacharissi (2004) regards these violations of communication norms as undermines of deliberative quality of discussions, an essential aspect of democracy, therefore constituting a threat to democracy in itself. In her 2004 study, Papacharissi sets a clear divide between incivility and impoliteness, saying that "a sharply-defined conceptual distinction between civility and politeness acknowledges the passion, unpredictability, and robustness of human nature and conversation, with the understanding that democracy can merit from heated disagreement." (p. 262). Moreover, the author also states "a definition of civility as collective politeness, with consideration for the democratic consequences of impolite behavior. It is when people demonstrate offensive behavior toward social groups that their behavior becomes undemocratic; anything less has no lasting repercussions on democracy" (p. 267).

Therefore, Papacharissi (2004) sets incivility as the verbalization of threats to democracy, assignment of stereotypes, and threats to individuals' rights, while impoliteness encapsulates name-calling, aspersion, and synonyms for liar, hyperboles, non-cooperation, pejorative speech, use of vulgarity, sarcasm and use of all-capital letters. Authors like Coe *et al.* (2014), Rowe (2015) and Santana (2014) have since adopted variations of this definition in their studies of incivility in online environments. However, aiming to clarify and solidify a theoretical model for incivility, Muddiman (2017) proposed a definition of incivility, based on citizen's perceptions, that includes both concepts of incivility and impoliteness, seeing that "incivility cannot be constrained to one or the other of these conceptualizations; rather, people think that both kinds of norm violations are uncivil" (p. 3197).

Therefore, Muddiman (2017) proposed the concepts of public-level and personal-level incivility, the first deriving from politeness theory and the second from deliberative theory. For the author, public level incivility constitutes lack of comity, misinformation and ideological extremity, while personal-level incivility includes insults, obscene language and emotional language. Similarly, to Muddiman's approach, where the perception of individuals was valued, Bormann *et al.* (2022) proposed a definition of incivility "(...) as a perceptual construct violating one or multiple norms" (p. 2), having defined five norms essential for cooperative communication: information norm, modality norm, process norm, relation norm and context norm. In this article, we draw from this definition and from Bormann's (2022) operationalization of the five norms.

Another controversial topic is whether hate speech constitutes a form of incivility. Porten-Cheé *et al.* (2020), for instance, believes that incivility lacks the emotional tone and targets that hate speech is characterized by. On the other hand, Hameleers *et al.* (2022) considers that online incivility is "an umbrella term of which hate speech forms an important component" (p. 4). This view is also supported by Ziegele *et al.* (2018), which considers hate speech as an extreme form of incivility. Apart from violations like harassment and disrespect, Antoci *et al.* (2016) also includes hate speech in their conceptualization of incivility. In this study we are following the definition and model of Bormann (2022), whose "context norm", also known as "anti-democratic norm", includes violations of liberal-democratic principles, like hate speech, discrimination, and incitement. Therefore, we too consider hate speech a part of incivility.

3. METHODOLOGY

We build on a three-stage embedded mixed-methods research strategy, with emphasis on the quantitative component (deductive) over the qualitative (inductive), to attain the aforementioned research goals (Figure 1).

Stage 1 Reddit data collection, pre-processing and sample selection	**Stage 2** Content analysis	
	Stage 2a Categorization	**Stage 2b** Analysis of results
Collected 688 posts and **total** comments, categorized by theme for sample selection. January 9th, 2023, to June 9th, 2023	Sample of 79 posts and 1142 comments about immigration submitted to codding according to codding model	Processing of data. Quantitative and qualitative analysis of categories.

Figure 1. Stages of the study. Source: Own elaboration, 2023.

The first stage consisted of the collection and pre-processing of data. We used the software Buzzmonitor, through which we were able to retrieve 688 posts from the r/Portugueses Reddit subforum from January 9th 2023 to June 9th 2023. These posts were subsequently categorized inductively according to their theme, as depicted in Figure 2.

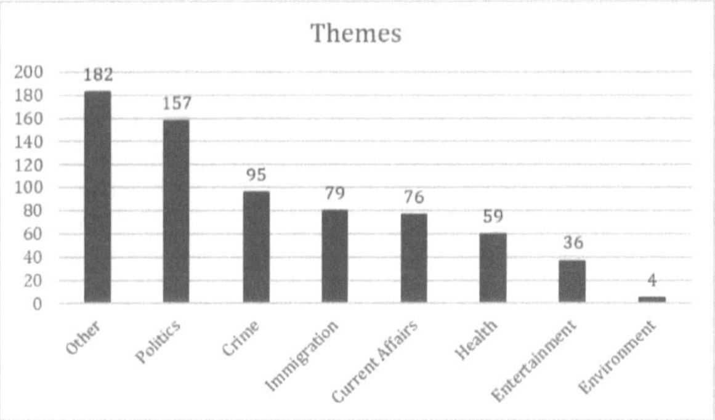

Figure 2. Frequency of Posts Themes. Source: Own elaboration, 2023.

The themes found in the dataset report to Politics (articles, posts, or memes related to national or international politics), Crime (concerning national or international crime), Immigration (articles, posts or memes related to the topic of immigration, migrants or refugees, national or international), Current Affairs (articles, posts or memes connect to everyday life), Health (articles, posts or memes related to health topics, international or national), Entertainment (articles, posts or memes related to film, art, comedy, history, lifestyle, sports and music, both national and international), Environment (articles, posts or memes that concerned topics related to climate change), and Other (miscellaneous posts and memes that could not be categorized in any other theme, such as polls and requests for completing questionnaires).

From this initial classification, 79 posts were retrieved about immigration, which resulted in a subsequent dataset of 4519 adjacent comments. Given the high volume of content to be submitted to manual coding, a sample was formed by selecting the 20 first comments for each post. The result was a sample of 1142 comments, which represents 25% of the original dataset of comments. The selected comments were then submitted to manual coding according to the following codding model (Table 1):

Categories	Subcategories	Cues
Incivility (Bormann, 2022)	Information Norms	Lies, Fake News, Conspiracy Theories
		Comments without any value-added content
		Irrelevant comments
		Redundancies
		Individual/organized pseudo-user
		Slander/defamation
		Twisting facts, quoting statements out of context
		Dubious or unsubstantiated claims
		Using unreliable sources
	Process Norm	Breaking off the discussion
		Topic deviation
		Not connecting with the current state of discussion
		Not responding to discussion partner
		Not communicating in a connectable manner
		Whataboutism
		Inconsistency
	Modality Norm	Use of code words
		Excessive use of foreign words
		Irony/Sarcasm
		Incomprehensible communication
	Relation Norm	Insults
		Name-calling
		Threats, curses
		Ad hominem attacks
		Belittling, devaluation
		Arrogant comments
		Not communicating at eye level
		Vulgarity/scatology
		Swearing
	Context norm	Incitement against marginalized groups
		Group targeted misanthropy
		Holocaust denial or trivialization
		Negative stereotypes
		Attacks on individual & collective liberty rights
		Attacks on democratic & constitutional principles
	No Incivility	Created by authors when incivility wasn't present

Emotions (Ekman, 1999)	Anger	Fury
		Vengefulness
		Bitterness
		Argumentativeness
		Exasperation
		Frustration
		Annoyance
	Disgust	Loathing
		Abhorrence
		Revulsion
		Repugnance
		Distaste
		Aversion
		Dislike
	Enjoyment	Ectasy
		Excitement
		Wonder
		Naches
		Fiero
		Pride
		Peace
		Relief
		Schadenfruede
		Amusement
		Compassion/Joy
		Rejoicing
		Sensory Pleasure
	Fear	Terror
		Horror
		Panic
		Desperation
		Dread
		Anxiety
		Nervousness
		Trepidation
	Sadness	Anguish
		Sorrow
		Grief
		Despair
		Misery
		Hopelessness
		Helplessness
		Resignation
		Distraughtness
		Discouragement
		Disappointment
	No emotion	Category created by authors when the interaction is merely informational or does not imply any emotion

Sentiment	Positive	Automatically classified by Buzzmonitor's algorithm.
	Neutral	
	Negative	

Table 1. Coding Model. Source: Own elaboration, 2023, based on Bormann (2022) and Ekman (1999).

All comments were classified according to the incivility norm that they violated, based on Bormann (2022) operationalization. In case more than one norm was violated, the comment was assigned to more than one subcategory. The category "No Incivility" was created to fit all comments that did not display violations of communication norms. The same applies to emotion, which follows Ekman (1997) six basic emotions. The emotion "Surprise" was suppressed in our model as surprise has mainly physical manifestations, which would be impossible to ascertain in this medium. Additionally, the category of "No Emotion" was created to accommodate all comments whose emotional value was not possible to determine or did not belong to one of the predefined subcategories. Finally, all comments were subjected to automatic sentiment analysis (Positive, Neutral or Negative) by Buzzmonitor's algorithm and subsequently reviewed by the authors.

4. RESULTS

4.1. Incivility

More than half of the conversations surrounding immigration, migrants, and refugees were considered to be uncivil (Table 2).

Communication Norm	N	%
No Incivility	585	48.5%
Relation Norm	216	17.9%
Context Norm	185	15.3%
Modality Norm	108	8.9%
Information Norm	99	8.2%
Process Norm	14	1.2%

Table 2. Frequency of incivility norms violated. Source: Own elaboration, 2023.

Our analysis reveals that 51.5% of comments displayed forms of incivility, with most of them violating the Relation and Context norms. These results are in line with those of Coe *et al.* (2014) and Sobieraj & Berry (2011), who also found high volumes of incivility in their research.

When it comes to the Relation Norm, also known as personal incivility (Bormann, 2022), it was frequently seen in comments that resorted to insults, swearing, vulgarity and scatology (Table 3).

Verbatim – Relation Norm	Coding
"Many 😂😂😂😂 people don't give a shit about Portugal! We have the best gateway to the beautiful Europe and on top of that it's open for everyone to enter"	Incivility_Relation Norm; Emotion_ Anger

Table 3. Incivility – Relation Norm Verbatim. Source: Own elaboration, 2023.

The above-mentioned behaviors were found in casual debate and in that it involved other types of incivility, like anti-democratic incivility (Context Norm). Table 4 shows an example of such an occurrence.

Verbatim – Context Norm	Coding
"Nothing is happening to them at the moment! They should kick the scum out and prohibit new entries! Our beautiful Portugal is being destroyed little by little .... :("	Incivility_Relation Norm; Incivility_Context Norm; Emotion_Sadness; Emotion_Anger

Note: a) The author of the interaction is referring to South Asian immigrants.

Table 4. Incivility – Context Norm Verbatim. Source: Own elaboration, 2023.

Anti-democratic incivility was found in 15.3% of interactions with frequent attribution of stereotypes (Table 5) to Brazilians as "slum dwellers" and criminals, and Asian migrants like Afghans, Pakistanis and Indians and other as sexual assailants. African migrants are also depicted negatively. In all cases, migrants and refugees are seen as citizens who have come to Portugal to disturb carry out criminal acts and destroy Portuguese culture. Additionally, users often blame immigrants for the housing crisis experienced in the country, and in some stances there is active incitation to physical violence.

Verbatim – Context Norm 2	Targets
"That's the way it goes for now... In a few years, they'll be back to their axes and horned helmets, and they'll have the balls to do things the right way again... Death is too little. Blood eagles for this kind of trash."[b)]	Afghans
"'> *these guys* [Indians] *eat with their hands, spend their lives literally cooking, don't take baths and only want to make rubbish and noise with video calls and little songs'* you described Africans and most Brazilians except the part about eating with their hands."	Brazilians; Africans
"Yes, the samples of slum-dwellers that arrive here don't bring a culture of crime or anything, the stabbings, robberies, weapons that have only been increasing are from the Tugas, the Tugas are disgraced with guys like you sticking soap up your ass to see if you can wash what foreigners do here"	Brazilians

"Am I the only one who sees more monhes[c)] in the streets than Brazilians? I live in a small town in the interior of Portugal and 10 years ago it was impossible to see even one monhe[c)] Nowadays I see them in groups of 10 looking dirty and greasy wandering around the town, all men between the ages of 25-38 preying on women and teenagers I get the impression that the numbers must be much higher than they advertise"	Indians
"'Not all areas have this experience, so there are places where it is perfectly normal.' basically in shithole countries like Bangladesh? Nice"	Bangladesh
"Close borders and arm the people. You hear a black or Brazilian talking? You shoot"	Brazilians and citizens of African descendent

Note: b) This interaction was a response to a post reporting an alleged rape of a thirteen year old girl in Sweden by an Afghan refugee. c) Derogatory word in Portuguese for Indians

Table 5. Incivility – Context Norm Verbatim 2. Source: Own elaboration, 2023.

4.2. SENTIMENT

Results show that the debate around immigration is predominantly negative (51.2%), followed closely by neutrality (Table 6).

Sentiment	N	%
Negative	585	51.2%
Neutral	541	47.4%
Positive	16	1.4%

Table 6. Sentiment – Frequency. Source: Own elaboration, 2023.

Negativity was found in statements where users expressed not only disapproval about immigration but also disappointment in the government's policy surrounding immigration. High levels of immigration from countries like Brazil, India and Pakistan are often mentioned as the most problematic, with users frequently expressing worry about the countries' economic sustainability amid 2023 housing crisis (Table 7). Instances of incivility were also classified as negative.

Verbatim - Negative	Coding
"It makes me immensely sad to be a young Portuguese. I will have to fight immensely to be able to have an ordinary life within my own country that I have always praised..."	Incivility_No Incivility; Emotion_ Sadness

Table 7. Sentiment – Negative Verbatim. Source: Own elaboration, 2023.

Neutrality was the second most representative sentiment in our sample, corresponding to 47.4% of the dataset. In this category, comments whose tone was not remarkably negative or positive were included. This type of tone was usually present in civil conversations between users who were exchanging arguments and points of view (Table 8).

Verbatim - Neutral	Coding
"Portugal will do similar in the issuing of visas and more countries take time and retain the passport. This is one of the reasons for having two passports and no, it does not invalidate the other one and it is foreseen in the law. Yes, this is my personal experience. I don't travel the world as much anymore, but they are unnecessary barriers, especially to someone with no criminal record."	Incivility_No Incivility; Emotion_No Emotion

Table 8. Sentiment – Neutral Verbatim. Source: Own elaboration, 2023.

Finally, positive remarks were very seldom found in our sample. Only 1.4% of comments were classified as being positive. In this category, we mainly find praise between users who are engaged in debate and agree with each other's points of view, as seen in Table 5.

Verbatim - Positive	Coding
"They [Brazilian immigrants] are hard-working people with a desire to grow. I hope it goes well."	Incivility_No Incivility; Emotion_No Emotion

Table 9. Sentiment – Positive Verbatim. Source: Own elaboration, 2023.

The low frequency of positive sentiment could be attributed to the fact that this is a controversial topic in a subreddit where conversations tend to be homogeneous in terms of opinions.

4.3. Emotion

Given that 47.4% of our sample is constituted by statements of neutral tone, it is unsurprising that we were not able to attribute an emotion to 773 comments (Table 10).

Emotion	N	%
No Emotion	773	66.6%
Anger	222	19.1%
Disgust	83	7.2%
Sadness	40	3.4%
Fear	37	3.2%
Enjoyment	5	0.4%

Table 10. Frequency – Emotion. Source: Own elaboration, 2023.

Furthermore, even though most of the sentiment in our sample is negative, only 38.9% of negative comments were classified as not portraying any particular emotion. In Table 11 we showcase an example of this occurrence.

Verbatim – No Emotion	Coding
"Best opinion ... and a lot to take into account (there are apps that clone the children's phone and issue alerts that they are outside the net area allowed by the parents)"	Incivility_No Incivility; Emotion_No Emotion

Table 11. Emotion – No Emotion Verbatim. Source: Own elaboration, 2023.

The second most salient emotion is anger, representing 19.1% of volume of emotions (Table 12). These results align with those of Masullo Chen & Lu (2017) and Gervais (2015), who also found that in online environments where incivility is present negative emotions like aggression and anger were common.

Verbatim – Anger	Coding
"There we have to walk around with a yellow smile and pretend we are happy (and there goes the idea of asking for money to work...) this government is full of miracles... doctors from Africa, white cashiers in supermarkets, bosses from Africa, security guards almost all from Africa, bus drivers from Africa and we have never been able to procreate; Ah yes, everything is different in Africa, they are used to having nothing... MY OPINION IS NOT DEFAMATORY OR XENOPHOBIC, BUT REALISTIC... WE'RE GOING TO ACHIEVE THIS LIKE THE IBERIAN LYNX... THE EXTINCTION OF THE WHITE PORTUGUESE RACE... (and with a huge amount of couples of different nationalities... etc.)"	Incivility_ Anger; Emotion_ Anger

Table 12. Emotion – Anger Verbatim. Source: Own elaboration, 2023.

5. DISCUSSION AND CONCLUSIONS

In this article, we set out to explore the subreddit r/Portugueses, as an example of an online community where the degradation of deliberative quality occurs and where hate speech was known to circulate. Our results reveal that when it comes to immigration, incivility was present in more than half of the comments (51.5%), with violations of the Relation and Context being the most prevalent.

These findings align with previous studies by Coe *et al.* (2014) and Sobieraj & Berry (2011), which also reported high levels of incivility in similar research contexts. Anti-democratic incivility was found in 15.3% of interactions, often manifesting through the attribution of stereotypes to specific migrant groups. The prevailing sentiment in the debate around immigration was predominantly negative (51.2%), closely followed by neutrality (47.4%).

Negativity was evident in statements expressing disapproval of immigration and disappointment in the government's immigration policies. High levels of immigration from countries such as Brazil, India, and Pakistan were often cited as the most problematic, with concerns raised about the economic sustainability of the country amidst the 2023 housing crisis.

In terms of emotions, the most salient emotion observed was anger, representing 19.1% of the overall volume. This aligns with previous research by Masullo Chen & Lu (2017) and Gervais (2015), which found that negative emotions such as aggression and anger are common in online environments where incivility prevails.

Given the widespread effect that incivility has, as well as the known impacts of hate speech, we recommend further research on this topic, especially in the Portuguese online community, where this reality is not yet thoroughly explored. Future research should also focus on Portuguese users' perceptions of incivility as cultural differences might impact results.

It is important to recognize the limitations of our research. Firstly, our analysis builds on a sample of the total dataset of posts and comments about immigration, which might mean that the details on violations of norms (hate), sentiment, and emotions might have not been fully captured in the first 20 comments of each post. Additionally, content analysis was carried out by a single annotator, and revised by another, and research accuracy would benefit from a multi-coder intervention. However, we still consider these results to be valid and an important analysis of the perception of immigration, migrants and refugees in Portugal.

ACKNOWLEDGMENTS

This work is financed by Portuguese national funds through FCT - Fundação para a Ciência eTecnologia, under the project UIDB/05422/2020

6. REFERENCES

Adler, R. P., & Goggin, J. (2005). What do we mean by "civic engagement"? Journal of Transformative Education, *3*(3), 236-253.

Antoci, A., Bonelli, L., Paglieri, F., Reggiani, T., & Sabatini, F. (2019). Civility and trust in social media. Journal of Economic Behavior & Organization, 160, pp. 83-99.

Antoci, A., Delfino, A., Paglieri, F., Panebianco, F., & Sabatini, F. (2016). Civility vs. incivility in online social interactions: An evolutionary approach. PloS One, 11(11)

Bormann, M. (2022). Perceptions and evaluations of incivility in public online discussions—Insights from focus groups with different online actors. Frontiers in Political Science, 4.

Bormann, M., Tranow, U., Vowe, G., & Ziegele, M. (2022). Incivility as a Violation of Communication Norms—A Typology Based on Normative Expectations toward Political Communication. Communication Theory, 32(3), 332-362. https://10.1093/ct/qtab018

Buder, J., Rabl, L., Feiks, M., Badermann, M., & Zurstiege, G. (2021). Does negatively toned language use on social media lead to attitude polarization? Computers in Human Behavior, 116.

Coe, K., Kenski, K., & Rains, S. A. (2014). Online and uncivil? Patterns and determinants of incivility in newspaper website comments. Journal of Communication, *64*(4), 658-679.

Chow, A. R. (2022, January 11). Reddit Allows Hate Speech to Flourish in Its Global Forums, Moderators Say. Time. https://time.com/6121915/reddit-international-hate-speech/

Ekman, P. (1999). Basic emotions. Handbook of Cognition and Emotion, *16*(98), pp. 45-60.

Gallacher, J., & Bright, J. (2021). Hate Contagion: Measuring the spread and trajectory of hate on social media.

Gervais, B. T. (2015). Incivility Online: Affective and Behavioral Reactions to Uncivil Political Posts in a Web-based Experiment. Journal of Information Technology & Politics, 12(2), 167-185. https://10.1080/19331681.2014.997416

Hameleers, M., van der Meer, T., & Vliegenthart, R. (2022). Civilized truths, hateful lies? Incivility and hate speech in false information–evidence from fact-checked statements in the US. Information, Communication & Society, *25*(11), 1596-1613.

Herbst, S. (2010). Rude democracy: Civility and incivility in American politics. Temple University Press.

Kim, J. W., Guess, A., Nyhan, B., & Reifler, J. (2021). The distorting prism of social media: How self-selection and exposure to incivility fuel online comment toxicity. Journal of Communication, *71*(6), 922-946.

Masullo Chen, G., & Lu, S. (2017a). Online Political Discourse: Exploring Differences in Effects of Civil and Uncivil Disagreement in News Website Comments. Journal of Broadcasting & Electronic Media, 61(1), 108-125. https://10.1080/08838151.2016.1273922

Muddiman, A. (2017). Personal and public levels of political incivility. International Journal of Communication, 11, 21.

Mutz, D. C. (2007). Effects of "in-your-face" television discourse on perceptions of a legitimate opposition. American Political Science Review, *101*(4), 621-635.

Papacharissi, Z. (2004). Democracy online: Civility, politeness, and the democratic potential of online political discussion groups. New Media & Society, *6*(2), 259-283.

Porten-Cheé, P., Kunst, M., & Emmer, M. (2020). Online civic intervention: A new form of political participation under conditions of a disruptive online discourse. International Journal of Communication, 14(21).

Pröllochs, N., Bär, D., & Feuerriegel, S. (2021). Emotions explain differences in the diffusion of true vs. false social media rumors. Scientific Reports, *11*(1).

Robertson, C. E., Pröllochs, N., Schwarzenegger, K., Pärnamets, P., Van Bavel, J. J., & Feuerriegel, S. (2023). Negativity drives online news consumption. Nature Human Behaviour, 7(5), pp. 812-822.

Rossini, P. (2022). Beyond incivility: Understanding patterns of uncivil and intolerant discourse in online political talk. Communication Research, 49(3), pp. 399-425.

Rowe, I. (2015). Deliberation 2.0: Comparing the deliberative quality of online news user comments across platforms. Journal of Broadcasting & Electronic Media, *59*(4), 539-555.

Santana, A. D. (2014). Virtuous or vitriolic: The effect of anonymity on civility in online newspaper reader comment boards. Journalism Practice, *8*(1), pp. 18-33.

Sharma, I., Jain, K., & Singh, G. (2020). Effect of online political incivility on partisan attitude: role of issue involvement, moral identity and incivility accountability. Online Information Review, 44(7), pp. 1421-1441.

Sheth, A., Shalin, V. L., & Kursuncu, U. (2022). Defining and detecting toxicity on social media: context and knowledge are key. Neurocomputing, 490, pp. 312-318.

Sobieraj, S., & Berry, J. M. (2011). From incivility to outrage: Political discourse in blogs, talk radio, and cable news. Political Communication, *28*(1), 19-41.

Song, Y., K, H. K., Xu, J., Huang, X., & Li, S. (2021). Curbing profanity online: A network-based diffusion analysis of profane speech on Chinese social media. New Media & Society, 23(5), 982-1003. https://10.1177/1461444820905068

Stryker, R., Conway, B. A., & Danielson, J. T. (2016). What is political incivility? Communication Monographs, 83(4), pp. 535-556.

Su, L. Y., Xenos, M. A., Rose, K. M., Wirz, C., Scheufele, D. A., & Brossard, D. (2018). Uncivil and personal? Comparing patterns of incivility in comments on the Facebook pages of news outlets. New Media & Society, 20(10).

United Nations Strategy and Plan of Action on Hate Speech (2019). . UN.

Weber, M., Viehmann, C., Ziegele, M., & Schemer, C. (2020). Online Hate Does Not Stay Online – How Implicit and Explicit Attitudes Mediate the Effect of Civil Negativity and Hate in User Comments on Prosocial Behavior. Computers in Human Behavior, 104. https://10.1016/j.chb.2019.106192

Ziegele, M., Koehler, C., & Weber, M. (2018). Socially destructive? Effects of negative and hateful user comments on readers' donation behavior toward refugees and homeless persons. Journal of Broadcasting & Electronic Media, 62(4), pp. 636-653.

FORMACIÓN UNIVERSITARIA EN PERIODISMO Y COMUNICACIÓN DIGITAL FRENTE A LA DESINFORMACIÓN. ESTUDIO DE CASO

Nancy Montemayor Rodríguez[1], *Juan-Francisco Torregrosa Carmona*[2]

1. INTRODUCCIÓN

La desinformación (también denominada desórdenes informativos) es un problema especialmente acuciante en el momento actual, no sólo para la comunicación y el periodismo sino para los propios países con sistemas democráticos.

Las llamadas *fake news* no constituyen un fenómeno nuevo, pero sí es nueva la dimensión que han cobrado en los últimos tiempos, con la consolidación de las redes sociales. Se señala el año 2016 como punto de inflexión, al asentarse la noción de "posverdad", consagrada por hechos como su inclusión en el Diccionario Oxford como palabra del año. En ese contexto se ha llegado a hablar de "hechos alternativos", y acontecimientos como el Brexit o la presidencia de Donald Trump en Estados Unidos han gozado de un papel destacado.

Las rutinas profesionales y las pautas de producción profesional se han visto considerablemente alteradas por la necesidad de dedicar mayores esfuerzos que nunca a la verificación y comprobación de fuentes y contenidos, especialmente los que circulan por los medios digitales, que presentan muchas veces carencias de filtrado editorial.

El incremento de artículos y trabajos de investigación centrados en la desinformación supone en sí mismo un indicador del creciente interés de los científicos sociales por aproximarse a un tema que no parece que vaya a tener una presencia pasajera. Al contrario: todos los informes e indicadores muestran que se trata de un ámbito central en nuestro tiempo y que seguirá determinando parte de las relaciones no sólo informativas, sino también políticas y organizacionales.

2. OBJETIVOS

Los objetivos de nuestro estudio son analizar un caso concreto relativo a las necesidades formativas en la educación universitaria respecto a la desinformación y las nuevas realidades sociales y profesionales que comporta: el nuevo Grado en Comunicación Digital de la Universidad Rey Juan Carlos (URJC), (Madrid, España), implantado de forma

1. Profesora Asociada en la Universidad Rey Juan Carlos (España)
2. Profesor Titular en la Universidad Rey Juan Carlos (España)

progresiva desde septiembre de 2023, con la impartición del primer curso en el año académico 2023-2024.

3. METODOLOGÍA

Como metodología, se realiza un análisis de contenido del plan de estudios que comienza a impartirse en el curso académico 2023-2024 en el campus de Fuenlabrada. Se estudia documentación bibliográfica y administrativa para establecer si las asignaturas que incorpora cubren o no las exigencias de formación en la materia.

A ello se une el conocimiento directo de uno de los coautores del presente texto, al haber participado, en calidad de coordinador de Titulación, como miembro de la Comisión de Trabajo de la Facultad de Ciencias de la Comunicación en el diseño y en la elaboración de la Memoria del Grado de Comunicación Digital durante los cursos académicos 2020-2021, 2021-2022 y 2022-2023.

4. EL GRADO DE COMUNICACIÓN DIGITAL DE LA URJC EN EL CONTEXTO DE LOS PROBLEMAS ACTUALES DE DESINFORMACÓN

El problema de la desinformación no es nuevo, pero sí ha alcanzado unas dimensiones antes desconocidas (Montemayor-Rodríguez y Torregrosa-Carmona, 2023). De hecho, si bien la invención en el periodismo informativo existe desde siglos atrás (Burgueño, 2008) hoy hay mayores exponentes del mismo, así como de la desinformación en las redes sociales, por lo que existen también mayores motivos para la preocupación y nuevas necesidades de formación universitaria especializada en la lucha contra esos desórdenes o desviaciones.

Es un tema relevante para la investigación científica, entre otros motivos, porque su existencia sirve para perjudicar los valores de la convivencia, especialmente debido a las redes sociales (Barrientos-Báez, Caldevilla-Domínguez Yezers´ka, 2022), de ahí que prosperen los discuros de odio, los cuales llegan a causar un gran daño al conjunto de la sociedad.

En el ámbito de la investigación universitaria se ha comprendido la importancia del tema de los denominados desórdenes informativos, hasta constituir uno de los grandes tópicos de análisis en los últimos años, especialmente en el último lustro (García-Marín y Salvat Martinrey, 2021).

La pandemia del coronavirus del Covid-19 presenta relación con la evolución del fenó; meno de los bulos y las *fake news* (Alonso González, 2021; Martínez-Sánchez, 2022; Casero-Ripollés, Doménech-Fabregat y Alonso-Muñoz, Laura, 2023).

Todo ello puede enmarcarse en el contexto previo del desarrollo teórico y práctico de la noción de posverdad (D´Ancona, 2019; McIntyre, 2019), que fomenta incluso toda una narrativa sobre "hechos alternativos", a la que se ha apelado por parte de destacados líderes políticos internacional, como Donald Trump, por ejemplo. Uno de los mayores exponentes del protagonismo en el tema que se analiza en el presente trabajo académico.

Los expertos establecen la necesidad de alfabetizar en medios, de educar en comunicación a las audiencias, con el objetivo de que puedan identificar y combatir la desinformación (Jones-Jang, Mortensen y Liu, 2021). Lo que resulta conveniente ya desde antes de la enseñanza universitaria y preuniversitaria.

4.1. Datos, objetivos, conocimientos e itinerario formativo del Grado en Comunicación Digital de la URJC

El nuevo título universitario analizado pertenece a la rama del conocimiento de Ciencias Sociales y Jurídicas, y su centro responsable es la Facultad de Ciencias de la Comunicación. La modalidad de impartición es presencial, en el campus de Fuenlabrada, puesto que esta universidad cuenta también con campus en Madrid, Vicálvaro, Móstoles, Alcorcón y Aranjuez. Los créditos del Grado son 240 ECTS y tiene una duración de cuatro años. Inicia su andadura en el curso académico 2023-2024, con la implantación del primer curso. Lógicamente, de forma progresiva se inician los siguientes cursos en los años académicos venideros. La universidad cuenta con más de 46.000 estudiantes, lo que la convierte en la segunda universidad más grande de la Comunidad de Madrid. De ellos aproximadamente 5.000 estudian en la Facultad de Ciencias de la Comunicación (Fuente: portal de la Transparencia de la URJC, datos de junio de 2022, últimos disponibles, fecha de consulta: 02/06/2023).

Según la información publicada por la URJC en su web, que se sigue en este punto de manera literal, el Grado en Comunicación Digital tiene como objetivo formar profesionales para que puedan desempeñar su trabajo en agencias de medios digitales, productoras, agencias de publicidad, centrales de medios o redes publicitarias, agencias de medios, agencias creativas o medios de comunicación, todas ellas empresas que forman parte del ecosistema de la Comunicación Digital.

Por otro lado, también se plantea como objetivo proporcionar a los estudiantes una formación básica para la investigación, de modo que puedan estar en disposición de analizar con rigor, y siguiendo un enfoque multidisciplinar, las fases o actividades de planificación, estrategia, creación, producción, consumo e impacto social de productos y servicios característicos de la comunicación digital.

En general, la titulación capacitará para ejercer diversas funciones en el ámbito de la comunicación digital. Como egresados y egresadas podrán desarrollar su profesión en medios digitales, llevando a cabo la redacción de información periodística, ejerciendo la acción informativa a través del desarrollo de contenidos para medios tradicionales o digitales.

De igual forma podrán ocupar puestos de responsabilidad en la comunicación institucional y corporativa, como profesionales de departamentos de comunicación, tanto en instituciones públicas como privadas.

Asimismo, tendrán la capacidad de realizar la gestión y edición de contenidos en medios informativos, audiovisuales y publicitarios de carácter digital, desempeñándose como editores/as de contenidos de medios digitales.

Dispondrán de capacitación para ejercer la profesión de *Community Manager*, como gestores/as de redes sociales y con especialización en la gestión de marcas y su relación con los usuarios en internet.

El Grado en Comunicación Digital abarca también el ámbito del emprendimiento digital, facultando a los egresados y egresadas como especialistas en el diseño, análisis y asesoría de la comunicación en modelos de negocio en medios digitales.

La institución universitaria madrileña establece los conocimientos que permitirá adquirir este Grado, los cuales se enuncian a continuación también de manera literal:

- Conocimientos sobre conceptos básicos sobre el ejercicio del periodismo, y comprensión sobre el impacto de la digitalización en la práctica periodística actual; identificación de los enfoques teóricos sobre los elementos, estructuras e influencia de la comunicación pública en el entorno digital; y conocimiento sobre las herramientas documentales necesarias para seleccionar, tratar, recuperar y evaluar datos e informaciones.

- Conocimientos sobre los principios de la narración audiovisual; identificación y análisis sobre los componentes implicados en el desarrollo de un guion; comprensión de los fundamentos del lenguaje y la realización audiovisuales.
- Descripción y explicación de las características sociológicas de la sociedad digital; identificación de los conceptos y teorías sobre los fenómenos del consumo y del ocio; conocimiento de los principales conceptos estadísticos, de la teoría de la probabilidad y de la técnica del muestreo; descripción y explicación de las principales dimensiones de la economía en la sociedad digital.
- Identificación de las características de la comunicación en las organizaciones; conocimiento de las estrategias para llevar a cabo acciones de marketing y publicidad digital; identificación de los modelos de negocio para emprender en el entorno digital; conocimiento del sistema jurídico en el ámbito de la comunicación digital en España y en la Unión Europea.
- Identificación del contexto socio-profesional y de la producción, organización y publicación en los diferentes ámbitos y modalidades de internet; conocimiento de los principios básicos de la organización y funcionamiento de la web, y de las aplicaciones interactivas profesionales para la comunicación en sitios web; conocimiento de los modelos de gestión de comunidades sociales y espacios digitales, así como de las formas de evaluar y verificar los contenidos digitales.
- Comprensión de la gramática de la imagen, y la teoría del color y la composición; conocimiento de la tecnología fotográfica y de la postproducción digital de la imagen; conocimiento de la tecnología del 3D, animación y edición de animaciones, y de la Realidad Virtual; identificación y análisis de las materias expresivas del lenguaje gráfico (texto, imagen y sonido).
- Conocimiento de los derechos protegidos en los contenidos digitales; conocimiento del uso de las herramientas para el diseño estratégico de campañas automatizadas; conocimiento de las técnicas para la expresión correcta en la producción de contenidos para medios digitales.
- Conocimiento de las técnicas de presentación y locución en medios audiovisuales y digitales; conocimiento de las técnicas del vídeo y del audio, y de los procesos de edición de imagen; las técnicas de edición y mezcla de sonido, y de los formatos de audio y vídeo para la Red.
- Identificación de los principales ámbitos de actuación del ciberactivismo.
- Conocimiento de las técnicas de creatividad para el diseño de proyectos de comunicación.
- Conocimiento de las técnicas y ámbitos de aplicación de las neurociencias a los procesos de marketing.
- Conocimiento del uso de las métricas digitales para determinar la interacción del público con contenidos y servicios digitales; identificar y analizar los fundamentos de la comunicación oral; conocer las herramientas utilizadas por las organizaciones y marcas para la gestión y análisis de resultados en medios sociales; conocer los fundamentos de la gestión estratégica de marca; analizarlos

factores implicados en la creación de la marca personal y conocer cómo gestionar el porfolio en tanto que herramienta profesional en el entorno digital.

Curso 1

Semestre	Asignatura	Carácter	ECTS
1	Tecnología y uso de internet	FB	6
1	Tecnologías audiovisuales	OB	6
1	Fundamentos de periodismo	FB	6
1	Redacción para medios digitales	FB	6
1	Teorías de la comunicación	FB	6
2	Fundamentos de publicidad	FB	6
2	Comunicación corporativa	FB	6
2	Narrativa y guion audiovisual y multimedia	FB	6
2	Sociología de la sociedad digital	OB	6
2	Pensamiento creativo	OB	6

Curso 2

Semestre	Asignatura	Carácter	ECTS
1	Lenguaje y realización audiovisual	OB	6
1	Historia de la comunicación	FB	6
1	Deontología de la comunicación	FB	6
1	Economía de la sociedad digital	OB	6
1	Técnicas de expresión oral	OB	6
2	Diseño gráfico	OB	6
2	Introducción a la estadística	OB	6
2	Industrias culturales	OB	6
2	Derecho de la comunicación digital	OB	6
Anual	Idioma moderno	FB	6

Curso 3

Semestre	Asignatura	Carácter	ECTS
1	Planificación estratégica de proyectos digitales	OB	6
1	Documentación digital	OB	6
1	Marketing y publicidad digital	OB	6
1	Infografía y visualización de datos	OB	6
1	Presentación y locución	OB	6
2	Desarrollo web y aplicaciones interactivas	OB	6
2	Métricas y optimización de contenidos y servicios digitales	OB	6
2	Gestión y verificación de información digital	OB	6
2	Gestión de redes sociales	OB	6
2	Emprendimiento y modelos de negocio digital	OB	6

Curso 4

Semestre	Asignatura	Carácter	ECTS
1	Métodos de investigación en comunicación	OB	6
1	Optativa 1	OP	6
1	Optativa 2	OP	6
1	Optativa 3	OP	6
1	Reconocimiento Académico de Créditos	OB	6
Anual	Prácticas Académicas Externas	OB	18
Anual	Trabajo de Fin de Grado	OB	12
OPTATIVAS			
1	Inteligencia artificial y comunicación	OP	6
1	Fotografía y tratamiento de imágenes	OP	6
1	3D y realidad virtual y aumentada	OP	6
1	Neuromarketing	OP	6
1	Gestión de marca y reputación digital	OP	6
1	Porfolio y marca personal	OP	6
1	Privacidad y seguridad en la comunicación digital	OP	6
1	Consumo y ocio en la sociedad digital	OP	6
1	Activismo social en el entorno digital	OP	6

Tabla 1. Itinerario formativo (plan de estudios) del Grado en Comunicación Digital de la Universidad Rey Juan Carlos. Fuente: Elaboración propia a partir de www.urjc.es

Del conjunto de asignaturas, hay tres que específicamente tienen relación con la desinformación: Documentación digital (tercer curso, primer semestre), Gestión y verificación de información digital (tercer curso, segundo semestre), Gestión de Redes Sociales (tercer curso, segundo semestre). Hay otras que tienen cierta relación, como se puede intuir por sus denominaciones, pero las tres enunciadas entran de lleno en la cuestión de fuentes y contenidos desinformativos.

El Grado de Comunicación Digital es el primero que ofrece con esta denominación una universidad pública española.

5. CONCLUSIONES

Las conclusiones permiten comprobar, tras el análisis detallado del plan de estudios, que la nueva titulación académica de Grado cumple con las necesidades que impone la nueva realidad del periodismo y la comunicación profesional.

Existen las siguientes asignaturas relacionadas directamente con la formación en materia de desinformación: Documentación digital (tercer curso, primer semestre), Gestión y verificación de información digital (tercer curso, segundo semestre) y, por último, Gestión de Redes Sociales.

La documentación examinada y el conocimiento directo de los autores sobre el proceso de diseño del nuevo Grado lleva a concluir que se trata de un título necesario para cubrir una demanda del propio sector profesional del periodismo y la comunicación digital. Si bien no se trata del primer Grado de esta naturaleza, son pocos los dedicados a este ámbito especializado en la universidad española, y el primero dentro de las instituciones públicas de enseñanza superior.

El problema de la desinformación afecta no sólo al periodismo y las redes sociales, sino al conjunto de la ciudadanía, y no parece que sea algo que vaya a desaparecer en el corto y medio plazo, al menos en su intensidad actual. Por este motivo, las instituciones de enseñanza no pueden permanecer al margen, sino que deben ofrecer una formación especializada y actualizada frente a los nuevos retos socioprofesionales que comporta la comunicación pública digital.

6. REFERENCIAS

Alonso González, M. (2021). Desinformación y coronavirus: el origen de las *fake news* en tiempos de pandemia. *Revista de Ciencias de la Comunicación e Información*, 26, 1-25. https://doi.org/10.35742/rcci.2021.26.e139

Barrientos-Báez, A., Caldevilla-Domínguez, D. y Yezers´ka, L. (2022). Fake news y posverdad: Relación con las redes sociales y fiabilidad de contenidos. *Fonseca, Journal of Communication*, (24), 149–162. https://doi.org/10.14201/fjc.28294

Burgueño, J. M. (2008). *La invención en el periodismo informativo.* Editorial de la Universitar Oberta de Catalunya (UOC).

Casero-Ripollés, Andreu; Doménech-Fabregat, Hugo; & Alonso-Muñoz, Laura. (2023). Percepciones de la ciudadanía española ante la desinformación en tiempos de la COVID-19: efectos y mecanismos de lucha contra las noticias falsas. *ICONO 14. Revista Científica de Comunicación y tecnologías emergentes*, 21(1). https://doi.org/10.7195/ri14.v21i1.198

D´Ancona (2019). *Posverdad. La nueva guerra contra la mentira y cómo combatirla.* Alianza.

García-Marín, D. y Salvat Martinrey, G. (2021). Investigación sobre desinformación en España: Análisis de tendencias temáticas a partir de una revisión sistematizada de la literatura. *Fonseca, Journal of Communication*, (23), 199–225. https://doi.org/10.14201/fjc202123199225

Jones-Jang, S. M., Mortensen, T., y Liu, J. (2021). Does Media Literacy Help Identification of Fake News? Information Literacy Helps, but Other Literacies Don't. *American Behavioral Scientist*, 65(2), 371–388. DOI: https://doi.org/10.1177/0002764219869406

Martínez-Sánchez, J. A. (2022). Prevención de la difusión de fake news y bulos durante la pandemia de COVID-19 en España. De la penalización al impulso de la alfabetización informacional. *Revista de Ciencias de la Comunicación e Información*, 27, 15-32. https://doi.org/10.35742/rcci.2022.27.e236

McIntyre, L. (2019). *Posverdad.* Cátedra

Montemayor-Rodríguez, N. y Torregrosa-Carmona, J. F. (2023). La desinformación como reto profesional del periodismo y la documentación. Verificación de fuentes y contenido. *Visual Review, International Visual Culture Review / Revista Internacional de Cultura Visual*, pp. 3-11.

THE PARAMOUNT IMPORTANCE OF ENCOURAGING CRITICAL THINKING AND SYSTEMATIC METACOGNITIVE REFLECTION AS VITAL CORNERSTONES IN TEACHER TRAINING

Mª del Pilar Montijano Cabrera[1]

1. INTRODUCTION

The contemporary era is characterized by swift technological progress, widespread adoption of technology, digitization, the internet, social media, globalization, and interconnectedness, factors that have profoundly transformed communication, information dissemination, and access to knowledge. Furthermore, there is a growing recognition of the significance of social and cultural diversity these days, as well as a focus on inclusivity, sustainability, and ethical considerations across various spheres of life. Educational systems worldwide must offer suitable responses to prepare individuals for success across diverse domains and promote overall well-being. Consequently, there is currently a significant discourse surrounding the desired structure and content of curriculum and teaching (O'Connor, 2022), the key areas that warrant emphasis, and the need for more effective restructuring to accommodate the varying needs of an increasingly diverse student population.

When considering success in the contemporary world, it is crucial to provide individuals with opportunities to develop the commonly referred to as 21st-century skills (Rosefsky, Saavedra, & Opfer, 2012; Kereluik, Mishra, Fahnoe, & Terry, 2013; Van de Oudeweetering & Voogt, 2018; Mangiduyos & Subia, 2021). This includes, among other competencies, the intentional development and nurturing of critical thinking skills (Yıldırım & Kurbanoğlu, 2022) to address the complexities, inequalities, and tensions of today's society. In fact, research emphasises the significance of critical thinking as it is consistently ranked as the most highly sought-after skill among recent graduates (Casner-Lotto & Barrington, 2006); consequently, the importance of critical thinking should be recognised as a central concern in contemporary education (Bangun & Pragholapati, 2021).

Critical thinking provides students with the skills necessary to analyse and evaluate information, think independently, approach challenges with creativity and adaptability always with the aim of improving. Thus, integrating critical thinking into educational practices should become a priority so as to foster students' intellectual growth and to equip them with the skills needed to succeed in our ever-changing world.

In the case of prospective teachers, the development of critical thinking skills gains added value not merely because these skills may enhance the effectiveness of teaching

1. University of Málaga (Spain)

practitioners by enabling them to address diverse student needs, interests, or styles, but mainly because teachers may empower their students to become independent, critical thinkers and lifelong learners by combatting misinformation and bias, fostering open-mindedness, facilitating learning, promoting the intellectual development of their students, encouraging reflective practice and inquiry-based learning, modelling critical analysis skills, fostering citizenship and social responsibility, getting more easily adapted to our evolving world or furthering their own professional growth.

2. OBJECTIVES

Throughout the duration of the semester in our classes, each endeavour was purposefully designed to contribute to the achievement of the objectives such as the following:

1. To incorporate critical thinking skills into pre-service teacher education classes.
2. To promote understanding of their own learning among Primary EFL prospective teachers.
3. To support the discovery of effective learning strategies and techniques.
4. To enhance teacher educators' confidence in delivering critical thinking skills training.
5. To generate new knowledge applicable to future studies on incorporating critical thinking instruction by pre-service teacher educators.

It must be pointed out, however, that given the qualitative nature of our study, the list of objectives was not closed, but open to any learning that could be gained after analysing our students' own reports of the experience that they had lived.

3. METHODOLOGY

In order to implement regular metacognitive reflection in initial teacher training, prospective teachers were encouraged to reflect on their own learning experiences -through weekly reflective writing assignments- and to think of the strategies that helped them learn effectively. To this end, they had to make two entries per week in their digital portfolio, shared and visible to the other members of the class-group, in which they had to reflect on what they had learnt during the class and on another related topic of their choice. They were also given opportunities to reflect on how they could have improved their learning by making use of different strategies and techniques. All this was expected to contribute to help them gain a deeper understanding of their own teaching learning processes, and to develop more and better strategies for improving their own learning skills.

For the study, a quasi-qualitative design was chosen, with an intervention prior to the start of the reflective activity by the students followed by the analysis of their contributions, with no close questionnaire or interview as tools for collecting data, but merely analysing the students weekly reflections on their portfolios. The participants were two groups from the Faculty of Education Sciences at the University of Malaga (Spain). The intervention consisted of a talk/workshop on the importance, ways and implications of including metacognition as a regular, fundamental constituent of any learning experience in order to improve its quality. There was no additional explicit intervention, although some reading of academic articles on the subject, accompanied by comprehension questions to be completed by the students, was proposed throughout the course.

4. RESEARCH DEVELOPMENT

4.1. Background

In contemporary pluralistic societies, individuals are consistently exposed to a vast quantity of (recurrently unverified) information and complex challenges. In such societies, the capacity for critical thinking is essential for actively participating in citizenship (Angeli & Valanides, 2009) and therefore, the acquisition of these skills becomes of utmost importance.

Dewey (1933) can be thought of as the father of modern critical thinking tradition. He perceived critical thinking as an engaged, enduring, and meticulous examination of a belief or presumed body of knowledge, taking into account the justifications that reinforce it and the subsequent implications it entails. Many other definitions followed his. As an example, let's take the one by Watson & Glaser (1939):

> *Critical thinking involves a persistent effort to examine any belief or supposed form of knowledge in the light of evidence that supports it and the further conclusions to which it tends, as well as the ability to recognize problems, to weigh evidence, to comprehend and use language with accuracy and discrimination, to interpret data, to recognize the existence (or nonexistence) of logical relationships between propositions, to draw warranted conclusions and generalizations and to test the conclusions by applying them to new situations to which they seem pertinent. (p. 3)*

Although a single, definitive, universally accepted definition of critical thinking is yet to be established, the core essence of the concept can be discerned through the convergence of diverse interpretations, all of which revolve around the notion of an intellectual process that involves disciplined and skilful conceptualization, application, analysis, synthesis, and/or evaluation of information obtained from observation, experience, reflection, reasoning, or communication and which serves as an invaluable framework for shaping beliefs and making informed decisions.

Echoing Dewey's viewpoint (ibid.), the cultivation of capable citizens should not regard critical thinking as an optional or secondary educational outcome, but rather as an indispensable and integral element of every student's comprehensive education.

Promoting students' critical thinking (CT) should then become an essential goal of education. However, despite the various attempts to make it a primary focus, there is unclear agreement on how CT can be developed to student or regarding the conditions under which instruction could result in greater outcomes yet (Tiruneh, Verburgh & Elen, 2014). The benefits to education of including students' explicit training as regards critical thinking by far outweigh the benefits of attempting myopically to ignore it — something that, at any rate, are unlikely to succeed in the long term. Yet education systems in several countries have developed policies and practices that limit the opportunities for students to authentically participate in the discussions, debates, and evaluative thinking that serve to develop the skill set and mindset of critical thinkers (Sellars *et al* 2018). Modern education continues to prioritize the memorization of content knowledge, often at the expense of developing critical thinking skills (Kennedy, Fisher, & Ennis, 1991). Brophy's (2008) research revealed that educational settings place greater emphasis on teaching foundational concepts and skills, neglecting to adequately address their practical applications. Opportunities for student engagement through dialogue and collaborative work, which foster goal-setting, alternative approaches, and self-regulated learning, are infrequent. Additionally, classrooms predominantly focus on factual recall rather than nurturing problem-solving, inquiry, and critical thinking abilities. Subsequently, students often struggle to grasp the purpose and significance of their learning, particularly when dealing with abstract concepts and higher-level cognitive processes. Whereas the taught content holds inherent value, students often fail to appreciate its relevance unless their learning experiences actively scaffold their comprehension. We firmly assert the necessity of incorporating explicit instruction in critical thinking skills, as these abilities are not inherently acquired through passive classroom engagement alone.

4.2. Rationale for our research

Despite the indisputable significance of critical thinking, its implementation still poses debate, as anticipated above, and there may be instances where the level of active promotion or emphasis remains unclear. Nonetheless, as we have also already stated, learners must acquire this skill and will benefit from guidance. Consequently, educators play a crucial role in fostering these abilities by integrating a strong emphasis on critical thinking within their instructional practices (Portelli, 1994; Duron, Limbach, & Waugh, 2006; Brown & Keeley, 2007; Rezaei, Derakhshan & Bagherkazemi, 2011; Qing, 2013; Elfatihi, 2017; Saleh, 2019; among many others). This requires that educators possess the necessary knowledge and competencies to establish meaningful connections between critical thinking principles and the specific content being taught. Furthermore, the effective integration of critical thinking in the educational setting entails comprehensive, well-designed, and long-term professional development for those teachers involved. Yet, research reveals that a significant proportion of university faculty members hold an insufficient grasp of critical thinking (Paul, Elder, & Bartell, 1997), which results in the seldom use of critical thinking as a primary framework in the development of instructional designs on the part of those professionals. In instances where educators employ an ineffective didactic teaching style that fails to cultivate students' ability to comprehend the foundational principles of critical thinking within their respective disciplines, or when they lack classroom strategies that facilitate both content mastery and the development of effective learning habits (Paul, 2005, p. 34), it becomes challenging for students to acquire vital thinking skills. These skills encompass the aptitude to clarify inquiries, discern underlying assumptions, evaluate the validity of information, gather relevant data, employ logical reasoning to derive sound conclusions, infer implications, and engage with alternative perspectives without distortion, among other essential abilities.

Both research and common wisdom support the notion that relying solely on traditional "high coverage" didactic lectures, without considering the necessary conditions for comprehensive education, is largely ineffective in fostering meaningful learning among students. However, despite this understanding, lecture-centred pedagogy continues to prevail, assuming that knowledge acquisition can be achieved through passive listening and rote memorization. Effecting a shift in teaching practices from the traditional 'instructivist' approach, which revolves around lectures and teacher-led activities, to a student-centred 'constructivist' approach that emphasizes active learning and students' construction of knowledge (Porcaro, 2011; Prosser, 2013; Wiemer, 2013) presents a complex and challenging task. Consequently, students often develop the ability to engage in short-term memorization as a means to attain high grades. Yet, relying solely on conventional metrics, such as standardized test scores, proves inadequate for evaluating students' overall academic success, particularly when deficiencies arise in terms of competency development.

Recognizing the limited evidence of many university students' proficiency in critical thinking, we became concerned in identifying effective pedagogical strategies for cultivating these skills. This interest was further heightened by our awareness of how technological advancements have increased the accessibility of unreliable information to the general public. As a result, the importance of critical reading and thinking became paramount in distinguishing valid information from false or biased sources. Additionally, we acknowledge that critical thinking skills hold particular relevance for future teachers as they may serve as role models who can inspire and guide their students.

So as to promote the development of critical thinking skills, teachers can employ various strategies such as posing thought-provoking questions, facilitating discussions, encouraging independent research, providing diverse perspectives, assigning problem-solving tasks, and offering constructive feedback. By fostering a classroom environment that values critical thinking, teachers empower students to become active learners and critical thinkers in their own right.

In our case, driven by the rationales described above, our research endeavour focused on investigating the potential impact of an awareness-raising process on critical thinking and the effects of systematic metacognitive reflection on our students' learning processes within a span of four months. As part of this intervention, students were consistently assigned two reflective assignments per week, alongside supplementary activities designed to gradually familiarize and internalize the subject matter being studied.

Specifically, in the context of initial teacher training, we encouraged prospective teachers to engage in regular metacognitive reflection. They were prompted to reflect on their own learning experiences through weekly reflective writing assignments, contemplating the strategies that facilitated effective learning. To this end, they were required to make two entries per week in their digital portfolios, which were shared and visible to other members of their class-group. In these entries, they were encouraged to reflect on what they had learned during class sessions and explore a related topic of their choice. Furthermore, they were given opportunities to analyse how they could have enhanced their learning strategies and techniques. It was anticipated that these activities would contribute to a deeper understanding of their own teaching learning processes and would facilitate the development of more effective strategies for improving their own learning skills.

Metacognition is recognized as a viable approach to foster the comprehensive development of students' autonomy (Osses & Jaramillo, 2008, p. 195). This concept is further substantiated by the notion that it enables learning that extends beyond the confines of the school environment and permeates students' lives, promoting a "learning to learn" mindset (ibid., p. 196), among other crucial aspects. Flavell (1976, p. 232), a seminal figure in the conceptualization of metacognition, posited that this construct encompasses two fundamental aspects. Firstly, metacognition involves the knowledge an individual possesses about their own cognitive processes, products, or any other relevant factors, including the properties of information pertinent to learning. Secondly, it entails the active monitoring, regulation, and organization of these processes in relation to the cognitive objects or data upon which they operate, typically driven by specific goals or objectives. Therefore, the application of metacognition can be observed when individuals demonstrate awareness of the varying levels of difficulty associated with learning a particular subject, acknowledge the need to critically examine and verify phenomena before accepting them as factual, or carefully analyse all available options in a multiple-choice scenario prior to determining the most appropriate choice, among other instances. By engaging in metacognition, learners become cognizant of their own learning process and assume an active role in constructing their knowledge. This type of knowledge empowers learners to identify their strengths, limitations, prior knowledge, and new learning, playing a crucial role in their preference for specific learning tools and strategies, as well as in the discovery of novel knowledge.

The adoption of a scientific approach to the teaching learning process (Ruiz Martín, 2020) highlights that incorporating metacognitive tasks enhances its effectiveness. The implementation of metacognition within the classroom environment requires students to engage in a conscious learning process, guided and supported by their teachers. The pivotal role of teachers in this process extends beyond their capacity to foster high levels of motivation, learning, and achievement among all learners (McCombs & Whisler, 2007, p. 24). Outstandingly, teachers also serve as role models for their students, explicitly referencing the metacognitive process, providing scaffolding, and explaining a set of guidelines that students can observe, imitate, and adhere to.

4.3. Discussion of results

In light of the paramount importance of promoting critical thinking and fostering systematic metacognitive reflection in teacher training, this research aimed to examine the impact of our intervention as our students have reported it. Over a four-month period, we implemented regular metacognitive reflection and assigned specific tasks to investigate their influence on students' critical thinking abilities and learning processes. In the following lines, we will discuss the results obtained, analysing the collected data to derive insights and implications. The findings will contribute to our understanding of the effectiveness of integrating metacognitive practices in teacher training, offering valuable insights for both educational practitioners and researchers in the field.

Regarding our objective of integrating critical thinking skills into pre-service teacher education classes, it is noteworthy that students have consistently perceived this endeavour as highly successful and advantageous. They have reported enhanced critical thinking abilities, including the ability to analyse information from multiple perspectives and make informed judgments.

The fact that our research has elicited such results is of uppermost importance given that our informants have repeatedly complained in their writings that prior to our intervention, they quite often during their degree had heard such phrases as "constructivism," "Bloom's taxonomy," "process-based," "inquiry-based," "beyond recall," "active learning," "meaning-centred" or "active engagement" as features that should be present in their daily learning whereas they felt that nobody was providing them with precise instructions or guidelines on how to implement them. Some of our students even regretted that a considerable number of faculty members had taken for granted uncritically that students would engage in more than mere short-term memory development when they would be told so whereas, simultaneously, those same teachers would acknowledge that students frequently forget the majority of what they memorize from one semester to another. Furthermore, they would readily concede that students, as a collective, are not cultivating the capacity to think critically within the specific subject matter of their degree (Paul, 2005, p. 36). We firmly believe that any amount of factual information, a deficiency in conceptual understanding, an overemphasis on memorization, and a scarcity of critical thinking can hardly be regarded as a conducive combination for effective education in the present times.

It must be recognised, however, that even with the increasing recognition of the significance of critical thinking, a universally accepted and precise definition of this cognitive skill has yet to be established among theorists and researchers (Kennedy, Fisher, & Ennis, 1991). This lack of consensus in defining critical thinking poses challenges both in conducting research and in choosing a framework for its promotion, as diverse opinions and interpretations persist regarding the nature of critical thinking, its core components, and the most effective approaches for explicit instruction.

For us, reflective thinking refers to the process of actively examining and evaluating one's thoughts, actions, and experiences. It involves deep contemplation and analysis of events with the aim of extracting meaning, identifying strengths and weaknesses, and generating insights for future improvement. Reflective thinking often entails asking probing questions, challenging assumptions, and considering alternative perspectives.

Metacognitive reflection, on the other hand, specifically focuses on the awareness and monitoring of one's own cognitive processes. It involves thinking about thinking, or reflecting on one's own thinking strategies, learning approaches, and problem-solving methods. Metacognitive reflection includes assessing one's level of understanding, recognizing gaps in knowledge, evaluating the effectiveness of learning strategies, and making adjustments to improve learning outcomes.

By engaging in metacognitive reflection, individuals can gain deeper insights into their cognitive strengths and weaknesses, become more self-regulated learners, and make informed decisions about their learning approaches. Metacognitive reflection can enhance the effectiveness of reflective thinking by providing a structured framework for analysing and improving one's cognitive processes. Ultimately, both reflective thinking and metacognitive reflection contribute to ongoing personal and professional growth by fostering self-awareness and promoting intentional learning practices.

The decision to prioritize the development of critical thinking skills, and, particularly metacognitive reflection stems from our recognition of the need to prepare our students for real-world problem-solving and decision-making scenarios. We hold the conviction that enhancing pre-service teachers' understanding of these skills is essential as it equips them to effectively model these cognitive skills and attitudes in their future classrooms. Consequently, students can be empowered to independently formulate their own thoughts through a comprehensive understanding and appreciation of the thinking process and with their reflections in their portfolios they have confirmed our initial ideas.

Moreover, the students' problem-solving skills have significantly improved as well, enabling them to identify and address complex issues. Metacognitive reflection has played a crucial role in their learning experiences, fostering self-awareness and the adoption of effective learning strategies. Students have also expressed satisfaction with the collaborative and interactive nature of the learning environment, appreciating the opportunity to engage in meaningful discussions with their peers. Overall, the overwhelmingly positive feedback from students underlines the success of incorporating critical thinking skills into pre-service teacher education classes. Their perceptions of enhanced critical thinking abilities and the benefits of metacognitive reflection provide substantial evidence of the efficacy of our approach. These positive outcomes validate the importance of embedding critical thinking within teacher education curricula to better prepare future educators for their professional roles.

The process of metacognitive reflection has also enabled prospective teachers to identify and address gaps in their understanding and knowledge. As they have reported, they have become more adept at recognizing areas where they need further development and have actively sought out additional resources and learning opportunities to address these gaps. This commitment to lifelong learning and self-improvement has had a transformative impact on their professional growth as future educators.

The positive implications that specific training in critical thinking and the development of metacognitive skills can have on learning is something beyond debate (Facione, 1989; Rivas, Saiz & Ossa, 2017, 2022; among many others). Marzano (1998) concluded that the students who perform metacognitively and receive critical thinking training are aware of their own learning processes, use any learning strategy in a flexible way to develop new ideas and new ways of solving problems, so it is absolutely necessary for students to be taught how to shape metacognitive and critical thinking skills. Hacker, Dunlosky & Graesser (2009) suggested that developing metacognitive skills enhances one's ability to learn a foreign language; Jacobse & Harskamp (2009) uncovered the beneficial influence of metacognition on the growth of cognitive abilities. Schunck & Zimmerman (1997) stated that students possessing strong metacognitive abilities can readily adapt their knowledge to varying learning environments and situations.

Among the various higher-order thinking skills (Alkhatib, 2019), critical thinking occupies a prominent position due to its pivotal role in logical reasoning, decision-making, and problem-solving (Butler, 2012). It is difficult to argue that individuals have received a comprehensive education if they lack the ability to deal with unreliable information, to solve problems, or to make informed decisions. Critical thinking emerges as an indispensable and paramount skill set, distinguishing itself as one of the most crucial abilities that college graduates must possess. Its significance lies in equipping individuals with the necessary skills to not only adapt but also thrive amidst the dynamic and ever-evolving landscape of our world.

Critical thinking and quality learning are intertwined as they both emphasize active engagement, higher-order thinking, problem-solving, metacognition, and information evaluation. Engaging in quality learning experiences cultivates critical thinking skills, while critical thinking enhances the effectiveness and depth of learning.

Moving now to our objective to promote understanding of their own learning among Primary English as a Foreign Language (EFL) prospective teachers we can recognise that it has yielded highly positive results, too. Our students have expressed significant levels of satisfaction with the outcomes of our intervention. Through regular self-reflection and the examination of their own thinking processes, they have acquired a deeper understanding of their own strengths, weaknesses, and learning preferences. These heightened self-awareness and self-knowledge have empowered them to make informed decisions regarding their learning strategies allowing them to optimize their learning potential by adjusting their approaches accordingly. So, we can conclude that it has provided an added value their learning experiences. Also, the further importance of promoting understanding of their own learning extends beyond their own personal growth. As prospective teachers, this enhanced understanding enables them to empathize with the learning challenges that their future students may face. The worth of this intervention lies in the deep self-awareness and self-improvement it has instilled in the students, fostering their professional growth and providing them with the necessary skills to cater to the diverse learning needs of their future students. As they have reported, they feel that they are better prepared to identify and address the individual learning needs of their students, as they have experienced firsthand the impact of metacognition on their own learning journey.

Furthermore, we have also noted that we have successfully achieved our objective of supporting the discovery of effective learning strategies and techniques. Through regular self-reflection and the examination of their own thinking processes, students have not only gained a deeper understanding of their learning preferences but also identified and implemented strategies that work best for them. This attainment of effective learning approaches has further enriched their learning experiences, reinforcing the achievement of our third objective.

In addition, considering the comprehensive outcomes discussed thus far, we can confidently assert that our intervention has successfully achieved both objectives: enhancing teacher educators' confidence in delivering critical thinking skills training and generating new knowledge applicable to future studies on incorporating critical thinking instruction by pre-service teacher educators.

The success of our intervention, evident in the positive outcomes experienced and reported by our students, has played a pivotal role in bolstering the confidence of our teacher educators. Witnessing the tangible impact of our approach on students' development of critical thinking abilities, problem-solving skills, and metacognitive reflection has instilled a sense of assurance and expertise in them. Their increased confidence stems from the realization that the incorporation of critical thinking skills training is not only feasible but also effective in training future educators with the necessary tools and strategies to be able to promote critical thinking in their own classrooms.

Moreover, our research intervention has yielded valuable insights and contributed to the generation of new knowledge in the field of incorporating critical thinking instruction in pre-service teacher education. Through our systematic exploration and implementation of metacognitive reflection, student-centred approaches, and the cultivation of critical thinking skills, we have expanded the understanding of effective practices in this area. The knowledge and findings that our research has elicited serve as a foundation for future studies, informing and guiding the incorporation of critical thinking instruction by pre-service teacher educators. This realisation can shape and influence the future development of teacher education programmes, ensuring the continuous improvement and refinement of critical thinking instruction.

In summary, our intervention has not only enhanced teacher educators' confidence in delivering critical thinking skills training but has also generated new knowledge applicable to future studies in the field. These achievements underscore the significance and impact of our research, validating its ability to inspire positive change and advancements in pre-service teacher education.

When it comes to acquiring skills, a crucial aspect of the acquisition process comprises devoting attention and effort not only towards achieving the ultimate goals of an activity, but towards refining the specific technique employed to perform that activity likewise. We were already acquainted with the importance of attention-grabbing ways of teaching in general because students acquire skills more easily when they pay attention to the teacher while he or she demonstrates something. So, learners are often encouraged not merely to copy but to use their imagination and intuitive knowledge additionally when they are in involved in any creative process, thus attention proving critical to cope with learning tasks.

5. CONCLUSIONS

Our study aimed to examine the effects of explicitly teaching critical thinking (CT) and metacognitive (MC) skills on students' metacognitive thinking and effective use of CT skills. The analysis of students' reports in their portfolios provided compelling evidence that this approach significantly improves their utilization and successful application of CT and MC skills. These findings reinforce the notion that skill acquisition requires attention and effort not only towards the outcomes but also the methodology employed (Zapata-Zapata & Vesga-Bravo, 2023).

Furthermore, our analysis of students' reflections in their portfolios revealed a positive evaluation of the impact of systematic metacognitive reflections on their learning process. This satisfaction influenced their self-awareness of learning and highlights the importance of engaging students in metacognitive reflection with guidance from teachers. The study emphasizes the positive effects of these practices, which enhance learning quality and facilitate meaningful learning experiences.

To foster the development of these competencies, it is necessary to move beyond conventional classroom practices. Additional measures, such as goal setting, reflective exercises, and strategic implementation, are crucial. Previous suggestions (Montijano, 2020) had indicated that incorporating these actions as routine components of the learning process can lead to higher quality learning outcomes and greater returns on invested effort. However, the active involvement of faculty is vital for the realization of these improvements.

Our study has certain limitations, including a small sample size and the absence of a recognized CT test with pre-test and post-test measurements, which limits the conclusiveness of the findings. However, the data collected during the inquiry process provides valuable insights into the dispositional development of CT and the application of CT skills within an inquiry context.

To further enhance our understanding, future studies could be conducted to compare individual development by utilizing recognized CT skill tests. Additionally, incorporating a control group that does not receive any philosophy intervention would enable us to assess the specific impact of our intervention. Extending the duration of the study, such as conducting it over a year instead of a single term, would also be beneficial, as previous research in this area suggests that longer-term studies spanning 1 to 2 years provide valuable insights.

6. REFERENCES

Alkhatib, O. J. (2019). A Framework for Implementing Higher-Order Thinking Skills (Problem-Solving, Critical Thinking, Creative Thinking, and Decision-Making) in Engineering & Humanities. *Advances in Science and Engineering Technology International Conferences (ASET)*, 1-8, https://doi.org/10.1109/ICASET.2019.8714232

Angeli, C. & Valanides, N. (2009). Instructional effects on critical thinking: Performance on ill-defined issues. *Learning and Instruction*, 19, 322-334.

Bangun, A. V., & Pragholapati, A. (2021). Enhancing Critical Thinking Skills in Nursing Higher Education in Preparation for the Industrial Revolution 4.0. En *Life Sciences*, *6*(1), 793-804. https://doi.org/10.18502/kls.v6i1.8756

Brophy, J. (2008). Developing students' appreciation for what is taught in school. *Educational Psychology*, *43*(3), 132-141.

Brown, M. N. & Keeley, S. M. (2007). *Asking the right questions: A guide to critical thinking.* Pearson Prentice Hall.

Butler, H. A. (2012). Halpern Critical Thinking Assessment predicts real-world outcomes of critical thinking. *Applied Cognitive Psychology, 25*(5), 721– 729. https://doi.org/10.1002/acp.2851

Casner-Lotto, J., & Barrington, L. (2006). *Are They Really Ready to Work? Employers' Perspectives on the Basic Knowledge and Applied Skills of New Entrants to the 21st Century U.S. Workforce.* Partnership for 21st Century Skills.

Dewey, J. (1933). *How We Think: A restatement of the relation of reflective thinking to the educative process* (Revised edn.). D. C. Heath.

Dewey, J., & Boydston, J. A. (1985). *How We Think, and Selected Essays 1910-1911.* Southern Illinois University Press.

Duron, R., Limbach, B., & Waugh, W. (2006). Critical thinking framework for any discipline. *International Journal of Teaching and Learning in Higher Education, 17*(2), 160-166. http://www.isetl.org/ijtlhe/pdf/IJTLHE55.pdf

Elfatihi, M. (2017). A rationale for the integration of critical thinking skills in EFL/ESL Instruction. *Higher Education of Social Science, 12*(2), 26-31.

Flavell, J. H. (1976). Metacognitive aspects of problem solving. En: L. B. Resnik (ed.). *The nature of intelligence* (pp. 231-235). Erlbaum

Kennedy, M., Fisher, M. B., & Ennis, R. H. (1991). Critical thinking: Literature review and needed research. In L. Idol, and B. F. Jones (Eds.), *Educational values and cognitive instruction: Implications for reform* (pp. 11-40). Erlbaum.

Kereluik, K., Mishra, P., Fahnoe, C., & Terry, L. (2013). What knowledge is of most worth: Teacher knowledge for 21st century learning. *Journal of Digital Learning in Teacher Education, 29*(4), 127–140. https://doi.org/10.1080/21532974.2013.10784716

Mangiduyos, G. P., & Subia, G. S. (2021). Twenty-First (21st) Century Skills of College of Education Alumni. *Open Journal of Social Sciences, 9*(9).

McCombs, B. L., & Whisler, J. S. (2007). *The Learner-Centred classroom and school: Strategies for increasing student motivation and achievement.* Jossey-Bass.

Montijano Cabrera, M. P. (2020). Aprendizaje Autorregulado y desarrollo de estrategias metacognitivas durante la formación para la docencia de los futuros maestros de inglés. En M. J. Cardoso Pulido, J. R. Guijarro Ojeda, y E. Maqueda Cuenca (Coords.) *Reinventando la docencia en el siglo XXI.* Tirant Lo Blanch, 314-326.

Osses, S., & Jaramillo, S. (2008). Metacognición: un camino para aprender a aprender. *Estudios pedagógicos, 34*(1), 187-197.

O'Connor, K. (2022). Constructivism, curriculum and the knowledge question: tensions and challenges for higher education, *Studies in Higher Education, 47*(2), 412-422, https://doi.org/10.1080/03075079.2020.1750585

Paul, R. (2005). *The state of critical thinking today. New Directions for Community Colleges,* 130, 27–38. https://doi.org/10.1002/cc.193

Paul, R., Elder, L., & Bartell, T. (1997). *California Teacher Preparation for Instruction in Critical Thinking: Research Findings and Policy Recommendations.* California Commission on Teacher Credentialing.

Porcaro, D. (2011). Applying Constructivism in Instructivist Learning Cultures. *Multicultural Education & Technology Journal, 5*(1), 39–54. https://doi.org/10.1108/17504971111121919

Portelli, J. (1994). The challenge for teaching for critical thinking. *McGill Journal of Education, 29*(2), 137-152.

Prosser, M. (2013). Quality Teaching Quality Learning. In *Cases on Quality Teaching Practices in Higher Education*, edited by D. Salter, 26–37. IGI Global.

Qing, X. (2013). Fostering critical thinking competence in EFL classroom. *Studies in Literature and Language, 7*(1), 6-9. http://doi.org/10.3968/j.sll.1923156320130701.2717

Rezaei, S., Derakhshan, A. & Bagherkazemi, M. (2011). Critical Thinking in Language Education. *Journal of Language Teaching and Research, 2*(4), 769-777.

Rosefsky Saavedra, A. & Opfer, V. D. (2012). Learning 21st-century skills requires 21st-century teaching. *Phi Delta Kappan, 94(*2), 8–13. https://doi.org/10.1177/003172171209400203

Ruiz Martin, H. (2020). *¿Cómo aprendemos? Una aproximación científica al aprendizaje y la enseñanza*. Graó.

Saleh, S. (2019). Critical Thinking as a 21st century skill: conceptions, implementation and challenges in the EFL classroom. *European Journal of Foreign Language Teaching*. http://dx.doi.org/10.46827/ejfl.v0i0.2209

Sellars M, Fakirmohammad R, Bui L, Fishetti J, Niyozov S, Reynolds R, Thapliyal N, Liu-Smith Y-L, Ali N. (2018). Conversations on Critical Thinking: Can Critical Thinking Find Its Way Forward as the Skill Set and Mindset of the Century? *Education Sciences, 8*(4), 205 https://doi.org/10.3390/educsci8040205

Tiruneh, D. T., Verburgh, A. & Elen, J. (2014). Effectiveness of Critical Thinking Instruction in Higher Education: A Systematic Review of Intervention Studies. *Higher Education Studies 4*(1). https://doi.org/10.5539/hes.v4n1p1

Van de Oudeweetering, K., & Voogt, J. (2018). Teachers' conceptualization and enactment of twenty-first century competences: Exploring dimensions for new curricula. *Curriculum Journal, 29*(1), 116–133. https://doi.org/10.1080/09585176.2017.1369136

Wiemer, M. (2013). *Learner-Centred Teaching: Five Key Changes to Practice*. 2nd ed. San Jossey-Bass.

Yıldırım, T., & Kurbanoğlu, S. (2022) Employability Skills of Senior Students. *Open Access Library Journal*, 9, 8748. https://doi.org/10.4236/oalib.1108748

Zapata-Zapata, A., & Vesga-Bravo, G. J. (2023). Habilidades metacognitivas en los procesos de aprendizaje en la Educación Superior: una revisión sistemática 2017-2022. *PSICOLOGÍA UNEMI, 7*(13), 73-93. https://doi.org/10.29076/issn.2602-8379vol7iss13.2023pp73-93p

SØREN AABYE KIERKEGAARD Y LA EXISTENCIA RELIGIOSA: SERIEDAD Y MARTIRIO

Arturo Morales[1]

El presente texto nace en el marco del proyecto de investigación de la Sociedad Hispánica de Amigos de Kierkegaard, SHAK, y en el programa de doctorado en Filosofía de la Universidad Complutense de Madrid. Agradecimiento especial para mi esposa Lined Cristina, motor de mi existencia.

1. INTRODUCCIÓN

Una de las grandes inquietudes -quizá la mayor- que considerará Kierkegaard a través de su legado filosófico-literario es la cuestión de la existencia religiosa, es decir, la relación subyacente entre la fe cristiana y la subjetividad singular. Es tan profundo el vínculo Kierkegaard- fe cristiana, que-él mismo lo manifiesta en su obra *Mi punto de vista* (*Om min Forfatter-Virksomhed)*, de 1849:

El contenido de este pequeño libro afirma, pues, lo que realmente significo como escritor: que soy y he sido un escritor religioso, que la totalidad de mi trabajo como escritor se relaciona con el cristianismo, con el problema de llegar a ser cristiano, con una polémica directa o indirecta contra la monstruosa ilusión que llamamos cristiandad, o contra la ilusión de que en un país como el nuestro todos somos cristianos (Kierkegaard, 1987, p. 8).

A partir de sus palabras, se pueden extraer diversos elementos hermenéuticos de la obra prolífica kierkegaardiana como: la autoafirmación de considerarse a sí mismo como un escritor religioso. En efecto, en el momento de abordar el pensamiento kierkegaardiano, se debe partir de su profunda conexión con la fe cristiana. Justamente, Kierkegaard entra en la consideración de aquellos "caballeros de la fe" (Camilleri, 2017, p. 86), que rotuló Heidegger, en sus disquisiciones metafísicas sobre el cristianismo. Dicha conexión es inseparable, a tal punto que no se entiende a Kierkegaard sin la fe. Por ello, en todo su *corpus* literario, se encuentra plasmada una aproximación filosófica del significado de la fe cristiana, es decir, que este insigne danés pretende esbozar lo que realmente significa ser cristiano, basándose en la dialéctica socrática y la reduplicación vital como elementos determinantes.

1. Universidad Complutense de Madrid.

La cuestión religiosa para Kierkegaard representa el cimiento sobre la cual va a edificar su pensamiento. En este caso, la cuestión religiosa es examinada en su significado más radical: "la relación fe-individuo y sus implicaciones vitales" (Landkildehus, 2008, p. 31), que denotan un inseparable vínculo entre el profesar la fe, sufrir por la fe y morir por la fe. En ningún momento el insigne danés apelará al contenido de la fe cristiana como un escape a las cuestiones más profundas que interpelan al "individuo singular" (*den Enkelte)*, pues su objetivo es polemizar frente a una distorsión del cristianismo en la Dinamarca de mediados del s. XIX, aparentemente cristiano- luterana, postulando una crítica directa e indirecta dirigida a la sociedad, a la Iglesia, y al Estado, procurando dilucidar el concepto de lo que implica ser cristiano.

Otro elemento constitutivo, en clave hermenéutica, de la obra kierkegaardiana ejemplificada en *Mi punto de vista*, estriba en el problema de llegar a ser cristiano. Ciertamente, Kierkegaard se propone, como el maestro Sócrates, escrutar las verdades que parecen obvias y que están dadas por conocidas por la mayoría, por el público o la cristiandad. Sin embargo, el "ser cristiano", o "el existir cristianamente", no es una cuestión baladí, pues implica una elección, o una *radical choice* (Morales, 2022, p. 293). De hecho, Kierkegaard pretende demostrar qué significa ser cristiano, basándose en un modo especial de comunicación que interpele, en su contexto histórico-existencial, no a una masa social, sino al individuo singular.

Esta investigación tiene como objetivo presentar o exponer la cuestión de la existencia religiosa en Kierkegaard, desglosando el *modus operandi* de su comprensión de la verdad cristiana y, al mismo tiempo, extrayendo las cuestiones relativas frente a la subjetividad y, de este modo, exponer la cuestión del yo ante Dios, como posibilidad de ser sí mismo. Lo anterior, exige el desarrollo de dos aspectos relevantes: la seriedad y el martirio. Por un lado, la radicalidad de la fe lo exige todo: "como Abraham llevado al monte a sacrificar a su único hijo, Isaac" (Gn 22:6-14), demostrando así la sublime seriedad del creyente auténtico. Por otro lado, el martirio como testimonio eficaz y supremo de la fe. Curiosamente, Sartre consideró a Kierkegaard como: "Mártir de la interioridad" (Sartre, 2005, p.12), otorgándole valor a su sufrimiento existencial en cuanto escape de la vía reflexiva y ejemplo vivo de su verdad subjetiva.

Es importante aclarar que estas cuestiones estarán circunscritas, en gran medida, en dos obras fundamentales: *La época presente*, de 1846 y, por otro lado, *Para un examen de sí mismo recomendado a este tiempo*, de 1851. A continuación, nos permitiremos examinar el pensamiento de Kierkegaard en la tradición filosófica; luego, el planteamiento de la existencia cristiana; y finalmente, una aproximación a la verdad cristiana a partir de dos categorías: la seriedad y el martirio.

2. OBJETIVOS

Los objetivos de esta investigación básicamente se centran en dilucidar la cuestión de la existencia cristiana en el pensamiento de Kierkegaard, analizando su postura dialéctica en dos obras específicas: *Para un examen de sí mismo recomendado a este tiempo, La época presente*.

3. METODOLOGÍA

La metodología aplicada a esta investigación se encuentra inmersa en un ejercicio de interpretación hermenéutica del pensamiento kierkegaardiano. Se llevó a cabo una revisión documental con una herramienta clave: una rejilla de recolección de datos.

4. LA FILOSOFÍA DE KIERKEGAARD

El siglo XIX, caracterizado por el surgimiento de grandes filósofos, fue testigo de uno de los grandes pensadores de la filosofía contemporánea: Søren Aabye Kierkegaard (1813-1855). Este danés aportó y rescató aspectos importantes del quehacer filosófico, pues, en medio de la ilustración, el hegelianismo y el romanticismo, además de las tendencias historicistas de la época, Kierkegaard expresa una alternativa singular para examinar la sociedad de su época: la pasión por existir. No obstante, siempre se ha considerado a Kierkegaard como el "preludio del existencialismo", o como "padre del existencialismo cristiano". Sin embargo, estas afirmaciones son inexactas, dado que él mismo se catalogará como un "autor cristiano" o un "autor religioso" (Kierkegaard, 1987, p.26).

En esta dirección, Kierkegaard, mediante su poliédrico legado vital y literario, señala la esencia de la filosofía: la búsqueda de la interioridad del ser humano. Esto es, en términos kierkegaardianos, replantear el valor de la elección, de la individualidad, de lo subjetivo, del compromiso vital con la propia existencia y, sin duda, del auténtico y radical significado de la fe cristiana. Jean Paul Sartre se refiere a Kierkegaard como el "caballero de la subjetividad" (Sartre, 2005, p. 27), es decir, como aquel que, como Sócrates en la antigua Atenas, pretendió implantar la imperativa necesidad de fijar el pensamiento en el hombre, en su naturaleza, en su intimidad, en su valor, y en su responsabilidad. El pensamiento kierkegaardiano supone un giro existencial que implica, en su totalidad, la vida humana, elevando el sentido de responsabilidad frente a la vida.

Entre los diversos aportes de Kierkegaard a la tradición filosófica se encuentra su análisis fenomenológico de la existencia humana, pues allí identifica aspectos que describen la formación de la personalidad humana, percibiendo un *pathós* permanente en el ser humano: la desesperación. Seguidamente, el diagrama de los estadios de la existencia: estético, ético, religioso, además del valor de la singularidad existencial. Kierkegaard redescubre el valor ontológico del individuo, como máxima responsabilidad de todo hombre: ser sí mismo, elegirse a sí mismo. De allí su permanente referencia a Sócrates, debido a que el ateniense proponía el conocerse a sí mismo, como propósito vital y tarea primera de cada hombre.

En continuidad con la incidencia socrática en Kierkegaard, se identifica un profundo valor por la dialéctica socrática que, a diferencia de la dialéctica hegeliana, conlleva a la cuestión de la comunicación. Ciertamente, Kierkegaard se propone interpelar a su querido lector (*kære læser*), utilizando pseudónimos y, de esta forma, propiciar que el otro redescubra su valor, su subjetividad (Morales *et al*, 2020, p. 39). La totalidad de su pensamiento apunta a presentarse como un contenido que, en su trasfondo, remite a la interioridad inherente a la naturaleza humana cuya plenitud apunta a Cristo, la verdad. Justamente, en esta investigación quisiera extraer, de Kierkegaard, la noción de verdad. Esta expresión es un concepto que, por el contexto histórico de Kierkegaard, difiere en gran medida de las tesis filosóficas reinantes: el positivismo francés de Comte y el historicismo decimonónico, adquiriendo un enfoque singular de aproximación (Loungina, 2008, p.197).

4.1. La noción kierkegaardiana de "verdad"

La *eksistentiel sandhed (*verdad existencial*)* es, en Kierkegaard, un término que supera la perspectiva epistemológica de la verdad, pues aquella noción aristotélica que define lo verdadero como "decir aquello que es de lo que es y lo que no es de lo que no es" (Aristóteles, *Metafísica*, VI. 1011b) queda expuesta, con sus deficiencias, al comprender la verdad como concordancia. Kierkegaard enfatizará su postura de la verdad como un problema existencial (García, 2011, p.). Por otro lado, la afirmación que traza santo Tomás de Aquino acerca de la verdad, que consiste en definirla como una *adaecuatio rei*, es decir, como una adecuación de la mente a la cosa y viceversa (*De veritate,* I, 9) se diferencia de Kierkegaard, cuyo enfoque hace énfasis a tres aspectos esenciales: apropiación, relación y reduplicación (Morales, 2023, p. 795). Estos enfoques, el aristotélico y el tomista, difieren del enfoque kierkegaardiano de la verdad, pues la verdad que ocupa al danés se ubica en el horizonte de la relación, pero no una relación entre el sujeto cognoscente y el sujeto cognoscible, sino una relación entre el sujeto consigo mismo, a partir de la fe. Asimismo, la noción metódica y científica de la verdad, establecida, verificada y comprobada con el método científico, se encuentra en una consideración distinta de la verdad kierkegaardiana (Guerrero, 2004, pp. 30-31).

Ahora bien, ¿Qué es o en qué consiste la noción de verdad kierkegaardiana, y cuáles son sus particularidades? Dicha cuestión inquieta la existencia de Kierkegaard, pues, en su juventud, expresa, a propósito de la verdad:

(...) Lo que en el fondo me hace falta es aclararme yo mismo sobre lo que debo hacer, no sobre lo que debo conocer, salvo en la medida en que un conocer debe preceder a todo obrar. Se trata de comprender mi tarea, ver lo que la divinidad quiere verdaderamente que yo haga; la cuestión es encontrar una verdad que sea una verdad para mí, encontrar la idea por la cual quiera vivir y morir (Kierkegaard, 1993, p. 17-20).

Este planteamiento manifiesta y contiene el carácter decisivo del pensamiento kierkegaardiano: la reivindicación de la vida interior. En efecto, el enfoque kierkegaardiano de la verdad empieza por situarse en el campo relacional (Morales *et al*, 2022, p. 67), es decir, que la verdad, en principio, ha de contener dos aspectos fundamentales: la interioridad, por un lado, y la practicidad, por otro. La interioridad está situada en lo que San Agustín, en sus *Confesiones*, denomina la necesidad de "retornar a sí mismo" (Agustín, *Confesiones*, IV. 12.19). En efecto, cuando Kierkegaard manifiesta este planteamiento, lo que se propone es interpretarse a sí mismo, desde el punto de vista de la relación. En la relación, el hacer es primero que el conocer, el acto es más decisivo que el concepto, y la comprensión de sí mismo tiene que ver con el elemento socrático del conocerse a sí mismo. De esta manera, en la medida que me comprendo, actúo.

Ahora bien, en toda la obra kierkegaardiana, a diferencia de Nietzsche, Sartre y Heidegger, aparece el elemento esencial: "ver lo que la divinidad quiere verdaderamente que yo haga". De este modo, el papel del Dios cristiano ocupa, en la obra kierkegaardiana, un *topos metafísico* considerable: una relación encumbrada y bienaventurada del individuo singular. En este sentido, la noción de verdad kierkegaardiana apunta a la aprehensión vital de la verdad para que dicha verdad sea una "verdad para mí". A diferencia de los conocimientos científicos, que contienen una cierta validez, pero que carecen del compromiso vital con el individuo, la verdad es aquella que implica la totalidad última del sentido existencial, por ello expresa la imperativa necesidad de encontrar una idea por la cual se quiera vivir y morir. En este panorama, Kierkegaard dirige su disquisición filosófica al escenario existencial del sujeto del conocimiento que, a diferencia del *Cogito* cartesiano, redescubre la primacía del "yo existo" o "yo soy" frente al "yo pienso" (Morales, 2022, p. 798).

En efecto, en su obra *Mi punto de vista,* Kierkegaard despliega unas migajas profundas y sustanciosas acerca de la verdad:

Pero también sé con Dios que mi labor como autor fue el resultado de un irresistible impulso interior, la única posibilidad melancólica de un hombre, el honesto esfuerzo por parte de un alma profundamente postrada y compungida que quiere hacer algo como compensación, sin ahorrar ningún sacrificio o trabajo al servicio de la verdad (Kierkegaard, 1987, p.10).

En definitiva, el insigne danés revela su interioridad, es decir, que Kierkegaard comunica su verdad al servicio de la verdad, a través de la seriedad de la fe y del sufrimiento o persecución por parte de la Iglesia y de la prensa. En esta manifestación se puede palpar la interioridad y el acto como resultantes de un servicio a la verdad, una verdad por la que sufre, y una verdad que ha entendido (Kierkegaard, 1987, p. 11-12).

4.2 Noción antropológica de la verdad

En una de las obras estéticas, como Kierkegaard las denomina, de su prolífica labor de escritor, encontramos *La enfermedad mortal, La enfermedad para la muerte*, del pseudónimo Anti- Climacus, en la que se encuentra una rica antropología:

El hombre es espíritu. Pero ¿qué es el espíritu? El espíritu es el yo. Pero ¿qué es el yo? El yo es una relación que se relaciona consigo misma, o bien es esto en la relación: que la relación se relacione consigo misma; el yo no es la relación, sino que la relación se relacione consigo misma. El hombre es una síntesis de infinito y finito, de lo temporal y eterno, de libertad y necesidad, en suma, una síntesis. Una síntesis es una relación entre dos. Visto así, el hombre no es todavía un yo (Kierkegaard, 2008, p. 33).

Parece que el pensamiento kierkegaardiano percibe al individuo singular como una posibilidad inherente a la naturaleza humana; sin embargo, dicha posibilidad exige un movimiento dialéctico de duplicación en que el existente estético descubre la importancia de llegar a la existencia cristiana. El hombre no es todavía un yo, es, en otras palabras, un yo que no vive en la verdad.

Desde este punto de vista, el foco de atención es colocado en la cuestión de la relación antitética que, para ser un yo, requiere relacionarse con dicha relación y consigo mismo. El hombre es animalidad, corporalidad, homogeneidad, pero el individuo singular es espiritualidad, autenticidad, individualidad. Este punto de partida hace que el hombre tenga un gran reto: "ser quien se es porque se es". Esta es quizá la gran diatriba kierkegaardiana dirigida a la cristiandad, y en ella, a toda la modernidad: pues, como médico de la modernidad, se percata de la desesperación del hombre, llegando a la raíz misma del problema: el no elegirse a sí mismo, la singularidad del individuo disuelta en el número y en la mayoría.

La verdad, al ser verdad para mí, exige todo de mi existir, pues ella determina los movimientos de mi existir: elecciones, decisiones, actos. Es, precisamente, en los momentos de reflexión indirecta, la manera eficaz y sutil de ayudar a otros a redescubrir el valor de su propia subjetividad.

Ettore Rocca señala al respecto: "El yo, por tanto, se distingue por una capacidad reflexiva, autoconsciente: es aquel ser que siempre reflexiona sobre su propia capacidad sintética. Hasta aquí podría parecer una versión simplificada del yo pienso kantiano, pero lo que ahora interesa es la manera como se relaciona consigo mismo" (Rocca, 2020, p. 243). Justamente, la relación es el objetivo de la reflexión: todo ser humano reflexionando sobre la relación consigo mismo representa, para Kierkegaard, el núcleo de la verdad del hombre. El yo kierkegaardiano, como yo relacional, diverge del yo cartesiano, pues el pensamiento, la duda metódica y la ciencia solo conllevan a certezas válidas, pero no a verdades subjetivas.

La cumbre del carácter antropológico del enfoque kierkegaardiano acerca de la verdad estriba en una relación ontológica ineludible: el yo ante Dios. Esta relación, desechada e ignorada por el hombre moderno, es la posibilidad real de ser, pues, al relacionarse con Dios, el yo desesperado es conducido a un yo perdonado. Dicho movimiento dialéctico, expuesto por Anti-Climacus, en "La enfermedad mortal", no deja al lector en la duda sobre dónde se sitúa: la fe (John, 2011, p. 79). Escoge claramente la tesis de que, para relacionarse consigo mismo de modo no desesperado, el yo debe reposar de modo transparente en el poder que lo ha puesto (Rocca, 2020, p. 248). Sin duda, Kierkegaard percibe que, con los filósofos ateos y existencialistas, hay dos posibles vías: considerarse con el poder subyacente de reposo, por un lado, y por el otro, contemplar a la divinidad que creó al yo. Estas dos alternativas contienen dos formas posibles de desesperación: desesperadamente querer ser uno mismo y desesperadamente no querer ser uno mismo.

La desesperación parece inevitable, debido a que es ineludible en la existencia del individuo. Por ello, la fe cristiana se ofrece como alternativa que, mediante el conocimiento de sí mismo, ofrece descanso y reposo al individuo singular. Para Kierkegaard, el yo ante Dios es la máximo expresión de relación consigo mismo y, simultáneamente, el escenario ideal de ser transformado en un yo perdonado, sabiendo que el punto de partida reposa sobre un yo pecador.

4.3 ¿Cómo comunicar la verdad?

La consideración kierkegaardiana acerca de la verdad encuentra un punto determinante en la confección de su enfoque: la cuestión de cómo transmitir la verdad y, a su vez, de qué manera comunicar la verdad a otro, es decir la consideración dialéctica: del yo al tú. Por tanto, Kierkegaard, al otear su labor como autor religioso, en su obra "Mi punto de vista", decide ofrecer a su "querido lector" una llave hermenéutica:

Pido a todos aquellos que tengan en el corazón la causa de la cristiandad -y se lo pido con tanta más urgencia cuanto más seriamente se empeñan en ella- que conozcan este pequeño libro, no curiosamente, sino con devoción, como se lee una obra religiosa. Naturalmente, no me importa el placer que ha encontrado o pueda encontrar el llamado público estético al leer, atentamente o de pasada, las obras de carácter estético, las cuales son un disfraz y un engaño al servicio de la cristiandad; porque yo soy un escritor religioso (Kierkegaard, 1987, pp. 8-9).

Este pasaje expresa el contexto en el que se debe comprender la obra de Kierkegaard: la cristiandad. Por supuesto, uno de los grandes propósitos de su pensamiento subyace en la cuestión religiosa, que exige a su lector interpretar toda su obra desde una perspectiva cristiana, dado que: "siempre se entenderá totalmente mal, en cuanto no comprenda la religiosa totalidad en toda mi labor como escritor" (Kierkegaard, 1987, p.9). Esa "verdad para mí" también ha de comunicarse como "verdad para ti", por lo que encuentra un modo de comunicación que procure a su lector "dar a luz su propia verdad". Por ello, las obras de carácter estético, que en la obra kierkegaardiana aparecen diversos autores pseudónimos (Kierkegaard, 1987, p. 16), se constituyen en elementos importantes para el diseño y producción de un "disfraz" y un "engaño", para que su lector se dé cuenta de algo: una verdad por la cual se pueda vivir y morir.

Ahora bien, el *modus operandi* de Kierkegaard consiste en el uso de los pseudónimos, pues, cada personaje representa, entonces, un modo de existir y un punto de vista existencial diverso.

Este método de los pseudónimos, de acuerdo con mi investigación, está cimentado en varios fundamentos, entre los que se destacan: a. una adaptación de su obra con ciertos rasgos similares a la obra platónica, pues Sócrates, en el pensamiento de Kierkegaard, tiene una relevancia especial porque representa el paradigma ideal de ser testigo de la verdad; además, Platón, mediante el uso de los diálogos, no elabora una producción literario-filosófica de contenido explícito, sino que su estilo dialógico posibilita a su lector comprender su propia verdad; b. Una inspiración de carácter bíblica cimentada en el pasaje de Natán y David, pues mediante el uso de una parábola indirecta, el propio David se descubre a sí mismo como pecador (2 S 12: 1-14), que Kierkegaard cita en su obra *O lo uno o lo otro un fragmento de vida II* y, simultáneamente, Jesús, en la escena del encuentro con la mujer adúltera, utiliza este tipo de comunicación indirecta: "El que esté libre de pecado que tire la primera piedra" (Jn 8: 1-11). De este modo, en ambos casos, tanto David como los fariseos, indirectamente son interpelados en su verdad; c. Una forma de existencializar personajes diversos que viven circunstancias vitales singulares, pero que están cada uno en búsqueda de ser sí mismo o, por el contrario, no quieren ser sí mismos; adicionalmente, cada pseudónimo representa un camino que conduce a que el sujeto singular asuma su responsabilidad, su compromiso.

En función de lo anterior, la verdad kierkegaardiana no se transmite por una serie de elucubraciones filosóficas y especulativas acerca del hombre. La verdad kierkegaardiana propicia el instante en que se puede comprender el ser humano como individuo singular, aceptando su individualidad, reivindicando su subjetividad y la intersubjetividad y, sobre todo, colocándose en la frontera de la fe. Esta verdad se puede comunicar solo con provocaciones para que el *lector querido* de la obra kierkegaardiana se dé cuenta o, en última instancia, se le "obligue a darse cuenta" (Kierkegaard, 1987, p. 47) de la imperativa necesidad de ser quien se es. Todo lo anterior, mediante la comunicación indirecta.

Kierkegaard -a propósito de la verdad en la comunicación indirecta-, expresa: "No, no es posible destruir una ilusión directamente y sólo por medios indirectos se le puede arrancar de raíz" (Kierkegaard, 1987, p. 32). Esta afirmación pretende atacar la idea de que toda la sociedad danesa de mediados del s. XIX es cristiana, pero concluye a través de su experiencia de fe y de sus planteamientos dialécticos, que cada uno debe examinarse a fondo y seriamente acerca de su fe cristiana.

En el trasfondo de la obra kierkegaardiana, encontramos que su estrategia consistió en la publicación de obras estéticas que, firmadas por pseudónimos, han hecho que el pensamiento de Kierkegaard sea conocido, valorado y referenciado. Sin embargo, las obras de comunicación directa: sermones, discursos y obras religiosas no han tenido históricamente la misma valoración. Adicionalmente, se puede constatar una idea esencial de Kierkegaard: todo su trabajo consiste en la idea de provocar el movimiento dialéctico por excelencia: el salto cualitativo de la existencia estética a la existencia religiosa. Por ello, "Eso es lo que logra el método indirecto, el cual, amando y sirviendo la verdad, lo arregla todo dialectalmente para la futura presa" (Kierkegaard, 1987, p. 34). Este diálogo, no del lector con la obra de Kierkegaard, sino del lector consigo mismo, mediante un "disfraz" o el "engaño" de las obras estéticas, es la manera de cómo el autor religioso debe, ante todo, ponerse en contacto con los hombres, es decir, debe empezar con obras estéticas (Kierkegaard, 1987, p. 34).

Finalmente, si el emisor entiende que el auténtico éxito es lograr el esfuerzo de llevar a un hombre a una definida posición, ante todo, es recomendable y preciso fatigarse para encontrarle donde está y empezar ahí. Afirma Kierkegaard:

Éste es el secreto del arte de ayudar a los demás (...) En cambio todo auténtico esfuerzo para ayudar empieza con la autohumillación: el que ayuda debe primero humillarse y ponerse por debajo de aquel a quien quiere ayudar, y, por tanto, debe comprender que ayudar no significa ser soberano, sino criado; que ayudar no significa ser ambicioso, sino paciente, que ayudar significa tener que resistir en el futuro la imputación de que uno está equivocado y no entiende lo que el otro entiende (Kierkegaard, 1987, p. 36-37).

La comunicación indirecta es, sin duda, una de las "obras del amor" por excelencia que se propone ejecutar la obra kierkegaardiana, pero dicha obra requiere no ser una teoría de la verdad, sino una exigencia vital: ser un testigo de la verdad. La verdad, de esta manera, comunicada indirectamente, respeta el intelecto del lector y busca que el mismo lector se auto-comprenda y se interprete a sí mismo. La verdad denota pasión por la existencia, compromiso con su devenir existencial.

4.4 La verdad en La época presente

Por supuesto, Kierkegaard quiere desmantelar y desvelar la pretensión de eternidad de lo estético y, al mismo tiempo, considera poner de frente al yo de cada lector frente a un instante de eternidad: el yo ante Dios. En este sentido la tríada que dibuja su postulado consiste en movimientos cualitativos: del "yo" al "tú" y, luego, a "Dios". La idea por la cual vivir o morir que el joven Kierkegaard anhelaba encontrar, ha sido hallada entre el sofisma ilusorio de la cristiandad y el severo el cristianismo que exige la fe.

Karl Jaspers afirmó, con respecto a Kierkegaard: "La primera crítica acabada de su sociedad, distinguiéndose por su seriedad de todas las precedentes, fue la hecha por Kierkegaard. Su crítica es la primera que oímos como una crítica también para nuestro tiempo; es como si hubiese sido escrita ayer" (Kierkegaard, 2012, p.1). Por ello, esta pequeña pieza de crítica cultural publicada por Kierkegaard en marzo de 1846 se puede rotular como una sugerente diatriba a la sociedad decimonónica y, con toda razón, a la nuestra.

"La época presente" *(Nutiden)* inicia con una crítica frontal y contundente: "La época presente es esencialmente sensata, reflexiva, desapasionada, encendiéndose en fugaz entusiasmo e ingeniosamente descansando en la indolencia" (Kierkegaard, 2012, p. 41). Asimismo, una de las tesis centrales de esta obra estriba en la avasalladora idea de que la razón ilustrada es el criterio único de progreso y de humanismo. Seguidamente continúa Kierkegaard: "Ni siquiera un suicida en estos días acaba consigo mismo en un acto de desesperación, sino que reflexiona al respecto tanto tiempo y tan prudentemente, que es ahogado por la prudencia" (Kierkegaard, 2012, p. 41). De esta forma, la noción kierkegaardiana de verdad, en *La época presente*, se presenta en dos direcciones: por un lado, la excesiva reflexividad de la sociedad ilustrada, y por el otro, la no-acción que recae en una ausencia de responsabilidad. Estas dos premisas conducen a la falta de pasión de la época presente, pues, intuye Kierkegaard, que la sociedad y, sobre todo, cada individuo ha caído en la indecisión y en la contradicción, por tanto, no hay pasión ni vidas genuinamente pasionales.

El ideal ilustrado, definido por Kant en su opúsculo de la Ilustración, que versa sobre la mayoría de edad se encuentra en déficit porque, de acuerdo con Kierkegaard, tiene unas peligrosas deficiencias: "Su condición es la del que se queda en la cama por la mañana: grandes sueños, luego adormecimiento, finalmente una cómica o ingeniosa idea para excusar el haberse quedado en la cama" (Kierkegaard, 2012, p. 42). En efecto, la reflexividad ha ahogado la creatividad, la pasión por existir, el compromiso de vivir y la máxima exigencia: "ser quien se es" (Morales *et al*, 2021, p.51). La carencia de acciones vitales, es decir, la pasividad indolente y patológica que adolece la generación actual afecta al individuo:

"El individuo singular" *(den Enkelte)* no ha logrado encerrar en sí pasión suficiente como para soltarse de la red de la reflexión y de su seductora ambigüedad. Y el entorno, la contemporaneidad, no tiene acontecimientos ni pasión integrada, sino que crea en negativa unidad de oposición de reflexión que en un primer momento bromea con engañoso propósito, y que luego engaña con una destellante excusa: que sin embargo se ha hecho lo más sabio dejando de actuar (Kierkegaard, 2012, pp. 42-43).

Kierkegaard, desde esta perspectiva, reclama y, a su vez, denuncia aquellas ideas por la cual un hombre pueda vivir y morir. Los ideales de los antiguos han sido eclipsados, en la época presente, por contenidos científicos o académicos. Ahora bien, este planteamiento no implica que Kierkegaard no valore la ciencia, el arte, el conocimiento, sino que su denuncia va encaminada a reivindicar la pasión por la vida, es decir, por la lucha de los ideales, esto es, en términos kierkegaardianos, la reduplicación vital que cohesiona el pensamiento con la vida, la teoría con la práctica, la fe y la pasión por existir.

En contraposición con la época de la revolución como época de acción, la época presente es la época de la publicidad, la época de los misceláneos anuncios: no sucede nada, y sin embargo hay publicidad inmediata (Kierkegaard, 2012, p. 43). La revolución vio como hombres actuaron apasionadamente por un fin: la búsqueda de la libertad. Sin embargo, la época actual, adormecida por el imperio de lo estético, requiere: "Una profunda renuncia al mundo y a todo lo que es del mundo, acompañada de diaria abnegación, es impensable entre los jóvenes de nuestra época" (Kierkegaard, 2012, p.44). En este sentido, Kierkegaard apela a una falta absoluta de esfuerzo en una sociedad de comodidad, pues: "la actual generación ha tomado la seria decisión de que será la siguiente generación la que seriamente se hará cargo del trabajo; y para evitar molestarla o retardarla, la actual se hará cargo de los banquetes" (Kierkegaard, 2012, p.45).

Una generación que, en verdad, adolece de falta de compromiso y de pocas decisiones es la generación actual. En la época presente la acción y la decisión son tan escasas como lo es el deleite del riesgo al nadar en aguas poco profundas. La cuestión de la decisión marca, en la filosofía kierkegaardiana, un núcleo esencial de su crítica y, simultáneamente, de la alternativa propuesta: "el cristianismo".

Hay una exhortación existencial en "La época presente": "¡Sal fuera, corre con intrepidez, aunque solo sea un salto irreflexivo, con tal que sea decisivo!" (Kierkegaard, 2012, p. 45). Ciertamente, este llamado existencial, con carácter imperativo en su formulación, exige un movimiento: "Salir", es decir, romper con la época presente, gobernada por lo estético y lo inmediato, y elígete a ti mismo, sé tú mismo. Esta tarea ontológico-existencial es una responsabilidad singular no postergable, ni delegable, es la decisión mortal de todo hombre. Kierkegaard compara dos modelos de época: la época apasionada y la época reflexiva. La época apasionada tiene una serie de elementos semejantes a los antiguos: Grecia y Roma, que se caracterizaron por la aventura, la heroicidad, la inmortalidad, la decisión y la valentía: "En una época apasionada la multitud aclamaría elogiosamente al valiente cuando se aventurara hacia fuera; se estremecería con él y por él en el peligro mortal de la decisión, lo lloraría en la pérdida, lo idealizaría si lograse el tesoro" (Kierkegaard, 2012, p.45).

Por otro lado, la época reflexiva se caracteriza por la ausencia del riesgo, de la indecisión o la decisión de nada hacer con la existencia, pues los fuegos del entusiasmo quedarían encapsulados en museos de arte: "En una época reflexiva y desapasionada la cosa sería muy distinta. En mutuo reconocimiento de compartida astucia se acordaría prudentemente que no vale la pena aventurarse tanto hacia fuera, que sería imprudente y ridículo; y luego se transformaría la aventura del entusiasmo en una muestra de arte" (Kierkegaard, 2012, p. 45). Al mismo tiempo, en la época reflexiva las tareas de la vida se han vuelto una actuación irreal y la realidad en un teatro, desconociendo o ignorando la crudeza de la existencia. La categoría del público y de la masa han reducido y, en muchos casos, han dilatado el valor del individuo.

Finalmente, en la época presente los valores, actitudes y objetos de codicia no están contenidos, como en la época apasionada, en fines que exigían inexorablemente esfuerzo y decisiones arriesgadas, aventuras existenciales que se agrupaban en propósitos de vida; no, por el contrario, como lo afirma Kierkegaard: "El objeto de deseo es el dinero, que, a su vez, también es una representación y una abstracción. En la época presente un hombre joven rara vez podría llegar a envidiar a otros sus capacidades, o su arte, o el amor de una bella mujer, o su fama; no, pero su dinero sí lo envidiaría" (Kierkegaard, 2012, p. 49). De tal modo que, ante este panorama actual, Kierkegaard plantea una alternativa seria: la fe cristiana.

La cuestión del cristianismo, como problema central de su pensamiento, plantea y está condicionado a una sola causa: la decisión de ser cristiano o no. Sin embargo, la adhesión a la fe cristiana, que como radical decisión está localizada y circunscrita en una elección vital, pues dicha elección es la más arriesgada y peligrosa que existe, teniendo en cuenta que depende de ella para obtener la bienaventuranza: el *yo,* en su profunda interioridad, relacionándose consigo mismo y el poder que lo creó, es decir, Dios. La decisión es, en Kierkegaard, una categoría antropológica importante:

Pero el asunto llega a una decisión, y la necesidad de la decisión es justamente lo que la reflexión expulsa o pretende expulsar, y como consecuencia de ello el individuo sufre mórbido, anormal entendimiento. En vano la decisión persigue durante la vida al individuo, en vano la bendición espera el instante de la decisión: si bien engañados, conocemos sabios caminos para huir; y si esto dura demasiado y somos atrapados, entonces somos como jóvenes que han estado demasiado tiempo comprometidas, lo que rara vez es propicio para el matrimonio (Kierkegaard, 2012, p. 50).

La imperativa necesidad de decisión acompaña la existencia, siempre se está a la espera de dicha radical decisión, aunque el mundo o, más bien, la época presente distraiga al individuo mediante la diversión, la publicidad o el dinero. En este punto se focaliza el pensamiento kierkegaardiano: en la urgencia de despertar espíritus. Miguel de Unamuno cita a Kierkegaard, con respecto a la época apasionada y religiosa: "El Dios, pues, racional, es decir el Dios que no es sino razón del universo se destruye a sí mismo en nuestra mente en cuanto tal Dios, y sólo renace en nosotros cuando en el corazón lo sentimos como persona viva, como Conciencia, y no ya sólo como Razón impersonal y objetiva del universo" (Unamuno, 2022, p.146). Precisamente la noción del Dios en la época presente y el Dios de la época apasionada es la distinción planteada por Unamuno, uno de los primeros receptores del pensamiento kierkegaardiano en el mundo hispano. Este planteamiento exige más interioridad y menos exterioridad, una elección del estadio religioso y no vivir subsumidos en la inmediatez del estadio estético, además de superar la ambigüedad en la que no se es ni lo uno ni lo otro.

4.5 La existencia religiosa: seriedad y martirio

Una interesante postura kierkegaardiana frente a esta declaración de Jesús: "Entonces Pilato le dijo: ¿Luego tú eres rey? Respondió Jesús: Sí, como dices, soy rey. Yo para esto he venido al mundo: para dar testimonio de la verdad. Todo el que es de la verdad, escucha mi voz. Le dice Pilato: ¿Qué es la verdad?" (Biblia de Jerusalén, 2019, Jn: 18: 37-38), consiste en plantear la verdad como una relación y no como un tratado retórico de la cuestión filosófica de la verdad. En efecto, Unamuno afirma, con referencia a Kierkegaard:

Y este Dios, el Dios vivo, tu Dios, nuestro Dios, está en mí, está en ti, vive en nosotros, y nosotros vivimos, nos movemos y somos en Él. Y está en nosotros por el hambre que de Él tenemos, por el anhelo, haciéndose apetecer. Y es el Dios de los humildes, porque Dios escogió lo necio del mundo para avergonzar a los sabios, y lo flaco para avergonzar a lo fuerte, según el apóstol (1 Co 1:27). Y es Dios en cada uno según lo siente y según le ama: "Si de dos hombres- dice Kierkegaard- reza el uno al verdadero Dios con insinceridad personal, y el otro con la pasión de toda la infinitud reza a un ídolo, es el primero en el que en realidad ora a un ídolo, mientras que el segundo ora en realidad a Dios" (Unamuno, 2022, p. 147).

De esta manera, Kierkegaard expresa la noción de verdad y de existencia cristiana. En una de las obras más importantes de Kierkegaard, el "*Post Scriptum no científico y definitivo a migajas filosóficas*", de 1846 y que bajo el pseudónimo de Johannes Climacus aborda el tema de la existencia religiosa, examinando el asunto de la verdad cristiana como un asunto que se debe comprender siempre de manera subjetiva: "Para la reflexión objetiva la verdad llega a ser algo objetivo, un objeto, pues de lo que se trata es de prescindir del sujeto, mientras que para la reflexión subjetiva la verdad llega a ser la apropiación, la interioridad, la subjetividad, y de lo que se trata es precisamente de que el existente se zahonde en la subjetividad" (Kierkegaard, 2010, p. 194). Este es el enfoque que caracteriza la existencia cristiana: apropiación, interioridad y subjetividad.

Para un examen de sí mismo recomendado a este tiempo, esta obra compuesta de varios discursos edificantes predicados en 1851 ha sido considerada como el escrito edificante más popular de Søren Kierkegaard. Está basada en uno de los textos bíblicos que más tuvo preferencia: la carta del apóstol Santiago. Justamente esta carta, que tiene un gran contenido parenético, es la que usa Kierkegaard para comunicar directamente su visión de la fe cristiana, apelando, en principio, al filósofo ateniense Sócrates, modelo de coherencia entre palabra y vida dentro del paganismo, para finalizar en la "seriedad" que implica ser cristiano o, más bien, la radicalidad de la existencia cristiana. Uno de los términos iniciales para hablar del cristianismo es el de *stemning*, es decir, del talante, la atmósfera, la tonalidad afectiva, la clave o el acorde con que debe hablarse de aquello que concierne a nuestra propia existencia. Por ello, el *stemning* es la "seriedad". Y la seriedad del que predica sobre "cómo llegar a ser cristiano consiste en que un individuo singular se reconozca pecador para hablarle como individuo singular, en su vida cotidiana, a otro individuo singular que se reconozca a su vez también pecador para no caer, ambos, en la impostura" (Kierkegaard, 2011, p. 13).

En el prefacio aparece sintéticamente la finalidad de esta obra, pues: "¡Mi querido lector!, ¡lee en lo posible, en voz alta! (...) Al leer en voz alta, recibirás con más fuerza la impresión de que tendrás que habértelas únicamente contigo mismo, no conmigo, que no tengo autoridad, ni tampoco con otros, lo que sería una distracción" (Kierkegaard, 2011, p.23).

Por tanto, el contenido de este examen es una confrontación singular del yo ante Dios y ante sí mismo. El papel de Sócrates, siempre presente en Kierkegaard, es puesto como modelo de seriedad, pues lo postula como paradigma de seriedad frente a sí mismo y frente a su existencia, recordando el juicio del año 399 a. C., en Atenas. En definitiva, lo que quiere postular Kierkegaard es que el ser cristiano es una decisión bienaventurada que ha de vivirse de manera absolutamente radical, esto es, sin escatimar ningún momento o instante, fuerzas, esfuerzos y el corazón.

Siguiendo con Sócrates, aparece su "martirio por la verdad", que ha de reduplicar el auténtico creyente: "siendo conocido por todos, ridiculizado por nuestros poetas cómicos, considerado como un tipo raro, atacado constantemente por anónimo" (Kierkegaard, 2011, p. 28). Sin duda, el asumir con seriedad la cuestión de la fe denota, inexorablemente, asumir el sufrimiento por la verdad, como Sócrates y, sobre todo, como Jesús. Por eso, el auténtico orador cristiano, puesto que lo cristiano es su vida, en cada instante tendrá presente, al alcance de la mano, la elocuencia, precisamente la elocuencia de la persecución. Adicionalmente, lo religioso adquiere un carácter de severidad en Kierkegaard, puesto que sus interpretaciones exigen todo de sí: "Y tú, oyente mío, reflexionarás que cuanto más alto se considera lo religioso más severo se vuelve, pero de ahí no se sigue que puedas soportarlo, quizás hasta sea de motivo de escándalo y perdición" (Kierkegaard, 2011, p. 30).

El cristiano debe urgentemente tomar conciencia de la clase de seriedad que implica llegar a ser cristiano: "la exigencia más grande del cristianismo es: tú deberías esforzarte lo más posible para que tu vida se manifieste en obras, y se exige luego una cosa más, que te humilles y reconozcas: aun así, por gracia soy salvado" (Kierkegaard, 2011, p. 34). En última instancia viene unas preguntas que interpelan, en su máximo esplendor, la grandeza de la fe cristiana: "¿Hasta qué punto la fe que dices tener te ha inquietado? ¿Dónde has dado testimonio de la verdad y dónde contra la mentira? ¿Qué sacrificios has hecho? ¿Cuánta persecución has sufrido por tu cristianismo? Y en tu casa, en la vida hogareña, ¿dónde se han hecho notar la abnegación y la renuncia?" (Kierkegaard, 2011, p. 35). Estas preguntas no pueden responderse retóricamente, pues son las acciones, el testimonio, el sufrimiento y, por último, el martirio como expresión suprema de seguimiento a Jesús de Nazaret.

5. CONCLUSIONES

El filósofo danés Søren Kierkegaard postuló una serie de planteamientos sugerentes sobre el cristianismo, pues ha escalado, con sus aportes, las cimas más altas del significado de la fe cristiana. Además, sus episodios vitales, que reflejan una genuina adhesión al mensaje cristiano, están permeados de una constante búsqueda de ser un auténtico cristiano. En consecuencia, y a modo de corolario, podemos concluir:

A. Considerar la existencia cristiana con toda la seriedad, según Kierkegaard, implica asumir la fe en Cristo, como estilo de vida interior, que conduce a una vida permeada del evangelio de Jesucristo. Este estilo de vida requiere como *conditio sine qua non* una decisión arriesgada: ser imitador de Jesucristo. La decisión, como lo expresa Kierkegaard, es una elección personal, subjetiva, singular, en la que el individuo lo pone todo en juego; es una apuesta de la totalidad del ser humano que, en este caso, se entrega apasionadamente a la fe cristiana, como única alternativa frente a la hegemonía de la cristiandad.

B. La verdad kierkegaardiana plantea una singular aportación: la cuestión de la relación, expresado en *La enfermedad mortal, Post Scriptum*. En efecto, hablar de verdades cristianas denota inexorablemente una relación vital entre el contenido de la fe cristiana y el individuo. Por ello, en el pensamiento kierkegaardiano, estriba una esencial importancia en la vida, en los actos vitales, en el estilo de vida del creyente, pues, en la medida que dicha relación transforme la existencia singular, la fe se hace visible con todo su esplendor. Este es el argumento de *Para un examen de sí mismo recomendado a este tiempo*, y que se madura con el sufrimiento de su causa: ayudar a otros a elegirse a sí mismos.

C. La fe cristiana exige una seriedad sagrada y mortal, pues allí se construye una eternidad, mediante la vivencia de instantes salvíficos. Kierkegaard afirma, permanentemente, en *Para un examen de sí mismo recomendado a este tiempo* que el discurso, la oratoria y la dogmática cristiana no cambian vidas, que es un falso cristianismo derivado de una ilusión: la cristiandad. En consecuencia, Kierkegaard, al igual que Pascal, Agustín, Lutero y Sócrates, revindican el valor de la interioridad. En este sentido, el pensamiento kierkegaardiano pretende denunciar que, en "La época presente", la dictadura de la exterioridad, concretizada como nivelación, está atentando contra la singularidad del existente y, por ello, propone la interioridad subyacente en la fe cristiana, como alternativa frente a la época reflexiva. El yo ante Dios y la responsabilidad vital son aspectos destacables de su propuesta filosófico-teológica.

Esto es, al menos, las disquisiciones kierkegaardianas más importantes acerca de la existencia cristiana, circunscrita en dos obras de edificación: "*Para un examen de sí mismo recomendable a este tiempo, La época presente*".

6. REFERENCIAS

Agustín de Hipona (2013), *Confesiones*. Traducción de Jose Cosgaya, Osa. Biblioteca de Autores Cristianos.

Camilleri Sylvain (2017), Heidegger y Kierkegaard: En el comienzo. Revista *Studia Humanitatis*, 6 (7), 81-101.

García Martín J., Giordano D. (2011), *Kierkegaard y la comunicación*. Multilingual book

Guerrero L. (2004), *La verdad subjetiva*. Universidad Iberoamericana.

Heidegger Martin (2000), Los problemas fundamentales de la fenomenología. Traducción de Juan José García Norro, Trotta

John V. (2011), "Being in the Truth: Climacus´Devout Idolater From Within Ramanuja´s Visistadvaitic Tradition" in Kierkegaard: East and West, Acta kierkegaardiana 5, Kierkegaard Circle, Trinity College.

Kierkegaard, S. (1993), Diario *íntimo*. Traducción de María Angélica A. Bosco, Planeta.

Kierkegaard, S. (1988), *Mi punto de vista*. Aguilar

Kierkegaard Søren (2008), *La enfermedad mortal*. Traducción de Demetrio Gutiérrez Rivero, Trotta.

Kierkegaard Søren (2012), *La época presente*. Traducción y notas de Manfred Svensson, Trotta.

Kierkegaard, S. (2007), *O lo uno o lo otro. Un fragmento de vida II*. Trotta

Kierkegaard Søren (2011), *Para un examen de sí mismo recomendado a este tiempo*. Trotta

Kierkegaard Søren (2010), *Post Scriptum No científico y definitivo a migajas filosóficas*. Ediciones Salamanca.

Landkildehus S. (2008), "Kierkegaard´s Conception of Faith in the 1849. Discourses on the Lilies and Birds" en *Kierkegaard and Faith*, University of Barcelona and Constantine the Philosopher University in Nitra, Sociedad Hispánica de Amigos de Kierkegaard, Sociedad Iberoamericana de Estudios Kierkegaardianos, pp. 27-33.

Loungina D. (2008), "Kierkegaard: Faith in the Age of Positivism" en *Kierkegaard and Faith*, University of Barcelona and Constantine the Philosopher University in Nitra, Sociedad Hispánica de Amigos de Kierkegaard, Sociedad Iberoamericana de Estudios Kierkegaardianos, pp. 196-204.

Morales, A. (2022), Autenticidad y espiritualidad: un diálogo entre Heidegger y Kierkegaard en *Repensar las humanidades en el siglo XXI*, 287-295. Aranzadi

Morales, A. (2022), "El singular enfoque del concepto de verdad, en la obra pseudónima de Søren Kierkegaard" en *Filosofía, método y otros prismas: historia y actualidad de los problemas filosóficos,* Dykinson, pp. 793-806

Morales, A. (2023), "El problema de la verdad: una hermenéutica al *Post Scriptum* de Kierkegaard" en *Reflexiones marginales,* Dossier 75, número 75 https://n9.cl/badmg

Morales, A., García Martín J., Kralik R., Shcherbiak I. (2022), The Singular Approach to the Concept of Truth in Kierkegaard´s pseudonymus work Post Scriptum. *Acta Missiologica,* 16 (2), 66-79

Morales, A., García Martín J., Kralik R., (2021), The Kantian Ethical Perspective seen from the Existential Philosophy of Søren Kierkegaard´s Victor Eremita. *Sciendo,* 11(1-2), 48-57 DOI: https://doi.org/10.2478/ebce-2021-0003

Rocca Ettore (2020), *Kierkegaard: Secreto y testimonio.* Traducción de Leonardo Rodríguez Duplá. Universidad Pontificia Comillas.

Sartre, J. P., Marcel, G., Jaspers, K., Paci, E., Lévinas, E., Derrida, J., García- Baró, M. (2005), *Kierkegaard vivo. Una reconsideración*. Encuentro

Ubieta, L. (1998), *Biblia de Jerusalén*, Desclée de Brouwer.

Unamuno M. (2022), *Del sentimiento trágico de la vida en los hombres y en los pueblos.* Elynes

EL ÁMBITO ESPACIAL Y TEMPORAL EN EL CÓMIC A TRAVES DEL PENSAMIENTO DE KANT Y ARISTÓTELES

Jaume Palop González-Anleo[1]

1. INTRODUCCIÓN

En el presente texto se plantea una reflexión analítica sobre diversos medios y procedimientos mediante los cuales una obra de cómic transmite y dosifica la información espacio-temporal al lector, y sobre cómo de la imagen bidimensional de la página, surge una ilusión temporal efectiva que sirve de medio y medida para el desarrollo de la narración.

Tras sopesar diversas aproximaciones, se ha optado por una fundamentación conceptual basada en nociones sobre el espacio y el tiempo expuestas por Kant, Aristóteles, si bien se apuntan también algunas ideas de Henry Bergson. Esta base conceptual, una vez desarrollada según sus posibilidades de aplicación al análisis de un texto narrativo, nos ayudará a clarificar conceptualmente lo que entendemos por ámbito de la narración y las diversas características mediante las cuales espacio y tiempo se manifiestan en éste.

A partir de aquí, se ha reflexionado sobre la manera de aplicar a la narrativa estas exposiciones conceptuales, interpretándolas en relación a este ámbito, y aprovechando los resultados de este proceso para realizar diversos análisis de textos de cómic apoyados en ellas.

2. OBJETIVOS

El objetivo general de este trabajo consiste en reflexionar sobre los medios a través de los cuales se transmite la información espacio-temporal en un cómic. Asimismo, como objetivos específicos, se busca comprender, en base a esta información, cómo se constituye el ámbito ficticio de la narración. Se plantea a su vez investigar sobre los procedimientos que permiten evocar la dimensión temporal partiendo de un espacio gráfico bidimensional, aplicando al análisis narrativo del cómic diversas nociones filosóficas sobre el tiempo - no específicamente concebidas en ese campo - así como definir instrumentos de análisis basados en dichas nociones.

Por último, otro objetivo específico consiste en analizar la representación en el medio del cómic del cambio y el movimiento, y sus implicaciones en la percepción del tiempo

1. Universidad Jaume I (España)

narrativo, así como estudiar cómo influye dicha interacción en la experiencia de lectura de un cómic.

3. MARCO TEÓRICO

3.1. Conceptos de espacio y tiempo

Se entiende, para nuestra reflexión, que toda información transmitida por la obra narrativa al lector pertenece a uno de estos 2 ámbitos, el del espacio o el del tiempo. Así pues, nos será útil empezar clarificando las nociones conceptuales que manejaremos de espacio y tiempo, antes de abordar su aplicación al ámbito narrativo.

Scott McCloud comenta en su libro *Entender el cómic, el arte invisible* sobre la imposibilidad de estar absolutamente seguro de nada que no nos comuniquen nuestros sentidos. Así pues, no se puede refutar (ya que no podemos situarnos fuera de nuestros sentidos) el hecho de que toda la realidad podría de hecho dejar de existir en el momento que dejamos de percibirla, y volver a existir de manera coherente cuando giramos de nuevo la vista hacia ella. Es decir, que – aquí McCloud adopta un punto de vista marcadamente solipsista - requiere un cierto acto de fe aceptar que alguna cosa exista fuera de nuestra percepción sensible.

"Incluso hoy -añade McCloud- cuando escribo y dibujo esta viñeta, no tengo la seguridad de nada aparte de lo que me comunican mis 5 sentidos" (McCloud, 2019, p. 61).

McCloud utiliza esta idea para explicar cómo la mente extrapola de manera natural una realidad más amplia en base a la información fragmentaria que recibe de esta (concepto que denomina *clausura*, y en que se apoyan muchas dinámicas narrativas).

Ahondaremos en esta idea, si bien para refutarla, gracias a Immanuel Kant y su *Crítica de la razón pura.* Kant considera espacio y tiempo como formas puras a priori de nuestra intuición sensible. Es decir, entiende que la razón extrae conocimiento sobre los objetos al relacionarlos con estos principios – espacio y tiempo – al permitir estos al intelecto, por así decirlo, ser afectado por dichos objetos: "... espacio y tiempo constituyen intuiciones que contienen a priori las condiciones de posibilidad de los objetos en cuanto a fenómenos" (Kant, 2017, p. 114)

Así pues espacio y tiempo fundamentan nuestro conocimiento de la realidad. Pero fundamentan, no obstante, aspectos diferentes de esta. Aquí Kant es categórico: "El tiempo no puede ser intuido como algo exterior, ni tampoco el Espacio como algo en nosotros" (Kant, 2017, p. 63).

Sería el espacio para Kant el fundamento, o propiedad de la sensibilidad, que se relaciona con todo aquello que está fuera de uno. Es decir, el espacio contiene en si a priori los principios referentes a la forma y a las relaciones entre los diversos objetos exteriores a nosotros mismos.

Así pues, esa sensación de realidad exterior (lo único de lo que podemos estar seguros, según McCloud), que se percibe en la forma de las diversas representaciones y características de los objetos en el espacio, sería una construcción intelectual en base a múltiples sensaciones dadas por nuestra sensibilidad al relacionar los objetos con la noción de espacio.

De esta manera, el espacio es imprescindible para percibir y organizar la realidad según nuestra sensibilidad. Por tanto, es a priori, no es ajeno a nuestro intelecto. Pero debe existir algo exterior a nosotros, diferente del espacio mismo, que se relacione con él. El espacio es un medio, pero no puede ser también el contenido. He aquí pues esa realidad exterior que fundamenta el *show* particular del que hablaba McCloud, realidad que aunque no percibamos directamente en todo momento, somos capaces de extrapolar gracias a la idea de espacio.

Ciertamente, Kant acaba siendo, de nuevo, inapelable a este respecto:

> *"La conciencia de mi existencia en el tiempo se halla, pues, necesariamente ligada a la existencia de cosas fuera de mí, como condición de determinación temporal. Es decir, la conciencia de mi propia existencia constituye, a la vez, la conciencia inmediata de la existencia de otras cosas fuera de mí" (Kant, 2017, p. 228).*

Siguiendo con la argumentación de la estética trascendental, el tiempo ha de entenderse a su vez, como un medio que permite experimentar la realidad y ser afectado por ella.

Los conceptos de simultaneidad o sucesión, que adquirirán gran importancia en nuestro análisis narrativo, no se pueden concebir sin entender el tiempo como una representación dada a priori, que los fundamenta. Como dice Kant de nuevo:

> *"El Tiempo no es un concepto empírico extraído de alguna experiencia. En efecto, tanto la coexistencia como la sucesión no serían si quiera percibidas si la representación del tiempo no les sirviera de base a priori." (Kant, 2017, p. 69)*

El cambio y el movimiento, a su vez, sólo son posibles en el tiempo. Pero son de naturaleza empírica, dado que, para que los haya, se requiere de nuevo percibir la existencia de un objeto diferente del tiempo y el espacio en si mismos (aunque existente en estos). Es decir, tiempo y espacio no cambian ni se mueven, lo hace el objeto percibido en ellos.

El cambio en un objeto requiere que este se muestre en diferentes estados, que solo pueden ser sucesivos. La sucesión es, en realidad, la forma en que nuestra sensibilidad organiza y relaciona ciertos fenómenos – movimientos o cambios - que le vienen dados en el tiempo.

Expresándolo con sencillez, diferentes manifestaciones temporales serán necesariamente sucesivas, mientras que diferentes manifestaciones en el espacio podrán ser simultaneas.

Kant lo expresa así: "...tiempos diferentes no son simultáneos, sino sucesivos (al igual que espacios distintos no son sucesivos sino simultáneos)" (Kant, 2017, p. 70)

El espacio nos da información sobre la manera en que las cosas han llegado a estar. El contexto, el pasado, en último término. Si deseamos información sobre el presente hemos de recurrir al tiempo. Se ha dicho que toda información otorgada por el espacio es sobre el exterior al sujeto. El tiempo, en cambio, para Kant, sí que sirve de medio para concebir los conceptos internos de este: "El tiempo no es otra cosa que la forma del sentido interno, esto es, del intuirnos a nosotros mismos y a nuestro estado interno" (Kant, 2017, p. 72).

Así que, en último término, la sensación general de realidad exterior a nosotros percibida por nuestros sentidos y representada por nuestro intelecto, también es, en cuanto a intuición interna, una representación temporal, con todo lo que ello conlleva.

> *"Si puedo afirmar a priori que todos los fenómenos externos se hallan en el espacio y están determinados a priori según las relaciones espaciales, puedo igualmente afirmar en sentido completamente universal, partiendo del principio del sentido interno, que absolutamente todos los fenómenos, es decir, todos los objetos de los*

> *sentidos, se hallan en el tiempo y poseen necesariamente relaciones temporales" (Kant, 2017, p. 72)*

De manera que toda nuestra percepción y representación de cualquier objeto, de toda la realidad, incluyendo relaciones espaciales, existe finalmente en el tiempo, y por tanto puede ser organizada mediante relaciones de sucesión. Cierto es que los objetos existen de manera simultánea en el espacio, pero nuestra representación de ellos es sucesiva. Esto es lo que remarcaba McCloud, y lo que permite a su vez la comprensión coherente de un ámbito ficticio narrativo en base a informaciones fragmentarias ordenadas en el tiempo de cierta manera.

Consecuentemente, a la hora de plantearnos el ámbito de la narración, será a través de esta concepción de tiempo y espacio como intentaremos analizar las pautas estructurales de las diversas obras narrativas.

3.2. El ámbito de la narración:

Así pues, espacio y tiempo no son externos a nosotros, pues son lo que fundamenta a priori nuestra percepción intelectual de la realidad. Pero en el caso de una obra narrativa, espacio y tiempo acceden a la realidad ficticia en la que se sitúa la acción narrativa de manera indirecta. Es decir, a través de una información codificada simbólicamente en función de las herramientas del medio narrativo al que la obra pertenece.

Henry Bergson, quien maneja una concepción del tiempo bastante diferente a la de Kant, asume, de hecho, la posibilidad de interpretar, si bien de manera imperfecta, la realidad a través de la construcción simbólica:

"Es la reconstrucción artificial de la cosa, la imitación (...) de la cosa mediante lo que es en realidad signo, símbolo, representación" (Bergson, 2018, p. 36)

Ese conocimiento no es absoluto, pero el proceso debería ser suficientemente rico y complejo para darnos un conocimiento funcional, tanto en la mayoría de las situaciones de nuestra vida cotidiana, dice Bergson, como en el caso particular del ámbito narrativo.

Como decíamos, una vez comprendida y procesada por el intelecto la información espacio temporal, el proceso intelectual de la percepción sensible de este ámbito sería análogo al de la realidad percibida directamente en nuestro día a día. Esta idea resulta quizás más intuitiva en caso del espacio, del mundo exterior a nosotros, ya que muchas técnicas y artificios para representar espacios diversos y complejos tridimensionales en un espacio bidimensional (la perspectiva cónica, el escorzo...) forman ya parte, podría decirse, de nuestra conciencia colectiva y son comprendidas sin necesidad de un proceso reflexivo. Pero en la narración, el espacio de la página representa también la dimensión temporal, lo que requiere una batería de técnicas y artificios cualitativamente diferente.

Trataremos pues, a lo largo de este texto, de analizar ciertas características de dicha codificación simbólica para llegar a conclusiones sobre el proceso intelectual de generación del ámbito espacio-temporal de la narración.

Es importante establecer aquí una distinción. Toda aquella información espacio-temporal que se transmite directamente al lector mediante los medios de la obra narrativa, configurará el ámbito explícito de la narración. Es decir, en el caso del cómic, lo que aparece representado en las viñetas, en las páginas. Pero el ámbito de la narración es más amplio que eso. Partiendo de esa información que el lector recibe explícitamente, este, gracias a su imaginación y contrastando lo que se le transmite con su experiencia del mundo real, puede, y de hecho necesita para la comprensión efectiva de la obra, extrapolar un tiempo y un espacio continuos en los que tendrá lugar la acción narrativa.

A nivel temporal, Will Eisner, en su obra *El cómic y el arte secuencial,* reconoce lo fundamental de esta idea para la narrativa del cómic:

> *"Así pues, la cuestión vital en disponer la secuencia de acontecimientos (o dibujos) de forma que se llenen los vacíos de la acción. De tal forma que el lector pueda completar los acontecimientos interpuestos por medio de la experiencia." (Eisner, 2007 p. 40)*

Este ámbito implícito se filtra, obviamente, entre las calles entre viñetas, en las continuas elipsis que se producen en el cómic al pasar de una viñeta a otra. Como bien explica Román Gubern en su discurso ante la Real Academia de Bellas Artes de San Fernando: "el lapso durativo de tiempo transcurrido entre dos viñetas consecutivas, elipsis cuya temporalidad también tiene una naturaleza virtual y a la que Michel Río llamó hiato intericónico" (Gubern, 2013, p. 15).

Toda esta información que el lector deduce o interpreta constituirá el ámbito implícito de la narración, idea fundamental para nuestra presente reflexión sobre la naturaleza del tiempo narrativo. El ámbito implícito y explícito de la narración no tienen intersección y de su unión resulta la totalidad, que llamaremos el ámbito continuo de la narración.

Obsérvese que este proceso de extrapolación de la totalidad es análogo al que ya hemos comentado respecto de nuestra percepción del mundo real, del que también tenemos información necesariamente fragmentaria, que nos permite, como decía McCloud, extrapolar una realidad que no es necesario percibir directamente. En sus propias palabras, de nuevo: "¡No he visto nunca la tierra desde el espacio, pero estoy convencido de que la tierra es redonda!" (McCloud, 2019, p. 61)

3.3. La viñeta como representación del ámbito ficticio:

Cada objeto que se encuentra en el universo ficticio de la obra, tiene presencia independiente en el espacio gráfico. De las relaciones en el espacio entre estos objetos se extrapola el espacio ficticio de la obra, codificado simbólicamente, como ya se ha dicho, utilizando los recursos narrativos propios del medio.

La integración de diversos elementos gráficos en una unidad compacta y coherente, que se percibe de manera simultánea, forma una viñeta. La viñeta es la codificación mediante la que se nos presentan en el cómic el espacio y el tiempo de la narración. No es el tiempo, ni es el espacio, pero es en el tiempo y en el espacio.

3.4. La viñeta en el espacio:

La viñeta es en el espacio, esto es, de dos maneras: es en el espacio de la página, y es en el espacio de la narración, que existe en la mente del receptor través de la información codificada en imagen y texto, en relación con la noción a priori de espacio.

Según Aristóteles, como también decía Kant, el lugar debe existir independientemente del objeto: "De ahí que el lugar de una cosa no es ni una parte ni un estado de ella, sino que es separable de cada cosa" (Aristóteles, 1995, p.119).

Así pues, el lugar acaba siendo el límite entre la cosa y aquello que la envuelve: "...la forma es el límite de la cosa, mientras que el lugar es el límite del cuerpo continente" (Aristóteles, 1995, p. 126).

En el caso de la viñeta de cómic, el lugar viene representado simbólicamente con diversas soluciones gráficas. Quizás la más intuitiva sea una línea de contorno, siendo uno de los ejemplos por excelencia en la representación del espacio a través de esta, la serie de Tintín, de Hergé. Significativamente, el estilo de este autor creo el paradigma de lo que se ha dado en llamar "cómic de línea clara". Pero en ocasiones ese límite espacial puede evidenciarse con un contraste entre superficies gráficas, cambios de textura, color, o luminosidad. Otros autores como Frank Miller, de quien hablaremos posteriormente, o Sergio Toppi, a medida que van singularizando su estilo, recurrirán menos a la línea para este fin, en favor de la mancha o el grafismo.

De la combinación de todos estos recursos gráficos obtenemos una composición del espacio narrativo de la obra. La elección de estos recursos corresponde al autor y tendrá, como se ha visto, connotaciones sobre el estilo y el tono de la obra.

3.5. La viñeta en el tiempo:

Siguiendo con Aristóteles, este reflexiona sobre la naturaleza e implicaciones del ahora. Se define el ahora como límite del tiempo. El tiempo transcurre entre los ahoras, de manera que, es posible delimitar un antes y un después de este. A su vez, el ahora tiene una dualidad, como divisor de las partes del tiempo, y como unión del continuo del tiempo.

"El ahora es la continuidad del tiempo (...) pues enlaza el tiempo pasado con el tiempo futuro, y es el límite del tiempo, ya que es el comienzo de un tiempo y el fin de otro"

(Aristóteles, 1995, p. 162)

Hemos afirmado que la viñeta es en el tiempo. En el cómic, el tiempo se divide y organiza a través de viñetas y sus relaciones. Podemos suponer que cada viñeta, así como cada intervalo entre ellas, tiene un antes y un después, relativos al ahora. Y los antes y después de viñetas e intervalos se van sucediendo continuamente, ya que el antes del siguiente intervalo sucede sin interrupción al después de la anterior viñeta, generando la ilusión de continuidad del tiempo narrativo. Las viñetas se podrían considerar como intervalos concretos, y las calles, intervalos no concretos, que a su vez coinciden con el tiempo explícito e implícito de la narración de los que ya hemos hablado.

En el cómic, las imágenes yuxtapuestas se entienden como la sucesión de estados temporales de la que hablábamos. De esta manera la línea, en este caso la línea que divide las viñetas, también codifica en este medio el paso del tiempo. Las relaciones posicionales entre viñetas pueden ser relativamente complejas, en función de la distribución bidimensional de estás en la composición de la doble página. Esta composición marca el ritmo y estructura temporal de la obra de diversas maneras.

En condiciones normales, para relacionar temporalmente una viñeta con otras, distribuidas por la misma o por diferentes páginas, necesitamos que estás incluyan algún elemento común sobre el que percibamos el potencial cambio. Asimismo, cuando se nos presenta información sobre ciertos objetos de la narración en diversos aspectos o formas, somos capaces de integrarlos en una pauta temporal que nos permite entender que entre estas percepciones de los objetos hay una relación de sucesión o de causalidad. Es decir, cambio o mutación en ellos.

Aristóteles lo expresa con sencillez: "Pero sin cambio no hay tiempo; pues cuando no cambiamos en nuestro pensamiento o no advertimos que estamos cambiando, no nos parece que el tiempo haya transcurrido" (Aristóteles, 1995, p. 152)

Y Kant incide en la misma idea, aplicada a la la sucesión de estados en un objeto concreto:

> "Aquí añadiré que el concepto del cambio, y con él el concepto del movimiento (...) sólo es posible en la representación del tiempo y a trvés de ella; igualmente, que si esta representación no fuese intuición (interna) a priori, no habría concepto alguno, fuese el que fuese, que hiciera comprensible la posibilidad de un cambio, es decir, de una conexión de predicados contradictoriamente opuestos en una misma cosa (...). Sólo en el tiempo, es decir, *sucesivamente*, pueden hallarse en una cosa las dos determinaciones contradictoriamente opuestas" (Kant, 2017, p. 71)

Será útil aquí clasificar la naturaleza de los cambios, como también considera Aristóteles, en tres tipos, de posición, de tamaño o de cualidad: "Ahora bien, no hay movimiento fuera de las cosas, pues lo que cambia siempre cambia o sustancialmente, o cuantitativamente o cualitativamente o localmente..." (Aristóteles, 1995, p. 80).

4. METODOLOGÍA

Una vez establecidos los términos en los que concebimos el ámbito ficticio narrativo de una obra de cómic, procedemos a definir los materiales y procedimientos mediante los cuales se llevarán a cabo los análisis de secuencias concretas de textos de cómic.

4.1. La secuencia temporal

De cara al análisis de la secuencia temporal de un cómic, y una vez establecidas claramente las nociones de sucesión y cambio, aprovecharemos la clasificación, muy completa y práctica, de la naturaleza de las transiciones entre viñetas que puede presentar un cómic, presentada por Scott McCloud en el capítulo 3 de su libro *Entender el cómic, el arte invisible* (p.70-74). En función de lo que vemos que cambia y lo que no de una viñeta a otra, encontramos transiciones que llama "momento a momento", que sugieren un tiempo muy breve entre momentos de una misma acción. En segundo lugar, transiciones entre acciones diferentes, dentro de una misma escena. También encontramos transiciones "escena a escena", en las que el salto temporal y espacial es considerablemente mayor. Pero en ocasiones también hay transiciones entre viñetas, que él llama de "aspecto-a-aspecto", en la que se nos muestran diferentes "aspectos", o puntos de vista de una misma escena en un mismo momento. Por último, están las llamadas "Non sequitur", que separan viñetas entre la cuales no existe solución de continuidad y rompen en cierto sentido la línea temporal.

4.2. Receptor integrado

Como se ha explicado anteriormente, basamos la concepción de un ámbito ficticio espacio - temporal en la explicación de Kant sobre la sensibilidad a priori. Pero Kant afirma que el espacio sólo da información sobre aquello que es exterior a nosotros, mientras que el tiempo sirve de medio para las representaciones interiores ¿Cómo aplicar esta idea al cómic si nosotros, los lectores de una obra, no estamos físicamente dentro de ese ámbito? Todo sería, pues, exterior al lector, y consecuentemente, espacio. Y eso, pues, es lo que perciben los sentidos en una página, espacio bidimensional. Para extrapolar, partiendo de este espacio, el ámbito completo de la narración - que no solo consta de representación espacial, sino también temporal – necesitaremos ubicarnos simbólicamente dentro de este mismo ámbito. Será útil definir la presencia del lector dentro del ámbito narrativo como lo que denominaremos un "receptor integrado".

Nos apoyaremos también aquí en una idea que presenta Henry Bergson:

> *"¿Qué se necesita para que tengamos un conocimiento absoluto (...) del personaje que se nos representa? Se necesita que el novelista o el poeta encuentren la forma de trasladarnos al interior de su personaje, de hacernos coincidir con él" (Bergson, 2018, p.30)*

Bergson entiende que el autor debe de tener un conocimiento absoluto de sus personajes, que surgen en último término de su propia personalidad, pero al final deben ser transmitidos al lector por un cierto código, y este los contrasta con su propia experiencia. No conoce al personaje absolutamente si no su representación compuesta en signos, que será capaz de interpretar para dotar a este personaje de carácter y complejidad.

A efectos prácticos, cuando un receptor se expone a una obra narrativa adquiere un punto de vista, mediado por las características del medio narrativo y el criterio del autor. En ese momento podemos teorizar la existencia de una suerte de entidad virtual, proyección del entendimiento del lector, capaz de exponerse al tiempo y espacio narrativos, que sirve de puente entre el ámbito narrativo y el lector. Este receptor integrado es creado en relación al tipo de narrador de la obra, adquiriendo las características propias, en el tiempo y el espacio, de este, sea omnisciente, en primera persona, o selectivo.

Esta entidad-puente permite que información relativa al espacio y tiempo narrativos entre en contacto con la sensibilidad del receptor, permitiéndole así fundamentar todos los conceptos espaciales (exteriores al receptor integrado) y temporales (internos a él) de ese ámbito.

5. DESARROLLO DE LA INVESTIGACIÓN

En este apartado se describen análisis de secuencias concretas de algunos cómics, en base a las herramientas descritas anteriormente:

En primer lugar, para el análisis narrativo de la estructura secuencial, de la sucesión y de la causalidad, nos apoyaremos en una escena concreta de *Costas salvajes*, obra de género terrorífico de Ram V y Sumit Kumar, que también resultará útil para poner de manifiesto la naturaleza de los cambios que acontecen sobre los diversos elementos. La secuencia se situa en un bosque, de noche, donde tiene lugar un encuentro entre dos personajes. En una primera viñeta vemos la sombra de cierto personaje, que se proyecta junto a un segundo personaje al que se dispone a atacar. En la expresión de este segundo personaje antes soberbio, aún se percibe un cierto control aparente de la situación. La siguiente viñeta nos muestra como el tamaño de la sombra ha aumentado brutalmente y ahora cubre por completo al segundo personaje - cuya expresión ha variado hacia el terror - evidenciando un brusco cambio de tamaño del primer personaje, que se encuentra fuera de campo (dado que narrativamente se considera conveniente no dar mayor información gráfica sobre su verdadera forma en este momento) figura 1).

Figura 1. Fuente: Ram V y Kumar, S. Costas salvajes (2019)

En la transición, de acción a acción siguiendo la clasificación de McCloud, se produce un brusco cambio de cantidad (el tamaño de la sombra, y consecuentemente, del objeto que la proyecta) que provoca un cambio de cualidad (el paso de la seguridad en si mismo al terror, expresado simbólicamente por la expresión de su rostro) en el segundo personaje. En viñetas sucesivas vemos cambiar de posición ciertos objetos - entre ellos, muy significativamente, la cabeza del primer personaje - que inducen también un cambio de cualidad en este, que pasa de estar con vida a estar sin ella. En esta secuencia, la acción principal que ocurre, la transformación y el ataque, no se nos muestra, ya que está fuera de campo, pero la comprendemos y podemos imaginar por sus consecuencias -los cambios que ha producido - que sí que se encuentran explicitadas.

Respecto de la aplicación práctica de la noción de receptor integrado, pondremos un ejemplo relativamente sencillo: En *The big fat kill*, una de las historias que Frank Miller integra en su famosa saga Sin city, la narración va siguiendo en todo momento a Dwight McCarthy, el personaje protagonista, en una estructura bastante habitual en el género negro. El lector siempre tiene la misma información respecto de los hechos de la trama que el personaje, y está al tanto de sus pensamientos y sensaciones. El receptor integrado se identifica con este personaje, ya que la narración adopta su punto de vista. En cierto momento de la historia, a lo largo de diversas viñetas vemos a Dwight, el protagonista conduciendo un coche, bajo la lluvia, mientras el texto describe un monólogo interior. El lugar, aquello que es exterior al personaje, en relación al espacio, se representa mediante signos gráficos, es decir, el dibujo. El texto nos define sensaciones internas de este, por tanto, hace avanzar el tiempo narrativo (figura 2).

Figura 2. Fuente: Frank Miller, La gran Masacre (1997)

Este intervalo temporal es concreto, está explicitado en la viñeta. Es cierto que este monólogo interior viene expresado en la forma de un diálogo con otro personaje, Jackie, muerto en una escena anterior.

A lo largo de las sucesivas viñetas vemos las relaciones espaciales del coche respecto de otros vehículos. Aquí la sucesión se expresa pues en los cambios de posición de los objetos. Unas páginas más tarde se producen cambios sustanciales en la representación del lugar (objetos, escenario, condiciones climatológicas…) cuando el coche llega a los pozos de brea (un nuevo lugar donde se describen nuevas relaciones exteriores a él) entendemos que sobre ese personaje, que sigue siendo el mismo, se aplica un nuevo estado (esa conexión de predicados opuestos de la que habla Kant) que debe necesariamente ser sucesivo al anterior. Ha tenido lugar un intervalo temporal implícito entre las dos viñetas, que se produce de nuevo internamente al receptor integrado.

Pero esta concepción gráfico-espacial de la obra, que engloba todo aquello que es exterior al receptor integrado, puede representar también el mundo interior de los personajes. Se confirma así su naturaleza de fenómeno, a su vez, temporal.

Encontramos otro interesante ejemplo en el cómic Asterios Polyp, de David Mazzuchelli, donde el tratamiento gráfico de la imagen varía en función de la psicología de los diversos personajes en cuyo punto de vista se va situando el receptor integrado.

Al modo de un texto literario donde la trama fuera narrada en primera persona por personajes diferentes, adaptando estilo y vocabulario a las características de cada uno, en este cómic vemos, pues, como el autor puede enriquecer la experiencia de lectura y la descripción del universo ficticio de la narración proyectando y adaptando la percepción gráfica de la realidad de sus personajes. Cuando se nos da el punto de vista de alguno, los recursos gráficos de los que hablábamos antes- línea, mancha, grafismo, contraste, color - mediante los cuales se representa el lugar y las relaciones y características de los objetos en este, varían para adaptarse a las características psicológicas del personaje. Así a un individuo de carácter más severo y riguroso le correspondería un dibujo más lineal, anguloso y geométrico, mientras que a alguien pasional y espontáneo le correspondería un dibujo más orgánico (figura 3).

Figura 3. Fuente: David Mazzucchelli. Asterios Polyp (2019)

Podemos incluso, en ocasiones, ver diferentes estilos dentro de una misma viñeta, representando así de manera visualmente muy efectiva un conflicto personal, o una divergencia de puntos de vista. De la misma manera, cuando el conflicto se resuelve, los recursos gráficos de los diversos estilos se combinan, o hibridan. Entendemos de esta manera como las concepciones del mundo de diversos personajes pueden influirse recíprocamente, y de nuevo un proceso mental complejo, interno a los personajes, y por tanto en relación al tiempo, es entendido gráficamente con un golpe de vista.

6. CONCLUSIONES

En el presente artículo se ha realizado una reflexión sobre el modo de aplicar las diversas concepciones filosóficas sobre el tiempo - y nociones derivadas - para establecer pautas que permitan el análisis de textos narrativos de cómic.

Una obra narrativa, del tipo que sea, debe definir un ámbito ficticio, con unas condiciones y parámetros determinados, donde los hechos narrados en esta puedan situarse. Así pues, la información que recibe el receptor de una obra no sólo se refiere a los hechos, si no también, implícitamente, a estos parámetros subyacentes.

Así pues, nos refrendamos en la posibilidad de aplicación a la narrativa de la explicación de Kant, ya que concibe un modo de representar esa estructura de base, que se fundamenta en dos formas puras, espacio y tiempo.

Resulta útil, basándonos en las reflexiones expuestas de Kant, realizar un paralelismo entre las representaciones internas y externas al sujeto con los ámbitos temporal y espacial de la narración. Y es por ello que se ha propuesto la idea del receptor integrado, ya que nos permite ubicar simbólicamente con claridad este sujeto, a través del cual estableceremos la distinción entre lo interior y exterior: lo espacial y lo temporal. Una vez definidos con claridad estos ámbitos, y que elementos narrativos y piezas de información corresponden a cada uno, podemos entender mejor la interacción que sucede entre ellos y como la comprensión de ambos se complementa mutuamente. Hecho esto para una obra en particular, se entienden los procedimientos mediante los cuales la información referente a estos ámbitos afecta a la sensibilidad del lector, y a partir de esto se atisba la dimensión emocional que conlleva la experiencia de lectura de una obra de arte perteneciente a este medio.

Resulta de todo ello, tras los análisis realizados bajos esta perspectiva, la conclusión de que los conceptos espaciales y temporales en cómic, dado que comparten una representación gráfica común, permiten una cierta integración metafórica entre ambos ámbitos. Se dota así a este medio narrativo de una enorme expresividad, agilidad y versatilidad a la hora de transmitir este sentido interno de los personajes - sus sentimientos, conflictos, pensamientos o intenciones - que vemos explicitado gráficamente, permitiendo así evidenciar de manera efectiva y directa estados psíquicos y procesos mentales cargados de matices y complejidad.

7. REFERENCIAS

Aristóteles (1995). *Física*. Gredos.
Bergson, H (2018). *Historia de la idea de tiempo*. Paidós.
Gubern, R. (2013). *De los cómics a la cinematografía.* Real Academia de Bellas Artes de San Fermando. https://acortar.link/evJf60
Kant, I. (2017). *Crítica de la razón pura*. Gredos.
Mazzucchelli, D. (2019). *Asterios Polyp*. Salamandra Graphic.
McCloud, S (2019). *Entender el cómic - El arte invisible*. Astiberri.
Miller, F (1997). *La gran masacre.* Norma editorial.
Ram V y Kumar, S. (2019) *Costas Salvajes.* Medusa Cómics.
Eisner, W (2007). *El cómic y el arte secuencial.* Norma Editorial.

AUTORREGULACIÓN COMO RECURSO ACADÉMICO EN EL DESARROLLO DEL PENSAMIENTO CRÍTICO EN ESTUDIANTES UNIVERSITARIOS

Carolina Pérez González[1]

El presente texto nace en el marco del proyecto de tesis doctoral "Estrategias psicopedagógicas intra curriculares centradas en la autorregulación del aprendizaje: efecto en el desarrollo del pensamiento crítico de estudiantes de primer año de pedagogía de una Universidad privada chilena", llevado a cabo el año 2022, en el estudiantado de la Facultad de Educación de la Universidad Bernardo O´Higgins de Chile.

1. INTRODUCCIÓN

Desde el proceso de innovación curricular, el pensamiento crítico se ha transformado en parte fundamental del sello que pretende imprimir la Universidad Bernardo O´Higgins en sus futuros profesionales. En este sentido, es parte de la misión institucional y hay que hacerse cargo de asegurar que esta competencia se desarrolle de manera secuencial y progresiva, durante todo el trayecto formativo.

Sin embargo, "la heterogeneidad de los estudiantes universitarios que acceden a Universidades en Chile es una realidad desde hace tres décadas" (Covarrubias, Acosta, y Mendoza, 2019, p. 2), la que se expresa en niveles de ingreso muy disímiles, tanto a nivel de resultados de pruebas de selección universitaria, como de habilidades académicas y socio afectivas necesarias para la adaptación a las exigencias propias del ritmo universitario.

Mediciones diagnósticas realizadas a estudiantes de primer año de la UBO desde el 2014 a la fecha, dan cuenta de que ingresan a la institución con un bajo nivel de habilidades lingüísticas, de resolución de problemas y de autorregulación del aprendizaje, resultados que han tenido consecuencias importantes, por una parte, en la comunidad docente, que debe doblegar esfuerzos formativos y, por otra, en las dificultades de adaptación antes señaladas.

Lo anterior se reafirma a partir de los resultados obtenidos durante dos años consecutivos de la aplicación de la Prueba Collegiate Learning Assesment (CLA+) en la UBO, herramienta para medir el crecimiento individual de las y los estudiantes de educación en el pensamiento crítico y que describe el grado de desarrollo que es evidente entre los niveles académicos en los cuales se aplica la prueba (estudiantes que ingresan a primer año v/s estudiantes que egresan), resultados que indican que la cohorte de ingreso se encuentra en el mismo nivel de desarrollo que la cohorte de egreso, no existiendo diferencia entre aquel grupo de

1. Universidad Bernardo O´Higgins (Chile)

estudiantes que recién ingresa a la universidad y aquellos que se encuentran finalizando su formación universitaria (Dirección de Formación Integral Universidad Bernardo O´Higgins, 2021).

Lo precedentemente expuesto, interpeló a la institución a tomar medidas que mejoren la eficacia de las acciones curriculares tendientes a robustecer esta competencia, dentro de las cuales se encuentra la implementación, durante todo el primer año académico, de estrategias psicopedagógicas intracurriculares centradas en la autorregulación del aprendizaje, entendiendo que estas contribuyen al fortalecimiento del pensamiento crítico, habilidad que, de acuerdo a Sáez, et al. (2018), para su desarrollo, requiere de estudiantes autorregulados.

Tomando como referente el contexto antes señalado, el presente artículo da cuenta de los resultados de una intervención basada en la aplicación de estrategias intra curriculares centradas en la autorregulación del aprendizaje y su efecto en el desarrollo del pensamiento crítico de las y los estudiantes de primer año de la Facultad de Educación de la Universidad Bernardo O´Higgins de Chile (en adelante UBO).

Los hallazgos de esta investigación buscan beneficiar tanto el estudiantado como docentes, ya que, entregan luces para la toma de decisiones metodológicas y evaluativas tendientes a incorporar dentro de estas la habilidad de autorregulación, con el propósito de enfrentar de manera más efectiva la formación en el pensamiento crítico durante el trayecto formativo; sobre todo, atendiendo a que hoy el medio laboral interpela a las instituciones de educación superior a formar profesionales con esta capacidad. Al respecto:

> *La autorregulación del aprendizaje involucra que los estudiantes estén conscientes de la información que están procesando, disciernan entre argumentos válidos y falacias, desarrollen justamente el pensamiento crítico en donde puedan aplicar estrategias para resolver problemas y plantear interrogantes que valoren nuevas ideas. (Rivadeneira, et al., 2021 p. 5)*

En particular, el desarrollo de esta investigación ha permitido proyectar que la enseñanza explícita mediante estrategias centradas en la autorregulación del aprendizaje durante el primer año de carrera, incrementa el nivel de desarrollo del pensamiento crítico de las y los estudiantes de pedagogía, toda vez que este grupo de potenciales profesionales, tendrán la responsabilidad de formar al alumnado en esta capacidad durante todo el trayecto escolar.

2. OBJETIVOS

La presente investigación se planteó como objetivo general, evaluar el efecto que tiene en el desarrollo del pensamiento crítico de estudiantes de primer año de pedagogía de la Universidad Bernardo O´Higgins, la implementación de estrategias psicopedagógicas intra curriculares centradas en la autorregulación del aprendizaje y como objetivos específicos: i) diagnosticar el nivel de desarrollo del pensamiento crítico en las y los estudiantes que ingresan a las carreras de pedagogía pertenecientes a la Facultad de Educación de la UBO, ii) Diseñar estrategias psicopedagógicas orientadas a trabajar los componentes de la autorregulación del aprendizaje de manera intracurricular, iii) implementar las estrategias dentro de las asignaturas de preparatividad académica que forman parte del primer año de carrera del currículum obligatorio, iv) evaluar el desarrollo de la autorregulación del aprendizaje en el estudiantado de primer año de pedagogía, a través de la implementación de estrategias intra curriculares, centradas en esta habilidad y v) comparar el nivel de desarrollo del pensamiento crítico alcanzado por las y los estudiantes, al término del primer año de carrera.

3. METODOLOGÍA

La investigación se situó dentro del paradigma positivista, bajo el método cuantitativo, ya que tiene por objetivo "comprobar una hipótesis por medios estadísticos o determinar los parámetros de una determinada variable mediante la expresión numérica" (Ramos, 2015, p. 10).

3.1. Diseño de la Investigación

El diseño que se utilizó es de tipo pre experimental, de pre y post prueba, en un nivel o alcance explicativo, ya que, lo que se busca es medir el efecto que tiene la implementación de estrategias psicopedagógicas intra curriculares centradas en la autorregulación, en el desarrollo del pensamiento crítico del estudiantado de primer año de todas las carreras pertenecientes a la Facultad de Educación de la UBO, a través de la comparación del nivel de desarrollo del pensamiento crítico obtenido al ingresar a primer año y el alcanzado al término del mismo. Se trata de un estudio censal, debido a que se estudiaron los resultados obtenidos por toda la población de estudiantes de primer año pertenecientes a la Facultad.

El estudio se organizó en cinco fases:

Fase I: revisión referencial de la literatura sobre el tema, definiendo las habilidades de autorregulación y las habilidades que conforman el pensamiento crítico y definición de las variables a estudiar.

Fase II: aplicación de la prueba CLA+ para medir el desarrollo del pensamiento crítico en las y los estudiantes de primer año de todas las carreras de pedagogía, pertenecientes a la Facultad de Educación de la UBO.

Fase III: implementación, por parte del equipo de preparatividad académica de la UBO (externo a la investigadora), de estrategias psicopedagógicas intra curriculares centradas en la autorregulación del aprendizaje; en tres momentos formativo, instalados de manera progresiva durante el primer año: Nivelación Cero (previo al inicio del primer semestre), Habilidades Académicas I (primer semestre de primer año) I y Habilidades Académicas II (segundo semestre de primer año).

Fase IV: aplicación de prueba CLA + al término del primer año académico, al mismo grupo de estudiantes, para comparar el nivel de desarrollo del pensamiento crítico. En esta fase, además, se aplicó estadística correlacional, entre el nivel de pensamiento crítico alcanzado al término del primer año y los procesos curriculares vinculados a la implementación de las estrategias psicopedagógicas centradas en la autorregulación.

Fase V: generación de propuestas curriculares para el fortalecimiento del pensamiento crítico a partir de los hallazgos encontrados en la fase anterior.

3.2. Hipótesis de trabajo

Con respecto a la hipótesis, se planteó que la implementación de estrategias psicopedagógicas intracurriculares centradas en la autorregulación del aprendizaje, tienen efectos positivos en el desarrollo del pensamiento crítico en estudiantes de primer año de pedagogía de la Universidad Bernardo O´Higgins.

La hipótesis nula (H0) indica que no hay diferencias significativas entre el pre y postest La hipótesis alternativa (H1) plantea que sí hay una diferencia significativa.

3.3. Muestra

El estudio que se llevó a cabo es censal, ya que la muestra estuvo previamente determinada, no influyéndose en su conformación y, además, contempla al 100% de la población; en este caso, a todo el universo de estudiantes de primer año de la Facultad de Educación, organizado en torno a seis carreras: **Pedagogías en** Educación Parvularia, Educación General Básica, Educación Diferencial, Educación Física, Historia e Inglés, tal como se aprecia en la tabla 1.

Facultad de Educación año 2022	Total de estudiantes de primer año
Educación Diferencial	16
Educación Física	9
Educación General Básica	7
Educación Parvularia	15
Pedagogía en Historia	9
Pedagogía en Inglés	21
Total Facultad	77

Tabla 1. Distribución de la muestra. Fuente. Informe de matrícula UBO, año 2022.

Al respecto, Ramírez (citado por Romani, 2018) señala que la muestra censal es aquella donde "todas las unidades de investigación son consideradas como muestra" (p. 90)

Es importante destacar que lo que se considera en la muestra, son los resultados obtenidos de la prueba de pensamiento crítico, rescatados de la base de datos institucional, ya que en esta investigación no se intervino directamente con personas.

3.4. Variables de estudio

En el presente estudio, las variables estudiadas fueron:

- Variable Independiente: estrategias psicopedagógicas intracurriculares, centradas en la autorregulación del aprendizaje: planificación, ejecución y autoevaluación del proceso.
- Variable Dependiente: efecto en el desarrollo del pensamiento crítico, específicamente en aspectos tales como: crítica y argumento, lectura crítica y evaluación y razonamiento científico y cuantitativo.

3.5. Instrumento de recolección de datos

En la fase práctica de la investigación se utilizó la **Prueba Collegiate Learning Assesment (CLA+)**, como herramienta para recoger datos; prueba progresiva basada en problemas, diseñada por el Council For Aid Education (CAE), de New York, Estados Unidos. CLA+ considera la medición de una serie de habilidades que, en su conjunto, forman el pensamiento crítico (razonamiento científico y cuantitativo, lectura y evaluación críticas y la capacidad de criticar un argumento), estableciéndose cinco niveles de dominio: i) emergente, ii) en desarrollo, iii) competente, iv) logrado y, iv) avanzado.

Este instrumento fue utilizado en dos momentos de la investigación:

- Aplicación inicial o pretest: que contempló la medición de todo el estudiantado que ingresó a primer año de la Facultad de Educación de la UBO.
- Aplicación final o postest: medición que se aplicó a la misma muestra, al término del primer año académico.

4. DESARROLLO DE LA INVESTIGACIÓN

4.1 Aplicación de pretest

El estudio se inició en marzo del año 2022, mediante la aplicación de la prueba CLA+ a un total de 77 estudiantes que ingresaron a primer año de las carreras de pedagogía. Una vez finalizada esta etapa, se dio inicio a la implementación de estrategias psicopedagógicas intracurriculares centradas en la autorregulación del aprendizaje.

4.2. Implementación de estrategias durante el primer año académico

Posterior a la aplicación del pretest, el equipo responsable del Área de Formación General de la UBO llevó a cabo el desarrollo del eje de preparatividad académica, dentro del cual existen tres etapas, las que implementan secuencialmente durante todo el primer año académico. A diferencia de otros años, en esta oportunidad se incorporó explícitamente la habilidad de autorregulación en las tres etapas, a través de una serie de estrategias intracurriculares organizadas desde la enseñanza directa y guiada por parte del docente, hasta la ejercitación autónoma por parte del estudiantado:

1. **Etapa 1 - Nivelación**: esta actividad propedéutica fue implementada los diez primeros días hábiles del mes de marzo del 2022. En este proceso se integró una asignatura denominada Taller de Autogestión del Aprendizaje. En este curso el resultado de aprendizaje esperado, es que se desarrolle la habilidad de autorregulación, específicamente, la capacidad de gestionar el propio aprendizaje utilizando planificadamente sus recursos cognitivos y metacognitivos, evaluando el proceso para la consecución de metas personales, académicas y/o profesionales. En esta asignatura se abordó la unidad ***Autorregulación del Aprendizaje para el Éxito Académico*** la que, dentro de los cuatro módulos de trabajo, incorporó uno destinado específicamente a la autorregulación dentro del contexto universitario y en el cual se abordaron aspectos tales como: organización del tiempo, metas y motivación, autoconocimiento, autorregulación emocional y metacognición. Se estableció la relación conceptual entre ser una o un estudiante autorregulado y el desarrollo del pensamiento crítico.
2. **Etapa 2 - Habilidades Académicas I:** en esta asignatura, ubicada en el primer semestre académico, se abordaron las fases del ciclo de autorregulación planteadas por Zimmerman (2013): planificación, ejecución y evaluación de tareas, mediante la una actividad de portafolio, que considera el desarrollo secuencial de un escrito académico denominado ensayo. Para llevarla a cabo, el estudiantado debió incorporar diversas estrategias de autorregulación aprendidas en la nivelación, tendientes a reconocer las características de

este formato académico, elaborar un plan de acción con estrategias para desarrollarlo, ejecutarlo a través de asesorías pedagógicas en las cuales recibían retroalimentación y finalmente, autoevaluarse y coevaluarse como equipo de trabajo. Todo lo anterior, mediado por el o la docente a cargo.

3. **Etapa 3 - Habilidades Académicas II:** en esta asignatura, ubicada en el segundo semestre académico y con la cual se da término al eje preparatorio ubicado en el ciclo inicial de formación, se continuó con la aplicación de las fases de la autorregulación, a través de un segundo portafolio, orientado al desarrollo de un informe escrito, destinado a solucionar un problema vinculado con el desarrollo sostenible desde la profesión. Para ello, el estudiantado realizó el mismo proceso de Habilidades Académicas I. adicionalmente, y con la intención de robustecer el aprendizaje de la autorregulación, el grupo de estudiantes participó del desarrollo de un curso on line masivo (MOOC), diseñado por el equipo docente de la Dirección de Formación Integral, en colaboración con la Dirección General de Educación No Presencial, organizado en torno a cinco unidades consecutivas y articuladas en orden de complejidad, tal como se aprecia en la figura 1:

Figura 1. MOOC autorregulación del aprendizaje para estudiantes de Pedagogía de la UBO. Fuente: Dirección de Formación Integral y Dirección General de Educación No Presencial UBO, 2022.

Las estrategias antes explicadas se enmarcaron en el supuesto de que, a mayor desarrollo de la habilidad de autorregulación, mejor desarrollo del pensamiento crítico, toda vez que, según Rivadeneira et al. (2021) "la autorregulación constituye quizás, el aspecto más avanzado del pensamiento crítico" (p. 5).

Cabe señalar, que este proceso fue llevado a cabo por el equipo responsable del Área de Formación General de la UBO, no existiendo ningún tipo de intervención por parte de la investigadora.

4.3. Aplicación de postest

Al término del año académico 2022, a la muestra original se le aplicó nuevamente la prueba CLA+ para observar si mejoraron el nivel de dominio del pensamiento crítico.

4.4. Resultados

A nivel descriptivo, es posible evidenciar los siguientes resultados:

Variables medidas	Prueba inicial (Pretest)	Prueba final (Postest)	Variación
SCORE total Facultad de Educación	873,68	987,09	13,0%
SCORE puntajes parciales opción múltiple	884,90	946,96	7,0%
Capacidad de criticar un argumento	440,62	502,38	14,0%
Lectura y evaluación crítica	409,06	420,86	2,9%
Razonamiento científico y cuantitativo	455,92	479,45	5,2%
Puntaje parcial tarea de desempeño	861,92	1026,7	19,1%

Tabla 2. Resultados Prueba CLA+ Facultad de Educación 2022. Fuente. Elaboración propia

Los resultados presentados en la tabla 2, dan cuenta de que el estudiantado de las carreras de pedagogía evidencia un incremento en las distintas variables que conforman el pensamiento crítico. En este sentido, es posible inferir que, en términos descriptivos, la intervención llevada a cabo en las tres etapas de preparatividad académica (nivelación, habilidades académicas I y II), a través de estrategias psicopedagógicas centradas en la autorregulación, contribuyó al desarrollo de estas destrezas características de este tipo de pensamiento. Se destaca la variable crítica y argumento con un 14% de incremento, aspecto que podría estar directamente relacionado con el tipo de actividades de portafolio que se incorporó en Habilidades Académicas I y II, específicamente Portafolio de Ensayo y Portafolio de Informe respectivamente; destacándose en ambas el requerimiento de búsqueda de información, lectura y generación de argumentos para sustentar ideas, o bien, para contraargumentarlas (en el caso del ensayo). De la misma manera, la variable vinculada a la tarea de desempeño, que implica la lectura y revisión de argumentos, da cuenta de un incremento del 19%, aumento que también podría explicarse por las razones antes expuestas.

Con respecto a los niveles de dominio que presenta la prueba, se observa el siguiente resultado:

Nivel de dominio	Prueba inicial	Prueba Final	Variación
Emergente	76,62%	44,16%	-32,47%
En desarrollo	22,08%	40,26%	18,18%
Competente	1,30%	12,99%	11,69%
Logrado	0,00%	1,30%	1,30%
Avanzado	0,00%	1,30%	1,30%

Tabla 3. Niveles de dominio obtenidos en la Prueba CLA+ Facultad de Educación 2022. Fuente. Elaboración propia

Los datos entregados en la tabla 3, dan cuenta de que, posterior a la intervención, un 33% de estudiantes abandona el nivel emergente, correspondiente al más básico en la escala que presenta la prueba y que, de acuerdo a la descripción del instrumento, implica estar por debajo del nivel de dominio de las habilidades del pensamiento crítico. Lo anterior, indica que el trabajo psicopedagógico orientado a la enseñanza explícita centrada en el proceso de autorregulación del aprendizaje, tuvo efectos en el avance hacia niveles superiores, que dan cuenta de un mejor manejo de destrezas vinculadas a la lectura, evaluación, crítica de argumentos y razonamiento científico y cuantitativo. Ahora bien, se evidencia un 18,18% de incremento de estudiantes hacia el nivel ***en desarrollo***, lo que significa que demuestran ser capaces de leer documentos haciendo un intento razonable de analizarlos y de comunicarse de manera comprensible en un escrito; presentan avances en el juicio sobre la calidad de la evidencia y conocen la diferencia entre correlación y causalidad, no obstante, muestran aun dificultades para la interpretación de datos cuantitativos. De la misma manera, se observa que hay un 11,69% de incremento en el ***nivel competente***, dato que indica que este grupo ya se encuentra en condiciones de extraer evidencia relevante de documentos y utilizarla para proporcionar un argumento coherente, distinguiendo la calidad de la evidencia en los documentos y utilizándola para expresar una conclusión convincente; además de haber desarrollado la capacidad de identificar fallas lógicas interpretar la evidencia cuantitativa con precisión, distinguir la validez de la evidencia proporcionada y determinar la veracidad de un argumento, distinguiendo si un gráfico o tabla se aplica a un determinado argumento.

Con respecto al ***nivel logrado***, se aprecia un 1,30% de incremento, lo que implica que este grupo de estudiantes, además de las cualidades de los otros niveles, ya puede integrar toda la información, presentándola de manera coherente y organizada, incorporando la información de gráficos y tablas en sus argumentos. Finalmente, en el ***nivel avanzado***, también se observa un 1,3% de aumento, lo que da cuenta de que este grupo de estudiantes tiene mayor dominio del lenguaje, estructura su pensamiento agregando nuevas ideas, introduce nuevos conceptos, muestra creatividad y síntesis de múltiples documentos, abordando ambigüedades en los datos que se presentan, identificando y resaltando las brechas en la lógica y el razonamiento. Si bien es cierto, en los niveles logrado y avanzado se observa un incremento menor, cabe destacar que se trata de estudiantes de primer año de carrera, que se encuentran comenzando su trayecto formativo y cuentan con tiempo para potenciar estas herramientas durante los ciclos intermedios y final de la formación académica.

Con respecto a los resultados inferenciales, comprueban el análisis descriptivo realizado. Para esta validación se utilizó experimento t para muestras relacionadas, dado que es un tipo de diseño experimental que compara las diferencias entre dos condiciones en un mismo grupo de sujetos, es decir, cuando una variable dependiente es medida dos veces en cada individuo, bajo diferentes condiciones.

La Prueba de Muestras Emparejadas (también conocida como prueba t para muestras relacionadas o prueba t para muestras pareadas), es una prueba estadística que se utiliza para comparar las medias de dos grupos relacionados o dependientes. Es decir, se aplica cuando las observaciones de ambos grupos están vinculadas entre sí, ya sea porque provienen del mismo sujeto o elemento en diferentes momentos o condiciones.

El test compara la estadística t calculada con el valor crítico: si la estadística t calculada es mayor que el valor crítico (o menor en el caso de una prueba de cola inferior), se rechaza la hipótesis nula y se concluye que hay una diferencia significativa entre las medias de las diferencias.

La significancia menor a 0.05 de todas las variables (excepto la de razonamiento científico cuantitativo), presentadas en la tabla 4, confirman la hipótesis alternativa en cuatro de las variables, es decir, la diferencia de los promedios de los test inicial y final es atribuible a la intervención realizada durante las tres etapas de preparatividad académica (Nivelación, habilidades Académicas I, Habilidades Académicas II), en las cuales se incorporó la enseñanza explícita y secuencial, de estrategias psicopedagógicas centradas en la autorregulación del aprendizaje con el propósito de favorecer el desarrollo del pensamiento crítico del estudiantado de las carreras de pedagogía de la Facultad de Educación.

	Diferencias emparejadas					Significación	
	Media	Desv. estándar	Media de error estándar	t	gl	P de un factor	P de dos factores
SCORE_TOTAL	-122,62	130,57	16,86	-7,27	59	0,00	0,00
SCORE_SR	-66,50	165,94	21,42	-3,10	59	0,00	0,00
Crítica y Argumento	-59,20	98,02	12,65	-4,68	59	0,00	0,00
Lectura Crítica y Evaluación	-20,68	100,83	13,02	-1,59	59	0,00	0,01
Razonamiento científico y cuantitativo	-20,67	132,02	17,04	-1,21	59	0,12	0,23
Tarea de Desempeño	-178,70	204,18	26,36	-6,78	59	0,00	0,00

Tabla 4. Prueba de Muestras Emparejadas. Fuente. Elaboración propia

Tomando en consideración lo antes expuesto, es factible inferir que un/a estudiante autorregulado/a en su aprendizaje, podría llegar a desarrollar un mayor nivel de desarrollo del pensamiento crítico, en tanto, tal como lo señala Rivadeneira, et al (2021), dispondría de las herramientas y acciones regulatorias para seleccionar e implementar tácticas para resolver problemas, plantearse nuevas interrogantes y/o juzgar el conocimiento adquirido.

De la misma manera y en atención a lo que plantean Puerta & Suárez (2022), ejercitar la autorregulación como medio para el desarrollo del pensamiento crítico en estudiantes, fortalece las habilidades que les faciliten el ejercicio del análisis, la identificación de obstáculos y resolución de problemas.

5. CONCLUSIONES

La investigación muestra cómo mejorar el desarrollo del pensamiento crítico en el estudiantado de primer año de la Facultad de Educación de UBO en Chile. Además, destaca la importancia del pensamiento crítico como parte fundamental del sello que esta universidad desea imprimir en sus futuros profesionales, responsabilidad que asume a partir de las mediciones diagnósticas realizadas a estudiantes de primer año de la UBO, las que dan cuenta de que ingresan con un bajo nivel de habilidades lingüísticas, resolución de problemas y autorregulación del aprendizaje.

En respuesta a lo anterior, durante el año 2022, la UBO implementó una intervención basada en estrategias psicopedagógicas intracurriculares centradas en la autorregulación del aprendizaje instalada en todo el eje de preparatividad académica que cruza el primer año de carrera, con el propósito de mejorar el desarrollo del pensamiento crítico en los estudiantes de primer año de pedagogía. Estas estrategias psicopedagógicas, han sido definidas como la dirección de un sistema de acciones orientadas al establecimiento de una relación de ayuda individual o grupal, que posibilite transitar de un estado inicial y real de desarrollo a un estado cualitativo superior, de forma que pueda enfrentarse a la resolución de tareas, de forma consciente, reflexiva e independiente promoviendo su evolución personal, social y/o profesional (Rojas et. al, 2020), generaron un efecto significativo en el desarrollo del pensamiento crítico, toda vez que se incorporaron a nivel intra curricular, es decir, al interior de las asignaturas y con una orientación secuencial y progresiva, desde el apoyo directo y guiado por parte del docente, hasta el manejo autónomo por parte del estudiantado y mediante actividades vinculadas directamente con las destrezas que requiere este tipo de pensamiento, tales como portafolios de ensayo y de informe académico.

Los resultados muestran que esta intervención tuvo un impacto muy positivo en el desarrollo del pensamiento crítico, con un aumento significativo en las habilidades evaluadas. Se concluye que la implementación de estrategias de autorregulación del aprendizaje en el currículum obligatorio y en orden progresivo de autonomía, contribuyen de manera efectiva al desarrollo del pensamiento crítico entre el alumnado universitario. Estos hallazgos son de gran relevancia para la institución y para la formación integral de sus futuros profesionales; lo anterior, en tanto se trata de una capacidad cada vez más valorada en el ámbito laboral.

La investigación destaca la importancia de fomentar el pensamiento crítico en los estudiantes universitarios desde etapas tempranas de su formación, mediante estrategias de autorregulación incorporadas a nivel intra curricular, debido a tienen como propósito implementar, a través de la integración de componentes propios de la psicología educativa, acciones concretas, destinadas a desarrollar aspectos vinculados con el aprendizaje. De esta manera, se permite identificar los progresos, logros y dificultades que presenta el estudiantado en diferentes etapas de su proceso de formación académica, con el objetivo de planificar una respuesta educativa ajustada, pertinente y de calidad que de respuesta a las necesidades formativas.

Finalmente, los hallazgos del estudio sugieren que la incorporación formal de estrategias de autorregulación del aprendizaje, puede ser una vía efectiva para lograr este objetivo.

6. REFERENCIAS

Council For Aid Education. (2019). *Manual del Administrador CLA+*. www.cae.org/CLAusersportal

Covarrubias, C., Acosta, H. y Mendoza, M. (2019). Relación de autorregulación del aprendizaje y autoeficacia general con las metas académicas de estudiantes universitarios. *Formación universitaria, 12*(6), 103-114.

Puerta-Vásquez, S. M., y Suárez-Molina, V. J. (2022). Estrategia didáctica mediada por el aprendizaje autorregulado para el desarrollo del pensamiento crítico en educación artística. INNOVA *Research Journal, 7*(1), 38-58. https://doi.org/10.33890/innova.v7.n1.2022.1979

Ramos, C. (2015). Los paradigmas de la investigación científica. https://acortar.link/PbgWR5

Rivadeneira, M., Hernández, B., Loor, I., Mendoza, K., Rivadeneira, J., Rivadeneira, L. (2021). *El pensamiento crítico y su evaluación en la educación universitaria.* https://doi.org/10.33448/rsd-v10i3.13748

Rojas, A., Domínguez, Y., Torres, L., & Pérez, M. (2020). El proceso de intervención psicopedagógica en el ámbito educativo. *Revista metropolitana de ciencias aplicadas, 3*(2), 45-51.

Romani, K. (2018). Metas Académicas y Nivel del logro de Aprendizajes en las Estudiantes de la opción ocupacional de confección textil, del CETPRO "Carlos Cueto Fernandini" de Barranco, UGEL N 07, 2016. https://repositorio.une.edu.pe/handle/UNE/1312

Sáez, F., Díaz, A., Panadero, E., Bruna, D. (2018). Revisión sistemática sobre competencias de autorregulación del aprendizaje en estudiantes universitarios y programas intracurriculares para su promoción. *Formación Universitaria, 11*(6), 83–98. https://doi.org/10.4067/S0718-50062018000600083

Zimmerman, B. (2013). From Cognitive Modeling to Self-Regulation: A Social Cognitive Career Path. *Educactional Psychologist, 48*(3), 135-147. https://doi.org/10.1080/00461520

ENCÍCLICA LAUDATO SI: PERSPECTIVA DE ACCIÓN ECOLÓGICA

María Mercedes Ramírez Franco[1]

El presente texto nace en el marco de la tesis doctoral, mención honorifica denominada: Las Competencias Socioemocionales y la Cultura de la Sensibilidad en la Educación Universitaria, realizada en el Centro Universitario del Mar de Cortés, en Sinaloa, México.

1. INTRODUCCIÓN

Abordar un documento como la Encíclica *Laudato si* (*Alabado seas*), ha representado un intento para comprender a mayor profundidad la importancia de una producción intelectual de cualidades semánticas para ser aprovechadas como instrumento de difusión, pero sobre todo como un documento de interacción con la naturaleza y su contenido, una forma disruptiva de cambio de forma de pensar, de actuar y de manifestar el conocimiento.

Este abordaje nocional implica una interpretación semántica de algunos aspectos plasmados en la encíclica, con el fin de asociarlo al desarrollo de competencias que permitan iniciar los respectivos cambios para que los seres humanos optimicen su comportamiento con respecto al uso de los recursos naturales, pero no solo formando organizaciones que orienten sus acciones al alcance de objetivos coadyuvadores de la acción ecológica, sino que sensibilice a la ciudadanía en general a través de la educación ecológica.

La perspectiva disruptiva significa romper con las formas de pensamiento y acción que impliquen continuar repitiendo aquellos patrones de comportamiento que deterioran las condiciones actuales de los recursos naturales que forman parte de un conjunto armonioso de elementos tales como: tierra, fuego, aire y agua, los cuales debes ser abordados desde factores axiológicos como el respeto, la solidaridad y la empatía con los estos elementos y con los seres vivos que los componen, con el fin de aprovecharlos sin desmejorar sus condiciones de interacción con el entorno.

1. Broward International University de Miami (Estados Unidos)

2. OBJETIVOS

Objetivo General

Comprender el contenido semántico de la Encíclica *Laudato si* a nivel nocional, desde la perspectiva de la acción ecológica.

Objetivos Específicos

- Abordar el contenido semántico de la Encíclica *Laudato si* y sus vínculos con la acción ecológica
- Interpretar el contenido semántico de la Encíclica *Laudato si* y sus vínculos con la acción ecológica.

3. METODOLOGÍA

La metodología aplicada al presente artículo está representada por la investigación cualitativa como paradigma de investigación, utilizando el método fenomenólogico/hermenéutico como herramienta para abordar en forma profunda los elementos semánticos seleccionados, como técnica de investigación, el análisis documental y bibliográfico y la alternativa de análisis e interpretación de datos el uso de software Atlasti.

4. DESARROLLO DE LA INVESTIGACIÓN

Se comienza la interpretación semántica con la frase la de Casa Común, es decir el lugar de convivencia de todos los seres humanos es la tierra, con diversidad ecológica encontrada en las aguas divididas en mares, rios, lagos, lagunas y toda afluente del vital líquido generado en forma natural o artificial, ambas formas son parte de la Casa Común, el planeta.

El planeta también está compuesto por los territorios divididos en continentes los cuales son : América, Europa, Africa, Asia y Oceanía, cada uno con su diversidad territorial, acuática y aérea, que los distingue a los unos de los otros y que además les permite compartir sus diferencias, pero sobre todo apreciarlas y cuidarlas.

Lo precitado está asociado con términos tales como: desarrollo, humano, vida ambiente, creación, los cuales se vinculan con el proceso de sensibilizar al ser humano a traves de la conexión con los valores que conforman la identidad ecológica que significa cuidar el territorio con toda la diversidad incluida, lo cual debe ser generado por un conocimiento de lo que implica el término ecología y al mismo tiempo por una sensibilización con respecto al mismo, para de esa manera poner en práctica el apreciar y cuidar de la Casa Común que corresponda, asumiendo que los espacios están divididos y pertenecen a un conjunto legal y burocrático que los representa.

Por lo tanto, es importante conocer la siguiente opinión, «Los que habitan este planeta requieren practicar una urgente y necesaria conversión ecológica, porque los hombres y la naturaleza necesitan hoy más que antes, de una nueva mística que encauce la relación con el medio ambiente» (Quispe, 2018, p. 94)

Desde la perspectiva del precitado autor, los habitantes del planeta son responsables de su desempeño dentro del entorno natural, por lo tanto lo que sucede en el mismo debe ser resuelto por todos los miembros de la comunidad y dentro del espacio geográfico en el que desempeñan actividades cotidianas.

Este proceso comunitario, representa una identificación con el entorno, desarrollando sentimientos de pertenencia y pertinencia sobre los recursos naturales que acompañan el espacio geográfico circundante y a la vez una cohesión de opiniones y acciones, inluidas las diferencias que pueden existir sobre como proteger el anbiente.

Esta relación de identidad con el desempeño del ser humano dentro de su ambiente geográfico, suscita la necesidad de una conversión ecológica, como lo manifiesta el autor, haciendo referencia a una acción que debe operar inicialmente en las emociones y los valores de las personas para identificar los problemas ambientales perentorios en primer lugar y resolverlos sin esperar intervenciones políticas, simplemente con la fuerza ciudadana.

A partir de esta idea, se hace necesario definir el término Ecología Humana, desde la opinión siguiente: «Ha habido una gran tentación de reducir la ecología humana a un subconjunto de una sola disciplina. El término sin embargo sirve todavía para designar las interacciones sociales, culturales, políticas, ambientales y geográficas» (Knapp, 2018, p. 80)

Desde la perspectiva de la ecología humana, se aborda el aspecto sensible de que consiste en el desarrollo de competencias axiológicas comprometidas con la problemática ambiental, es decir humanizando la ecología y no observándolo solo como un concepto, derivado de la biología y sus relaciones con los seres vivos entre sí y su medio ambiente, lo cual permite solo con una connotación científica y no visibilizándola como una forma de dar solución a nivel de la comprensión de la situación ecológica que implica comprometerse con acciones específicas de índole ambiental desde lo social, cultural, ambiental y político.

La acción ecológica humana se interpreta como una acción social porque va de lo individual a lo colectivo, porque sensibiliza en primer a la persona en su individualidad y luego a la colectividad. En cuanto a lo cultural, hace referencia al cómo se cultiva el interés por acción ecológica a través de hechos, es decir mediante la materialización de los valores, se materializa la acción ecológica, tales como: la empatía, la pertinencia y al pertenencia a la Casa Común en la cual se habita: El Planeta.

Con respecto a lo ambiental, denota la vinculación con la oportunidad de conocer los aspectos asociados con los elementos como agua, aire, fuego y tierra y como conservarlos mediante proceso de producción más orgánicos y ecológico y en lo político, se asocia con los límites geográficos que comprenden los territorios donde se desempeña la acción ecológica, los cuales deben ser abordados por cada uno de sus miembros individuales y colectivos, con el fin de materializar dicha acción.

La ecología humana y la Encíclica *Laudato si*, se vinculan en los aspectos axiológico y emocionales que constituyen el aspecto subyacente de la motivación y el interés del ser humana por adoptar un comportamiento más acorde con la protección y cuidado de la naturaleza, manifiesta en sus elementos: tierra, agua, viento y fuego y también en sus componentes vertebrados e invertebrados de toda especie que definen geográficamente una zona específica de acción ecológica.

Desarrollar y consolidar valores como la empatía por el ambiente natural que rodea a un conjunto geográfico, permite identificarse con él y en consecuencia sensibilizarse, para abordar el cuidado de la Casa Común con mayor asertividad.

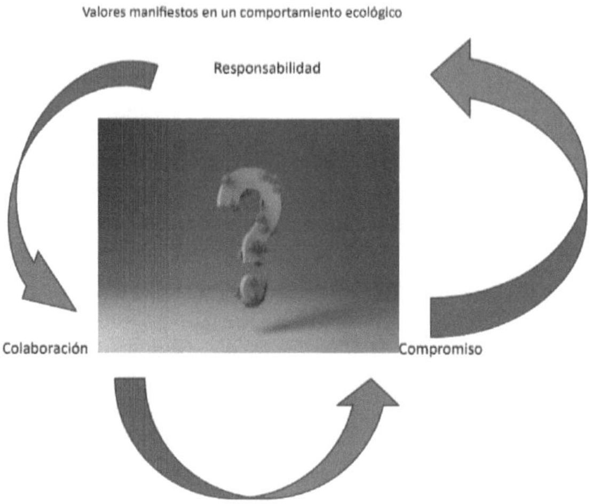

Figura 1.Valores manifiestos en un comportamiento ecológico. Fuente: Elaboración propia

La presente imagen permite visibilizar las relaciones entre el conjunto semántico de términos que pudiesen integrar aquellos valores que deben comprender una acción ecologista ciudadana. La idea es que los valores se conformen como catapultas para ejecutar las acciones correspondientes a fin de alcanzar objetivos precisos.

La Encíclica *Laudato si* va más allá de exponer simplemente una problemática social, económica, política, educativa, ambiental y humana, pues en ella se expresa la importancia de que los ciudadanos de cualquier nación se identifiquen emocional y axiológicamente con sus problemáticas ecológicas y coadyuven a la solución de las mismas en forma eficiente.

Es decir, la identificación consciente, emocional y axiológica de la ciudadanía a un determinado entorno, no sólo debe ser sensible a la situación, una vez conocido el fenómeno, sino que se debe conectar emocionalmente y aceptar los axiomas culturales, lo que significa sensibilizarse, para, de esa manera, actuar eficientemente resolviendo, manteniendo, reciclando, reusando, coadyuvando al bienestar de la naturaleza que necesita a las personas, pero mucho más las personas a la naturaleza en la Casa Común.

Gráfico 1. Referencia Semántica de la Encíclica Laudato si. Fuente: Altasti.23

En este gráfico emanado de los textos de la Encíclica *Laudato si* representa una nube de palabras, en la cual se presentan términos de gran tamaño y más pequeños, derivados de la diversidad de palabras utilizadas en la redacción de la Encíclica, destacándose palabras de orden religioso como Dios y también otras como mundo, vida, humano, ambiente, naturaleza, desarrollo, tierra, criaturas, siendo las de mayor tamaño las más repetidas en el texto, según la Inteligencia artificial desarrollada por el uso del *software* Atlasti.23.

De este grafo pueden ser obtenidos significados tales como: el desarrollo humano como parte del ambiente, la influencia humana en la tierra, en el mundo y en la interacción con la naturaleza y cómo la creación humana puede influir en el desarrollo social, en los recursos, en la naturaleza, en el ambiente.

Estos elementos semánticos se asocian con un término que permite visibilizar la necesidad del ser humano de accionar colectivamente en su entorno e influir en forma benevolente sobre el mismo y ese término es la ética. Para ampliar mejor el significado del término con respecto al tema abordado citaremos que «La ética aparece como exigencia para hacer frente a la problemática ecológica, pues esta problemática es de naturaleza esencialmente moral y solo la apelación a la libertad responsable puede brindar la clave para hacer frente a los desafíos» (Tonello, 2017, p. 77).

En virtud de esta opinión, es relevante asociar la naturaleza semámtica de la Encíclica *Laudato si* al término Ética, debido a que el discernimiento en el uso de los recursos naturales existentes en la Casa Común, responden a un comportamiento ético, vinculado con la libertad para la toma de decisiones en torno a cómo usar esos recursos, para qué y por qué y, luego de su aprovechamiento para el bienestar humano, cómo serían sus condiciones de desecho o de reutilización en caso de que dichos recursos sean susceptibles a ser reciclados y convertidos en otras formas benefactoras de la actividad humana.

Un ejemplo de este fenómeno se puede describir cuando se usa el fruto del coco, es decir su carne y su jugo, en las zonas tropicales de la Casa Común. Así, luego de aprovechar el recurso natural, su líquido y pulpa, la cáscara, que es bastante dura y resistente, puede convertirse en utensilios de cocina ecológicos, en vez de desecharse, dándole una vida útil más prolongada ese componente más resistente del fruto.

Por lo tanto, la ética corresponde al uso adecuado de los recursos naturales que brinda la Casa Común, para alimentación o para facilitar la vida cotidiana en forma coherente, sensible, evitando erosionar los elementos del medio ambiente, ni mucho menos destruirlos, conscientes del valor fundamental que tienen para sostener el equilibrio natural, el cual favorece la vida actual y futura.

La Libertad responsable que expresa el autor constituye el punto álgido de acción humana, comprendiendo que la libertad significa actuar en forma coherente, solidaria y empática entre los seres humanos y con el entorno natural que circunda el área geográfica de acción de los conjuntos demográficos.

La libertad responsable significa establecer una relación ganar/ganar con la Casa Común, el planeta, considerando que lo que ofrece es finito si no es gestionado en forma adecuada y comprometida con las futuras generaciones, quienes deben ser educadas al respecto, a fin de generar una interacción con el medio ambiente mediante acciones de vanguardia y resguardando los recursos brindados por la naturaleza.

5. RELACIÓN DE LA ENCÍCLICA LAUDATO SI, CON LOS OBJETIVOS DE DESARROLLO SOSTENIBLE

El citado documento posee una relación cercana con los objetivos de desarrollo sostenible ya que se podría decir que la Encíclica *Laudato si* conforma el aspecto filosófico y teológico de la relación de los seres humanos con la naturaleza, sus elementos y los demás seres vivos y, por su parte, los objetivos desarrollo sostenible representan las estrategias de acción específicas para materializar dichas acciones.

Por ejemplo el objetivo 11 manifiesta lo siguiente «Producción y Consumo responsable», que hace referencia a desarrollar comportamientos con respecto a la relación empresa/consumidor y a la adquisición de productos más orgánicos a través de una cultura de consumo más ordenada y coherente con las necesidades del lugar común de convivivencia, el planeta.

Dentro del desarrollo de una sociedad de consumo más ordenada y coherente, se requiere una ciudadanía formada dentro de los valores específicos para generar comportamientos adecuados a las circuntancias que generen abordar competencias colaborativas y comprometidas.

6. CONCLUSIONES

Abordar en forma nocional la Encíclica *Laudato si*, ha significado comprender el conjunto de términos que la definen y como las palabras conforman un conjunto de símbolos que permiten ahondar en una propuesta disruptiva de acción ecológica para con la Casa Común, el planeta.

El término Casa Común indica que los seres humanos desempeñan sus actividades cotidianas en un mismo territorio, aún cuando esté dividido política y geográficamente; es decir, se trata del hábitat en el cual confluyen los recursos y los seres humanos, cuyos cuidado y protección deben ser primordiales.

Existen dos aspectos importantes para sensibilizar a la ciudadanía con el fin de emprender actividades para el cuidado de la Casa Común y estás son:

- El desarrollo de competencias axiológicas y emocionales que generen sentimientos de pertenencia al entorno donde practica su cotidianidad y, a la vez,
- Actividades pertinentes a la adecuada socialización con dicho entorno.

Con respecto al aspecto axiológico hay que recurrir a la ética que, en palabras sencillas, comprende la libertad para el discernimiento entre el bien y el mal, con respecto al óptimo aprovechamiento de los recursos naturales que proporciona la Casa Común, el planeta.

El desarrollo de competencias axiológicas y emocionales conforman la sensibilización hacia el adecuado uso de los recursos, siempre optando, dentro del respeto a un código ético, por materializar valores tales como: el compromiso, la responsabilidad, la solidaridad y la empatía con el medio ambiente, con el fin de protegerlo y preservarlo.

La Educación, representa un aspecto fundamental en el proceso de desarrollo competencias que sensibilicen al ser humano en relación al uso de sus recursos naturales más cercanos, así la educación se puede materializar mediante el proceso enseñanza/aprendizaje de comportamientos acordes con un sano uso de los recursos ecológicos de la zona geográfica en la cual se desempeñan funciones cotidianas.

La Encíclica *Laudato si* representa un recurso pedagógico para generar un proceso enseñanza/aprendizaje disruptivo con una nueva forma de abordar el cuidado de la Casa Común, el Planeta mediante la inclusión de la educación ambiental desde la infancia, con el fin de generar una cultura ecológica.

Además, la encíclica está involucrada con varios aspectos de los Objetivos de Desarrollo Sostenible, tales como:

- Salud y Bienestar (nº 3),
- Agua limpia y saneamiento (nº 6),
- Energía Asequible y no contaminante (nº 7),
- Ciudades y Comunidades Sostenibles (nº 11),
- Producción y Consumo Responsables (nº 12),
- Acción por el Clima (nº 13),
- Vida Submarina (nº 14),
- Vida de Ecosistemas Terrestres (nº 15).

Esta característica es importante, porque permite visibilizar el alcance de la Encíclica *Laudato si*, que va más allá del propio de un documento escrito ya que supone una exhortación a la transformación socio/cultural de la ciudadanía en general.

7. REFERENCIAS

Comisión Económica para América Latina y el Caribe (CEPAL) (2018). Agenda 2030 y los Objetivos de Desarrollo Sostenible, una oportunidad para América Latina y el Caribe *Revista de Ciencias Sociales, 27*(2), 401-416. https://doi.org/10.31876/rcs.v27i2.35928

Knapp, G. y Alzate, J. (2018) Ecología Humana. *Ainkaa, Revista de Estudiantes de Ciencias Política, 2*(2), 71-28. https://dialnet.unirioja.es/descarga/articulo/8701339.pdf

Quispe López, C. (2018). La Conversión Ecológica según *Laudato si. Kawsaypachi, Sociedad y Medio Ambiente*, 2, 89-106. https//doi.org/10.18800/kawsaypacha.201801.005

Tonello, A (2017). Laudato si: Aportes antropológicos y éticos. *Síntesis Revista de Filosofía, 11*(1), 73-93. https://repositorio.cepal.org

EL SESGO INFORMATIVO EN TIEMPOS DE CRISIS ECONÓMICA: EUROPA Y LA DEUDA SOBERANA

Ismael Ramos Ruiz[1]

El presente texto forma parte de una investigación financiada por el grupo de investigación CLILLAC-ARP EA 3967 de Université Paris Cité.

1. INTRODUCCIÓN

Los tiempos de crisis suelen ir aparejados de grandes convulsiones sociales, como muestra la historia de la humanidad. En el caso de las crisis económicas o financieras, las consecuencias tienen un impacto importante en la vida de los ciudadanos, ya que se ve mermada su capacidad económica. Además, en un mundo globalizado, este tipo de crisis suelen tener conexiones entre los países, lo que acrecienta los riesgos y las repercusiones.

Una de las crisis más importantes del siglo XXI es la conocida como Gran Recesión (Christiano *et al.*, 2015; Gertler & Gilchrist, 2018; Grusky *et al.*, 2011), que tuvo repercusiones globales y que afectó a un gran número de países en todo el mundo. Se originó en Estados Unidos en el año 2008 y se caracterizó por contracciones extraordinarias en la producción, la inversión y el consumo (Christiano *et al.*, 2015, p. 110). Asimismo, como afirman Gertler y Gilchrist (2018), la cobertura mediática de esta crisis fue muy importante en términos cuantitativos, ya que se unieron por primera vez los blogs y las redes sociales.

En el caso del continente europeo, y más concretamente de la Unión Europea, el impacto fue también notable, ya que se produjo una crisis de deuda soberana y una crisis del sistema bancario, lo que terminó repercutiendo a la economía en general (Hernández Ramos, 2016, p. 90) y poniendo en jaque la supervivencia del euro. El epicentro de la crisis de deuda soberana en Europa tuvo lugar en Grecia, de ahí que se hable de "la crisis griega de 2009". El origen se sitúa en la delicada situación económica del país, en el alto nivel de déficit público, y en la falta de claridad del alcance de la deuda pública del país heleno. Además de Grecia, otros países, como Italia, Irlanda, Portugal o España se vieron muy afectados.

Dada la relevancia de la crisis griega y las implicaciones internacionales, la cobertura mediática fue muy importante. En el caso de España, los problemas de deuda, fundamentalmente pública, motivaron la cobertura del caso griego por sus repercusiones. Por tanto, los medios de comunicación desempeñaron un papel destacado, ya que

1. Maître de conférences (Profesor Titular de Universidad) en la Université Paris Cité (Francia)

interpretaron esta crisis para ayudar a la población a comprender toda la dimensión de ese acontecimiento. Al fin y al cabo, los medios de comunicación no transmiten la realidad tal cual sucede, sino que actúan como unos intermediarios entre la realidad social y el espectador (Gomis, 1974, pp. 530-531). No hay que olvidar que los asuntos económicos y financieros resultan difíciles de entender, dada su naturaleza compleja y abstracta (Arrese & Vara-Miguel, 2016, p. 8). Como señala Gomis (2008, p. 62), que un hecho sea noticia es básicamente una operación lingüística, por tanto, la construcción periodística del mundo que realiza la prensa se lleva a cabo a través del discurso mediático (Charaudeau, 2005, p. 12).

Sin embargo, el discurso mediático no está exento de presentar un sesgo, ya que la mayoría de las palabras y términos tiene un grado de subjetividad. Como afirman McCombs y Evatt (1995, p. 8), los periodistas no emplean palabras neutras a la hora de informar, sino que usan términos cargados de opinión o connotación, lo que puede dar lugar a crear un sesgo informativo en los textos periodísticos (Á Ramos Ruiz & I. Ramos Ruiz, 2022, p. 171).

En investigaciones anteriores, hemos analizado el sesgo informativo en acontecimientos de relevancia nacional o internacional (Á. Ramos Ruiz & I. Ramos Ruiz, 2018a, 2019, 2021, 2022), entre los que se encuentra la crisis griega, que se analizó a través de un género periodístico concreto, los editoriales (Á. Ramos Ruiz & I. Ramos Ruiz, 2018b). Otras investigaciones han tratado el sesgo en el Brexit (Á. Ramos Ruiz, 2021, 2022a, 2023). Por lo tanto, en este caso, queremos llevar a cabo un análisis más amplio en cuanto a los géneros periodísticos, incluyendo todo tipo de textos de información y opinión.

2. OBJETIVOS

Este trabajo consta de dos objetivos principales: por un lado, analizar la cobertura mediática de la crisis de deuda soberana en Grecia; y, por otro lado, analizar el sesgo informativo que recibió esta crisis por parte de la prensa española. Para ello, se va a realizar un análisis léxico centrado en la carga, tanto positiva como negativa, que pueden aportar algunos términos.

El presente trabajo se estructura de la siguiente manera. En primer lugar, se establece un marco teórico para el análisis del sesgo informativo. En segundo lugar, se explica la composición del corpus de textos y se detalla la metodología utilizada tanto para su compilación como para su posterior análisis. En tercer lugar, se presentan los principales resultados obtenidos en el análisis. En cuarto y último lugar, se exponen las principales conclusiones.

3. MARCO TEÓRICO

La labor social de los medios de comunicación es muy importante, puesto que permite satisfacer las necesidades informativas de la sociedad (Gomis, 2008, p. 25). La prensa, como actor destacado en el panorama mediático, posee un notable poder de influencia sobre el público a la hora de cubrir determinados acontecimientos de actualidad (Charaudeau, 2005). Sin embargo, los acontecimientos tratados por los medios de comunicación no son simples ni evidentes, sino que más bien están sujetos a la elección y a la opinión de los periodistas (Lippmann, 1964, p. 251).

Por consiguiente, todo proceso informativo presenta un cierto grado de subjetividad, puesto que cada medio se ve obligado a elaborar la información de acuerdo con sus propias necesidades (Vázquez Bermúdez, 2006, p. 260), por lo tanto, existe un sesgo estructural en los medios (Gunter, 1997) o, dicho de otro modo, una desviación involuntaria que viene motivada por las circunstancias de la propia producción informativa (Verdú Cueco, 2009, p. 88).

Como señalábamos en la introducción, al igual que las palabras o términos presentan un cierto grado de subjetividad, la información periodística tampoco es neutra (Fowler, 1991, p. 222), sino que proviene de los grupos mediáticos que pueden tener conexiones con los gobiernos y los grupos políticos (Hallin & Mancini, 2004, p. 98). De hecho, la prensa puede moldear la opinión pública activando disputas ideológicas que beneficien a estos mismos grupos (De Cesare, 2018, p. 10) a través de la publicación de textos de información u opinión (Á. Ramos Ruiz, 2018, p. 375).

El concepto de "sesgo informativo" no posee una definición universalmente aceptada. Sin embargo, algunos autores coinciden en la idea de que el sesgo favorece "un interés concreto por parte del medio" (Á. Ramos Ruiz & I. Ramos Ruiz, 2019, p. 351). Y, además, puede ser voluntario o involuntario, como apunta Verdú Cueco (2009, p. 13). Por ello, Gunter (1997, p. 13) define el sesgo como el trato diferencial y sistemático hacia un candidato, un partido o un hecho durante un período prolongado. Por otro lado, McQuail (1992, p. 191) sostiene que el sesgo es una tendencia que permite desviarse de la verdad objetiva: o, como afirma Verdú Cueco (2010, p. 139-140), permite alejar la información de los valores deontológicos de veracidad, imparcialidad y pluralidad en favor de intereses particulares. No hay que olvidar que el sesgo no solo puede producirse por parte del emisor, sino que también puede darse en el proceso de percepción por parte del receptor (Rabadán, 2015, p. 89).

4. METODOLOGÍA

El corpus se ha analizado empleando una metodología basada en un enfoque léxico-semántico que consta de dos fases, una cuantitativa y otra cualitativa. Esta metodología ya ha sido utilizada en trabajos previos (Á. Ramos Ruiz, 2022b, 2022a; Á. Á Ramos Ruiz & I. Ramos Ruiz, 2022). Asimismo, se ha contado con la ayuda del programa informático Sketch Engine® (Kilgarriff *et al.*, 2014) para analizar el corpus.

4.1. Corpus

Esta investigación se basa en el análisis de un corpus de textos periodístico. Para ello, el corpus creado consta de 4 900 149 palabras y está compuesto por textos de información y opinión pertenecientes a dos medios concretos: *El País* y *El Mundo*. La elección de estos dos medios obedece a dos criterios. En primer lugar, son las cabeceras españolas de prensa general más leídas, según el Estudio General de Medios (EGM), publicado por la Asociación para la Investigación de Medios de Comunicación (AIMC)[2]. En segundo lugar, ambos periódicos pertenecen a dos de los grupos mediáticos más importantes de España. En el caso de *El Mundo* forma parte de Unidad Editorial, con una línea editorial de centroderecha, mientras que *El País* pertenece al Grupo Prisa y tiene una línea editorial de centroizquierda (Reig García, 2011, pp. 214-222).

Para la creación del corpus, hemos establecido unos límites temporales. La crisis de deuda soberana griega comenzó a finales de 2009, aunque la Gran Recesión se originó en 2008. Debido a las conexiones entre ambas crisis, hemos considerado iniciar la búsqueda de

2. Accesible en: <http://www.aimc.es> (última consulta el 01-06-2023).

textos en 2008. Por tanto, hemos dispuesto un marco temporal que abarca desde el 1 de enero de 2008 —el año que se considera el origen de la Gran Recesión— hasta el 31 de diciembre de 2018 —el año que termina la tutela de Grecia por los organismos internacionales—.

Los textos que componen el corpus se han seleccionado utilizando Factiva®, una base de datos comercial sobre información de prensa que pertenece al grupo Dow Jones® y que cuenta con un catálogo de noticias de más de 33 000 fuentes globales, según se indica en su página web. En la propia aplicación de Factiva®, se han establecido una serie de criterios y de filtros con el objetivo de seleccionar únicamente aquellos textos relacionados con la temática objeto de estudio. En primer lugar, se ha propuesto un filtro temporal: 01/01/2008-31/12/2018, según los criterios expuestos anteriormente. En segundo lugar, se han utilizado unos términos de búsqueda: «Grecia» (solo nos interesan textos referidos a este país), "crisis", "euro" y "economía" (estos tres términos para centrar la búsqueda en asuntos relacionados con la crisis de deuda soberana) y lograr que el número de textos encontrados pudiera gestionarse adecuadamente.

Periódico	Número de textos	Número de palabras
El Mundo	2 314	2 144 785
El País	2 899	2 755 364
Total	5 213	4 900 149

Tabla 1. Periódicos, número de textos y número de palabras que componen el corpus. Fuente: Elaboración propia. Datos extraídos de Factiva®.

Podemos observar que, en general, los dos periódicos presentan unos datos similares en cuanto al número de textos seleccionados y al número total de palabras que aporta cada uno al corpus. Sin embargo, cabe destacar que *El País* presenta unas cifras más importantes. En la Tabla 1, se aprecia el detalle de estos datos por cabeceras.

4.2. Análisis del corpus

En primer lugar, hemos llevado a cabo el enfoque cuantitativo. Para ello, hemos analizado el número de publicaciones por año de manera conjunta y desglosada. Posteriormente, hemos analizado los términos más frecuentes con la ayuda de la herramienta "Word Sketch" de Sketch Engine®, para comparar los resultados.

En segundo lugar, nos hemos realizado el análisis cualitativo. Para ello, hemos clasificado los términos analizados en tres categorías: tipos de crisis, características y localización. La creación de estas categorías obedece a las temáticas mayoritarias. Asimismo, nos hemos centrado en dos clases de palabras en particular, los adjetivos y los verbos. Los adjetivos pueden acompañan al término central del estudio, la crisis, mientras que los verbos, expresan las acciones que pueden estar relacionadas con este hecho. Estas dos clases de palabras se han analizado teniendo en cuenta el posible sesgo negativo, positivo y neutro. Finalmente, nos hemo fijado en las combinaciones léxicas más frecuentes que forman los términos analizados.

5. RESULTADOS Y DISCUSIÓN

A continuación, analizamos los principales resultados obtenidos en el análisis del corpus. En primer lugar, presentamos unos datos cuantitativos acerca del número de textos seleccionados por cada periódico y por cada año, así como los términos más frecuentes del corpus. En segundo lugar, nos centramos en datos cualitativos en relación con las clases de palabras que acompañan al término "crisis" y las combinaciones léxicas que se forman en torno a este término.

5.1. Datos cuantitativos

Es necesario recordar que el período analizado se sitúa entre el 1 de enero de 2008 y el 31 de diciembre de 2018. Si atendemos al reparto temporal, observamos una producción muy importante de textos en el año 2010 y un máximo de publicaciones en 2011. A partir de entonces, se produce un descenso hasta 2015, cuando hay un nuevo repunte.

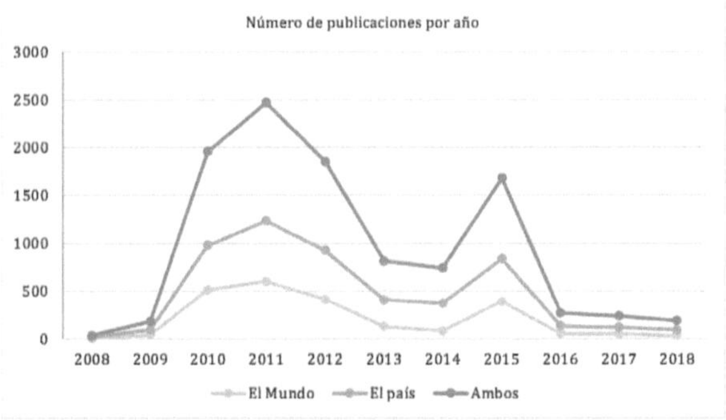

Figura 1. Número de publicaciones por año y por periódico. **Fuente:** Elaboración propia. Datos extraídos de Factiva®.

Dicha distribución temporal coincide, por un lado, con las fechas de los tres programas de rescate del país heleno (2010, 2012 y 2015); y, por otro lado, con dos de las elecciones al parlamento griego (2012 y 2015). De hecho, el año 2011 destaca por ser el año posterior al primer programa de rescate y el 2015 por ser el año de dos elecciones y del tercer y último programa de rescate que tuvo una gran contestación social.

Las elecciones de 2012 supusieron la llegada de Nueva Democracia al Gobierno y las de 2015, la de SYRIZA. En el caso de 2015, se produjeron dos elecciones en ese mismo año. El primer ministro griego Alexis Tsipras dimitió en agosto de 2015, después de haber llegado al Gobierno en enero, tras acordar el tercer programa de rescate con la Comisión Europea (CE), el Banco Central Europeo (BCE) y el Mecanismo Europeo de Estabilidad (MEDE). Por consiguiente, estos acontecimientos políticos coinciden con los picos de publicaciones de ambos periódicos.

Por otro lado, utilizando la herramienta «WordList» de Sketch Engine®, hemos podido obtener una lista con las palabras más frecuentes del corpus. Hemos seleccionado aquella que superan las 10 000 frecuencias de aparición, como se observa en la Tabla 2.

El País	Frecuencias	El Mundo	Frecuencias	Ambos	Frecuencias
país	14 630	tener	17 649	país	24 402
europeo	12 334	europeo	16 243	euro	21 711
tener	11 460	poder	15 280	tener	21 246
euro	11 128	hacer	15 084	europeo	20 558
poder	10 570	euro	14 374	poder	19 441
hacer	10 337	deuda	13 455	hacer	18 257
crisis	10 067	gobierno	12 114	Grecia	17 617
		mundo	11 367	España	17 001
		mercado	10 280	crisis	16 366
				año	15 666
				deuda	15 208
				economía	14 702
				gobierno	12 490
				mercado	11 552
				banco	10 693
				Europa	10 354

Tabla 2. Palabras más frecuentes que superan las 10 000 apariciones, ordenadas por cabeceras. Fuente: Elaboración propia. Datos extraídos de Sketch Engine®.

Como podemos observar en la Tabla 2, el subcorpus del diario *El Mundo* tiene 9 palabras que superan las 10 000 frecuencias frente a las 7 de *El País*. Si dejamos de lado los verbos y la palabra "país", que puede tener un peso destacado en el diario *El País* por su propio nombre, esta cabecera destaca "europeo", "euro" y "crisis". Por otro lado, *El Mundo* cuenta con "europeo" y "euro", pero no aparece "crisis". Asimismo, destaca "deuda", "gobierno", "mundo" y "mercado". Estos datos nos ofrecen algunos indicios de los conceptos en los que inciden los discursos publicados por cada uno de los periódicos.

5.2. Datos cualitativos y discusión

El término "crisis" permite resumir la situación que vivió Grecia a partir de 2009. Este término, que proviene curiosamente del griego (κρίσις), puede significar, según el *Diccionario de la lengua española de la Real Academia Española* en su 23ª edición[3], "cambio profundo y de consecuencias importantes en un proceso o una situación, o en la manera en que estos son apreciados" o en su acepción económica "reducción en la tasa de crecimiento de la producción de una economía, o fase más baja de la actividad de un ciclo económico".

Tipo de crisis	Características	Localización
bancario	agudo	chipriota
cambiaria	brutal	español
económico	crónico	europeo
financiero	dramática	global

3. Accesible en: <https://www.rae.es> (consultado el 01/06/2023).

fiscal	duro	griego
inmobiliario	enorme	heleno
institucional	existencial	internacional
monetaria	formidable	italiano
presupuestario	fuerte	luso
sistémica	grave	mundial
social	importante	portugués
	interminable	
	mayor	
	múltiple	
	peor	
	profunda	
	serio	
	severa	
	terrible	

Tabla 2. Palabras más frecuentes del corpus que superan las 10 000 apariciones.
Fuente: Elaboración propia. Datos extraídos de Sketch Engine®.

Por ello, hemos analizado dos clases de palabras que acompañan a "crisis": los adjetivos y los verbos. La mayoría de los ejemplos encontrados pueden clasificarse en 3 categorías, como se aprecia en la Tabla 3. Para llevar a cabo este estudio, hemos analizado cada una de estas clases de palabras con la ayuda de la herramienta informática "Word Sketch".

El primer bloque se centra en los adjetivos. Para ello, en primer lugar, se analizan los adjetivos relacionados con el tipo de crisis. Estos adjetivos reflejan distintos problemas del ámbito económico, como la crisis bancaria, monetaria o fiscal, entre otras. A continuación, mostramos algunos ejemplos en contexto.

1) "Grecia es la prueba de que la **crisis de deuda europea** es realmente una **crisis monetaria...**" (Los bancos centrales están dibujando una Línea Maginot contra una mayor estabilidad económica, 18/09/2011, *El Mundo*).

En este caso, el fragmento incide en la debilidad del euro causada por la crisis de deuda en Europa, fundamentalmente en Grecia. No hay que olvidar que la situación era tan delicada que llegó incluso a plantearse la salida de Grecia de la UE y, por consiguiente, de la moneda única, lo que dio lugar a la creación del término *grexit* (I. Ramos Ruiz & Á. Ramos Ruiz, 2024).

2) "Pero menos evidente en cuanto a las dos últimas mutaciones de la **crisis del euro**: la **crisis bancaria española** y el último capítulo del incendio griego requieren nuevas medidas excepcionales..." (La cumbre informal sobre el crecimiento profundiza las divisiones dentro de la UE, 24/05/2012, *El País*).

En el ejemplo 2, apreciamos que se hace referencia justamente a la crisis del euro, como hemos señalado antes. Al igual que en Grecia los efectos de la Gran Recesión se hicieron sentir con fuerza en la gestión de la deuda soberana, en España, esos efectos golpearon en un primer momento a los bancos, como consecuencia de la gestión de los créditos hipotecarios. La morosidad puso en jaque la solvencia de los bancos y eso afectó posteriormente a la deuda pública. Por tanto, el ejemplo 2 pone de manifiesto cómo la prensa española, a la vez que cubre la evolución de la economía griega, incide en las consecuencias que tiene esta situación para España.

Si nos fijamos en los adjetivos que describen la "crisis", apreciamos que muchos de ellos están cargados de un sesgo negativo, como "dramática", "grave" o "terrible", entre otros. A continuación, mostramos un ejemplo con "interminable", que pertenece a un texto publicado en 2017, cuando Grecia estaba a las puertas de finalizar el tercer programa de rescate y, por lo tanto, ya no estaría bajo la supervisión de la Troika[4].

3) "...la **crisis interminable** que comenzó siendo financiera, luego mutó hasta contagiar a la deuda soberana y acabó convirtiéndose en un virus que atacó el corazón de los sistemas políticos europeos ha terminado..." (El optimismo echa raíces en la zona euro, 30/04/2017, *El País*).

4) "Y si la fase aguda de la **crisis griega** parece superada..." (La eurozona crece un modesto 1,5% y roza el nivel previo a la crisis, 13/02/2016, *El País*). Finalmente, encontramos referencias a las crisis de otros países y a su relación con lo que ocurre Grecia, como se aprecia en el ejemplo 6, o con las repercusiones que tiene para España, como se observa en el ejemplo 7.

6) "El contagio de la **crisis griega** es aún mayor en **Portugal o Irlanda**" (El riesgo español se dispara, 06/05/2010, *El País*).

7) "El bono español ha resistido toda la semana la **crisis portuguesa** y se mantiene en torno a los 190 puntos básicos de diferencial con el bono alemán" (Zapatero se sumerge para ganar tiempo, 26/03/2011, *El Mundo*).

En un segundo bloque, se sitúan los verbos que acompañan al término «crisis». Aparecen 88 verbos, de los cuales 15 aportan una carga negativa y 19 una carga positiva, como podemos observar en la Tabla 3.

Verbos con carga negativa	Verbos con carga positiva
afectar	afrontar
agravar	aliviar
agudizar	arreglar
causar	atajar
desatar	combatir
desencadenar	contener
empeorar	detener
estallar	encarar
padecer	evitar
pagar	frenar
precipitar	gestionar
producir	impedir
prolongar	paliar
provocar	resistir
sufrir	resolver
	solucionar

4. Compuesta por la Comisión Europea (CE), el Banco Central Europeo (BCE) y el Fondo Monetario Internacional (FMI).

	sortear
	superar
	zanjar

Tabla 2. Verbos que acompañan a "crisis". Fuente: Elaboración propia. Datos extraídos de Sketch Engine®.

Si analizamos los verbos con carga negativa, apreciamos que describen en general la evolución de la crisis. A continuación, mostramos un ejemplo con el verbo «desatar».

8) "Pero fue el falseamiento de las cuentas el que **desató la crisis** de confianza generalizada, las dudas sobre el grado de solidaridad que tendrían unos estados miembros con otros y el lío monumental en el que aún seguimos" (La crisis, Europa y Krugman, 08/07/2012, *El País*).

En este caso, se destaca el hecho de que Grecia no diera información veraz sobre las cuentas del país, lo que originó la crisis de confianza y, por tanto, de deuda soberana. Por otro lado, encontramos el verbo «agudizar», como se indica en el ejemplo 9, donde se especifica que las ayudas del BCE para hacer frente a los problemas de deuda soberana pueden perjudicar las economías de los países, por lo que se conseguiría un efecto indeseado con esa ayuda.

9) "Las condiciones de las ayudas de la UE son tan duras que pueden **agudizar la crisis** de los países perceptores" (El 'timo' del eurorrescate, 17/04/2011, *El Mundo*).

En el lado contrario se sitúan los verbos con carga positiva, como es el caso de «frenar», que en el ejemplo 10 se emplea para hablar de los ajustes que tiene que hacer Grecia para recibir el segundo programa de ayuda en 2012.

10) "Europa se encuentra en un momento crucial para **frenar la crisis** de la deuda y el tiempo es oro" (Ultimátum de Alemania a Grecia para que haga los ajustes en el plazo exigido, 17/08/2012, *El Mundo*).

Otro ejemplo sería el siguiente, donde aparece el verbo "aliviar" en referencia al uso de los eurobonos (Arribas Cámara & Cárdenas Del Rey, 2016; Jones, 2017) como solución a la crisis de deuda soberana que sufren distintos países de la Unión europea.

11) "Entre las ventajas de los eurobonos o bonos de estabilidad, se destaca que podrían potencialmente **aliviar** rápidamente **la crisis** de deuda soberana" (Bruselas propone un tipo de eurobonos con garantías nacionales, 19/11/2011, *El País*).

Finalmente, mostramos dos ejemplos de verbos que no aportan una carga negativa ni positiva, pero añaden información sobre la conceptualización de los distintos momentos y acontecimiento de esta crisis. En primer lugar, apreciamos el verbo «vivir», que se utiliza en el contexto de la crisis que sufre Alemania como consecuencia de apoyar políticas de austeridad muy severa con todos los Estados miembros. Esta situación se acentúa en los países con problemas de deuda, fundamentalmente Grecia. En el ámbito de la política económica, se crean dos corrientes, la que está de acuerdo con las medidas más duras y la que considera que es necesario aplicar una mayor flexibilidad, debido a los problemas sociales que las políticas más severas provocan en el plano social.

12) "...Alemania está **viviendo una crisis** estupenda, con la eurozona cada vez más partida en dos" (Bruselas augura una recuperación frágil y sin apenas empleo en España, 05/05/2014, *El País*).

En segundo lugar, observamos otro ejemplo en el que emplea «atravesar» para hablar del tipo de crisis que está viviendo la eurozona. Como señalábamos en la introducción, la crisis a la que tuvo que hacer frente la Unión Europea ha sido la más importante de su historia hasta la fecha, al menos en el plano económico.

13) "La zona euro está **atravesando la crisis** más grave desde su creación" (Rajoy a puerta cerrada: "¡la gente no lo entiende!", 27/05/2012, *El Mundo*).

Finalmente, podemos citar la existencia de otros verbos que también se emplean para hablar de "crisis" y que tendrían una carga neutra, como son resolver, gestionar, abordar, crear, durar, incluir, analizar o anticipar, entre otros.

6. CONCLUSIONES

En este estudio hemos analizado el sesgo informativo presente en el discurso periodístico de dos periódicos españoles acerca de la crisis de deuda soberana griega. De los dos periódicos analizados, *El País* presenta un mayor número de textos, 2 899, mientras que el diario *El Mundo* solo tiene 2 314.

Si nos fijamos en el reparto temporal, se producen dos picos de publicaciones: el primero y más importante, en 2011, justo el año después del primer programa de rescate, lo que puede reflejar el interés por las graves consecuencias que tiene las medidas de ajuste impuesta a cambio de la ayuda recibida; y, el segundo, en 2015, año en el que se producen dos elecciones generales y se aprueba el tercer y último programa de rescate junto con las nuevas medidas de ajuste exigidas. El interés mediático fue elevado debido al pulso del Gobierno de Alexis Tsipras con al UE.

La conocida como crisis griega se considera uno de los acontecimientos más importantes de la historia reciente de la Unión Europea y de todo el continente. Las repercusiones en otros países de la UE fueron notables, como ocurrió en España por los problemas de solvencia del sistema bancario y los problemas de deuda del Estado. Por tanto, la prensa ha mostrado un gran interés por la situación griega y sus repercusiones, como prueban las distintas referencias a España en el discurso, por ejemplo, en relación con los bancos, la deuda u otros problemas derivados de la crisis económica, a saber, el desempleo.

En el plano metodológico, el uso del programa informático Sketch Engine® nos ha permitido analizar con detalle los datos del corpus para obtener, así, datos sobre frecuencias, los contextos en los que aparecen y las combinaciones léxicas que forman. Los datos cualitativos indican, a través del análisis de los adjetivos y los verbos que acompañan al término «crisis», la existencia de un sesgo informativo más bien negativo. Este hecho puede considerarse obvio al hablar de una crisis, aunque también podría venir motivado por una crítica a la gestión de la situación financiera y económica de Grecia y de otros países. Como veíamos en el ejemplo 11 de los Resultados al hablar de los eurobonos, las políticas aplicadas no alcanzaron un consenso unánime entre los socios de la Unión Europea. En el caso de los adjetivos, hemos podido establecer una clasificación con tres categorías: tipos de crisis, características y localización.

Por otro lado, al hablar de los verbos, observamos también la existencia de ejemplos que aportan una carga negativa, como es el caso de «agudizar» o «empeorar». Sin embargo, hemos constatado el empleo de ciertos verbos con una carga semántica positiva, como «solucionar» o «superar». El número de verbos empleados con una carga positiva es de 19, mientras que los usados con carga negativa son 15.

Por tanto, a diferencia de los adjetivos que se utilizan mayoritariamente con un sesgo negativo, los verbos sí presentan un uso notable con carga positiva. Quizás la explicación pueda venir del hecho de que los adjetivos se emplean para describir, en este caso la crisis, mientras que los verbos expresan acciones o procesos, entre los que se encontrarían las medidas tomadas para solucionar esos problemas del ámbito económico y financiero.

Finalmente, podemos concluir que el presente trabajo ha permitido profundizar en el análisis del discurso periodístico sobre economía acerca de la crisis griega. Por lo que los resultados obtenidos suponen un punto de partida para futuros trabajos que aborden esta temática.

7. REFERENCIAS

Arrese, Á., y Vara-Miguel, A. (2016). Periodismo y Economía. In M. Sobrados León (Ed.), *Estudios de Periodismo Político y Económico* (pp. 47–80). Editorial Fragua.

Arribas Cámara, J., & Cárdenas Del Rey, L. (2016). Eurobonos: evolución y soluciones de la deuda en Europa. *Politica y Sociedad, 53*(1), 259–279. https://doi.org/10.5209/rev_POSO.2016.v53.n1.46314

Charaudeau, P. (2005). *Les medias et l'information. L'impossible transparence du discours.* Éditions De Boeck.

Christiano, L. J., Eichenbaum, M. S., y Trabandt, M. (2015). Understanding the great recession. *American Economic Journal: Macroeconomics, 7*(1), 110–167. https://doi.org/http://dx.doi.org/10.1257/mac.20140104

De Cesare, F. (2018). *Populismo y prensa: la construcción discursiva de la crisis griega y del brexit en dos periódicos españoles.* Paolo Loffredo.

Fowler, R. (1991). *Language in the News: Discourse and Ideology in the Press.* Routledge.

Gertler, M., y Gilchrist, S. (2018). What happened: Financial factors in the great recession. *Journal of Economic Perspectives, 32*(3), 3–30. https://doi.org/https://doi.org/10.1257/jep.32.3.3

Gomis, L. (1974). *El medio media: la función política de la prensa.* Seminarios y Ediciones.

Gomis, L. (2008). *Teoría de los géneros periodísticos.* Editorial UOC.

Grusky, D. B., Western, B., y Wimer, C. (Eds.). (2011). *The great recession.* Russell Sage Foundation.

Gunter, B. (1997). *Measuring Bias on Television.* University of Luton.

Hallin, D., y Mancini, P. (2004). *Comparing media systems: Three models of media and politics.* Cambridge University Press.

Hernández Ramos, P. (2016). La representación de Grecia en el diario Bild durante los años centrales de la crisis económica, 2008-2012. *Revista Internacional de Historia de La Comunicación, 1*(5), 89–103.

Jones, E. (2017). Los eurobonos : historia de un largo camino hacia la integración. *Cuadernos de Información Económica, 261,* 73–82.

Kilgarriff, A., Baisa, V., Bušta, J., Jakubíček, M., Kovář, V., Michelfeit, J., Rychlý, P., y Suchomel, V. (2014). The Sketch Engine: ten years on. *Lexicography, 1*(1), 7–36. https://doi.org/doi:10.1007/s40607-014-0009-9

Lippmann, W. (1964). *La opinión pública.* Compañía General Fabril Editora.

McCombs, M., y Evatt, D. (1995). Los temas y los aspectos: explorando una nueva dimensión de la Agenda-setting. *Comunicación y Sociedad, 8,* 7–32.

McQuail, D. (1998). *La acción de los medios. Los medios de comunicación y el interés público.* Amorrortu editores.

Rabadán, P. J. (2015). *El sesgo en la televisión. La noticia política en campaña*. Editorial Universitas.
Ramos Ruiz, Á. (2018). El sesgo ideológico en la prensa económica española: un estudio de corpus. In M. González y M. Valderrama (Eds.), *Discursos Comunicativos Persuasivos Hoy* (pp. 375–388). Tecnos (Grupo Anaya).
Ramos Ruiz, Á. (2021). El sesgo ideológico y la prosodia semántica en la construcción del discurso mediático del brexit en la prensa española. *Tonos Digital*, *41*, 1–35.
Ramos Ruiz, Á. (2022a). El sesgo informativo y la prosodia semántica en el discurso mediático del coronavirus en la cobertura digital de El País. *Revista de Estudios Del Discurso Digital (REDD)*, *5*(5), 22–42. https://doi.org/10.24197/redd.5.2022.22-42
Ramos Ruiz, Á. (2022b). Los sustantivos del discurso mediático del Brexit en la prensa económica española: estudio del sesgo informativo y la prosodia semántica. *International Visual Culture Review / Revista Internacional de Cultura Visual*, *89*, 1–13. https://doi.org/10.37467/revvisual.v9.3546
Ramos Ruiz, Á. (2023). imagen de la Unión Europea y el Reino Unido en el discurso mediático del Brexit. *VISUAL REVIEW. International Visual Culture Review / Revista Internacional de Cultura Visual*, *10*(Monográfico), 1–13. https://doi.org/10.37467/revvisual.v10.4601
Ramos Ruiz, Á., y Ramos Ruiz, I. (2018a). El conflicto de las preferentes: cobertura y sesgo en la prensa española. In *Comunicación, conflictos y paz* (pp. 123–132). Dykinson.
Ramos Ruiz, Á., y Ramos Ruiz, I. (2018b). El sesgo ideológico en los editoriales de la prensa española: la crisis económica griega. In G. G. Alcaide, S. G. Mirón, y A. M. G. González (Eds.), *La investigación actual y sus retos multidisciplinares* (pp. 315–326). Gedisa.
Ramos Ruiz, Á., y Ramos Ruiz, I. (2019). El sesgo ideológico en el tratamiento informativo del BREXIT en la prensa anglosajona. In P. López Villafranca, J. I. Niño González, y L. F. Solano Santos (Eds.), *La nueva comunicación del siglo XXI* (pp. 347–358). Pirámide (Grupo Anaya).
Ramos Ruiz, Á., y Ramos Ruiz, I. (2021). El sesgo ideológico en el discurso periodístico de opinión sobre el Brexit en la prensa española: el caso de Gibraltar. In A. M. Botella Nicolás, R. M., y R. Moreno López (Eds.), *Investigando sobre tendencias en análisis de contenidos de vanguardia* (pp. 382–392). Tirant Lo Blanch.
Ramos Ruiz, Á., y Ramos Ruiz, I. (2022). El sesgo ideológico en el discurso político de la prensa española: la reforma constitucional de 2011. *Círculo de Lingüística Aplicada a La Comunicación*, *89*, 171–182. https://doi.org/https://dx.doi.org/10.5209/clac.70743
Ramos Ruiz, I., & Ramos Ruiz, Á. (2024). E*l concepto de grexit en la prensa española: un análisis periodístico*. In D. L. Drosos, M. de M. Llairó, M. Tsokou, A. Alexopoulou, E. Paraskeva, V. Kritikou, & E. P. Pavlakis (Eds.), Estudios y Homenajes Hispanoamericanos VII: Vol. VII (pp. 263–270). Ediciones del Orto.
Reig García, R. (2011). *Los dueños del Periodismo. Claves de la estructura mediática mundial y de España*. Gedisa Editorial.
Vázquez Bermúdez, M. Á. (2006). Los medios toman partido. *Ámbitos*, *15*, 257–267. https://doi.org/10.12795/Ambitos.2006.i15.1
Verdú Cueco, Y. (2009a). *Sesgo y encuadre en las noticias de TV: mecanismos de manipulación periodística a propósito del urbanismo y del agua en los informativos de Canal 9*. Universidad de Valencia.
Verdú Cueco, Y. (2009b). *Sesgo y encuadre en las noticias de TV: mecanismos de manipulación periodística a propósito del urbanismo y del agua en los informativos de Canal 9* [Universidad de Valencia]. https://doi.org/978-84-370-7426-9
Verdú Cueco, Y. (2010). El tratamiento del urbanismo y del agua en los informativos de Canal 9. *Arxiu de Ciències Socials*, *23*, 137–148.

EL ORADOR VIRTUOSO EN PLATÓN Y EN SÓCRATES: UN ALEGATO A LA ENSEÑANZA DE LA RETÓRICA CLÁSICA

Silvia Rincón Alonso[1]

1. INTRODUCCIÓN

Asistimos a una constante oferta de cursos académicos y no académicos destinados a que las personas puedan adquirir la competencia de hablar en público. Independientemente de que estos cursos sean impartidos en universidades o sean impartidos por otras entidades formativas, lo que tienen en común todos ellos es que se trata de formaciones breves, siendo la mayoría de ellas inferiores a 20 horas, que en todos ellos los objetivos están orientados a lograr que las personas aprendan a hablar en público de una forma eficaz, entendiendo por eficaz, la posibilidad de persuadir o convencer al otro de algo sobre lo que necesitamos que sea convencido. En todos ellos la estructura de contenidos suelen estar orientados a trabajar los aspectos de la comunicación verbal y no verbal y que, también en todos ellos, los alumnos basarán su aprendizaje en las continuas prácticas que se les propone.

Algunos de estos cursos se desarrollan bajo alguna metodología concreta. A modo de ejemplo podemos citar el método TED para hablar en Público, el método Dale Carnegie o el método Chiara[2].

Por otro lado, algunas bases de datos (Dialnet, Latindex, Scopus, Wos, Redacyl) y también en Google académico, podemos encontrar libros, artículos, tesis, resúmenes o capítulos de libro en los que se recoge la terminología de oratoria moderna o retórica moderna (Hernández Guerrero y García Tejera, 2008; Fernández, 2005; Alberte González, 1985; Brehler, 2013). Si la misma búsqueda es realizada directamente en Google el resultado suma un total de 15.020.000 entradas en las que podemos encontrar consejos, pasos a seguir, sencillas metodologías que nos permiten convertirnos en lo que hoy en día ha pasado a llamarse speaker o conferenciante en lugar de orador.

---

1. Universidad Francisco de Vitoria.

2. Se trata de un sofisticado sistema de realidad virtual que expone a las personas que desean aprender a hablar en público a un total de 24 escenarios diferentes. Ya existen tesis académicas en las que se recoge información sobre este método formativo como es el caso de Cabrera Colque, N. (2022) Entrenador cognitivo conductual mediante realidad virtual en casos de glosofobia. Tesis doctoral. Universidad Mayor de San Andrés. Universidad de Ciencias Puras y Naturales. Carrera de Informática. Para más información: https://bechiara.com/es/

En definitiva, nos encontramos en un momento en el que las metodologías para enseñar y aprender retórica obvian algo fundamental para el correcto desempeño de lo que debería seguir considerándose un arte y una ciencia. García Berrio (1984), apela a la recuperación de la retórica tradicional y reclama para ella una mirada que sepa contemplarla "en toda su verdadera extensión de ciencia general de la expresividad lingüística (...) que tiene por objeto el discurso humano comunicativo". (p.51). Creemos que es precisamente los aspectos humanos comunicativos los que deberían tenerse en cuenta en la enseñanza de la oratoria actual. Para ello proponemos volver la mirada a los griegos. Fueron sus tratados de retórica, actualmente completamente olvidados, en los que recogían aspectos sobre los valores y virtudes humanas y personales en las que debía ejercitarse el buen orador.

El objetivo de este trabajo es realizar una revisión de 2 de los diálogos en los que Platón y Sócrates dejan constancia, de manera explícita, de las virtudes que un orador debería poseer para que la práctica de la oratoria pudiera ser considerada un verdadero arte y técnica. Pastor Pérez (2016) nos dice que estos autores sobrevuelan sobre el fundamento filosófico de la retórica y centran su discusión contra la oratoria que practicaban y enseñaban los sofistas en problemas humanos y sobre cuestiones morales. No tenemos que olvidar que es el hecho de vincular la retórica a la Filosofía lo que permite que el nuevo modelo comunicativo que proponen Platón y Sócrates establezca sus bases en las virtudes del orador.

Algo a tener en cuenta para el correcto entendimiento de este trabajo es que, aunque hay estudios que desvinculan el pensamiento retórico de Platón del de Sócrates, existen otros muchos en los que se manifiesta la imposibilidad de hacer una distinción objetiva entre ambos. La famosa "cuestión socrática" no supone para Duque (1990) problema alguno dado que la tradición cultural europea reconoce a Sócrates como un educador de referencia y como alguien con una personalidad y valores extraordinarios. Desde esta perspectiva en este trabajo hablaremos siempre de Platón y Sócrates, refiriéndonos a ellos de forma conjunta y tiendo en cuenta, sin embargo, que no podemos considerar a Sócrates un filósofo a la altura de Platón, pero, tal y como apunta Gasparotti (1996) sí podemos considerarle como un verdadero discípulo de su maestro y como uno de los más fervientes buscadores de la verdad.

Las conclusiones nos llevan a pensar en la urgente necesidad de recuperar el legado que los tratadistas de retórica clásica nos dejaron al proponer tener en cuenta la condición humana del orador, sus valores y virtudes para que los mismos sean tenidos en cuenta como base fundamental de las formaciones que sobre dicha disciplina se imparten en la actualidad.

2. OBJETIVOS

Analizar críticamente los diálogos socráticos de *Protágoras* y *Gorgias* para recuperar de ellos el legado sobre las virtudes que debía poseer un orador.

3. MARCO TEÓRICO

Justificar el querer seguir rescatando el concepto de retórica y de su manifestación práctica, la oratoria, que nos fue legado hace más de 2500 años por los autores clásicos, puede despertar la preocupación de aquellos que consideraran que seguir viviendo de los clásicos es mantenernos en una visión del mundo supersticiosa.

Si recurrimos a lo que se conoce como "querella de los antiguos y los modernos"[3] vemos que la idea central de dicho debate es la posición entre los que defienden la necesidad de mirar siempre a nuestro pasado para comprender nuestro presente y los que creen que es necesario superar el pasado para vivir de forma plena en el presente. En este trabajo asumimos la postura de los primeros, no sin antes justificarla.

Ortega y Gasset (1966) decía que España era un país que había mostrado cierto "desdén hacia lo clásico" y que la palabra "clasicismo" había dejado de representar la realidad y era usada para "fáciles ampliaciones de una retórica extemporánea". Sin embargo, también decía que en dicho vocablo se encerraba "la realidad más granada y plenaria" por ser lo clásico el "embrión" de nuestra cultura. (p.65)

Para este autor, tener en cuenta a los clásicos no significa solo seguir leyendo sus obras, sino que deberíamos tenerlos en cuenta de la siguiente forma: "No hay más que una manera de salvar al clásico: usando de él sin miramientos para nuestra propia vida. (Ortega y Gasset, 1962,p. 419).

Por otor lado, para entender el valor que la formación en virtudes tenía para el ciudadano griego, historiadores como Jaeger (2001a) nos apunta que "la formación del hombre griego y el proceso espiritual mediante el cual llegaron (...) a la construcción de su ideal de humanidad" es absolutamente transcendental. Para este autor, si hay algo a lo que se le ha dado continuidad y ha persistido a lo largo de toda la historia son esas virtudes que desde Homero hasta nuestros días siguen siendo tenidas en cuenta como ideal de carácter y referente conductual al que los hombres deberíamos aspirar. (pp. 6, 7 y 8). La educación griega, basada en el término *Areté,* busca, al igual que sigue ocurriendo en nuestros días "la formación del hombre, mediante la creación de un tipo ideal íntimamente coherente y claramente determinado". Jaeger añade, además, que " La educación no es posible sin que se ofrezca al espíritu una imagen del hombre tal como debe ser".(Jaeger, 2001, p.22). De ahí surgen las virtudes, un término sobre el que Platón y Sócrates tratan de aportar luz con la esperanza de poder definir cada una de ellas y puedan ser entendidas y practicadas por el orador.

Por último, para darnos cuentas del valor que las virtudes adquieren en la formación del carácter del orador griego tenemos que recurrir al concepto de *ethos*

Ortiz Millán (2016) nos explica que la palabra *ethos* tiene para los griegos dos significados complementarios entre sí. Por un lado, el término *ethos* proviene de "ἔθοσ (εοσ, τό, ἔθω) que significa *hábito, costumbre, estar acostumbrado,* como cuando Aristóteles afirma en la Ética nicomaquea: "Algunos creen que los hombres llegan a ser buenos por naturaleza, otros por el hábito". Por otro lado, el término *ethos* "ἦθος (êthos) significa *carácter*". (p.117).

En este sentido "el carácter se forma a través del hábito o la costumbre. Por ejemplo, es a través de la repetición de acciones virtuosas que estas se vuelven un hábito y se forma el carácter" (Ortiz Millán, 2016.p.117). Hay autores que creen que "las teorías

3. "La Querella de los antiguos y los modernos tuvo lugar entre 1687 y 1716 en Francia, aunque repercutió en distintos países de Europa, especialmente en Inglaterra, donde fue bautizada como la Batalla de los libros y se desarrolló entre 1690 y 1730. En líneas generales, el tema del debate giró en torno a cuál debía ser la actitud moderna frente al pasado, y a la posibilidad de igualar o incluso superar en varios aspectos los logros de la antigüedad clásica". En Calvente, S. (2015). ¿Progreso o decadencia? Apuntes sobre la postura de David Hume en la disputa antiguos-modernos. X Jornadas de Investigación en Filosofía. (p.1) http://www.*memoria*.fahce.unlp.edu.ar/trab_eventos/ev.7589/ev.7589.pdf

argumentativas contemporáneas conciben el *ethos* más como una posición de subjetividad en una determinada discursividad que como un conjunto de cualidades morales o éticas". (Montero, 2011. p.3). En cualquier caso, el *ethos* es una categoría proveniente de Grecia que, en el caso de la retórica remite, por un lado, a los rasgos que el orador proyecta sobre sí en su discurso; y por otro, a las cualidades éticas y morales del orador (Eggs, 1999).

4. METODOLOGÍA

Para alcanzar nuestro objetivo se ha seguido una metodología analítica descriptiva que nos permite exponer en el apartado de resultados las principales ideas que en los textos analizados se recogen, por un lado, respecto a la idea de virtud y aspectos relacionados con el modo de adquirir las mismas que se plantean en el diálogo de *Protágoras.* También a través del análisis descriptivo de este diálogo podemos llegar a establecer las virtudes concretas que Platón y Sócrates establecen.

Para hallar las ideas fundamentales sobre las virtudes que debería tener el orador recurrimos también a la metodología analítica descriptiva sobre nuestro segundo texto de análisis: *Gorgias*

La forma de llegar a determinar con qué fuentes primarias debíamos trabajar ha necesitado de una revisión bibliográfica que conforman nuestro aparato crítico de fuentes secundarias. Para ello se realizó una búsqueda en los motores de búsqueda Dialnet, Wos, Scopus y Latindex, sobre los estudios más representativos de la historia de la retórica en general y de aquellos estudios que se han detenido en la obra retórica de Platón y de Sócrates en particular. De los resultados obtenidos, fueron seleccionados los que contaban con un mayor número de citas y los que por consenso tácito de la comunidad científica son considerados referencias fundamentales para el análisis de cualquier aspecto relacionado con la retórica clásica. (De Azcárate, 1871; Barthes, 1970; Murphy; 1983; Hernández Guerrero y García Tejera, 1994; Perelman y Tyteca, 2000; López Eire, 2003; Fernández y López, 2010; Ramírez Vidal, 2008; Brenifier, 2011; Laborda, 2012; Adrados, 2012, 2013; Martínez García, 2015: Pastor Pérez, 2016; Kennedy, 2016.).

En nuestro caso, para la selección de los diálogos en los que Platón y Sócrates expresan la evolución de sus pensamientos respecto a lo que debíamos entender por orador virtuoso hemos tenido en cuenta los estudios más representativos de la historia de la retórica en general y de aquellos estudios que se han detenido en la obra retórica de Platón y de Sócrates. (De Azcárate, 1871; Barthes, 1970; Murphy; 1983; Hernández Guerrero y García Tejera, 1994; Perelman y Tyteca, 2000; López Eire, 2003; Martínez Moraga, 2004; Fernández Fernández, 2006; Ramírez Vidal, 2008; Brenifier, 2011; Laborda, 2012; Pástor Pérez, 2016; Kennedy, 2016). También tendremos en cuenta los principales trabajos académicos que nos permitan contextualizar con rigor la época histórica en la que nos encontramos y el valor y el significado que la virtud tenía en dicho espacio de tiempo. Para ello, contamos con las obras de autores como Jaeger (2001)

Dicho análisis nos lleva a determinar los diálogos de *Gorgias, Fedro y Protágoras* como nuestras unidades de análisis. El diálogo Protágoras es tenido en cuenta porque tal y como señala Cuadros Contreras (2013) es en este diálogo que acontece entre Sócrates y Protágoras en el que Sócrates trata de demostrar que la enseñanza de las virtudes es posible.

5. RESULTADOS

5.1. Diálogo de Protágoras

En su introducción a este dialogo, Alonge Ruíz et al.(1085) afirman que "El Protágoras es el primero de los diálogos mayores en cuanto a la fecha de su composición" y es " uno de los denominados *diálogos socráticos*, escrito con anterioridad al primer viaje a Sicilia" (p. 489)[4]. Es importante tener en cuenta que el tema principal de este diálogo es, según los autores mencionados, la búsqueda de la definición de lo que es la virtud, después de haber intentado definirla en ocasiones anteriores sin dejar concreción de lo que la virtud es[5]. Por fin en este dialogo de *Protágoras* encontramos lo que para nuestro trabajo es la definición que Platón y Sócrates proponen como definición de virtud.

En este diálogo, Platón y Sócrates se ocupa de los problemas de la ética y según los traductores del mismo lo hará de una forma inductiva y en ningún caso puede ser considerado un texto metafísico ni una teoría de las ideas (Lledó Íñigo et al, 1985. p.489-490). El diálogo se mueve alrededor del concepto de *areté* y desde aquí es desde donde, al contrario de lo que estos autores recogerán en diálogos posteriores[6] en los que hacen referencia a este término, la virtud sí puede ser enseñada. En cualquier caso, el interés que este diálogo tiene para nuestro trabajo es, como señalan varios autores (Foucault, 2014; Arendt, 2010; Castoriadis, 2018; Nussbaum, 2010; Ribary, 2018, Luri Medrano, 2004; Del Mastro Puccio, 2021), dar cuenta de la importancia que para Sócrates y Platón tenía el que las personas encarnaran en todos los ámbitos de su vida las virtudes propias del *areté* e hiciera de ello una forma de vivir. Esto nos es especialmente importante si lo aplicamos al orador, ya que la sistematización de la retórica actual enumera una serie de técnicas y de pasos que el orador debe dar para hacer de su discurso un discurso persuasivo y convincente, pero en ningún caso se le pide al orador que se ocupe de sí mismo y examine los valores y las virtudes que representa al hablar. Desde aquí, recogemos los fragmentos de este último diálogo que nos ocupa en los que Sócrates y Platón dejan constancia de las virtudes concretas que cualquier ciudadano debería poseer.

También podemos comprobar como Sócrates advierte en este diálogo de los peligros que para el alma tiene adquirir los conocimientos de los sofistas debido a que estos no son elaborados por expertos en los alimentos que requiere el alma, sino que tan solo, a modo de un tendero o de un traficante, ofrecen al alma elogios y alabanzas sobre sus conocimientos si haber discernido antes de la bondad o maldad que tendrán para el alma de las personas que los escuchan (313d). Sócrates nos previene en este diálogo del peligro que supone escuchar a esos sofistas cuyo principal conocimiento está en la habilidad para hablar y no en lo que transmiten con sus palabras (312e). En este diálogo, Sócrates cree que la virtud es enseñable y da fe de ello a través de un mito que narra a sus interlocutores (320d-321-322). Tras esto, se establecen en concreto la virtud como una unidad y las virtudes que deben formar parte de dicha unidad. Entre ellas serán nombradas la Justicia,

---

4. Los autores remiten para la verificación de este dato al libro de W. K. C. Güterie, A History oí Greek Philosophy, vol. IV: Plato, the Man and his Dialogues. Earlier Period, Cambridge, J975, páginas 213-235.

5. Es en el diálogo de *Fedón*, anterior al diálogo de *Protágoras*, en el que Platón trata de que Sócrates llegue a definir lo que es la Virtud. Sócrates hace empleo de su mejor mayéutica que deriva en no pocas paradojas respecto a lo que el lector puede llegar a entender sobre lo que es la virtud.

6. En concreto este tema es recogido también en los diálogos de *Menón* y del *Gorgias*

la sensatez y la piedad, la sabiduría y la valentía. (329c-d y 349b)). Cada una de estas virtudes tiene su facultad propia y determina que las virtudes se convierten en reales cuando son encarnadas por los seres. Así, "la justicia es semejante al ser justo" (330c -12-13). La virtud de la piedad es real cuando convierte a alguien en piadoso. Lo insensato, sería lo contrario a la virtud de la sabiduría (322a). Destacamos también el fragmento en el que se recoge lo siguiente "Difícil es, por cierto, llegar a ser de verdad un hombre de bien, bien equilibrado de pies, de manos y de mente, forjado sin tara"[7]. Acorde a lo anterior se recoge también en este diálogo lo siguiente "Porque delante de la virtud colocaron los dioses el sudor. Pero cuando uno llega a la cumbre de ésta, después es más fácil guardarla, por difícil que sea" [8]. Interesante es lo que Sócrates expone cuando habla de la posibilidad de que los hombres lleguen a ser buenos. "Lo difícil. aunque posible, es llegar a serlo; el serlo, imposible." (344e. 5-6). Por último, destacamos la idea siempre atribuida a Sócrates en la que dice que el hombre, cuando obra mal lo hace siempre por ignorancia (345e). Sócrates alude a la necesidad de que los hombres dialoguen para llegar a la verdad y lo manifiesta de esta forma "Pues creo que acertaba Homero al decir lo de: Marchando los dos juntos, *el* uno alcanza a ver antes que el otro" *(348c.9-12)*

5.2. Gorgias

Los autores de la versión del Gorgias con la que hemos trabajado (Calonge Ruiz, et al. 1987) se plantean la duda sobre si este dialogo "trata realmente sobre retórica o sobre moral" y añaden que dicha duda se mantiene hasta nuestros días. Estos autores creen que «algunos dicen que su objeto es tratar sobre la retórica, otros que es una conversación sobre lo justo y lo injusto». La conclusión a la que se llega es que en este diálogo se trata de una integración de estos dos elementos y que el orador es la persona que debía estar capacitado para hablar en público de una forma justa, debiendo de conocedor del alma humana y estando en posesión de los conocimientos adecuados a cada tema o causa que fuera a tratar. Esto autores también afirman que hay un gran consenso al pensar que este diálogo fue escrito después del viaje que Platón realizase a Sicilia y que su contenido se viese influido por las ideas que sobre retórica habían implantado la escuela de los sofistas. (p.12-13)

En cuanto al estilo de la composición del diálogo autores como Dodds (1959) dice que nos encontramos ante el "diálogo más moderno de los diálogos de Platón» (p. 317) y que los problemas en él tratados son los mismos que nos ocupan hoy en día.

Si en el Protágoras, Platón y Sócrates nos hablan de las virtudes de una manera general y dejan asentadas las principales virtudes en las que todo ciudadano griego debía ejercitarse el *Gorgias* nos permite conocer mejor la propuesta que sobre las virtudes Sócrates defiende como necesarias en un orador. En el mencionado diálogo, Platón pone en boca de Sócrates palabras que muestran un arte, el de la retórica, cuya finalidad no se agota en el mero hecho de persuadir o de adular a quien nos escucha. Para Sócrates, los discursos debían llevar de forma inherente hacia un orador que fuera capaz de *construirse* en torno a un fin moral ideal. (Martínez Moraga, 2004).

7. Nota 51: "La expresión *aner agathós* alude a una excelencia que no es sólo moral, sino también física y mental, e incluye el éxito en la sociedad."
8. Nota 57: "Sócrates parafrasea un famoso pasaje de los Trabajos , Días, 289 Y sigs. (Platón cita de nuevo el mismo en Rep. 364c, y en Leyes 7tBe. También el poeta Sjmónides alude a este pasaje en uno de sus poemas, d. *PMG 542)"*

Es en este diálogo en el que Platón y Sócrates muestran su repulsa total por el estilo de retórica que habían impulsado los sofistas denominados a esta la retórica de la adulación y diciendo que la misma era vergonzosa. Frente a esa retórica defiende otra que hará que "las almas de los ciudadanos" se conviertan en mejores. El orador que ejerza este tipo de retórica será el que se esfuerce en decir lo más conveniente, ya se trate de cosas agradables o desagradables (503b). Sócrates destaca la bondad del hombre como requisito para que sea capaz de hablar teniendo en cuenta el "mayor bien" y siendo esto la intención última en la que todo orador debe basar sus discursos. (503a). Para Sócrates el orador debe ser honrado y debe hablar para implantar en el alma de sus oyentes la justicia, la moderación y "toda virtud" (504e)

De Azcarate (1871) refuerza todo lo anterior cuando dice que en el *Gorgias* Sócrates habla de la necesidad de que los hombres, más allá de dar rienda suelta a sus pasiones se rijan por la moderación, siendo este el único camino para lograr la felicidad. La virtud de la templanza será lo que para Sócrates establezca el orden y la paz interior en los hombres. También el orador deberá practicar todas estas virtudes junto a la justicia, la sabiduría y la valentía (p.124)

Además de lo anterior, Sócrates proclama la necesidad de que el maestro de retórica y el orador trabajen para deshacer los "nudos que el conocimiento representa". Un conocimiento que, en la mayoría de las ocasiones, los hombres exponen a modo de opinión "ya se trate de la opinión común o de la opinión educada, como distinguía Sócrates". (Brenifier, 2011, p.18).

En definitiva, hay autores que ven en el modelo dialéctico y retórico de Sócrates el inicio de la lógica de la Verdad, frente a la lógica de la apariencia sofista. De igual forma, hay autores que creen que es a partir de este filósofo cuando la retórica y la oratoria dan un importante giro dejando atrás las tesis y los argumentos del pensamiento relativista de los sofistas. (Solana Dueso, 2010).

Terminamos este apartado con dos fragmentos que Platón pone en boca de Sócrates en los que se recogen datos importantes para dejar configurado su conceptualización del *ethos* y de las virtudes que debe albergar el alma del mismo:

> *Sócrates: ¿Pero ¿cuál es mi carácter? Soy de aquellos que gustan que se les refute, cuando no dicen la verdad; que gustan también en refutar a los demás, cuando los demás se separan de lo verdadero; y que tienen, por consiguiente, igual complacencia en verse refutados que en refutar. Tengo, en efecto, por un bien mucho mayor el ser refutado, porque verdaderamente es más ventajoso verse uno mismo libre del mayor de los males, que librar a otro de él; porque no conozco en el hombre un mal mayor que el de tener ideas falsas sobre la materia que tratamos. (Platón. Gorgias p.148.)*

No queremos cerrar nuestro apartado de resultados sin hacer una mención especial al diálogo de *Fedro*[9] . Posterior al *Gorgias* Platón y Sócrates reconsideran su postura frente a la retórica y llegan a elevar la misma al estatus de arte siempre que se den una serie de factores. Entre dichos factores debía estar el conocimiento verdadero sobre el asunto que trataría el orador, el conocimiento que el orador debía tener sobre su propia alma y la de sus oyentes para predisponer su discurso al bien de las mismas. Además, el orador debía prestar atención a la correcta estructura del discurso y debía poner todo el esmero posible

9. Platón. Fedro. (1988) Diá*logos* III. Traducción, introducción y notas por García Gual, Martínez Hernández y Lledó Íñigo. Madrid. Editorial Biblioteca Clásica Gredos

para poder hacerse digno de practicar lo que ahora sí, podría llegar a ser considerado un arte (Murphy. 1983. p. 32.).

6. DISCUSIÓN

La retórica fue considerada un arte multidisciplinar desde que fue concebida. Si bien es cierto que, por un lado, Aristóteles sistematizó su técnica y estableció todos los aspectos que en ella debían cuidarse por parte del orador, también quiso dejar constancia en su gran obra *Retórica* de la importancia que tenía para esta disciplina los aspectos relacionados con el carácter del orador. En este sentido, Aristóteles recogió lo que pensadores como Sócrates y filósofos como Platón ya habían tratado al referirse a todos los aspectos éticos y morales que debían tenerse en cuenta en la formación que recibiese un orador. Es cierto que al introducir en el arte de la retórica aspectos relacionados con el carácter virtuoso que debía cultivar el orador nos adentramos en aspectos filosóficos y comienza lo que se considera una corriente retórica que debía estar vinculada a la filosofía, no por sus métodos de trabajo a la hora de elaborar un discurso, sino por la necesidad de conferirle al orador un ethos vinculado a la búsqueda de la verdad. La ruptura de la retórica con la filosofía supone que dichos aspectos sean desdeñados por las ciencias que a partir de entonces se ocuparán de los estudios retóricos. Siendo estas ciencias fundamentalmente la poética y la filología.

No han sido pocos los esfuerzos que autores actuales y académicos del mundo de la filología como García Berro, López Eire, Tomás Albadalejo, Hernández Guerrero y García Tejera en nuestro país, o autores extranjeros como Barthes, Perelman y Tyteca, por nombrar solo a algunos, han llevado a cabo para poder recuperar los principios de la retórica clásica. Sin embargo, los primeros, encabezados por la obra de García Berro (1984) han sido precursores de una corriente denominada "Retórica general". Esta corriente, según Berrio apela a la retórica tradicional "en el seno de la Semiología literaria y extendida en los últimos tiempos a la Lingüística por obra especialmente de la Pragmática y la Teoría de la comunicación". (p.51). A pesar de estar de acuerdo con la tesis de estos autores que nos ayudan a fundamentar y a justificar nuestra idea de hacer prevalecer los estudios y las enseñanzas sobre la retórica clásica, echamos de menos la mención que esta retórica General confiere al concepto de *ethos* y a los aspectos relacionados con las virtudes del orador que, sin embargo, ocupó un lugar extremadamente importante en la retórica clásica. Creemos que estas ausencias, pueden ser debidas a la lejanía que la retórica ha sufrido con respecto a ramas del saber sobre las que nacieron y sobre las que deberían seguir fundamentándose. En concreto hablamos de la Filosofía y hablamos de la Psicología. Ramas del saber sobre los que los griegos cimentaron el arte de la retórica.

Creemos que la complejidad de la retórica y de su manifestación práctica, la oratoria, exige ampliar la mirada con el objetivo de abrir un diálogo entre las diferentes ciencias que deberían participar en la revisión académica de esta disciplina de estudio. De otra manera, estaríamos reduciendo la retórica a una serie de técnicas sistematizadas que el orador debería conocer con el único fin de poder convencer. Explicar la retórica solamente desde el punto de vista filológico deja fuera a otras ramas del saber que son imprescindibles para que la misma atienda a aspectos relacionados con la naturaleza humana del orador. Dicha naturaleza es parte de la realidad que debe ser tenida en cuenta y ser incluidas en el camino hacia una comprensión más completa del fenómeno objeto de estudio.

Desde esta perspectiva creemos que la enseñanza y el aprendizaje de la retórica debería poder responder a preguntas como: ¿Qué hace que el hombre tenga la necesidad de hacer uso de la palabra para convencer a otros?, ¿Cómo afecta el sistema de valores y las virtudes que el orador posee a los discursos que imparte? ¿Qué impulsos lleva al hombre a la mentira y qué impulsos le lleva a decir la verdad? ¿Qué motiva al hombre a convertirse en una persona más virtuosa y que esto se encarne también en sus discursos? ¿Qué bases emocionales y psicológicas conducen al orador a la manipulación y cuáles le empujan a comunicar la verdad? ¿Qué otras disciplinas deberían hacerse cargo de la enseñanza y del aprendizaje de la retórica y de la oratoria? Todos estos interrogantes no pueden dejar de ser atendidos y no pueden ser contestados desde una sola ciencia.

Por último, debemos tener en cuenta que, dadas las limitaciones que este trabajo nos exige, hemos dejado fuera del análisis otros diálogos de Platón en los que hace aportaciones realmente valiosas para nuestro objeto de estudio. Destacamos, en este sentido, el diálogo de la *Apología de Sócrates* o el diálogo de *Fenón.* En ambos, considerados también parte de los diálogos socráticos, podemos hallar verdaderos tesoros que nos permiten seguir indagando en la condición humana del orador.

También debemos tener en cuenta que, aunque las virtudes mencionadas en este trabajo pueden servirnos de punto de partida, no debemos desestimar otras virtudes que el orador debe cultivar tanto en el plano intelectual como en el moral. Entre las virtudes que destacamos como necesarias en el plano intelectual recogemos las que fueron propuestas por Teofrasto y recogidas después en la obra de Cicerón al hablar de pureza lingüística, claridad en la expresión, decoro y embellecimiento del texto. Respecto a otras virtudes morales que a lo largo de la historia han sido propuestas para la formación de un buen orador, proponemos la lectura de obras como el *orador* de Cicerón y *las Instituciones Oratorias* de Quintiliano.

7. CONCLUSIONES

Este trabajo nos permite concluir que, a pesar del rechazo que algunos segmentos de la academia y de la ciudadanía en general sienten hacia el mundo clásico por considerarlo alejado de nuestra realidad, podemos y debemos seguir mirando a los griegos porque en ellos se encuentran las bases de nuestra actual cultura occidental.

Además, creemos que la retórica clásica, que nace unida a la Filosofía, debería seguir siendo enseñada y aprendida teniendo en cuenta los fundamentos sobre la condición humana del orador. Dicha condición humana se construye a través del conocimiento y de la práctica que el orador debe tener sobre las virtudes generales de la Justicia, la Valentía, la Sabiduría, la Templanza y la Piedad. Virtudes que fueron recogidas por Platón y manifestadas en el carácter de Sócrates.

Consideramos imprescindible que para que un orador pueda hacer un uso responsable de la palabra debe conocer no solo los aspectos técnicos y pragmáticos necesarios para la impartición de discursos, sino que debe asumir una formación sobre sí mismo que le lleve a entender la transcendencia que pueden llegar a tener sus palabras. Para este fin, un adecuado punto de partida sería la obligada lectura de algunos de los fragmentos que Platón y Sócrates proponen en los diálogos que aquí hemos comentado.

Creemos que, si bien, los cursos en los que se enseña la competencia de hablar en público responden a un mundo que vive deprisa y que dichos cursos se adaptan a las demandas del mercado, es posible introducir en ellos contenidos que exijan al alumno reflexionar sobre la importancia de preguntarse por cual es la condición humana que le permite tener el privilegio del lenguaje pero también la responsabilidad de formarse para que sus palabras busquen siempre la verdad y contribuyan al bien común de sus audiencias.

8. REFERENCIAS

Adrados, F. (2012). Democracia y retórica en la antigua Atenas. Retórica y democracia: perspectivas críticas sobre el estado de la investigación, pp.29-41.
Adrados, F. (2013). Sócrates. Viejas y nuevas interpretaciones. Emerita. Revista de lingüística y filología clásica. 81 (2), 241-261.
Alberte González, A. (1985) La retórica moderna al trasluz de la retórica latina. Estudios clásicos. Tomo 27, (89), 391-399.
Alonso González, M. (2021). Desinformación y coronavirus: el origen de las fake news en tiempos de pandemia. Revista de Ciencias de la Comunicación e Información, 26, 1-25. https://doi.org/10.35742/rcci.2021.26.e139
Altman William H.F. (2019), El orden de lectura de los Diálogos de Platón La torre del Virrey. Revista de Estudios Culturales, 25.
Arendt, H. (2010). La vida del espíritu. Paidós.
Barthes, R. (1974). Investigaciones retóricas I: La antigua retórica. Tiempo Contemporáneo.
Bermúdez, N. (2007). La noción de Ethos. Historia y operatividad analítica. Tonos digital: Revista de estudios filológicos, 14.
Bjelde, j. (2021). Xenophon's socrates on wisdom and action. Trimestral clásico, 71 (2), 560-574
Brehler, R. (2013). Prácticas de oratoria moderna. Editorial el Drac.
Brenifier, O. (2011). Filosofar como Sócrates. Diálogo.
Carone, G. R. (1997). Virtud y conocimiento en los diálogos socráticos: una red de paradojas. Méthexis, 10, 129-139.
Cassin, B (2012). Jacques, el sofista. Lacan, logos y psicoanálisis. Manantial.
Castoriadis, C. (2018). Hecho y por hacer. Enclave.
Cerdán Martínez, V., García Guardia, M. L. y Padilla Castillo, G. (2020). Alfabetización moral digital para la detección de deepfakes y fakes audiovisuales. CIC. Cuadernos de Información y Comunicación, 25, 165-181. https://doi.org/10.5209/ciyc.68762
Codina Canet, M. y San Segundo, R. (2021). Proyectos documentales digitales para la reconstrucción de la Historia de las mujeres con análisis de género. Historia y Comunicación Social, 26(1), 279-289. https://doi.org/10.5209/hics.66200
Cuadros Contreras, C. (2013) SOFÍSTICA, RETÓRICA Y FILOSOFÍA Praxis Filosófica Nueva serie, 37, 75 – 93
Cuesta, U. (2021). Cómo crear packagings que atraigan al cerebro del consumidor: una investigación de neurodiseño de packaging. Revista de Marketing y Publicidad, 1(3), 39-67. https://doi.org/10.51302/marketing.2021.702
Del Mastro, P. (2020). El ethos socrático y la formación del ser en la enseñanza del derecho. Revista pedagogía universitaria y didáctica del derecho, 7 (1),195-224.
Dodds, E.R. (1959). Plato. Gorgias. Oxford.
Duque, F. (1989). LOS DESTINOS DE LA TRADICIÓN Filosofía de la historia de la filosofía. Editorial Anthropos.
Eggs, E. (1999). Ethos aristotélicien, conviction et pragmatique moderne. Images de soi dans le discours, 31-59.
Fernández, E. y López, J. F. (2010). Retórica y oratoria clásicas. En La historia de la literatura grecolatina durante la edad de plata de la cultura española (1868-1936), 57-111. Universidad de Málaga (UMA).
Fernández, J. O. (2005). La expresión oral: oratoria moderna, presentaciones orales efectivas, técnicas, estrategias, ejercicios. Lumiere.
Festugière, J. (1969). 'L'odre de lecture des dialogues de Platon aux Ve/VIe siècles', Mus. Helv. 26, 281-296.

Foucault, Michel (2014). El coraje de la verdad. El gobierno de sí y de los otros, II. Madrid: Akal.
García Berrio, A. (1989). Retórica como ciencia de la expresividad (Presupuestos para una Retórica General. ELUA, 2, 7-59.
Gasparotii, R. (1996). Sócrates y Platón. Editorial Arlar.
González Varela, José Edgar. (2021). Protágoras contra Sócrates: valentía y conocimiento en Protágoras 349e-351b. Praxis filosófica ,(52),45-70. https://doi.org/10.25100/pfilosofica.v0i52.10651
Guc, J. (2022). Autonomía socrática y manipulación sofistica en la educación moral metodicki ogledi-revisión metódica 29 (2), págs. 35-54.
Hernández Guerrero, J.A. y García Tejera, M.C.(2008). El arte de hablar: manual de retórica moderna. Editorial Ariel.
Hernández, J. A., & García, M.C. (1994). Historia breve de la retórica. Síntesis.
Howland, J. (1991). Re-Reading Plato: The Problem of the Platonic Chronology', Phoenix 45, pp. 189-214.
Jaeger, W. (2001). Paideia. Los ideales de la cultura griega. Libro Primero. Traducción de Joaquín Xiral. Fondo de Cultura Económica México.
Jaeger, W. (2001a). Paideia. Los ideales de la cultura griega. Libro segundo. Traducción de Joaquín Xiral. Fondo de Cultura Económica México.
Kasser, J. (2013). Ransdell on Socrates, Peirce, and Intellectual Modesty. Indiana University Press 49 (4), 467-489.
Kennedy, G. A. (2016) History of Rhetoric, Volume I.The Art of Persuasion in Greece. Princeton University Press.
Kraus, R. (2022). La vida privada y pública de Sócrates. Arpa editores
Laborada, X. (2012). De retórica: la comunicación persuasiva. UOC.
López Eire, A. (2003) Reflexiones sobre el origen y desarrollo de la antigua retórica griega (1ª parte). Revista de Retórica y Teoría de la Comunicación III, (4),105-128.
Luri Medrano, G. (2004). Guía para no entender a Sócrates.Reconstrucción de la atopía socrática. Editorial Trota.
Mansfeld, J. (1994) Prolegomena: Questions to be Settled Before the Study of an Autor, or a Text. Leiden
Martínez García, J. (2015). Protágoras, Gorgias, Carta séptima.Arilza Editorial
Martínez Moraga, C. (2004). La Rhetórica ilustrada de Mayans y Siscar. Editorial Ayuntamiento de Oliva
Montero, A. S. (2011). Los 'usos' del ethos: acepciones lingüístico-discursivas y sociológicas. En VI Jornadas de Jóvenes Investigadores. Instituto de Investigaciones Gino Germani, Facultad de Ciencias Sociales, Universidad de Buenos Aires.
Nussbaum, M. (2010). Sin fines de lucro. Barcelona: Katz
Ortega y Gasset, J (1962) Pidiendo un Goethe desde dentro. Carta a un alemán. Completas, Tomo IV (1929-1933), 5ª ed. Revista de Occidente, 395-420.
Ortega y Gasset. J. (1966) OBRAS COMPLETAS (1901-1916) TOMO I. Revista de Occidente.
Ortiz Millán, G. (2016). Sobre la distinción entre ética y moral. Isonomía, (45), 113-139.
Pastor Pérez (2004). La retórica Antigua. Editorial UOC.
Perelman, Ch. y Tyteca L. O. (2000). El tratado de la argumentación. Editorial Gredos.
Platón (1871). Obras completas. Tomo II. Edición de Patricio de Azcarate. https://www.filosofia.org/
Platón (1985). Protágoras. Diálogos Volumen I. Introducción y notas de García Gual, G. Editorial Gredos.
Platón, Obras completas. (1871). Edición de Patricio de Azcárate. Tomo 5.

Platón. (1987). Gorgias. Diálogos II. Traducción, Introducción y notas por J. Calonge Ruiz, E. Acosta Méndez y F.J. Olivieri. Editorial Gredos

Platón. (1988) Fedro. Diálogos III. Fedón, Banquete, Fedro. Introducción, traducción y notas de C. García Gual, M. Martínez Hernández y E. Lledó Íñigo. Editorial Gredos.

Poster, C. (1998). The Idea(s) of Order of Platonic Dialogues and Their Hermeneutic Consequences." Phoenix: The Journal of the Classical Association of Canada. 52 (3) 282-298.

Protágoras y Gorgias. (1984). Fragmentos.Orbis.

Ramírez Vidal, G. (2008) El sofista y el filósofo en Platón. Revista de Filosofía de la Universidad de Costa Rica, 46, (117-118), 49-59.

Ribary, V.D. (2019) Episteme virtud y posesión en los diálogos socráticos. Universidad Internacional de Cataluña. Facultad de Humanidades. Anuario filosófico 5 (2), 241-266.

Sánchez Andrada, F.S. (2022) La retórica en el Gorgias de Platón y su teoría política en el presente: posmodernismo y populismo. Revista de Humanidades, 45, 95-117, 2022 DOI: https://doi.org/10.53382/issn.2452-445X.67

Savater, F. (5 de abril de 2011) Antiguos y modernos. El País. https://elpais.com/diario/2011/04/05/cultura/1301954404_850215.html

Solana Dueso, J. (2017). Aristóteles y la democracia. Análisis. Revista de investigación filosófica. 4, (1) 119-147.

LA COMPETENCIA DEL FILOSOFAR: CONDICIÓN DE POSIBILIDAD DE UNA FILOSOFÍA PARA NIÑOS Y NIÑAS

María Rodríguez Toro [1]

1. INTRODUCCIÓN

En la *Declaración de París a favor de la Filosofía*, el 16 de febrero de 1995 la UNESCO ratificó la necesidad de una enseñanza temprana de esta disciplina, solicitando que se continúe realizando donde ya exista y se comience a implantar donde todavía no se ha logrado hacerlo. Esta convocatoria ha generado una respuesta positiva en los cinco continentes, por lo que actualmente existen diversas experiencias pedagógicas, adaptadas a la idiosincrasia de cada país y a la formación del sujeto que proponga o dirija la ejecución de una filosofía para niños en su contexto.

Esta diversidad de direcciones y estrategias es de gran valor para el proceso mediante el cual cada país, institución o comunidad, por lo cual se hace necesario proteger y fomentar estas distintas formas de enseñanza temprana de la filosofía. Sin embargo, considerando la necesidad de salvaguardar la naturaleza filosófica de la reflexión que se realice, urge establecer parámetros epistemológicos claros, que puedan servir de principios estructurales a toda estrategia didáctica de enseñanza temprana de esta disciplina.

Este estudio postula la competencia del filosofar como pilar de una filosofía con niños, presentando este ámbito del saber como un quehacer no limitado a la adquisición de determinadas ideas o conocimientos, sino terreno fértil para aprender a reflexionar filosóficamente, vivir juntos y transformarse a uno mismo y a su entorno.

2. OBJETIVO Y METODOLOGÍA

Ante la necesidad de abordar el establecimiento de bases epistemológicas que permitan orientar y organizar el proceso de enseñanza-aprendizaje en una filosofía con niños en edad escolar, el texto que se presenta a continuación tiene como objetivo presentar la competencia del filosofar, como fundamento gnoseológico de la enseñanza temprana de la filosofía. Para el cumplimiento de este propósito, se llevó a cabo una metodología mixta, combinando técnicas de investigación documental con herramientas de tendencias cuantitativas. Se inicia con una revisión sistemática de la literatura, en la que se adoptó como muestra teórica un conjunto de 210 artículos sobre Filosofía para Niños publicados entre 1990 y 2020, provenientes de países de los cinco continentes, recopilados, seleccionados y

1. Universidad Metropolitana (Venezuela).

estudiados mediante técnicas de investigación documental, a las que se sumaron una serie de procedimientos cuantitativo, que permitieron la organización y análisis por categorías de toda la información recopilada mediante el estudio de estos textos. Las dos categorías abordadas para este estudio fueron: "Objetivo de una Filosofía para Niños" y "Vínculo con la Historia de la Filosofía". En base a ello, se plantea la pregunta y posibilidad de concebir la enseñanza temprana de la filosofía bajo un enfoque de formación por competencias. Mediante el estudio de la teoría de las competencias filosóficas del pedagogo francés Michel Tozzi se reflexiona en torno a la necesidad de asumir la formación por competencias, como modelo pedagógico adecuado a una enseñanza temprana de la filosofía, que aspire a alcanzar el desarrollo de un pensamiento crítico, autónomo y democrático en las nuevas generaciones de ciudadanos.

3. DESARROLLO DE LA INVESTIGACIÓN

Esta sección se presenta siguiendo el rigor de la metodología presentada. Se inicia con la presentación y análisis de los resultados de la revisión sistemática realizada, en torno al propósito y vínculos con la tradición, de las distintas propuestas y experiencias práctica de Filosofía para Niños estudiadas, para posteriormente, en la sección denominada "Competencia y Filosofía", ahondar en la posibilidad de establecer los objetivos y naturaleza filosófica de la enseñanza temprana de la filosofía, desde la perspectiva del enfoque por competencias.

3.1 Propósito y Tradición Filosófica.

Los objetivos de una Filosofía para Niños que orientan el desarrollo de las propuestas y experiencias pedagógicas estudiadas varían de manera significativa, además de ser redactado por cada autor con la amplitud y variedad de lenguajes que proveen sus distintas idiosincrasias y trayectoria profesional. Sin embargo, para codificar los datos disponibles en esta categoría, se consideró necesario sintetizar tales objetivos con términos que expresan lo esencial de cada uno de los propósitos establecidos: Filosofar, Libertad de Pensamiento, Rendimiento Académico y Ciudadanía Democrática. El primero hace referencia al objetivo que se centra estrictamente en enseñar a hacer filosofía, sin añadir a esto un fin ulterior; el segundo se centra en la autonomía de pensamiento que se considera posible lograr en un mundo de adultos que suele presentar todo como ya dado. El siguiente, catalogado como "Rendimiento Académico", se refiere a cómo la filosofía puede ser utilizada para mejorar el desarrollo académico del estudiante en las asignaturas que integran el curriculum escolar, mientras "Ciudadanía Democrática" contempla la dimensión política que puede ser atendida por medio de la reflexión y la disposición al diálogo. Desde esta óptica, los objetivos de las propuestas examinadas van desde el enseñar a filosofar como fin en sí mismo, hasta hacerlo como medio para alcanzar un objetivo que se considera más elevado que éste, en el ámbito de lo personal, lo escolar o lo político. Asimismo, se agregaron dos rubros.

En la totalidad de los textos estudiados, se evidencia una marcada tendencia a buscar que la filosofía sirva de medio para que los niños alcancen la libertad de pensamiento (81/210). Se trata de una autonomía, ajustada al propósito original del Programa Lipman, en el que la filosofía es asumida como ruta para alcanzar el pensamiento crítico, creativo y cuidadoso, que capacita para identificar las debilidades de lo establecido por la sociedad y la cultura a la que se pertenece. Unos autores interpretan esa libertad de pensamiento como generadora de una vida autónoma (Merçon, J., 2005; Agratti, L., 2011;

Accorinti, S., 2015; Ezcurdia, J., 2016; Kohan, W. y Kennedy, D., 2017; Artidiello, M., 2018; Frutos, M., 2019; Espinoza, C. y Arredondo, C., 2019; Tiberio, J., 2020), mientras en otras propuestas coinciden con la necesidad de encontrar sentido a la educación, acercándola a la realidad de la propia vida (Olarrieta, B., 2008; Mejía, A., 2011; Amézquita, M., 2013; Rebolledo, R., 2015) y en otros casos se trata de una autonomía explícitamente propuesta para promover la diversidad cultural frente a la homogeneización de lo global (Pérez, J., 2015; Gómez, M., 2015) o a los valores de la sociedad de consumo (Cubillos, J., s/f). En Europa, esta tendencia no es la mayoritaria (16/76); pero se circunscribe a la búsqueda del pensamiento multidimensional establecido por Lipman, ya que existen propuestas que presentan la necesidad de que los niños lleguen a pensar por sí mismos (Heinzen, S., Ducotterd, J. y Hess, A-C, 2009; Hess, A.C., 2014; Chiroutier, E., 2008; De Puig, I., 2018) y otros postulan la necesidad de hacerlo a través de un pensamiento crítico, cuidadoso y creativo (Arnaiz, G., 2007; García Moriyón, F., 2011; Striano, M., 2011; Miraglia, M., 2013, Oliverio S., 2015; Costa, R., 2014; Franzini, R., 2014, Pettier, J.C., 2012).

Al igual que en América, en África la libertad de pensamiento es la tendencia dominante entre los Objetivos de Filosofía para Niños (4/8); pero con el fomento de un pensamiento crítico y autónomo, que permita superar tanto el tribalismo como la hegemonía de Occidente. Los autores parten de la existencia de un sistema educativo que se enfoca en reproducir el dominio intelectual de la cultura occidental y convertir a los niños en ciudadanos pasivos. En este sentido, la Filosofía para Niños se enfoca en lograr un pensar autónomo, que permita valorar la experiencia de vida propiamente africana, que ha quedado solapada por el dominio idiosincrático de Occidente (Philip, A., 2011, p. 248)

Resulta paradójico que en esta región se importe un programa norteamericano de enseñanza de la filosofía, con el propósito de superar la hegemonía de Occidente; sin embargo, es un objetivo que se hace patente en siete de los ocho textos estudiados del continente africano, e induce a relacionar esta categoría de análisis, con aquellas que forman parte de la Unidad Proceso de Enseñanza y Aprendizaje, ya que sólo vinculando los Objetivos de cada propuesta con la metodología seleccionada y los recursos didácticos empleados, es posible examinar con mayor profundidad este fenómeno. Todos asumen la Comunidad de Indagación Filosófica de Lipman, con el diálogo como protagonista; pero no las novelas filosóficas y Manuales para el Docente de este autor. En los artículos que hacen referencia a los recursos didácticos propuestos o empleados, no se replica con exactitud el método Lipman, sino que se propone el uso de textos e historias pertenecientes a la cultura africana, como puntos de partida del diálogo filosófico entre los niños: acertijos, cuentos y proverbios de la nación (Philip, A., 2011, p. 251), los proverbios zulúes (Philip, A., Shumba, A. y Musengin, M. 2013, p. 40), textos ilustrados (Harris, J. y Murris, K., 2017, pp.174 y 175) y, como parte de las fuentes de información indispensables para una reflexión genuinamente africana, la realidad, contexto y experiencia de vida de los niños participantes (Philip, A., Wadesango, N., Machingamb, S. y Maphosa, C., Mutekwe, E., 2013, p. 187; Philip, A., Shumba, A. y Musengi, M. (2013).

En las propuestas pedagógicas provenientes de Asia y Oceanía, también la Libertad de Pensamiento resulta una tendencia relevante en los Objetivos del Programa de Filosofía para Niños. En Asia, compartida con la intención de emplear la filosofía como medio para formar una ciudadanía democrática; ambas opciones alcanzaron una proporción de 5/15. Y, al vincularlas con los recursos didácticos propuestos, también se evidencia la necesidad de recurrir a textos distintos a los creados por Lipman. En China, por ejemplo, a pesar de que el IAPC se ha encargado de traducir al chino mandarín todas sus novelas filosóficas y Manuales del Docente, estos no han sido aceptados debido a la singularidad de la cultura china, por lo que se han adoptado otro tipo de recursos: poesía, libros ilustrados, cuentos de hadas, fábulas, canciones, objetos artesanales, películas (Zhenyu, G., 2015, p. 108). Las experiencias iraníes e israelitas, que tienen como objetivo la búsqueda de la libertad de pensamiento, también coinciden en introducir recursos didácticos distintos a los propuestos y elaborados por Mathew Lipman: en Irán Saeed Naji en el artículo realizado con Phillip Cam (Australia) y David Kennedy (EE.UU), no descartan la utilidad de utilizar los textos literarios que, como las novelas propuestas por Lipman, presentan determinada tesis filosófica, pero consideran las ventajas de hacer uso de los dibujos animados y las películas, como fuente de reflexión filosófica para niños (Naji, S., Cam, P y Kennedy, D., 2013, p. 162), mientras Arie Kizel se centra en el uso de sitios online que reúnen testimonios en torno a seres queridos fallecidos (Kizel, A., 2014, p. 425)

La segunda tendencia dominante en los artículos examinados es la de formar ciudadanos capaces de vivir en democracia (49/210); no obstante, este propósito se muestra bajo distintos aspectos. Por una parte, algunos autores se enfocan en la constitución de la moralidad del ser humano como ciudadano responsable y capaz de respetar la diversidad (Lantier, J., 2005; Jalabert, R., 2012; Franzini, R., 2014; Costa, M. y Mendoça, D., 2017; Cassidy, C., 2012; Chetty, D., 2014; Suissa, J. y Chetty, D., 2017; Lopes, R. y Padhila, L., 2012; Kohan, W., 2018; Pérez, J., 2015; Sánchez, B., 2016; Hedayati, M. y Ghaedi, Y., 2009; Kizel, A., 2014; Kizel, A., 2021; Philip Ndofirepi, A. y Shanyanana, R., 2015). Desde estas propuestas provenientes de Bélgica, Francia, Italia, Portugal, Brasil, Chile, Venezuela, Irán, Sudáfrica y Namibia, la Filosofía para Niños están dirigidas a una educación para la democracia, que se centra en formar en los participantes la disposición para actuar con responsabilidad y respeto a las diferencias, dentro de una comunidad cuyos principios y preceptos deben conocer y valorar. Por otra parte, autores provenientes de España, Finlandia, Francia, Reino Unido, Italia, Estados Unidos, Brasil, Colombia y Sudáfrica, también apuntan hacia la formación de una ciudadanía democrática, pero enfocándose en la participación y co-legislación propias de este sistema de gobierno (García Moriyón, F., 2006; Tebar, L., 2005; Tozzi, M., 2005; Connac, S., 2012; Pettier, J-C., 2012; Oliverio, S., 2007; Mortari, L. y Burroughs, M., 2017; Haynes, J., 2005; Rojas, V. y Satiro, A., 2015; Philip Ndofirepi, A. y Thokozan, M., 2011).

Con ello, es importante resaltar que no todas las propuestas se dirigen a la formación del ciudadano democrático como individuo que participe en las distintas instancias de decisión y co-legislación, sino también como personas que respetan la diversidad de idiosincrasias y opiniones; se hace evidente que esta segunda tendencia emerge en aquellas naciones europeas que acogen gran cantidad de inmigrantes y en países de América Latina, África y Medio Oriente, que tienen una alta tasa de emigración. Por otra parte, resulta interesante mencionar que en el grupo de textos generados en Oceanía, ninguna de las propuestas considera la filosofía para niños como instrumento para la sostenibilidad de una vida democrática; tanto en Australia como en Nueva Zelanda, las propuestas que hacen referencia a los objetivos que persiguen al llevar esta disciplina al aula de clase (3/8), dirigen sus aspiraciones hacia el filosofar, entendido como actividad reflexiva que puede enriquecerse a través de la experiencia artística (Leckey, M., 2017, p. 138), la necesidad de desarrollar una vida buena y hermosa (D'Olimpio, L. y Teschers, C., 2017, p 146 y 147), cultivar la duda genuina que fortalece la necesidad de indagar (Nichols, K., Burgh, G. y Fynes-Clinton, L., 2017, p. 251), aunado a lo cual también se apunta hacia un filosofar estrechamente ligado con el rendimiento académico, al garantizar la búsqueda de lo que ha catalogado "progreso epistémico" (Golding, C., 2017, p. 65).

El Rendimiento Académico es la tercera tendencia dominante en la totalidad de los textos examinados, representando 39/210. En Alemania, Kristina Calvert y el grupo de investigadores de Hamburgo, dirigen las sesiones de Filosofía para Niños hacia la comprensión de conceptos y procesos de la Biología, las Matemáticas y la Química (Cakvert, K., Forster, M., Hausberg, A., Meenwaldt, D., Nevers, P., Paarmann, S. y Sprod, T., 2017, p. 191); en España, Felix García Moriyón apunta hacia el desarrollo de habilidades de pensamiento, que permitan el desenvolvimiento de los estudiantes en todas las asignaturas que conforman el diseño curricular de su escuela (García Moriyón, F., 2000, p. 208) y Eloy Cutanda Pérez aborda la posibilidad de desarrollar competencias matemáticas y lingüísticas a través de la filosofía en el aula (Cutanda Pérez, E., 2013, p. 14), mientras Irene de Puig respalda la aplicación de las destrezas de pensamiento generadas por el filosofar, para mejorar el rendimiento escolar en las asignaturas del pensum (De Puig, I., 2018, p. 79). Desde Malta, la filosofía es considerada como herramienta para enseñar Fundamentos a jóvenes inmigrantes que estudian en la Universidad de Artes, Ciencia y Tecnología (Spiteri, D. 2009, p. 427). En el mismo orden de ideas, mientras en el Reino Unido, Samuel Trickey y K.J. Topping consideran que el ejercicio de la filosofía permite el desarrollo de las habilidades de pensamiento (Trickey, S. y Topping, K., 2004, p. 365) y otros valoran su contribución al aprendizaje metacognitivo, como es el caso de Viviana Baumfield y los profesores Worley (Baumfield, V., 2017, p.; Worley, E. y Worley, P., 2019, p. 5). En el mismo orden de ideas, relacionadas al rendimiento académico, desde Venezuela María Carmona apunta al desarrollo de habilidades cognitivas y afectivas, que permitan conocer sin desarrollar una visión instrumentalista del otro (Carmona, M., 2008, P. 10).

En el resto de los textos disponibles, no se hace referencia a los objetivos que se persigue al proponer y llevar a la práctica un programa de Filosofía para Niños (9/210); afortunadamente una porción de 0.4%, ya que los objetivos son un elemento fundamental en todo proyecto pedagógico. Aunado a ello, resulta interesante que ninguna de las opciones de objetivo presentadas en torno a una enseñanza temprana de la filosofía, contempla el conocimiento de ideas filosóficas, lo cual induce a preguntar ¿cuál es entonces la relación de una Filosofía para Niños con la historia de esta disciplina? La Historia de la Filosofía está constituida por un conjunto de teorías y sistemas de conocimiento, que datan del siglo VI a.C. ¿Qué relación se ha establecido entre esta organización del saber filosófico, que constituye la historia de esta disciplina y las propuestas de Filosofía para Niños? Por otra parte, ¿qué autores y teorías han sido asumidas por los pedagogos que diseñan y han llevado a cabo la idea de enseñar filosofía en las aulas de educación básica?

En el análisis de los textos se evidencia una marcada ausencia de la Historia de la Filosofía en el contenido de los artículos analizados. La tendencia dominante corresponde a aquellos textos que no hacen referencia a ésta, al tratar aspectos relacionados con su propuesta de Filosofía para Niños; posiblemente, porque sus autores no contemplan la necesidad de relacionar su programa con la filosofía como disciplina académica del saber, hasta el punto de que ni siquiera mencionan la existencia de ésta.

La segunda tendencia que prevalece es la de no considerar necesaria la instrucción filosófica, es decir, la afirmación explícita de la necesidad de no destinar las sesiones de Filosofía para Niños a enseñar las teorías y sistemas, que forman parte de la Historia de esta disciplina. Los autores que coinciden en promover la formación no instruccional de la filosofía en sus propuestas están considerando esta disciplina como herramienta del pensar (Calvert, K. et. al., 2017, p. 191; Abel, G., 2005, p. 317; Kohan, W., Santi, M. y Wozniak, J., 2017; Schütz, J. y Fuchs, C., 2018; Kizel, A., 2021; Oliverio, S., 2007; González, H, 2014; Cubillos, J., s/f; Carmona, M., 2008, Pineda, D., 2005; Arias, C., Carreño G. y Marino, L., 2016). En todos estos casos se menciona al pensar filosóficamente, considerando esto como instrumento para comprender mejor las ideas y conceptos necesarios para mejorar el rendimiento académico de los niños o para construir un escenario idóneo que permita filosofar por filosofar, sin tener un conocimiento sistemático de lo planteado por los profesionales de esta disciplina. Por otra parte, hay propuestas que aunque no se enfoquen en instruir filosóficamente a los niños, sí están diseñadas en función a las ideas de un filósofo de la historia; tal es el caso de quienes adoptan como punto de partida y estructura de sus propuestas las filosofías de Aristóteles y Alasdair MacIntyre (Curko, B. y Kragic, I., 2009), la de Sócrates (García Moriyón, F., 2006; Cassidy, C., 2012; Garside, D., 2013), Jhon Dewey, Karl Popper y Martha Nussbaum (Miranda, T.,2017; Striano, M., 2011; Oliverio, S., 2011,), Platón (Chiroutier, E., s/f; Cam, P., 2015; Haynes, J. y Murris, K., 2017), Inmanuel Kant (Lopes,R. y Padhila, L., 2012); Jürgen Habermas (Franzini, R., 2014; Santi, M., 2007) y Hannah Arendt (Rebolledo, R., 2015).

Se hace evidente que la decisión de enseñar filosofía sin recurrir a la instrucción propia de esta disciplina se encuentra dividida entre los autores que lo hacen asumiendo el término "filosofía", sin definirlo ni adoptar determinada posición académica, y quiénes lo hacen fundamentando su propuesta en las ideas de uno o varios filósofos de la historia. Estos últimos abogan por el enseñar a filosofar filosofando, evitando todo matiz de educación bancaria, representada por la instrucción de determinadas ideas y conocimientos; en palabras de Félix García Moriyón: "El acento se pone en la actividad filosófica, retomando una vieja aportación que se remonta a Sócrates y que ha estado viva en la historia de la filosofía occidental: lo importante es enseñar filosofía siempre y cuando se haga enseñando a filosofar. (García Moriyón, F., 2006, p. 199)

Ahora bien, ¿qué garantiza que el producto generado a partir de esta actividad sea realmente filosófico? ¿Es suficiente un diálogo catalogado como socrático, para que se produzca una reflexión filosófica? ¿Realmente se puede enseñar a filosofar, sin conocer la historia de la filosofía? En su *artículo Back to basic: a philosophical analysis of philosophy in Philosophy with Children*, los profesores escoceses Catherine McCall y Ed Weijers, distinguen entre la opinión y el juicio filosófico, afirmando que estos sólo se obtienen filosofando; "Philosophical assumptions also underlie science, art, morality, politics and social life. And this understanding you only get with philosophising, not with an exchange of opinions." (McCall, C. y Weijers, E., 2017, p.83). En este sentido, el diálogo que forma parte de la metodología asumida en las sesiones de filosofía para niños, podría ser considerada como una conversación en la que se produce un intercambio de opiniones, por lo que McCall y Weijers plantean una pregunta fundamental: ¿Cómo garantizar que esta actividad sea realmente filosófica? }

Para Mathew Lipman lo que se considera filosófico es el proceso de indagación, del movimiento cognitivo que se produce cuando se avanza paulatinamente en determinada búsqueda de la verdad. (Lipman, M., Dean, M., Paul, A., Socrates for Six Year Olds documentary feature film, BBC 1990.) No obstante, McCall y Weijers apuntan hacia un elemento distinto, ya que como garante del carácter filosófico del diálogo que pueda surgir entre los niños participantes, coloca la formación filosófica del docente-facilitador, reconociendo que esto no es suficiente, pero sí necesario. (McCall, C. y Weijers, E., 2017, p. 84). El movimiento hacia adelante al que se refiere Lipman en el documental *Sócrates Six Years Old*, desde la perspectiva de McCall y Weijers no sería suficiente para imprimir un carácter filosófico al diálogo, porque lo único que puede servir de garante de esto es la presencia de ideas y argumentos auténticamente filosóficos. La concatenación lógica de un argumento, tan valorada en los escritos de Lipman, resulta necesaria y, además, expresión de un alto nivel de pensamiento; pero sin la presencia de ideas pertenecientes a la tradición filosófica, no podrían ser considerados como circunscritos a esta disciplina, por lo que estos autores finalizan afirmando que Philosophy for Children no es filosofía, y no se debería denominar de esa manera algo que realmente no lo es. (McCall, C. y Weijers, E., 2017, p. 91)

A esta postura se suma la de Jean-Marc Lamarre, profesor de Filosofía y de Ciencias de la Educación en la Universidad de Nantes, que considera que el resultado logrado en estos diálogos no es filosófico, porque la filosofía no se reduce a la reflexión. Aunado a ello, considera que en los debates que forman parte de las *Discussions à visée philosophique* que en Francia parte del análisis de textos literarios, los niños alcanzan un nivel de reflexión loable; pero que no pueden ser considerados "filosóficos", porque el pensamiento presente en la literatura no es filosófico, sino literario: propio de las ideas y conceptos que se pueden expresar a través de personajes y situaciones de ficción.

Por otra parte, Lamarre hace referencia a la edad como limitante; no desde el punto de vista del desarrollo cognitivo, tal como lo pueden plantear los seguidores de Piaget o de la psicología evolutiva, sino con respecto a sus vivencias, asumiendo que para hacer filosofía se requiere experiencia. En este sentido, sostiene que la filosofía no es accesible a los niños de primaria, ya que si bien pueden llegar a comprender ciertas nociones o ideas, no lo hacen de acuerdo con la naturaleza y características propias del pensamiento auténticamente filosófico: sistematicidad, radicalidad y problematización; "il n'accède pas encore au philosophique de la philosophie (sa systématicité, sa radicalité, sa problématisation, etc.)". (Lamarre, 2012, p.27)

Así como afirmó que no basta dialogar para hacer filosofía, este investigador asegura que tampoco es suficiente que en las sesiones de filosofía se aborden temas o problemas de naturaleza filosófica, para que tanto el proceso de reflexión como el producto de éste, pueda ser considerado filosófico. El corazón epistemológico y distintivo de la filosofía se encuentra en su sistematicidad, radicalidad y problematización; Lamarre no define tales características, pero según su perspectiva no basta que el niño se formule preguntas metafísicas o llegue a comprender las ideas de algunos filósofos, para considerar que está reflexionando filosóficamente, porque los niños no pueden aprender a pensar de manera sistemática, radical y *problematizadoramente.*

Una de las razones por las que Aristóteles consideraba que los jóvenes no podían ser discípulos en las ciencias políticas (Aristóteles, Ética Nicomáquea, I, 1095a) es compartida por Lamarre, al sostener la imposibilidad de que el niño pueda pensar filosóficamente, por no haber experimentado muchas de las vivencias que integran la realidad de la vida humana. Su visión de la filosofía es directamente proporcional al conocimiento sensible del sujeto y a la totalidad de la experiencia humana como objeto de conocimiento, aunado a lo cual considera que, aún si tuviera la capacidad para comprender filosóficamente la realidad, por su edad sólo le corresponde adentrarse en el mundo del pensamiento de acuerdo a las ideas y formación cultural de sus padres. No sólo cree que a los niños no les resulta posible producir una reflexión verdaderamente filosófica, sino que además de ello no resulta deseable que lo hagan: "La philosophie est déconstructrice (elle n'est pas faite pour donner du sens), et on pourrait même peut-être dire que la destruction y précède la construction. Il me semble que les discussions entre élèves, à l'école primaire, doivent plutôt se situer dans le cadre constructif, normatif, de l'éducation morale, éthique et civique". (Lamarre, J-M-., 2012, p. 28).

Por otra parte, sostiene que la reflexión filosófica amerita una trabajo personal-individual, que no se logra realizar en el marco de la Comunidad de Indagación Filosófica, que tiene lugar en el aula de clase: "Sans ce travail personnel de lecture et d'écriture (l'écriture ne se limitant pas à la canonique dissertation), il ne peut y avoir, me semble-t-il, de réflexion philosophique. (Lamarre, J-M., 2012, p. 28). Afirma que se hace filosofía leyendo escritos de naturaleza filosófica y escribiendo reflexiones de esta índole: dos actividades que ameritan un trabajo individual, que no se logra con las actuales *Community of philosophical inquiry* de Estados Unidos ni a través de las Discussions à visée philosophiques de Francia. Reconoce que a través del diálogo, los niños son capaces de alcanzar tres niveles de pensar relevantes: un pensamiento sin prejuicios (comprensión), ampliado (facultad de juzgar) y congruente (pensamiento racional); pero que aún no reúne las características necesarias para ser catalogado como "filosófico". Como conclusión plantea que los debates escolares son Discusiones Pre-filosóficas: "Nous dirons donc que la discussion entre enfants, est une discussion préphilosophique, pour autant qu'en exerçant les élèves à dépasser les opinions premières, à élargir leur point de vue et à raisonner de façon conséquente, elle les prépare à entrer dans la philosophie" (Lamarre, J-M., 2015, p. 29).

Desde su perspectiva, la filosofía para niños carece de las características que definen la naturaleza de los procesos y resultados de todo pensar filosófico; pero ¿qué pasaría si la filosofía se entiende como competencia?

3.2 Competencia y Filosofía

La educación por competencias es un enfoque que tuvo su origen a finales de los años setenta, y tiene como meta no reducir el proceso de enseñanza y aprendizaje a la adquisición de ideas o conceptos. Desde esta visión, se conectan los conocimientos con la realidad, impidiendo que las ideas se queden encerradas en el ámbito de lo meramente teórico, trascendiendo hacia la dimensión del hacer; si en algún momento la preocupación identificada por Paulo Freire sobre la Educación Bancaria tuvo una respuesta certera, fue precisamente en el enfoque de formación por competencias, ya que la memorización queda relegada y cobra protagonismo la necesidad de comprender las ideas y teorías, para poder aplicarlas adecuadamente en la comprensión de la realidad y la resolución de problemas.

La competencia es un tipo de saber, que combina lo teórico con lo práctico, generando un individuo capaz de actuar en distintas situaciones y contextos; "la educación basada en competencias tiene como objetivo fomentar el aprendizaje permanente a lo largo de la vida, basándose en una educación centrada en la construcción e integración de diversos recursos: capacidades, habilidades, actitudes, etc., más que en la acumulación de conocimientos" (López, L., s/f., p. 13). Ahora bien, por su conexión con la práctica de un ámbito disciplinar específico, el enfoque de competencia tiene un matiz profesional, porque ha surgido de la necesidad de construir puentes entre lo educativo y lo laboral, garantizando la formación de un estudiante que sepa desenvolverse hábilmente en contextos no escolares. Es un enfoque idóneo para la Educación Superior, porque construye el perfil laboral del futuro egresado de determinada carrera; sin embargo, cabe preguntarse si es un enfoque adecuado para entender y explicar la formación filosófica de un niño en edad escolar.

Ciertamente, la Filosofía para Niños no pretende generar profesionales de esta disciplina, es decir, intelectuales de la academia que comprendan el significado y sentido de los textos filosóficos, y sean capaces de comunicar sus ideas en distintos eventos y seminarios, o a través de libros, artículos y ensayos. Desde la convocatoria UNESCO de 1946, la enseñanza temprana de la filosofía apunta hacia la formación de sujetos con pensamiento crítico, empatía y capacidad para resolver problemas, evitando toda clase de dogmatismo. En palabras de Edwige Chirouter, Titular de la Catedra Unesco "Prácticas de filosofía con niños: base educativa para el diálogo intercultural y la transformación social".

> *(...) la philosophie se doit de donner des clefs à tous les citoyens et citoyennes pour agir, renforcer la démocratie et les principes humanistes hérités de la philosophie*

> *des Lumières - toutes ces valeurs qui sont portées par l'UNESCO. La philosophie - en nous offrant des oasis de pensée et de discussion - pour prendre le temps de discuter pacifiquement ensemble, pour prendre le temps d'entrer en résonance avec soi, avec les autres et avec le monde – est un levier essentiel pour reprendre part aux processus d'émancipation et agir pour une monde plus juste et meilleur. C'est donc un message d'espoir que nous voulons ici d'abord faire passer (Chirouter, E., Palabras de Apertura a la Lección Inaugural de Filosofía con Niños en la Universidad Metropolitana, 20 de marzo 2023)*

Los resultados obtenidos a partir de la revisión de la literatura, que arrojaron como tendencia predominante el cultivar la libertad de pensamiento como objetivo de una filosofía para niños, se ve claramente reflejada en las palabras de Chirouter, al resaltar cómo esta disciplina puede contribuir en los procesos de emancipación de nuestros pueblos, formando sujetos capaces de actuar como ciudadanos justos y responsables, que puedan dialogar "pacíficamente juntos", en pro de la democracia y de los principios del humanismo. Se trata de una visión en la que no se concibe a la filosofía como una disciplina meramente teórica, sino un ámbito de saber y reflexión poderosamente dinámica, que fortalece las capacidades éticas y ciudadanas de los individuos y, a través de ello, la estructura democrática y humanista de una determinada sociedad. Desde esta visión, ¿filosofar puede ser una operación no limitada a la adquisición de determinadas ideas, sino también a la capacidad, destreza y actitud de pensar y discutir filosóficamente?

El filósofo y pedagogo francés Michel Tozzi ha investigado a profundidad la competencia del filosofar. Aunado a su concepción de filosofía como "idea reguladora" del proceso de filosofar, identifica tres operaciones filosóficas involucradas en el desarrollo de un diálogo en el aula: problematización, argumentación y conceptualización. Las competencias que considera como propias de la actividad filosófica son *problematizar*, en el sentido de cuestionar las ideas propias y ajenas en torno a problemas o situaciones de nuestra condición humana; *argumentar* o fundamentar con razones lógicamente congruentes la postura asumida, y *conceptualizar*, entendida como la capacidad de hacer abstracción de las características particulares de una realidad para construir una noción que logre definirla.

Michel Tozzi, además de configurar de manera objetiva y con un alto nivel académico el proceso que se aspira a desarrollar en los niños, profundizando en las habilidades que implica la tarea de filosofar, identifica los distintos elementos de este proceso y no se limita a la argumentación lógica presentada por Lipman, como bandera de la Filosofía para Niños. Si bien el acto de argumentar es central en el quehacer filosófico, debe estar acompañado por problematizar y conceptualizar, como actividades previas, mediante las cuales una pregunta inicial se convierte paulatinamente en un fenómeno de estudio, con la abstracción suficiente para ser objeto de una argumentación filosófica. Efectivamente, se trata de un paso adelante con respecto a la propuesta de sus predecesores, porque demuestra que el enfoque de una educación por competencias puede estructurar epistemológicamente toda pedagogía que sirva de cimiento a una enseñanza temprana de la filosofía. Se busca formar las capacidades cognitivas, emocionales y ciudadanas de un individuo con la capacidad de pensar racional y críticamente. No se trata sólo de aprender filosofía, sino de filosofar.

4. CONCLUSIONES

Al realizar la revisión sistemática de la literatura, enfocada en dos categorías de análisis —"Objetivos" y "Vínculo con la Historia de la Filosofía"— esta investigación ha permitido demostrar tanto la heterogeneidad de las distintas teorías y experiencias pedagógicas de Filosofía para Niños, como la desvinculación existente entre sus principales tendencias y la naturaleza disciplinar del ámbito de conocimiento al que teóricamente aspiran pertenecer. No se plantean ni comparten principios epistemológicos precisos, que permitan definir qué es la filosofía y de qué manera enseñarla. Aunado a lo cual, ni siquiera se tiende a plantear la necesidad de hacerlo, porque se asume como "filosófico" cualquier actividad mental o lúdica que se diseñe y ejecute. A excepción de Jean-Marc Lamarre, los autores no suelen problematizar tal situación.

Si bien la Filosofía para Niños no debe aspirar a formar pequeños profesionales, tampoco debería ser indiferente a las características y peculiaridades de una reflexión auténticamente filosófica. Por lo cual las propuestas y programas de una enseñanza temprana de la filosofía, no deberían estar tan desvinculadas de la tradición contenida en la historia de esta disciplina; como mínimo, deberían hacer referencia a los problemas esenciales de esta rama del saber.

Esto no implica que sea necesario impartir un conocimiento catedrático de distintos autores y sistemas. Tampoco que los niños tengan que aprender o memorizar esta clase de material, porque tal proceso de enseñanza-aprendizaje estaría en detrimento de las intenciones desideologizantes establecidas por la UNESCO, al postular la formación de un pensamiento crítico y autónomo, como objetivo esencial de una Filosofía para Niños. Ahora bien, ¿cómo pensar filosóficamente sin conocer al detalle las ideas que forman parte de los distintos períodos de la historia de la filosofía? El enfoque de una formación basada en competencias proporciona la clave para dar respuesta a este interrogante.

El sustento pedagógico de una Filosofía para Niños puede encontrarse en la formación de la competencia del filosofar, entendida como la capacidad para pensar filosóficamente, e incluyendo destrezas tan específicas como las planteadas por Michel Tozzi: problematizar, conceptualizar y argumentar. Desde esta manera se asume la filosofía como ese retorno a la época de Sócrates, en la que, sin contar con todo el desarrollo posterior de las ideas filosóficas, se dialogaba en torno a distintos temas de interés para el conocimiento de sí mismo y los fines de la *polis.*

Por otra parte, si bien es cierto que la competencia del filosofar no se limitaría al aprendizaje de ideas y conceptos filosóficos, por apuntar hacia el saber filosofar sobre la problemática de distintas situaciones y contextos, no se puede obviar la necesidad de que en el caso de los niños la reflexión se encuentre enraizada en la tradición propia de esta antigua disciplina, ya que no es adecuado pensar filosóficamente sin partir de las ideas, terminología y problemas de índole tradicionalmente filosóficas. En este sentido, el fundamento epistemológico de una filosofía para niños resulta ser asumir el filosofar, como competencia formada por las tres dimensiones del problematizar, conceptualizar y argumentar, en base a ideas propias de la historia de esta disciplina.

5. REFERENCIAS

ACCORINTI, S (2015). *Filosofía para Niños. Introducción a la teoría y la práctica.* Ed. Manantial, Buenos Aires.

AGRATTI, L. (2011): El encuentro de la Filosofía con la infancia en la experiencia de Enseñar a enseñar filosofía como cuestión de fundamento en *Childhood & philosophy*, Vol.7, No. 14, pp. 221-232

AMÉZQUITA, M. (2013). "Filosofía para niños un proyecto para la formación del sujeto ético-político en la escuela" en *Nodos y Nudos*, 4 (34), 77-86

ARIAS, C.; CARREÑO, G.; MARIÑO, L. (2016) Actitud Filosófica como Herramienta para Pensar en Universitas Philosophica, 33 (66), pp. 237-261

ARNAIZ, G., (2007). "Evolución de los talleres filosóficos: de la filosofía para niños a las nuevas prácticas filosóficas" en *Childhood & Philosophy*, 3(5), 35-57

ARTIDIELLO, M. (2018) *Filosofía para Niños y Niñas (FPNN): una oportunidad diferente para pensar en la escuela.* Instituto Tecnológico de Santo Domingo.

CARMONA, M. (2008). "Narrar, educar y filosofar: las novelas del programa de Filosofía para Niños" en *Revista Educere*, 12 (40), 9-18

CASSIDY, C. (2012) "Philosophy with Children: learning to live well" en *Childhood & Philosophy*, 8 (16), 243-264

CHETTY, D., (2014). "The elephant in the room: picture books, philosophy for children and racism" en *Childhood & Philosophy*, 10(19), 11-31

CHIROUTER, E. (2008). "L'enfant, la littérature et la philosophie. De la lecture littéraire à la lecture philosophique de la même œuvre" en Penser l'éducation. Philosophie de l'éducation et histoire des idées pédagogiques, N° 24, p. 43-63

CHIROUTER, E. (2015) "L'enfant, la litterature et la philosophie" en *Childhood & Philosophy*, Vol. 11, N.22, pp. 377-393

COSTA, R. (2014). "The importance and applicability of philosophy for children in today's society" en *HASER*, 5, 77-106.

COSTA, M y MENDOÇA, D (2017): "Thinking as a community: Reasonableness and Emotions" en MAUGHN, G., MURRIS, K. & HAYNES, J. (eds.), *The Routledge International Handbook of Philosophy for Children*. New York: Routledge

CUBILLOS, J. (s/f) "Reflexiones sobre la enseñanza de la filosofía: Formar la "actitud filosófica" y enseñar a pensar" en *Revista Educación y Pedagogía*, Vol . X. No. 23- 24, pp. 231-243

DE PUIG, I. (2018). "Filosofía para niños" en *Voces de la Educación*, 3(6), 77- 84.

ESPINOZA, E. , CAMPUZANO, J. (2019). La formación por competencias de los docentes de educación básica y media. Conrado, 15(67), 250-258. *Epub* 02 de junio de 2019.

EZCURDIA, J. (2016). "Sobre la enseñanza y la difusión de la filosofía en México" en Vargas, G. y Patiño, L. (Coord.): *La difusión de la filosofía ¿Es necesaria?* Torres Asociados, México, 176-216

FRANZINI, R. (2014): Reframing and practicing community inclusion: The relevance of Philosophy for Children en Childhood & Philosophy, Vol. 10, N. 20, pp. 401-420

FRUTOS, M. (2021). "La enseñanza de la filosofía desde una perspectiva de filosofía con niños" en *Revista Internacional De Filosofía Aplicada HASER*, (11), 93–124

GARCÍA MORIYÓN, F. (2021). "Filosofía para niños: Genealogía de un proyecto" en *Revista Internacional de Filosofía Aplicada* HASER, (2), 15–40.

HAYNES, J. (2005): "Secrets and boundaries in classroom dialogues with children: from critical episode to social enquiry" en *Childhood & Philosophy*, 1 (2), 511-536

HAYNES, J. y Murris, K (2017). "Readings and readers of texts in Philosophy for Children" en Maughn, G., Haynes, J. y Murris, K (Ed): *The Routledge International Handbook of Philosophy for Children*, Londres.

HEINZEN, S., DUCOTTERD, J., & HESS, A. (2009). "Méthode d'analyse interlocutoire de la progression de la pensé conceptuelle en philosophie pour enfants" en *Childhood & Philosophy*, 5(9), 53-76.

HESS, A., (2014). "L'Encadrement aporetique en philosophie por enfants et adolescents (PPEA) ou comment faire progresser la pensee des enfants et des adolescents en mettant leur entendement dans l'embarras" en *Childhood & Philosophy*, 10(19), 55-8

JALABERT, R. (2012). "Apprendre à philosopher au café: bilans et perspectives" Tozzi, M. et Chirouter, E.: *L'enseignement de la philosophie et les nouvelles pratiques philosophiques*, REE.

KENNEDY, D., & KOHAN, W. O. (2016). Childhood, education and philosophy: A matter of time. In *The Routledge International Handbook of Philosophy for Children* (46-52). https://doi.org/10.4324/9781315726625

KIZEL, A. (2015) "'Life goes on even if there's a gravestone': Philosophy with Children and Adolescents on Virtual Memorial Sites" en *Childhood and Philosophy*,10 (20), 421-443

KIZEL, A. (2021). "The facilitator as self-liberator and enabler: ethical responsibility in communities of philosophical inquiry" en *Childhood & philosophy*, 17, 1-20

KOHAN, W. (2018): Paulo Freire and Philosophy for Children: A Critical Dialogue en Stud Philos Educ., Vol. 37, pp. 615–629

LAMARRE, J. (2012) "L'enfant philosophe?" en *Recherches en Education*, 13, 27-31

LANTIER, J., (2005). "Presentation de l'ouvrage collectif: La philosophie pour les enfants. Le modele de Matthew Lipman en discusión" en *Childhood & Philosophy*, 1(2), 587-590

LIPMAN, M., DEAN, M., PAUL, A., *Socrates for Six Year Olds documentary feature film*, BBC 1990

LOPES, C.; PADILHA, L. (2012): Problemas, Limites e Possibilidades da presença da filosofia na educação escolar: As contribuições de Matthew Lipman en Childhood & Philosophy, vol. 8, núm. 15, enero-junio, pp. 153-177

McCALL, C. y WEIJERS, E. (2017) "*Back to basics: a philosophical analysis of philosophy in Philosophy with Children*" en MAUGHN, G., MURRIS, K. & HAYNES, J. (eds.): *The Routledge International Handbook of Philosophy for Children*. New York: Routledge

MEJÍA, A (2011) "Filosofía para niños y niñas desde sus novelas" en *Sophia*, 10, 209-233

Michaud, O. y Valitalo, R (2017) "Authority, democracy and philosophy: the nature and role of authority in a community of philosophical inquiry" en MAUGHN, G., MURRIS, K. & HAYNES, J. (eds.): *The Routledge International Handbook of Philosophy for Children*. New York: Routledge

MERÇON, J. (2005): "History and sense of a project" en Childhood & Philosophy, 1 (1), 33- 48

MIRAGLIA, M., (2013). "Philosophy for children e laboratori di educativa territoriales: un experimento riuscito" en *Childhood & Philosophy*, 9(18), 381-400

MIRANDA, T. (2007). M. Lipman: Función de la filosofía en la educación de la persona razonable, Aportación a un proyecto de investigación en la universidad de Castilla-La Mancha en: Espinosa, F. (coord.), *Ocho pensadores de hoy*, Septem Ediciones, Oviedo.

MURRIS, K. (2016): The Philosophy for Children Curriculum: Resisting Teacher Proof' Texts and the Formation of the Ideal Philosopher Child en Stud Philos Educ., Vol. 35, pp. 63–78

OLARRIETA, B (2008) "Algumas considerações acerca da relação entre a literatura e a filosofia para crianças" en *Childhood & Philosophy*, 4 (8), 25-40

OLIVERIO, S. (2011): "Outfoxing Nature": Matthew Lipman and the prolegomena to a pedagogy of science en Childhood & Philosophy, 7 (13), 141-160

OLIVERIO, S., (2015). "Lipman's novel sor turning philosophie inside-out" en *Childhood & Philosophy*, 11(21), 81-92.

OLIVERIO, S. (2017) "Dimensions of the sumphilosopheîn: the community of philosophical inquiry as a palimpsest"en MAUGHN, G., MURRIS, K. & HAYNES, J. (eds.) en *The Routledge International Handbook of Philosophy for Children*. New York: Routledge

PÉREZ, J. (2015) "Educación y filosofía con niños y niñas" en Perez, J., Alvarez, J. y Araya, C. (Ed.): *Hacer filosofía con niños y niñas*, Valparaíso.

PHILLIPS, C (2011). "The efficacy of the lipmanian approach to teaching philosophy for children" en *Childhood & Philosophy*, 7(13), 11-28.

PHILIP, A, SHUMBA, A y MUSENGI, M. (2013). "Philosophy for Children in Africa: Is the Hermeneutic–Narrative Approach the Answer?" en *Anthropologist* 15(1), 33-42

PINEDA D. (2009): On the notion of good reasons in Philosophy for Children en *Childhood & Philosophy*, 5 (10), 317-338

REBOLLEDO, R. (2015). *A de Autoridad Tareas para la educación democrática, una reflexión desde la Filosofía para Niños*. Universidad Autónoma de Baja

SANTI, M. (2007). How students understand art: A change in children through philosophy en *Childhood & Philosophy*, 3 (5), pp. 19-33

STRIANO, M. (2011): "The Community of Philosophical Inquiry as a Social and Cognitive Matrix" en *Childhood & Philosophy*, Vol.7, No. 13

TEBAR, L (2005) "Filosofía para niños de Mathew Lipman. Un análisis crítico y aportaciones metodológicas, a partir del Programa de Enriquecimiento Instrumental del profesor Reuven Feuerstein" en *Indivisa*, 6, 103-116

TIBERIO, J. (2020) "O ensino de Filosofía para crianças" en *Alamedas*, 8 (2), 69–84

TOZZI, M.; AZAÏS, M.; CONNAC, S.; LAPORTE-DAVIN, M.; LÉON, C.; LESEUR, L.; THOMAS, N.; MARY, E. (2006): "Recherche sur les competences induites par les DVP (Discussions a Visee Philosophique) chez les enseignants et les eleves de l'école

TOZZI, M. (2005): "Problèmatique du colloque. Les pratiques de Discussion a Visee Philosophique à l'école primaire et au college: Enjeux et specificites" en *Childhood & Philosophy*, 1 (1), 201-234

UNESCO (2005) Informe del director general relativo a una estrategia intersectorial sobre la filosofía. 171EX/12. París. Disponible en línea: http://unesdoc.unesco.org/images/0013/001386/138673s.pdf

UNESCO (2007). La Philosophie, Une École de la Liberté. Enseignement de la philosophie et apprentissage du philosopher : État des lieux et regards pour l'avenir. Éditions UNESCO, Paris. Disponible en línea: http://unesdoc.unesco.org/images/0015/001536/153601f.pdf

ZHENYU, G., (2015) "Philosophy for Children in China: Teacher Knowledge and Teacher Development" en *Autobiography and Teacher Development in China*, 99-119

"¡HABLÁIS DEL CIELO! Y DESHONRÁIS LA TIERRA": LA BÚSQUEDA ESPIRITUAL EN EMERSON Y THOREAU

Encarnación Ruiz Callejón[1]

Este trabajo se inscribe en el proyecto del Grupo de Investigación "Antropología y Filosofía" (SEJ-126). Plan Andaluz de Investigación, Desarrollo e Innovación (PAIDI)".

1. INTRODUCCIÓN

La filosofía de la religión como área disciplinar y campo de investigación, incluyendo la propia denominación, tiene su origen en el siglo XIX fundamentalmente a partir de los planteamientos de Kant y de Hegel. Ni Ralph Waldo Emerson ni Henry David Thoreau suelen figurar en la nómina de los filósofos de la religión del siglo XIX. Generalmente, se reivindica el primero como un autor clave en el origen de la filosofía americana, el líder del Trascendentalismo, el defensor del perfeccionismo y la autoconfianza individual, o también por su influencia en la obra de Nietzsche. Y en Thoreau tenemos una importante reflexión sobre la desobediencia civil (Mora Altamirano, 2009), un espíritu libre, un naturalista y uno de los padres del pensamiento ecologista.

En este trabajo se aborda la contribución del Trascendentalismo americano a la reflexión sobre la religión a través de las figuras de Emerson y Thoreau. En ambos pensadores la crítica a la religión no es independiente de una reflexión más profunda sobre la sociedad de su tiempo y sobre el estilo de vida del hombre contemporáneo. En el siguiente apartado de este trabajo se analizan las señas de identidad del Trascendentalismo americano. En el tercero, la crítica al hombre contemporáneo. Y en la cuarta parte, en qué consistiría la religión de los hombres por venir.

2. EL TRASCENDENTALISMO AMERICANO

Uno de los principales problemas al afrontar las contribuciones de Emerson y de Thoreau reside en definir el Trascendentalismo, es decir, el movimiento intelectual, literario, filosófico y político al que pertenecieron. Según J. Myerson (2000), definir el Trascendentalismo es como pretender coger el mercurio. El movimiento fue también denominado 'New Thought' (Gura, 2007) y se desarrolló en las ciudades de Concord, Boston y Cambridge (Massachusetts) entre los años 30 y 60 del siglo XIX. Estaba formado

1. Universidad de Granada

por un grupo amplio y heterogéneo de autores y autoras, siendo el más conocido Emerson. No hay consenso sobre a quién se debe la etiqueta de 'Trascendentalismo', pero se ha señalado que provendría de círculos unitaristas:

> *the occasional meetings of a group of young ministers and intellectuals -Unitarians mostly- who gathered to discuss the state of the churches and society at large. The so-called Transcendental Club met nearly thirty times over a four-year period, beginning in 1836. Upwards of fifty men and women attended some or most of these meetings.* (Andrews, 2017, p. 5)

Los unitarios eran una gran parte de la élite civil y comercial, eran conservadores, aceptaban la economía esclavista y estaban muy interesados en la preservación del *statu quo* (Andrews, 2017, p. 25). Los trascendentalistas también formaban parte de la élite social pero optaron por la reforma y el cambio.

Un artículo anónimo publicado en agosto de 1841 en el semanal unitario *The Christian Register* señalaba de forma despectiva que 'Trascendentalismo' era un término vago para aludir a un misticismo importado, producto del Romanticismo y del idealismo alemán y poco apto para el espíritu americano (Andrews, 2107, p. 29). Emerson reaccionó con un ensayo en el que dejaba claro que el término era nuevo, pero no la sabiduría que designaba, y que era un idealismo, pero de 1842 (2008c, p. 239). Como señala Myerson (2000), esta caracterización ofrece un descriptor filosófico y un lugar temporal, pero tiene poco que ver con la autorizada definición de un diccionario. Creemos también que abría nuevos frentes de discusión: a qué tipo de idealismo se refería Emerson y qué significa ser un idealismo para 1842. Según los trascendentalistas, los hechos y la realidad dependen del significado que el sujeto les otorga: "it is mind, not matter, that is the true reality, because it is mind that assigns thinks the rank, or importance they asume in our consciousness" (Andrews, 2017, p. 29). El hecho mismo de que los trascendentalistas subrayaran la centralidad de la persona, porque es ella quien tiene la responsabilidad de elegir qué es lo adecuado en toda ocasión, ya dificulta de entrada la homogeneidad como grupo: "Nada es al final sagrado sino la integridad de nuestra propia mente. Absolveos a vosotros mismos (…) Ninguna ley puede ser sagrada para mí salvo la de mi naturaleza" (Emerson, 2016, pp. 75-76). Los trascendentalistas compartían un optimismo antropológico y el perfeccionismo del individuo, la confianza en uno mismo, pero también el compromiso activo con la reforma social: el movimiento antiesclavista, los derechos de las mujeres, la defensa y promoción de la educación. Eran críticos con las convenciones y con todo tipo de servidumbres, y eran contrarios a la banalización de la propia vida. No es extraño que Emerson afirme: "Quien quiera ser un hombre debe ser un inconformista (2016, p. 76).

La existencia apunta hacia una dimensión trascendente, profunda, no necesariamente el más allá, pero sí un más allá de lo meramente empírico y superficial. Los trascendentalistas no rechazaban la información y la explicación de la realidad y del ser humano ofrecidas por las ciencias. De hecho, aspiraban a conocer las leyes de las cosas y a actuar en consecuencia. De lo que sí huían era de posiciones reduccionistas, del cientificismo, y de una forma de vida materialista y egoísta. Aun siendo creyentes, aceptaron la obra de Darwin, "partly because it rejected racialism and gave scientific support to a unitary theory of human origins and kindship" (Buehrens, 2020, p. 9).

En relación con el Romanticismo europeo, M. Onfray ha indicado parecidos de familia, aunque especificidades en cada caso. El Romanticismo europeo:

> *es gótico y católico, contrarrevolucionario y enemigo de las Luces. Está lleno de lágrimas y de ira, de quejas y de tedio, de soledad y de nostalgia, de spleen y de*

> *aflicción, de egoísmo y de narcisismo, de meditaciones sobre las ruinas y miradas perdidas a la vía láctea. Huele a violetas marchitas* (Onfray, 2019, p. 40).

Sin embargo, lo que singulariza, según Onfray (2019), a la "filosofía americana romántica" (p. 40), es un pensamiento y una sabiduría indias. Por filosofía y sabiduría indias no se entiende la idealización del salvaje ni un primitivismo, sino una serie de rasgos transformadores que encontraríamos sobre todo en Thoreau. Por ejemplo: someterse a la naturaleza en lugar de someterla (reaccionando así a la Ilustración); "primacía de la sensibilidad", en tanto "hace del cerebro un órgano rezagado y le pide a la totalidad de su cuerpo que le informe sobre el mundo" (p. 40); "preferencia de lo sublime sobre lo bello", eso es lo que siente Thoreau ante «el grandioso espectáculo de la naturaleza" (p. 41); pasión por la vida orgánica y las fuerzas vitales, porque eso es lo que expresa el devenir y la vida; "meditación sobre las ruinas" (p. 42), que en su caso es sobre los restos materiales de la cultura de los indios; la vida como obra de arte, que exige una "ascesis interior" y una "construcción de sí" opuesta a "la vida mezquina" (p. 42). Thoreau propone una "vida esférica": es la que lograríamos si "hacemos coincidir nuestro eje con el eje celeste" (p. 42). Ante la existencia, Thoreau "no propone reír ni llorar, mira y ve lo que pocos blancos ven, pero lo que todos los indios perciben" (p. 40).

Para Emerson, el Romanticismo -cuya influencia reconocía en el movimiento-, era una actitud de rebeldía y de oposición frente a las injusticias sociales, los excesos del racionalismo ilustrado, los efectos indeseados de la Revolución industrial, el vaciamiento del sentido de la existencia, la tiranía de los convencionalismos, el formalismo religioso o el espolio de la naturaleza. Cobra importancia cierto enfoque genealógico en el grupo, en el sentido de sacar a la luz y analizar esos significados que otorgamos a las cosas, de qué se nutren y para qué se utilizan. Tanto a nivel individual como social y también respecto a los países o la historia de la humanidad, los grandes logros no han salido gratis. Han conllevado un precio, un lado negativo y "medios desacreditados" (Emerson, 2004, p. 201). En el caso de los individuos se trata de las pasiones y de lo vicios: "no hay hombre alguno que no esté en ningún momento en deuda con sus vicios, así como no hay planta que no se nutra del estiércol. Sólo insistimos en que el hombre mejora y en que la planta crece y convierte la naturaleza en algo mejor" (Emerson, 2004, p. 203). Como en la naturaleza, la sociedad y la vida personal son posibles por una suerte de economía que no excluye antagonismos, tensiones y aspectos negativos. La rebeldía, pero también la misión de orientar y de actuar como 'brújulas' y 'crónometros superiores' capaces de electrizar, es decir, de movilizar a la sociedad, es lo que encontraba Emerson (2008c, p. 257) entre los trascendentalistas:

> *Lo que llamamos instituciones fundamentales, nuestras grandes y sagradas causas, se les antojan grandes abusos y, vistos de cerca, asuntos mezquinos. Cada supuesta causa (...) se convierte en seguida en una pequeña tienda, donde la mercancía, que al principio era sutil y etérea, se transforma en galletas manejables y apropiadas, y se vende al por menor a los compradores oportunos (...) Usamos libremente las palabras 'grande y sagrado', pero pocas cosas se lo parecen a ellos.* (2008c, p. 251)

Emerson (2008b) añade también la independencia intelectual del país, la creación de un pensamiento nativo. No niega poder nutrirse de lo foráneo, pero rechaza imitar. No hay aquí una posición chovinista, sino una aspiración a la libertad y a la autenticidad. De ahí la importancia de la advertencia de Thoreau que Emerson también comparte: "Me gustaría recordarles a mis compatriotas que primero han de ser hombres y solo a última hora, cuando sea conveniente, americanos" (Thoreau, 2016b, p. 155). Ningún compromiso ha de dañar nuestra conciencia moral.

Según Buehrens (2020), los trascendentalistas son los 'nietos de los líderes de la Revolución americana' y artífices de una 'segunda Revolución' que cambió América y cuyos efectos llegarían hasta el presente: "fervent activists, sparking the intellectual, spiritual, moral, and political struggle in America for racial, gender, social, and enviromental justice" (p. 1). El activismo podía llegar a convertirse en auténtica revolución: "they gradually came to realice that ending slavery in America was a moral imperative that would require the conflagration, strife, and sacrifice of a second American Revolution" (Buehrens, 2020, p. 2). En esta segunda revolución también hay cambios respecto a la guerra y a la violencia como medios para erradicar la esclavitud:

> *As religious idealists, some Transcendentalists began as pacifists -committed to 'Christian resistance', in the language of the time- but gradually became more resistant and militant following the Fugitive Act of 1850 and the flight to stop the extensión of slavery in Knasas. Ultimaltey, they chose the painful purgation and conflagration of civil war rather than allow slavery in America to continue. The 'Battle Hymn' constitutes a fervent prayer for that war to be redemptive* (Buehrens, 2020, p. 8).

Esto no significa en modo alguno que en el Trascendentalismo la violencia sea un recurso más. Thoreau rechaza un gobierno que promueve la invasión y la guerra o se levanta sobre la esclavitud: "¿Cómo debe comportarse un hombre con el gobierno actual? Respondo que no puede asociarse con él si quiere mantener la dignidad. Ni por un instante podría reconocer como mi gobierno a esa organización política que consiente la esclavitud" (2016, p. 111). Los soldados que Thoreau contempla en Quebec le sugieren la siguiente reflexión sobre la incompatibilidad entre ser soldado, el respeto a uno mismo y la obligación de pensar por uno mismo: "no me cabe duda de que los soldados bien entrenados son una especie particularmente desprovista de originalidad e independencia (...) Es imposible darle una buena educación a un soldado sin hacer de él un desertor. Su enemigo natural es el gobierno que le entrena" (2018, p. 31). La visión de los destacamentos le trae a la mente la consigna 'en tiempo de paz, prepárate para la guerra'. Pero Thoreau arguye que no ve por ningún sitio "disposición para la paz", que esta era "una invitada no deseada" (2018, p. 75).

La educación es la verdadera fuerza transformadora y liberadora (Miller, 2011), la herramienta social por excelencia, también como prevención de males sociales:

> *La política es un remiendo y un pobre parche. Siempre llegamos tarde. El mal está hecho, la ley ha quedado obsoleta y empezamos a protestar por aquello que tendríamos que haber impedido que sucediera. Algún día aprenderemos a sustituir la política por la educación. Lo que llamamos nuestras reformas radicales en materia de esclavitud, guerra, juego, insolencia, es una mera atención a los síntomas. Hemos de empezar por lo más elevado, es decir, por la educación.* (Emerson, 2004, p. 125)

En cuanto a la relación con la religión, Barry M. Andrews (2017) se ha referido al Trascendentalismo como "una revuelta religiosa" (p. 26) que tendría su origen en el Unitarismo de Nueva Inglaterra y su reacción a la teología cristiana del momento. El ministro unitario William Canning ya había anticipado esta línea: Dios está dentro de individuo y puede ser entendido solo por la experiencia y el conocimiento del individuo. La religión es propiedad de cada hombre, pero no cualquier propiedad, sino "the great subject for every mind" (Andrews, 2017, p. 29). La libertad espiritual constituía una fuerza disruptiva respecto a todas las instituciones humanas, religiosas o no. De esta fuerza va a depender en el fondo la perfección individual y la transformación del mundo, y también la experiencia de disconformidad y la crisis de identidad y profesional propia de los trascendentalistas.

Andrews (2017) recoge la caracterización que hace Emerson en 1827 de la especificidad del Romanticismo: es la época de la primera persona en singular y el énfasis en la subjetividad pero también una ética y una metafísica que miran hacia dentro. El Romanticismo supone una reacción a la epistemología de Locke que llevaría al escepticismo de Hume: frente al primero, porque reduce el conocimiento a los datos que proceden de los sentidos; frente al segundo, porque en esa línea el conocimiento que sólo es empírico no nos permite afirmar la existencia y la acción de lo divino. Pero Emerson y el resto de trascendentalistas encuentran en los autores del Romanticismo inglés William Wordsworth, Samuel Taylor Coleridge y Thomas Carlyle aportaciones para otra epistemología. Coleridge diferencia entre dos modos de conocer: el del entendimiento, que mide y cuantifica la experiencia; el otro es el de la razón, que es holístico e intuitivo. Coleridge, leyendo a Kant, había ampliado el uso de este del término transcendental no como el conocimiento que se centra en el modo en el que conocemos los objetos siendo ese modo a priori. Ahora, elevando la Razón por encima del entendimiento era posible profundizar en otra serie de condiciones que también hacen posible la experiencia a la vez que permiten al ser humano elevarse por encima de ella. El entendimiento ofrece una visión fragmentada de la realidad, una existencia más pragmática, eficiente y calculadora, enfocada al uso que, según Emerson, suele hacer el hombre corriente, el hombre dormido. La distinción de Coleridge entre entendimiento y razón anticipa algunos hallazgos de la neurociencia, especialmente la diferenciación entre los hemisferios cerebrales. El izquierdo sería predominante. Es analítico y lineal, y es el centro del ego y del razonamiento discursivo. El derecho es intuitivo, holístico y atemporal, y puede predominar en ciertas ocasiones: "This is the locus of the soul and feelings of the infinite" (Andrews, 2017, p. 13). El idealismo al que se refería Emerson sería como la integración de las dos formas de funcionar el cerebro. Esto último permitía que la consideración de la vida diaria y de la existencia en general no fuera tan materialista, plana, y limitada o interesada. Los trascendentalistas encontrarán elementos para esta concepción de la experiencia más integradora en la mística de Oriente y Occidente y en el mundo clásico.

Wordsworth les servía también para superar el escepticismo de Hume y tender a lo sublime y lo infinito. La religión aparecerá también en el Romanticismo como una "fuerza dinámica" para una renovación institucional: "breathing new life into liturgy, renewing the role of the arts in the church and providing a middle ground between dogmatic bibliolatry and reductive higher criticism" (Hampton, 2019, p. 219).

Dios deja de ser considerado el ser sobrenatural del todo separado de la naturaleza. Pasa a considerarse como una fuerza o poder inmanente (Andrews, 2017, p. 10). Y algo muy importante: "Nature took the place of the Bible as the source fo revelation. The Trascendentalism believed that all of creation was a manifestation of divine" (Andrews, 2017, p. 11). Lo divino se esfuerza por reconducir al hombre de vuelta, como señalaba Emerson en el ensayo *Naturaleza* (2008a), considerado como un manifiesto del Transcendentalismo (Andrews, 2017, p. 11) y teñido, por otro lado, de neoplatonismo.

3. SERÍA PROVECHOSO UNA VIDA PRIMITIVA Y DE FRONTERA

Thoreau se refiere a la necesidad de otro amanecer o aurora que se mida solo por la capacidad de tener un espíritu despierto, algo muy distinto al correr del tiempo que llevará al amanecer (2017, p. 369). Puso en práctica durante su estancia en la laguna Walden una filosofía experimental. No pretendía convertirse en un eremita ni rechazar todo contacto con la sociedad, pero sí poner en marcha una experiencia vital de autosuficiencia en primera persona y tomar conciencia de cuáles son las verdaderas necesidades materiales del hombre. Para Emerson, mendiga quien aspira solo a conseguir cosas útiles y ser él mismo "alfiler o remache en la máquina social" (2004, p. 138). Pero también es una vida fallida la de quien se contenta con "inspirar y luego espirar" (Emerson, 2004, p. 195), se concentra en poseer bienes, o cree "que la vida consiste en poner algo entre la mandíbula superior e inferior". Como dice Thoreau, queremos poder cumplir lo que somos, no convertirnos en 'arcilla' para ser modelada (2016, p. 111).

Thoreau se llevó a la laguna *Bhagavad Gita*, y aspectos de esta obra están presentes en *A Week on the Concord* y *Merrimack Rivers*, el primer libro de Thoreau, y luego también en *Walden*. Las lecturas de Thoreau sobre filosofías y textos religiosos orientales habrían comenzado sobre 1840. Y aquí Emerson también jugó un papel clave al estimular ese interés y al facilitarle obras como: *Institutes of Hindu Law*; *Gulistán*, de Sa'dī; *History of Saracens*, de Okley. Sabemos también que en su correspondencia había relatado que practicaba yoga por sus enseñanzas sobre cómo vivir, cómo ejercitarse en el control de la mente y el cuerpo, o cómo prescindir de la esclavitud de las posesiones y de las demandas del ego (Andrews, 2017, p. 95).

En la laguna Walden Thoreau vive en medio de la naturaleza, construyendo hasta su propia cabaña, alimentándose de lo que recibe de la naturaleza, llevando una vida sencilla, con conciencia de los recursos que utiliza, cuáles son las verdaderas necesidades y qué es respetar la naturaleza. A esta misma experiencia primitiva, con lo salvaje y de frontera, pertenecen sus frecuentes caminatas por los bosques y su detallada observación de todo lo que ocurre en la naturaleza. Y es también aquí, transitando entre lo salvaje y lo civilizado, donde Thoreau percibe de una forma más lúcida las contradicciones del mundo en el que vive y entiende que el contacto con la naturaleza propicia experiencias reflexivas y transformadoras:

> *Sería provechoso vivir una vida primitiva y de frontera, incluso en medio de una civilización volcada hacia lo exterior, aunque sólo sea para aprender cuáles son las necesidades más importantes en la vida y qué métodos se han adoptado para satisfacerlas.* (2017, p. 35).

Salvando las distancias, en la vida primitiva y de frontera que defiende Thoreau la tarea del pensar se convierte en algo muy similar a lo que John Salisbury en el siglo XII afirmaba de la filosofía, viático del que se proveen pocos y que

> *exige vivir en tierra extranjera e incluso hace a veces extranjera la propia; más aún, hace propia la extranjera, y nunca se apesadumbra por el exilio (...) En todos los sitios se siente en casa y en todo lugar en la patria, porque en todos sitios mora dentro de sí y junto a la sabiduría.* (De Salisbury, 1984, p. 548)

Esta experiencia en la naturaleza, que arrincona las clases sociales y los credos, no está privada de un efecto ético y político al poner también en el punto de mira la relación con los nativos americanos y en general con quienes tienen otro color de piel: "Me gustaría recordarles a mis compatriotas que, sea cual sea la ley de los hombres, ningún individuo ni nación pueden cometer un acto de injustica, por muy pequeño que sea, contra el hombre de piel más oscura sin tener que pagar por ello" (Thoreau, 2016b, p. 148). Pero no es optimista respecto al futuro. Es consciente de las escasas posibilidades y de dónde acabará residiendo la "seguridad" del indio: en abandonar lo que es su cultura, sus creencias y, en definitiva, su vida: "Para el indio, solo hay seguridad en el arado. Si no se deja empujar hacia el Pacífico, debe tomar el arado y abandonar el arco y la flecha, su lanza de pescar y su rifle. Es la única Cristiandad que lo va a salvar" (Thoreau, 2013 p. 47). Y no precisamente para entrar en un mundo por sí mejor; o para servir como un extranjero de espejo o instancia crítica, sino para que los indios sean "inoculados con el crepúsculo del hombre blanco" (Thoreau, 2013, p. 47). También se refiere al expolio de sus tierras y de sus recursos: "lo que yo sé es que si uno retiene injustamente una cosa seguramente al final habrá problemas" (Thoreau, 2015, p. 42).

4. LA RELIGIÓN DE LOS HOMBRES POR VENIR

La racionalización de la religión que pusieron en marcha los unitaristas era un arma de doble filo. No solo era demasiado liberal y racionalista, también rechazaba la Trinidad y la divinidad de Jesús. Pretendían una religión más aceptable para la razón, pero a costa de desposeer a aquella de señas de identidad y de dejar ayuno el sentimiento religioso. El conocimiento que estaba llegando de otras religiones y formas de pensamiento desafiaba la religión imperante, si bien tenía un efecto diverso si los ministros eran jóvenes o no. Los primeros estaban más abiertos a nuevos conocimientos y poseían un espíritu más inquieto que les impedía caer en una rápida descalificación. La antes defendida superioridad del cristianismo no parecía tal y tampoco se aceptaba que a este no se le hiciese evolucionar. El cosmopolitismo religioso se abría paso (Andrews, 2017, pp. 23-24). Los textos religiosos de otros pueblos, así como sus filosofías, eran valiosos porque atesoraban experiencias espirituales de la humanidad, enseñanzas profundas y atemporales sobre nuestra naturaleza y sobre cómo orientarse en la vida. Por ejemplo, para Emerson (2004) de los hindúes podía aprenderse la identidad profunda de todo y la variedad y diversidad como cierta "fascinación", en tanto engaño o velo que impedía considerar que todo estaba conectado, también los seres humanos entre sí y con respecto a la naturaleza. Thoreau apreciaba el Antiguo Testamento como un ejemplo de mito primitivo comparable al que podía encontrar en Grecia. El Nuevo Testamento le interesaba como documento ético (Sattelmeyer, 2020, p. 17):

> *Aunque tal vez yo no tenga derecho a decirlo, el Nuevo Testamento se escribió hace mil ochocientos años y, sin embargo, ¿dónde está el legislador con suficiente sabiduría y talento práctico para aprovechar la luz que arroja sobre la ciencia de la legislación?* (Thoreau, 2016a, p. 139)

Probablemente, fue a través de uno de los docentes en la época de Harvard, Brownson, como Thoreau entró en contacto con la obra de Benjamin Constant sobre la religión. Constant defendía la universalidad y pervivencia de la religión más allá de las formas concretas en la que podía cristilizar en cada época. Entre las lecturas filosóficas de Thoreau, figura la obra del representante del Eclecticismo Victor Cousin: *Introduction to the History of Philosophy*. Thoreau fue más bien un lector de obras de filosofía a través de fuentes secundarias, a diferencia de Emerson, y poco interesado por los sistemas en sí mismos o los argumentos en sí, teniendo en cuenta que su interés era cómo vivir según una ley superior y poco especulativa (Sattelmeyer, 2020, p. 28). Del Eclecticismo se deducía que hay verdad en todos los sistemas de pensamiento y que la filosofía ha de analizarlos para atesorar las verdades. Esto mismo podía hacerse respecto al idealismo y al empirismo y sensualismo. El individuo puede además percibir esta verdad utilizando una facultad intuitiva que coincidía con la Razón que los trascendentalistas toman de Coleridge (Sattelmeyer, 2020, p. 21). Pese a que las lecturas y la formación de Thoreau en su época universitaria ya lo encaminan hacia el Trascendentalismo, es cuando vuelve a Concord, tras su graduación, cuando se produce su adhesión y se inicia, de la mano de Emerson, en las lecturas que las fuentes típicas del Trascendentalismo pondrán también de relieve: "lyric poetry, ancient and modern idealistic philosohical thought, and Oriental scriptures" (Sattelmeyer, 2020, p. 23).

Emerson (2004) se refiere al evidente declive en la adhesión a las religiones y al aumento del escepticismo, aunque él no considera este una amenaza en sí mismo. Al igual que Benjamin Constant (2008), para Emerson y Thoreau la religión es una tendencia innata en la humanidad. La humanidad es creyente y las épocas productivas han sido 'épocas de creencia': "Un hombre tiene creencias como un árbol da manzanas" (Emerson, 2004, p. 167). Para Emerson la concreción en una forma religiosa concreta queda deslegitimada cuando pretende "elevarse sobre el devoto" (2004, p. 168). En Constant (2008) es el propio sentimiento religioso el que contiene la energía suficiente para destruir formas religiosas que degeneran. El sentimiento religioso siempre es superior a su concreción. Y esta idea también la recupera Emerson: "La religión tiene que ser un fruto silvestre, su belleza salvaje no puede recogerse y guardarse" (2004, p. 174). Emerson tiene además la certeza de estar viviendo un periodo de decadencia y de transición respecto a las religiones:

> *Vivimos en un periodo de transición en que la vieja fe que consolaba a las naciones no sólo eso, sino que forjaba naciones, parece haber perdido su fuerza. No me parece que las religiones de los hombres resulten en este momento muy creíbles, sino infantiles e insignificantes (...) El rasgo fatal es el divorcio entre la religión y la moralidad. Hay aquí religiones de ignorancia o iglesias que proscriben el intelecto; religiones de escolta, religiones que defienden la esclavitud y comercian con ella e incluso, e poblaciones decentes, idolatrías en que la blancura del ritual oculta la indulgencia escarlata.* (Emerson, 2004, p. 170).

El cambio no podrá venir desde la mera reforma, sino mediante una trasformación espiritual desde el individuo que ha de pasar de estar dormido a ser un despierto. Ni la duda ni el escepticismo son obstáculos. El verdadero problema es la enfermedad de la voluntad, la incapacidad para aspirar a algo y comprometerse hasta lograrlo, pero también la escasa fuerza de la moral: "La cura para la falsa teología es el sentido común. Olvidad vuestros libros y tradiciones y obedeced vuestras percepciones morales en esta hora" (Emerson, 2004, p. 175). Se requiere el compromiso con la sinceridad y con la acción real y con ideas grandes que requieren largo aliento. Lo mismo ocurre en Thoreau. En *Caminar* se refiere a la incapacidad actual para perseverar en empresas de largo aliento, emprender la experiencia de la errancia y la experimentación espiritual, física y cultural hacia otras culturas o hacia lo salvaje, silvestre o aún no civilizado, no domesticado y dócil, frente a una "civilización destinada a alcanzar velozmente un límite" (Thoreau, 2009, p. 95). Se postula una nueva religión. Pero ¿de qué religión se trata? Emerson postula un tipo de estoicismo y un culto de la Tierra:

> *Habrá una nueva Iglesia fundada en la ciencia moral, al principio fría y desnuda (...), el álgebra y las matemáticas de la ley ética, la iglesia de los hombres por venir, sin (...) salterios (...); pero tendrá el cielo y la tierra como vigas y pares; la ciencia como símbolo e ilustración; reunirá rápidamente la belleza, la música, la pintura y la poesía. Nunca ha habido un estoicismo tan firme y tan exigente como este (...) El honor y la fortuna existen para aquel que reconoce siempre la vecindad de las grandes causas, que siempre se siente en presencia de causas elevadas* (2004, p. 192).

Con ocasión de su viaje a Montreal y la visita a la Iglesia de Notre Dame, Thoreau compara estos edificios, las iglesias, con lo que considera los edificios naturales: las cuevas. Estas son mejores espacios de recogimiento y de contemplación, siempre abiertas y disponibles, que hablan del universo sin necesidad de mediadores, y donde el individuo y el universo son los verdaderos predicadores. La figura del sacerdote convencional es lo primero que resulta innecesario en una iglesia, aunque Thoreau no está seguro de que tal cambio sea el que verdaderamente podría transformar la religión católica. En *Walde*n critica a los sacerdotes "que hablan de Dios como si disfrutaran del monopolio de lo divino" (2017, p. 179). No excluye que él mismo podría visitar alguna vez esas iglesias sin sacerdote, pero tampoco las cree necesarias precisamente porque el mejor espacio de contemplación ya está en la naturaleza:

> *Una cueva tan a mano, en la que puedes entrar cualquier día, vale por mil de nuestras iglesias, que solo están abiertas los domingos, apenas lo bastante para airearse, y entonces se llenan de una congregación bulliciosa, una iglesia donde el cura es la parte menos importante, donde es uno mismo quien predica, donde el universo predica para ti y puede ser escuchado. No estoy muy seguro, pero creo que esta religión católica podría ser admirable si tan solo se omitiese la figura del sacerdote. Creo que yo mismo iría a la iglesia a veces, algún lunes, si viviera en una sociedad en la que hubiese alguna iglesia así a la que ir. En Concord, desde luego no las necesitamos. Nuestros bosques son templos espléndidos, mucho más grandiosos y sagrados.* (2018, p. 19).

El verdadero culto "está en cierta relación dominante con la salud del hombre y con sus poderes supremos" (Emerson, 2004, p. 176). Y también habría un nuevo rezo, el único al que Emerson le reconoce valor: "la contemplación de los hechos de la vida desde un punto de vista superior. Es el soliloquio del alma contemplativa y jubilosa" (2016, p. 93). Y rechaza el más extendido, el único que los hombres han aprendido: el que solo se realiza para pedir o lamentarse. De nuevo, hay aquí un ejemplo de "enfermedad de la voluntad", como los tradicionales credos lo son del intelecto" (Emerson, 2016, p. 94)

Impera el materialismo, el culto a la propiedad, y el grosero egoísmo, la imitación del pasado (Emerson, 2002, p. 171). Tampoco hay vínculos, "ni sentimiento de compañerismo ni entusiasmo" (Emerson, 2004, p. 171). Para Emerson lo que moviliza al hombre en su tiempo son meros instintos, necesidades: "estos no son hombres, sino hambre, sed, fiebre y apetitos ambulantes" (2004, p. 171). Hoy faltan objetivos a largo plazo y su energía: el entusiasmo. Nadie aspira a objetivos que no sean inmediatos: "parece como si sólo la cal de los huesos los mantuviera unidos y no un propósito digno" (Emerson, 2004, p. 171).

Pero si los fundamentos tradicionales ya no se sostienen y en modo alguno es posible, ni deseable, una vuelta al pasado, y hay una conciencia de que la realidad adquiere sentido porque el ser humano lo crea, la pregunta inmediata es dónde sitúa el Trascendentalismo el criterio por el que el individuo puede guiarse en esa religión por venir. Frente a una crítica que lo pulveriza todo, que no encuentra nada digno de ser conservado, Emerson había señalado:

> *El secreto de la cultura es aprender que unas cuantas cuestiones reaparecen con firmeza (...) y que son las únicas que han de ser consideradas: escapar de cualquier vínculo falso; el coraje para ser lo que somos y el amor por lo simple y bello; la independencia y unas relaciones alegres.* (Emerson, 2004, p. 216).

La religión del futuro, aquella de los hombres que vendrán, será intelectual (Emerson, 2004, p. 191). Pero esto no significa que sea algo cerebral o conceptual, sino una adhesión consciente y querida, enriquecida de las tradiciones espirituales y especulativas de la humanidad, abierta a la evolución y el futuro y también a la naturaleza.

Debe añadirse el deseo de servir, "de añadir algo al bienestar de los hombres" (Emerson, 2004, p. 216). Y no es poco: "el mundo se sostiene por la veracidad de los hombres buenos, que hacen saludable la tierra" (Emerson, 2008d, p. 49).

En Emerson la referencia es la afirmación de la Tierra, los valores que afirman la vida, la salud como criterio. Para Thoreau esta es también la gran fidelidad que el hombre moderno y las religiones convencionales han traicionado: "¡Habláis del cielo! Y deshonráis la tierra" (2017, p. 228). Pero ¿qué significa la salud? Para ambos autores, el corazón es el órgano supervisor de la salud "anterior, desde luego, a toda cuestión sobre el ingenio de los argumentos, la cantidad de hechos o la elegancia de la retórica" (Emerson, 2004, p. 177). La estrella polar para el individuo y para la sociedad es el buen corazón. Por ingenua que parezca esta afirmación, por poco rigurosa y precisa, no es un trasnochado sentimentalismo. Emerson y Thoreau evocan el reducto de humanidad, la empatía a la que siempre puede apelarse e intentar reactivar, sobre todo en situaciones de injusticia o de crisis radical. El corazón es la moral: "La moral debe ser la medida de la salud" (Emerson, 2004, p. 177). Es a ese manantial natural (Thorea, 2016a), que nace de la empatía, no a la moral convencional de cada época, a la que se refiere. Confucio (2019), uno de los autores presente en las obras de Emerson y Thoreau, se pregunta: "Si un hombre no tiene humanidad, ¿para qué le sirven los ritos? Si un hombre no tiene humanidad, ¿para qué le sirve la música?" (p. 51). Y: "En los asuntos del mundo, un caballero no tiene una posición determinada: adopta la posición que es justa" (2019, p. 58). También: "Es hermoso vivir en medio de la humanidad. Difícilmente es sabio escoger un lugar para vivir desprovisto de humanidad" (2019, p. 57).

La humanidad y las épocas han progresado y han sido creativas porque siempre han actuado desde el "distrito alpino" (Emerson, 2004, p. 176). Sería esa moral natural que aquí se postula. Y, de hecho, en la conciencia moral, que se resiste a la injusticia, que cultiva la empatía y un individualismo que no puede ser confundido con el egoísmo, reside el nuevo lugar de culto, la nueva iglesia que siempre es posible y que hemos señalado más arriba. Aun así, todo compromiso ha de tener un límite infranqueable, sagrado: "Comprometámonos sin echarnos a perder" (Emerson, 2004, p. 206). Y deben cultivarse en especial la honradez y la verdad:

> *Cualesquiera que sean los juegos que se practiquen con nosotros no debemos jugar con nosotros mismos, sino tratar en nuestra intimidad con la última honradez y verdad. Considero las sencillas e infantiles virtudes de la veracidad y la honradez como la raíz de cuanto es sublime en el carácter. Decid lo que pensáis, sed como sois, pagad todas vuestras deudas. Prefiero ser juzgado sano y solvente (...) y ser lo que no puede ser manchado o disipado o socavado (...).* (Emerson, 2004, p. 245).

5. CONCLUSIONES

Emerson y Thoreau, dos de los representantes centrales del Trascendentalismo americano, transitan desde una concepción de la religión limitada al contexto de procendencia, en este caso el Unitarismo, a una espiritualidad abierta, personal y fluida, pero dentro de un marco moral atento a no perder nuestra humanidad y a cuidar la del otro. La centralidad del individuo que decide y se pronuncia en primera persona es en el fondo lo que impide que el Trascendentalismo se avenga a una definición y esté sujeto a evolución, y que siga siendo significativo hoy, también como propuesta espiritual. En Emerson y Thoreau se promueve la evolución de la religión hacia lo que podríamos denominar un cultivo de la espiritualidad, un fenómeno más próximo, pero también más significativo, a la sensibilidad de nuestro tiempo. Esta espiritualidad no consiste en una actitud contemplativa ni en una suerte de escapismo. Está íntimamente relacionada con la transformación personal y social y con la curiosidad intelectual. Esta espiritualidad se nutre del respeto a la naturaleza, del reconocimiento de los saberes y experiencia materiales y culturales de otros pueblos sin obviar sus derechos. Ambos autores se oponen a la banalización de la existencia a la vez que apuestan por dignificar lo humilde y prosaico.

6. REFERENCIAS

Andrews, B. M. (2017). *Transcendentalism and the Cultivation of the Soul*. University of Massachusetts Press.

Buehrens, J. A. (2020). *Conflagration. How Transcendentalist sparked the American struggle for racial, gender, and social justice*. Beacon Press.

Confucio (2019). *Analectas*. Edaf.

Constant, B. (2008). *De la religión considerada en su fuentes, formas y desarrollo*. Trotta.

De Salisbury, J. (1984). *Policraticus*. Editora Nacional.

Emerson, R. W. (2004). *La conducta de la vida*. Pre-Textos.

Emerson, R. W. (2008a). "Naturaleza". En *Naturaleza y otros escritos de juventud* (pp. 41-87). Biblioteca Nueva.

Emerson, R. W. (2008b). "El escolar americano". En *Naturaleza y otros escritos de juventud* (pp. 91-112). Biblioteca Nueva.

Emerson, R. W. (2008c). "El trascendentalista". En *Naturaleza y otros escritos de juventud* (pp. 239-257). Biblioteca Nueva.

Emerson, R. W. (2008d). *Hombres representativos*. Cátedra.

Emerson, R. W. (2016). *Ensayos*. Cátedra.

Gura, F. P. (2007). *American Transcendentalism. A History*. Hill and Wang.

Hampton, A. J. B. (2019). *Romanticism and the Re-Invention of Modern Religion. The Reconciliation of German Idealism and Platonic Realism*. Cambridge University Press.

Miller, J. P. (2011). *Transcendental learning: the educational legacy of Alcott, Emerson, Fuller, Peabody and Thoreau*. Information Age Pub.

Mora Altamirano, E. (2009). *Desobediencia civil: de Thoreau a Gandhi y M. L. King, J.R.* Universidad de Los Hemisferios.

Myerson, J. (2000). *Transcendentalism. A Reader*. Oxford University Press.

Onfray, M. (2019). *Thoreau, el salvaje. Vivir una vida filosófica*. Ediciones Godot.

Sattelmeyer, R. (2020). *Thoreau's Reading. A Study in Intellectual History with Bibliographical Catalogue*. Princeton University Press.

Stewart, J. (2023). *A History of Nihilism in the Nineteenth Century. Confrontations with Nothingness*. Cambridge University Press.

Thoreau, H. D. (2009). *El arte de caminar*. Ediciones Local-Global.

Thoreau, H. D. (2013). *El Diario (1837-1861). Volumen I*. Capitán Swing.

Thoreau, H. D. (2015). *Cape Cod*. Ediciones del Baile del Sol.

Thoreau, H. D. (2016a). La desobediencia civil. En *El manantial. Escritos reformadores* (pp. 105-140). Página indómita.

Thoreau, H. D. (2016b). La esclavitud en Massachusetts. En *El manantial. Escritos reformadores* (pp. 141-163). Página indómita.

Thoreau, H. D. (2017a). *Walden*. Errata naturae.

Thoreau, H. D. (2017b). *El Diario (1837-1861). Volumen II*. Capitán Swing.

Thoreau, H. D. (2018). *Un yanqui en Canadá*. Ediciones Baile del Sol.

Young, J. P. (2021). "El pensamiento político norteamericano: del republicanismo de Jefferson al progresismo". En Stedman Jones, G., Claeys, G. (eds.). *Historia del pensamiento político del siglo XIX* (pp. 544-594). Ediciones Akal.

EL RENACIMIENTO: UNA NUEVA COSMOVISIÓN DEL MUNDO

Flor de María Sánchez Aguirre[1]

El presente texto nace en el marco de un proyecto de Investigación Docente de la Universidad César Vallejo, "El pensamiento mágico en Giordano Bruno".

1. INTRODUCCIÓN

El espacio histórico del medioevo no es fácil caracterizarlo, pero sí es interesante conocerlo. En cuanto a lo primero por lo complejo que es, primero por su longanimidad, lo otro por su diversidad de fenómenos circundantes devenidos de la antigüedad motivando contestaciones de tipo teológico (aparentemente), pero fundamentados en tesis filosóficas platónicas y/o aristotélicas, así como la diversidad de cuestionamientos a cerca de la presencia, esencia y existencia de la Deidad en medio de la humanidad advirtiendo todo un apogeo sapiencial, aunque se le dé sello de teología. Y en cuanto a lo segundo, pues estudiar y navegar las aguas medievales permiten comprender la diversidad de los aspectos que hoy día la humanidad práctica y en otro caso desea retomar.

El medioevo es un momento de la historia de la humanidad, como recién se indica, el más estrecho y largo, pero que, representado bajo las investiduras eclesiales, post caída del imperio romano, con coletazos aún del kerigma como actividad evangelizadora, es lo que ha conllevado de principio a fin a ser definido no como un hecho histórico filosófico, sino como el espacio temporal que tuvo la Iglesia para realizar su labor sapiencial.

Los cuestionamientos centrada en la persona de cristo motivaron a la Iglesia de entonces, siglo IV, por ejemplo, con el Concilio de Nicea (325) o Constantinopla en el Siglo V (451) a emitir no opiniones, sino a fijar posiciones frente a las posturas paganas (en lo filosófico neoplatónicas). Y las contestaciones emitidas a los arrianos, por ejemplo, motivaron a que en Nicea el Homousios fuere la mejor y más tajante respuesta a las fijaciones cristológicas que cuestionaban la condición real de la naturaleza del Hijo del Hombre. Pero no sólo es la respuesta, sino cómo se constituye ésta, y de la que nada se dice. El pneuma platónico de alguna forma permitió pues cavilar ante las posturas de los herejes. Y esta tesis eclesial, conciliar, es como hoy día se conoce bajo el título de Dogma y por tal, se entiende como una rivalidad entre la Fe y la Razón.

---

1. Universidad César Vallejo (Perú)

El medioevo, además, es un escenario real poco empático para quienes estudian o enseñan filosofía. Es considerado como un contexto sapiencial entre comillas y únicamente válida para la formación teológica o de los aspirantes a la vida eclesial o sacerdotal. Ello, por considerarse que los resultados de dicho momento son carentes de toda filosofía y sus contribuciones son absolutamente, teología, fundamentaciones dogmáticas, que para el entonces permitieron ser y estar en equilibrio a la Iglesia Cristiana Naciente. Pero si de algo hay que detallar de novedoso en el medioevo, y las muestras de nuevos aires en dicho contexto, es el denominado renacimiento, que, dicho sea de paso, ya es considerado modernidad para algunos historicistas acortando así el momento medieval (Fernández y Soto, 2006, pp. 13-15).

Por otra parte, hay que detallar del medioevo la presencialidad del pensamiento filosófico platónico y aristotélico en las figuras de San Agustín de Hipona y el Hombrecillo de Roccaseca, Santo Tomás de Aquino. Estas figuras emblemáticas del medioevo, son columnas que sostienen desde el saber filosófico la estructura gnoseológica, ontológica y ética del momento. En sus intermedios, sin duda alguna, contribuciones con tendencia metafísicas, la hilemorfia aristotélica se apogeo tanto en San Buenaventura, como en Averroes, Avicena o en todo el pensamiento árabe-judío. Y estas, como otras opiniones devenidas de la patrística, como de la escolástica sirvieron de base para que más tarde surgiera el renacimiento o fuere motivo alguno para que el antropocentrismo renacentista cobrara vigor. De tal manera, que el espíritu humanista es uno de los aspectos relevantes.

En el mundo clásico el denominado microcosmo permitió redimensionar el carácter social, educativo, filosófico, moral, político de los hombres de entonces y mil años después aproximadamente, ese valor antropológico resurge en algunos casos con aires clásicos y por otra parte con una cédula propia por los avatares epistémicos del momento renacentista. Pero desde ahí la consideración de un denominado humanismo renacentista, en el que se gestó toda una estructura de cambios para el momento, la muerte de los universales, la decadencia del escolasticismo, los giros de Copérnico, nueva atmósfera en el saber y la deserción paulatina de abades y frailes que, sin divorciarse de la Causa Primera, continúan por otros senderos de la ritualidad y preceptivas espirituales y no las estimadas por la iglesia.

2. OBJETIVOS

Los objetivos de la indagación se fundamentan en sistematizar y analizar el pensamiento renacentista como nueva forma de concebir el mundo: crisis o incertidumbre en el desarrollo del pensamiento filosófico.

3. METODOLOGÍA

La metodología utilizada se establece en la revisión de la literatura, cuyas características se centra en el análisis de la información recopilada en función a la categoría a investigar, además, se realiza la sistematización de manera descriptiva-narrativa, utilizando filtros de búsqueda de acuerdo a las palabras clave y criterios de inclusión – exclusión relacionada con la temática filosófica y textos clásicos.

4. DESARROLLO DE LA INVESTIGACIÓN

La razón histórica muestra un movimiento conocido como renacimiento. Esta expresión tiene una traducción bastante imprecisa a lo sostenido desde el XIX de nuestra era respecto al término.

4.1. Los antecedentes medievales del humanismo renacentista

Entender al humanismo renacentista o dar una definición satisfactoria no están fácil como se cree. Naturalmente se debe empezar por descartar la noción contemporánea de humanismo que indica, de una manera nebulosa, cualquier clase de hincapié en los valores humanos y en los problemas humanos. Algunos historiadores han asociado el humanismo renacentista con ciertas ideas políticas, teológicas, y filosóficas, y mencionan del humanismo cívico, o de humanismo cristiano o extienden el término para incluir todo el conjunto de pensamiento y de filosofía secular producidos durante el periodo renacentista. En el renacimiento tardío se entendía por humanista a un maestro o estudioso de las humanidades, de los studia humanitatis. Este término, es más antiguo que el término humanista, que se derivó de él. "En este uso antiguo, las humanidades significaban una especie de educación liberal, es decir una educación literaria digna de un caballero" (Kristeller, 1982, p. 194).

El humanismo, ampliamente pensado, sostiene una idea de la emancipación o independencia humana, apta de contribuir a delimitar su naturaleza, su enfoque y situación en el orbe, y posteriormente orientar el curso de la historia, dado que típicamente el humanismo brota y se desenvuelve entre el fin de la Edad Media y el principio de la Modernidad, esto es la época denominada "Renacimiento", como ya se ha enunciado. Sin embargo, conviene centrar la atención en este periodo cultural, diferenciando las expresiones propias del Renacimiento y de su humanismo.

Establecer una génesis al renacimiento, es mencionar de un medioevo que está delimitado con variadas opiniones. Cardinalmente la teología lo subraya como una de las épocas más relevantes de la Historia de la humanidad y donde la Filosofía es la sierva que aportó argumentos necesarios para la sistematización de las ideas del momento. Por otra parte, la definición historicista expone al medioevo como el instante más amplio de la historia del pensamiento; pero otras opiniones la expresan signada de oscura y trágica. No se debe obviar, que el medioevo fue una época que contribuyó de alguna forma al desarrollo del conocimiento desde su enfoque religioso, valiéndose de algunos aportes de los clásicos, como los presupuestos teóricos de Platón y Aristóteles.

Además, en la historia medieval es perceptible que la expresión renacimiento obedezca a tres instantes muy puntuales del medioevo y que pueden ser incluso un determinante de lo que hoy se conoce como Humanismo Renacentista. Se tiene consciencia histórica de un renacimiento carolingio, de un renacimiento del siglo XII y de un renacimiento del siglo XIII considerado como el redescubrimiento del saber griego.

A pesar de estas realidades del renacimiento desde el medioevo, no se puede admitir a primera vista que todo el humanismo renacentista es absolutamente una propensión filosófica. Es decir, conocer los antecedentes medievales del humanismo renacentista, no es propiamente establecer criterios de que el humanismo tiene consideración filosófica. Aun cuando hay afirmaciones de ello, también existen negaciones al respecto. En cuanto a lo primero, Ferrater (2004) expresa que: "... han proclamado que el humanismo es, en rigor, "la filosofía del Renacimiento" o, cuando menos, una nueva "filosofía del Renacimiento" opuesta al escolasticismo" (p. 863); y en cuanto a lo segundo existen autores que "han respondido negativamente y han puesto de relieve el aspecto "literario" del humanismo en contraposición a cualquier aspecto filosófico" (Ferrater, 2004, p. 863).

Si bien es cierto, tampoco el medioevo es considerado por muchos una época con grandes contribuciones filosóficas, sino con aportes meramente teológicos y para ello basta con observar los apogeos sistemáticos de la Patrística. Sin embargo, algún porvenir filosófico le acompaña a este momento de la historia, pues los aportes de Ockham, Escotto, incluso la Summa Theologica del Aquinate, fueron de gran contribución para el momento y para lo que más tarde se denominó Humanismo Renacentista. Dicho de otro modo, sea o no filosófico el humanismo del renacimiento; o sea de aspecto meramente literario, es la influencia del pensamiento medieval con aristas clásicas que permitieron el desarrollo de toda una reflexión respecto al hombre.

Según Ferrater (2004): "…el humanismo renacentista no es ni una filosofía ni una "época filosófica", pero es en parte uno de los elementos de la "atmósfera filosófica" a finales del siglo XIV y gran parte de los siglos XV y XVI" (p. 876), que estrictamente no significa un resurgir o renacer bajo otros aspectos, pero sí el escenario en el que se delimita la nueva fisonomía del quehacer del pensamiento desnudado de todo cristianismo, y revestido de un afán científico o especulativo abriéndose a nuevas posibilidades en el saber.

No obstante, recrear el pensamiento del humanismo renacentista en la tradición filosófica, es destacar el humanismo italiano tal como lo detalla Dilthey (1957) puesto que: "El nombre humanismo se une al concepto romano de *humanitas*, que ahora se renueva" (p. 136) Dejando en claro que para dicho momento se recapitula lo que los clásicos griegos consideraron necesario especular; y ahora desde un pre-modernismo, se retoma como fundamental la concepción del hombre y todo lo que le asiste, o como lo subraya Fernández y Soto (2006) indicando que es "la idea fundamental de exaltación del ser humano y su dominio del mundo" (p. 24).

Al respecto, Jaeger (1931) citado por Kristeller (1982) menciona que:

> *El término humanista, acuñado en el apogeo del Renacimiento, provenía, a su vez, de otro anterior: es decir, de "humanidades" o "studia humanitais". Autores romanos tan antiguos corno Cicerón y Gelio emplearon este término con el sentido general de una educación liberal o literaria, uso que continuaron los sabios italianos a fines del siglo XIV (p. 39).*

De igual modo, hay que destacar los aspectos que conllevaron al surgimiento del Humanismo como tendencia cultural en los siglos XIV, XV y XVI en Europa Occidental donde se retoma al Hombre como máxima expresión del cosmos, encumbrándose a consideraciones grecorromanas desde otra realidad histórica, social, cultural, educativa y con algunas preceptivas religiosas, el renacimiento, es una forma novedosa de vida pues se concibe de manera diversa al hombre y todo en cuanto a su alrededor existe. Por ello, Luzuriaga (1967) enfatiza que socialmente el renacimiento se caracteriza por:

> *1° El desarrollo de la ciudad y del pequeño Estado, del Estado-Ciudad, frente al castillo y al monasterio asilados de la Edad Media (…) 2° Un espíritu cosmopolita, universalista basado en las relaciones comerciales y en los descubrimientos geográficos, que abren un Nuevo Mundo, y que contrarrestan el espíritu localista de las Ciudades y pequeñas Repúblicas. 3° Una mayor consideración de la mujer, que participa ahora activamente en la vida social y política, y no sólo en la vida del hogar como en tiempos anteriores. 4° Una mayor riqueza económica con el desarrollo de los lazos comerciales y el sistema del crédito, que abre nuevas posibilidades culturales y artísticas (p. 99).*

Sin duda, un momento de transformación que deja resaltado el significado de la expresión renacimiento, que no es nacer de nuevo o una resurrección del pasado (antigüedad clásica), sino que es en definitiva la concepción de algo nuevo y enteramente distinto.

Al respecto, Fernández y Soto (2006) expresan:

> *El renacimiento que comienza a proyectarse en el siglo XIV (...) Se trata, ciertamente, de una vuelta, de un resurgir del espíritu clásico; pero ahora quiere ser además una regeneración de la persona humana, que se considera que renace a una nueva forma de vida (p. 24).*

Es esencial señalar que el Renacimiento no busca restituir la antigüedad; pero sí se instruye de ella para transmutar su realidad. Es decir, un movimiento pre-modernista inspirado en lo positivo de los clásicos para regenerar a la persona humana, para renacer a una nueva forma de vida. En tal sentido, Chabod (1990) alega en relación con el Renacimiento Italiano:

> *... La antigüedad clásica fue, para los hombres de los siglos XIV-XV, una idea, un impulso, un mito productor de energía... No deseaban imitar servilmente la antigüedad, en el sentido de hacer revivir los casos exactamente como habían sido, sino imitar en el sentido de seguir su ejemplo y, por ese camino, llegar a una vida más plena, más culta, más bella (p. 91).*

Asimismo, el sentido del humanismo está aparejado al renacimiento y por ello se dificulta hablar por separado. Este movimiento, intelectualmente exalta no sólo la capacidad de razonar del hombre (objetivo y autónomo), sino inclusive, la forma de auto-recrearse, representarse y transformarse. Es el instante de la exaltación del hombre por el hombre, donde se acata el tránsito del medioevo que desde los universales como anteriormente se subraya, la metafísica y otras ventajas que tuvo el escolasticismo en sus diversas fases, dieron surgimiento a lo hoy es conocido como Humanismo Renacentista y así mismo, es el surgimiento de otros eventos dentro de dicho momento histórico como la reforma.

Kristeller (1982) afirma:

> *Si queremos insistir en que no hubo rompimiento súbito entre la Edad Media y el Renacimiento, sino una especie de continuidad, también debemos entender que continuidad no es lo mismo que estabilidad, sino que implica una gran cantidad de cambio gradual y de innovación acumulativa. (p.191).*

Según el autor no existe una ruptura entre la edad media que fue un periodo dominado por la jerarquía eclesiástica que impuso sus creencias, dogmas en los aspectos: social, político, económico y religioso de aquella época, utilizando estrategias de represión y sometimiento a todos aquellos que tenían distintas creencias, sino también destacando las invenciones del hombre por el hombre en sí mismo.

4.2. Filosofía del Renacimiento

Se entiende por "Filosofía del Renacimiento", como el movimiento que tuvo su origen en el siglo XIV y durante los siglos XV y XVI generando interesantes contribuciones a la modernidad, desde sus inicios hasta Hegel o Kant, pues la llamada revolución científica sirve al criticista desde *Philosophiae naturalis principia mathematica iluminaciones*, en el buen sentido de la expresión, en lo que más tarde se conoce como sus *Críticas*.

Sin embargo, sobre el renacimiento, García (2010) en el Prólogo del Discurso del Método de Descartes expresa que:

> *... el Renacimiento es, por una parte, la negación de todo el pasado filosófico. Mas por otra parte es también el angustioso afán de encontrar un nuevo "punto de apoyo" capaz de salvar al hombre, a la cultura, al gran naufragio (p. 6).*

Asimismo, establece otros presupuestos que poco se dice respecto al renacimiento, como:

> *... una época de crisis; es decir, época en que las convicciones vitales de los siglos anteriores se resquebrajan, cesan de regir, dejan de ser creídas. El quebrantamiento de la unidad religiosa, el descubrimiento de la Tierra, la nueva concepción del sistema solar, la admiración por el arte, la vida y la filosofía de los antiguos (...) es la ruptura con el pasado, es la crítica implacable de las creencias sobre las que la humanidad venía viviendo (García, 2010, p. 5).*

Es por ello por lo que se resiste hablar de una filosofía del renacimiento, pues la humanidad se encuentra en medio de una desgracia, siendo ella la ausencia de la filosofía. Cabe destacar, que está establecido que todo cuanto rodea al hombre tiene su fundamento y éste lo otorga el cuestionamiento desde el filosofar y no desde la apreciación de una comarca cualquiera (Heidegger, 2003, p. 36). Y en este sentido García (2010) continúa enunciando: "...el hombre del Renacimiento queda sin filosofía. Mas el hombre no puede vivir sin filosofía; porque cuando le falta una convicción básica en qué apoyar las plantas, siéntese perdido y como náufrago en el piélago de la incertidumbre" (p. 5).

Pese a las críticas que se sostienen respecto al medioevo versus la filosofía, es destacable que el escolasticismo estuvo asistido por toda especulación clásica. Y previo al renacimiento, tuvo cita el dogmatismo escolástico que se produce en Occidente. Y es a partir del "Quattrocento", donde se muestra una renovación total del pensamiento medieval que replantea, sobre bases muy distintas, los grandes problemas del origen y el destino del hombre en el mundo y su posición en el cosmos.

Simultáneamente, en el renacimiento estuvo presente el pensamiento griego, tal como se detalla tácitamente a la hora de establecer un antecedente filosófico renacentista con la cita al escolasticismo medieval dogmático. Pero con mayor énfasis, es el neoplatonismo quien vaga en las entrañas del renacimiento. Esto no significa que son las ideas propiamente de Platón tal como se alcanzan en los llamados Diálogos, sino que el Platón del renacimiento: "... se haya mediado por las interpretaciones helenísticas, medievales y mágico-herméticas" (Fernández y Soto, 2006, p. 27). De tal manera que la influencia y la presencia de la Filosofía en el renacimiento; o propiamente conferenciar de una filosofía renacentista, es un tema de gran debate.

Además, "... Los historiadores del pensamiento occidental han expresado a menudo la opinión que el Renacimiento fue, básicamente, una época que reinó Platón, siendo la Edad Media la época de Aristóteles" (Kristeller, 1982, p. 52), proponiendo tajantemente un giro a toda dominación filosófica del estagirita; aun cuando la tradición aristotélica continuó fortalecida a lo largo del renacimiento dado al arraigo que esta tendencia filosófica clásica sostuvo en el tardío medioevo.

Sin embargo, el Renacimiento debatido entre las fuentes filosóficas que movieron por largos al años al medioevo, se hace presente con sus mayores manifestaciones en Italia, donde se confluye las grandes doctrinas del pensamiento neoplatónico que consistía en el bien, la verdad y la razón, siendo el hombre y el universo entes inteligibles guiados por la razón divina; mientras que el pensamiento oriental planteó una visión religiosa-filosófica, denominada zoroastrismo, que sobrevive ante el escolasticismo medieval que nunca pudo acallar totalmente en ninguno de los pueblos de Europa. Y es este período histórico de confluencia de tendencias al que se ha denominado Renacimiento.

En este contexto fidedigno recargado de misticismo, dogmatismo y con afanes desde el arte y la literatura por decretar una emancipación del entendimiento desde el entendimiento mismo, resulta interesante cómo se hace evidente en las contradicciones del pensamiento y la praxis, pues ahora se aboca a un conjunto de dependencias "espirituales" por calificarse de alguna manera, pero sin lugar a duda, tendencias opuestas a las que subrayaron la historia medieval.

Para algunos, la "Filosofía del Renacimiento" se ha caracterizado por ser in historia tempus, carente de precisión y rigor. No es bajo ningún concepto un momento histórico de tino metafísico pues no se piensa bajo compleción ontológica. Pero sí es destacable para el entonces, filósofos como Giordano Bruno, que aún no mostraban discusiones sobre su novedad científica, lo que sí acontecerá más tarde con Descartes y siguientes. (Marías, 1991, pp. 183-184)

Una tendencia muy arraigada en la época es el ocultismo.

> *El misticismo entendido como un enfoque místico que explica los fenómenos de la realidad a través de pensamientos subjetivos, fantásticos, promovió las viejas creencias de ocultismo, que se propago en el renacimiento. Además, de la Kabbala hebraica que no siempre fue consentida por el propio dogmatismo judío, ni aceptada por el cristianismo especialmente en la práctica, que dio impulso a las expresiones populares de la magia. La historia nos ha dejado suficientes testimonios ocultista como la China con Confucio y Lao – Tse, la India del RigVeda y los Upanisads, la Persia de Zoroastro y el Egipto de Hermes Trimegisto..." (Salvat Editores, 1973, p.17).*

En el renacimiento coexisten un conjunto de corrientes del pensamiento, especialmente de asistencia clásica como se ha precisado, pues comparte en sí lo propio de su actualidad, es decir, un poco de rigor místico bajo la tutela filosófica, pero con la preeminencia del hombre como ser necesario de reflexión en cuanto en él existe, y aun cuando es una propensión en el medioevo, su modo de ser diseña toda una estructura con novedades sobre el mundo, el conocimiento y sin duda alguna Dios (Savater, 1988, p. 174).

Por tanto, la mística del renacimiento no se limitó a experiencias de contemplación, sino también experimental como es el caso de la alquimia y no desdeñó la posibilidad de las aplicaciones mágicas. Las audacias del pensamiento renacentista fueron con frecuencia reprimidas y solo quedó la posibilidad de ejercitarse en la clandestinidad, oculta en los conceptos y doctrinas que estaban autorizados en los claustros y en las universidades surgentes en dicha época medieval.

Sin embargo, en el momento surgieron aportes filosóficos, desde una perspectiva antropológica y teorética al mismo tiempo, esta situación marcó un significado fundamental en la vida renacentista; además, de otros aportes metafísicos de Nicolás de Cusa; Marsilio Ficino, Giovanni Pico della Mirándola y Cornelio Agripa.

Sin duda alguna, trajo consecuencias negativas para los pensadores del momento y donde surge en el renacimiento la ciencia que se impone pese al contexto en el que ésta se desarrolla. La Theologia, fue considerada para el medioevo Ciencia y como se indicó anteriormente, la philosophia fue la sierva para las fundamentaciones teológicas. Pero el llamado renacimiento presumió una transformación del saber del instante, pues este momentum preparó el camino a lo que más tarde se denominará modernidad y donde el adjetivo Ciencia se inicia desde el siglo XVII hasta el siglo XVIII. Es decir, se dio un cambio hacia una ciencia con carácter experimental, basada en la razón y en la observación.

Ejemplo de estas inquisiciones eruditas se tiene, en lo artístico a Leonardo da Vinci, uno de los grandes artistas renacentistas que además se dedicó a la investigación científica.

Según Pérez (2010) Da Vinci: Estudió la dinámica con trabajos sobre los principios de la inercia y la propagación de las ondas. Muy importantes fueron también sus trabajos sobre la anatomía humana (...) manifestó un profundo interés por cuestiones de ingeniería..." (p. 8). En la salud Paracelso, quién desarrolló métodos concretos para cada padecimiento, así como Vesalio, quien desarrolló estudios anatómicos y Miguel Servet, que reveló la circulación pulmonar de la sangre (Pérez, 2010, p. 8).

Asimismo, en Astronomía, peculiar aspecto por el cual se conoce al medioevo en su ocaso o como el escenario cumbre del renacimiento "científico". La cardinal figura es Copérnico, quien desarrolló la teoría heliocéntrica, manifiesto: la Tierra se encuentra fija y gira alrededor del sol juntamente con los demás planetas. Por ende, el Sol se hallaba en el centro del sistema solar y no la Tierra como se defendía en la teoría geocéntrica. Estas y otras contribuciones fueron impulsadoras a lo que hoy día se conoce como modernidad.

Ahora, si para entonces aún se sostenía la tesis de que la tierra es el centro del universo y es morada del hombre, existe una finitud entre el creador y lo creado. Para el pensamiento aristotélico el universo es eterno, no tiene inicio ni fin. La tierra se encuentra ubicada en el centro de todas las esferas de manera fija y sin movimiento, siendo el éter uno de los elementos constitutivos, concurrido por un alma intelectiva, siendo la última esfera, la más perfecta de todas, que está directamente movida por el Motor inmóvil. Ya lo expresa Aristóteles (1994) en su *Metafísica*:

> *... han de dar cuenta de los fenómenos, es necesario que haya, por cada planeta, otras tantas esferas, menos una, que giren hacia atrás y que devuelvan siempre a la misma posición a la primera esfera del astro que se halla situado debajo. Pues solamente así resulta posible que todas ellas den como resultado la traslación de los planetas. Y puesto que las esferas en que éstos se desplazan son ocho por un lado y veinticinco por otro, y las únicas que no es necesario que sean arrastradas para atrás son aquellas en que se desplaza el planeta situado más abajo, las que tiran de los dos primeros hacia atrás serán seis y, de los cuatro siguientes, dieciséis. Y el número de todas, de las que los transportan más de las que tiran hacia atrás de ellas, cincuenta y cinco. Y si al Sol y a la Luna no se les asignan los movimientos que decimos, las esferas harán un total de cuarenta y siete (Aristóteles, Met. L. XII, 1074a).*

Pues esta mirada clásica, permite detallar la influencia del pensamiento aristotélico en el renacimiento, como se ha dado explicación previamente. Pero esta tesis, establece la pluralidad de entidades tanto inmóviles como inmateriales en correspondencia con la pluralidad de las esferas celestes. Incluso, este pasaje que además destaca la teología aristotélica es una posición fijada de reconocimiento a la labor desempeñada por los cosmológicos que le antecedieron, puesto que para Aristóteles estos sí filosofaron; opinión que contradice las proposiciones del propio Platón y del Sócrates de Platón puesto que, para estos, los llamados físicos, no filosofaron sólo hicieron especulaciones. Además, esta argumentación en la Metafísica aristotélica constituye un tratado autónomo sobre la entidad o sustancia y acerca de la entidad suprema, inmaterial, inmóvil (Dios).

En Aristóteles se contempla al filósofo que ha querido interpretar al mundo como un sistema racional de hechos, desde una investigación lógica o racional que establece lineamientos sobre las entidades existentes en lo astronómico. Sin embargo, no se puede excusar que las propuestas de Copérnico han dado un giro a toda teoría aristotélica respecto a las esferas celestes.

Más allá de la última esfera no hay materia ni espacio alguno. Para solucionar las muchas dificultades que presentaba este sistema geocéntrico, propuso luego Aristarco su propio sistema heliocéntrico, pero el mismo no fue en general aceptado en su época. Toda la ciencia astronómica posterior se dedicó a perfeccionar el geocentrismo, el cual culminó en Ptolomeo. Éste, para dar razón de los complejos movimientos astrales, asimiló y desarrolló el sistema de órbitas excéntricas y de epiciclos, ideado por Hiparco.

El universo aristotélico era, pues, no sólo finito sino también jerárquico. Por ejemplo, Giordano Bruno propone una concepción diametralmente opuesta, en la que el universo es infinito y sin barreras ni jerarquías. Para Aristóteles, la tierra es el centro; para Bruno, el centro está en todas partes. Para Aristóteles, cada astro y cada esfera posee una intrínseca y esencial dignidad según su mayor proximidad respecto al primer cielo y al Motor inmóvil; para Bruno, puesto que no hay centro ni última esfera continente, puesto que cada astro y cada átomo resume en sí la totalidad del Cosmos, la misma idea de jerarquía carece de sentido.

Para Aristóteles (1994) indica:

> *Sea, pues, éste el número de las esferas, con lo cual resulta razonable suponer que las entidades y los principios inmóviles son otros tantos (y quede para los más entendidos hablar de necesidad). Pues si no es posible que haya traslación alguna que no esté ordenada a la traslación de un astro y si, además, ha de pensarse que toda naturaleza y toda entidad impasible y partícipe, por sí misma, de la perfección constituye un fin, no habrá ninguna otra naturaleza tal aparte de éstas, sino que ése será necesariamente el número de las entidades (...) Por tanto, como no es posible un proceso infinito, el fin de toda traslación será alguno de los cuerpos divinos que se mueven por el cielo (L. XII, 1074a).*

Sin embargo, Bruno (1981) diría:

> *... si los átomos tienen movimiento infinito por la sucesión local que en el tiempo les corresponde, saliendo de aquí o entrando allí, uniéndose a este o a aquel compuesto, concurriendo a esta o aquella configuración a través del espacio inmenso del universo, llegarán a tener ciertamente un movimiento local infinito, a moverse en un espacio infinito y a colaborar en infinitos cambios (p. 81).*

Pero esta afirmación de la igualdad cósmica podría concebirse en un universo lleno de murallas y de límites internos, que coartan el movimiento de los cuerpos y su libre circulación, como es el caso aristotélico-ptolemaico. Bruno niega todos esos límites; concibe el Cosmos sin murallas y afirma así, junto a la igualdad, la libertad de los seres. Por eso Cappelletti hablando en el prólogo de "Sobre el Infinito Universo y los Mundos", presenta a Bruno (1981) como:

> *... aquél que ha abarcado el aire, penetrado el cielo, recorrido las estrellas, traspasado los límites del mundo, hecho desaparecer las fantásticas murallas de las primeras, octavas, novenas, décimas y otras esferas que se habrían podido añadir, según las opiniones de varios matemáticos y la ciega visión de vulgares filósofos (p. 5).*

Estas opiniones constreñidas en los opúsculos de Bruno muestran su cosmología y junto a ella, su metafísica, que se fundamenta en el nuevo sistema astronómico de Copérnico, que no sólo se ha de comprender desde un giro al pensamiento cuadriculado del momento medieval, sino los cambios bruscos que sufrió la entidad religiosa que imperó y dominó hasta entonces el pensamiento mismo.

Pues hablar de filosofía renacentista, renacimiento o humanismo renacentista, no se puede evadir la reforma, pues ambos son eventos históricos importantes que denotan ser la consecuencia de lo que fue el medioevo y ambos el fundamento o causa de lo que se ha llamado "modernidad".

El renacimiento es un momento además de caótico como lo destaca de alguna manera García (2010), es un momento histórico atrayente, pues los giros son las metodologías del tiempo. No sólo giran en apreciaciones dogmáticas, sino que también se producen mutaciones interesantes en el cristianismo, en su estructura, generando nuevas disposiciones religiosas. La reforma es además un acontecimiento que marca un cisma en el renacimiento, también erige un hito al cristianismo de la baja edad media.

La reforma trae consigo el llamado cisma de occidente pues la Iglesia en dicho entonces sufre un desprestigio por la presencia de dos figuras pontificales a la vez. Uno en la sede de San Pedro (Roma) y otro en Avignon (Francia), además de los hechos corruptos dentro de la estructura eclesiástica erigiendo unos pecados internos. Al respecto Pérez (2010) expresa:

> *Entre los clérigos se daban dos grandes pecados. El primero el de la simonía o compraventa de indulgencias. Este será el "casus belli" de Lutero para oponerse a Roma, criticando la venta de estas para financiar la construcción de San Pedro. El segundo de estos pecados será el del Nicolaismo o acumulación en una misma persona múltiples dignidades y prebendas, es decir, rentas de los altos cargos eclesiásticos. Muchas veces un prelado que apenas acudía a su sede episcopal colocaba a sus familiares e incluso hijos en cargos importantes dentro de la jerarquía eclesiástica, dándose un tercer "pecado", el del nepotismo.*

Estas acciones traen consecuencias gravísimas para la Iglesia del entonces pre-modernismo o medievalismo en ocaso, que, sin duda alguna, el prestigio que había cobrado empieza a desmoronarse paulatinamente, a tal punto que pierde hasta injerencia en los asuntos políticos, militares y otros espacios del estado donde su voz o exhortos eran escuchados atentamente.

Como figura emblemática de la reforma, Martín Lutero, sostuvo serias críticas frente a los procedimientos de la estructura eclesiástica cristiana de entonces, sobre todo en materia de las indulgencias para ganar la salvación del alma a través de la cancelación de un estipendio respectivo. Esto, como otros eventos conllevó a Lutero a generar y exponer públicamente sus noventa y cinco (95) tesis, en la festividad de todos los santos. Este hecho es el hito que marca el surgimiento de la reforma, un giro para el cristianismo, de ahí el nacimiento del protestantismo. En consecuencia, reforma y humanismo en el renacimiento, momentos cruciales en la historia de la humanidad y del pensamiento mismo que marcaron significativamente giros importantes a un momento tan cumbre ideológicamente y con cierta influencia en la modernidad hasta la muerte de Hegel (Fernández y Soto, 2006, p. 19).

5. CONCLUSIONES

El renacimiento humanista del XIV al XVI, fue un momento de la historia del medioevo, o premodernismo, como se indica en los comienzos de la investigación, un momento significativo para la historia del pensamiento humano, pues revolucionó en el medioevo la institución eclesial. Un ejemplo, Giordano Bruno, como Dominico fue objeto de censura. No es un secreto cómo desde la condición de monjes o abades, estos hombres de Dios reformaron el pensar desde las entrañas de su vida monacal e incluso cuestionando muchas acciones epistémicas (por darle un significado ultra al dogma) de la Iglesia y su estructura. La Iglesia puso en marcha una acción conservadora a tal nivel de apuntar hacia la completa destrucción de los ideales del renacimiento y del humanismo naciente. Su fin, destruir todo el edificio estructurado por dicho movimiento volcando la concepción del mundo natural y social como un todo espiritual en el que acaecían cambios constantes de anuncios falsos, según el momento eclesial. Obviamente, el humanismo renacentista estuvo gestando el saber clásico. La teleología del movimiento, según los eclesiales de entonces, era aristotelizar el cosmos (*Mundo para Bruno*), comprimir la existencia de la finitud (pues para el nolano lo infinito estaba presente en el Mundo y Universo) pues todo ha de ser conforme al creador, eterno, inmutable, infinito. Y este sistema de concepción del todo desde las moniciones filosóficas cosmológicas, platónicas y aristotélicas, permitieron abrigar la transformación de la tesis que hasta el instante se tenía respecto a la realidad cósmica, como es el caso de Copérnico. Singularmente, la Iglesia cristiana sufre uno de los movimientos telúricos más significativos que ha sostenido en su historia. La generación o surgimiento de las Universidades, el pensamiento en pleno y/o absoluto apogeo cuestionando lo que hasta el momento eran consideradas verdades de fe, así como las críticas que se abren frente a las políticas e imbricadas relaciones con el estado en perseguir fines particulares que generan una metamorfosis denominada reforma protestante. Finalmente, el renacimiento fue una nueva cosmovisión del mundo que aglutinó diversas formas del pensamiento de un amplio movimiento cultural originado en Europa, los ejes temáticos versados permiten abrir nuevas líneas de investigación filosóficas relacionadas con la perspectiva del hombre en el cosmos en ámbitos de la inteligencia artificial y en espacios digitales no perdiendo de vista la visión ética y moral del ciudadano del mudo.

6. REFERENCIAS

Aristóteles (1994). *Metafísica. Traducción y Notas de: Tomás Calvo Martínez.* Editorial Gredos.

Bruno, G. (1981). *Sobre el Infinito Universo y los Mundos. Traducción de Ángel cappelletti,* Aguilar.

Chabod, F. (1990). *Escritos sobre el Renacimiento.* F.C.E.

Dilthey, W. (1957). *Historia de la Pedagogía. Traducción de Lorenzo Luzuriaga.* 5ta Edición. Edit. Losada S.A.

Fernández, J. L. y Soto, M. J. (2006). *Historia de Filosofía.* EUNSA.

Ferrater, J. (2004). *Diccionario de Filosofía, Tomos I – IV.* Editorial Sudamericana.

Forcano, M. (2017). *Zoroastro, el adorador del fuego.* https://n9.cl/o9lc3e

García, M. (2010). *Discurso del método.* (traducción). Austral-Espasa Calpe.

Heidegger, M. (2003). *La Proposición del Fundamento. Traducción y Nota de: Félix Duque y Jorge Pérez de Tudela.* 2da Edición. Ediciones SERBAL.

Jaeger, W. (2006). *Paideia: los ideales de la Cultura Griega. Traducción de Joaquin Xirau y Wenceslao Roces.* F.C.E.

Kant, I. (2005/1788). *Crítica de la razón práctica* (D. M. Granja Castro, Trad.). Fondo de Cultura Económica

Kristeller, P. (1982). *El Pensamiento Renacentista y sus Fuentes. Compilación de Michael Mooney y Traducción de Federico Patán López.* F.E.C.

Luzuriaga, L. (1967). *Historia de la Educación y de la Pedagogía.* Editorial Losada.

Marías, J. (1991). *Historia de la Filosofía.* Editorial Alianza.

Pérez, B. (2010). *El Cambio de Mentalidad Colectiva: renacimiento, humanismo, reforma y contrarreforma, Sección Temario de Oposiciones de Geografía e Historia.* Proyecto Clío.

Salvat Editores (1973). *Misterio, magia y ocultismo.* Salvat Editores.
Savater (1988). *Ética como amor propio.* Editorial Mondadori

PROBLEMAS COM AS ORIGENS DO TOTALITARISMO: SUBJECTIVIDADE E CIRCULARIDADE NA INTERPRETAÇÃO DOS REGIMES DE ESTALINE E HITLER

Henrique Taborda Varajidás[1]

1. INTRODUÇÃO

Ninguém fez mais por popularizar a abordagem ao estudo dos regimes totalitários do século XX tendo por eixo as suas putativas origens do que Hannah Arendt. Entretanto, como notavam Leonard Schapiro pelo início da década de 1980 e Abbott Gleason por meados da década de 1990, uma miríade de autores, radicados nas mais diversas circunstâncias pessoais, políticas e intelectuais, propondo interpretações da natureza da aspiração fundadora e do eixo de gravidade dos regimes totalitários amiúde radicalmente diferentes, adoptaram a mesma fórmula (Schapiro, 1981, pp. 72-98; Gleason, 1995, pp. 108-120).

Este texto reconstrói o essencial das teses sobre o totalitarismo de alguns dos principais autores inscritos nessa abordagem e analisa criticamente o impacto da fórmula em causa na estrutura argumentativa subjacente.

2. OBJECTIVOS

O objectivo deste estudo é trazer à colação, e documentar com recurso a exemplos particularmente pungentes, os problemas de excesso de subjectividade e circularidade na argumentação que, é nossa convicção, a fórmula de compreensão e explicação dos regimes totalitários do século XX centrada nas suas alegadas origens tende a estimular.

3. METODOLOGIA

Em termos metodológicos, o estudo procede através da reconstrução e análise crítica das teses sobre os regimes totalitários do século XX desenvolvidas, nas respectivas obras-primas sobre o assunto, por um lote de três autores que tomamos por particularmente representativo da abordagem em causa: Hannah Arendt em *As Origens do Totalitarismo* (Arendt, 2008 [1951]), David D. Roberts em *The Totalitarian Experiment in Twentieth-Century Europe* (Roberts, 2006), e Arthur Versluis em *The New Inquisitions* (Versluis, 2006).

1. Universidade Lusófona (Portugal)

4. DESENVOLVIMENTO DA INVESTIGAÇÃO

Hannah Arendt, David D. Roberts e Arthur Versluis abordam o fenómeno dos regimes totalitários do século XX da mesma forma. Sumariamente, os três autores assumem que a chave para compreender e explicar esses regimes, isto é, o composto histórico-empírico constituído pelos diagnósticos e prescrições dos seus líderes na sua dimensão singularmente totalitária, e as dinâmicas e resultados deles decorrentes, deve ser procurada a montante da sua existência e acção histórica, em contextos mais ou menos remotos que teriam produzido os ingredientes e sugerido, quando não experimentado, o que poderia dizer-se a receita totalitária (Arendt, 2008 [1951], pp. 9-12, 27; Roberts, 2006, pp. 46, 412-413; Versluis, 2006, pp. 7-9).

A lógica interna desta abordagem sugere uma agenda de investigação na economia da qual duas tarefas surgem como axiais: a localização do contexto genesíaco da receita totalitária; e a demonstração dessa receita como centro de gravidade dos regimes totalitários do século XX. Um resumo dos resultados da execução dessas tarefas reivindicados por cada um dos autores é o que propomos em seguida.

4.1. As origens históricas da aspiração totalitária

Ainda que recuando aos séculos XVIII e XIX, a regressão histórica de Hannah Arendt em busca das origens do totalitarismo coloca o holofote analítico no início do século XX, quando, após longa gestação, três marcos da experiência histórico-política ocidental – o anti-semitismo moderno, o imperialismo e a guerra total – teriam finalizado a confecção dos ingredientes e sugerido a receita do totalitarismo.

Segundo Arendt, o primeiro marco, o anti-semitismo moderno, resultou da emergência de um cenário em que os judeus, tendo perdido boa parte da sua utilidade ostensiva como financiadores de governos europeus com acesso a fontes de capitais cada vez mais diversificadas, se mantinham simultaneamente no topo e à margem de pirâmides sociais em processo de conversão rápida ao princípio da identidade nacional. Essa incongruência motivou intensa especulação sobre a permeabilidade da política de cada país a grupos minoritários com horizontes de organização à escala mundial. O segundo marco, o imperialismo, teve origem na estreiteza do Estado-Nação para acomodar a obsessão da classe burguesa com a acumulação incessante de capital. Quando o capital deixou de poder ser reinvestido produtivamente em casa, dada a exiguidade de recursos e mercados nacionais, essa classe forçou os governos de vários Estados-Nação a colocar à sua disposição territórios para os quais fosse possível exportá-lo sem risco. O projecto imperialista burguês, porém, rapidamente sucumbiu às exóticas circunstâncias ultramarinas: em vez da acumulação de capital, seria a organização das pessoas por raças, e com ela a lógica dos eleitos *versus* os excluídos "por natureza", a afirmar-se como princípio determinante da vida nas colónias extra-nacionais; e em vez do burguês, seria o burocrata, investido pelos políticos da metrópole de uma "missão civilizadora" supostamente justificativa do investimento e da concessão de um direito ao manejo dos meios de violência do Estado sem consentimento dos habitantes "nativos", a afirmar-se aí como classe governante. Juntamente com as experiências continentais, russa e austro-húngara, de imperialismo multinacional administrado por uma burocracia inimputável, geradoras de movimentos de libertação de povos cativos que consideravam a sua causa tão sagrada que nenhum calculismo sobre custos e benefícios deveria travar a sua prossecução, essas experiências produziram uma filosofia política inédita, assente numa heteróclita concepção de política como prossecução de uma causa superior independente das ideias e interesses dos seres humanos sob a sua alçada. Por fim, a I Guerra Mundial e as ondas de choque na sua senda vieram lançar milhões de pessoas nas experiências desumanizadoras e atomizadoras da guerra total e da implosão das fronteiras e economias nacionais, motivando a busca por novas formas de organização que devolvessem um lugar no mundo e um sentido para a vida a massas de mónadas arrancadas dos sistemas de vínculos e horizontes tradicionais. Nascidos no meio do colapso dos sistemas partidários continentais, os movimentos políticos totalitários revelaram-se os mais hábeis capitalizadores dessas circunstâncias, oferecendo a elites e massas de desenraizados uma forma de organização que prometia devolver um lugar no mundo e um sentido para a vida aos que aceitassem participar numa cruzada pelo desbloqueamento do acesso a um paraíso na Terra prometido por uma ideologia – devendo entender-se por ideologia a aplicação de uma ideia à História com o objectivo de dela extrair uma forma de conhecimento superior, independente da experiência, sobre o curso do passado, as complexidades do presente, e os passos necessários para atingir um estádio de perfeição futuro pressuposto no conceito de Humanidade ideal contido nessa ideia (Arendt, 2008 [1951], pp. 1-352, 464-468, 605-633).

De acordo com Arendt, entre esses movimentos contavam-se o Bolchevismo sob Estaline e o Nazismo. Combinando todos os ingredientes da receita totalitária, Josef Estaline aplicara a ideia da "luta de classes" à História, extraindo daí a sucessão lógica de passos necessários para desbloquear um paraíso comunista. Esses passos consistiriam na eliminação sucessiva das classes inimigas da classe à qual o acesso a esse estádio estava prometido, o proletariado entretanto em processo de selecção e organização pelo Partido Bolchevique. Por sua vez, Adolf Hitler aplicara à História a ideia da "sobrevivência da raça mais forte", extraindo daí a sucessão lógica de passos necessários para desbloquear um paraíso ariano. Esses passos consistiriam na eliminação sucessiva das raças inimigas da raça à qual o acesso a esse estádio estava prometido, a raça ariana entretanto em processo de selecção e organização pelo Partido Nazi (e pelas suas formações de elite em particular). No seio de ambos os movimentos, a propaganda e a organização reforçavam-se mutuamente. À propaganda incumbia injectar na consciência dos participantes a convicção de que faziam parte de um grupo de "eleitos" convocados pela História, explicada como um processo de curso dedutível e desbloqueável pelo líder do movimento, para travar uma luta de vida-ou-morte contra conspiradores organizados à escala mundial intencional ou objectivamente fadados a tentar bloquear o advento do paraíso na Terra. À organização cabia estimular uma obediência cega aos comandos do líder, directamente inspirados pela profecia ideológica, incluindo uma resignação absoluta ao papel e ao destino que, segundo o líder, a História lhes reservara (Arendt, 2008 [1951], pp. 451-514, 620-627).

A regressão histórica de David D. Roberts também concentra o holofote analítico no início do século XX, quando dois grandes marcos da experiência histórico-política ocidental – a busca de uma alternativa radical à civilização liberal e a guerra total – teriam convergido na confecção e sugestão da receita do totalitarismo.

De acordo com Roberts, pela década de 1880, sob a aba genérica da busca por uma alternativa socialista ao liberalismo, amontoavam-se os diagnósticos críticos sobre patologias crónicas na civilização liberal: primeiro, ao limitar o poder político, o liberalismo político barrava o caminho para a resolução de problemas sociais agudos, como as desigualdades na distribuição da riqueza ou a estagnação e até degeneração demográfica, que pareciam exigir uma intervenção em larga escala de poderes públicos em colisão com os dogmas liberais da propriedade privada dos bens e dos corpos; segundo, a sociedade liberal promovia o acantonamento dos seres humanos em horizontes demasiado exíguos, reduzindo o espaço para modos de vida e acção ancorados na colectividade (Roberts, 2006, pp. 51-62).

Ao mesmo tempo, continua Roberts, o Marxismo estava simultaneamente a destacar-se no seio da tradição socialista como repositório de esperança numa alternativa radical ao liberalismo; e a perder plausibilidade no que retinha de crença num desenvolvimentismo automático da História nessa direcção. Na verdade, após a morte de Marx, um conjunto de epígonos notou que as crises do capitalismo, a infraestrutura material do liberalismo, apesar de recorrentes, continuavam controláveis pelos governantes burgueses; o tipo de abundância semi-automática que deveria converter todos os problemas económicos em problemas de distribuição tardava em chegar; e o proletariado, em vez de classe militantemente empenhada em derrubar a ordem liberal, estava a revelar-se uma classe ávida de cooptação pelo *status quo* burguês (Roberts, 2006, pp. 62-68).

Nessa conjuntura crítica, argumenta o autor, uma nova geração de intelectuais igualmente preocupados com as falhas do liberalismo, incluindo Gaetano Mosca, Eduard Bernstein ou Émile Durkheim, deixou cair o radicalismo anti-liberal da tradição socialista e começou a concentrar a sua análise na possibilidade de corrigir a civilização liberal, em vez de a superar, através de reformas políticas parciais. A abertura dessa direcção reformista, porém, motivou uma virulenta reacção por parte de uma contra-elite de intelectuais e activistas que, apesar de desnorteados pelo fracasso das previsões marxistas, continuavam a insistir na possibilidade e no imperativo de uma ruptura radical com a civilização liberal. Entre eles destacavam-se Vladimir Lenine e Georges Sorel. Contra Bernstein, Lenine argumentava que a participação reformista nas instituições políticas liberais era uma armadilha burguesa calculada para sufocar a consciência revolucionária dos trabalhadores em troca de acesso a meras migalhas do bolo capitalista. Contra Durkheim, Georges Sorel criticava planos de engenharia social orquestrados como medicina contra a anomia fomentada pela experiência social liberal, defendendo que um antídoto eficaz e duradouro para o problema só poderia provir de um movimento espontâneo reunido em torno de um horizonte mítico de purificação colectiva (Roberts, 2006, pp. 93-130).

Sobre este pano de fundo, embora em resultado de um impulso filosófico em grande medida idiossincrático, Friedrich Nietzsche, visto por Roberts, deu uma espécie de machadada final no anti-liberalismo de tipo desenvolvimentista e utopista. Nietzsche estava convicto de que a civilização liberal representava a última fase de um longo processo, não de progresso rumo a uma libertação definitiva do homem, mas de decadência da espécie humana em geral e do homem ocidental em particular. Ao contrário dos filósofos idealistas, e de um Marx dessa óptica insuficientemente materialista, Nietzsche recusava ver nesse trajecto a expressão de algum mecanismo metafísico que estivesse a conduzir a História para algum telos pré-ordenado. Tal como a ideia de Deus, mais cedo ou mais tarde a ideia de uma História pré-ordenada, até da existência de qualquer critério para valorizar um momento histórico em particular em detrimento de outro, se revelaria uma ilusão infantil. Um dos resultados possíveis, temia Nietzsche, seria a generalização de um estado de espírito de descrença absoluta, de perda de estímulo para uma acção humana privada de todas as fontes de significado metafísicas que haviam acompanhado a Humanidade durante milénios. Uma possibilidade menos lúgubre, porém, seria um despertar da Humanidade para a possibilidade inédita de reconstruir radical e soberanamente, sem as limitações impostas pela fixação num telos particular, horizontes humanos realisticamente percepcionados como contingentes. E tudo isso através de uma forma de intervenção no mundo assente na "grande política", um modo de vida e acção com eixo de gravidade na mobilização total de sociedades rivais pela vanguarda da execução de tarefas colectivas sem precedentes (Roberts, 2006, pp. 150-161).

Ora, prossegue Roberts, a I Guerra Mundial e as ondas de choque que se seguiram geraram, espontaneamente, uma forma de organização política consonante com o estado de espírito entrevisto por Nietzsche. Disso primeiro tomou consciência um pequeno lote de intelectuais e activistas, incluindo Lenine na Rússia e Giovanni Gentile na Itália. Fascinados com a imposição aos Estados beligerantes, pelo próprio curso da História, de uma dinâmica auto-reforçada de hipertrofia política, económica e social acarretando uma expansão sem precedentes do alcance e das possibilidades dos poderes públicos, ambos se apressaram a declarar que o Estado Liberal se tinha tornado historicamente obsoleto, e que um novo Estado Total, liberto dos dogmas castradores do liberalismo, tomaria o seu lugar. Juntando os dois ingredientes, os bolcheviques e os fascistas, e depois os nazis, organizaram os primeiros movimentos políticos totalitários, isto é, os primeiros movimentos políticos que se propunham a adoptar e desenvolver o Estado Total legado pela I Guerra Mundial como veículo para fazer História na acepção pós-liberal e pós-ideológica entrevista por Nietzsche (Roberts, 2006, pp. 163-170).

Por fim, Arthur Versluis recua até ao século II, antes de colocar o holofote analítico em busca das origens do totalitarismo na Baixa Idade Média. Só então dois marcos chave da experiência histórico-política ocidental – a consolidação de uma ortodoxia doutrinária católica e o recurso pelo Altar ao Trono para forçar as sociedades europeias a adoptá-la – teriam concluído a confecção e experimentado a receita do totalitarismo.

Do prisma de Versluis, o panorama das religiões sofreu uma mutação sem precedentes quando, em pleno século II, Padres da Igreja como Tertuliano e Ireneu, rompendo com o pluralismo tolerante até aí enraizado nas grandes tradições religiosas, começaram a denunciar os indivíduos e grupos que se desviavam da ortodoxia doutrinária católica, então em processo de sistematização, como sabotadores da possibilidade de construção, na História, de uma comunidade cristã preparada para a salvação. Ao longo dos séculos seguintes, a heresiofobia de Tertuliano e Ireneu só se agravou, com os dissidentes do cânone católico, a partir do século IV administrado por uma burocracia eclesiástica centralizada, a serem alvo de diabolização crescente. Um segundo desenvolvimento crucial nessa trajectória histórica teve lugar na transição entre o século XII e o século XIII, quando surgiram os primeiros grupos organizados de dissidentes, como os cátaros, em aparente posição de afrontar o monopólio religioso da Igreja Católica na Europa Ocidental. Perante a ameaça, a Igreja não hesitou em solicitar aos poderes seculares auxílio para esmagar os hereges. Desse impulso resultou a construção de uma espécie de polícia do pensamento católica investida da missão de detectar, se necessário através do recurso a denúncias populares e à tortura para obter confissões, e, logo após a sua exibição e humilhação pública exemplares, entregar ao Estado, monopolizador da prerrogativa de assegurar uma excisão social definitiva (pela pena de morte), todos os hereges presentes no seio das sociedades cristãs. O seu principal legado foi uma era de violento sufoco do pensamento livre (Versluis, 2006, pp. 7-9, 3-8, 13-18, 91-93).

A memória e o culto desse arquétipo civilizacional, diz Versluis, foram conservados e transmitidos em cadeia, entre a Baixa Idade Média e o século XX, por um painel de pensadores influentes, de um modo ou outro ligados ao Catolicismo, como Joseph de Maistre, Juan Donoso Cortés, Georges Sorel, Maurice Barrès, Charles Maurras ou Carl Schmitt. Para todos, só uma nova aliança inquisitorial entre Altar e Trono poderia devolver às sociedades cristãs que haviam provado a maçã de Adão do liberalismo a unidade de ideias e crenças fundamentais necessária, não apenas à salvação, mas à sua própria estabilidade e funcionalidade enquanto ordens sociais terrenas. Bebendo directa ou indirectamente dessa tradição intelectual, os movimentos totalitários bolchevique e nazi limitaram-se a adaptar o modelo inquisitorial às circunstâncias do século XX, substituindo a ortodoxia religiosa católica por uma ortodoxia secular ideológica; unificando formalmente os braços espiritual e secular do poder; e expandindo o alcance e a intensidade do aparato de policiamento do pensamento em linha com os gigantescos desenvolvimentos nas tecnologias de organização e repressão verificados desde a Baixa Idade Média (Versluis, 2006, pp. 19-59, 69-77, 150-156).

4.2. O centro de gravidade dos regimes totalitários do século XX

Segundo Hannah Arendt, a aspiração fundadora dos regimes totalitários do século XX, os mais paradigmáticos dos quais a União Soviética sob Estaline e a Alemanha Nazi, era eliminar a espontaneidade humana como potencial retardador ou estorvo da marcha da História no sentido prometido pela ideologia, após a tomada do poder em processo de concretização pelo líder totalitário, reconvertido em ditador totalitário, através dos seus comandos de inclusão de membros no povo eleito e eliminação de categorias sucessivas de potenciais inimigos (Arendt, 2008 [1951], pp. 464-468, 605-633).

Assim, diz Arendt, o centro de gravidade desses regimes, o móbil essencial por trás de todas as suas políticas, e em particular das suas políticas mais emblemáticas, era a instauração e propagação de uma obediência cega aos comandos do líder totalitário, incluindo entre os líderes máximos do próprio regime, e até ao extremo de uma disposição instintiva, como se estivessem em causa "animais da espécie humana" sem motivações próprias, para matar ou morrer, em nome da ideologia, por ordem do líder. Os meios para perseguir esse móbil eram variados, mas os mais importantes, todos de um modo ou outro operacionalizados na prática por uma polícia secreta caninamente servil ao líder, eram o esvaziamento da regularidade institucional, conseguido através da promoção de um clima de competição mortífera pela sintonia mais incondicional com a vontade do líder em todos os órgãos do Estado, organizações do Partido e associações da sociedade civil; e a construção e multiplicação de campos de concentração para albergar, não inimigos ostensivos ou plausíveis do movimento, mas massas de inocentes excluídos por decisão arbitrária e inexplicada do líder que familiares e amigos são coagidos a validar e aclamar, num clima de terror cruel, sob pena de sofrerem o mesmo destino por cumplicidade (Arendt, 2008 [1951], pp. 515-598).

Segundo Arendt, a prática do totalitarismo convenceu Estaline e Hitler de que a mais cega das obediências dos seres humanos, equivalente a uma abdicação total de motivações próprias, era mesmo alcançável neste mundo, mas só no ambiente artificial dos campos, onde tanto vítimas como carrascos estavam privados de outros horizontes que não matar e morrer. Dessa constatação eles extraíram a tese segundo a qual um progresso desimpedido da História em direcção ao seu curso lógico não seria possível a menos que todos os homens, em toda a parte, passassem a viver num universo próximo do universo concentracionário. Dessa tese, eles retiraram a ilação prática de que um regime seriamente comprometido com a sua ideologia teria que se lançar num processo de conquista e dominação à escala mundial. O resultado em ambos os casos foi o mergulho dos seus regimes numa espiral de terror interno e expansão externa em flagrante contradição com os interesses e as necessidades básicas de todos os povos envolvidos, mas também com a balança de poderes enfrentada pelos países totalitários. Muito logicamente, a postura dos países totalitários motivou a formação no resto do mundo de coligações anti-totalitárias aptas a reverter e travar a marcha dos seus regimes, e com ela, tanto interna como externamente, a crença no líder totalitário como um profeta, e no regime totalitário como um veículo em direcção à Terra Prometida. Em todo o caso, conclui Arendt, mesmo que tivessem triunfado no seu intento de converter o mundo num campo de concentração a céu aberto, os líderes totalitários estariam destinados a falhar, uma vez que uma Humanidade sem espontaneidade é uma contradição nos termos – como cada nascimento contém a semente de um potencial recomeço nas ideias e horizontes dos homens, os líderes totalitários teriam que impedir novos seres humanos de nascer, e assim extinguir a espécie ao concretizar a sua tresloucada aspiração (Arendt, 2008 [1951], pp. 541-634).

Para David D. Roberts, a aspiração fundadora dos regimes totalitários do século XX, os mais paradigmáticos dos quais a União Soviética sob Estaline, a Itália Fascista e a Alemanha Nazi, era organizar e colocar em marcha uma dinâmica potencialmente perpétua de mobilização total das suas sociedades em torno de tarefas colectivas nominalmente justificadas por ideologias, na prática, reduzidas a repositórios de *slogans* e mitos galvanizadores funcionalmente úteis (Roberts, 2006, pp. 163-299).

Em todos os casos, diz o autor, o centro de gravidade desses regimes, o móbil essencial por trás de todas as suas políticas, e em particular das suas políticas mais emblemáticas, era a construção, implicando a inclusão de uns e da exclusão de outros (justificável por *slogans* ideológicos), do colectivo homogeneizado que seria responsável pela execução da primeira tarefa colectiva do regime, a tarefa que provaria a superioridade do novo modo de vida e acção totalitário (Roberts, 2006, pp. 163-299).

De acordo com Roberts, depois de terem ostracizado os inaptos mais ou menos arbitrariamente sinalizados pelas respectivas ideologias, os três regimes conseguiram mobilizar nos seus países um vasto colectivo, estratificado em elite liderante, especialistas técnicos e massas, em torno de tarefas fundadoras singulares: a industrialização planificada e rápida na União Soviética, a construção do Estado Corporativo na Itália Fascista, e a triagem e classificação da totalidade da população com base em critérios eugénicos na Alemanha Nazi. A despeito, o processo de execução dessas tarefas veio colocar a nu problemas imprevistos com a fórmula de governo totalitária: as elites liderantes, incumbidas de definir e operacionalizar as tarefas a executar, rapidamente se cindiu em facções que discordavam sobre prioridades e termos de execução; os especialistas técnicos, encarregados de operacionalizar e gerir na prática a execução das tarefas, rapidamente começaram a demonstrar uma tendência desmobilizadora para se aglomerarem em torno de organizações burocráticas e tecnocráticas que advogavam um retorno à estabilidade e à normalidade, ainda que no estádio de desenvolvimento superior propiciado pela execução da primeira tarefa, em vez da continuação da dinâmica totalitária de identificação e execução de tarefas grandiosas sempre novas (o que, incidentalmente, implicaria rotatividade dos especialistas técnicos no centro da vida pública); e as massas, incumbidas de executar os comandos dos especialistas técnicos no terreno, mas também de os vigiar precisamente com o intuito de combater propensões burocráticas e tecnocráticas desmobilizadoras, rapidamente se revelaram adeptas de formas de vigilância e exortação à mobilização selvagens e populistas, ameaçando mergulhar os países totalitários no descontrolo e no caos (Roberts, 2006, pp. 437-447).

Segundo Roberts, a prática do totalitarismo convenceu Estaline, Benito Mussolini e Hitler de que a "grande política" só continuaria a ser praticável nos seus países se a tarefa colectiva seguinte permitisse resolver os problemas acumulados na primeira tarefa, isto é, se permitisse, ao mesmo tempo, domesticar os dissidentes entre a elite liderante, desmantelar a teia de interesses burocráticos e tecnocráticos em emergência, e controlar os impulsos primitivos das massas. O resultado nos três casos foi uma dinâmica de concentração de poderes em cada um dos ditadores, concebida como pré-condição para afrontar tantos interesses sem destruir o regime. Por sua vez, todos os ditadores apostaram numa mistura de purgas, matanças e guerras calculada para forçar simultaneamente um cerrar de fileiras disciplinador em casa e uma expansão do horizonte de tarefas executáveis em direcção ao exterior. O recurso a esses meios, porém, não só não resolveu os problemas acumulados como lhes acrescentou novas camadas de problemas, incluindo a multiplicação de burocracias (incluindo de domesticadores de especialistas e massas), de surtos alternados de descontrolo e apatia entre as massas, e de fiascos militares – à medida que ditadores iam perdendo o controlo, e a frieza para avaliar realisticamente o que se estava a passar. No fim de contas, a fórmula de governo totalitária revelou derrotar-se a si própria. Mais tarde, os extremos de violência incorridos pelos regimes totalitários geraram uma espécie de consenso ocidental em torno da retórica do "nunca mais". Essa retórica, porém, conclui Roberts, tende a obscurecer o essencial: o totalitarismo revelou-se uma solução desastrosa para as patologias do liberalismo, mas, uma vez que essas patologias são crónicas, o problema em si não desapareceu e continua por resolver (Roberts, 2006, pp. 453-486).

Segundo Arthur Versluis, a aspiração fundadora dos regimes totalitários do século XX, os mais paradigmáticos dos quais a União Soviética sob Estaline a Alemanha Nazi, era forçar a adopção pelas suas sociedades de uma versão ortodoxa das suas ideologias, sempre que necessário através de um recurso sem freio nem limites, visto estarem em causa inimigos da própria Humanidade, aos meios de violência do Estado (Versluis, 2006, pp. 45, 63-68).

Assim, o centro de gravidade desses regimes, o móbil essencial por detrás de todas as suas políticas, e em particular das suas políticas mais emblemáticas, era a imposição ditatorial de um pensamento único, ou ideocracia, reinterpretado, num retorno parcial às raízes católicas do arquétipo inquisitorial, como cimento para a construção ou conservação de uma comunidade em preparação para uma espécie de salvação. O que se seguiu, continua Versluis, foi a repetição a uma escala antes impensável, e com consequências, favorecidas pelas tecnologias de poder do século XX, mais trágicas do que nunca, do espectáculo dantesco da Inquisição, com sociedades anos antes envolvidas em eras douradas de liberdade e criatividade subitamente mergulhadas na mais sufocante e violento atmosfera de caça às bruxas. No auge da sua entropia civilizacional, os campos de concentração quase ofuscaram as polícias do pensamento, as denúncias populares, a tortura para obter confissões, e os espectáculos de exibição e humilhação pública dos proscritos – os expedientes clássicos herdados do arquétipo católico –, como indicadores maiores do fenómeno (Versluis, 2006, pp. 7-8, 45, 63-68, 83-84, 135-143, 147-152).

Tudo debalde, segundo Versluis. Porquê? Porque é possível sufocar, pelo menos por algum tempo, a comunicação de ideias e crenças diferentes das hegemónicas, mas não é possível destruir o impulso humano inato, sempre presente pelo menos numa minoria de inconformistas, para a busca de fontes e caminhos alternativos, incluindo conectados com o transcendente e portanto imunes por natureza a pressões terrenas, em direcção à sabedoria e à salvação (Versluis, 2006, pp. 153-156)..

5. ANÁLISE

Se em termos de conteúdo, as três teorias do totalitarismo divergem marcadamente – há diferenças óbvias entre a teoria do totalitarismo como aspiração a uma dominação total, como aspiração a uma mobilização perpétua em torno de tarefas colectivas, e como aspiração a uma ideocracia salvífica –, no que concerne à estrutura argumentativa a convergência é notória: primeiro, a receita totalitária, ingrediente a ingrediente, e depois cúmulo e sugestão de combinação, teria sido pré-fabricada num contexto histórico a montante da existência e acção dos líderes totalitários do século XX; depois, esses líderes, mais seus herdeiros que artífices, teriam ousado seguir essa receita, convertendo-a em centro de gravidade dos seus regimes políticos; o resultado teria sido o desbloquear de uma série de dinâmicas e resultados auto-destrutivos nela, qual caixa de Pandora, contidos, sob a forma de uma espiral de entropia cujo desenrolar teria colocado a nu a conclusão magna, a lição civilizacional, a retirar do fenómeno – a da irracionalidade dessa receita.

O problema que aqui pretendemos levantar é o da medida em que essa conclusão resulta de um genuíno processo de investigação sobre o fenómeno totalitário, isto é, de um processo de exploração e descoberta ancorado em material empírico objectiva e inquestionavelmente totalitário ("inquestionavelmente" no seio da respectiva tradição de estudos, entenda-se). Do nosso ponto de vista, há três ordens de razão pelas quais a amplitude dessa medida pode ser questionada.

Primeiro, a abordagem em causa implica desviar abruptamente o centro de gravidade da investigação para material empírico – diagnósticos e prescrições de supostos antecessores e os respectivos contextos – de relação com o fenómeno do totalitarismo, até fundamentação em material empírico objectiva e inquestionavelmente totalitário, subjectiva e hipotética. A notória discrepância entre os dois grandes contextos genesíacos reivindicados pelos três autores aqui chamados à colação – as patologias e tensões engendradas pelo liberalismo a partir do final do século XVIII (Arendt e Roberts) *versus* a lógica de caça às bruxas fomentada pela Inquisição na Baixa Idade Média (Versluis) – fala por si relativamente à margem de discricionariedade inerente ao exercício. Entre os muitos outros exemplos que poderiam ser citados, fiquemo-nos por Jacob Talmon (Talmon, 1961 [1952]) e Claude Lefort (Lefort, 1986 [1948-1980]), que colocam o holofote analítico no colapso do *Ancien Régime* na Europa.

Segundo, esse tipo de exercício só pode evitar o espectro de uma regressão infinita, sendo a lista de potenciais antecessores e contextos quase inesgotável, se for guiado logo ao início por um ponto de referência que permita travar a regressão em algum ponto em particular sem que isso pareça arbitrário. Dada a natureza do exercício – caso contrário, como saber que ingredientes procurar? –, esse ponto de referência só pode ser uma pré-concepção da receita totalitária. A questão é se, na economia da investigação, essa pré-concepção tende a funcionar como uma hipótese empiricamente pré-fundamentada ou concebida para ser posteriormente empiricamente testada (remetendo o "empiricamente" para material objectiva e inquestionavelmente totalitário); ou como um axioma.

Com base na informação fornecida ao leitor nas obras-primas dos três autores aqui trazidos à colação, inclinar-nos-íamos para a segunda opção. Porquê? Porque a relação das investigações aí vertidas com o material empírico objectiva e inquestionavelmente totalitário tende a ser assistemática, isto é, selectiva, fugaz e superficial.

Assim, exceptuando o caso dos diagnósticos e prescrições dos fascistas italianos na obra-prima de Roberts – um exemplo de boas práticas na matéria (Roberts, 2006, pp. 130-142, 181-199, 271-314) –, os líderes totalitários, enquanto portadores de diagnósticos e prescrições relevantes, são praticamente reduzidos a Estaline e Hitler (poderia acrescentar-se Heinrich Himmler), com os restantes agentes – para citar os mais óbvios, Vyacheslav Molotov, Lazar Kaganovich e Sergo Ordzhonikidze, ou Hermann Göring, Robert Ley e Joseph Goebbels – descartados como alvo de estudo sistemático e diluídos em categorias colectivas, "os bolcheviques" e "os nazis", tratadas como reflexos toscos das posições atribuídas ao líder.

Pior, os diagnósticos e prescrições de Estaline e Hitler são trazidos à liça nesses escritos de forma particularmente assistemática.

No caso de Arendt, múltiplos episódios e citações são aduzidos como evidências de consonância da sua pré-concepção sobre a receita totalitária com os diagnósticos e prescrições empiricamente registados desses líderes. Invariavelmente, porém, esses episódios e citações são escolhidos *à la carte* e apresentados despidos do mínimo detalhe ou esforço de contextualização que os tornaria úteis como mecanismo de controlo da argumentação numa acepção científica convencional. Por exemplo, como ensejo de fundamentação empírica da proposição derivada da sua pré-concepção da receita totalitária segundo a qual Estaline seria "monstruosamente desleal" até, ou sobretudo, com os seus camaradas próximos de modo a evitar a formação de um círculo governante, Arendt declara, como facto, que Estaline mandou fuzilar uma grande quantidade desses elementos e promoveu uma dança de cadeiras constante no *Politburo* (Arendt, 2008 [1951], p. 539). Ora, com recurso a material empírico disponível à data da escrita da sua obra-prima, Arendt poderia ter repensado a asserção. Vejamos: o círculo íntimo de Estaline pelo final dos anos 20 fora constituído por Molotov, Kaganovich, Valerian Kuybyshev, Kliment Voroshilov, Semyon Budyonny, Ordzhonikidze, Sergei Kirov, Anastas Mikoyan, e Andrey Andreyev. A esses elementos haviam sido acrescentados, durante os anos 30: Georgy Malenkov, Andrei Zhdanov, Nikolai Yezhov, Lavrentiy Beria e Nikita Khrushchev. Até à sua morte, em 1953, Estaline mandou deter e assassinar um único desses elementos: Yezhov, no contexto explosivo dos "excessos" do "Grande Terror" e da deserção ou passagem à clandestinidade, altamente suspeitas, de dois dos seus principais colaboradores (Genrikh Lyushkov e Aleksandr Uspensky). Kirov e Zhdanov, é certo, morreram em circunstâncias nebulosas. A despeito, nunca foi produzida prova não meramente especulativa de intervenção dolosa do ditador. Ordzhonikidze suicidou-se em Fevereiro de 1937, como protesto contra o redireccionamento do "Grande Terror" contra "sabotadores" no seu aparato industrial. Todos os outros morreram em circunstâncias perfeitamente normais. Notavelmente, só Kuybyshev faleceu antes de Estaline (de ataque cardíaco). Ainda mais notavelmente, os que não foram morrendo de causas naturais foram sucessivamente reconfirmados por Estaline no *Politburo*, onde permaneceram Molotov, Kaganovich, Voroshilov, Andreyev e Mikoyan, ininterruptamente, entre o final dos anos 20 e a morte do *vozhd*. Entre 1930 e 1934 e entre 1939 e 1952 só um membro do *Politburo* foi purgado (o arrivista tardio Nikolai Voznesensky). As taxas de rotatividade nesse órgão, entre Congressos, sob Estaline (7% entre 1930 e 1934, 53% entre 1934 e 1939, 7% entre 1939 e 1946, e 27% entre 1946 e 1952) falam ainda mais por si se tivermos em conta que para o pico de 1934-1939 contribuíram sobretudo, não membros do círculo íntimo de Estaline em qualquer sentido, mas membros do *Politburo*, em regra desligados dos respectivos trabalhos, por inerência, em representação formal das maiores circunscrições territoriais-administrativas da União Soviética (Stanislav Kosior, Vlas Chubar, Pavel Postyshev e Robert Eikhe) (Mawdsley, 2004, 61-70; Montefiore, 2004, 658-665; Wheatcroft, 2004, 95, 103).

Ainda, como fundamento empírico da proposição, derivada da sua pré-concepção da receita totalitária segundo a qual Hitler não pretendia criar um Império Germânico em benefício dos alemães, cujos interesses lhe seriam indiferentes, mas conquistar o mundo em benefício de uma raça ariana por nascer, Arendt aduz o seguinte: primeiro, Hitler teria prometido "no início de carreira" transcender "os limites do nacionalismo moderno"; declarado em 1923 que "o povo alemão é constituído por um terço de heróis, outro de covardes e outros são traidores"; escrito em *Mein Kampf* que "o maior contraste do ariano é o judeu"; e afirmado "certa vez" que "os impérios mundiais têm origem numa base nacional, mas logo se expandem muito além dela"; mais tarde, numa acta de um "Comité da SS" de 12 de Janeiro de 1943, "alguém" escrevera que "a palavra nação" deveria ser eliminada por ser "inadequada aos povos germânicos" (Arendt, 2008 [1951], pp. 474-477). Tudo referências avulsas e despidas de contexto, logo de significado impossível de determinar. Por sua vez, e ao contrário do que faz com Mussolini, Roberts dedica à documentação directa dos diagnósticos e prescrições que atribui a Estaline e Hitler uma proporção comparativamente irrisória da sua obra-prima. Em 486 páginas de texto útil, o autor reconstrói demoradamente o pensamento político de supostos antecessores entendidos como verdadeiros artífices da aspiração totalitária, nomeadamente Nietzsche (13 páginas), Giovanni Gentile (18 páginas) e Lenine (35 páginas); mas parece assumir que Estaline não tinha pensamento político próprio (0 páginas, se descontarmos uma citação despida de contexto), e que o de Hitler não era tão relevante para a compreensão do fenómeno quanto os anteriores (5 páginas). Ao todo, os diagnósticos e prescrições dos dois ditadores mais consensualmente totalitários ocupam 1% da obra de Roberts. Passa-se praticamente o mesmo com Versluis: indícios e evidências da perfilha de algo como um paradigma político-intelectual pró-inquisitorial por Joseph de Maistre, Juan Donoso Cortés, Carl Schmitt, Eric Voegelin, Norman Cohn e Theodor Adorno são explorados com algum detalhe em capítulos próprios, e alguns aspectos do pensamento de Lenine são trazidos à liça num capítulo sobre o Comunismo, mas em momento algum o autor esboça a intenção de fazer o mesmo com o pensamento político de Estaline ou Hitler. Dezenas de milhares de páginas de escritos, discursos, correspondência e até, com menor fidedignidade, conversas de Estaline e Hitler são simplesmente ignorados pelos dois últimos autores como potenciais fontes de compreensão do fenómeno totalitário.

Terceiro, uma vez descartada a necessidade de realização de um teste empírico sistemático à pré-concepção da receita totalitária utilizada na fase inicial da investigação, pouca inibição resta para o descartar da necessidade de realização de um teste empírico sistemático à argumentação em torno da instanciação dessa receita, como centro de gravidade, nas políticas mais emblemáticas dos regimes totalitários do século XX. As duas coisas estão profundamente interligadas. De facto, nada parece dizer tanto sobre a natureza tendencialmente axiomática das investigações em análise do que a propensão dos autores para, sempre que surge uma dissonância potencialmente problemática entre os objectivos que a sua receita dita como regentes de uma determinada política e os objectivos reivindicados pelos protagonistas para essa política, sugerirem, mais ou menos explicitamente, que os protagonistas ou não tinham consciência do que estavam a tentar fazer; ou, alternativamente, estavam a tentar esconder os verdadeiros objectivos dessas políticas dos olhos do mundo (de um modo que só o sexto sentido fornecido pela concepção particular de receita totalitária utilizada por aquele autor permitiria desmascarar) (Roberts, 2006, pp. 6, 17, 438-439; Arendt, 2008 [1951], p. 544). Qualquer um desses expedientes, note-se, significa um auto-investimento de carta branca para imputar aos regimes em causa os objectivos que se quiser. Ora, imputar objectivos implica determinar critérios de avaliação da prossecução desses objectivos. Por extensão, como a avaliação global da racionalidade dos regimes totalitários não é que um somatório de avaliações da racionalidade das suas políticas mais emblemáticas, estamos perante a possibilidade de avaliações auto-imunes a qualquer confronto com os objectivos, e logo os critérios de avaliação, que os próprios protagonistas – os únicos elementos externos à argumentação nesta equação – reivindicavam. Em suma, estamos perante o espectro de um circuito fechado de argumentação.

É seguindo essa lógica circular que Arendt, Roberts e Versluis ancoram juízos globais sobre a racionalidade dos regimes totalitários em interpretações dos objectivos inscritos nas suas políticas particularmente emblemáticas peculiarmente implausíveis. Para nos atermos a um exemplo particularmente pungente por autor, Arendt insiste que a "Grande

Viragem" na União Soviética tinha por centro de gravidade a atomização e aterrorização da população rural – em vez de, como reivindicado pelos protagonistas, a construção de uma sociedade urbanizada e industrializada leal ao regime como plataforma para um enfrentamento político-militar vindouro com o campo capitalista (Priestland, 2007, pp. 388-403; Arendt, 2008 [1951], pp. 422, 426). Roberts insiste que o "Grande Terror" representou o teste decisivo das aspirações originais dos estalinistas, e que esse teste falhou conclusivamente, obrigando o regime a mudar para a fórmula de governo autoritária com que teria enfrentado, como uma espécie de *post scriptum ad hoc* desligado da trajectória de mobilização anterior do regime, a "Grande Guerra Patriótica" – em vez da "Grande Guerra Patriótica" ter representado o teste decisivo das aspirações originais de uma facção política que, conforme os próprios não cessaram de reivindicar durante essa trajectória, tinha apostado tudo na construção de um complexo industrial-militar capaz de armar até aos dentes um país cercado por países capitalistas, numa primeira fase, e, numa segunda fase, numa blindagem preventiva da frente interna (Khlevnyuk, 2003; Roberts, 2006, pp. 242-262; Priestland, 2007, pp. 388-403). Por fim, Versluis, apesar de praticamente não se pronunciar sobre políticas ou eventos objectiva e inquestionavelmente totalitários, dá a entender que os ocultistas alemães reprimidos sob o regime nazi o foram por causa do carácter supostamente ameaçador para o regime da sua espiritualidade de horizonte extra-terreno – em vez de motivos mais prosaicos como a raça ou o posicionamento político (afinal, Erik Jan Hanussen era judeu e Johannes Maria Verweyen um crítico ostensivo do Nazismo) (Versluis, 2006, pp. 102-103).

Parece-nos enfim cabido concluir que há indícios e evidências não despiciendos de que os problemas e desafios civilizacionais identificados por Arendt, Roberts e Versluis como originários da resposta totalitária, e o seu juízo sobre a racionalidade dessa resposta, nos dizem mais sobre as preocupações e agendas político-intelectuais dos próprios – como revitalizar a cidadania na era da aparente superfluidade do homem (Arendt), como conciliar os aspectos positivos do liberalismo com a necessidade de ir mais além na resolução de problemas colectivos em larga escala (Roberts), como evitar a supressão de correntes espirituais heterodoxas (Versluis) – do que sobre o modo de acção política, incluindo os seus objectivos peculiares, que os líderes totalitários do século XX tentaram pôr em prática.

6. CONCLUSÕES

Se quiséssemos reduzir os resultados desta reflexão a uma fórmula intrigante, em certo sentido poderíamos dizer que a abordagem ao estudo dos regimes totalitários do século XX tendo por eixo as suas alegadas origens imita o tipo de lógica férrea – mistura bizarra de subjectividade e circularidade –, que Hannah Arendt considera locomotora dos regimes totalitários: em ambos os casos, a realidade objectiva desaparece como mecanismo externo de controlo do raciocínio, e em seu lugar é forçada uma ficção coerente, porque deduzida sem falhas nem escolhos de uma primeira premissa axiomática.

Nada disto significa que não tenhamos ainda muito a aprender com as brilhantes tapeçarias histórico-genealógicas tricotadas pelos mestres da abordagem ao fenómeno totalitário do ponto de vista aqui analisado. Percorrer os trilhos da civilização ocidental invocados por esses autores nunca deixará de ser um desafio político-intelectualmente estimulante e enriquecedor. Além disso, seria absurdo não reconhecer que muitos dos principais aspectos dos regimes totalitários do século XX são, de um modo ou de outro, devidamente sinalizados nas suas obras. O que há a superar em relação a essa abordagem, do nosso prisma, é a sua propensão quase inata para uma desvalorização radical do lugar na investigação do material empírico objectiva e inquestionavelmente totalitário, isto é, dos diagnósticos e prescrições dos protagonistas e das dinâmicas e resultados deles decorrentes num contexto histórico próprio. Ao invés de ser chamado à liça assistematicamente, como repositório de ilustrações *ad hoc* para argumentos formulados, no essencial, ao seu arrepio, argumentamos que esse material deveria ocupar, do início ao fim, o centro de qualquer investigação sobre o fenómeno totalitário, operando como mecanismo de controlo e credibilização ubíquo e incontornável para cada um dos argumentos produzidos.

No fundo, a abordagem que propomos tem muito a ver com devolver o totalitarismo aos agentes quintessencialmente totalitários. Não, evidentemente, porque tenhamos alguma coisa a aprender com eles sobre o que nós devemos fazer – o tipo de "perigo" que aparentemente mais preocupava os autores que trouxemos à colação –, mas porque é mais provável que, sobre o que eles estavam a tentar fazer, tenhamos mais a aprender com eles do que com outros.

7. REFERÊNCIAS

Arendt, H. (2008) [1951]. *As Origens do Totalitarismo*. D. Quixote.

Gleason, A. (1995). *Totalitarianism: The Inner History of the Cold War*. Oxford University Press.

Khlevnyuk, O. (2003). The objectives of the great terror, 1937-1938. *In* D. L. Hoffmann (ed.), *Stalinism*. Blackwell Publishing.

Lefort, C. (1986) [1948-1980]. *The Political Forms of Modern Society: Bureaucracy, Democracy, Totalitarianism*. MIT Press.

Mawdsley, E. (2004). An elite within an elite: politburo/presidium membership under Stalin, 1927-1953. *In* E. A. Rees (ed.), *The Nature of Stalin's Dictatorship: The Politburo, 1924-1953*. Palgrave MacMillan.

Priestland, D. (2007). *Stalinism and the Politics of Mobilization: Ideas, Power and Terror in Inter-war Russia*. Oxford University Press.

Roberts, D. D. (2006). *The Totalitarian Experiment in Twentieth-century Europe: Understanding the Poverty of Great Politics*. Routledge.

Schapiro, L. (1981). *Totalitarianism*. The Macmillan Press.

Talmon, J. (1961) [1952]. *The Origins of Totalitarian Democracy*. Mercury Books.

Versluis, A. (2006). *The New Inquisitions: Heretic-hunting and the Intellectual Origins of Modern Totalitarianism*. Oxford University Press.

Wheatcroft, S. G. (2004). From team-Stalin to degenerate tyranny. *In* E. A. Rees (ed.), *The Nature of Stalin's dictatorship: The Politburo, 1924-1953*. Palgrave MacMillan, 2004.

VERDAD Y COMUNICACIÓN: DOS CONCEPTOS INSEPARABLES

Laura Trujillo Liñán[1]

1. INTRODUCCIÓN

En los últimos años, la comunicación entre seres humanos se ha caracterizado por opiniones infundadas y un rechazo a las verdades fundamentales que respaldan la acción y el comportamiento humano. Esto ha llevado al surgimiento del relativismo tanto en línea como en el mundo físico, donde las perspectivas subjetivas eclipsan las realidades objetivas. Como resultado, la sociedad ha perdido de vista el significado de la vida, confiando en cambio en los modelos presentados por los medios de comunicación como base de su propia existencia.

En esta era de desinformación y narrativas distorsionadas, es imperativo redescubrir y abrazar el concepto de la verdad. Solo al buscar y reconocer la verdad podemos devolverla a su lugar legítimo en el centro de nuestros pensamientos y acciones. De esta manera, podemos navegar de manera efectiva a través del ruido y redirigir nuestras vidas hacia un camino que no solo nos beneficie a nosotros mismos, sino que también contribuya a hacer del mundo un lugar mejor.

Volver a la verdad requiere un enfoque multifacético. En primer lugar, implica comprometernos con el pensamiento crítico y la honestidad intelectual. Debemos estar dispuestos a cuestionar nuestras propias creencias, examinar la información que se nos presenta y participar en un diálogo abierto con los demás. Al fomentar un entorno que promueva el discurso genuino, podemos desafiar colectivamente las opiniones infundadas y confrontar la mentalidad relativista predominante.

Además, la búsqueda de la verdad implica una exploración profunda de nuestros propios valores, principios y marcos éticos. Requiere reflexión y autoexamen, así como la disposición para examinar las consecuencias de nuestras acciones y decisiones. A través de este proceso, podemos alinear nuestro comportamiento con los principios atemporales que son faros de verdad, justicia y compasión.

La educación también desempeña un papel fundamental en restablecer la prominencia de la verdad en nuestra sociedad. Al cultivar un sistema educativo sólido que enfatice el pensamiento crítico, la alfabetización mediática y la búsqueda del conocimiento, podemos proporcionar a las personas las herramientas necesarias para discernir entre los hechos y la ficción. Además, fomentar un entorno que promueva la curiosidad, la apertura mental

1. Universidad Panamericana (Méjico)

y el crecimiento intelectual empoderará a las futuras generaciones para que se relacionen con el mundo de manera más informada y perspicaz.

En conclusión, el relativismo y la erosión de la verdad han tenido consecuencias profundas en nuestra sociedad. Para revertir esta tendencia y forjar un futuro mejor, debemos embarcarnos en un viaje colectivo para redescubrir y priorizar la verdad. Al abrazar el pensamiento crítico, la autorreflexión, la educación y el diálogo abierto, podemos reconstruir un fundamento de verdad sobre el cual construir un mundo más justo, compasivo y armonioso. Solo a través de estos esfuerzos concertados podemos navegar por las complejidades de la era moderna y crear un futuro más brillante.

2. OBJETIVOS

El objetivo de este trabajo es mostrar la importancia que tiene el concepto de verdad para lograr una auténtica comunicación. Hoy en día que el ser humano se ve envuelto en una serie de comunidades o redes sociales ya sea físicas o virtuales, el tema de la verdad puede desvanecerse entre tanta información que se recibe día con día. Asimismo, el hecho de estar inmersos en la rapidez que generan los medios y en la que se dan las noticias, llevan a la persona a carecer de un análisis crítico de lo que lee, ve y hace. Es imprescindible mostrar la importancia de la reflexión y de la búsqueda de la verdad en cada cosa que hacemos para lograr una comunicación correcta y así actuar en consecuencia.

3. METODOLOGÍA

Para este trabajo se utilizará una metodología cualitativa en la que se llevará un análisis de textos antiguos para retomar el tema de la verdad, justificarla y aclarar su significado, posteriormente, se aplacarán estos conceptos a la situación actual de las redes sociales y cómo se viven en la interacción de las personas con otras personas y con los medios virtuales. Cabe resaltar que se tomarán en consideración los textos antiguos pues, se considera que éstos son los que aportan una definición clara acerca de la verdad, misma que sigue vigente hoy en día pero que ha quedado en el olvido como veremos a continuación.

4. ¿QUÉ ES LA VERDAD?

La verdad es un concepto antiguo pero central en la vida diaria, hoy en día se ha desvanecido de la vida diaria de las personas, sin embargo, sigue siendo importante como lo veremos más adelante. Para explicar un poco más su importancia relataré una historia.

Imagina una cueva subterránea donde, desde el nacimiento, los seres humanos están encadenados de tal manera que solo pueden mirar la pared frente a ellos. Estos prisioneros nunca han visto la luz del sol ni experimentado el mundo exterior. Detrás de ellos, un fuego arde, proyectando sombras en la pared que los prisioneros ven. Estas sombras son el único conocimiento que poseen, ya que para ellos, las sombras son la única realidad. Los prisioneros creen que las sombras son los objetos reales y que los sonidos que escuchan son las voces de las sombras en movimiento. Un día, uno de los prisioneros es liberado y sale de la cueva. Al principio, está deslumbrado por la luz del sol y lucha por adaptarse al nuevo entorno. Sin embargo, gradualmente, sus ojos se ajustan y comienza a percibir el mundo exterior. El prisionero descubre que las sombras en la cueva eran simplemente una representación ilusoria de la realidad. Ahora, ve los objetos reales, la luz del sol y la naturaleza circundante. Se da cuenta de que la vida en la cueva era limitada y engañosa. Lleno de emoción, el prisionero regresa a la cueva para liberar a sus compañeros prisioneros y mostrarles la verdad que ha descubierto. Sin embargo, cuando intenta contarles sobre el mundo exterior y las cosas reales, los otros prisioneros se niegan a creer. Ellos, están acostumbrados a las sombras y se sienten amenazados por la idea de un mundo diferente.

Hoy en día, el mito de la cueva parece más una realidad que un mito. En la antigüedad, la verdad no se cuestionaba, sino que se entendía como una guía para vivir de acuerdo a sus dictados. La verdad se encontraba en las cosas, y era a través de la verdad que los humanos podían descubrir lo que eran las cosas. Incluso el significado de la palabra "verdad" en griego antiguo es interesante. *Aletheia* (2023) se forma por la negación "a-" que significa "sin" y "lethos" (velo), que significaba "sin velo"; en otras palabras, cuando quitamos el velo de nuestras caras, podemos ver la verdad, lo que es la realidad. Esta claridad de cómo eran las cosas, cómo se debía vivir y pensar, comenzó a desvanecerse con el tiempo. Durante la época medieval, la verdad se identificaba con un ser superior, y solo Él podía conocer la verdad absoluta; los humanos solo podían captar algo de ella. Los monasterios salvaguardaban los escritos clásicos, copiándolos, interpretándolos y quemándolos si se consideraban perjudiciales para su religión. Luego vino el Renacimiento, donde se reevaluó el valor del ser humano, y con él, se comenzó a alejar de las instituciones religiosas, incluso cuestionando los principios que defendían. Con el Renacimiento, la razón fue revalorizada y su capacidad para llegar a la verdad sin intervención divina.

En la modernidad, surge un evento que marcaría la historia de la humanidad: Descartes, el padre de la modernidad, quien afirma que la única verdad que se puede decir sin ninguna posibilidad de error es "Pienso, luego existo" (Descartes et al., 2021), con esto, la verdad se desplaza de las cosas a la mente, y la realidad ocupa un lugar secundario. Desde entonces, los humanos se han creído poseedores de la verdad, y han puesto en duda todos los postulados pasados para dar paso a su propia interpretación de la realidad. Hoy en día, se piensa que la verdad es un mito, una historia creada por nuestros antepasados para encadenarnos a principios y reglas que querían que viviéramos, pero lejos de la realidad. Para muchos, la verdad es una utopía, un concepto vacío llenado por la mente de cada persona para sus propios fines y objetivos. La verdad se niega teóricamente hoy en día, pero se vive prácticamente.

¿Pero qué es la verdad? El filósofo griego Aristóteles (Barnes, 1995) y Tomás de Aquino estuvieron de acuerdo en "Veritas est adaequatio rei et intellectus" (La verdad es la adecuación de la cosa y el intelecto) (González, 2023), que posteriormente el aquinate reafirma como: "Un juicio se dice verdadero cuando se ajusta a la realidad externa", es decir, cuando una persona es capaz de captar algo esencial de las cosas, es decir, cuando poseemos la verdad. Cuando miro a las personas y digo, "Son seres humanos", mi intelecto puede ajustar o captar lo que esas cosas son esencialmente. Esta definición resuelve lo que el filósofo Heráclito en 500 a.C. solía decir: "no podrías entrar dos veces en el mismo río" (Barnes, 1982). En esa época, se creía que todo era reductible a la sustancia física, y considerando que nuestros cuerpos están constantemente cambiando, no es posible entrar al mismo río con el mismo cuerpo, ni es posible que el río permanezca igual. Como sustancia física no somos los mismos, pero hay algo que permanece: la esencia.

Según Aristóteles, a través de la inteligencia humana, podemos ir más allá del aspecto material de las cosas para llegar a la inmaterial o esencia que toda la realidad posee (Martínez, 2014). En este sentido, Tomás de Aquino afirma que es posible hablar de varios niveles de verdad de acuerdo con la forma en que se entienden las cosas. Por ejemplo, alguien con una mejor disposición intelectual o material puede tener una mejor comprensión de algo. Sin embargo, en cuanto a una mejor comprensión de una cosa, uno no puede conocerla mejor que otro, porque conocerla de una manera que es diferente a lo que realmente es, ya sea mejor o peor, implicaría autoengaño, y en realidad, uno no la conocería verdaderamente (González, 2023).

Cómo esta definición se aplica a la cultura actual en la que, la verdad se percibe como algo construido, un concepto creado para limitar y para quitar la libertad a los individuos. Hoy en día no tomar en cuenta este concepto tan importante implica perder la brújula de hacia dónde vamos, quiénes somos y por qué estamos aquí.

5. LAS REDES SOCIALES LLEVAN A LA VERDAD AL OLVIDO

La cultura contemporánea vive inmersa en las redes sociales y aunque éstas siempre han existido, no de manera virtual, sino que, siempre el ser humano se ha desarrollado en una comunidad, en una red social, la diferencia es que hoy, las redes sociales marcan lo que pensamos y lo que hacemos, a diferencia de las épocas pasadas. Es por ello que vale la pena fijar conceptos o estructuras que den base a las preguntas fundamentales de la vida del ser humano.

Por lo anterior, vale la pena preguntarse, ¿cuál es el propósito de la verdad? "Cada persona por naturaleza busca saber" (Yebra, 2012). Siempre estamos en busca de respuestas que den sentido a nuestras vidas. El simple acto de comunicación, de expresar algo, implica transmitir lo que sentimos y pensamos para que otros puedan escucharnos y entendernos. La verdad y la confianza han estado entrelazadas desde hace mucho tiempo dentro de la comunicación humana y se han considerado esenciales para la vida en sociedad, creando la "fidelidad mutua" en la que finalmente dependen todas las relaciones sociales. Una sociedad cuyos miembros son incapaces de distinguir los mensajes veraces de los engañosos colapsaría. El principio kantiano de humanidad que exige la verdad como base para las interacciones humanas éticas entre seres racionales es aplicable a las comunicaciones en las redes sociales. Los seres humanos buscan continuamente respuestas a sus inquietudes, y hoy en día, a través de las redes sociales, ChatGPT, Bard, etc., podemos encontrar sentido en nuestras acciones, pensamientos y en nuestras propias vidas, pero un sentido equivocado la mayoría de las veces, es por eso que el concepto de verdad es importante hoy y siempre. Desafortunadamente, incluso la difusión de la verdad a través de estos medios es difícil por las siguientes razones:

1. Sobrecarga de información: Las redes sociales han facilitado más que nunca el acceso y la compartición de información, pero esta abundancia de contenido puede ser abrumadora. Los usuarios están expuestos a un flujo constante de publicaciones, artículos, vídeos y opiniones, lo que dificulta discernir qué es verdadero y qué es falso.
2. Cámaras de eco: Las redes sociales tienden a crear cámaras de eco, donde las personas interactúan principalmente con aquellas que comparten creencias y opiniones similares. Esto puede llevar al refuerzo de los prejuicios existentes y a la difusión de desinformación dentro de estas comunidades cerradas.
3. Difusión viral de información falsa: La información falsa puede difundirse rápidamente en las redes sociales debido a su naturaleza viral. El contenido sensacionalista o controvertido tiende a generar más interacción, lo que resulta en su amplia difusión, incluso si carece de precisión factual.

4. Falta de verificación de datos: Las redes sociales a menudo priorizan el contenido generado por los usuarios y dependen de los usuarios para mover información falsa. Aunque las plataformas han implementado iniciativas de verificación de datos, el gran volumen de contenido dificulta identificar y eliminar todas las afirmaciones falsas de manera oportuna.
5. Manipulación y campañas de desinformación: Las redes sociales han sido utilizadas como herramientas para la manipulación y las campañas de desinformación. Los actores malintencionados explotan el alcance e influencia de las plataformas sociales para difundir narrativas falsas, sembrar la semilla de la discordia e influir en la opinión pública.
6. Sesgo algorítmico: Las redes sociales emplean algoritmos para seleccionar contenido para los usuarios, lo que puede contribuir inadvertidamente a la difusión de desinformación. Si estos algoritmos priorizan las métricas de compromiso sobre la precisión, la información falsa puede recibir más visibilidad, agravando aún más el problema.
7. Confianza y credibilidad: La prevalencia de la desinformación en las redes sociales ha erosionado la confianza en las propias plataformas. Los usuarios son cada vez más escépticos sobre la información que encuentran, lo que puede llevar a un sentido general de desconfianza en el contenido en línea.

6. CONCLUSIONES

Con base en lo anterior, podemos decir que teóricamente negamos que la verdad existe, pero en realidad, la verdad siempre lucha por ser visible. Si negamos la verdad, ¿es esa declaración verdadera? Negar la verdad sería negar quienes somos, lo que hacemos, incluso implicaría que las redes sociales deberían permitir cualquier acción humana, incluso aquellas que van en contra de nosotros mismos porque, sin verdad, sin la posibilidad de conocerla, no hay nada que comunicar, nada que decir, y ninguna forma de educar: Todo sería relativo. Si bien es cierto las redes sociales a través de sobrecarga de información, las cámaras de eco, la difusión viral de información falsa, la falta de verificación de datos, la manipulación y campañas de desinformación, con el sesgo algorítmico, la confianza y credibilidad, han llevado a la sociedad al caos, a no creer en otra cosa más que lo que éstas dicen. Es relevante ver cómo las personas una vez que ven algo en las redes sociales, lo comunican a otros con certeza, como si ellos hubieran comprobado la información. Este es el efecto de las redes, el manipular a la sociedad en beneficio de fines de terceros.

Las consecuencias en los ámbitos intelectual y ético son significativas, por eso es de nuestro mejor interés regresar a la verdad, a los clásicos, y afirmar con ellos que la verdad es y puede ser conocida por los seres humanos, de lo contrario siempre estaríamos en la cueva.

7. REFERENCIAS

Barnes, J., ed. (1995). *The Complete Works of Aristotle: The revised Oxford Translation*. Princeton University Press.

Barnes, J., (1982). *The Presocratic Philosophers*, revised ed. Routledge y Kegan Paul.

Descartes, R., Mir, G. A., y Blanco, R. (2021). *Discurso del Método*. Editorial Alma.

Diccionario Griego-Español. Ἀλήθεια, DGE Diccionario Griego-Español. (2023).

Fine, G., y Irwin, T. (1995). *Selections*. Hackett.

González, H. J. (2023). *La verdad*. Suma Teologica, de Santo tomas de aquino - versin web. https://hjg.com.ar/sumat/
Martínez, T. C. (2014). *Acerca del Alma*. Gredos.
Trujillo-Liñán, L. (2022). *Formal cause in Marshall McLuhan's thinking: An Aristotelian perspective*. Institute of General Semantics.
Yebra, V. G. (2012). *Metafísica de Aristóteles: Edición trilingüe*. Gredos.

LOS RESTOS DE FREUD: URNA GRIEGA Y ARQUEOLOGÍA DEL ESPEJO DIONISÍACO

Rita Vega Baeza[1]

1. INTRODUCCIÓN

Poco se ha estudiado sobre la urna funeraria que *guarda los restos* de S. Freud, misma que se encuentra en el *Golders Green Crematorium* de Londres —uno de los mausoleos más antiguos del Reino Unido. Nosotros hemos realizado una investigación que explica lo que representa y simboliza esa obra de arte, en virtud de que acudimos a dicho mausoleo y realizamos fotografías y pequeños filmes tanto del sitio como de la propia cratera por ambos lados. Esa cratera griega fue donada al propio Freud por parte de su discípula, amiga y benefactora, la princesa Marie Bonaparte, a quien conoce en la década de los años veinte del siglo XX. Como sabemos, Freud era un amante y estudioso del mundo griego, desde grandes filósofos de la antigüedad —Empédocles, Anaximandro, Heráclito, etc.— como de los grandes trágicos, Sófocles, Eurípides y Esquilo, elevando aquellas figuras míticas a categorías psíquicas desde los personajes de Edipo, Narciso, Dioniso, etc., y sus propias teorías. En este trabajo nosotros centramos nuestro interés en lo relativo a Dioniso, esto, por ser la imagen de la urna.

2. OBJETIVOS

Generar la información sobre una obra de arte arqueológica, la urna griega donde descansan los restos de Freud, además de vincular la explicación al mundo mítico de lo dionisíaco.

3. METODOLOGÍA

Desde las posibilidades que nos abre la hermenéutica crítica, es decir, la interpretación como horizonte donde se vinculan diversas formas de nuestra realidad, revisaremos autores de diferentes ámbitos del conocimiento, tomado referentes de la arqueología, del propio psicoanálisis, de la historia, de la poesía y de la mitología, incluido el psicoanálisis del propio Freud.

1. Universidad Autónoma de Zacatecas (México)

4. DESARROLLO DE LA INVESTIGACIÓN

La singular urna funeraria que hoy *guarda* —guardar en el sentido de tener cuidado de un bien preciado, de observar o cumplir aquello que se desea. De guardar la palabra, incluso el secreto. Inclusive el *guardar* (el) silencio y también en el sentido del invisible guardián hesiódico— las cenizas de Freud, en el *Golders Green Crematorium*[2] de Londres, es una pieza de arte perteneciente a su propia colección de antigüedades griegas, pero que es la única pieza que no está 'contabilizada' —esto en el año 2002—, ya que no se encuentra ni en su casa de Viena, Berggasse 19, ni en su última vivienda: Maresfield Gardens 20 en Londres, ambas, el día de hoy museos, y fuentes de información, —mismos que visitamos para realizar nuestra investigación. Aunque cabe aclarar que es la pieza[3] —una de las más apreciadas por Freud, según P. Gay, (1989)— que en Viena estaba colocada detrás del escritorio de Freud y luego fue trasladada a Londres y ubicada, el último año de su vida, de la misma manera que en Viena; así, Freud escribía bajo la mirada del joven Dioniso y el mundo de la muerte. Como podemos ver, el mundo clásico de los antiguos helenos está vivo. Freud los 'olvidó' en frutos[4]. Y eligió como residencia habitual, permanente, después de toda una vida, un lugar para la muerte al amparo de la imagen de Dioniso. Este mismo tema lo tratamos ya en otro trabajo de investigación (Vega, 2003).

Un viejo amigo de Freud, Emanuel Löwy, profesor de arqueología en Roma y más tarde en Viena, según P. Gay (1989), visitaba a Freud y le daba noticias del mundo antiguo.

> *Por su parte, Freud leía con avidez todo lo que podía sobre ese mundo cuando tenía tiempo, y seguía las excavaciones con excitación de aficionado y conocedor. 'He hecho muchos sacrificios por mi colección de antigüedades griegas, romanas y egipcias —le dijo a Stefan Zweig en sus últimos años—, y en realidad he leído más arqueología que psicología'. En el ámbito clínico le dijo a uno de sus pacientes, al Hombre de los Lobos: 'el psicoanalista, lo mismo que el arqueólogo en sus excavaciones, debe descubrir cada una de las capas de la psique del paciente para llegar a los tesoros más profundos y valiosos'. (Gay, 1989, p. 204).*

---

2. Este Mausoleo, ubicado en 62 Hoop Lane, Golders Green, NW11 7 NL, admite visitas guiadas, previo permiso en sus oficinas. Igualmente se encuentran los restos mortales de otras personalidades del mundo psicoanalítico -además de los familiares del propio Freud- como Melanie Klein y William Shekel. Así como personalidades de otros ámbitos: Sir Charles Woolley, arqueólogo; T. S. Eliot, poeta; Vivien Leigh, actriz; Anna Pavlova, bailarina rusa. Así como varios miembros de la realeza.

3. Hay una bella compilación de fotografías, imágenes y textos recopilados por Ernst Freud, Lucie Freud e Ilse Grubrich-Simitis; con un esbozo biográfico de K. R. Eissler; traducción al español de María A. Gregor. Cf. *Sigmund Freud: su vida en imágenes y textos*, Barcelona, Paidós, 1998 (según la información proporcionada por Néstor Braunstein, el original fue publicado por el propio S. Freud Copyrights Limited, Londres, 1976). En las pp. 322 y 323 hay una fotografía del vaso griego, regalo de la princesa M. Bonaparte. Solamente figura el lado, que nosotros hemos establecido como "lado *a*", es decir, muestra a Dioniso funerario. Puede verse también en dicho libro otra fotografía en la cual una esvástica nazi fue puesta en la puerta de su casa de Viena cuando los antiguos nazis confiscaron sus bienes. Con posterioridad ese signo fue cambiado, una vez terminado aquel horror, por ¡un laberinto! Un dibujo que Freud había hecho tiempo atrás y que en la actualidad es usado como un signo distintivo del psicoanálisis. En las reproducciones de algunas fotografías de Freud, que hoy circulan como postales del museo de Freud de Londres, en el reverso viene siempre la marca, el sello, el antiguo dibujo del laberinto.

4. Es decir, en lugar de hablar directamente *de* ellos, escribió *desde* ellos —desde el retorno de lo reprimido devenido, por sublimación, una nueva 'ciencia': el psicoanálisis.

Por nuestra parte, hemos revisado algunos trabajos de destacados científicos del ámbito de la arqueología y la psicoterapia, Carina y Heinz Weiss, respectivamente[5]. Analizan al detalle varias piezas arqueológicas de la colección de antigüedades de Freud, entre ellas la omnipresente iconografía de Edipo y la Esfinge. No obstante, no encontramos la referencia sobre el vaso griego que nosotros hemos investigado ahora. También revisamos la *Revista de arqueología* en la cual viene un artículo de R. Olmos "Freud, Jung y W. Jensen. Fragmentos, psicoanálisis, metáforas y formas de narrar la arqueología". En ella nos muestra fotografías diversas[6] tanto de las figuras a las que hizo referencia Freud —la Gradiva— como algunos de sus objetos de colección de arte antiguo, así como una fotografía de la biblioteca arqueológica de Freud; e igualmente, una de las piezas faltantes es el vaso griego o urna funeraria de Freud.

ALGUNAS IMÁGNES Y NARRATIVAS SOBRE DIONISO

Kerényi en el inicio de su obra *Dioniso. Raíz de la vida indestructible*, nos abre su riguroso estudio con una alusión a Nietzsche y Dioniso:

> *Nietzsche, al tiempo que proponía un ateísmo radical, opuso un dios griego a Cristo. Al establecer la alternativa entre "Dioniso o Jesucristo", rescató, de forma correcta o incorrecta, ese nombre divino que pretendió combinar con su ateísmo radical, ¿Cómo fue posible? ¡No puede haber sido una ocurrencia del todo gratuita! Y una vez que tal "ocurrencia" ha surgido, debemos considerarla una parte de las experiencias que hemos vivido y vivimos como observadores conscientes de nuestra cultura. (1998, p. 9).*

Hay un elemento en este autor que poco se ha estudiado; el carácter que él quiere anteponer sobre Dioniso, no es ya el punto sobre la embriaguez, sino "el elemento silencioso y poderoso de lo vegetativo". Toma dos palabras iniciales que de alguna forma serán un símbolo conductor de su trabajo: *zoé* y *bios*, palabras griegas que designan la "vida". Hace un recorrido explicando cómo se van empleando y desarrollando ambas — pasando por plantas, animales, y aludiendo también a Homero— y lo que las caracteriza específicamente. La palabra *zoé* adoptó un "tono", en el sentido de que "suena" distinto una y otra; la diferencia no se circunscribe solamente a una cuestión acústica. En la palabra *zoé* "suena" la vida de todos los seres vivos. Esto se llama en griego *zôon;* en plural *zôa*. El significado de *zoé* es la vida *sin más caracterización*. En cambio *bios*, hace visibles los contornos de una vida concreta. Lo que "suena" es *la vida con su caracterización*» (Kerényi, 1998, p. 14). Para Kerényi la "vida" que trata la "biología" moderna no puede relacionarse con *bios* ya que la palabra *biológos* designaba para los griegos al mimo que imita la vida. "El opuesto exclusivo de *thánatos*, es en griego, *zoé*". El seguimiento filológico elaborado por el maestro Kerényi, le permite afirmar que "la *zoé* es el hilo en que cada *bios* individual se ensarta como una perla y que, contrariamente al *bios*, sólo puede pensarse como algo infinito" (1998, pp. 14-15).

---

5. *Cf. Ein Blick in die Antikensammlung Sigmund Freuds*, en "Antike Welt. Zeitshrift für Archäologie und Kulturgeschichte", 16(1985), 3, pp. 43-52.
6. Recuperadas a su vez de Peter Gay, E. Simon y M. Hirmer, así como del propio autor, específicamente la galería Chiramonti en los museos del Vaticano, en la cual se encuentra la Gradiva que tanto impresionó a Freud.

Kerényi hace un corte transversal por la religión y la cultura minoica y griega. Muestra que hay dos objetos íntimamente ligados al culto histórico a Dioniso, que serían la máscara y la cabra; esta última sería la víctima característica de la religión dionisíaca.[7]Una vez que se ha dicho que la *zoé* está presente en todos los seres vivos, se planteará que la máscara transmitía justamente la experiencia de lo vivo pero de una manera "extrañamente refractada a quienes no eran sus portadores", pues la *zoé* pasó a ser una realidad espiritual que no estaba ligada ni al "concepto" ni a la "idea". En la máscara se jugaba la ambivalencia siniestra de lo lejano y lo cercano.

Generalmente se plantea que Dioniso es identificado como dios del vino. No obstante, Kerényi formula que antes de la introducción en Creta de la cultura del vino, era un gran coto de caza, además de anteponer la miel al vino —tarea en la que empleaban casi todo su tiempo, los habitantes de aquellos tiempos. "A un cazador que atrapa vivos a los animales se llama en griego *zagreus*". Y el autor encuentra que la primera mención en la literatura griega en la que se habla de Zagreo es como "el supremo de los dioses", en el siglo VI o antes.[8] Es en una tragedia de Esquilo que Kerényi encuentra la identidad de Zagreo con Plutón o Hades, "el Zeus de los infiernos". El sentido de "atrapar vivo" remite a los juegos taurinos de los cretenses que fue transmitido —monstruoso ritual mediante: capturar al toro y comer cruda su carne— como una fiesta dionisíaca. El dios Dioniso —como lo muestra el erudito filólogo— lleva también más tarde los epítetos de *Omestes* y *Omadios*, que significa "el que come carne cruda". Con posterioridad se produjo una transformación que, en palabras de Kerényi, queda explicado así: "cuando el animal atrapado vivo y comido crudo —es decir, en el toro, según el rito cretense documentado— se reconoció al propio dios que con su ejemplo incitaba a "atrapar vivo". En el dios-toro, adorado en Grecia como Dioniso y en Creta también como Zeus, se reconoció al dios de los cazadores: a Zagreo" (Kerényi, 1998, p. 71).

Las diferentes ocasiones que Freud tiene la oportunidad de citar a Dioniso es en relación con la obra de Leonardo Da Vinci y sus fructíferas vicisitudes; asimismo, en relación con la interpretación simbólica de los sueños, y en el abordaje que realiza sobre el totemismo, del cual obtendrá múltiples reflexiones relacionadas con el mito órfico del descuartizamiento de Dioniso-Zagreo, la homosexualidad, el sacrificio, la comida totémica, el asesinato del padre, la culpa, el mito cristiano y la identificación.

Desde autores más recientes se plantea que Dioniso es el más cosmopolita de los olímpicos. Es un dios —una figura mítica— que se representa como un joven; un adolescente, afeminado, sonriente. El dios del vino y de la máscara. Marcel Detienne (1986) afirma que es el que hace tropezar a su presa "la arrastra a la locura, la muerte, la corrupción"; Dioniso, el que atrapa brutalmente. La locura enviada por Dioniso, su *manía*, aparece como un mal que ataca.

> *Es por excelencia el dios que viene: aparece, se manifiesta, viene a hacerse reconocer. Epífano itinerante, Dioniso organiza el espacio en función de su actividad*

7. Esta cuestión es evidente para Kerényi, ya que aparecen, como él mismo lo indica, en un sello en una tumba cercana de Festos. Las figuras de la piedra son dos grandes cabras situadas por los lados, y en medio un rostro humano. Este sello es un indicador de los antecedentes de "las máscaras dionisíacas arcaicas que conocemos por los vasos pintados y las representaciones escultóricas". p. 29 y ss.

8. *Cf.* Kerényi pp. 68 y 69. Reproducimos aquí el verso de una epopeya en la que el autor encuentra la unión de de la Tierra y Zagreo. Para este tema hay un bellísimo trabajo de María Daraki que se llama justamente *Dionysos et la déesse terre.*

> *deambulatoria. Se lo encuentra por todas partes, no está en ninguna en su casa. (M. Detienne, 1986, p. 21).*

Se trata de un planteamiento del cual podemos hacer una analogía con la propia teoría pulsional de Freud. Dioniso es una divinidad sin cesar en movimiento, "la máscara extraña de una potencia que no se parece a ninguna otra". Dice haber nacido en Tebas. "Se presenta siempre bajo la máscara del extranjero, sea que marche sonriente o que salte irritado. Es el dios que viene de afuera" (Detienne, 1986, p. 27). Es una potencia desconocida a identificar.

Hay también en los estudios de García Gual, varias referencias a Dioniso y sus significados; nosotros destacamos algunos: él "Inspira el frenesí, la *manía* o 'desvarío' que puede ser una bendición y un castigo. Es *Lysios* o *Lyaios*: 'liberador' de los vínculos sociales" (García Gual, 1998, p. 58). Por lo que se refiere a algunos cultos señala que "En las procesiones en honor de Dioniso se lleva un enorme falo, símbolo del dios; más que de su fertilidad lo es de su impulso creador; símbolo de la excitación y la tensión vital que el dios provoca" (García Gual, *ibídem)*.

Por su parte, W. Otto (1997) nos ofrece como testimonio sobre el orden al que pertenece Dioniso desde su propia interpretación de una cita de Heráclito, enfatizando que hay una familiaridad de Dioniso con los personajes del reino de los muertos además de expresarse como identidad, en el sentido de que Hades y Dioniso son una misma cosa (p. 87). En otro pasaje confraterniza dos símbolos de Dioniso, la vid y la hiedra:

> *Ambas atraviesan una prodigiosa transmutación. La vid parece como muerta en la estación fría y asemeja, por su sequedad, un tronco inútil, hasta que, gracias a los rayos del sol, florece su intenso verdor y produce un jugo ígneo sin parangón. No menos curioso es lo que ocurre con la hiedra: su crecimiento muestra una duplicidad que recuerda sin duda el carácter dúplice de Dioniso. (Otto, 1997, p. 114).*

W. F. Otto nos enseña, pues, que —tanto desde el mito como desde el culto de Dioniso— se convierte a algunas plantas de una cualidad especial en símbolos de su esencia. Nos muestra que no lo alteran nombres de índole tan general como *kalicarpos*. Más bien, los epítetos lo designan como dios de la floración; se refieren a los frutos de las plantas dionisíacas, ante todo al fruto de la vid. Y se le dedica la "fiesta de las flores" de las Antesterias. Según el autor, cuando Píndaro rememora las rosas y las violetas en sus ditirambos dedicados a las Grandes Dionisias de Atenas, afirma expresamente que "Baco ama a las flores" (Otto, 1987, p. 118).

Si acaso parecería que nos concentramos demasiado en los detalles es porque precisamente el *detalle*, es lo que llevó a Freud a su descubrimiento, a su invención: ahí donde la enferma en el mundo de la medicina ya 'no decía nada', ahí donde los síntomas de la histérica hicieron a Freud abandonar lo visual —la observación y apunte médico y metódico de todo lo que hacía la enferma (la clasificación hecha y rehecha de los achaques)— por lo audible: el balbuceo incomprensible, el verbo fragmentado, la palabra rota: el detalle, la sobra, *el resto*, el desperdicio del lenguaje: el *lapsus*, el acto fallido, el equívoco, el sinsentido, los sueños. Ahí hizo su hallazgo. Las pulsiones, la vida pulsional, la pulsión de vida y muerte serían, entonces, *los frutos de las plantas dionisíacas*.

DE LA URNA GRIEGA Y LOS RESTOS DE FREUD

Por lo que hemos visto, nada nos impide interpretar y consignar algunas conjunciones de diferentes ámbitos. Las imágenes de la cratera griega, el arte antiguo que hoy guarda la memoria de Freud, aunque comúnmente le llamamos cenizas o restos, nos muestran —en el lado *a* del vaso funerario— a Dioniso[9] joven y desnudo, sentado quizá sobre su clámide, en postura relajada, coronado de hiedra; y sobre su cabeza, en el aire, una hoja de hiedra con una forma evidente de corazón. Lleva el vaso de vino o copa sagrada en la mano derecha en actitud de ofrecerla a una mujer —que está frente a él del otro lado de la estela funeraria—, y porta su tirso en la mano izquierda. Ella, una mortal, ataviada con una túnica larga o quitón y con varios adornos: collar de perlas blancas, pulsera, pendientes y una diadema; está también en una actitud de ofrendar: por encima de la estela funeraria ofrece a la divinidad del mundo de los muertos, con la mano derecha, un recipiente o pátera, quizás con frutos. Por encima de la pátera, en el aire, está una hoja de pámpano, es decir, una hoja tierna y delgada de la vid. En la otra mano sostiene un espejo. El labio de la cratera está bordeado de una rama de olivo. Detrás de Dioniso hay una cinta ornamental. Y bajo los pies de ambos, al igual que la rama de olivo, rodean la cratera por la parte de abajo grecas igualmente ornamentales. El arranque de las asas lo decoran rayas negras sobre un contorno reservado y bajo las mismas se erigen tallos florales o palmetas en Figuras Rojas.

Continuando con nuestra investigación e interpretación de los significados de la cratera griega, podemos afirmar que la cinta ornamental —que está como al aire por la espalda de Dioniso— en la cerámica griega suritálica del siglo IV a. de C., representaba la ambivalencia funeraria y nupcial, o funeraria y amorosa, es decir, relativa a la muerte pero también a la fiesta, a la iniciación. Los pies desnudos de Dioniso —en general en aquella época era frecuente el motivo de la epifanía de Dioniso, y su cuerpo desnudo que enamora a la mujer que le contempla (Olmos, 1993, p. 247)— no descansan sobre el suelo porque es una divinidad; los de la mujer, con sandalias, sí. El pámpano — hoja de la vid— es símbolo de la fecundidad, de la abundancia. Y tanto el olivo como la hiedra y el mirto pertenecen a la tradicional simbología vegetal de la cerámica griega. M. Daraki afirma que "Le myrte, symbole du sexe féminin, nous disent Aristophane, Cratinos, Hésychios, la *Souda*, Ovide (...) (Daraki, 1994, p. 214)". Igualmente, el mundo vegetal y silencioso es un símbolo del pasaje hacia la muerte, hacia la transformación. Pertenece al mundo de la metamorfosis; remitiría a "un esquema de pensamiento" relacionado con la continua mutabilidad de las cosas (Olmos, 1993, p. 247). Sobre todo, la hiedra representaría lo perenne, lo que no se marchita.

El espejo, que porta la mujer que aparece en la urna funeraria donde reposan los restos de Freud, es un objeto *polýtropo*, "el de muchos trucos" —epíteto aplicado también a Odiseo o Ulises—, objeto multicitado en ámbitos diversos; sí, como los otros objetos de la cerámica apulia del S. IV, a. C., no tiene una función de uso sino una función simbólica. El espejo no es para quien lo porta se mire, sino para que nosotros nos descubramos en él. Y nos hemos mirado. Se ha mirado Freud. En su ambiente cotidiano de trabajo, en la seducción de ese objeto —vaso griego funerario—, Freud descansa relajado en el tiempo. Vuelto al tiempo.

---

9. Para ampliar más la iconografía de Dioniso y su mundo, puede revisarse también el magnífico libro de Kerényi, K. (1998). *Dioniso. Raíz de la vida indestructible.* Herder. En él encontramos 146 láminas (fotografías y dibujos) de Frescos, relieves, vasos y vasijas minoicas, joyas, etc., en las cuales se representa algún motivo con Dioniso. Ver especialmente la fig. 92, que es similar a la que hoy guardan los restos de Freud, sólo que en aquélla el motivo o imagen es un cantante del ditirambo. La hiedra está presente. Asímismo, la fig. 129 referida al mundo funerario dionisíaco. Y finalmente una muy sorprendente: ¡Dioniso con su *alter ego* místico! crátera del pintor –según el propio Kerényi- de Altamira. Ferrara, Museo Archeologico Nazionale. Fig. 75.

Devuelto al tiempo, devuelto a la juvenil y *desorientadora* mirada de Dioniso. Así lo explicó el padre del psicoanálisis.

> *(...) Los hombres eran descendientes de los titanes que mataron y descuartizaron a Dioniso-Zagreo, y el peso de este crimen gravitaba sobre ellos. En un fragmento de Anaximandro leemos que la unidad del mundo quedó destruida por un crimen primitivo y que todo lo que de él resultó debía soportar perdurablemente el castigo. Si bien el acto de los titanes recuerda, por los detalles de la asociación de la colectividad, el asesinato y el descuartizamiento, el sacrificio totémico descrito por San Nilo —así como otros muchos mitos de la antigüedad, entre ellos el de Orfeo mismo—, nos desorienta, en cambio, la circunstancia de que el dios asesinado por los titanes era una divinidad juvenil. (Freud, 1976 [1912-1913] p. 129).*

El espejo multiplicante y polimorfo también remitiría a la antigua creencia de que la imagen reflejada y el modelo real, están unidos —¿o unidos y separados?— en una correspondencia mágica (Biderman, 1993, p. 178). En ese espejo se ha mirado Freud. Devuelto al tiempo, devuelto a la juvenil y *desorientadora* mirada de Dioniso.

Recordemos algunos ejemplos míticos recuperados por el propio Freud en sus, todavía, vigentes teorías: el de Narciso —mito recuperado también por Freud para explicar cómo adquiere el sujeto su identidad y cómo puede no adquirirla o perderla— que "se pierde" al contemplar enamorado de su imagen reflejada en el agua. O podemos remitir también a los antiguos mexicanos que hacían sus espejos de vidrio volcánico pulido, una piedra semipreciosa llamada obsidiana. Un antiguo dios Azteca, lleva el nombre de Tezcaltlipoca, que significa ¡espejo humeante!

A juicio de Vernant, el espejo de Dioniso, al igual que su descuartizamiento a manos de los Titanes, es

> *expresión a la vez y solidariamente de la dispersión y de la reunión: la reunificación exige que el proceso se realice en sentido inverso al del espejo, al del reflejo (o al desmembramiento), que, en virtud de un cambio completo del modo de existencia, de una transformación interior al término de la iniciación y de la visión que la acompaña, pase por Dioniso, como única posibilidad, perdiéndose en él para reencontrarse en uno mismo(...) transformado en el dios que lo posee, desplazado desde ahí(...) metamorfoseado en otro que le devuelve a la unidad. En ese espejo en donde el Dioniso niño se mira, el dios se dispersa y se divide. En el espejo iniciático nuestro reflejo se perfila como una figura extraña, una máscara que, frente a nosotros, en nuestro lugar, nos mira. (2001, p. 163).*

En la perspectiva del propio Vernant, y a propósito de un trabajo sobre la mirada de Gorgo o Gorgona —la Medusa— y la máscara, enuncia que Gorgo encarna la alteridad, que opera como la de Dioniso, sobre un eje vertical.

> *No se ocupa de los primeros momentos de la existencia ni de lo que está fuera del horizonte civilizado, sino de aquello que, en todo momento y lugar, arranca al hombre de su vida y de sí mismo, sea para precipitarlo —con Gorgo— al abismo donde reina el horror y la confusión del caos, sea para elevarlo —con Dioniso y sus devotos— hacia lo alto, a la fusión con lo divino y a la plenitud de una edad de oro recuperada (Vernant, 1996, p. 40).*

En otro pasaje hace referencia también a las excavaciones arqueológicas en Lykosura que han sacado a la luz fragmentos de la estatua del culto a *Déspoina*[10], principalmente de sus ropajes. Un detalle del santuario de la *Déspoina* muestra

> *en el muro cerca de la salida del templo había un espejo: quien se miraba en él no se veía; ese espejo no reflejaba los rostros humanos; como una ventana abierta al más allá, sólo mostraba claramente en su superficie las estatuas de los dioses y el trono ocupado por la Señora con el cortejo de máscaras en su ropaje. (p. 94).*[11]

En ese mismo sentido, el propio Freud alude también a la figura mítica de la Medusa[12], en la que nosotros subrayaríamos, lo que *se* mira, lo que mira, la visión, lo espejeante.

Ahora bien, con las investigaciones que nosotros hemos llevado a cabo, por lo que se refiere a esa pieza de cerámica antigua en la que el inventor del psicoanálisis reposa —como el vino—, podemos afirmar que el lado *b* de la cratera griega, presenta una escena habitual de la cerámica apulia: dos jóvenes vestidos con sus quitones largos con una corona de ofrenda de flores uno, y el otro, con un báculo; hay una haltera a un lado de cada uno de ellos que representaría la juventud. Al igual que el lado *a*, el elemento central es la estela funeraria, en la que una línea vertical sugiere la tridimensionalidad. El ánimo de los jóvenes sugiere tranquilidad. Uno de ellos en actitud de entregar una corona funeraria de flores al otro. Ambos tienen los pies sobre el suelo, lo que sugiere que son mortales y no divinidades. Vale decir que en el siglo IV a. de C. —como ya lo advertimos— la divinidad más popular era la de Dioniso y su poder dionisíaco se manifestaba "a través del *demon* de su séquito —ménades, mujeres seguidoras de la divinidad) y sátiros— que sirve de intermediario en este rito de paso o iniciación: Eros" (Olmos, p 247). O puede decirse también que los personajes habituales del círculo dionisiaco son Eros, las mujeres y los sátiros, y por supuesto el Sileno (ibidem, p. 258). En fin, que anverso y reverso del vaso griego se relacionan: aluden a una iconografía claramente sepulcral, funeraria, que se extendió durante el siglo IV a. de C. en el que se tiende —debido a la crisis de la *polis* (¿al *malestar en la cultura*?)— a heroizar la "muerte bella". Así, nosoros podemos denominar —ya que el vaso carece de distintivo, esto, en el 2002, en su ubicación actual: el *Golders Green Crematorium*— que es una cratera de campana con Dioniso ctonio y mujer con espejo en torno a una estela funeraria, perteneciente a la primera mitad del siglo IV a. de C. Así pues, hemos elaborado la ficha técnica de esa antigüedad griega.

Ahora queremos saber qué valor puede pretender nuestra investigación –habiendo tomado referentes de la arqueología, del propio psicoanálisis, de la historia, de la poesía y de la mitología– respecto del carácter aparentemente nimio –que algún lector con prisa

10. La polaridad y la ambivalencia de esas figuras son explicadas con rigor referidas por Vernant: «La Demeter de Telpoussa tiene dos caras y dos nombres. A su aspecto "furioso" de Erinis responde un aspecto "sereno", una vez apaciguada su cólera después de bañarse en las aguas del Ladón: es Demeter *Lousía*, la Purificada, la Lavada. (...) Se representa a la Demeter *Melína* con su forma furiosa, sentada sobre una piedra. Su cuerpo es de mujer, con cabeza y crín de caballo. De esa máscara equina brotan serpientes y fieras, a la manera de Gorgo (p. 93).

11. Para el amplio tema de los espejos y de las figuras en los propios espejos puede revisarse también a L. B. Van der Meer (1995), *Interpretatio etrusca: Greek myths on Etruscan mirrors,* Amsterdan, Gieben. Principalmente pp. 123 y 149, en las que se analizan las imágenes que muestran unos espejos con motivos dionisíacos.

12. FREUD, S. (1922). *La cabeza de la Medusa*. Trabajo publicado póstumamente en 1940. Véase T. XVIII, p. 270 y 271. (...) "El terror a la Medusa es entonces un terror a la castración, terror asociado a una visión".

y sumido en lo 'práctico' como valor máximo de la ciencia, quisiera asignar a nuestras aseveraciones— de una cratera griega antigua. Consideremos ahora lo relativo a algunos detalles ya mencionados de la iconografía de Dioniso: su corona de hiedra. Algunos elementos que caracterizan a la hiedra son sus raíces que se agarran fuertemente a los cuerpos inmediatos; sus hojas tienen forma de corazón, son verdinegras, persistentes. Espeso follaje[13]. Es una planta vivaz. Como brebaje, abre las vías respiratorias. Abre las vías. Respira. Respira la piedra, la piedra antigua habla, nos mira mirarla. La vemos mirarnos. El fragmento representa al todo, la huella nos invita a la interpretación. El detalle abre otras vetas, otras venas. Es un conducto vital, un hilo con el que podemos tejer a mano, es decir con la mirada puesta en un ínfimo detalle, en un rastro arqueológico, en una huella mnémica que unos ojos futuros habrán de transfigurar.

Finalmente, Freud, en un análisis que hace sobre algunos cuadros de Leonardo Da Vinci — la Monna Lisa, Leda, el san Juan Bautista y el Baco (nombre latinizado de Dioniso)— afirma que sus cuadros "respiran un misticismo", las figuras de los mismos son andróginas: bellos adolescentes "de suave morbidez y de formas afeminadas, que, en lugar de bajar los ojos, nos miran con una enigmática expresión de triunfo, como si supieran de una inmensa felicidad cuyo secreto guardan".[14] ¿No es acaso esa misma imagen la que se repite precisamente donde —hoy— él se *encuentra*; en el fondo antiguo, paraíso pulsional y agreste de lo dionisíaco, en la Noche, en lo primigenio, en la fiesta, en el poderoso silencio?

5. CONCLUSIONES

Nuestras investigaciones nos permiten precisar que aquel regalo que le diera la Princesa M. Bonaparte a Freud, se trata de una cratera griega de la primera mitad del siglo IV a. de C., perteneciente a la escuela apulia del sur de Italia con la técnica de Figuras Rojas. Es una pieza de cerámica decorada con escenas míticas vinculadas al mundo funerario. En el lado "A" está la figura de Dioniso *Ctonio* con su copa, su corona de pámpanos y su báculo, además, hay una mujer con espejo. En el lado "B" de la urna, jóvenes con ofrenda de flores y báculo, en medio estela funeraria. En aquella época se extendió su uso funerario de esas crateras para cubrir la demanda de una tendencia "heroizadora" en relación al ideal helénico de la "muerte bella". La crisis del ideal ciudadano condujo al griego de ese siglo a buscar refugio en un ideal al aire libre, en un paraíso agreste; ideal en el que descansan los restos de S. Freud y que en un gesto de gratitud pudimos llevarle flores al Golders Green.

6. REFERENCIAS

Detienne, M. (1986). *Dioniso a cielo abierto*. Gedisa.

Freud, S. (1976 [1922]). *La cabeza de la Medusa*. Amorrortu.

Freud, S. (1976 [1913]). *Tótem y tabú*. Amorrortu.

Gay, P. (1989). *Freud. Una vida de nuestro tiempo.* Paidós.

García Gual, C. (1998). *Introducción a la mitología griega.* Alianza.

Kerenyi, K. (1998). *Dionisios. Raíz de la vida indestructible.* Herder.

Olmos, R. (1993). *Catálogo de los vasos griegos del Museo Nacional de Bellas Artes de la Habana*. Instituto de Conservación y Restauración de Bienes culturales del Ministerio de Cultura.

Otto, W. F. (1997). *Dioniso: mito y culto*. Siruela.

13. Una imagen primigenia rota que en cada con-junción se reunifica.
14. *Cf.* OCSFVE, (1910) *Un recuerdo infantil de Leonardo Da Vinci.*

Sigmund Freud: Obras Completas. (1995). *«Freud total» 1.0.* (Versión electrónica). Ediciones Nueva Hélade, Microsoft Corp. (OCSFVE, «Galería Freud»).
Van der Meer, L. B. (1995). *Interpretatio etrusca: Greek myths on Etruscan mirrors.* Gieben.
Vega Baeza, R. (2003). Las pulsiones. Entre el mito y el logos. Freud y los griegos (Tesis doctoral) Universidad Complutense de Madrid.
Vernant, J.P. (2001). *El individuo, la muerte y el amor en la antigua Grecia*. Paidós.
Vernant, J. P. (1996). *La muerte en los ojos: figuras del otro en la Antigua Grecia*. Gedisa.
Weiss C. y Weiss H. (1985). Ein Blick in die Antikensammlung Sigmund Freuds. *Antike Welt. Zeitshrift für Archäologie und Kulturgeschichte, 16*(4), 43-52.

ORIGEN Y EVOLUCIÓN DEL PENSAMIENTO EN TORNO AL BIEN COMÚN: DE LA ESCOLASTICA HASTA EL MOMENTO ACTUAL

Lorena Velasco Guerrero[1]

1. INTRODUCCIÓN

Bien común no es un tópico propio del ámbito jurídico; el derecho no lo dota de contenido ni de significado. Las discusiones en torno al mismo corresponden en su mayoría a los ámbitos filosóficos o de teoría política. Esto no obsta para que sea un tópico de gran relevancia para cualquier jurista, sobre todo si busca atender a la justicia general y a la garantía de la dignidad humana, al tener que posicionarse dentro de algunas de las corrientes jurídicas presentes en el pensamiento contemporáneo.

Pensamiento marcado en el momento actual por una gran controversia, ya que, coexisten dos posicionamientos contrarios respecto al tópico. Por un lado, las corrientes que defienden su importancia como criterio de validez de la actuación de los poderes ejecutivo y legislativo, así como, de las normas aprobadas por estos; y por otro, aquellas corrientes que niegan su relevancia política y jurídica, al considerar, al menos en el plano teorético, que hablar de bien común carece de sentido al no poder afirmarse como reales los conceptos de bien o de comunidad. Sólo quedaría como elemento legitimador de los poderes del Estado criterios "positivos" como la legalidad, la utilidad pública o la seguridad ciudadana.

El bien común como fin de la comunidad política y criterio de legitimidad de sus gobernantes y sus normas se encuentra ya en autores clásicos: Aristóteles, Cicerón... Sin embargo, en este trabajo se busca establecer una primera aproximación a la evolución de las dos corrientes que ha dado lugar al marco de pensamiento actual, de cara a comprender el origen y devenir histórico del que nuestra situación presente es fruto, así como, poder analizar las controversias y contrariedades vigentes en las plasmaciones teóricas actuales.

Por ello, se considerarán principalmente a dos momentos históricos de los que el marco de pensamiento actual es fruto. Primero, a la Escuela de Salamanca y su teorización sobre estos conceptos. En la inmensa y detallada obra de los diversos autores, que se engloban bajo este epíteto, el concepto de bien común es puesto en relación con la autoridad -y la legitimidad del tiranicidio-, con los ciudadanos y con los tribunales de justicia. Segundo, al desarrollo que estas ideas tuvieron en autores y ámbitos culturales tanto anglosajones como holandeses tras la reforma luterana y anglicana (s. XVI).

---

1. Universidad Francisco de Vitoria (España)

2. OBJETIVOS

El objetivo principal de esta investigación es establecer y trazar el origen, al menos en una primera aproximación, del marco de pensamiento actual en torno al concepto de bien común. Para ello, como se ha indicado previamente, se analiza al origen de las dos grandes corrientes actuales -las corrientes que defienden su importancia como criterio de validez de la actuación de los poderes ejecutivo y legislativo, así como, de las normas aprobadas por estos; y por otro, aquellas corrientes que niegan su relevancia política y jurídica, al considerar, al menos en el plano teorético, que hablar de bien común carece de sentido al no poder afirmarse como reales los conceptos de bien o de comunidad. Establecer las ideas esenciales de los autores más relevantes y de las escuelas de pensamiento en que estos se integran nos permitirá comprender el devenir histórico del que nuestra situación presente es fruto.

Segundo, una vez analizadas estas corrientes se busca discutir la situación actual a la que han dado lugar, de cara a establecer cuáles son las posturas mayoritarias en torno al bien común como fin de la política y el derecho y, así, poder resaltar las controversias y contrariedades vigentes en las plasmaciones teóricas actuales a las que se debe hacer frente y si, el retorno a las fuentes y al pensamiento analizado permitiría resolver alguna de estas dificultades.

3. MARCO TEÓRICO

Como ya se ha indicado, bien común no es un tópico propio del ámbito jurídico; el derecho no lo dota de contenido ni de significado. Las discusiones en torno al mismo corresponden en su mayoría a los ámbitos filosóficos o de teoría política. Por lo tanto, nuestro marco teórico queda circunscrito al ámbito- jurídico y filosófico; se puede decir que a lo largo de esta investigación el análisis se encuentra dentro de la ciencia jurídica en un ámbito de la filosofía jurídica y de la filosofía política.

4. METODOLOGÍA

El doble fin de esta investigación: analizar los orígenes nos lleva a desarrollar la investigación en dos partes: primero un análisis crítico del pensamiento de los autores, segundo un análisis sistemático de la situación actual en torno al concepto de bien común dentro del marco teórico establecido: ámbito- jurídico y filosófico, -ámbito de la filosofía jurídica- o dentro del ámbito filosófico político.

Respecto a los autores y obras que se van a analizar, se debe tener en cuenta que, aunque el bien común como fin de la comunidad política y criterio de legitimidad de sus gobernantes y sus normas se encuentra ya en autores clásicos: Aristóteles (Aristóteles, 1988, p. 170), Cicerón (Cicerón, 1970, pp. 58)...; no se atiente a todo su desarrollo histórico, sino que, para la consecución de los objetivos de esta investigación, ésta tiene como marco teórico dos momentos históricos de los que el marco de pensamiento actual es fruto: primero, los autores escolásticos pertenecientes a la Escuela de Salamanca. En la inmensa y detallada obra de los diversos autores, que se engloban bajo este epíteto, el concepto de bien común es puesto en relación con la autoridad -y la legitimidad del tiranicidio-, con los ciudadanos y con los tribunales de justicia. Esta aproximación, no puede hacerse en toda su riqueza sin analizar, aunque sea brevemente la doctrina de Santo Tomas de Aquino respecto al bien común, como fin de la ley y de la potestas del soberano, ya que, los autores salmanticenses, llevarán a cabo, ya sea para profundizarla o para modificar una referencia continua a la misma. Segundo, al desarrollo que estas ideas tuvieron en autores y ámbitos culturales tanto anglosajones como holandeses, en el siglo XVII. Época y autores marcados ya por los cismas anglicanos y protestantes. Principalmente, se atenderá a autores como John Locke, Hugo Grocio o Thomas Hobbes, que con su pensamiento dieron lugar a la situación de cosas actual.

Al tratarse de una primera aproximación, el análisis crítico no se realiza sobre toda la obra de los autores, sino que se analizan a aquellas fuentes primarias esenciales por ser en ellas donde el autor desarrolla su pensamiento sobre las cuestiones relacionadas con el bien común. También, se consideran a aquellas fuentes secundarias, tanto en castellano como en inglés que realizan análisis significativos de la obra de los autores y que nos permiten alcanzar el fin de esta investigación. Todas estas obras se encuentran citadas tanto en el cuerpo del trabajo como en la bibliografía.

Para el análisis de la situación actual, recurrimos al análisis sistemático de diversos textos de derechos y tratados internacionales y textos políticos de carácter nacional. En concreto, se han analizado a nivel nacional: Constitución de la República de la India, Constitución de la República Francesa, Constitución de la República Popular China, Constitución del Reino de España, Constitución del Reino de Noruega, Constitución política de Chile, Constitución Política de Costa Rica, Constitución Política de la República Federativa de Brasil, Constitución Política de los Estados Unidos Mexicanos, Constitución Política de Nicaragua, Constitución Política del Japón o Constitución Portuguesa entre otras. A nivel internacional, se han analizado los siguientes tratados y declaraciones de derechos: Carta de Banjul o Carta Africana de los Derechos Humanos y de los Pueblos, Convención de las Naciones Unidas sobre la eliminación de todas las formas de discriminación racial, Convención Iberoamericana de Derechos Humanos, Declaración Americana de los Derechos y Deberes del Hombre, Declaración sobre la protección de todas las Personas contra la tortura y otros tratos o penas crueles, inhumanos o degradantes, Declaración Universal de Derechos Humanos, Pacto Internacional de los Derechos Civiles y Políticos, Pacto Internacional de los Derechos Económicos Sociales y Culturales o el Convenio Europeo de Derechos Humanos entre otros. Así mismo, se han trabajado fuentes secundarias (estudios e investigaciones) llevadas a cabo por diversos autores tanto sobre el tópico bien común, como sobre los restantes tópicos que se han venido a establecer como fin de la sociedad en los textos normativos actuales, i.e.: *interés general, bienestar moral, seguridad ciudadana...* Aunque no todas las fuentes están citadas a lo largo del texto de la investigación, todas aquellas que se han consultado para realizar la misma se encuentran recogidas en la bibliografía final.

5. RESULTADOS

El análisis sistemático de los textos llevado a cabo para establecer y trazar el origen, al menos en una primera aproximación, del marco de pensamiento actual en torno al concepto de bien común, nos permite establecer las ideas fundamentales sobre el bien común, en el pensamiento de los diversos autores.

Primero, en el pensamiento de Santo tomas de Aquino. Santo Tomas de Aquino en la *Suma Teológica* pondrá en relación el bien común tanto con la autoridad, con los ciudadanos y con los tribunales de justicia. La concepción de la ley como "prescripción de la razón, en orden al bien común, promulgada por aquel que tiene el cuidado de la comunidad" (Santo Tomas, 2015, II-II, q. 120, a. 1) establece el bien común como criterio legitimador del poder legislativo ejercido por quién tiene encomendada esta potestad. La ley – o la norma en la actualidad- que no cumpla con el mismo, la ley injusta, no será por lo tanto ley, y no supondrá una obligación positiva o negativa para los ciudadanos – i.e. "sólo se podrán imponer cargas tributarias si estas se ordenan al bien común" (Santo Tomas, 2015, II-II, q. 120, a. 1)-. La importancia del bien común también se refleja en la administración de justicia, permitiendo al juez aplicar la equidad en aquellos casos en los que

> *por ser actos humanos sobre quienes recaen las leyes, singulares y contingentes, a la vez que variables de infinitos modos no es posible instituir una ley absolutamente universal (...) los legisladores (...) se equivoquen y atenten contra la justicia y el bien común. (...) En tales circunstancias es pernicioso cumplir lo establecido por la ley, y es conveniente seguir, por encima de la letra de la ley, lo que dicta la razón justa y el bien común (Santo Tomas, 2015, II-II, q. 120, a. 1).*

Segundo, en autores escolásticos.

La escolástica española seguirá las enseñanzas del aquinate en este tema en gran medida. Suarez establecerá como fin de la comunidad política "perfecta"-aquella que se forma mediante el pacto social y la traslación del poder dado por Dios a la comunidad (Suarez, *De legibus*, III, II, 4, y *Defensio fidei* III, 2, 5 7)- en la consecución del bien común (Surárez, cf. *De legibus*, III, I, 5 8). Bien común que otorgará al derecho de gentes, fruto del consentimiento de la mayor parte del orbe y no derivado del Derecho natural, su carácter obligatorio (Vitoria, 1968). Siendo de tal importancia para la obligatoriedad de las normas que estás busquen el bien común, que "aquellos Derechos de gentes, que proceden sólo de determinaciones positivas [y no son en favor del bien común], pueden ser abolidos y cambiados por común acuerdo entre los pueblos" (Vitoria, 1968).

Así mismo, será por esta importancia del bien común por la que diversos autores escolásticos desarrollen sus teorías en torno al poder legítimo y los niveles de resistencia. Por ejemplo, Suarez establecerá, en su obra *Defensio fidei* 6,6,11, lo que se considera un segundo nivel de resistencia frente al goberante, justo después de la desobedienica, la deposición, al afirmar que "puede ser tan grande la perversidad del rey contra el bien común del Estado o contra los pactos y acuerdos establecidos con el pueblo que todo el reino por común decisión puede rescindir los pactos y deponer al rey y liberarse así de la obediencia y fidelidad civil respecto a él" (Suarez en Prieto López, 2020). Resistencia que, para los autores escolásticos, alcanzaría su forma mas alta en el tiranicidio. Tiranicidio que podrá ejercerse por los súbditos cuando la autoridad devenga tiránica, es decir, cuando esta haga ejercicio nefasto del poder, que se aparta del bien común y busca el propio interés y la utilidad del poderoso o poderosos o, en otras palabras muy similares, cuando "usa todo en beneficio propio con desprecio del bien común o porque aflige injustamente a sus súbditos, robando, matando, atropellando o perpetrando injustamente similares delitos pública y frecuentemente" (Suárez, *Defensio fidei* 6,4,1). En consecuencia, cualquier ciudadano puede combatir al tirano y no cumplir las normas injustas contrarias al bien común.

Tercero, en los autores de ámbitos culturales anglosajones y holandeses, marcados por los diversos cismas religiosos -anglicano, luterano, calvinista...- que llevaron a profundos cambios en las teorías no sólo religiosas, sino también filosóficas y políticas sobre la naturaleza humana, el poder, la autoridad y el fin del derecho.

Estos autores se caracterizan de forma general, por una afirmación de la comunidad como algo artificial, fruto de un pacto. En el Estado de naturaleza el hombre como individuo tiene derechos que le son propios. Derechos a los que se ve obligado a renunciar al entrar a formar parte de la sociedad. Así lo entendieron Hobbes, Grocio o Locke entre otros. Este último lo afirma así en su obra *Dos tratados sobre el Gobierno* (1823):

> *suponiendo el hombre, naturalmente en posesión de una completa libertad y tan dueño de sí mismo que no debe sumisión a nadie más que a Dios... La condición inalterable de cada sociedad y de cada gobierno es que cada hombre tenga que inevitablemente privarse de este derecho de nacimiento de su libertad originaria y confiar al magistrado un poder sobre sus acciones tan pleno como el que tiene el mismo, siendo de otra manera imposible que obedezca a las órdenes de cualquier otro que tenga la libre disponibilidad de sí mismo y goce de una libertad igual a la de quien al que tendría que obedecer (Bobbio, 2017, pp. 74).*

La comunidad deviene algo necesario para mantener la paz y la estabilidad (Hobbes, 2016), ya que, aunque el gobierno, la sociedad, tiene sus desventajas, "son muchas menos que las que se pueden encontrar sin él: no hay paz, ni seguridad, ni satisfacciones, sólo hay enemistades con todos y segura posesión de nada y aquel enjambre de pobrezas que acompañan anarquía y rebelión" (Locke 1823 en Bobbio, 2017, pp. 75),) El bien común como tal desaparece, pues, el fin de la comunidad ya no estará en su propia naturaleza, sino que será garantizar los máximos derechos posibles sin que los intereses particulares e individuales egoístas (Hobbes, 2016) se impongan e impidan la convivencia, en otras palabras, el fin es "el mantenimiento o la mera compatibilidad en la persecución de pretensiones de derechos individuales" (Haakonsen, 1985: 253).

En consecuencia, el fin del derecho ya no es el bien común, ni las leyes naturales "el poder civil no se encuentra con límites, al quedar desgajado el derecho "del ámbito de la realización ética del individuo para adscribirlo al de la razón de Estado" (Ollero, 1977). El poder civil, el soberano, deja de estar sujeto a las leyes, pues le ha sido transferido el poder pleno sobre las acciones de todos mediante el pacto (Locke, 1823) y, en consecuencia, este deviene autor de todos lo actos y de todos los juicios como si del propio súbdito se tratara. En palabras de Hobbes en el *Leviatán* (2016):

> *como cada súbdito es, en virtud de esa institución, autor de todos los actos y juicios del soberano instituido, resulta que cualquier cosa que el soberano haga no puede constituir injuria para ninguno de sus súbditos, ni debe ser acusado de injusticia por ninguno de ellos. En efecto, quien hace una cosa por autorización de otro, no comete injuria alguna contra aquel por cuya autorización actúa.*

El límite del derecho y de las leyes se fijarán no en las leyes naturales, sino en "algunos derechos de los individuos, o sea los derechos individuales, preexistente al nacimiento del estado, en relación con los que el deber del soberano ya no es una premisa sino una consecuencia" (Bobbio, 2017, pp. 37).

En todo caso, frente a la ley del soberano, ya no cabe la oposición del súbdito -y menos aún el tiranicidio-, por haberse alejado del bien común, pues, el "supremo magistrado de cada nación, cualquiera que sea la fórmula de su nombramiento, tenga necesariamente un poder absoluto y arbitrario sobre todas las acciones indiferentes de su pueblo" (Locke en Bobbio, 2017, pp. 76), incluso, cuando la orden del soberano es ilegitima -en cualquiera de los casos en los que Locke (2002) y otros autores aceptan esta posibilidad- "lo que varía no es la obligación de obediencia del súbdito, sino el juicio de Dios en relación con el comportamiento del soberano" (Bobbio, 2017, pp. 84).

Posibilidad, la de la existencia de una ley civil injusta, que es negada por otros autores al afirmar que la conciencia individual queda anulada por el poder soberano a quién se le ha cedido toda *potestas* para establecer lo bueno y lo malo. Así lo establece Hobbes en su obra *Leviatán* al afirmar como repugnante la doctrina de que es pecado para el hombre actuar contra su conciencia, al considerarla "otra doctrina repugnante a la sociedad civil es que cualquiera cosa que un hombre hace contra su conciencia es un pecado" ya que esta doctrina "depende de la presunción de hacerse a sí mismo juez de lo bueno y de lo malo" pero si uno mismo es juez, no es siempre correcto ya que "también la conciencia puede equivocarse" (Hobbes, 2016). Este error queda anulado cuando el individuo convive en un Estado:

> *por consiguiente, si quien no está sujeto a ninguna ley civil peca en todo cuanto hace contra su conciencia, porque no tiene otra regla que seguir, sino su propia razón, no ocurre lo mismo con quien vive en un Estado, puesto que la ley es la conciencia pública mediante la cual se ha propuesto ser guiado. De lo contrario y dada la diversidad que existe de pareceres privados, que se traduce en otras tantas opiniones particulares, forzosamente se producirá confusión en el Estado, y nadie se preocupará de obedecer al poder soberano, más allá de lo que parezca conveniente a sus propios ojos (Hobbes, 2016).*

En consecuencia, de todas estas afirmaciones en torno a la comunidad, la autoridad y el poder civil, se observa como las ideas que hasta ese momento se sostenían en torno a la comunidad y al bien común quedan desplazadas (Bobbio, 1992 en Poole, 2008).

6. DISCUSIÓN

Las afirmaciones escolásticas se sostenían dentro de un marco de referencias teológicas, filosóficas -cosmológicas y antropológicas- que daban lugar a una escala de valores que dotaba de coherencia y significado al pensamiento de los diversos autores. Sin embargo, se ha podido observar cómo, el asentamiento del pactismo como origen del poder político, que ya había sido defendido por los escolásticos, eliminados los marcos de referencia que guiaban a estos autores, dará lugar a los posicionamientos filosóficos que llevarán a la negación de la comunidad como realidad natural, con su propia naturaleza y fines, y, en consecuencia, a la negación del bien común o al menos a sostener su irrelevancia jurídica.

Esta corriente de negación -ya sea del bien común o de alguno de los principios necesarios sine que non para su posible afirmación-, algunos de cuyos primeros exponentes se han analizado, seguirá afirmándose con un carácter expansivo como un elemento más del desarrollo lógico que, en el ámbito de la filosofía del derecho llevará, desde este iusnaturalismo de corte idealista inicial hasta el positivismo de principios del s. XX. Desarrollo que se quebrará en el s. XX por dos líneas: primero, por aquellos autores que movidos por la veracidad de la doctrina realista busquen actualizar el pensamiento clásico en torno al bien común y su relevancia para el derecho – Alvaro D'ors (2002), Maritain (1948), Hervada (2015) ...-. Segundo, por aquellos que ante los horrores de los regímenes totalitarios buscaron una salida al irracionalismo positivista – Radbruch (1932) ...-. Estas corrientes de afirmación del bien común como fin del derecho han quedado plasmadas en algunas, aunque de forma más bien escasa, en declaraciones de derechos y textos políticos. Sirvan, con carácter ilustrativo y sin pretensión de totalidad, algunos ejemplos: la Convención Americana de Derechos Humanos (Pacto de San José de Costa

Rica, de 1969) en su artículo 32.2 establece "las justas exigencias del bien común, como límite de los derechos de cada persona al indicar que: "Los derechos de cada persona están limitados por los derechos de los demás, por la seguridad de todos y por las justas exigencias del bien común, en una sociedad democrática". A nivel nacional se encuentra el término en la Constitución de la República de la India de 1949, que en su art. 39. B), en su redacción inglesa, establece que el Estado deberá orientar toda su política a garantizar que la propiedad y control de los recursos materiales de la comunidad se distribuya para asegurar de mejor manera el bien común (traducción propia); o en la Constitución del Reino de Noruega de 1814, que en su artículo 105 -en la versión castellana de la misma- se establece que "si el bien común del Estado precisa que algún ciudadano deba ceder sus bienes muebles o inmuebles para el uso público, recibirá plena compensación por parte del Tesoro".

Estos intentos de revitalización del concepto del bien en las últimas decadas común chocan con el marco teorético de nuestro sistema jurídico constitucional actual, que continua con la línea de negación del bien común, al ser la plasmación práctica de las corrientes filosóficas iniciadas en siglos anteriores. Esto queda reflejado de forma clara en la afirmación de nuestro Estado como social y democrático de derecho (art. 1.1 CE) así como, la afirmación de la democracia avanzada como uno de los fines de nuestra Constitución como sociedad (Preámbulo Constitución Española de 1978). Ambos tópicos, afirmados en toda su amplitud, implican, al menos en la teoría, la negación del bien común o su irrelevancia para el ordenamiento jurídico; ya que una democracia avanzada es el derecho, igualado a la ley, lo que configura, en función del juego de las mayorías establecido en la norma fundante, lo que es lo correcto, lo legal, en cada momento dado. La Ley debería ser la norma aprobada por el procedimiento adecuado, con independencia de su contenido, el cual, sólo se analizará en función de la propia Constitución, norma que no es permanente, sino que puede ser modificada por la vía de la reforma constitucional, la interpretación jurisprudencial o las leyes de desarrollo por los propios poderes estatales. Esta plasmación práctica de negación del bien común se encuentra también, en los tratados internacionales y normas políticas diversos términos: bienestar general (i.e art. 39 de la Declaración Universal de Derechos Humanos 1948), interés general (i.e. art. 27 de la Constitución política de los Estados Unidos Mexicanos de 1917), bienestar moral de la sociedad (i.e. art. 29 Carta de Banjul o Carta Africana de los Derechos Humanos y de los Pueblos, 27 de julio 1981), entre otros.

En consecuencia, de estas dos posturas, en el momento actual las discusiones en torno al tópico en el ámbito del derecho político se encuentran con una serie de dificultades, deficiencias y cuestiones controvertidas. Dificultades, deficiencias y cuestiones controvertidas que cualquier constitucionalista que quiera tratar este tema debe tenerlas en cuenta de cara a proponer un discurso que entre en diálogo con el resto la comunidad científica. Se destacan brevemente algunas de estas cuestiones:

Primero, la afirmación del bien común es considerada por muchos autores como algo "ideológico" fruto de un posicionamiento personal, y, en consecuencia, no es algo que deba ser tenido en cuenta dentro de lo que es el estudio de la ciencia del Derecho.

Segundo, dentro de quienes afirmar su relevancia constitucional hay varias corrientes que proponen respecto a su contenido cuestiones contrapuestas. La ausencia de un marco de referencia común hace difícil llegar a elementos comunes.

Tercero, en muchos casos al estudiar el término no se hace la traslación a lo práctico jurídico constitucional. En consecuencia, los juristas, ante una cuestión concreta, se vuelcan sobre la legislación positiva y la jurisprudencia constitucional en un solipsismo normativo.

Cuarto, ésta falta de concreción es manifiesta en la relación entre el bien común y los derechos humanos. La respuesta a cuando deben estos limitarse a favor de aquello no está claro, sobre todo en el caso de los derechos personalísimos –derecho a la vida y a la integridad física y moral- que al ser derechos absolutos en principio no tienen límite alguno, ni siquiera el bien común.

Quinto, la ausencia a nivel internacional tanto de un criterio de unidad que sume los intereses y esfuerzos de las distintas personas, como de una autoridad o poder político que auné los fines de la comunidad para el bien general, hace difícil que se pueda afirmar un bien común global a nivel constitucional. Las propuestas de algunos investigadores de una constitución global y de poderes ejecutivos, legislativos y judiciales con jurisdicción universal se encuentran en el momento actual en un ámbito puramente teorético. Esto plantea una dificultad aun mayor, si, siguiendo a autores como Álvaro D'Ors se podría entender que, dado que vivimos en una comunidad global, carece de sentido hablar de lo común, y, por lo tanto, del bien común, sin hablar en términos de globalidad (cf. D'Ors, 2002).

Por último, las propuestas de objetivos comunes por parte de diversos organismos internacionales –sobre todo desde la ONU- para todos los países que los integran, que podrían servir como criterio de unidad global, carece del suficiente respaldo por parte de la sociedad civil. La imposición a un pueblo de unos fines en los que no cree sólo será efectiva mientras la presión social, legislativa y judicial del Estado lo sostenga.

7. CONCLUSIONES

La afirmación del bien común y su relevancia para el derecho político no es una cuestión neutra. En el momento actual el término está sumido en gran controversia dentro del ámbito jurídico y, sobre todo, jurídico constitucional. Al no ser un término propiamente jurídico, sus discusiones se llevan a cabo normalmente en ámbitos filosóficos o de teoría política. Ámbito en el que se adentra esta investigación para poder alcanzar los dos resultados que se propone: analizar las deficiencias y dificultades actuales y trazar el origen de estas ideas, analizando, en una primera aproximación, el pensamiento en torno al tópico en los autores más relevantes.

Estos desarrollos históricos tienen sus máximos exponentes en dos líneas de pensamiento, que se han analizado en una primera aproximación en la presente investigación: por un lado, los autores escolásticos, que, siguiendo el pensamiento de Santo Tomas de Aquino, ponen en relación el concepto de bien común con la autoridad -y la legitimidad del tiranicidio-, con los ciudadanos y con los tribunales de justicia; por otro, se atiende a autores como John Locke, Hugo Grocio o Thomas Hobbes entre otros. Representantes en sus escritos de las ideas desarrolladas en los ámbitos culturales tanto anglosajones como holandeses, en el siglo XVII. Época y pensamiento marcado por las diversas reformas religiosas del s. XVI -luterana, anglicana, calvinista. Estos autores, marcados por los cambios que dichas reformas tuvieron sobre el pensamiento filosófico, político y jurídico afirman la artificialidad de la comunidad, a la que el individuo se ve obligado a entrar para preservar la paz y la estabilidad, frente al estado de naturaleza, en donde, tenía todos sus derechos individuales, pero a la vez, estaba en una situación de guerra de todos contra todos. El gobierno civil deviene elemento indispensable para la garantía mínima de estos derechos naturales en la medida en que son posibles en la vida en sociedad. Por lo tanto, el bien común desaparece como fin del gobierno y del derecho, que tienen como fin la garantía de la paz y la convivencia y de todos los derechos -intereses- individuales que sea posible. La ley, como expresión del pacto, deviene legitima y por lo tanto no cabe, oposición ni insumisión a la misma, en nombre de un bien mayor ajeno a la misma por parte de los súbditos.

El resultado de este devenir histórico es una convivencia en el plano teorético de dos posturas: por un lado, las corrientes que defienden su importancia como criterio de validez de la actuación de los poderes ejecutivo y legislativo, así como, de las normas aprobadas por estos; y por otro, aquellas corrientes que niegan su relevancia política y jurídica, al considerar, al menos en el plano teorético, que hablar de bien común carece de sentido al no poder afirmarse como reales los conceptos de bien o de comunidad. Sólo quedaría como elemento legitimador de los poderes del Estado criterios "positivos" como la legalidad, la utilidad pública o la seguridad ciudadana. La existencia de ambas da lugar a que en el momento actual las discusiones en torno al tópico en el ámbito del derecho político se encuentran con una serie de dificultades, deficiencias y cuestiones controvertidas. Dificultades, deficiencias y cuestiones controvertidas que cualquier constitucionalista que quiera tratar este tema debe tenerlas en cuenta de cara a proponer un discurso que entre en diálogo con el resto la comunidad científica.

En todo caso, al no ser un término propiamente jurídico, sus discusiones se llevan a cabo normalmente en ámbitos filosóficos o de teoría política. Es necesario abrir un dialogo fecundo entre estos ámbitos y el derecho para que puedan solucionarse las cuestiones que se suscitan de su afirmación para el ámbito del derecho constitucional.

8. REFERENCIAS

Acosta, P. (2016). El interés general como principio inspirador de las políticas públicas. *Revista General de Derecho Administrativo, (Iustel)*, nº 41.

Álvarez García, V. (1996). *El concepto de necesidad en Derecho Público*. Civitas.

Aquino, T. (2015). *Suma Teológica*. Biblioteca de Autores Cristianos.

Aristótles. (1988). *La política*, Gredos.

Bobbio, N. (1992). *L'età dei diritti*, Einaudi.

Carta de Banjul o Carta Africana de los Derechos Humanos y de los Pueblos, 27 de julio 1981. https://www.acnur.org/fileadmin/Documentos/BDL/2002/1297.pdf

Carta de los Derechos Fundamentales de la Unión Europea, 1 de diciembre 2009. https://www.europarl.europa.eu/charter/pdf/text_es.pdf

Cicerón. (1970). *La República*. Editorial Aquilar.

Constitución de la República de la India, 26 de noviembre de 1949. https://n9.cl/9coo7

Constitución de la República Francesa, 4 de octubre de 1958. https://n9.cl/967ls

Constitución de la República Popular China, 4 de diciembre de 1982. https://n9.cl/m2p8m

Constitución española (BOE núm. 311, de 29 de diciembre de 1978).

Constitución del Reino de Noruega, 16 de mayo de 1814. https://n9.cl/3jnp7

Constitución Política de Costa Rica, 7 de noviembre de 1949. https://n9.cl/tuj77

Constitución política de Chile, 8 de agosto de 1980. https://www.oas.org/dil/esp/constitucion_chile.pdf

Constitución Política de la República Federativa de Brasil, 5 de octubre de 1988. https://www.acnur.org/fileadmin/Documentos/BDL/2001/0507.pdf

Constitución Política de los Estados Unidos Mexicanos, 5 de febrero de 1917. https://www.diputados.gob.mx/LeyesBiblio/pdf/CPEUM.pdf

Constitución Política de Nicaragua, 9 de enero de 1987. https://n9.cl/xws20

Constitución Política del Japón, 3 de mayo de 1947. https://www.cu.emb-japan.go.jp/es/docs/constitucion_japon.pdf
Constitución de Portugal, 2 de abril de 1976. https://n9.cl/glwye
Convención de las Naciones Unidas sobre la eliminación de todas las formas de discriminación racial, 20 de noviembre de 1963. https://n9.cl/ti2mk
Convención Iberoamericana de Derechos de los Jóvenes, 11 de octubre de 2005. https://www.acnur.org/fileadmin/Documentos/BDL/2008/6258.pdf
Convenio Europeo de Derechos Humanos, 3 de septiembre de 1953. https://www.echr.coe.int/documents/d/echr/convention_spa
Declaración Americana de los Derechos y Deberes del Hombre, 2 de mayo de 1948. https://www.oas.org/es/cidh/mandato/basicos/declaracion.asp
Declaración de León, contra la pobreza y la exclusión social de la niñez y la adolescencia iberoamericanas, 27 de septiembre 2005. http://www.iin.oea.org/DECLARACIONES/2005/declaracionleon.pdf
Declaración sobre la protección de todas las Personas contra la tortura y otros tratos o penas crueles, inhumanos o degradantes, 9 de diciembre de 1975. https://n9.cl/qur3z
Declaración Universal de Derechos Humanos, 10 de diciembre de 1948. https://www.un.org/es/about-us/universal-declaration-of-human-rights
D'Ors, A. (2002). *Bien común y enemigo público*. Marcial Pons.
Font, P. (2013). «El núcleo de la doctrina de Francisco Suárez sobre la resistencia y el tiranicidio», *Pensamiento*, 260, pp. 493-521.
Font, P. (2017a). «Legítima defensa vs. pacto con tirano en Francisco Suárez», *Studium: filosofía y teología*, 40, pp. 85-98.
Font, P. (2017b). «Suárez, Mariana y el tiranicidio: convergencias, divergencias y silencios estratégicos», *Cuadernos salmantinos de filosofía*, 44, pp. 11-34.
Font, P. (2017c). «Tipos de tirano y resistencia en Francisco Suárez», *Anales de la Cátedra Francisco Suárez*, 51, pp. 183-207.
Gough, JW. (1950). *Locke's political Philosophy*, Clarendon Press.
Haakonsen, K. (1985). Hugo Grotius and the History of Political Thought. *Political Theory*, vol. 13, nº 2, pp. 239-265.
Haggenmacher, P. (1983). *Grotius et la doctrine de la guerre juste*. Presses Universitaires de France.
Hernández Martin, R. (1984). *Los Derechos humanos en Francisco de Vitoria*. Ed. San Esteban.
Hervada, J. (2015). *¿Qué es el derecho?: La Moderna respuesta del realismo jurídico*. Eunsa.
Hobbes, T. (1996). *Leviathan*. Cambridge University Press.
Hobbes, T. (2016). *Leviathan Create Space*. Independent Publishing Platform.
Hobbes. T. (1980). *Leviatán*. Madrid, Editora Nacional.
Jacques, M (1948). *La persona y el bien común*.
Ley Fundamental de la República Federal Alemana, 23 de mayo de 1949. https://www.btg-bestellservice.de/pdf/80206000.pdf
Locke, J. (2002). *Segundo tratado sobre el gobierno civil*. Ediciones Ladosur.
Macphrson, C. B. (1962). The political Theory of Possessive Individualism. *Hobbes to Locke*, Oxford Clarendon Press
Madrigal, A. (1953). «Las catorce cuestiones», en *Obras escogidas de filósofos*, BAE.
Ollero, A. (1977). Hobbes y la interpretación del derecho. *Rivista internazionale di filosofía del diritto*, vol. 54, 1977, pp. 45-67.
Pacto Internacional de los Derechos Civiles y Políticos, 19 de diciembre de 1966. https://n9.cl/9s6ph

Pacto Internacional de los Derechos Económicos, Sociales y Culturales, 3 de enero de 1976. https://n9.cl/6zes9

Peña Echeverría, J. (2014). Hugo Grocio: la guerra por medio del derecho. *Araucaria. Revista Iberoamericana de Filosofía, Política y Humanidades*, año 16, nº 32.

Poole, D. (2008). Bien Común y Derechos Humanos. *Persona y Derecho,* 59 (2008**) 97-133.

Prieto Lopez, L. J. (2020). El derecho de resistencia en Francisco Suárez. Un Diálogo con Pablo Font. *Daimon. Revista Internacional de Filosofía,* nº 80, 2020 http://dx.doi.org/10.6018/daimon.383671

Sánchez Hidalgo, A. J. (2017). Vitoria y Suárez: el derecho internacional en el tránsito a la modernidad. *Anales de la Cátedra Francisco de Suárez, 51*, 163-182. https://doi.org/10.30827/acfs.v51i0.6252

Suárez, F. (1967). *De legibus ac Deo legislatore.* Coimbra.

Suárez, F. (1978). *Defensio fidei catholicae et apostolicae adversus anglicana sectae errore.* CSIC.

Tratado de la Unión Europea, 1 de noviembre de 1993. https://n9.cl/8io0u2

Vitoria, F. (1968). *Relectio de indis*, CSIC

APRENDER A COMPARTIR EL AGUA

Cristina Vilaplana Prieto[1]

El presente texto nace en el marco de la Convocatoria de Proyectos de Innovación Docente de la Universidad de Murcia 2022-2023.

1. INTRODUCCIÓN

El río Colorado abastece de agua a uno de cada ocho estadounidenses para sus necesidades residenciales, industriales, mineras, agrícolas y recreativas. El río abastece a siete estados del oeste de EE.UU. (la cuenca alta incluye Colorado, Nuevo México, Utah y Wyoming; y la cuenca baja incluye Arizona, California y Nevada) y a la República México. El río Colorado es un salvavidas vital para el suroeste y para todo el país, así como para el noroeste de México. El río, que nace del deshielo de las Montañas Rocosas, recorre 1.450 millas, proporciona agua potable a 40 millones de personas y abastece a algunas de las ciudades más grandes de nuestro país, como Denver, Salt Lake City, Santa Fe, Las Vegas, Los Ángeles, San Diego, Phoenix y Tijuana.

De la salud del sistema del río Colorado dependen más de 1,4 billones de dólares en actividad económica, 871.000 millones de dólares en salarios y 16 millones de puestos de trabajo. Visto en perspectiva, se estima que el 64,4% del valor combinado de la producción de bienes y servicios de cada estado de la cuenca podría perderse si el agua del río Colorado deja de estar disponible para los residentes, las empresas, la industria y la agricultura (James *et al.*, 2014).

Por otra parte, el río Colorado alimenta las instalaciones hidroeléctricas de dos presas (la presa Hoover crea el lago Mead y la presa Glen Canyon crea el lago Powell). Para generar electricidad hace falta mucha agua, y no sólo cuando se trata de presas hidroeléctricas. El agua es crucial para refrigerar las centrales eléctricas, especialmente durante las olas de calor récord. Además, se necesita mucha energía para extraer, depurar y distribuir el agua.

La caída en picado de los niveles de agua en amplias zonas del país debido a la sequía y el uso excesivo está llevando a la red eléctrica al borde del abismo durante un verano de calor récord que ha disparado la demanda de electricidad. Los embalses formados por las presas proporcionan oportunidades recreativas que bombean 26.000 millones de dólares a la región (Tweed, 2013).

---

1. Universidad de Murcia (España).

El río es vital para el suministro de alimentos, ya que riega casi el 90% de los cultivos de hortalizas de invierno del país. Atraviesa nueve Parques Nacionales y es el hábitat esencial de más de una docena de especies de peces y fauna en peligro de extinción. El río Colorado sustenta una economía de 1,4 billones de dólares, incluidos 26.000 millones en gastos recreativos y cientos de miles de puestos de trabajo en todo el Oeste. Sin embargo, el río está tan sobreexplotado que se seca a casi 160 km de su desembocadura en el Mar de Cortés (Cohen *et al.*, 2013).

Sin el agua del río Colorado ocurriría lo siguiente: (i) Las Vegas (Nevada) sería una zona desértica prácticamente deshabitada, (ii) San Diego, California, que obtiene el 70% de su agua del río Colorado, no podría mantener a su población actual, (iii) el Valle Imperial de California, donde se cultiva la mayor parte de las verduras del país, estaría formado principalmente por cactus y mezquites (Davies, 2022).

Una particularidad del río Colorado es que el agua del se asigna basándose en la Doctrina de la Apropiación Previa, cuyo mantra clave es "primero en el tiempo, primero en derecho". En otras palabras, los derechos de agua anteriores tienen prioridad sobre los posteriores. Por lo tanto, siempre que haya escasez en el suministro físico de agua disponible en un curso de agua en comparación con las demandas de los titulares de derechos de agua, los derechos de agua de menor antigüedad (es decir, los derechos de agua decretados más recientemente) se reducen en beneficio de los derechos de agua de mayor antigüedad. Así, la "fecha de prioridad" de un derecho de agua dicta la capacidad de desviar agua y, en consecuencia, el valor de ese derecho de agua (Schutz, 2013).

Toda el agua de Colorado, incluidas las aguas subterráneas, es de propiedad pública, sujeta a la capacidad de los particulares de obtener el derecho a utilizar esta agua para fines específicos en cantidades específicas. Con excepciones muy limitadas para ciertos tipos de pozos, todas las desviaciones de agua en Colorado requieren un "derecho de agua". Un derecho de agua sólo puede ser creado por uno de los siete tribunales especiales de aguas repartidos por todo el estado. La existencia de un derecho de agua se confirma mediante un documento conocido como "decreto". Un decreto describe los límites de un derecho de agua concreto, incluida la cantidad de agua que puede desviarse, dónde puede desviarse, los usos a los que puede destinarse el agua y la fecha de prioridad de un derecho de agua, entre otra información. Un decreto de derecho de agua es el documento más importante para comprender cómo puede utilizarse un derecho de agua.

Los primeros colonos recibieron derechos de agua preferentes en 1922, que solían corresponder a los sectores agrícola, ganadero y minero. Los derechos prioritarios también se concedieron a California tras una serie de casos ante el Tribunal Supremo a lo largo del siglo XX. Tener derechos de agua prioritarios obliga a asignar la misma cantidad de agua cada año, independientemente de los totales del río. Todos los demás tienen derechos secundarios y tienen que compartir el resto. En 1973, Colorado reconoció la conservación y mejora de los hábitats naturales como un derecho de agua no desviado, denominado derecho de agua de caudal. Estos derechos son propiedad exclusiva de la Junta de Conservación del Agua de Colorado. Más recientemente, el agua para uso recreativo, denominada desviación recreativa en el canal (DRC), fue reconocida como un derecho de agua oficial. Una DRC es propiedad de una entidad gubernamental local para estructuras que controlan el flujo de agua para rafting y kayak.

La región se encuentra dividida en dos partes: la cuenca alta y la cuenca baja. El límite entre las cuencas está en Lee's Ferry, justo debajo de la presa de Glen Canyon, en la frontera entre Utah y Arizona. A cada cuenca se le asignaron 7,5 millones de acres-pies al año, pero ese acuerdo se produjo tras uno de los periodos más lluviosos de la historia del oeste de Estados Unidos. Aunque el río ha sido fiable, en los últimos años ha sido víctima de una grave sequía y de la creciente demanda (Robeson, 2015).

En 1980, la población de Las Vegas, California y Arizona juntas era de 27,5 millones de habitantes. Hoy, estas mismas zonas tienen 47,5 millones, casi el doble. Individualmente, cada persona consume una media de 80-100 galones de agua al día o 3.000 galones al mes (1 galón = 3,785 litros). En 1980, el consumo anual por persona en estas tres zonas sería de 36.000 galones o 990.000 millones de galones para toda la población. Utilizando los mismos cálculos para la población actual, serían 1,7 billones de galones, el doble que en 1980 (Sheikh & Stern, 2019).

Además de la agricultura, el uso residencial y la producción de energía eléctrica, hay que tener en cuenta dos demandantes adicionales de agua: el fracking y los centros de almacenamiento de datos. El fracking, abreviatura de fracturación hidráulica, inyecta agua, arena y sustancias químicas de toxicidad variable a alta presión para astillar la roca y preparar los pozos para extraer el petróleo y el gas atrapados en las formaciones rocosas. Completar los pozos puede consumir mucha agua y energía, ya que los operadores extienden la longitud de los pozos horizontales para llegar a los combustibles fósiles secuestrados. También puede generar grandes cantidades de aguas residuales, conocidas como aguas producidas. Colorado es un "ejemplo especialmente llamativo" de un estado en el que la demanda de agua dulce para la extracción de petróleo y gas ha aumentado considerablemente. Los operadores de Colorado han duplicado el uso de agua de alta calidad para preparar los pozos para la fracturación hidráulica en los últimos 10 años, con rendimientos decrecientes en la producción de petróleo (Gross, 2023).

Es habitual pensar que el material de la vida digital -las fotos, los vídeos, las páginas web, los libros electrónicos, los montones y montones de datos- es más ligero que el aire, que existe en "la nube" o que se desplaza por las redes inalámbricas mundiales. La realidad, sin embargo, es mucho más concreta. Las docenas de zettabytes de datos que se producen cada año (un zettabyte es una unidad gigantesca de datos, equivalente a unos 250.000 millones de DVD) se almacenan cada vez más en miles de centros de datos de todo el mundo, donde enormes servidores mantienen internet a flote. Estos servidores consumen mucha energía y producen mucho calor. Sin una refrigeración adecuada, los servidores pueden sobrecalentarse, fallar o incluso incendiarse. Las empresas pueden utilizar el aire acondicionado tradicional para refrigerar los servidores, que es caro, o utilizar agua para la refrigeración por evaporación. Esta última opción es más barata, pero también consume millones de litros de agua. Según los investigadores, un gran centro de datos puede consumir entre 1 y 5 millones de galones de agua al día, tanto como una ciudad de 10.000 a 50.000 habitantes. El agua es el principal método de refrigeración de los servidores de estas enormes instalaciones. Los centros de almacenamiento de datos refrigerados por agua consumen unos 3,5 millones de galones por megavatio (MW) al año. El tamaño de los grandes centros puede oscilar entre 5 y 30 MW. Se calcula que hay unos 800 centros de almacenamiento de datos en California (Polom, 2021; Osaka, 2023).

¿De dónde procede toda esa agua? La mayor parte procede del sistema del río Colorado. ¿Produce agua el propio río? No. Procede del manto de nieve de las Montañas Rocosas de Colorado, de las lluvias y de un pequeño número de afluentes de la cuenca del Colorado. Según el Servicio Geológico de EE.UU. el volumen del caudal de agua desde finales del siglo XIX ha disminuido a un ritmo lineal del 15% entre 2004 y 2020. En otras palabras, no está aumentando; está disminuyendo mientras aumenta nuestra demanda.

Como resultado, el río Colorado sólo ha llegado a su cita histórica con el Golfo de California una vez en casi dos décadas (el resultado de una oleada artificial de agua orquestada por los ecologistas). En consecuencia, la marisma a las puertas del Golfo se ha visto dramáticamente comprometida con una importante intrusión salina y la pérdida de ecosistemas.

2. OBJETIVOS

En esta experiencia docente, los estudiantes participarán en una actividad que simula el recorrido del río Colorado hasta el mar. El objetivo es tratar de mantener el río el tiempo suficiente para que parte del agua salga hacia el Golfo de California. El reto consiste en alinear las necesidades individuales de los consumidores con la salud del río mientras un conjunto de condiciones en constante cambio influye tanto en la oferta como en la demanda. Si los estudiantes comprenden la oferta y la demanda, realice la quinta ronda de la simulación y una actividad de ampliación, que les permitirá ilustrar sus habilidades en el cambio de las curvas de mercado para el agua del río Colorado a medida que cambian las condiciones.

3. METODOLOGÍA

3.1. Materiales

a) 12 vasos de plástico. Hacer dos marcas en cada vaso, una correspondiente a 10cl y otra correspondiente a 20cl.
b) Dos vasos deben decir "Central eléctrica", dos deben decir "Fracking", dos deben decir "Agricultura", dos deben decir "Residencial", dos deben decir "Almacenamiento de datos" y dos deben decir "Pantano: Bahía de California".
c) Dos jarras (depósitos) de agua, cada una con 70cl de agua.
d) Previsualizar el siguiente documental: Colorado River: Running Near Empty - Yale E360

3.2. Preparación

a) Explicar a los estudiantes el acuerdo alcanzado en 1922 entre los estados alimentados por el río Colorado. Explicar que el agua es un recurso natural escaso porque hay muchos agentes que quieren consumirlo. Las sociedades desarrollan diferentes estrategias de asignación, es decir, formas de distribuir el agua.
b) Pedir 14 estudiantes voluntarios para participar en la simulación. Una vez seleccionados, decir al resto de la clase que serán economistas que controlarán y valorarán el uso del agua del río en la simulación de acuerdo con la siguiente tabla 1:

	Valor primeros 10cl	Valor segundos 20cl
Central eléctrica	150 €	50 €
Fracking	115 €	60 €
Agricultura	75 €	25 €
Residencial	75 €	10 €
Almacenamiento	135 €	100 €
Pantano	100 €	25 €

Tabla 1. Valoración del agua Fuente: elaboración propia

c) Indicar a los voluntarios que creen dos líneas de siete. Asignar a cada estudiante un papel entregándole un embalse o un vaso de plástico previamente etiquetado. Los dos estudiantes que representan los embalses se situarán en las cabeceras de las filas con las jarras de agua. Colocar a los estudiantes en cada fila de la siguiente manera: Depósito, Central eléctrica, Fracking, Agricultura, Uso Residencial, Almacenamiento de datos y Pantano (Bahía de California).

d) Indicar a los estudiantes que van a simular el caudal del río haciendo pasar los embalses por las líneas. Explicar que durante la simulación representan a las personas descritas en sus papeles. Por ejemplo, como alguien que se dedica a la agricultura, ese estudiante debería intentar obtener agua para sus cultivos. Pedir que cada estudiante de la fila sugiera las razones por las que necesita agua. (Las respuestas variarán.) Para simular el flujo del río durante la simulación, cada estudiante tomará un poco de agua y luego entregará la jarra al siguiente estudiante de la fila. Decir a los estudiantes que la simulación se repetirá varias veces con diferentes escenarios.

e) Indicar a la mitad de los economistas que observen uno de los ríos y a la otra mitad el otro río. (En esta simulación se utilizan dos ríos para que participen más estudiantes. Si se desea, puede utilizarse un solo río con el resto de la clase como economistas. Sin embargo, con dos ríos, puede producirse una mayor variedad de resultados -o errores-, lo que dará a la clase más información para debatir).

4. RESULTADOS

4.1. Ronda 1

Explicar a los voluntarios que en esta primera ronda deben coger tanta agua como quieran porque el precio del agua es tan bajo que es prácticamente gratis. Pero para que sea sencillo, deben elegir entre no tomar nada, 10cl ó 20cl. Cada estudiante puede proteger la bajada del río -es decir, ocultar a los demás cuánta agua está cogiendo- antes de pasar el depósito al siguiente consumidor. Una vez que el agua se pasa al siguiente estudiante, no se puede adquirir más agua. Si se derrama, el agua es irrecuperable, ya sea por evaporación o por fuga. Se pasará la jarra de agua hasta que se agote el agua o se llegue al pantano. Los resultados vendrán determinados por las decisiones individuales tomadas en cada parada.

Cuando la jarra de agua llegado al último estudiante de la fila, o se hayan vaciado los depósitos, deben mostrar la cantidad de agua que extrajeron levantando sus vasos. Entonces, pedir a los economistas que anoten las cantidades utilizadas por cada consumidor y valoren el uso del agua. Discutir lo siguiente:

a) En cualquiera de las dos líneas, ¿llegó el agua al pantano al final del río?

b) Si la respuesta a la primera pregunta es "No", ¿cuáles fueron los obstáculos que impidieron que el agua llegara a la marisma? (Las respuestas pueden incluir que los consumidores individuales tomaron más agua de la que realmente necesitaban, valorando más sus necesidades que las de los que estaban más abajo en el río. Pudo haber cierto grado de vertido [evaporación, fugas] que desperdiciaron una gran cantidad de agua. Los consumidores individuales no tenían ni idea de cómo afectaría su extracción a otros consumidores).

4.2. Ronda 2

Devolver el agua distribuida a los embalses para que vuelvan a los niveles prescritos. Explicar a los voluntarios que en la ronda anterior tuvieron poca orientación sobre la cantidad de agua que debían tomar. Ahora se les entregará una ficha de valor para simulación de río, que les indica el valor del agua (Tabla 1).

Explicar que en esta ficha figura la cantidad de valor de los primeros 10cl de agua y otra cantidad por los segundos 10cl de agua. Estos diferentes valores podrían deberse a que la satisfacción marginal o adicional de un segundo vaso de agua variaba entre los consumidores. En una residencia, hay límites a la cantidad de agua que puede consumir una familia. La sobreproducción de una operación de fracturación hidráulica o agrícola podría reducir el precio de la mercancía (petróleo, maíz, trigo o carne de vacuno). El almacenamiento de datos proporciona un servicio único que parece tener una demanda ilimitada, y las centrales eléctricas pueden vender el exceso de producto a empresas de servicios públicos de otras partes del hemisferio.

Explicar a los voluntarios que su objetivo es maximizar el valor total para ellos mismos. El agua sigue teniendo un coste tan bajo que pueden considerarla gratuita.

Indicar a los estudiantes que empiecen a pasar los depósitos por la fila, permitiendo que tomen toda el agua que crean que necesitarán los consumidores designados. En esta ronda se aplican las mismas reglas sobre derrames, etc. Los estudiantes deben seguir pasando su embalse hasta que se acabe toda el agua o se llegue al pantano, el final del río. Al final, deben mostrar la cantidad que han extraído. Indicar a los economistas que anoten las cantidades utilizadas por cada consumidor y valoren el uso del agua. Discutir lo siguiente:

a) En cualquiera de las dos líneas, ¿llegó el agua al pantano al final del río? (No, es probable que toda el agua se hubiera ido para cuando llegó al almacenamiento de datos).

b) Pregunta a los estudiantes que representan el almacenamiento de datos o el pantano si no están satisfechos con este reparto. (Sí, puesto que no recibieron agua, es probable que estén descontentos).

c) ¿Sobre qué base se asignó el agua en esta ronda? (En esta ronda, el agua se utilizó como si fuera un recurso gratuito, por orden de llegada).

d) ¿Por qué se asignó el agua de esta manera? (Nadie tenía idea del coste; los primeros consumidores sólo veían beneficios y cogían toda la que podían. Esto significaba que los residentes no tendrían más de 10 cl disponibles y el almacenamiento de datos no tendría ninguna).

4.3. Ronda 3

Devolver el agua distribuida a los embalses para que vuelvan a los niveles prescritos. Explicar a los estudiantes que algunos consumidores tienen derechos de agua preferentes. Esto significa que tienen derecho al agua antes de que nadie más pueda utilizarla. Explicar que, como algunos consumidores -la central eléctrica, la agricultura y los consumidores residenciales- son los que llevan más tiempo aquí, tienen derecho a un vaso lleno de agua de 20 cl.

Indique a los estudiantes que empiecen a pasar los depósitos por la fila, permitiendo que tomen toda el agua que crean que necesitarán los consumidores designados. A medida que los embalses llegan a los consumidores de fracking, hay que tener en cuenta que, según los derechos de los mayores, sólo pueden tomar 10cl porque debe haber suficiente para que la agricultura y los residentes tengan 20cl cada uno. Los estudiantes deben seguir pasando su embalse hasta que se acabe toda el agua o se llegue al pantano, la desembocadura del río.

Pedir a cada consumidor de agua que muestre o diga en voz alta la cantidad que extrajo. Pedir a los economistas que anoten la cantidad utilizada por cada consumidor y que valoren el uso del agua. Discutir lo siguiente:

a) En cualquiera de las dos líneas, ¿llegó el agua al pantano al final del río? (No)

b) ¿Cuáles fueron las diferencias en la distribución con estos derechos en comparación con la distribución en la ronda anterior? (Los consumidores de fracking recibieron sólo 10 cl y los residentes recibieron un vaso lleno de 20 cl en lugar de sólo las 10 cl que se les asignaron en la ronda anterior).

c) ¿Sobre qué base se asignó el agua en esta ronda? (En esta ronda, el agua se asignó en función de los derechos asignados arbitrariamente).

4.4. Ronda 4

Señalar que, hasta este momento, el precio del agua ha sido tan bajo que el precio no influía en las decisiones de consumo. Devolver el agua distribuida a los embalses para que vuelvan a los niveles prescritos. Establecer el precio del agua en 65€por cada 10cl. Decir a los voluntarios que piensen cuánta agua deben tomar comparando el precio del agua con el beneficio marginal del agua. Explicar a los estudiantes que representan al pantano que no tienen dinero para comprar agua, por lo que sólo obtendrán el agua que se filtre hasta el final.

Indicar a los estudiantes que empiecen a pasar los depósitos por la fila, permitiéndoles coger toda el agua que crean que necesitarán los consumidores designados. Los estudiantes deben seguir pasando su depósito hasta que se acabe el agua o se llegue al pantano, el final del río. Discutir lo siguiente:

a) ¿Llegó el agua al pantano al final del río? (Sí, si los voluntarios tomaron la cantidad correcta de agua).

b) ¿Cuáles fueron las diferencias en la distribución con estos derechos en comparación con la distribución en la ronda anterior? (Todos los voluntarios tomaron sólo 10 cl de agua -excepto el almacenamiento de datos- porque las segundas 10 cl valen menos para ellos que los 65 dólares. El almacenamiento de datos valora mucho las segundas 10 cl, por lo que tomaron un vaso lleno de agua de 20 cl).

c) ¿Sobre qué base se asignó el agua en esta ronda? (En esta ronda, el agua se asignó en función del precio).

d) ¿Te gusta que se haya puesto precio al agua? (No, porque en rondas anteriores era gratis. Los consumidores no están tan bien como cuando el agua era gratuita).

e) ¿Por qué puede ser una buena idea poner precio al agua? (Las respuestas variarán, pero es de esperar que algunos estudiantes señalen que sólo la gente que valora mucho el agua la comprará).

Pedir a los economistas que informen de los valores totales del uso del agua. Anota sus respuestas en la pizarra. (Ronda 1: variará en función de cómo hayan elegido los estudiantes distribuir el agua; Ronda 2: 550 €; Ronda 3: 500 €; Ronda 4: 750 €). Discutir lo siguiente:

a) ¿Qué ronda dio como resultado el menor valor y qué ronda dio como resultado el mayor valor? (La ronda de menor valor será la ronda 3, la de los derechos, o la ronda 1, en la que los estudiantes eligieron la asignación. La ronda con más valor será la 4, en la que se utilizó un sistema de precios).

b) ¿Qué sistema debería utilizarse para asignar el agua? (La mayoría de los estudiantes elegirán el sistema de precios porque es el que aporta más valor a la sociedad. Sin embargo, algunos estudiantes señalarán que en un sistema de derechos de agua, los residentes obtienen más agua y, por tanto, pueden elegir ese sistema por considerarlo justo. Algunos estudiantes pueden pensar que debería llegar más agua al pantano para preservar la naturaleza. Señale que pueden utilizarse otras cuestiones además del valor para asignar el agua).

4.5. Ronda 5

Devolver el agua distribuida a los depósitos para que vuelvan a los niveles prescritos. Explicar que, si se utiliza un sistema de precios, los economistas deben tener cuidado con el precio del agua. Si el precio es demasiado alto o bajo, puede dar lugar a resultados de poco valor.

Decir a los estudiantes que en esta ronda final habrá precios diferentes para las dos líneas fluviales. Para un río, el precio del agua será de 55 €. Para el otro río, el precio será de 80€. Indicar a los estudiantes que empiecen a pasar los embalses por la fila, permitiéndoles coger toda el agua que crean que necesitarán los consumidores designados.

Pedir a los economistas que informen del valor total del uso del agua para cada río. (710€ por el precio de 55; 625€ por el precio de 80). Discutir:

a) ¿Por qué el valor para el agua de precio alto resultó en un valor más bajo que el de la Ronda 4? (Demasiada agua fluyó hacia el pantano, creando desperdicio).

b) ¿Por qué el valor del agua de bajo precio también fue inferior? (No llegó agua a la marisma, lo que proporciona valor a la sociedad, aunque la marisma no pueda "pagar" por el agua).

Para concluir se enumeran 10 cambios en el mercado para comentar cómo pueden afectará a la demanda o a la oferta de agua, y por consiguiente, al precio y a la cantidad.

1. El desarrollo residencial se expande rápidamente en Las Vegas a medida que la economía se fortalece.
2. Los centros de almacenamiento de datos comienzan a experimentar con sistemas de refrigeración por aire para aliviar sus megacomplejos de servidores.
3. Un invierno seco se traduce en un deshielo decepcionante en primavera.
4. El precio mundial del petróleo se dispara, lo que provoca la apertura de varias nuevas operaciones de fracking.
5. El Servicio Forestal de EE.UU. cerca varias fuentes de agua para proteger el cardo en peligro de extinción.
6. El revestimiento de un canal de desvío en el centro de Arizona se ve comprometido y se pierden importantes cantidades de agua.
7. Los propietarios de viviendas del sur de California responden con entusiasmo a un programa de recompra de césped.
8. El gobierno federal ordena una reasignación del agua del río a ambas cuencas, reduciendo la extracción anual de 7,5 millones de acres-pies a 7,05 millones de acres-pies.
9. Se construyen nuevos hoteles en el Strip de Las Vegas a un ritmo sin precedentes.
10. Una sequía de 16 años termina oficialmente tras dos extensas temporadas de monzones.

5. DISCUSIÓN

A continuación, se exponen preguntas para discutir en clase:

a) Describir la crisis del agua. (El agua es un recurso natural escaso. Mucha gente quiere utilizar el agua, pero la cantidad de agua disponible es limitada).

b) ¿Ha llegado siempre los ríos a los pantanos en las simulaciones? (No)

c) ¿Cuáles fueron los resultados de los distintos esquemas de asignación demostrados en la simulación?

a) En la ronda 1, el agua se asignó por orden de llegada y se consumió aleatoriamente; es probable que el agua no llegara a la marisma.

b) En la ronda 2, cada consumidor sabía cuál era el beneficio marginal obtenido del consumo de agua, pero no tenía información sobre el coste, por lo que el agua se asignó por orden de llegada; lo más probable es que el agua no llegara al pantano.

c) En la Ronda 3, se asignaron derechos preferentes y subordinados a los consumidores, dando libertad a las centrales eléctricas, la agricultura y los residentes para consumir toda el agua asignada, mientras que la fracturación hidráulica y el almacenamiento de datos tenían que aceptar lo que quedaba.

d) En la Ronda 4, los consumidores conocieron el coste marginal de cada 10 cl de agua y tuvieron que sopesarlo con el beneficio marginal; si cada consumidor calibraba esa relación con precisión, el agua llegaba al pantano.

e) En la Ronda 5 opcional, el agua de los ríos tenía un precio diferente: un río por encima del equilibrio y otro por debajo. Los resultados fueron que, para el río de precio bajo, no llegó agua al pantano, y para el río de precio alto, llegó demasiada agua al pantano).

d) ¿Qué ocurrió para que un río no llegara al pantano? (Las respuestas pueden incluir que hubo demasiada demanda, que no había suficiente agua en el embalse o que demasiados consumidores se preocuparon de sí mismos antes de tener en cuenta a los demás que utilizan el río).

e) Si el agua del río sí llegó al pantano, ¿qué factor o factores permitieron que eso sucediera? (Las respuestas pueden incluir que la introducción de un precio significativo para el agua hizo que los consumidores fueran más prudentes sobre la cantidad de agua que consumían).

También se propone la siguiente cuestión para debatir en clase: "En épocas de escasez de gasolina (por ejemplo, en los periodos anteriores y posteriores a un huracán), ¿es la mejor política que un gobierno limite el precio de la gasolina para hacerla asequible a todos los consumidores? ¿Por qué sí o por qué no?"

Respuesta: No, porque es probable que la gente acapare gasolina y se lleve más de la que realmente vaya a utilizar, lo que dificultará que los consumidores que lleguen tarde puedan adquirirla. Permitiendo que el precio refleje la escasez, la gente tomará mejores decisiones sobre cuánto consume, haciendo posible que más personas tengan acceso a la gasolina."

6. CONCLUSIONES

Los estudiantes suelen manifestar una elevada preocupación por las cuestiones medioambientales, pero esta experiencia ayuda a poner en contexto estas consideraciones, desarrollando además los siguientes conceptos:

- Asignación: Se pueden utilizar distintos métodos para asignar bienes y servicios. Las personas que actúan individual o colectivamente deben elegir qué métodos utilizar para asignar los distintos tipos de bienes y servicios. La comparación de los beneficios y costes de los distintos métodos de asignación con el fin de elegir el método más apropiado para un problema concreto puede dar lugar a asignaciones más eficaces y a un sistema de asignación global más efectivo.

- Incentivos: Las personas suelen responder de forma predecible a los incentivos positivos y negativos. Actuando como consumidores, productores, trabajadores, ahorradores, inversores y ciudadanos, las personas responden a los incentivos para asignar sus escasos recursos de forma que les proporcionen los mayores beneficios netos posibles.
- Función de los precios. Los precios envían señales e incentivos a compradores y vendedores. Cuando cambia la oferta o la demanda, los precios de mercado se ajustan, afectando a los incentivos. Los cambios en la oferta o la demanda hacen variar los precios relativos; a su vez, los compradores y vendedores ajustan sus decisiones de compra y venta.

Esta experiencia docente se puede implementar en asignaturas de Introducción a la Economía de muy diversos grados (Administración y Dirección de Empresas, Economía, Relaciones Laborales, Sociología, Ciencias Políticas, Marketing.

7. REFERENCIAS

Cohen, M., Christian-Smith, J., & Berggren, J. (2013). *Water to supply the land: irrigated agriculture in the Colorado River basin.* Oakland, CA: Pacific Institute. https://pacinst.org/wp-content/uploads/2013/05/pacinst-crb-ag-1.pdf

Davies, D. (2022, 29 sept). *The Colorado River water shortage is forcing tough choices in 7 states. NPR.* https://n9.cl/ancgj

Gross, L. (2023, 22 mayo). Colorado frackers doubled freshwater use during megadrought, even as drilling and oil production fell. *Inside Climate News.* https://n9.cl/lugcx3

James, T., Evans, A., Madly, E., & Kelly, C. (2014). *The economic importance of the Colorado River to the basin region. William Seidman Research Institute, W.P.* Carey School of Business, Arizona State University.

Osaka, S. (2023, 25 abril). A new front in the water wars: Thirsty, giant data centers. *The Washington Post.* https://n9.cl/kuy6e

Polom, C. (2021, 30 junio). Data centers consume millions of gallons of Arizona water daily (abc15.com). *ABC 15 Arizona.* https://n9.cl/zmede

Robeson, S. (2015). Revisiting the recent California drought as an extreme value. *Geophysical Research Letters* 42, 6771– 6779. https://doi.org/10.1002/2015GL064593

Schutz, J. (2013). *Present Perfected Rights: The Most Senior Undefined Water Rights on the Colorado River,* 16 U. Denv. Water Law Review 381. https://n9.cl/u54ga

Sheikh, P., & Stern, C. (2019). Management of the Colorado River: Water allocation, drought, and the federal role. *Renewable Resources Journal, 33*(4), 8–15. https://sgp.fas.org/crs/misc/R45546.pdf

Tweed, K. (2013, 19 sept.). Colorado River Hydropower Faces a Dry Future. *IEEE Spectrum.* https://n9.cl/eqvqg

CIENCIAS SOCIALES EN ABIERTO

Editada por
David Caldevilla Domínguez y Almudena Barrientos-Báez

Vol. 1 Almudena Barrientos-Báez / David Caldevilla Domínguez / Javier Sierra Sánchez (eds.): Inteligencia Artificial ¿amiga o enemiga?. 2024.

Vol. 2 Ana Tomás López / Sara Navarro Lalanda / Paola Eunice Rivera Salas (eds.): Las artes como expresión vital. 2024.

Vol. 3 Carmen Paradinas Márquez / Juan Andrés Rodríguez Lora / Daniel Becerra Fernández (eds.): Empresa, empresariedad y comunicación mercantil. 2024.

Vol. 4 Tania Brandariz Portela / Xabier Martínez Rolán / Virginia Sánchez Rodríguez (eds.): Desde la óptica del género: el género como perspectiva. 2024.

Vol. 5 Sara Mariscal Vega / Carmen Cristófol Rodríguez / Fernando García Chamizo (eds.): Comunicar a través del idioma: Pensar y traducir. 2024.

Vol. 6 Arantza Lorenzo De Reizábal / Marta Talavera Ortega / Guillermina Jiménez López (eds.): Recursos, competencias y enfoques para la enseñanza de lenguas. 2024.

Vol. 7 José Luis Corona Lisboa / Encarnación Ruiz Callejón / Alba María Martínez Sala (eds.): Límites y potencialidades de la gobernanza. 2024.

Vol. 8 Blanca Tejero Claver / Carmen Dorca Fornell / Carmen Lucía Hernández Stender (eds.): El factor humano en la salud. 2024.

Vol. 9 Daniel Muñoz Sastre / Andrés Sánchez Suricalday / Manuel Osvaldo Machado Rivera (eds.): Futuro poliédrico del fenómeno social a principios del siglo XXI. 2024.

Vol. 10 Pedro Pablo Marín Dueñas / Alberto García Moreno / Basilio Cantalapiedra Nieto (eds.): Contenidos audiovisuales para un mundo de pantallas multivalentes. 2024.

Vol. 11 María Santamarina Sancho / Virginia Dasí Fernández / Mercedes Herrero De la Fuente (eds.): Perspectivas para la visibilización del género. 2024.

Vol. 12 Dolores Rando Cueto / Francisco Jaime Herranz Fernández / Coral Ivy Hunt Gómez (eds.): Internet al servicio de la modernidad en red. 2024.

Vol. 13 María Isabel Huerta Viesca / Ricardo Teodoro Alejándrez / María José Márquez Ballesteros (eds.): Legalidad derecho y política: Marcos jurídicos para un nuevo contrato social. 2024.

Vol. 14 Ana María Botella Nicolás / Guillem Escorihuela Carbonell / Antonio Rafael Fernández Paradas (eds.): Efectos de la narrativa escrita y su enseñanza en lo social. 2024.

Vol. 15 Marta Martín Gilete / Cristina Manchado Nieto / Manuel José López Ruiz (eds.): La Universidad se renueva: Modelos, competencias y fórmulas de nueva implantación. 2024.

Vol. 16 Vicenta Gisbert Caudeli / Purificación Cruz Cruz / Alberto Dafonte Gómez (eds.): La Universidad innova en metodologías y herramientas. 2024.

Vol. 17 Bárbara Cerrato Rodríguez / Nazareth Martínez Heredia / Juan Manuel Corbacho Valencia (eds.): La nueva alquimia entre el aprendizaje y la enseñanza. 2024.

Vol. 18 Hanane Benali Taouis / Nuria Rodríguez López/ Teresa Piñeiro Otero (eds.): Nuevos aprendizajes tecnologizados con aplicaciones culturales y didácticas. 2024.

Vol. 19 Rafael Marcos Sánchez / Concepción Campillo Alhama / Graciela Padilla Castillo (eds.): Retos sociales y filosóficos actuales: ética, política, falsedades y discursos disruptivos. 2024.

www.peterlang.com

www.ingramcontent.com/pod-product-compliance
Ingram Content Group UK Ltd.
Pitfield, Milton Keynes, MK11 3LW, UK
UKHW041829290926
8980IPUK00002B/154